## Hintergründe & Infos

### Region
### Zadar

### Region
### Šibenik-Knin

### Kleiner Wanderführer

# UNTERWEGS MIT LORE MARR-BIEGER

Seit 1983 bereise ich diese Region, das einstige Jugoslawien, das heutige Kroatien. Nach so langer Zeit kann man schon von Leidenschaft sprechen. In der Tat gibt es

für mich kein schöneres Meer, auch die üppige Natur und die grandiose Bergwelt haben es mir angetan, zudem die große landschaftliche Abwechslung, die ich hier auf kleinstem Raum vorfinde. In der ruhigen Nebensaison genieße ich ausgiebige Wander- und Mountainbiketouren und zum Entspannen die warme, türkis leuchtende Adria in der beschaulichen Einsamkeit einer Bucht. Gerne trinke ich einen Macchiato auf geschichtsträchtigen, quirligen Altstadtplätzen mit südländischer Atmosphäre oder lasse mich abends auf einer lauschigen Restaurantterrasse am Meer zu fangfrischem Fisch oder Muscheln na buzaru und einem guten regionalen Tropfen nieder.

Vor allem aber haben es mir die malerischen Inseln angetan. Einst musste ich sie langwierig auf Makadam-Straßen erkunden oder Fähren zu Unzeiten benutzen, heute bereist man sie bequem auf neu erbauten Autobahnen und viele Fähren pendeln inzwischen fast rund um die Uhr.

Seit fast 30 Jahren bin ich in diesem Land mit seinen gastfreundlichen Menschen auch für Reiseführer unterwegs, um umfassend alle Neuerungen zu Lande und zu Wasser für Sie zu recherchieren.

Eine schöne Reise ins Land der „Tausend Inseln und Möglichkeiten" wünscht Ihnen

Lore Marr-Bieger

**Text und Recherche:** Lore Marr-Bieger **Lektorat:** Carmen Wurm **Redaktion und Layout:** Susanne Beigott **Karten:** Hans-Joachim Bode, Carlos Borrell, Judit Ladik, Michaela Nitzsche, Gábor Sztrecska **Fotos:** Alle Fotos von Lore Marr-Bieger außer: Innentitel (S. 3) – Insel Galešnjak (Kroat. Tourismusverband Frankfurt) und Schlange Poskok (S. 23) von Renato Medić (Brela) **Grafik S. 8/9:** Johannes Blendinger **Covergestaltung:** Karl Serwotka **Covermotive:** Skradinski buk (oben), Tribunj (unten), Insel Galešnjak (S. 3)

**1. AUFLAGE 2013**

# NORDDALMATIEN

LORE MARR-BIEGER

# Norddalmatien – Die Vorschau 10

# Norddalmatien – Hintergründe & Infos 16

## Klima und Reisezeit 18

## Flora 20

## Fauna 23

## Geschichte im Überblick 25

## Anreise 33

| | | | |
|---|---|---|---|
| Mit dem eigenen Fahrzeug | 33 | Mit der Eisenbahn | 37 |
| Mit der Fähre von Italien nach Kroatien | 35 | Mit dem Bus | 38 |
| | | Mit dem Flugzeug | 39 |

## Unterwegs in Kroatien 40

| | | | |
|---|---|---|---|
| Mit dem eigenen Fahrzeug | 40 | Mit dem Bus | 45 |
| Informationen für Kraftfahrer in Kroatien | 41 | Mit der Eisenbahn | 45 |
| | | Mit dem Flugzeug | 46 |
| Mit der Fähre | 43 | Mit dem Fahrrad | 46 |
| Küstenlinie | 43 | Mit dem Mietwagen | 47 |
| Autofähren (Trajekts) | 44 | Mit dem Taxi | 47 |
| Personenfähren/Katamarane | 44 | | |

## Übernachten 48

## Essen und Trinken 52

## Sport 59

## Wissenswertes von A bis Z 64

| | | | |
|---|---|---|---|
| Ärztliche Versorgung | 64 | Nachrichten/Medien | 69 |
| Diplomatische Vertretungen | 65 | Öffnungszeiten | 70 |
| Elektrizität und Trinkwasser | 65 | Organisierte Aktivreisen | 70 |
| Feiertage | 65 | Papiere | 70 |
| Feste und Veranstaltungen | 65 | Post | 71 |
| Geld | 66 | Rauchen | 71 |
| Informationen | 67 | Souvenirs | 71 |
| Internet | 67 | Telefon/Notrufe | 72 |
| Karten | 68 | Trinkgeld | 73 |
| Kleidung | 68 | Trinkwasser | 73 |
| Literatur | 68 | Zoll | 73 |
| Minenfelder | 69 | | |

# Norddalmatien – Reiseziele 74

## Region Zadar 76

### Von Zadar nach Starigrad Paklenica 77

| | | | |
|---|---|---|---|
| Zadar | 78 | Ražanac und Vinjerac | 131 |
| Nin | 93 | Rund um das Novigradsko und Karinsko more | 132 |
| Insel Vir | 102 | | |
| Vir | 103 | Jasenice, Maslenica und Rovanjska | 133 |
| Weitere Inselorte | 105 | | |
| Insel Pag | 106 | Posedarje | 134 |
| Vom südöstlichen Inselende zum Hauptort Pag | 110 | Islam | 135 |
| | | Novigrad | 136 |
| Povljana | 112 | Karinsko more und Umgebung | 139 |
| Košljun | 113 | Karin | 139 |
| Pag | 114 | Benkovac und Umgebung | 141 |
| Von Pag nach Novalja | 119 | Obrovac und Umgebung | 144 |
| Šimuni | 120 | Fluss Zrmanja und Nebenfluss Krupa | 145 |
| Mandre | 120 | | |
| Kolan | 121 | Gračac | 147 |
| Pager Bucht | 122 | Starigrad Paklenica | 148 |
| Novalja | 124 | Nationalpark Paklenica | 153 |
| Halbinsel Lun | 129 | | |

### Inseln vor Zadar 155

| | | | |
|---|---|---|---|
| Archipel vor Zadar | 156 | Ugljan | 177 |
| Insel Olib | 156 | Von Ugljan nach Preko | 179 |
| Insel Silba | 161 | Preko | 180 |
| Insel Premuda | 164 | Kali | 183 |
| Insel Ist | 165 | Kukljica | 185 |
| Insel Molat | 166 | Insel Pašman | 186 |
| Molat | 167 | Ždrelac | 187 |
| Bruglje | 168 | Banj | 188 |
| Zapuntel | 169 | Dobropoljana und Neviđane | 188 |
| Insel Zverinac | 169 | Pašman | 189 |
| Inseln Sestrunj und Rivanj | 169 | Kraj und Ugrinić | 190 |
| Insel Iž | 170 | Tkon | 191 |
| Veli Iž | 171 | Insel Gnalić | 193 |
| Mali Iž | 173 | Insel Vrgada | 194 |
| Insel Rava | 174 | Insel Dugi Otok | 196 |
| Insel Ugljan | 175 | Božava | 197 |
| | | Zur Nordwestseite Dugi Otoks | 200 |

| | | | |
|---|---|---|---|
| Von Božava nach Savar | 201 | Sali | 204 |
| Luka | 202 | Naturpark Telašćica | 206 |
| Žman | 203 | Vorgelagerte Inselchen | 210 |
| Zaglav | 203 | | |

## Von Zadar nach Pakoštane _____ 211

| | | | |
|---|---|---|---|
| Bibinje | 211 | Pakoštane | 224 |
| Sukošan | 214 | Vransko jezero | 228 |
| Sv. Filip i Jakov | 217 | Vrana und Umgebung | 230 |
| Biograd na moru | 220 | | |

## Region Šibenik-Knin _____ 232

### Küste von Šibenik bis Pirovac und vorgelagerte Inseln _____ 233

| | | | |
|---|---|---|---|
| Šibenik | 234 | Tisno | 265 |
| Archipel vor Šibenik | 244 | Jezera | 267 |
| Insel Privić | 244 | Richtung Murter | 269 |
| Šepurine | 246 | Slanica-Bucht | 270 |
| Privić luka | 246 | Murter | 271 |
| Insel Zlarin | 248 | Betina | 275 |
| Insel Kaprije | 249 | Nationalpark Kornaten | 277 |
| Inseln Zmajan, Obonjan u. Kakan | 251 | Die Inseln des Archipels | 284 |
| Insel Žirje | 251 | Žut | 284 |
| Vodice | 253 | Kornat | 284 |
| Tribunj | 260 | Kornat vorgelagerte Inseln | 285 |
| Insel Murter | 263 | Pirovac | 287 |

### Von Šibenik in Richtung Knin _____ 290

| | | | |
|---|---|---|---|
| Nationalpark Krka | 290 | Drniš | 302 |
| Besuch im Nationalpark | 292 | Drniš/Umgebung | 306 |
| Nationalpark Krka/Umgebung | 297 | Knin | 309 |
| Skradin | 298 | | |

### Von Šibenik nach Rogoznica _____ 311

| | | | |
|---|---|---|---|
| Brodarica | 312 | Primošten | 315 |
| Insel Krapanj | 313 | Primošten/Umgebung | 321 |
| Von Brodarica nach Primošten | 315 | Rogoznica | 322 |

## Kleiner Wanderführer für Norddalmatien 326

| | | |
|---|---|---|
| Wanderung 1 | Insel Pag – Bergtour von Kolan zum Sv. Vid | 331 |
| Wanderung 2 | Nationalpark Paklenica – Rundweg von der Mala- zur Velika-Paklenica-Schlucht | 333 |
| Wanderung 3 | Nationalpark Paklenica – in die Velika-Paklenica-Schlucht | 336 |
| Wanderung 4 | Insel Silba – zur Sv.-Ante-Bucht und weiter gen Süden | 338 |

| | | |
|---|---|---|
| Wanderung 5 | Insel Silba – zur Bucht Pernastica | 341 |
| Wanderung 6 | Insel Ugljan – von Preko zur Festung Sv. Mihovil | 342 |
| Wanderung 7 | Insel Dugi Otok – von Božava nach Dragove | 347 |
| Wanderung 8 | Insel Dugi Otok – von Božava zur Bucht Sakarun | 348 |
| Wanderung 9 | Insel Dugi Otok – im Naturpark Telašćica | 350 |
| Wanderung/Mountainbiketour 10 | Vodice – zu den Kulturdenkmälern | 353 |
| Wanderung/Mountainbiketour 11 | Vodice – zu den Basilika-Ruinen in Prižba | 357 |
| Wanderung 12 | Insel Murter – von Tisno nach Jezera | 358 |
| Wanderung 13 | Nationalpark Krka – vom Roški slap nach Stinice | 361 |
| Wanderung 14 | Primošten – zur Halbinsel Kremik und Marina | 363 |

Alle Wanderungen mittels GPS kartiert. Waypoint-Dateien zum Downloaden unter: www.michael-mueller-verlag.de/gps

Etwas Kroatisch _____ 367

Register _____ 379

# Kartenverzeichnis

Norddalmatien — Umschlagklappe vorne
Zadar (Stadt) — Umschlagklappe hinten

| | |
|---|---|
| Archipel Kornaten | 278/279 |
| Archipel vor Šibenik | 246/247 |
| Archipel vor Zadar | 158/159 |
| Biograd | 222/223 |
| Insel Dugi Otok | 199 |
| Insel Murter | 265 |
| Insel Pag | 106/107 |
| Insel Pašman | 188 |
| Insel Ugljan | 176 |
| Insel Vir | 102 |
| Inseln vor Zadar | 156/157 |
| Murter | 273 |
| Nationalpark Krka | 295 |
| Nationalpark Paklenica | 154 |
| Nin | 94/95 |
| Pag | 116/117 |
| Preko | 181 |
| Primošten | 318/319 |
| Šibenik | 238/239 |
| Vodice | 256/257 |
| Von Šibenik in Richtung Knin | 291 |
| Von Šibenik nach Pirovac und vorgelagerte Inseln | 235 |
| Von Šibenik nach Rogoznica | 313 |
| Von Zadar nach Pakoštane | 213 |
| Von Zadar nach Starigrad Paklenica | 78/79 |
| Wanderungen (Übersicht) | 329 |
| Zeichenerklärung | 383 |

# Wohin in Norddalmatien?

**① Region Zadar** → S. 76

Viele Epochen prägten Zadar – bestens ausgestattete Museen, Kulturdenkmäler, Installationen und Events warten; zudem ist die Metropole Sprungbrett zu zahlreichen Inseln, die allesamt erholsame Tage in üppiger Natur und idyllische Badebuchten versprechen. Sehenswert ist das beschaulichen Nin mit altkroatischen Kirchen oder Novigrad am tiefen Fjord. Taucher lieben auf den Inseln das glasklare Meer, Raftingfreunde zieht es zum imposanten Zrmanja-Fluss, Wanderer und Kletterer in den Nationalpark Paklenica, mit seinen beeindruckenden Schluchten und Höhlenfans fahren zur Cerovačke pećine. Große Marinas bieten Bibinje-Sukošan oder Biograd, Familien fühlen sich in Pakoštane am fischreichen Naturpark Vransko jezero oder im gemütlichen Sv. Filip i Jakov wohl.

**② Region Šibenik-Knin** → S. 232

Šibenik prunkt mit meisterhaften Dom und Festungen, zudem erreicht man von hier den autofreien Šibeniker Archipel, mit malerischen Badebuchten und kleinen Museen. Auch vom quirlige Vodice, beliebt bei Familien und Jüngeren, wird der Archipel angelaufen. Der kaskadenreiche, üppig grüne Nationalpark Krka wartet mit herrlichen Wander- und Bootstouren. Auch die alte Königsstadt Knin mit großer Burganlage oder das trutzige Drniš, Heimat von Ivan Meštrović lohnen. Idyllisch Insellage haben das Kleinod Tribunj, bekannter ist das malerische Primošten. Bootsleute zieht es in die gut ausgestattete Marina von Rogoznica und vor allem zur Insel Murter – hier wartet neben traditionellen Bootswerften der nahe Nationalpark Kornaten, ein beeindruckender Inselarchipel.

# Norddalmatien: Die Vorschau

## Regionen und Landschaften

Norddalmatien, das Herzstück der langen kroatischen Küste, wird im nördlichen Teil von **Zadar**, im südlichen von **Šibenik** verwaltet. In der **Zadarske županije** findet sich das 1800 m hohe Küstengebirge des **Naturparks Velebit** mit seinen imposanten Schluchten und dem canyon- und kaskadenbildenden Fluss **Zrmanja**, die als Kulissen bei Winnetoufilmen dienten. Auch die Unterwelt beeindruckt u. a. bei Gračac in der **Cerovačke pećine**, der größten Höhle Kroatiens. Daneben gibt es fruchtbare Ebenen wie die Halbinsel Ravni kotari, wo Gemüse und Obst gedeihen, oder das hügelige, aussichtsreiche Hinterland, die Bukovica. Die Küste ist stark gegliedert und bildet teils tiefe Fjorde, wie das **Novigradsko** und **Karinsko more** sowie die große **Telašćica-Bucht**, die fast wie Seen anmuten. Der große **Vransko jezero** ist ein Süß- wie Salzwassersee und Vogelparadies. Der buchtenreichen malerischen Küste sind zahlreiche große und kleine Inseln vorgelagert, von der Ferne oft kahl, im Innern oft mit kleinen Kiefernwäldern und fruchtbaren Feldern bestückt, wo u. a. Wein, Oliven und Feigen gedeihen. Das weiße Karstgestein ist vorherrschend, bietet einen starken Kontrast zum tiefblau-türkisen Meer und zeigt die ihm eigenen, fast mystischen Erscheinungen wie unterirdische Flussläufe, Dolinen oder Salzwasserseen.

Die **Šibensko-kninska županija** dominiert die **Krka**, die bei Knin im 1800 m hohen Dinarischen Gebirge entspringt, ihren Weg durch den Karst bricht, imposante Canyons bildet, durch Kaskaden beschleunigt, sich wieder ruhig in Seen verbreitert und bei Šibenik vor herrlicher Altstadtkulisse ins Meer mündet. Beidseitig der

# „üppig grün, karg und karstig"

Krka liegen Hochebenen mit vielen Festungen, der über 1000 m hohe Gebirgszug Promina, fruchtbare Täler und weitere Karstflüsse wie die Čikola. Auch hier ist die Küste stark gegliedert und vorgelagert findet sich die größte Inselansammlung im Mittelmeer, die **Kornaten**.

## Jahrtausendealte Geschichte und Kulturgut

An Kulturgut hinterließen die Illyrer ihre befestigten Hügel, Gradina, die einst die Küste und Schifffahrt sicherten. Die Römer erbauten an wichtigen Handelswegen Militärbasen, legten Wasserleitungen an und amüsierten sich in Thermen und Amphitheatern oder blieben in ihren Villae rusticae. Die Kroaten errichteten vor allem schöne Kirchen, die Franziskaner Klöster. Die Venezianer zierten ihre Errungenschaften mit schönen Palästen, aber auch mit Festungen, die sie an strategisch wichtigen Positionen bauten. Im Hinterland übernahmen diese Bollwerke erfolgreich die Osmanen, errichteten dazu noch Minarette und Moscheen. Auch die k & k-Monarchie hinterließ prachtvolle Bauten. Noch heute wandelt man durch diese Hinterlassenschaften oder betrachtet die Spuren in gut gestalteten Museen. Zudem schmückten Künstler wie Ivan Meštrović Plätze mit Skulpturen, jüngere Zeitgenossen hinterließen moderne Installationen, u. a. in Zadar.

## Städte, Fischerorte, Festungen

Das geschichtsträchtige **Zadar** prunkt auf seiner Altstadthalbinsel mit römischem Forum, sehenswerten Museen, alten Kirchen und modernen Installationen. Das kleine **Nin** schmückt sich mit der kleinsten Kathedrale, altkroatischen Kirchen und Salzgarten. Versteckt am

# Norddalmatien: Die Vorschau

malerischen Fjord liegt **Novigrad**, von seiner Burg bewacht. Das alte **Benkovac**, Zentrum der Bukovica-Region, bietet neben der archäologischen Stätte Asseria auch viele Burgen, einst zur Türkenabwehr errichtet. Das Städtchen **Biograd** lockt mit Lokalen und Marinas. **Vinjerac, Bibinje, Sv. Filip i Jakov** und **Pakoštane** sind heute kleine, beliebte Ferienorte. Die zweitgrößte Stadt Norddalmatiens, **Šibenik**, beeindruckt mit ihrer Kathedrale und vielen wachenden Festungen am Krka-Kanal und flussaufwärts. Besuchenswert ist auch die Königstadt **Knin** mit ihrer riesigen Burganlage, wie auch **Drniš**, die Heimat von Meštrović, am malerischen Fluss Čikola. Idyllisch liegen das kleine **Pirovac** und das Kleinod **Tribunj** mit prunkender Marina. Das quirlige Hafenstädtchen **Vodice** lieben v. a. Jüngere und Bootsleute. Malerisch erstreckt sich das mittelalterliche **Primošten** auf seiner Halbinsel, das Schlusslicht bildet **Rogoznica** mit tiefem Salzsee und komfortabler Marina.

## Inseln, Eilande und Riffs

Zu Norddalmation gehört mit dem **Kornaten-Archipel** die größte Inselansammlung im Mittelmeer – die stürmische See und die tückischen Riffs ließen die Fischer eigenartige Namen vergeben, traumhaft ist die Kulisse dieser so gut wie unbewohnten Eilande, die zum Nationalpark erklärt wurden. Auch der **Šibeniker** und **Zadarer Archipel**, beide fast autofrei mit netten Dörfern, versprechen Ruhe in Ihrem Urlaub – gemütlich ist dort die Gangart, das Leben wird dominiert vom Wetter und vom Meer. Nicht anders sieht es auch auf den größeren Inseln aus, z. B. auf der **Insel Dugi Otok** mit dem Naturpark Telašćica und netten, ruhigen Fischerorten. Die ebenfalls langgezogene

# „Inseln, Wasserfälle, Schluchten ..."

**Insel Pag** bietet neben schönen Badebuchten für Jüngere die Partymeile an der Pager Bucht. Grün und hügelig sind die mit einer Brücke verbundenen **Inseln Ugljan** und **Pašman**, die auch zum Mountainbiken einladen. Die **Insel Murter**, bekannt schon lange bei Bootsleuten, bietet herrliche Badebuchten und grandiose Ausblicke auf die Kornaten.

## Naturparks und Nationalparks

Norddalmatien ist mit völlig unterschiedlichen Landschaften reich gesegnet, allein drei Nationalparks und drei Naturparks befinden sich auf diesem kleinen Gebiet. Im Norden erstreckt sich das Küstengebirge, der **Naturpark Velebit**, der den **Nationalpark Paklenica** mit seinen beiden imposanten Schluchten und herrlichen Rotbuchenwäldern sowie auch einen Teil des Flusses Zrmanja mit seinem Canyon und Kaskaden umfasst. Unzählige, fast unbewohnte Inselchen und Riffs bietet dagegen der schon oben erwähnte **Nationalpark Kornaten**, die man per Ausflugsboot oder am besten mit dem eigenen Boot erlebt – hier finden sich neben sagenhafter Landschaft auch zahlreiche kleine Gourmetrestaurants. Gleich nebenan liegt auf der Insel Dugi Otok der **Naturpark Telašćica** mit seiner großen Meereseinbuchtung, die gut geschützte Ankermöglichkeiten bietet, zudem den Salzsee Mir und einzigartige, 200 m steil abfallende Klippen. Im **Nationalpark Krka** locken größere und kleinere Wasserfälle, Kaskaden und Burgen – hier kann man wandern oder per Ausflugsboot den Fluss und die üppig grüne Landschaft genießen. Ein El Dorado vor allem für Vögel ist der große **Naturpark Vransko jezero**, ein See, dessen Fluten sich mit dem Salzwasser mengen.

# Norddalmatien: Die Vorschau

## Wassersport: Baden, Tauchen, Surfen, Raften, Kajaken, Segeln …

Gebadet wird im türkisblauen klaren Meer an lauschigen Kies- und Felsbuchten entlang der Küste und auf den zahlrgeichen Inseln – beste Wasserqualität garantiert. Auch Sand findet sich, u. a. auf den Inseln Pag, Vir, Ugljan, Pašman und Vrgada, zudem bei Privlaka, Nin und Karin, wo auch im Schlamm gekurt werden kann. Das glasklare Meer mit Sichtweiten bis zu 50 m Tiefe bietet Tauchern viel Genuss, zudem gibt es in jedem Ort Tauchschulen, die zu den schönsten Unterwasserplätzen mit Höhlen und Wracks fahren. Surfer und Kiter finden ihr Revier vor allem bei Nin vor imposanter Velebit-Kulisse. Die Zrmanja oder Krupa sind bei Rafting- oder Kajakfreunden bekannt, auch mit einem Seekajak rund um Inseln paddeln wird immer beliebter. Die Nautikszene ist mit Anlegeplätzen, Marinas und Jachthäfen entlang der Küste und auf den Inseln bestens versorgt, u. a. mit einer der größten im Mittelmeer, der Marina Dalmacija bei Sukošan oder der prämierten Marina Frappa bei Rogoznica. Malerisch am Krka-Fluss liegt der Jachthafen von Skradin.

## Sport zu Land: Wandern, Klettern, Mountainbiken …

Das Velebit-Gebirge mit seinen bis 1800 m aufragenden Gipfeln ist das anspruchsvollste und bestens markierte Wandergebiet in Norddalmatien; in den Paklenica-Schluchten mit den schroff abfallenden Felswänden treffen sich neben Wanderern auch die internationale Kletter- und Freeclimberszene. Touristisch bisher wenig erschlossen, aber im Aufwind, ist das Promina-Gebirge bei Drniš, ebenso das Dinarische Gebirge bei Knin. Schöne Ausblicke über die malerische, inselbestückte Landschaft ge-

# „salzig, herzhaft, süß und süffig"

nießt man auch von Inselbergen oder wenn man entlang der Küste durch würzig duftende Macchia oder Aleppokiefernwälder zu Badeplätzen wandert. Die autofreien Inselchen wie u. a. Silba, Olib, lž im Archipel von Zadar oder auch Kaprije und Žirje im Archipel von Šibenik bieten viele Stunden Wandergenuss durch unberührte Natur. Meist können auf all diesen Wegen auch Mountainbikes benutzt werden. Tennis- und Beachvolleyballplätze finden sich bei allen komfortablen Hotels.

## Gaumenfreuden

Die bodenständige, saisonale Küche wird geprägt vom Meer, den Flüssen und all dem, was gerade auf den Feldern gedeiht – gewürzt nach Art der Balkanküche, verfeinert und versüßt von der italienischen und österreichisch-ungarischen Kochkunst. So garen auf dem Holzofen fangfrische Brassen oder Drachenköpfe, in den Töpfen Scampi aus dem Velebit-Kanal oder Hummer. Die saftigen Austern oder Muscheln aus dem Novigradsko more oder Krka-Kanal werden in leckeren Weinsaucen serviert. An Süßwasserfischen bereichern Forellen und Karpfen, aber auch Froschschenkel die Speisekarte. Lamm, Zicklein, Kalb oder Oktopus garen schonend unter der Tonglocke Peka. Spezialitäten sind auch Spaghetti mit Hummer, Reis mit Oktopus oder deftige Eintöpfe. Zur Vorspeise oder als Snack werden Sardellen, Anchovis oder der würzige Pršut (Schinken) und Sir (Käse) serviert, dazu gibt's Oliven, frisch gebackenes Brot und regionale süffige Rot- und Weißweine, zudem Kräuter-, Feigen- oder Kirschschnäpse. An Naschwerk hinterließen die Österreicher ihre Strudel oder Palatschinken, ebenso die Cremetorten, beliebt sind auch Feigen, am liebsten in Schnaps getränkt oder Fritule, eine Art Krapfen.

Zadar – fast jeden Abend fasziniert die Installation „Gruß an die Sonne"

# Hintergründe & Infos

| | | | |
|---|---|---|---|
| Klima und Reisezeit | → S. 18 | Unterwegs in Kroatien | → S. 40 |
| Flora | → S. 20 | Übernachten | → S. 48 |
| Fauna | → S. 23 | Essen und Trinken | → S. 52 |
| Geschichte im Überblick | → S. 25 | Sport | → S. 59 |
| Anreise | → S. 33 | Wissenswertes von A bis Z | → S. 64 |

Bereits Alfred Hitchcock (s. Zadar) schwärmte von den fantastischen Sonnenuntergängen – hier, über den Inseln Ugljan-Pašman

# Klima und Reisezeit

Die Region Norddalmatien hat an der Küste *mediterranes Klima* – mit warmen Sommern mit geringen Niederschlägen. Der Regen kommt im Herbst, die Winter sind mild. Im Jahresdurchschnitt steigen die Temperaturen weder extrem an noch fallen sie extrem ab – beste Bedingungen für einen gelungenen Urlaub. Mit einer Ausnahme: Wenn die *Bora* vom Gebirge in den Küstenraum hinunterbläst, sind kurzzeitige Temperaturstürze, auch mit extremem Starkregen, die Folge. Weht im Sommer der *Maestral,* ein angenehm erfrischender Wind, vom Meer, ist mit klarem, schönem Wetter zu rechnen. Im Frühjahr und Herbst bringt der warme *Jugo* Wolken und Regen. Im Landesinneren herrschen ganzjährig durch kalte Nordostwinde etwas kühlere Temperaturen, die bereits ab Spätherbst auch für Frost und Schnee sorgen können.

Die Badesaison beginnt im Juni, dann steigen die Wassertemperaturen auf durchschnittlich 21 °C und bleiben bis Ende September an der Küste konstant zwischen 21 °C und 24 °C. Auch in den heißesten Monaten Juli und August sorgt das mediterrane Klima für erträgliche Temperaturen. Nachts wird es nicht zu kalt (zwischen 19 °C und 21 °C), tagsüber steigt das Quecksilber bis auf 30 °C.

In den letzten Jahren war im Zuge des allgemeinen Wetterwandels aber auch diese Region von Extremen geprägt: Über 5 Monate fiel kein Regen, bis zu 38 °C heiß wurde es im Sommer (auch Anfang Oktober lagen die Temperaturen noch bei 25 °C bis 30 C) und an der Küste lag, wenn auch nur zwei Wochen lang, im Winter 2011/12 rund 40 cm Schnee und die Temperaturen fielen auf minus 10 °C. Allgemeine Wetterregeln kann man also fast nicht mehr aufstellen. Aber extreme Wetterstürze sind von heute auf morgen üblich.

*Beste Reisezeit* für Norddalmatien sind die Monate Mai, Juni und September bis Mitte Oktober. Im Juli und August herrscht Hochbetrieb – für die vielen ausländischen

Touristen und auch die Einheimischen ist Ferienzeit. Wer gerne Wanderungen oder Moutainbiketouren unternimmt, kann dies bei angenehmen Temperaturen auch schon im April oder bis Ende Oktober tun.

Die aktuellen Wetterprognosen vor Ort erfahren Sie aus dem kroatischen Rundfunk (im Sommer auch in deutscher Sprache), zudem in Aushängen u. a. an Marinas, Hotels, Campingplätzen und Touristinformationen sowie im Internet unter www.meteo.hr (→ „Wissenswertes von A–Z, Nachrichten/Medien").

### Klimatabelle von Zadar (Durchschnittswerte)

|  | Ø Lufttemperatur (Min./Max. in °C) | | Ø Wassertemperatur ( in °C) | Ø Tage mit Niederschlag | Ø Stunden mit Sonnenschein |
|---|---|---|---|---|---|
| April | 10 | 17 | 14 | 6 | 7 |
| Mai | 13 | 21 | 17 | 6 | 9 |
| Juni | 17 | 24 | 21 | 5 | 10 |
| Juli | 19 | 28 | 23 | 4 | 12 |
| Aug. | 19 | 29 | 23 | 4 | 11 |
| Sept. | 16 | 24 | 21 | 6 | 8 |
| Okt. | 13 | 20 | 19 | 7 | 6 |

An der kroatischen Adria blasen die **Winde aus allen Himmelsrichtungen**. Die wichtigsten sind *Bora (bura), Jugo* und *Maestral*.

**Bora:** Sie kann das ganze Jahr auftreten, kommt aus nordnordöstlicher und ostnordöstlicher Richtung und weht vom Land zum Meer, im Winter ist sie häufiger und stärker. Der trockene, kalte Wind tritt plötzlich auf, schwillt zum Sturm an und bläst in unregelmäßigen Windstößen. Mit Geschwindigkeiten von bis zu 180 km/h fegen dann eiskalte Böen vom Gebirge herab und höchste Vorsicht ist geboten. Besonders stark tritt die Bora im Bereich der Nord-Adria auf. Achtung bei Segeltörns, aber auch beim Auto- und Motorradfahren! Unterarten der Bora sind die **Tramontana**, die ebenfalls aus Norden, häufiger aber im südlichen Adria-Raum weht, sowie der **Levant**, *istočnjak;* er bläst schwächer und regelmäßiger als die Bora und ist eine Art Mischung aus Bora und Jugo.

**Jugo:** Ein feucht-warmer Wind von gleichbleibender Stärke aus südsüdöstlicher und ostsüdöstlicher Richtung. Innerhalb von 36 bis 48 Stunden wird er etappenweise stärker, bringt Wolken, unruhige See und Regen.

Der **Lebič** bläst aus südwestlicher, der **Punenat** aus westlicher Richtung. Beide halten nur kurze Zeit an.

**Maestral:** Der Maestral ist ein „Schönwetterwind". Er bläst aus nordwestlicher Richtung und im Sommer vom Meer zum Land. Seine Stärke hängt vom Temperaturunterschied zwischen Meer und Land ab, doch weht er regelmäßig. Er beginnt gegen 9 Uhr, ist gegen 14 Uhr am stärksten und endet vor Sonnenuntergang.

Der **Burin** kommt aus nordöstlicher Richtung, ist schwächer als der Maestral und weht nachts vom Land her.

**Newera** *(Neverin)*: Diese fast schon launische Winddame, deren Auftritt sich im Wesentlichen auf den nordadriatischen Raum beschränkt, ist ebenfalls nicht zu unterschätzen und vor allem nicht auf den Tag vorhersehbar, auf jeden Fall kommt sie von Westen. Die Newera bringt örtlich begrenzte unwetterartige Stürme, auch Hagel oder extreme Regengüsse. Warnende Vorzeichen sind extreme Hitze und Schwüle, Sturmwolken, Luftdruckabfall, Temperaturanstieg und ein Sinken der relativen Luftfeuchtigkeit. Besonders gefährdet sind dann vor allem kleine Boote, die nicht schnell genug den sicheren Hafen erreichen. Daher die Wetterprognosen unbedingt beachten!

# Flora

Zum besonderen Reiz des Mittelmeerraums trägt sicherlich die üppige Welt der Pflanzen bei, die in Kroatien um einiges vielfältiger und artenreicher ist als bei uns in Mitteleuropa.

Die Adriaküste ist von Karst, Macchia und von subtropischer Vegetation geprägt. Die Inseln bestehen hauptsächlich aus *Kalkstein*. Kalkstein ist wasserlöslich; seine horizontalen Schichten wurden in geologischer Vorzeit aus dem Erdinnern hochgeschoben und gebrochen – *Karst* entstand. Aber auch der Mensch hat zur Verkarstung der Landschaft beigetragen: durch Rodung der Wälder. Die nunmehr haltlose Erde wurde vom Regen weggespült und von starken Winden abgetragen, sodass der Kalkstein zu seiner heutigen, typischen Form verwitterte – Karren, Schratten, Rillen, Wannen, Löcher blieben übrig. Durch die Spalten drang Wasser in die unterirdischen Schichten und spülte all die Höhlen aus, in denen sich später Tropfsteine entwickelten.

Von den einst riesigen Flaumeichenwäldern sind nur noch Waldflecken übrig geblieben, die den steinigen Boden bedecken. Den größten Baumbestand bilden heute die wieder aufgeforsteten Aleppokiefern oder Seestrandföhren.

Die vom mediterranen Klima begünstigte Flora hat für Pflanzenliebhaber aus unseren Regionen eine besondere Anziehungskraft. Das Klima – lange Regenzeit im Winter, kaum Fröste, mehrmonatige heiße Trockenperiode im Sommer – bewirkt spezielle Wachstumszyklen: Im Herbst, mit dem Einsetzen der Regenfälle, beginnen die Pflanzen zu wachsen. Bis auf wenige Arten, die auch im Winter blühen, setzt die Blüte im April und Mai mit dem Ende der Regenperiode ein. Die Sommerhitze lässt die Blütenpracht schnell wieder verschwinden – es sei denn, die Pflanzen bekommen durch Küstennähe oder künstliche Wasserzugabe mehr Feuchtigkeit. Bäume und Sträucher überleben die Trockenzeit dank ihres tief reichenden Wurzelwerks. An krautigen Pflanzen überleben nur die einjährigen, die sich noch schnell durch Samenabwurf fortpflanzen, sowie die Knollenpflanzen, die sich, wie bei uns, zurückziehen und nach dem so genannten Winterschlaf mit der Regenperiode wieder austreiben. Im Spätsommer schließlich präsentiert sich die Pflanzenwelt mit Früchten und Blättern wieder in ihrer ganzen Farbenpracht.

**Wälder:** Ausgedehnte Wälder befinden sich im Landesinneren, u. a. in den Nationalparks Krka oder Paklenica, wo Buchen, Kiefern und Tannen wachsen und im Unterholz flächendeckend Alpenveilchen in Rosé und Weiß blühen. Auf den Inseln gedeihen durch den Raubbau des Menschen keine dichten, urwüchsigen Wälder mehr; sie wurden durch Forste mit Seestrandföhren- oder Aleppokieferbeständen ersetzt, die oft von Macchia-Unterwuchs begleitet werden. Vereinzelt treten immergrüne Steineiche, Flaumeiche, orientalische Hainbuche, Rotbuche, Zedernwacholder, Pinie, Schwarzkiefer, Lorbeerbaum und Johannisbrotbaum auf.

**Macchia**: Die Macchia ist eine Landschaftsform, die durch menschliches Einwirken entstand – vor allem durch Rodung der immergrünen Wälder seit der Antike und später durch ständige Holzentnahme: Die Pflanzen lieferten nützliche Produkte wie Brennholz, Holzkohle, Harz, Gummi, Farben und Fasern. Aber auch Ziegen- und Schafverbiss richtete viel Schaden an.

Meist ist die Macchia dicht und undurchdringlich. 2 m und höher sind die Sträucher, die oft ledrige Blätter haben und deren Schönheit man eigentlich nur im Frühling betrachten kann. In dieser Jahreszeit verwandelt sich die Landschaft in ein duftendes Blütenmeer – weiß und rosafarben blüht die Zistrose, weiß bis zartrosa die Baumheide, dazwischen leuchten die Gelbtöne verschiedener Ginsterarten und all die Blüten der Knollengewächse. Im Verlauf des Jahres wird die Macchia farbloser und zeigt sich nur in ihrer Gesamtheit als graugrüner Kontrast zu den Felsen. Allerdings duftet sie dann, denn durch die niederbrennende Sonne werden die ätherischen Öle aus den Blättern freigegeben. Oft atmen wir sie tief ein und genießen ihr „würziges" Aroma. Im Spätherbst lebt die Macchia noch einmal kurz auf: Die orangeroten Früchte des Erdbeerbaums, das kräftige Rot des Mastixstrauches, das Blau des Wacholders und der Ölbaumgewächse leuchten in ganzer Pracht.

**Hohe Macchia**: Sie ist geprägt von den 4–5 m hohen Bäumen der Kermeseiche, Aleppokiefer, des Judasbaums, Erdbeerbaums und phönizischen Wacholders, den stattlichen Sträuchern der Baumheide, Myrte, Steinlinde und des Pfriemenginsters.

**Niedrige Macchia** zeigt sich in den 1,5–2 m hohen Sträuchern des Rosmarins, des lorbeerähnlichen Schneeballs, des Herbstseidelbasts, Mastix, Mäusedorns, der Zistrosen und Erika-Arten. An offenen Stellen wachsen vor allem Zwiebel- und Knollengewächse.

**Gemischte Macchia**: Sie besteht aus Johannisbrotbaum, Dornenginster, immergrünem Kreuzdorn, Stechwinde.

## Das Pflänzchen Buhać

Vor allem an der dalmatinischen Küste, an Wegrändern und am Felsentrift entdeckt man Buhać, das sog. Flohkraut (Pyrethrum cineratiaefolium), ähnlich kleinen Margaritenbüschen, aber eine Chrysanthemenart. Populär wurde das genügsame Pflänzchen durch Hr. Šupuk, einen Tüftler aus dem Raum Šibenik (→ Nationalpark Krka, S. 292). Er entdeckte, dass Flohkraut gut zur Schädlingsbekämpfung eingesetzt werden kann, da es natürliches Pestizid enthält. Lange ließ er im größeren Stil die Pflanzen in den Mühlen entlang der Krka-Wasserfälle pulverisieren. Auch die Bauern in diesen Regionen wussten um den Nutzen dieses „Unkrauts" und ließen es einfach unter ihren Olivenbäumen, unter Wein und Gemüse wachsen – auch heute besinnt man sich wieder dieser nützlichen Pflanze.

**Garigue**: Diese Vegetationsart tritt in heißen, trockenen Gebieten mit felsigem und flachgründigem Boden auf. Hier halten sich nur kleine Sträucher bis 0,5 m Höhe. Die meisten Pflanzen sind aromatisch, einige haben Dornen: Es sind vor allem unsere Gewürzkräuter wie Thymian, Bohnenkraut, Rosmarin, Salbei und Lavendel, aber auch Knollenpflanzen wie Krokus, Schwertlilie, Hyazinthe, Schachblume, Affodill, Immortelle, Wolfsmilchgewächse und viele Orchideenarten. Besonders im Frühling, nach der Regenzeit, kann man ihnen fast beim Wachsen und Erblühen zuschauen. In der Garigue gedeiht auch das blau blühende, Magen stärkende Heilkraut Pelin, aus dem der Kräuterschnaps Pelinkovac gemacht wird. Ein häufiges Pflänzchen in der Garigue ist das der Kamille oder Chrysantheme ähnlich sehende sog. Flohkraut (kroat. Buha oder Buhác), das als natürliches Insektizid eingesetzt wurde.

**Felsentrift**: Hier wurde durch Mensch und Tier jede Vegetation fast vollständig zerstört – der kahle Fels tritt zutage. Trotzdem halten sich in den Felsritzen noch kleine, aber farbenprächtige Pflanzen wie Anemone, Alpenveilchen, Schwertlilie, spanische Winde, Gamander, Backenklee, Thymian, Affodillenarten und dornige Wolfsmilch.

**Wasser- und Sumpfpflanzen**: Die Flüsse und Seen sind gesäumt von Schilfgras, es wachsen Iris, weiße Seerosen und der gelbe Wasserschlauch.

**Kultur- und Zierpflanzen**: Durch Handelsbeziehungen mit teils sehr weit entfernten Ländern gelangten auch exotische Pflanzen nach Kroatien und wurden hier heimisch – so z. B. Oliven, Feigen und Granatäpfel aus dem Orient. Die Araber brachten Zitrusgewächse wie die Apfelsine aus China mit. Eukalyptusarten und Akazien stammen aus Australien und die unechte Dattelpalme von den Kanarischen Inseln. Agave, Bougainvillea, Rizinus, der Feigenkaktus, Oleander und die Tamariske wurden aus den tropischen Zonen Amerikas eingeführt. Auf einigen Inseln mit sandigem Untergrund pflanzte man Bambusrohr als Windschutz und zur Verhinderung der Bodenerosion an. All diese Pflanzen, die Städte und Dörfer verschönern, sind heute aus Kroatien kaum mehr wegzudenken.

# Fauna

Wegen der spärlichen Besiedelung der Inseln, des Hinterlandes und des Küstengebirges Velebit leben hier zahlreiche Tierarten weitgehend ungestört.

An der Küste und auf den Inseln begegnet man auf Schritt und Tritt Eidechsen, die sich in der Sonne aalen und durchs Gebüsch rascheln. Sie haben sich von Insel zu Insel ganz unterschiedlich und unabhängig voneinander entwickelt. Die prächtigste ist die bis zu einem halben Meter lange *Smaragdeidechse* mit ihrem leuchtenden Grün. Der *Mauergecko*, eine kleine Echse, ist harmlos, obwohl man ihn Tarantula nennt – er klettert lediglich die Wände hoch. Der *Scheltopusik* sieht wie eine Schlange aus, zählt aber ebenfalls zu den Echsen.

Geht man auf schmalen Pfaden durch die Macchia spazieren, verheddert man sich oft in prachtvollen Spinnennetzen, doch die meisten *Spinnen* sind harmlos.

Augenfällig ist die Vielfalt der *Käfer* und *Schmetterlinge.* Vom Nachtpfauenauge über den Schwalbenschwanz und Apollo bis zum gemeinen Blutströpfchen – überall flattert, hüpft, surrt und leuchtet es in allen Farben.

Zahlreich sind auch die *ganzjährig heimischen Vogelarten:* Es gibt Meisen, Lerchen, Stieglitze, Wachteln, Zaunkönige, Amseln, Krähen.

*Zugvögel*, die im Sommer an der Küste und auf den Inseln nisten, sind Nachtigall, Schwalbe, Wiedehopf, Kuckuck und Turteltaube. Eine besondere Bedeutung für die Vogelwanderung im Frühjahr und Herbst hat der artenreiche *Nationalpark Krka*. Hier leben auch die größten Fledermauskolonien und die Gewässer des Flusses sind reich an Amphibien.

# 24  Fauna

An *Greifvögeln* gibt es den Habicht und den Sperber. In entlegenen Gebieten findet man Wanderfalken, Eulen, Uhus und Steinkäuze. Manchmal bekommen die Inseln auch Besuch von Adlern und Königsgeiern, die im Küstengebirge leben. Der Schlangenadler ernährt sich von Schlangen und Eidechsen. Steinadler und Gänsegeier leben im Velebit-Gebirge. Beliebte Jagdobjekte sind *Hühnervögel*, wie die reichlich vorhandenen Fasane und Rebhühner.

An Sümpfen und Gewässern findet man *Wildgänse* und *Wildenten*, natürlich die Möwe und viele andere *Wasservögel*, sowie *Frösche, Kröten* und *Schlangen*. Hier ist ebenfalls der Nationalpark Krka von größter Bedeutung, ebenso auch der *Vransko jezero*, wo u. a. auch Purpurreiher und Zwergscharben nisten und der sogar über eine Ornithologische Station verfügt.

Viele der hier lebenden *Schlangen* wie Wasserschlangen, Blindschleichen, Eidechsennattern, Katzennattern, Zornnattern und Leopardnattern sind, obwohl sie der Volksmund als Giftschlangen bezeichnet, völlig ungefährlich. Vor der Hornviper und – seltener – der Kreuzotter sollte man aber auf der Hut sein – sie sind in der Tat giftig.

### Hornotter oder Hornviper (vipera ammodytes) – eine gefährliche Sonnenanbeterin

Auf den Inseln und im Küstengebirge ist diese Giftschlange keine Seltenheit. Wer die Gepflogenheiten dieses Tieres kennt, kann sich schützen. Bei Temperaturen unter 25 °C, d. h. meist im Frühjahr und Herbst, sucht die Schlange die Sonne, um sich zu wärmen. Sie kann dann mitten im Weg liegen oder an einem Steinmäuerchen. Ihrer Vipernatur entsprechend weicht sie bei Geräuschen nur sehr langsam oder auch gar nicht aus, d. h. immer darauf achten, wohin man steigt! Bei hohen Tagestemperaturen versteckt sich die Viper in den Steinmäuerchen (Achtung beim Rasten!) und kommt dann nur morgens oder abends aus ihrem Plattenbau. Im Spätsommer wird sie zum Climber, um der Sonne näher zu kommen. Sie hält sich auf Gebüsch oder niederem Baumgeäst auf, nun heißt es wirklich achtsam sein, denn ein Biss in Hals oder Kopf kann tödlich sein. Wichtig ist es deshalb, behutsam durch die Natur zu laufen, zudem lange Kleidung, evtl. Hut und gutes Schuhwerk zu tragen. Der kroatische Name der Schlange ist *Poskok* (→ Foto S. 23, oben).

Fast nie sind dagegen *Braunbären, Wölfe, Wildkatzen* und *Luchse* zu sehen, die in den entlegenen Winkeln des Nationalparks Paklenica und des Naturparks Velebit leben. Sehr häufig findet man *Hasen* und *Kaninchen, Erdhörnchen, Steinmarder, Damhirsche* und *Wildschweine*.

Im Meer tummelt sich verschiedenartigstes *Wassergetier:* Seebarsch, Steinbutt, Seezunge, Makrele, Thunfisch, Aal, Zander, Sardelle, Tintenfisch, Drachenkopf, Scholle, Languste. Hummer, Austern und Muscheln werden gezüchtet. In tieferen Gewässern gibt es kleine Haie und man sieht munter springende Delfine. Eine weitere Rarität ist die Meeresschildkröte, die akut vom Aussterben bedroht ist. Rar sind auch die bei der Insel Pag gesichteten Mittelmeermönchsrobben – sie gehören zu den seltensten und bedrohtesten Tierarten Europas.

Zeitlos – der Renaissance-Kreuzgang vom Franziskanerkloster in Zadar

# Geschichte im Überblick

**Jungsteinzeit**: Schon vor 12.000 Jahren lebten Menschen in dieser Gegend. Entsprechende Funde machte man in Karsthöhlen, z. B. in der Cerovačke pećine (bei Gračac). Seit dem 6. Jt. v. Chr. leben in den Küstengebieten der östlichen Adria Ackerbauern und Viehzüchter. Bekannt geworden ist die *Danilo-Kultur,* die zur Gruppe der Bandkeramiker gehört. Ein berühmtes Gefäß aus der Umgebung von *Šibenik* zeigt das erste Segelschiff, das jemals dargestellt wurde.

**Antike**: Seit dem 2. Jt. v. Chr. werden die östliche Adriaküste und weite Teile des Hinterlands von den indogermanischen *Illyrern* bewohnt. Einer ihrer Stämme heißt *Delmatae*, der die Römer vernichtend schlägt, sodass diese, zutiefst von deren Kriegsführung beeindruckt, das ganze Gebiet bis hinunter nach Montenegro nach ihnen benennen und somit der Landschaftsname Dalmatien entsteht.

Im 8.–6. Jh. v. Chr. dringen die Griechen zur Küste vor und gründen dort Handelsniederlassungen. Die Illyrer werden ins Hinterland abgedrängt, die Griechen aber müssen sich gegen Angriffe und Seeräuberei der illyrischen Stämme zur Wehr setzen. Römische Truppen kommen zu Hilfe und schlagen 229 v. Chr. im ersten illyrischen Krieg die Truppen der Königin *Teuta*. Rom führt noch sechs weitere Kriege, bevor Illyrien 35 v. Chr. unter Kaiser Octavianus dem Reich einverleibt wird. Um Illyrien geschickter verwalten zu können, wird Illyrien aufgeteilt, die Grenze verläuft ungefähr im Gebiet der Drau und Donau: in Pannonien mit der Hauptstadt *Petovium* (das heutige Ptuj in Slowenien) und Dalmatien (was dem heutigen Kroatien entspricht) mit der Hauptstadt *Salona* (Solin bei Split). Das effiziente römische Verwaltungssystem und die Romanisierung von Sprache und Kultur tragen bald Früchte: Illyrische Soldaten stellen im 3. und 4. Jh. den Hauptteil des Heeres und sind ein bedeutender Machtfaktor. Allein sechs römische Kaiser, u. a. Diokletian, gehen aus Illyrien hervor.

Unter den Römern werden bedeutende Handelsstraßen quer durch das Reich errichtet und an strategisch wichtigen Plätzen Militärbasen gebaut, u .a. in Dalmatien die Handelsstraße von *Jadera* (Zadar) über *Nedinum* (Nadin), *Asseria* (Benkovac), *Burnum* (nahe Knin/ N.P. Krka), *Scardona* (Skradin) nach *Salona* (Solin) und weiter bis *Narona* (bei Metković).

Unter Kaiser Theodosius wird dann 395 das gesamte Reich aufgeteilt, in Ost- und Westrom. V. a. das Weströmische Reich kann den Dauerattacken von Hunnen und Ostgoten nicht standhalten und muss 496 aufgegeben werden. Etwas länger hält sich Ostrom unter Kaiser *Justinian I.* (527–565), der entlang der Küste noch etliche Festungen zur Sicherung des Seeverkehrs errichtet, u. a. auf den Inseln Pašman, Vrgada, Žirje und Kornat (Tarac).

Relief mit Figur eines kroatischen Königs, 11. Jh.

**Kroatien entsteht**: Im 6. Jh. n. Chr. lassen sich die *Kroaten*, ein südslawischer Großstamm, in Dalmatien und Istrien nieder. Einen ersten, über den Stammesverband hinausgehenden kroatischen Staat gründet Fürst *Trpimir*. 788 besetzt *Karl der Große* Istrien, 806 gerät ganz Kroatien vorübergehend unter fränkischen Einfluss. Die Kroaten wehren sich mit Erfolg. Fürst *Branimir* begründet die Unabhängigkeit Kroatiens. Er festigt seine Herrschaft durch enge Kontakte mit der katholischen Kirche in Rom. Die frühe *Christianisierung* des Landes dokumentieren die Bischofssitze in Nin (hier war der erste kroatische Bischofssitz), Trogir und Zadar. Erster König wird 925 Fürst *Tomislav*, der die kroatischen Gebiete vereint. Deren Grenze entspricht etwa der heutigen Landesgrenze. Der Papst erkennt Fürst *Tomislav* 925 als König der Kroaten an.

Im 10. Jh. wird Kroatien um Dalmatien erweitert. Mit der Eroberung einiger dalmatinischer Küstenstädte und Inseln im Jahr 1000 festigt jedoch die aufstrebende *Handelsmacht Venedig* ihren Einfluss im Mittelmeerraum. Noch gelingt es König *Krešimir*, Kroatiens Macht zu erhalten, doch nach der Ermordung des letzten Königs *Zvonimir*, dem Schwager des ungarischen Königs *Koloman*, geht Kroatiens Unabhängigkeit verloren. Streitigkeiten unter den Adelsgeschlechtern verhindern die Wahl eines Nachfolgers. 1102 lässt sich Koloman zum kroatischen König krönen.

**Kroatien vergeht**: Ende des 13. Jh. geraten die ersten Küstenstädte Istriens unter venezianische Herrschaft. Als im Jahr 1330 auch noch Pula eingenommen wird, kommt der größte Teil Istriens für rund 500 Jahre zu Venedig. Konkurrent um die dalmatinischen Städte ist Ungarn. Die Rivalität zwischen Ungarn und Venedig zieht sich über Jahrhunderte, und die Küstenstädte wechseln immer wieder den Besitzer

– Zadar allein achtmal. Anfang des 15. Jh. gibt sich das durch Türkenangriffe geschwächte Ungarn geschlagen. 1409 kauft Venedig dem ungarischen König *Ladislaus* für 100.000 Dukaten Zadar und ganz Dalmatien ab. Ab 1421 beherrschen die Venezianer die dalmatinische Küste mit Ausnahme von Ragusa, dem heutigen Dubrovnik.

**Kroatien als Vorposten der Christenheit**: Als Konstantinopel 1453 in türkische Hände fällt, hat das christliche Abendland einen gemeinsamen Feind. 1529 steht Sultan *Süleyman der Prächtige* mit seinem Heer vor den Toren Wiens. Kroatien wird zum „Vorposten der Christenheit", und eine groß angelegte Grenzsicherung unter Führung Österreichs wird in Angriff genommen. Die Kroaten bewähren sich als tapfere Kämpfer und tragen die Hauptlast im Kampf gegen die Türken. Trotz der oft unbesiegbar erscheinenden türkischen Heeresmacht fällt Zagreb nie in türkische Hand, wohl aber Budapest – und das für 150 Jahre.ere Eigenständigkeit verwehrt. Als „Kronland" Ungarns verliert es Ende des 18. Jh. seine letzte Souveränität – u. a. wird an den kroatischen Schulen Ungarisch zum Pflichtfach. Von Österreich ist keine Hilfe zu erwarten, die Habsburger haben Kroatien sogar um seinen istrischen und dalmatinischen Besitz erleichtert und diesen unter ihre Verwaltung gestellt. Der Status quo wird festgeschrieben, als 1867 Österreich Doppelmonarchie wird, die Auseinandersetzung mit den Wünschen Kroatiens aber den Ungarn überlässt. Der im folgenden Jahr beschlossene ungarisch-kroatische Ausgleich erweist sich dabei als gänzlich unbefriedigend. Die Hoffnungen, die manche Kroaten auf eine von Erzherzog *Franz Ferdinand* vielleicht gewünschte Dreiteilung setzen, müssen nach dessen Ermordung am Vorabend des Ersten Weltkrieges begraben werden.

**Der Erste Weltkrieg**: Am 28. Juni 1914 ermordet *Gavrilo Princip* im Auftrag der serbischen Geheimorganisation „Schwarze Hand" den österreichischen Thronfolger *Franz Ferdinand* und seine Frau. Trotz fehlender Beweise für eine Mitwisserschaft der serbischen Regierung stellt Österreich am 23. Juli ein auf 48 Stunden befristetes Ultimatum, dessen Anerkennung die Aufgabe der serbischen Souveränität bedeutet hätte und das die Serben trotzdem nur in einem Punkt ablehnen. Am 28. Juli, dem Tag der Kriegserklärung Österreich-Ungarns an Serbien, beschießen Truppen der Donaumonarchie die serbische Hauptstadt Belgrad. Der Erste Weltkrieg hat begonnen.

Der Weltkrieg verändert die Staatenkarte Südosteuropas. Die österreichisch-ungarische Doppelmonarchie zerfällt, das Osmanische Reich verliert den größten Teil seines Territorialbesitzes und wird nach der Reform *Kemal Atatürks* zur türkischen Republik. Der erste jugoslawische Staat entsteht – das *Königreich der Serben, Kroaten und Slowenen* (SHS). Bei seiner Gründung 1918 sind künftige Konflikte schon vorprogrammiert. Nach außen sorgt die im *Vertrag von Rapallo* (1920) festgelegte Grenzziehung zu Italien für Spannungen – Istrien bleibt italienisch, ebenso die Küstenregion nördlich von Zadar. Nach innen machen die Serben von Anfang an deutlich, dass sie in dem neuen Staat das Sagen haben wollen.

Früh brechen Gegensätze auf. Die kulturellen und konfessionellen Unterschiede sind zu groß, das wirtschaftliche Nord-Süd-Gefälle zwischen Kroatien/Slowenien und Serbien ist zu stark. Hinzu kommt die zentralistische Ausrichtung der Politik, die von Serbien bestimmt und auf das ganze neue Königreich übertragen werden soll. Nach den Wahlen von 1920, bei denen die neu gegründete *Kommunistische Partei* auf Anhieb drittstärkste Fraktion wird, wird eine entsprechende Verfassung ausgearbeitet. In Kroatien besitzt die Bauernpartei unter *Stjepan Radić* die Mehrheit. Er und seine Mitstreiter wettern lautstark gegen den serbischen Vormachtsanspruch – jedoch nur außerhalb der parlamentarischen Gremien.

Die Kommunistische Partei wird 1921 wieder verboten. Der Bauernparteiführer und Anti-Zentralist Radić, dessen Partei zweitstärkste Kraft geworden ist, gibt 1925 seinen Widerstand gegenüber dem Parlament auf, und seine Anhänger nehmen ihre Sitze ein. 1928 wird Radić im Parlament von einem Anhänger Groß-Serbiens und Mitglied der Radikalen Partei erschossen. Damit erreicht der Konflikt seinen Höhepunkt. Kroaten und Serben stehen sich unversöhnlich gegenüber, die konstitutionelle Monarchie ist schwer erschüttert.

Per Dekret löst König *Alexander Karadjordjević* (König Alexander I.) im Januar 1929 das Parlament auf und setzt die Verfassung außer Kraft. Die Parteien werden aufgelöst, strenge Staatsschutz- und Pressegesetze eingeführt. Es gibt nur noch Verwaltungsbezirke, in denen aber noch immer die Serben bevorzugt werden. Der königliche Diktator Alexander gibt seinem Reich auch einen neuen Namen: *Jugoslawien*.

Kurz vor Nin steht …

Bereits 1928 gründet der Führer der kroatischen Rechtspartei, *Ante Pavelić*, eine faschistische Geheimorganisation, die *Ustaša*. Pavelić leitet sie aus dem Exil und hat die Abtrennung Kroatiens zum Ziel. 1934 gelingt es der *Ustaša*, in Zusammenarbeit mit der Geheimorganisation IMRO, König Alexander bei einem Besuch in Marseille zu ermorden. Es war eine Schreckenskunde und erinnerte an die Ermordung des Thronfolgers Franz Ferdinand und den Beginn des Ersten Weltkrieges. *König Alexander I.* stand für die Einheit auf dem Balkan und gab Europa Sicherheit. Bis 1939 leitet der Finanzfachmann *Stojadinović* die Regierungsgeschäfte.

**Der Zweite Weltkrieg**: Nach dem Sturz von Stojadinović Anfang 1939 wird ein Ausgleich mit Kroatien versucht. Die Kroaten sollen sich selbst verwalten dürfen und erhalten fünf Ministerposten. Der Beginn des Zweiten Weltkriegs mit dem Überfall *Hitlers* auf Polen 1939 zerstört die neue Politik im Keim. Anfang April 1941 greifen Hitlers Truppen an, das Königreich zerbricht. Die bedingungslose Kapitulation erfolgt am 17. April.

Nur für Kroatien gelingt es Ante Pavelić, am 10. April einen „Unabhängigen Staat" ausrufen zu lassen, der von *Hitler* und *Mussolini* geduldet wird. Die Ustaša-Führung bedankt sich mit einem Staat, in dem Mord und Terror herrschen. Gezielt werden Juden verfolgt und wird Jagd auf orthodoxe Serben gemacht, die fast ein Drittel der Bevölkerung stellen. Der Übertritt zum katholischen Glauben rettet vielen das Leben und manchmal sogar das Eigentum. Nur vereinzelt protestiert die katholische Kirche gegen die Verfolgung der Serben, die erzwungenen Kirchenübertritte und die Einrichtung von Konzentrationslagern.

**Jugoslawien unter Tito**: Der Kroate *Josip Broz*, seit 1937 Generalsekretär der seit 1921 verbotenen Kommunistischen Partei Jugoslawiens (KPJ), nimmt im Untergrund

## Jugoslawien unter Tito

... einsam und verlassen auf weiter Flur das Kirchlein Sv. Nikola (11. Jh.)

den Namen *Tito* an. Seine Partisanen genießen in der Bevölkerung großes Ansehen. Unter der Parole „Befreiung der Völker Jugoslawiens" gelingt es Tito und den Partisanen schon 1941, größere Gebiete unter ihre Kontrolle zu bringen. Ende 1942 führt Tito etwa 150.000 Mann, bei Kriegsende sind es 700.000. Mit Unterstützung der Roten Armee erobert er im Oktober 1944 Belgrad, die letzten Kämpfe dauern bis ins Frühjahr 1945. Die außenpolitischen Erfolge Titos zeigen sich in Waffenlieferungen der Alliierten und in seiner Anerkennung als alliierter Befehlshaber. So liefern die Alliierten auch die besiegten Ustaša-Verbände an Tito aus. Die Partisanen rächen sich teilweise blutig an den Faschisten. Der Führung und Ante Pavelić gelingt die Flucht.

In den Wahlen zur Nationalversammlung erringt die gemeinsame Volksfront-Liste 90 % der Stimmen. Die verfassungsgebende Versammlung ruft im November 1945 die *Föderative Volksrepublik Jugoslawien* aus, die 1963 in *Sozialistische Föderative Republik Jugoslawien* umbenannt wurde. So entstehen die Volksrepubliken *Serbien, Kroatien, Slowenien, Bosnien-Herzegowina, Makedonien* und *Montenegro*. Sie erhalten eigene Verfassungen und Parlamente; die Regionen *Kosovo* und *Wojwodina* bekommen autonomen Status. Dem Bund fällt neben Außenpolitik, Verteidigung und Verkehrswesen auch die Wirtschaftsplanung zu. Zu ersten Verstaatlichungen von Banken, Bergwerken und Grundbesitz über 45 ha kommt es noch 1945, alle anderen für den Staat wichtigen Unternehmen werden im Dezember 1946 in Staatsbesitz überführt. Die Kollektivierung der Landwirtschaft erweist sich als wirtschaftlicher Fehlschlag – bereits 1956 sind 91 % der landwirtschaftlich genutzten Flächen wieder in bäuerlichem Privatbesitz.

Die KPJ ist die einzige kommunistische Partei Osteuropas, die ohne direkte Mithilfe der Sowjetunion an die Macht gelangt und großes Ansehen in der Bevölkerung genießt. Im Juni 1948 wird Jugoslawien aus der *Kominform* (Nachfolgerin der Kommunistischen Internationale) ausgeschlossen, weil der Nationalismus Titos Stalins Führungsanspruch im Wege steht.

Die Folge ist eine Wirtschaftsblockade durch die kommunistischen Staaten und der Abbruch der Beziehungen zur UdSSR. Stattdessen wird Jugoslawien nun von den

USA und den Westmächten durch großzügige finanzielle und wirtschaftliche Hilfe unterstützt. Der eigene Weg Jugoslawiens zeigt sich außenpolitisch in einer Annäherung an die NATO-Staaten Griechenland und Türkei (*Balkanpakt* 1953). Dezentralisierungsmaßnahmen und die Einführung der Arbeiterselbstverwaltung prägen die Innenpolitik und finden 1953 Eingang in die Verfassung. Durch die Abkehr von zentralistischen Prinzipien und die Stärkung der Eigenverantwortung in Planung, Investition, Produktion und Marktteilnahme sollen die Betriebe marktwirtschaftlich konkurrieren können. Nach dem Tod der Integrationsfigur *Tito* am 4. Mai 1980 treten die Eigeninteressen der Teilrepubliken wieder in den Vordergrund.

**Jugoslawien zerfällt**: In den 1980er-Jahren geraten die wirtschaftlichen Probleme – galoppierende Inflation und eine hohe Arbeitslosigkeit – außer Kontrolle. Zwei Lager stehen sich gegenüber: Auf der einen Seite der hoch entwickelte slowenische Norden, der mit seinem Anteil von nur acht Prozent an der Gesamtbevölkerung ein Fünftel des Exports erwirtschaftet. Er ist, unterstützt von Kroatien, nicht mehr bereit, den bankrotten Selbstverwaltungssozialismus weiterhin zu finanzieren. Auf der anderen Seite stehen die serbischen Zentralisten in Partei und Armee, die auf dirigistische Maßnahmen setzen und den Kurs der Reformer auf mehr Marktwirtschaft ablehnen.

**Kroatien macht sich selbstständig**: Anfang 1989 bilden sich aus den Kreisen verfolgter Wissenschaftler und Schriftsteller die Parteien *Kroatischer Sozialliberaler Bund* und *Kroatische Demokratische Union*. Anfang 1990 wird das Mehrparteiensystem legalisiert, nach den Wahlen wird *Dr. Franjo Tudman* Präsident, sein Ziel ist, die Kroaten zur Unabhängigkeit zu führen. Im Mai des gleichen Jahres wird die souveräne *Republik Kroatien* gegründet.

In der Verwaltung werden Serben durch Kroaten und die kyrillische Schrift durch die lateinische ersetzt. Im Polizeiamt von Knin bricht am 17. August 1990 der Serbenaufstand gegen die neue Rechtsordnung aus. Die nationalistisch orientierten

Murter (Insel Murter) – Ausgrabungen brachten römische Relikte ans Tageslicht

## Kroatien macht sich selbstständig 31

und bisher autonom lebenden Serben aus der *Krajina,* einem Landstrich Kroatiens, fordern die Wiederherstellung der Autonomie und den Anschluss an Serbien, obwohl es keine gemeinsame Grenze gibt. Der Balkankrieg nimmt seinen Anfang. Die Jugoslawische Volksarmee rückt an, um die Krajina-Serben zu verteidigen. Die Kroaten werden entwaffnet. Die Entwicklung zerstört jeden Gedanken an ein weiteres gemeinsames Wirtschaften und Zusammenleben.

Am 25. Mai 1991 erklärt Kroatien seine Unabhängigkeit (heutiger Nationalfeiertag) und am 8. Oktober werden alle staatsrechtlichen Beziehungen mit Jugoslawien beendet. Im Dezember 1991 wird die Verfassung der jungen Demokratie verabschiedet. Im Januar 1992 wird die Republik Kroatien völkerrechtlich anerkannt, im Mai 1992 Mitglied der Vereinten Nationen.

In sämtlichen Regionen wird gekämpft, und Kroatien muss Gebiete abgeben. Die Serben dringen im Norden bis Slawonien und im Süden bis Zadar und blockieren die Landverbindung zwischen Nord- und Südkroatien. Dalmatinische Städte werden bombardiert; es trifft Zadar und Šibenik und in der Region Norddalmatien auch verstärkt das Hinterland, zudem Split und Dubrovnik.

Die Krajina und drei weitere vorwiegend serbische Gebiete werden zu Uno-Schutzzonen. Doch die Uno-Truppen müssen tatenlos mit ansehen, wie das Morden weitergeht. Die Entwaffnung der serbischen Milizen und die Wiedereingliederung kroatischer Bewohner misslingt. Mehrjährige Verhandlungen bleiben erfolglos.

Ende Januar 1993, wenige Wochen vor Ablauf des UN-Mandats, durchqueren kroatische Panzer und schwere Artillerie die Waffenstillstandslinie und dringen in die von Serben besetzten Gebiete im Hinterland von Zadar ein. Im Februar brechen erneut die Kämpfe im Hinterland von Split aus. Die serbische Regierung kündigt sofortige Mobilmachung an, da der Schutz der Serben durch die UN nicht mehr gewährleistet ist. Die Friedenstruppen retten sich in sicheres Gebiet. Es entbrennen neue Kämpfe, in deren Verlauf Kroatien fast alle von den Serben eroberten Gebiete zurückgewinnt. In die Geschichte geht die *Operacija Oluja* („Operation Sturm") in den UNPA-Sektoren Süd und Nord ein. Diese Kriegsoffensive auf einer Frontlänge von 630 km und auf 10 500 km² startet am 4. August 1995 und ist nach drei Tagen beendet – und damit auch der langjährige Krieg. Bei dieser Aktion kommt es zu schweren Kriegsverbrechen.

Der Preis des erbarmungslosen vierjährigen Kriegs, von der Bevölkerung Heimatkrieg genannt: Hunderttausende von Toten, Verletzten und Traumatisierten, ebenso viele Vertriebene und Flüchtlinge, zerstörte historische Bauwerke, Fabriken, Dörfer, Städte.

Am 12. November 1995 wird das *Abkommen von Erdut* unterzeichnet, im Dezember 1995 wird der *Friedensvertrag von Dayton,* der sich vor allem auf Bosnien-Herzegowina bezieht, geschlossen. In Kroatien kehrt wieder Ruhe ein. Der Tourismus, der dringend benötigtes Geld bringt, ist im nördlichen Adriaraum seit 1995 wieder in vollem Gang.

Politisch vollzieht sich ebenfalls eine Umstrukturierung. Der Tod des langjährigen Staatspräsidenten Tuđman im Dezember 1999 bringt die politische Neuorientierung: Die Präsidentschaftswahl gewinnt 2000 *Stipe Mesić* (SDP, Kroatische Volkspartei) mit 56 % bei der Stichwahl gegen den Sozialliberalen *Drazen Budisa* (44 %). Mesić war Mitglied der Tuđman-Partei HDZ, 1990 Premier in Zagreb, 1991 letzter Staatschef des alten Konföderativen Verbundes Jugoslawien, ehe er sich 1994 von der HDZ-Partei wegen Meinungsverschiedenheiten trennte. Mesić ist einer der größten Kritiker des Balkankriegs. Er tritt für die Minderheiten ein, ist um eine Aussöhnung mit Serbien bemüht und verspricht rasche Verfassungsreformen. 2003 wird *Ivo Sanader* (HDZ) zum Premierminister gewählt. 2005 gewinnt erneut *Stipe Mesić* die Präsidentschaftswahlen. 2009 tritt Sanader wegen Korruptionsverdachts zurück, seinen Posten übernimmt *Jadranka Kosor* (HDZ). Auch ein neuer Staatspräsident, *Ivo Josipović* (SDP), ist seit 2010 im Amt. Seit 2011 ist *Zoran Milanović* (SDP) Premierminister, er gilt als Erfolg versprechend im Umgang mit Korruption, Reformierung des Steuer-, Gesundheits- und Rentensystems, auch soll verbliebenes Staatseigentum privatisiert und der Monopolherrschaft entgegengewirkt werden und – er wird das lang ersehnte Ziel, den Kroatienbeitritt in die EU, verwirklichen. Ab Juli 2013 soll Kroatien nach bisherigem Stand EU-Land sein.

Kroatien konnte im Jahr 2012 insgesamt über 57 Millionen Übernachtungsgäste verzeichnen, darunter knapp 13 Millionen deutsche Touristen, mit einer Steigerungsrate zu 2011 von 7,5 %. Kroatien zählt zu den beliebtesten Urlaubsländern nicht nur der Deutschen, die 2012 insgesamt 24,3 % der Gäste ausmachten.

### Steckbrief Kroatien

**Fläche**: Festlandsfläche 56.594 km², territoriale Gewässer 31.067 km².

**Inseln und Riffe**: 1185 Inseln, die größten Inseln sind Krk und Cres; bewohnte Inseln gibt es 67.

**Küstenlänge**: 5835 km, davon 4058 km Insel- und Riffküste.

**Hauptstadt**: Zagreb, ca. 780.000 Einwohner.

**Bevölkerung**: ca. 4,4 Mio. Einwohner.

**Religion**: Die Mehrheit der Bevölkerung ist römisch-katholisch.

**Sprache**: Landessprache ist Kroatisch; in den Touristenzentren wird deutsch, englisch und italienisch gesprochen.

**Politisches System**: Parlamentarische Demokratie.

**Klima**: Drei Klimazonen prägen Kroatien – kontinental, alpin und mediterran.

**National- und Naturparks**: Insg. 36.000 ha; **Nationalparks**: im Norden der Brijuni-Archipel, Risnjak, Nord-Velebit, Plitvicer Seen und Paklenica-Schlucht; im Süden der Archipel Kornati, Krka-Wasserfälle, Mljet. **Naturparks**: im Norden Učka und Velebit; im Süden Vransko jezero, Telašćica, Biokovo und Lastovo; im Landesinneren Medvednica, Žumberak-Samoborsko gorje, Papuk und die Sumpfgebiete Kopački rit, Lonjsko polje.

**Zeitzone**: Mitteleuropäische Zeit.

**Währung**: Ab Juli 2013 ist Kroatien **Euroland**. Bis dahin und sicherlich auch noch ein Jahr danach kann sowohl mit Euro als auch mit der bisherigen Währung **Kuna** gezahlt werden:

1 € beträgt ca. 7,5 KN, 1 KN beträgt ca. 0,13 €.

**Telefonvorwahl Kroatien**: ✆ 00385 Region Zadar ✆ 023; Region Šibenik ✆ 022.

Die Autobahn A1 führt nahe Šibenik über den imposanten Krka-Canyon

# Anreise

## Mit dem eigenen Fahrzeug

Kroatien liegt vor unserer Haustür! Wer den Urlaub flexibel gestalten und nicht nur an einem Ort bleiben möchte, für den bringt das eigene Fahrzeug natürlich größtmögliche Beweglichkeit. Mit dem Auto benötigt man von München bis Rijeka 6:30 Stunden, bei Einhaltung der Geschwindigkeitsvorschriften (Radar!) – vorausgesetzt, die Straßen sind frei und es beginnen nicht gerade Schulferien; dann muss man sich auf Wartezeiten an den Tunnels und Grenzen gefasst machen (→ „Unterwegs in Kroatien/Mit dem eigenen Fahrzeug").

> **Entfernungen ca.:** München–Salzburg 140 km, Salzburg–Villach 180 km, Villach–Ljubljana 120 km, Ljubljana–Rijeka 130 km, Ljubljana–Zagreb 136 km, Maribor–Zagreb 120 km, Zagreb–Rijeka 190 km, Zagreb–Zadar 340 km.

**Papiere** Autofahrer benötigen die üblichen Papiere (Personalausweis oder Reisepass, nationalen Führerschein, Fahrzeugschein) und das Nationalitätenschild. Die *Grüne Versicherungskarte* ist nicht mehr vorgeschrieben, vereinfacht das Verfahren aber im Schadensfall wesentlich.

**Warnwesten** Das Mitführen sowie das Tragen derselben bei einem Unfall ist überall vorgeschrieben.

**Autobahnen** Die Autobahnen in der Schweiz, Italien, Österreich, Slowenien und Kroatien sind mautpflichtig.

**Abblendlicht** Auch tagsüber ist das Fahren mit Abblendlicht in Slowenien, in Kroatien nur im Winterhalbjahr, vorgeschrieben.

## Nützliche Infos für unterwegs

**Schweiz**: Vignette (Plakette) auf Autobahnen und autobahnähnlichen Straßen. Pro Kalenderjahr (1. Dez. des Vorjahres bis 31. Jan. des folgenden Jahres, d. h. 14 Monate) pauschal 34 € (Anhänger extra).

**Österreich**: Vignette (www.asfinag.at) auf Autobahnen und Schnellstraßen, Preis abhängig vom Gültigkeitszeitraum. Pkw (Motorrad) z. B. 10 Tage 8,30 € (4,80 €), 2 Monate 24,20 € (12,10 €), 1 Jahr 80,60 € (32,10 €).

**Italien**: Autobahngebühren (www.autostrade.it) abhängig von der Kilometerlänge, z. B. Pkw Brenner (vor Grenze) – Verona – Triest (ca. 530 km) 39,10 €.

**Slowenien**: Vignettenpflicht auf Autobahnen/Schnellstraßen (erhältlich z. B. Karawankentunnel), Preis abhängig vom Gültigkeitszeitraum: Pkw (Motorrad) 7 Tage 15 € (7,50 €), 1 Monat 30 € (Motorrad nur 6-Monats-Vignette zu 25 €), 1 Kalenderjahr (wie Schweiz) 95 € (47,50 €).

Durchgehende Autobahn (A1) auf der Ost-West-Achse von Spielfeld nach Koper. Zudem die Nord-Süd/Ostachse (A2) Jesenice–Ljubljana–Brežice (nach Zagreb). Was fehlt, sind Autobahnen von Postojna bzw. Kozina nach Rupa (kroat. Grenzübergang). Wer die Vignettenpflicht auf Landstraßen umgehen möchte, braucht mehr Zeit. Achtung, wer keine Vignette vorweist, zahlt 300 € Strafe. Slowenische Autobahnumgehung (→ „Routen").

*Achtung Radar!* Saftige Geldbußen bei Übertretung im Ort von 10 km/h 80 €, 20 km/h 250 €!

**Kroatien**: Autobahnen sind gebührenpflichtig, abhängig von der Kilometerlänge. Zagreb–Split (Dugopolje) 22 €.

## Notrufnummern

**Schweiz**: Polizei ✆ 17 oder 117, Unfallrettung ✆ 144 oder über Polizei.
**Österreich**: Polizei ✆ 133, Unfallrettung ✆ 144, Feuerwehr ✆ 122.
**Italien**: Polizei/Unfallrettung ✆ 113.
**Slowenien**: Polizei ✆ 113, Feuerwehr/Rettungsdienst ✆ 112.
**Kroatien**: Polizei ✆ 192, Unfallrettung ✆ 194, Feuerwehr ✆ 193, Kroatische Engel ✆ (+385)062/999-999 (Touristinfo von April–Mitte Okt., 24-Std.-Service).

**Die schnellste Anreiseroute** führt über die Tauernautobahn (A 10) und die mautpflichtigen Tunnels (Tauern u. Katschberg) der Radstätter Tauern (10 €) und dann durch den ebenfalls mautpflichtigen Karawankentunnel (6,50 €) nach Slowenien. Auch für Gespannfahrer kein Problem.

**Route** Autobahn München – Salzburg – Villach – Karawankentunnel (slow. Grenze); Autobahn Bled – Ljubljana – Postojna – Landstraße Rupa (kroat. Grenze). Autobahn nach Rijeka.

**Tipp** Wer Mautgebühren sparen oder, zur Reisezeit, nicht in einem Tunnel im Stau stecken will, kann auf die parallel zur Tauernautobahn verlaufende Bundesstraße über den Tauernpass (1738 m, 17 %) und weiter über den Katschbergpass (17 %) ausweichen (ohne Anhänger).

**Tauernschleuse** Gute Alternative für Gespannfahrer. Bahnverladung Böckstein – Mallnitz; ganzjähriger Betrieb, nach Süden Mo–Fr 6.20–22.20 Uhr, nach Norden 5.50–21.50 Uhr alle 60 Min., in der Hauptsaison Sa und So alle 30 Min., Fahrzeit 12 Min., Fahrpreis einfach für Pkw/Motorrad 17/16 €, retour 30/28 € (bei Automobilclubs im Vorverkauf preiswerter).

Eine gute Alternative zur stauanfälligen Tauernautobahn ist die 300 km lange Pyhrn-Autobahn mit gebührenpflichtigen Tunnels (12 €). Sie verbindet Suben (dt.-österr. Grenze) und Spielfeld/Šentilj (Grenzübergang Slowenien). Wer über Zagreb nach Kroatien reist, dem sei untenstehende Alternativ-Route empfohlen, zudem kann man die slowenische Vignette sparen.

**Routen** Autobahn Nürnberg – Passau – Regensburg – Wels – Bosruck-Tunnel; Gleinalm-Tunnel – Spielfeld – Maribor – Ljubljana (weiter nach Rijeka wie oben) oder in Richtung Zagreb.

**Oder** (ohne slow. Maut): Ab slow. Grenzübergang Landstraße Maribor – Landstraße Ptuj – Donji Macelj (kroat. Grenzübergang) – Autobahn Zagreb – weiter nach Rijeka oder Zadar.

**Eine ebenfalls gute, aber stauanfällige Route**, welche die Einsparung der Vignette in Slowenien ermöglicht, führt durch Österreich und Italien auf der Autobahn bis Triest:

**Routen** Autobahn München – Innsbruck – Brennerpass/Brennerautobahn – Trient – Vicenza (oder Verona) – Venedig – Triest – Koper und weiter nach Rijeka.

*Ohne Vignette durch Slowenien:* Am Autobahnende Triest nicht auf die slowenische Autobahn A1, **sondern** auf die Landstraße SS 202 und weiter auf der SS 14 nach Kozina, weiter nach Rupa (kroat. Grenzübergang) – Autobahn Rijeka.

# Mit der Fähre von Italien nach Kroatien

Wer über den Brenner oder gar über Mailand kommt, wird sich überlegen, ob er nicht lieber, anstelle in Richtung Triest und Rijeka zu fahren, von Venedig oder Ancona nach Kroatien übersetzen soll. Fähren (Jadrolinija, SNAV, Blue Line Ferries und Venezia Lines) verbinden diese Städte u. a. mit Pula, Mali Lošinj, Zadar und Split. Tatsächlich wird die Fähre rentabler, je weiter man in den Süden will, vor allem von der italienischen Hafenstadt Ancona aus. Zudem gibt es für den, der ohne Auto anreist, etliche Katamaran-Verbindungen nach Kroatien.

> **Entfernungen zu den Fährhäfen:**
> München – Venedig 470 km, München – Ancona 850 km.
> Basel – Venedig 620 km, Basel – Ancona 800 km.

Insel Žut – auch bei der Schiffseinreise ist eine Anmeldung erforderlich …

Umweltfreundlich – per Fahrrad die Inseln erkunden (hier: Insel Privić)

Achtung: Jedes Jahr verkehren neue Linien, alte Routen fallen weg – ein Info-Dschungel! Vor Buchung sollte man sich unbedingt eingehend informieren.

## Buchungen

Die Fähren sind besonders im August schnell ausgebucht, da Kroatien für Italiener ein beliebtes Ferienziel ist. Zudem gilt es, die unterschiedlichen Preisrabatte (z. B. bei gleichzeitiger Rückfahrtbuchung) zu beachten. Gebucht werden kann u. a. bei:

**Deutschland** DERTOUR, 60439 Frankfurt, Emil-von-Behring-Str. 6, ✆ 0180/4999-203, www.ocean24.de.

**Österreich** Adria Reisen, Burggasse 23, 1070 Wien, ✆ 01/5263-630, www.adriareisen.at.

**Schweiz** Cosulich AG, 8042 Zürich, Stampfenbachstr. 151, ✆ 44/3635-255, www.cosulich.ch.

**Kroatien (Jadrolinija-Zentrale)** Jadrolinija, 51000 Rijeka, Hafenterminal, ✆ 051/666-111, www.jadrolinija.hr. Übersichtlich gestaltete Website auch in deutscher Sprache für Onlinebuchung und Information; auch Italienfähren.

**Italien (Blue Line Ferries)** über Split Tours, ✆ 021/352-533, www.splittours.hr; oder direkt über www.blueline-ferries.com.

**Onlinebuchungen** Für die Onlinebuchung von Italienfähren der Schifffahrtsgesellschaften SNAV und Blue Line empfiehlt sich zur Vorabinformation die übersichtlich gestaltete Website www.aferry.de oder www.viamare.com (nur Englisch).

## Verbindungen

**Preiskonditionen** Für alle unten aufgeführten Linien gelten Ermäßigungen bei Buchung für Hin- u. Rückfahrt, teils gibt es u. a. Familienrabatte. **Wochenendaufpreise** (Fr, Sa, So) von ca. 25 € beachten, z. T. unten in Klammern angegeben.

**SNAV (www.snav.it)** Der *Croazia-Jet* zwischen **Ancona und Split** benötigt nur 4:45 Std.! Riesiges Schiff (676 Personen, 180 Autos!), es gibt verschiedenste Rabatte. Tägl. Mitte Juni–Mitte Sept. Abfahrt Ancona 11 Uhr (Ankunft Split 15.45 Uhr). Abfahrt Split 17 Uhr. Preis (retour): Pers. 68 € (96 €), Auto 55 € (88 €).

**Jadrolinija (www.jadrolinija.hr)** Ancona–Zadar, ganzjährig 3-mal wöchentl. Verbindung; ab Juni–Anf. Sept. 4-mal wöchentl. (Mitte Juli–Aug. tägl.). 8 bzw. 9 Std. Fahrtzeit. Pkw bis 1,80 m Höhe 60 € (Fr–So 69 €); Motorrad 38 € (43,50 €); Wohnwagen bis 5 m 99 € (114 €), über 5 m 117,50 € (135 €); Deckpassage 45 € (52 €); Schlafsessel 52 € (60,50 €); Kabinen (pro Pers.) z. B. 2-Bett-Außenkabine mit Du/WC ab 108,50 € (125 €). Fahrrad gratis.

Ancona–Split, ganzjährig 4- bis 5-mal wöchentl., im Juli/Aug. stoppt diese Linie auch 4-mal wöchentl. in Stari Grad (Insel Hvar). Fahrtzeit je nach Linie 7,5–9 Std. Preise nach Split u. Stari Grad (Wochenende): Deckpassage Pers. 48 € (55 €), 2-Bett-Außenkabine 119 €/Pers. (136,50 €), Auto 63,50 € (73 €), Motorrad 41 € (47 €).

Für Fahrräder, Surfbretter, Hunde und Katzen freie Beförderung.

**Blue Line Ferries (www.bluelineferries.com)** Ancona–Split, ganzjährig, 10 Std.; Mitte Juli–Anfang Sept. tägl., sonst 3-mal wöchentl. Viele Sondertarife, u. a. 2 Pers., inkl. Kabine und Auto für 140 €.

**Venezia Lines (www.venezialines.com)** Katamaran Venedig–Mali Lošinj, April–Mitte Okt. jeden Sa, Abfahrt 15 Uhr, Ankunft M. Lošinj 19 Uhr. Pro Pers. 64 € (zzgl. 14 € Taxen u. Hafengebühren), retour 117 € (zzgl. 16 €); Fahrrad 10 €. Kein Fahrzeugtransport!

## Fähragenturen vor Ort

**Rijeka**: Jadrolinija, Hafenterminal, ☎ (+385) 051/211-444, www.jadrolinija.hr.

**Split**: SNAV, Gat Sv Duje b. b., ☎ (+385)021/322-252, -322-254, www.snav.it.

**Ancona**: Capt. P. Amatori (für Jadrolinija), Hafen, ☎ (+39)071/2072-497, infoamatori@amatori.com.

**Ancona**: SNAV, Box No 7, Stazione Marittima (Fährhafen), ☎ (+39)071/207-6116, www.snavali.com.

**Venedig**: G. Radonicich & Co., Riva Schiavoni 4150, ☎ (+39)041/706-765.

# Mit der Eisenbahn

Von Deutschland bzw. von München fährt der Eurocity derzeit 3-mal täglich, zusätzlich verkehren ein Inter-City und ein Nacht-D-Zug über Salzburg, Villach, Ljubljana (meist umsteigen) und weiter nach Rijeka oder Zagreb (ab ca. 9 Std. Fahrzeit). Die Deutsche Bahn bietet unterschiedliche Spartarife an. Ein sehr interessantes Angebot ist derzeit das Europa-Spezial-Ticket, das den Urlauber für 39 € nach Zagreb bringt. Erkundigen Sie sich auf jeden Fall nach Frühbucher- und Spartarifen (bis zu 50 % Ermäßigung), die die Deutsche Bahn jedes Jahr für alle Altersgruppen bereithält.

Möglich sind auch eine Eisenbahnfahrt bis Venedig, Triest oder Ancona und die bequeme Weiterreise mit dem Schiff.

Ab Rijeka/Split bietet sich dann die Weiterreise mit der Fähre an (→ „Unterwegs in Kroatien"). Möglich sind auch eine Eisenbahnfahrt bis Triest oder Ancona und dann per Schiff weiter nach Kroatien.

**Deutsche Bahn AG** (DB), Reiseservice, ☎ 11861 www.bahn.de.
**Österreichische Bundesbahnen** (ÖBB), www.oebb.at.
**Schweizer Bundesbahnen** (SBB), www.sbb.ch.
**Italienische Staatsbahnen** (FS), www.ferroviedellostato.it.
**Slowenische Eisenbahnen** (SZ), www.slo-zeleznice.si.
**Kroatische Eisenbahnen**, www.hznet.hr.

38 Anreise

**Preisbeispiele/Person** München–Ljubljana–Rijeka (1-mal umsteigen): einfach ca. 90 € (Normaltarif); u. a. Abfahrt München 8.27 Uhr, Ankunft Rijeka 17.25 Uhr. Kein Fahrradtransport!

**Eurospezial** München–Zagreb, 39 €, 2-mal tägl. in 9.06 Std.

**Spartarif für Österreicher**: Sparschiene für 19 € Wien–Maribor–Ljubljana; für 29 € Wien (Meidling)–Bruck a. d. Mur–Graz–Zagreb (www.oebb.at).

**Preisbeispiele/Person inkl. Fahrradmitnahme** München–Salzburg–Villach–Zagreb (2-mal umsteigen): einfach ca. 90 € (Normaltarif); Eurocity Abfahrt München 10.21 Uhr, Ankunft Zagreb 18.56 Uhr.

**München–Venedig–Triest** (1-mal umsteigen): einfach ca. 115 € (Normaltarif); Abfahrt München 21.03 Uhr, Ankunft Triest 9.42 Uhr.

**München–Bologna–Ancona** (1-mal umsteigen): einfach ca. 118 € (Normaltarif); Abfahrt München 21.03 Uhr, Ankunft Ancona 9.19 Uhr.

**Reservierung/Buchung:** Zu Hauptreisezeiten und um Spartarife zu ergattern, sollte man frühzeitig buchen! Platzkarte 4 €. Bei Nachtzügen empfiehlt sich der Liegewagen: im 6er-, 4er- oder 2er-Abteil, pro Pers. zu 20, 30 oder 60 €; das 2er-Abteil (mit Schlafutensilien) kann man preisgleich auch mit WC/Dusche buchen, Frühstück inkl. Infos: www.bahn.de oder telefonisch unter ✆ 0180/5996-63311861.

**Fahrradversand:** Leider gibt es bisher nur wenige Züge mit Fahrradtransport mit akzeptablen Fahrzeiten und mit nur einmaligem Umstieg. Nach Kroatien nur 1-mal täglich nach Zagreb, über Italien ebenfalls nur 1-mal täglich nach Triest oder Ancona. Ab dort dann per Schiff (Jadrolinija → „Fährverbindungen") u. a. nach Zadar. Ab Venedig keine Schiffsverbindung nach Rijeka möglich (Katamaran!). Möglich ist auch die Zuganfahrt bis Ljubljana (Slowenien), ab dort dann radeln oder den Zug bis Rijeka nehmen. Es besteht eine Reservierungspflicht für Fahrräder, die max. 3 Monate im Voraus getätigt werden kann (auch für den Rücktransport!). Man benötigt dazu lediglich die internationale Fahrradkarte zum Preis von 10 €. Für Kroatien kann die Fahrradkarte für den Rücktransport von zuhause gebucht werden, für Italien nur im Land. **Radfahrer-Hotline und Buchung** ✆ 01805-996633 (dann Stichwort Fahrrad).

**Mit dem Autoreisezug:** Der DB-Autozug übernimmt diesen umweltschonenden Transport von Mai bis Oktober von den Terminals Hamburg/Altona und Frankfurt/Neuisenburg direkt nach Villach oder Triest. **Info-Hotline und Buchung** ✆ 01805/996633 (dann Stichwort Autoreisezug) oder unter www.dbautozug.de.

# Mit dem Bus

Der Europabus der Deutschen Touring GmbH bietet zahlreiche Fahrten nach Kroatien an, darunter Linien nach Rijeka (von München 8 Std.), nach Zadar (ca. 11:25 Std.) oder nach Split (ca. 15 Std.). Die Streckenlänge von Süddeutschland bis Rijeka ist gut machbar, ab dann ist eine Weiterfahrt per Schiff ratsam. Die Ausstattung der Busse entspricht internationalem Standard. Buchen sollte man mindestens eine Woche vor Reiseantritt. Die Busse verkehren in der Hauptreisezeit je nach Abfahrtsort 2- bis 7-mal wöchentlich. Die Fahrkarten für Hin- und Rückfahrt gelten 6 Monate. Die Fahrtroute führt über München und die Tauernautobahn. Abfahrtsorte sind z. B. Köln, Berlin, Hamburg, Nürnberg, Stuttgart, München. Reservierungen an jedem Abfahrtsort (Auskunft über die Zentrale), in DER-Reisebüros oder in den Reisezentren der Deutschen Bahn.

**Preisbeispiele/Person (Linie 409 Deutschland–Split)** Abfahrt tägl. 19 Uhr in München (Fröttmaning P+R), Haltestellen in allen größeren Orten in Kroatien.
München–Rijeka, einfach 60 €, retour 94 €.
München–Zadar, einfach 65 €, retour 105 €.
Für Kinder, Jugendliche u. Studenten 10–80 % Nachlass.

**Gepäckgebühren** Reisegepäck ist auf maximal 2 Gepäckstücke (in Koffermaßen) und 1 Handgepäck/Pers. begrenzt. Pro Gepäckstück sind 3 € beim Fahrer zu zahlen. Falls es die Kapazität zulässt, wird ein 3. Gepäckstück gegen 5 € Gebühr mitgenommen.

**Zentrale Reservierungsstelle** Deutsche Touring GmbH, Servicehotline ✆ 069/7903-501, www.touring.de.

**Ticketverkauf/Reservierung** In den DTG-Ticketcentern, Touring-Agenturen, DER-Reisebüros oder in den Reisezentren der Deutschen Bahn.

**Reservierungsstellen in Kroatien** In jedem größeren Ort, meist am Busbahnhof oder bei Autotrans (→ Reiseteil). Am Zielort muss eine Rückreservierung mindestens 24 Std. vor Abfahrt getätigt werden (Gebühr ca. 2,80 €). Eine telefonische Rückreservierung ist nur von Ende Juni bis Mitte Sept. möglich unter ✆ 091/4009-600 (mobil).

# Mit dem Flugzeug

Von allen großen deutschen Flughäfen gibt es in der Regel mindestens 1- bis 4-mal ganzjährig täglich Linienflüge mit Croatia Airlines nach Zagreb. Leider gibt es meist keine direkten Anschlüsse für den Weiterflug nach Rijeka, Zadar oder Split, d. h. man hat mitunter lange Wartezeiten. Die Flugzeit von Frankfurt nach Zagreb beträgt 1:25 Std., von Zagreb bis Zadar sind es weitere 0:45 Std.

Zur Saison (ab März/April bis Sept./Okt.) gibt es von vielen deutschen Flughäfen auch preiswerte Flüge nach Zagreb, Rijeka, Zadar und Split, v. a. mit Germanwings, daneben noch Ryanair, Intersky und Lufthansa. Die meisten Flüge von Croatia Airlines gehen nach Zagreb, nur wenige (meist nur 1-mal tägl.) im Direktflug nach Zadar oder Split; mit Zwischenstopp in Zagreb werden aus 1:25 Std. (Frankfurt–Zadar) 2:30 bis 4 Std. und mehr. Die Preise sind bei rechtzeitiger Buchung fast unschlagbar.

Achtung: jährliche Änderungen sind möglich!

Flugreisende können mit einer **freiwilligen Emissionsabgabe** Klimaschutzprojekte unterstützen, u. a. bei *Atmosfair*. Der Emissionsausstoß eines Hin- und Rückflugs von Köln/Bonn nach Zadar beträgt 580 kg $CO^2$, die Abgabe liegt bei 14 €. Informationen unter www.atmosfair.de.

**Fluggesellschaften** U. a. **Croatia Airlines** (www.croatiaairlines.hr), mehrmals tägl. Linienflüge von vielen deutschen, österreichischen und Schweizer Flughäfen nach Zagreb; zudem auch in der Saison Direktflüge nach u. a. Rijeka, Zadar. Viele günstige und gute Angebote: u. a. Frankfurt–Zagreb–Frankfurt ab 185 € (inkl. Steuern), Frankfurt–Zadar–Frankfurt ab 160 €.

**Germanwings** (www.germanwings.com), Billigfluglinie, preiswert von vielen deutschen Flughäfen nach Zagreb und Zadar.

**Tuifly** (www.tuifly.com), von etlichen deutschen Flughäfen nach Venedig, Pula, Zagreb und Zadar.

**Intersky** (www.intersky.biz), von Friedrichshafen nach Zadar.

**Ryanair** (www.ryanair.com), von Düsseldorf/Weeze, Frankfurt/Hahn und Karlsruhe nach Zadar.

**Skyeurope** (www.skyeurope.com), von Wien nach Zagreb und Zadar.

**Helvetic Airline** (www.star-alliance.com), von Zürich nach Rijeka und Pula.

Die Brücke Maslenica – Verbindung zwischen Kvarner-Region und Dalmatien

# Unterwegs in Kroatien

## Mit dem eigenen Fahrzeug

Kroatien verfügt mittlerweile über ein dichtes Autobahnnetz, das in den letzten Jahren in großer Geschwindigkeit fertiggestellt wurde: von Rupa (kroat.-slow. Grenzübergang) nach Rijeka (A7), von Rijeka nach Zagreb (A6/A1) und von Zagreb über Karlovac, Split (A1) durchgehend nach Vrgorac. An der Fertigstellung bis Ploče wird gearbeitet, sie ist bis spätestens Ende 2013 geplant. Das Hinterland Slawonien ist von Zagreb über die A3 ebenfalls bis hinter Slavonski Brod erschlossen.

Viele weitere Autobahnausbauten und Projekte sind in Planung, auch die Brückenverbindung vom Festland (bei Klek) nach Pelješac (bei Brijesta).

Die Anfahrtswege innerhalb Kroatiens haben sich für diejenigen, die Richtung Zadar und Split möchten, sehr vereinfacht und beschleunigt. Auch bietet die im Hinterland verlaufende Autobahntrasse für viele Reisende sicherlich bisher unentdeckte Weiten und eine grandiose Bergwelt, die man bei fast schnurgerader Autobahnführung genießen kann.

Ein Blick auf die Straßenkarte genügt, um sich eine Reiseroute zusammenzustellen. Immer wieder ein Highlight ist jedoch die malerische Küstenstraße.

**Entfernungen**: Rijeka–Zadar 226 km, Zadar–Šibenik 74 km, Šibenik–Split 97 km. Zagreb–Rijeka 186 km, Zagreb–Split 365 km.

Wer von der A1 an die **Kvarner-** und **norddalmatinische Küste** möchte, kann von Karlovac nach Rijeka fahren, von der Ausfahrt Žuta Lokva nach Senj, von der Ausfahrt Gospić nach Karlobag, von der Ausfahrt Maslenica nach Starigrad Paklenica, zur Insel Pag oder weiter bis Zadar.

Nach **Zadar**: am schnellsten über die Autobahn A1, Ausfahrt Zadar 1.

Nach **Šibenik**: am schnellsten über die Autobahn A1, Ausfahrt Vrpolje. Unbedingt an der Rastanlage Krka-Wasserfälle anhalten und einen Blick auf den Canyon der Krka werfen.

Nach **Trogir**: Ausfahrt Prgomet.

Nach **Split**: Ausfahrt Dugopolje.

### Entlang der Küstenstraße (E 65) – ein Highlight!

Die Jadranska-Magistrale verläuft entlang der Küste von Rijeka nach Dubrovnik (608 km) und ist teilweise als Panoramastraße, d.h. mit Parkflächen an schönen Aussichtspunkten, ausgebaut. Sie zählt zu den schönsten Küstenstraßen Europas, und das mit Recht: hoch aufragend das Küstengebirge, tiefblau und meist tief unterhalb der Straße das Meer mit der nahen Inselkette, an der Strecke mittelalterliche Hafenstädte und Dörfer.

Der schönste, zum Teil aber auch kurvenreichste Streckenabschnitt liegt zwischen *Rijeka* und *Zadar* (226 km). Hoch über dem Meer verläuft die Straße am Velebit-Gebirge entlang und überwindet etliche Schluchten, besonders bizarr die Strecke zwischen Senj und Karlobag (→ Kasten „Achtung Bora!").

Die Strecke zwischen *Zadar* und *Split* (162 km) verläuft zum Großteil ohne Kurven in Meeresnähe. Einen Besuch lohnen die mittelalterlichen Städte Šibenik, Primošten und Trogir sowie die Krka-Wasserfälle.

Zwischen *Split* und *Dubrovnik* (220 km) ist der Streckenabschnitt an der reizvollen Makarska-Riviera nochmals sehr kurvenreich. Wer Zeit hat, sollte sich die Stadt Makarska ansehen oder einen Abstecher ins Biokovo-Gebirge unternehmen.

Fährverbindungen zu den Inseln (→ „Unterwegs in Kroatien/Mit der Fähre" sowie im Reiseteil „Verbindungen").

## Informationen für Kraftfahrer in Kroatien

**Kroatisches Autobahnnetz**: Von Rupa (kroat.-slow. Grenzübergang) nach Rijeka (A 7); von Rijeka nach Zagreb (A 6/A 1); von Macelj (slow. Grenze) über Krapina nach Zagreb (A 2); von Goričan (ung. Grenze) über Varaždin nach Zagreb (A 4); von Zagreb über Karlovac (A 6) und dann auf der A 1 über Split bis Vrgorac (Mitteldalmatien). Das Hinterland Slawoniens ist von Zagreb über die A 3 ebenfalls bis hinter Slavonski Brod (Grenze Bosnien-Herzegowina) erschlossen.

**Straßenzustand- und Hindernisse**: Über fertige Autobahnbauabschnitte informieren im Internet www.kroatien.hr, www.autoweb.hr oder auch www.hak.hr.

Der einst gefährliche Belag der Küstenstraße, der bei Regen eine rutschige Unterlage aus Staub, Wasser und Öl aus der Teerschicht bildete, wurde durchgehend erneuert – Vorsicht ist immer noch auf Nebenstrecken geboten.

Nicht zu unterschätzen und für Autolenker und v. a. für Motorradfahrer und Radler ist die **Bora**, ein Fallwind (→ Kasten „Achtung Bora!"), zudem muss mit Umleitungen (A 1) gerechnet werden.

Zur Zeit der Weinernte fahren viele Traktoren – v. a. auf den Inseln darauf achten.

**Autobahngebühren** (PKW): Zagreb–Zadar 16 €. Es gibt an großen Mautstationen sog. **Smartcards**, die mit einem Mindestguthaben von ca. 14 € aufgeladen werden und dadurch die Mautkosten um ca. 10 % senken.

**Abweichende Verkehrsregeln**: Unfälle mit Personen- oder erheblichem Sachschaden müssen der Polizei gemeldet werden.

Während des gesamten Überholvorgangs muss geblinkt werden. Kolonnenspringen ist verboten. Schul- und Kinderbusse dürfen nicht überholt werden, wenn sie anhalten. Beim Abschleppen muss an der Frontseite des Schleppfahrzeugs und am Heck des geschleppten Fahrzeugs ein Warndreieck angebracht sein.

Abblendlicht ist am Tag nur noch im Winter vorgeschrieben. Nebelleuchten sind nur bei Sicht unter 50 m erlaubt.

> **Achtung Bora!**
>
> Wenn der Fallwind Bora bläst, geht teilweise nichts mehr auf den Straßen. Darauf sollten sich Autofahrer und Reisende einstellen, sich rechtzeitig informieren und ihre Reiserouten ändern oder eine Pause einlegen und warten, bis der Wind abklingt. Bei diesem kräftigen Nordostwind, der vor allem in der Vor- und Nachsaison auftritt, wird die Autobahn um das Tunnel Sv. Rok, d. h. der Streckenabschnitt ab Ausfahrt Sv. Rok und Maslenica, gesperrt (über Autobahnleuchtschriften wird ebenfalls hingewiesen) und es muss über die Nationalstraße bis Gračac (E 50) und weiter bis Obrovac (E 27) umfahren werden – für Gespannfahrer kein Vergnügen. Auch kann die Brücke zur Insel Krk gesperrt werden! Der Küstenabschnitt zwischen Senj und Karlobag ist ebenfalls stark gefährdet, das Auto wird hin und her gedrückt, auch kann Gestein dann die Straßen behindern.
>
> Auch der Schiffsverkehr wird eingestellt oder die Routen werden verändert, denn auch die großen Schiffe können bei meterhohem Wellengang nicht in den Häfen anlegen! Flüge können ebenfalls gestrichen werden!
>
> Es ist daher notwendig, sich rechtzeitig bei den jeweiligen Stellen, d. h. den Fluggesellschaften, Fähragenturen wie Jadrolinija und bei den Touristinformationen, zu informieren.

**Promillegrenze**: für Fahrzeuge (auch Boote) gilt 0,5 (ab 24 J.). *Aber:* bei Verkehrsdelikten muss man sich sowohl für das Vergehen als auch für das Fahren unter Alkoholeinfluss verantworten!

**Höchstgeschwindigkeit**: Pkw und Motorräder innerhalb von Ortschaften 50 km/h, außerhalb 90 km/h; auf Schnellstraßen 110 km/h, auf Autobahnen 130 km/h; Wohnmobile bis 3,5 t auf Autobahnen 80 km/h, Wohnmobile über 3,5 t und Pkw mit Anhänger außerhalb von Ortschaften überall 80 km/h. Achtung: viele *Radarkontrollen!*

**Kraftfahrzeugdokumente**: Führerschein, Fahrzeugschein und Grüne Versicherungskarte. Nach Unfällen mit sichtbaren Karosserieschäden sollte man sich von der Polizei eine Schadensbestätigung *(Potvrda)* ausstellen lassen.

**Kraftstoff**: Bleifreies Benzin ist überall erhältlich. Tankstellen sind an den wichtigsten Straßen nonstop geöffnet, Zahlung mit EC-Karte ist problemlos möglich. Infos unter www.ina.hr, www.hak.hr oder www.omivistrabenz.hr.

Kraftstoffpreise pro Liter: Bleifrei Eurosuper plus (98 Oktan) 1,40 €; Bleifrei Eurosuper (95 Okt.) 1,35 €; Eurodiesel 1,28 €. Auch Autogas (Autoplin oder Proplin) 0,76 € wird flächendeckend verkauft (Stand: Jan. 2013).

**Kroatischer Automobilclub** (ADAC-Partnerclub): Hrvatski autoklub (HAK), 10010 Zagreb, Av. Dubrovnik 44, ✆ 01/6611-999, 062/777-777 (24-Std.-Info, auch in Deutsch), (+385) 0800/9987 (Kundendienst), www.hak.hr und www.hac.hr.

**Notrufnummern**: Polizei ✆ 192, Rettungsdienst ✆ 194, Feuerwehr ✆ 193.

**Pannenhilfe**: Die Straßenwacht des Automobilclubs HAK ist rund um die Uhr unter ✆ 1987 erreichbar. Für **Verkehrsinfos** etc. ✆ 01/4640-800.

**ADAC-Notruf** (deutsch) über Zagreb: ganzjährig unter ✆ (+385)1/3440-666. **ADAC-Hilfe** (über Deutschland) ✆ (+49)089/222-222 (Pannen etc.) oder 089/76-7676 (medizinische Hilfe).

Touristische Informationen: Rund um die Uhr unter ✆ 062/999-999 (Kroatische Engel). Die Haupttourismusverbände sind mit dieser Info-Nr. verbunden und geben in der Saison Auskunft. An Autobahnen, z. B. bei Rupa (Grenze), bei Maslenica und Šibenik, gibt es die Infostellen; geöffnet Mai–Mitte Okt. tägl. 8–22 Uhr.

Wettervorhersage und Verkehrsservice: ✆ 060/520-520. Zudem werden jede volle Stunde im Zweiten Programm des kroatischen Rundfunks Nachrichten und Informationen zum Straßenzustand (aus den Studios von Ö 3) gesendet (→ „Wissenswertes von A bis Z: Nachrichten/Medien").

# Mit der Fähre

Für viele Kroaten ein wichtiges Verkehrsmittel. Um auf die Inseln zu kommen, muss man mit dem Auto die so genannten Trajekts benutzen. Zwischen den autofreien Inseln verkehren Personenfähren und Katamarane. Wer tiefer in den Süden will und dabei Nerven und Auto schonen möchte, nimmt die Küstenlinie. Achtung! – Fahrplanwechsel zum kroatischen Schulbeginn. Infos vorab einholen, auch bei Sturm (→ Kasten „Achtung Bora!") gibt es Fahrplanänderungen oder Schiffsausfall! Fahrradmitnahme (geringer Betrag) auf Fähren problemlos möglich, ausgenommen Katamarane (keine Beförderung!).

Die aktuellen Pläne sowie Fährtickets sind in den jeweiligen Fähragenturen (u. a. Jadrolinija, LNP) erhältlich, zudem im Internet ersichtlich (s. u. „Buchung"). Die im Buch angegeben Preise sind Hochsaisonpreise, in der Nebensaison kosten die Tickets rund 20 % weniger.

## Küstenlinie

Die Seeschifffahrtsgesellschaft Jadrolinija hat ihre jahrzehntealte Route entlang der Küste drastisch gekürzt. Momentan bedient 2-mal wöchentlich von Ende Mai bis Ende Sept. (Mo/Fr, Abfahrt 19 Uhr) das Fährschiff „Liburnija" die Route *Rijeka–*

Zadar ist ein wichtiges Sprungbrett zu vielen umliegenden Inseln

*Split–Stari Grad (Insel Hvar)–Korčula–Sobra (Insel Mljet)–Dubrovnik.* Für die Norddalmatien-Region steigt man in Split aus.

**Buchung** Für die Hochsaison sollten Platzreservierungen für Autos langfristig gebucht werden. Buchung/Auskünfte (→ „Anreise/Mit Auto und Fähre von Italien nach Kroatien").
**Deutschland:** DERTOUR, 60439 Frankfurt, Emil-von-Behring-Str. 6, ℡ 0180/4999-203, www.ocean24.de.
**Kroatien (Jadrolinija-Zentrale):** Jadrolinija, 51000 Rijeka, Hafenterminal, ℡ 051/666-111, www.jadrolinija.hr Übersichtlich gestaltete deutschsprachige Website für Online-buchung u. Information; auch Italienfähren.

**Preise** Rijeka–Split: Pkw bis 1,80 m Höhe 67 €; Motorrad bis 1,70 m/Fahrrad 29 €. 2-Bett-Außenkabine (Waschbecken) 63,50 € pro Pers.; 2-Bett-Außenkabine (Du/WC) 76,50 € pro Pers.; Deckpassage 27,50 €. Für Surfbretter, Hunde und Katzen freie Beförderung. Im Kabinenpreis ist Frühstück enthalten.

**Ermäßigungen:** Verschiedene Rabatte für Kinder und Jugendliche, zudem 20 % bei gleichzeitigem Kauf von Hin- u. Rückfahrkarte.

## Autofähren (Trajekts)

Zwischen dem Festland und den Inseln gibt es regelmäßige Schiffsverbindungen (→ Reiseteil), z. T. in der Hauptsaison stündlich: Während der Hauptreisezeit sollte man mindestens eine Stunde vor Abfahrtstermin (mit Auto) am Hafen sein, um noch ein Ticket zu bekommen.

| Fährverbindungen für Norddalmatien (Trajekt) | |
| --- | --- |
| Insel Cres und Lošinj: | Brestova–Porozina, Lošinj–Zadar |
| Insel Pag: | Prizna–Žigljen |
| Insel Ugljan: | Zadar–Preko |
| Insel Pašman: | Biograd na moru–Tkon |
| Insel Iž: | Zadar–Bršanj |
| Insel Dugi Otok: | Zadar–Brbinj |

Bei schlechten Wetterverhältnissen kann es vorkommen, dass überhaupt keine Fähre geht und man geduldig warten muss. Ebenso kann es bei alten Schiffen passieren, dass sie wegen Motorschadens ausfallen. Diese Vorkommnisse sind nicht die Regel, aber es ist besser, sich darauf einzustellen und die Reiseroute mit etwas zeitlichem Spielraum zu planen.

*Tipp fürs Kraftfahrzeug:* Fahren Sie möglichst in den Schiffsbug, um das Fahrzeug vor der spritzenden Salzwassergischt zu schützen.

Die Inseln Pag, Vir und Murter sind über eine Brücke vom Festland aus zu erreichen – trotzdem kann sich die Fähre lohnen, wenn man Umwege vermeiden will. Durch eine Brücke untereinander verbunden sind die Inseln Cres und Lošinj.

## Personenfähren/Katamarane

Um auch die Inselbewohner zu ihren Arbeitsplätzen, Schulen und Hochschulen zu bringen, verkehren inzwischen wieder zahlreiche Schiffe, zunehmend werden die schnelleren Katamarane eingesetzt. Leider kann man aber hier nicht an Deck gehen und die herrliche Inselwelt betrachten. Eine Fahrradmitnahme ist nur auf Personenfähren möglich.

| Personenfähren/Katamarane u. a. | |
|---|---|
| Rijeka | u. a. nach Mali Lošinj (Insel Lošinj) und Novalja (Insel Pag) |
| Mali Lošinj (Insel Lošinj) | Insel Silba und nach Rijeka |
| Rab | Insel Pag (Novalja) und nach Rijeka |
| Novalja (Insel Pag) | u. a. nach Rijeka |
| Zadar | Inseln Olib, Silba, Lošinj, Rivanj, Molat, Ist, Sestrunj, Rava, Iž, Dugi Otok (Sali, Zaglav, Božava) |
| Biograd u. Pakoštane | zur Insel Vrgada |
| Vodice | Inseln Privić, Zlarin und nach Šibenik |
| Šibenik | Inseln Zlarin, Privić, Kaprije, Žirje und nach Vodice |

# Mit dem Bus

Das kroatische Busnetz ist sehr gut ausgebaut und für die Weiterreise empfehlenswert. Auf längeren Strecken verkehren **Expressbusse** (alle mit Aircondition ausgestattet), z. B. nach Zagreb, Rijeka, Zadar, Šibenik und Split. Die Busse sind relativ preiswert und dementsprechend ausgelastet. In der Hauptreisezeit ist bei längeren Strecken eine Reservierung notwendig. Die überregionalen Busse halten zum Einstieg nur in großen bzw. nach Reservierung auch in kleineren Orten. Aussteigen kann man allerdings überall, man gibt dem Busfahrer Bescheid. Zwischen den Städten gibt es zusätzlich den regionalen, oftmals stündlichen Busverkehr, in abgelegenen oder kleinen Orten seltener, an Sonn- und Feiertagen oft gar nicht. Es empfiehlt sich also, sich vorab nach dem Fahrplan, am besten bei TIC, zu erkundigen. Mehr zu Busverbindungen (→ Reiseteil).

**Busbahnhöfe** liegen meist zentral in der Stadtmitte, am Hafen oder bei den Zugbahnhöfen. Fahrkarten kauft man am Busterminal, die Abfahrtszeiten sind auf Tafeln angeschrieben: Abfahrt heißt auf Kroatisch *Polazak,* Ankunft *Dolazak* (auch *Odlazak*).

**Informationen** Der aktuelle Fahrplan ist an den Busterminals oder bei TIC erhältlich; Infos in Kroatien zudem unter ✆ 060/313-333, (+385)01/6112-789 (vom Ausland) oder auch über Autrans (www.autotrans.hr).

**Preise** Zagreb–Zadar, 2:30–3 Std., ab 18 €; Zagreb–Šibenik ca. 4 Std., ab ca. 18 €; Zagreb–Split, 470 km, 6 Std., ca. 25 € (Fahrpreise variieren je nach Busunternehmen).

# Mit der Eisenbahn

Die Eisenbahn ist in Kroatien das billigste Transportmittel (je nach Zug). Da es aber keine Direktverbindungen zwischen den Küstenstädten gibt, kommt die Schiene nur für die Anreise in Frage. An den Bahnschaltern gibt es für ein paar Euro das Kursbuch *Red Vožnje.* Für die Kvarner-Region und den Norddalmatinischen Raum ist der Zug im Gegensatz zum Bus viel zu langsam (s. u.). Nur auf der Strecke Zagreb–Split (über Knin) verkehren auch 2-mal täglich die schnelleren und neuen Neigezüge (5:47 Std., 24 €). Die Bahnstrecke Zagreb–Rijeka für Hochgeschwindigkeitszüge ist im Ausbau (soll bis 2015 beendet sein).

**Hauptstrecke**: Österreichische Grenze (Jesenice) – Ljubljana – Zidani most und weiter nach Kroatien (Zagreb – Karlovac – Rijeka) oder von Zagreb durch das Hinterland an die Küste (Zagreb – Karlovac – Gospić – Knin – Split).

Die **Nebenstrecken** verlaufen auf eingleisiger Linie nach Istrien (Postojna–Pivka–Ilirska Bistrica–Matulji–Rijeka sowie u. a. auf der Linie nach Norddalmatien von Knin nach Zadar.

**Preisbeispiel** (einfach, 2. Kl.): Zagreb–Rijeka: für die schnellste Verbindung (4 Std.) knapp 13 €.

**Fahrradversand** Nur in Zügen mit Gepäckwagen möglich. Das Fahrradticket erhält man direkt am Bahnsteig beim Schaffner (beim Gepäckwagen). Preis Zagreb–Split 4,50 €.

**Informationen** in Kroatien unter ☏ 060/333-444, www.hznet.hr.

# Mit dem Flugzeug

Bei den kurzen Entfernungen lohnt es sich kaum, das Flugzeug zu besteigen. Es sei denn, man ist nach Zagreb geflogen und möchte auf schnellstem Wege an die Küste. Wer frühzeitig plant, fliegt sehr preiswert.

Der an das internationale Liniennetz angeschlossene Hauptflughafen ist in Zagreb. Weitere kleine Flughäfen, die im Linienverkehr über Zagreb und im Charterverkehr (von Deutschland aus) direkt angeflogen werden, sind für Nordkroatien u. a. Pula, Rijeka, Zadar, Split. Vom Flughafen *(Zračna luka)* gibt es Busse und Taxis in die Städte.

**Flughäfen (Zračna luka)** Flughafen Zagreb, 10150 Zagreb, Pleso b. b., ☏ 01/4562-170 (Info-Tel.), 060/320-320 (Info-Tel. innerhalb Kroatiens), www.zagreb-airport.hr.

Flughafen Rijeka, 51513 Omišalj, Krk, ☏ 051/842-132 (Info-Tel.), 842-040 (Zentrale), www.rijeka-airport.hr.

Flughafen Pula, 52100 Pula, ☏ 052/530-105, www.airport-pula.com.

Flughafen Zadar, 23000 Zadar (Zemunik Donji), ☏ 023/205-800, www.zadar-airport.hr.

Flughafen Split, 21120 Split, Kastelanska cesta 96, ☏ 021/203-506, -507, www.split-airport.hr.

**Reservierungen** Inlandsflüge über Croatia Airlines, zentrale Reservierungs- u. Buchungsstelle in Zagreb: ☏ 01/6676-555, 062/500-505 (Hotline innerhalb Kroatiens), www.croatiaairlines.com.

In **Deutschland**: Croatia Airlines Verkaufsbüro, Schillerstr. 42–44, 60313 Frankfurt, ☏ 069/9200-520, www.croatiaairlines.com.

**Preisbeispiele** Zagreb–Zadar (0:50 Std.) ab 40 € inkl. aller Steuern. Split–Zagreb (0:45 Std.) ab 42 € einfach.

# Mit dem Fahrrad

Die großen Inseln Pag, Ugljan, Pašman und Dugi Otok, die Halbinsel Ravni kotari, das Gebiet rund um den Vransko jezero, die Region um den Nationalpark Krka, aber auch um Vodice und Primošten eignen sich gut für Fahrradtouren. Kleine Asphaltstraßen und Makadam (unbefestigte Wege) führen durch abwechslungsreiche Landschaft, die man in würziger Luft gemütlich erkunden und genießen kann. Kondition ist jedoch oft erforderlich. *Wichtig*: Wer hauptsächlich auf Makadam durch die Natur fahren möchte, sollte unbedingt ein **Mountainbike** (mit gutem Profil!) mitnehmen bzw. sich dieses vor Ort mieten. Im Reiseteil finden Sie etliche Vorschläge zu den jeweiligen Gebieten.

**Informationen** Fahrradverleih (für Mountainbikes) gibt es in allen größeren Touristenorten, das Material ist aber nicht immer für längere Touren geeignet. Besser, man benützt sein eigenes Bike, mit dem man unabhängig und problemlos verschiedene Inseln abfahren kann.

Schon über 1500 km hat der Radelfreund von der Mosel bis Primošten geschafft ...

**Achtung:** Möglichst die Küstenstraße meiden! Sie ist voller Autos, die wenig Rücksicht auf Fahrradfahrer nehmen.

**Preise:** Wer vor Ort für kleinere Touren Mountainbikes mieten möchte, zahlt ca. 12–14 €/Tag.

# Mit dem Mietwagen

Mietautos sind in Kroatien sehr teuer. Wer trotzdem einen Wagen möchte, sollte Preise vergleichen und Sondertarife nutzen; der Mietpreis beginnt ab ca. 35 € für einen Kleinwagen. Mieten kann man Pkws an Flughäfen, in vielen Touristagenturen, bei internationalen Autovermietern, aber auch bei kroatischen Anbietern, die etwas billiger sind (→ Reiseteil).

Der Mietvertrag sollte genau studiert werden, die Verträge unterscheiden sich von Anbieter zu Anbieter. Man kann den Wagen 1–3, 4–6 oder 7 Tage mieten. Zudem gibt es, wie bei uns, Sondertarife und Wochenendvergünstigungen, die man vor Ort erfragen muss. Auch können Reservierungen von zu Hause aus manchmal günstiger sein, z. B. auch im Fly&Drive-Tarif.

Auch **Motorräder**, **Mofas** und **Fahrräder** sind über die Agenturen in fast jedem Touristenort zu mieten (übrigens gilt auch in Kroatien Helmpflicht!). Ein Scooter kostet ca. 10 €/Std. und ca. 30 €/Tag, Fahrradmiete ab 12 €/Tag.

# Mit dem Taxi

Taxistände befinden sich in größeren Orten im Zentrum, an Omnibusbahnhöfen, am Hafen und an Flughäfen (→ Reiseteil). Taxiservice u. a. unter ✆ 970, zudem gibt es fast in jeder Stadt preiswerte Taxianbieter, am besten immer bei TIC anfragen. Innerhalb der Stadt ca. 2,70 € Startgebühr und ca. 1 €/km (Nacht-, Sonn- u. Feiertagszuschlag von 20 %, zudem eine Preisverdoppelung im Juli/Aug.!); von Zadar zum Flughafen (9 km) ca. 15–20 €.

Zadar – das edle Boutiquehostel bietet Zimmer mit Ausblick aufs Forum und Ugljan

# Übernachten

Das Übernachtungsangebot in Kroatien ist groß und vielfältig – man hat die Wahl zwischen Privatunterkünften, Hotels, Appartements, einigen Jugendherbergen und zahlreichen schön gelegenen Campingplätzen.

In den Hochsaison-Wochen von Anfang bis Mitte August, wenn auch die Italiener Ferien machen, wird es in Norddalmatien schwierig, eine hübsche Unterkunft ohne Voranmeldung zu ergattern – sicherer ist es, für diese Zeit vorher rechtzeitig zu reservieren. In den anderen Wochen und Monaten dürfte es aber kein Problem sein, kurzfristig eine passable Unterkunft zu finden. Die Campingplätze sind in der Hochsaison zwar meist voll, wer aber kein riesiges Hauszelt aufstellen möchte, findet sicher noch ein schattiges Plätzchen.

> Alle Preise im Buch sind Hochsaisonpreise (HS), zudem gibt es Topsaisonpreise (TS). Zimmerpreise gelten ab 3 Tagen Aufenthalt (sonst 30 % Aufschlag). Hinzu kommt die Kurtaxe – je nach Gebiet ca. 1 €.
> Jährlich erscheinen vom kroatischen Tourismusverband Gratisbroschüren zu Hotels, Privatunterkünften, touristischen Bauernhöfen und Campingplätzen. Hotels und Privatunterkünfte sind meist auch auf den Websites der Tourismusverbände ersichtlich (→ Reiseteil).

Haupt- und Nebensaisonpreise sind auf den Inseln und an der Küste üblich, in den Touristenhochburgen gibt es von Anfang bis Mitte August sogar Topsaisonpreise; dagegen vermieten die Pensionen und kleinen Hotels im Landesinneren meist ganzjährig zum gleichen Preis. Einen Aufschlag von 20 % muss man auch zu Messezeiten in Zagreb bezahlen.

**Online-Buchungen** sind auch in Kroatien sehr beliebt, gerade bei Hotels gibt es erstaunliche Pauschalen, Rabatte und Schnäppchen. Hotelpauschalen über Reiseveranstalter sind inzwischen nur manchmal billiger (jeder kann seinen eigenen Preisvergleich anstellen). Das Hotelessen entspricht bei preisgünstigen Pauschalen, also mit Halbpension (zur Hochsaison), aber oft nicht der üblichen guten landestypischen Küche. Wer sparen muss, sollte daher in der Hochsaison lieber die preisgünstigeren, aber auch netten und vor allem oft ruhigeren Privatunterkünfte buchen. Zudem kann man bei längerem Aufenthalt sicherlich einen günstigeren Preis aushandeln.

Wer mit dem Fahrrad unterwegs ist, findet inzwischen auch in Kroatien **Bike-&-Bed-Unterkünfte** und jährlich werden es regional mehr (www.mojbicikl.hr/bed-bike).

> **Anmeldepflicht:** In Kroatien muss man innerhalb von 24 Stunden polizeilich angemeldet sein. Normalerweise wird dies von Hotels, Campingplätzen und Zimmeranbietern automatisch geregelt. Wer allerdings Freunde besucht, muss die Anmeldung eigenständig bei der Polizei gegen eine Gebühr von 2 € tätigen; Bootsbesitzer müssen dies innerhalb von 12 Std. am Hafenamt oder bei der Polizei vornehmen.

## Privatzimmer

In allen Touristenorten weisen an den Häusern *sobe*-Schilder auf Zimmer hin. Privatzimmer werden von den Agenturen vermittelt, man kann sich aber auch direkt an den Vermieter wenden. Die meisten Zimmervermieter sind registriert und bezahlen für die Vermietung eine Gebühr. Manche Vermieter versuchen, dies zu umgehen, und sprechen Touristen deshalb bereits am (Bus-)Bahnhof oder am Auto an. Privatzimmer sind in verschiedene Kategorien unterteilt, üblich sind ** bis ***. Die Preise liegen zwischen 20 und 40 € pro Doppelzimmer (DZ). Einzelzimmer (EZ) kosten 30 % mehr als ein Bett im Doppelzimmer. Die Preise verstehen sich ohne Frühstück – dieses kostet zusätzlich ca. 5 bis 8 € pro Person. In manchen Gegenden, vor allem dort, wo Restaurants rarer sind, wird Halb- oder Vollpension (HP/VP) für 12 bis 24 € pro Person angeboten.

## Appartements

In jedem Touristenort werden Appartements *(apartmani)* vermietet – in Privathäusern oder in Feriensiedlungen. In den Siedlungen befinden sich dann meist auch Restaurants, Bars, Einkaufsmöglichkeiten und Sportangebote. Es gibt Appartements für 2 bis 10 Personen. Üblich sind für 4 Personen 2 Räume, Kochnische, Bad/Dusche/WC, evtl. noch ein kleiner Aufenthaltsraum und Terrasse. Es gibt auch sehr komfortable, mit allem Erdenklichen ausgestattete Appartements. Auch die Appartements sind in Kategorien unterteilt (** bis *****) und kosten für 2 Personen 35 bis 100 €.

## Urlaub auf dem Bauernhof

Der sog. *Agroturizam* wird auch an der kroatischen Küste, auf den Inseln und im Hinterland angeboten. Oft werden nette Zimmer/Appartements in Natursteinhäusern angeboten, zudem kommt alles, was erzeugt wird (Käse, Fleisch, Wurst, Gemüse, Oliven, Obst und Wein), frisch auf den Tisch. Für Familien mit Kindern eine tolle Sache, da es meist auch ein paar Tiere wie Katzen, Hunde, Hühner und vielleicht auch noch einen Esel gibt. Zudem ist meist in den umgebenden Gärten Platz zum Umhertollen.

## Hotels

Die Hotels sind in verschiedene Kategorien von ** bis ***** eingeteilt. Wie üblich sind Lage, Komfort des Hauses, Animation, Sportplätze und Fitnessprogramme, Ausstattung der Räume, Balkon und Meeresblick ausschlaggebend. Viele Hotels verfügen auch in Kroatien mittlerweile über einen Wellness- und Beautybereich und natürlich WiFi-Zugang. Auch ein paar All-inclusive-Hotels kamen hinzu, was aber bei der guten Infrastruktur kaum lohnt. Die Preise bewegen sich zwischen 70 und 200 € (und weitaus mehr!) für ein Doppelzimmer (DZ). Die Preise schließen meist Frühstück ein (DZ/F). Der größte Teil der Hotels in Kroatien gehört zur Kategorie der Drei- bis Viersternehotels. Im Frühjahr und Herbst lohnen exklusive Hotels durchaus, denn sie bieten zu einem guten Preis sehr guten Service – bei wechselhafter Witterung ist ein kuscheliges Zimmer und ein nettes Spa nicht zu verachten.

### Wellness und Kurorte
Wellness hat auch in Kroatien eine lange Tradition. In Norddalmatien kann man sich in komfortablen Hotels im Vier- bis Fünfsterne-Bereich verwöhnen lassen, die über Wellness- und Beautyoasen verfügen, teils auch mit Ayurveda-, Thai- und Akupressurmassagen, Bädern mit Ölen und Algenpackungen, Aroma-Therapie, Anti-Stress- und Fitness-Programmen arbeiten. Salzsole, Aerosole zur Inhalation sowie Heilerde und mineralische Peloide setzt man u. a. in *Nin* zur Therapie ein. Wer sich ohne ärztliche Aufsicht einfach nur den heilsamen Schlamm z. B. auf die schmerzenden Knie schmieren möchte, kann dies u. a. in *Nin, Pag, Pirovac* und auf der *Insel Vrgada* tun (→ Reiseteil „Hotels" oder „Wellness").

## Jugendherbergen

In Kroatien gibt es einige Jugendherbergen und Hostels, die preiswerte Übernachtungsmöglichkeiten bieten. Erforderlich ist zum Teil (oder gegen einmalige Gebühr) ein internationaler Jugendherbergsausweis mit Passbild. Die meisten Jugendherbergen liegen zentral, sind mit 2- bis 8-Bett-Zimmern ausgestattet (teils auch Dusche/WC im Zimmer), haben Aufenthaltsraum und Restaurant, Internet, manchmal auch Garten, Vorplatz oder Sportplatz. Je nach Ausstattung und Lage kostet die Übernachtung ca. 13–20 €/Person. Es werden meist auch preiswertes Frühstück und Halbpension angeboten. Zu Ferienzeiten sind Jugendherbergen in der Regel oft ausgebucht, daher ist eine Voranmeldung sinnvoll. Jugendherbergen gibt es vor allem in Städten, u. a. in Zagreb (zahlreich!), Rijeka, Zadar, Split.
Im Internet unter www.hfhs.hr, www.nazor.hr oder auch über den **Internationalen Jugendherbergsverband**, www.jugendherbergen.de.

## Camping

In der Region Norddalmatien finden sich an der Küste meist nur kleine Campingplätze, ebenso sieht es im Hinterland und auch auf den meisten Inseln aus, außer auf Pag und Murter. Die großen und gut ausgestatteten Campingplätze, wie man sie u. a. auf den Kvarner-Inseln vorfindet, wird man hier vermissen. Meist sind es kleine Camps oder oft auch nur ein Wiesengrundstück ums Haus, dafür gibt es in manchen Orten bis zu 20 Plätze; auch nahe dem Nationalpark Krka gibt es etliche Minicamps. FKK-Freunden steht in dieser Region leider auch nur ein einfach ausgestatteter Campingplatz, dafür in herrlicher Lage, auf der Insel Murter (Bucht Kosirina) zur Verfügung. Auf ein paar wenigen Campingplätzen werden *Wohnwagen* und *Mobilheime* vermietet. Letztere sind kleine Holzbungalows, meist für 4 bis 6 Pers., mit Balkon/Terrasse und eingerichteter Küche und Bad – auf jeden Fall eine tolle Sache für Familien mit Kindern.

Die meisten Campingplätze sind vom 1. Mai bis 30. September/Mitte Oktober geöffnet, nur wenige vom 1. April bis Ende Oktober. In der Hauptsaison wird es v. a. auf den Minicamps ganz schön eng, denn auch viele Einheimische verbringen ihre Ferien gern auf den Autocamps.

**Wildes Campen ist in Kroatien ausdrücklich verboten!**

# Leuchttürme

Wer außer Meeresrauschen absolute Ruhe sucht, mietet sich in einem der Leuchttürme ein – entweder stehen sie direkt am Meer oder auf einer kleinen Felsinsel. Die zu mietenden Türme bieten Ferienwohnungen unterschiedlicher Größe, allerdings in meist einfachem Standard. Das Hinbringen wird organisiert, ebenso – nach Absprache – die Lebensmittelversorgung. Meist gibt es auch eine kleine Slipanlage oder einen Anlegeplatz für Boote. Wer seinen Urlaub einmal in ganz ungewohnter Umgebung verbringen möchte, gelegentlich mit Blick auf die tobende See, ist hier genau richtig – für Familien mit kleinen Kindern allerdings nicht zu empfehlen und teils auch untersagt. Die Preise für ein 4-Personen-Appartement betragen ab ca. 80–120 €/Tag. Folgende Leuchttürme (*Plovput*) stehen in Norddalmatien zur Wahl: Insel Vir, Insel Murter (Insel Prišnjak) und Insel Dugi Otok (Veli Rat).

**Agentur Plovput**, Obala Lazareta 1, 21000 Split, 021/390-600, www.plovput. Deutschsprachige Informationen: Hr. Hrvoje Mandekić, 021/390-609, www.lighthouses-croatia.com.

Das einfache Sv.-Duh-Camp (Insel Pag) bietet eine traumhafte Kulisse

Šibenik – bestens, mit Blick aufs Geschehen, speist man am Domplatz

# Essen und Trinken

Die kroatische Küche ist von der österreichisch-ungarischen, italienischen und natürlich regionalen Kochkunst beeinflusst, ebenso die Binnenlandküche. Nach Omas Rezepten garen aber auch heute noch die unterschiedlichsten Gerichte in den Töpfen, und am kroatischen Meer wird frischer Fisch köstlich zubereitet. Serviert wird dazu weißer oder roter Landwein.

An der Küste und auf den Inseln ist die Küche in der Regel von *Fisch, Krusten-* und *Schalentieren* geprägt, die in guten Lokalen fangfrisch auf den Teller kommen: neben verschiedensten Fischsorten vor allem die leckeren, saftigen Scampis, u. a. aus dem Velebit-Kanal, ebenso die im Novigradsko more und nahe der Krka-Mündung gezüchteten Muscheln und Austern. Ein besonderer kulinarischer Genuss ist Hummer, der auf dem Kornaten-Archipel angeboten und auf jede erdenkliche Art zubereitet wird.

Vor allem im Landesinneren sind Spanferkel, Wildschwein vom Grill und im Herbst Wildgerichte wie Fasan und Hase beliebte Spezialitäten, zudem gibt es fast überall zartes Lamm oder Zicklein. Eine typische und wichtige Zutat, mit der von der Vor- bis zur Nachspeise gern verfeinert oder gewürzt wird, sind die im nahen Istrien beheimateten weißen und schwarzen *Trüffeln (tartuf)* – sie stehen landesweit auf der Speisekarte guter Restaurants. Der Wildspargel *(šparoge)*, der als Salat, Gemüse oder in Omeletts serviert wird, sprießt im Frühjahr überall. Sehr beliebt sind auch Pilze, z. B. mit *Gnocchi, Fuži* oder *Surliče* oder zu Fleischspeisen. Generell werden seit Jahrhunderten die Speisen, ob kalt oder warm, mit *Olivenöl* zubereitet – gut für den Cholesterinspiegel!

Und auch Naschkatzen kommen auf ihre Kosten – sie haben die Wahl zwischen Pfannkuchen *(palačinke)*, Strudel, Krapfen *(fritule)* oder Eiercreme *(rožata)*, inzwischen gibt es aber auch die beliebten italienischen oder französischen Desserts. Zudem werden leckere regionale Torten und Kuchen angeboten.

## Die Lokale

**Restoran** (Restaurant): Ein gehobeneres Speiselokal mit großer Auswahl an Vor- und Nachspeisen, Fisch- und Fleischgerichten.

**Riblji restoran** (Fischrestaurant): Hier gibt es Meeresspezialitäten, vorwiegend Adriafische. Wer gerne Fisch isst, darf sich hier bestens aufgehoben fühlen, da die Zutaten immer frisch sind und man die Art der Zubereitung bei uns zu Hause nicht findet.

**Gostiona** (Gasthaus): Gasthäuser sind meist Familienbetriebe. Oft kochen Wirt oder Wirtin selbst, das Essen wird aus frischen Zutaten nach Art des Hauses zubereitet. Das Ambiente reicht von einfacher ländlicher bis zur gehobenen modernen Ausstattung. In kleineren Gasthäusern beschränkt sich die Auswahl auf wenige preiswerte Fleisch- und Fischgerichte.

**Konoba**: Ursprünglich ein Weinkeller oder ein winziges Lokal, das Wein und ein paar Vorspeisen wie Oliven, Schinken und Käse, gelegentlich auch kleine Fischgerichte anbietet. Heute bezeichnen sich auch kleine Gostionas als Konobas und haben eine deutlich größere Essensauswahl, z. B. oft die leckeren Peka-Gerichte.

**Kavana** (Café) und **Bife** (Buffet): Im Café gibt es Kaffee, Tee, türkischen Kaffee, Torten, Gebäck, Eis, Getränke und manchmal kleine Snacks. Bifes sind mehr eine Art Bar und Treff.

**Pizzeria**: Auch in Kroatien ein preiswertes, schnelles Essen und eine willkommene Abwechslung zu den Fleischgerichten. Jedoch wird in den Pizzerias, im Gegensatz zu ihren deutschen Schwestern, meist tatsächlich nur Pizza angeboten (außer es heißt Restaurant/Pizzeria), dafür meist in großer Auswahl und oft auch die wohlschmeckende Holzofen-Pizza.

**Vinoteka** (Weingeschäft): Hier kann man vor allem Weine, Grappa und Hochprozentiges verkosten und kaufen.

**Samoposlužni restaurant**: Selbstbedienungsrestaurant, meist in Städten und größeren Feriensiedlungen an der Küste zu finden – ein preiswertes Esslokal.

**Slastičarna**: Eisdiele/Café – hier werden Espresso, Cappuccino, Kuchen, Torten und Eis serviert.

## Vorspeisen und Snacks

Als Vorspeise kennt man luftgetrockneten Schinken *(pršut)*, der landesweit hergestellt wird, zudem *Šokol*, einen geräucherten Schweinenacken (Region Nin) und Käse *(sir)*, meist vom Schaf oder von der Ziege. Berühmt ist der Schafskäse von der Insel Pag *(paški sir)* mit seinem würzigen Aroma, aber überall gibt es regional zubereiteten Käse. Im etwas kühleren Landesinneren, z. B. um den Nationalpark Krka, isst man gerne auch milden Quark oder Frischkäse als Vorspeise, aber auch der Hartkäse aus dem Velebit schmeckt vorzüglich sowie der salzige, weichere Käse *mišina* aus der Region Drniš. Dazu werden oft Oliven oder eingelegte Zwiebeln *(kapulica)*, auch Paprika und Weißbrot gereicht.

Eingesalzener Fisch *(usoljena riba)* ist eine ebenso beliebte Vorspeise wie Zwischenmahlzeit. Vor allem die kleinen Sardellen und Anchovis, in gutem Öl eingelegt, sind beste Sushi-Gerichte! Gerne werden auch rohe Sardinen verwendet, die, in Öl und Essig mit Lorbeerblättern eingelegt, ein paar Wochen durchziehen. Auch Tintenfischsalat, *Bakalar* (gekochter Stockfisch) oder Scampi-Cocktail sind als Appetizer beliebt.

Marinierter Fisch *(marinirana riba)* wird in einem anderen Verfahren zubereitet: Makrelen oder Sardinen werden gebraten, dann in Essig, Öl und Zwiebeln für ein paar Tage eingelegt.

Eine bosnische Spezialität, aber auch in Kroatien eine beliebte Zwischenmahlzeit und an Kiosken und in Bäckereien zu finden, ist *burek*, Blätterteigpasteten mit

Fleischfüllung oder auch mit Apfel oder Quark. *Omelettes* mit Pilzen, Käse oder Schinken serviert jedes Restaurant.

Beliebte Vorspeisen sind auch Suppen u. a. die Minestrone *(maneštra)* mit je nach Jahreszeit wechselnden Gemüsesorten, Gulaschsuppe *(gulaš juha),* Fischsuppe *(brodet* oder *riblja juha)* sowie Lammsuppe *(jagječa čorba).*

**Essenspreise:** Kalte und warme Vorspeisen wie Schinken (pršut), Salat aus Meeresfrüchten, Reis- und Nudelgerichte gibt es ab ca. 5–10 €, Fleischgerichte kosten rund 6–12 €, Salat von Meeresfrüchten ab 8 €. Fische sind eingeteilt in Klasse I (z. B. Goldbrasse, ca. 25–50 €/kg) und Klasse II (z. B. Makrelen, ca. 10–17 €/kg), zudem werden auch immer mehr Fische, u. a. Goldbrassen gezüchtet, d. h. fangfrischer Fisch hat dann nochmals einen Aufpreis – schmeckt aber dafür auch viel saftiger.
**Getränke:** Espresso ab 0,70 €, Cappuccino ab 1,20 €, Tafelwein ab ca. 6,70 €/Liter, Barriqueweine ab 16 € für die 0,75-Liter-Flasche, Grappa ab ca. 1,30 €. Einheimische Biere ab 1,60 € für die 0,33-Liter-Flasche.

# Gerichte von Fisch und Meeresfrüchten

Charakteristisch für die Küste und die Inseln sind die Fisch- und Krustentiergerichte, die auf vielfältigste Art zubereitet werden. Gängig sind Drachenkopf, Gold- und Zahnbrasse, Petersfisch, Seezunge, Meeresspinne, Scampi, Langusten, Hummer, Tintenfisch, Muscheln und Austern.

*Na žaru* heißen die gegrillten Fische, und der Holzofen, geschürt mit Olivenholz oder dem Reisig der Weinstöcke, verleiht Fischen und Schalentieren besondere Würze. Mit Knoblauch gespickte Gold- und Zahnbrassen, Seebarsche, Meeräschen, aber auch Makrelen und Sardinen werden mit Kräutern und Lorbeerblättern gewürzt und gegrillt.

Für den gekochten Fisch *(na lešo)* müssen Drachenkopf, Zahnbrasse oder Hechtdorsch in den Topf und werden dann in Wasser, Öl, Weinessig und mit Lorbeerblättern, Zwiebeln und Pfefferkörnern gegart.

Besonders lecker schmeckt die Fischsuppe *(brodet)*, für die verschiedenste kleine Fische verwendet werden, die mit Wein, Öl, Lorbeerblättern, Zwiebeln, Petersilie und Tomatenmark lange Zeit im Topf garen. Dazu wird Maisgrieß *(pura)* gereicht. *Fischpaprikasch* heißt der leckere Binnenlandfischeintopf (siehe dazu „Eintöpfe und Aufläufe).

Eine Delikatesse sind die gedünsteten Fische, z. B. Langusten *(scampi na buzaru)* oder gefüllte Tintenfische *(punjene lignje)*; sie schmoren mit Knoblauch und Zwiebeln gespickt in einem mit Knoblauch ausgeriebenen und mit Öl und Wein gefüllten Topf. Auf ähnliche Weise dünstet man Muscheln in Wein und viel Knoblauch. Dazu wird Weißbrot gereicht, mit dem man die leckere Soße aufsaugt. Auch im Ofen gebackener Fisch mit Kartoffeln wird gern serviert.

Schalentiere sind ein etwas teurer Genuss: Hummer *(jastog)* wird gekocht und überbacken in Weißwein und Kräutern mit hausgemachten Nudeln oder Mayonnaise oder nach individuellem Wunsch serviert. Fast immer stehen auch Muscheln, manchmal Austern auf der Karte.

Gebackene und panierte Fische sind eine Variation der österreichischen Küche. Dazu nimmt man Sardinen oder Thunfisch *(pečena tuna)*.

Neben Seefisch gibt es natürlich auch Süßwasserfische, u. a. Forellen oder Flussaale, die frisch zubereitet entlang der Zrmanja im Nationalpark Krka gegessen werden, aber auch Welse, Karpfen oder Meeräschen am Vransko jezero.

### Fisch- und Fleischgerichte aus der „Tonglocke"

Sehr beliebt und in vielen Lokalen erhältlich sind die am Holzofengrill unter der *Peka* gegarten Fisch- und Fleischgerichte. Die Peka, auch *Cripnja* genannt, ist eine Ton- oder Stahlglocke, die über eine Ton- bzw. Edelstahlkasserolle gestülpt und dann mit Glut und Asche bedeckt wird. Dieses langsame und schonende Garen garantiert ein saftiges und zartes Fleisch. Zubereitet werden mit dieser Garmethode *(meso pod pekom)* u. a. Lamm, Kalb, Huhn, Wildschwein, Oktopus oder gefüllte Tintenfische. Auch Kartoffeln oder Gemüse werden manchmal noch hinzugefügt. Da das Garen je nach Fleischart und -größe dauert (Wildschwein ca. 3 Std.), ist immer eine Voranmeldung nötig.

# Fleischgerichte

Fleischgerichte sind für die Küste eigentlich nicht typisch – eine Ausnahme sind *Lammgerichte*. Inzwischen ist Lamm eine Spezialität und findet sich auf den Speisekarten vieler Inseln, vor allem auf Pag, aber auch im Hinterland. Die Variationen reichen von Suppen, Braten, gegrillt, gebacken (unter der Peka/Cripnja), am Spieß bis zum klassischen Kotelett.

Gerichte aus der *Peka* gibt es nach Vorbestellung in vielen Restaurants (→ Kasten).

Eine Spezialität aus dem Süden Dalmatiens ist *pašticada*, Rindfleisch gespickt mit Lorbeerblättern, Speck und Pflaumen, gekocht in Weißwein; dazu werden Gnocchi (Kartoffelklößchen) serviert.

*Wildgerichte* bieten vor allem die binnenländischen Restaurants, doch ab und zu gibt es sie auch an der Küste und auf den Inseln. Meist werden Hase und Wildschwein, manchmal auch Fasan serviert.

*Froschgerichte* findet man am Vransko jezero oder um den Nationalpark Krka, sie werden gegrillt oder gekocht und mit verschiedenen Saucen oder zu Polenta oder Pilzen gereicht. Auch *Schneckengerichte* sind eine Spezialität, die in Benkovac mit einem Gastroevent gefeiert werden.

Fleischspeisen vom Holzkohlengrill stehen überall auf der Karte und gelten als Nationalgerichte Ex-Jugoslawiens und des Balkans. Die bekanntesten und verbreitetsten sind *čevapčići*, Fleischröllchen aus gehacktem Schweine-, Hammel- oder Kalbfleisch, *ražnjići*, gemischte Fleischspieße, und *pljeskavica*, eine Art Hamburger. *Mixed Grill* ist eine Grillplatte mit verschiedenen Fleischarten – čevapčići, ražnjići, Lamm- und Schweinekotelett sowie Leber.

## Eintöpfe und Aufläufe

Eintöpfe werden hauptsächlich in einfachen Gostionas im Binnenland serviert; beliebt ist u. a. *Manestra* – Minestrone, mit je nach Jahreszeit wechselnden Gemüsezutaten und auch der Eintopf *(Lički lonac)*, der mit Lammfleisch, Gemüse und Kartoffeln zubereitet wird. Auch gefüllte Paprika stehen häufig auf der Speisekarte. Ein besonderes Schmankerl ist der *Fischpaprikasch*, ein Eintopf aus Süßwasserfischen (u. a. Karpfen, Forellen, Wels, Hecht) mit viel süßem und scharfem Paprika gewürzt und in einem Kessel über offenem Feuer gegart. Aus der Balkan-Küche kommt *mučkalica*, zubereitet in vielfältigen Variationen: z. B. Schweinefleischstückchen mit Paprika, Tomaten und Zwiebeln oder Lammfleischstückchen mit Weißkohl und Knoblauch. Bekannt ist der Eintopf *bosanski lonac* (Bosnischer Topf), eine Mischung verschiedener Gemüse- und Fleischsorten. Serviert wird in einem Keramiktopf. Der *djuveč* ist ein Eintopf mit Lamm, Hammel, Schwein oder Rind, Reis und Gemüse wie Zwiebeln, Tomaten, Paprika.

## Reis-, Nudel- und Gemüsegerichte

Die Venezianer hinterließen Reis- und Nudelgerichte in zahlreichen Variationen mit Meeresfrüchten, Fleisch, mit Gemüse, Pilzen oder Hackfleischsoße.

Reisgerichte *(rižoto)* werden an der Küste mit Tintenfischen (schwarz oder weiß), Muscheln oder Langusten zubereitet. Spaghetti gibt es ebenfalls in allen Varianten: mit Tomatensoße, Hackfleischsoße oder, besonders wohlschmeckend, mit Hummer, Muscheln oder Trüffeln; auch *gnocchi* (zarte Kartoffelmehlklößchen) mit Gorgonzola oder Trüffeln stehen oft auf der Karte. Überhaupt spielen istrische Trüffeln in Gourmetlokalen eine große Rolle. Auch gibt es landesweit eigene Nudelspezialitäten wie *fuži* (bestimmter Nudelteig) oder *surliče*, die zu Fleisch oder Wild gereicht werden. Eine beliebte Gemüsesorte ist Mangold *(blitva)*, der gekocht und mit Olivenöl abgeschmeckt vor allem zu Fisch gereicht wird. Im Frühjahr sehr beliebt ist der grüne Wildspargel *(šparoge)*. Weißkraut wird v. a. im Hinterland verwendet, u. a. für *arambašići*, eine Art Krautwickel, Paprika werden oft mit Hackfleisch gefüllt.

## Beilagen

Eine Spezialität in der Kvarner-Region, aber auch überall zu finden, ist Maisbrei *(pura* oder *polenta)*, der zu Fischsud oder frischem Tintenfischfleisch und Makrelen gegessen wird. Die zarten *gnocchi, fuži* oder *surliče* sind auch eine leckere Beilage zu Fleisch- oder Pilzgerichten. Die Nudelfladen *mlinci* und auch die *štrukli*, mit Frischkäse gefüllter Ölteig in Salzwasser gekocht, werden gerne zu Fleisch oder Pilzen gereicht, vor allem im Inland. Neben den auch bei uns üblichen Beilagen findet man *djuveč*, Reis mit Gemüse, oder *ajwar*, ein rötliches Mus aus Tomaten, Paprika und Auberginen, das zu Grillfleisch oder *pljeskavica* gegessen wird. Gehackte Zwiebeln dürfen ebenfalls nicht fehlen. An Salaten gibt es u. a. Tomaten-, Gurken-, Kraut-, und Rucolasalat.

## Nachspeisen

Die Auswahl an Nachspeisen hat sich in den letzten Jahren stark erweitert, gab es doch früher nur Pfannkuchen oder Eis, evtl. noch *Rožata*. Heute muss man in guten Lokalen auf Tiramisú, Halbgefrorenes mit Früchten, Zabaione und saftige Kuchen aus Feigen oder Schokolade, mit Zitronen oder Orangen, nicht mehr verzichten. Zudem gibt es überall auch Spezialitäten, u. a.:

**Palačinke** – Pfannkuchen mit Marmelade, Schokolade, Walnüssen oder auch mit Eis und flambiert.

**Štruklji** – die gängigste Variante ist Apfel- oder Topfenstrudel. Es gibt die Strudelfüllung aber auch mit Mohn, Walnüssen, Heidelbeeren oder Pflaumen, vor allem im Landesinneren.

**Sirovi štruklji** – Ölteig wird mit Topfen gefüllt und in Salzwasser gekocht. Man kann die štruklji als Snack oder salzige Vorspeise essen, oder süß – mit in Butter gerösteten Semmelbröseln und Zimt-Zucker bestreut.

**Režanči smakom** oder **sorasima** – Mohn- oder Nussrollen aus Hefeteig.

**Sladoled** – Eiscreme.

**Sadna kupa** – Obstbecher in verschiedenen Variationen mit Sahne oder Eis.

**Kremšnite** – eine beliebte Näscherei: ein mit Creme oder Vanillepudding gefüllter Blätterteig, manchmal unter einem Schokoladenüberzug versteckt.

**Fritule und kruštule** (in Zagreb **Uštipak**) – diese Süßspeisen-Spezialitäten werden aus Hefeteig zubereitet, in Öl (wie Krapfen) ausgebacken und mit Zucker bestreut.

**Rošata** – eine Art Eierstich, besteht aus Eiern, Zucker und Milch und wird mit Sirup übergossen.

**Skradinški torta** – aus Skradin, eine saftige Torte aus Mandeln, Walnüssen, Schokolade und Honig.

# Getränke

**Wein:** das kroatische Nationalgetränk. Wir empfehlen die offenen Weine der Region, in der man sich gerade aufhält – aber gute Restaurants verfügen auch über Spezialitäten aus allen Landesteilen. Angeboten werden Weiß-, Rot- und Roséweine.

Aus der Region Istrien kommen der rote *Teran* und der weiße *Malvazija*. Die Kvarner-Region punktet v. a. mit dem bekannten goldgelben *Žlahtina*

# Essen und Trinken

(Insel Krk) und auch der goldgelbe *Žutica* (Insel Pag) mundet. Daneben werden die Weißweine *Silvanec, Pinot, Traminec, Chardonnay* und *Šipon* oder an Rotweinen *Refošk* und *Merlot* angebaut.

In Dalmatien stammt aus der Region Šibenik der Roséwein *Opol*. Von dem unter UNESCO-Schutz stehenden Weinberg bei Primošten wird der ökologische rote *Babić* gekeltert. Angebaut werden in dieser Region v. a. der weiße *Maraština* und *Debit*, der rote *Plavina, Shiraz* und auch *Pošip*.

Von der Insel Šolta kommt der Rotwein Dobričić, von der Insel Hvar der weiße *Bogdanuša* und rote *Faros*. Von der Insel Korčula kommen die Weißweine *Grk, Pošip, Maraština* und ein aus der *Plavac*-Traube gekelterter Rotwein. Die Insel Pelješac ist berühmt für ihren roten, schweren *Dingač*, gut mundet auch der *Postup*. Die Insel Vis ist bekannt für ihren goldgelben *Vugava* mit dem Honigaroma.

Aus Slawonien kommen übrigens die besten Weißweine des Landes, die im ganzen Land auf der Weinkarte stehen; an den Südlagen des hügeligen Papuk-Naturparks gedeihen *Graševina, Traminer* und *Rajnski Rizling*.

Gegen Durst hilft gut Gespritzter (halb Wein, halb Wasser), *bevanda* (mit stillem Wasser), *gemišt* (mit Mineralwasser) oder *Mussolini* (Rotwein mit Fanta).

## Mini-Weinlexikon

| | | | |
|---|---|---|---|
| Crno vino | Rotwein | Cuveno vino | Auslese |
| Bijelo vino | Weißwein | Desertno vino | Dessertwein |
| Hrvatica | Roséwein | suho | trocken |
| Pjenusavo vino | Sekt | polusuho | halbtrocken |
| Stolno vino | Tafelwein | slatko | süß |
| Kvalitetno vino | Qualitätswein | poluslatko | halbsüß |

**Spirituosen:** Der Dessertwein *prošek* ist als „vinum sanctum" (heiliger Wein) seit römischer Zeit bekannt. Eine Spezialität aus Zadar ist der *Maraschino,* ein klarer süßer Likör aus den Kernen der Weichselkirsche Maraska. *Istra-Bitter* nennt sich ein Aperitif, der ähnlich wie Campari schmeckt. Lecker sind auch die Likör-Raritäten aus Mirabellen und Heidelbeeren, Feigen, Honig und auch vom Johannisbrot. Aus Vodice kommt der Dessertwein Maraština. An härteren Sachen findet man Spezialitäten wie den Grappa (*ložovača,* kurz *loza),* die Kräuterschnäpse *(travarica),* u. a. *Pelinkovac* (aus Wermut) oder *Vlahovac* (verschiedenste dalm. Kräuter) und überall gibt es natürlich *šljivovica*, den Slibowitz-Pflaumenschnaps. Fast jede Gostiona hat zudem ihren eigenen Hausschnaps, der dem Gast meist auch vor oder nach dem Essen angeboten wird.

**Biere** *(pivo):* Es gibt viele einheimische Biere, z. B. aus Karlovac, aber auch gute slowenische, bayerische und eine bekannte Marke aus dem hohen deutschen Norden.

**Kaffee:** Traditionell wird er als süßer türkischer *kava* serviert und in einem langstieligen Kupferkännchen zubereitet. Aber in den Cafés und Café-Bars gibt es überall echten italienischen Espresso, Cappuccino und Latte Macchiato, daneben auch Kakao und Tee. Der Kaffee, der in preiswerteren Hotels angeboten wird (falls es keinen Espressoautomaten gibt), entspricht nicht unserem Geschmack, was viele Gäste dazu bringt, ihren mitgebrachten Schnellkaffee aufzubrühen.

Viel Spaß und eine eindrucksvolle Kulisse bietet ein Rafting-Ausflug auf der Zrmanja

# Sport

> Zu allen hier erwähnten Sportarten finden Sie im Reiseteil unter den jeweiligen Orten detaillierte Angebote und Adressen.

**Baden:** An der Küste und auf den Inseln gibt es zahlreiche zum Baden geeigneten Strände. Ob mit Badekleidung oder textilfrei – möglich ist in Kroatien beides, in der Region Norddalmatien gibt es allerdings weniger offiziell ausgewiesene FKK-Bereiche, außer man/frau ist für sich auf einem einsamen Fels.

Der größte Teil der Küste besteht aus Fels, es gibt jedoch auch einige Buchten mit Feinkies und Kies, manchmal sogar mit Sand. In der Nähe von Touristenorten hat man begonnen, mit Sand oder Beton künstliche Liegeflächen zu schaffen.

Die kroatische Adriaküste gehört zu den saubersten Gewässern des Mittelmeerraums und bietet Sichtweiten bis zu 50 m Tiefe. In Touristenorten wehen an 125 Stränden und 21 Marinas die für gute Wasserqualität stehenden „Blauen Flaggen" (www.blueflag.org); in unberührter Natur erübrigt sich die Blaue Flagge sowieso. Die Wassertemperaturen liegen zwischen 20 und 25 Grad.

> Über die Badewasserqualität an der kroatischen Küste informiert der ADAC von Mai bis September unter www.adac.de.

**Canyoning:** wird vor allem auf der *Zrmanja* (Zadar-Region) angeboten – eine Kombination aus Klettern, Erkunden von Schluchten sowie Überspringen und Hinabrutschen von Wasserfällen.

**Fahrradfahren:** Vor allem die Inseln sind bestes Mountainbikerevier – vielerorts wurden ausgewiesene Fahrradwege angelegt; bestens geeignet sind auch die Halbinsel Ravni kotari, das Gebiet um den Vransko jezero, um Vodice, um den Nationalpark Krka und um Primošten. Da viele Radwege auf teils steinigem Makadam verlaufen, sollte man am besten ein gutes **Mountainbike** von zu Hause mitnehmen. Mountainbikes kann man in allen größeren Orten über Touristinformationen, Hotels und Verleihgeschäfte mieten – pro Tag ab ca. 12 € (→ Reiseteil/Fahrradfahren). City-Bikes sind nur entlang der Uferpromenaden empfehlenswert.
  Information und Fahrradkarten  In Agenturen und bei Tourismusverbänden.

**Fischfang: Fischfang:** Das im Norden bis auf 50 m und im Süden bis auf 200 m Tiefe klare adriatische Meer lädt zum Fischfang ein – 365 verschiedene Fischarten soll es hier geben. Die Fangmittel sind gesetzlich festgelegt.

*Für das Meer gilt:* Mit Ausnahme des Angelns vom Ufer aus braucht man eine Genehmigung der zuständigen Gemeinde. Am Ufer ist ein Fang von bis zu 5 kg täglich erlaubt. In Häfen und Naturschutzparks ist der Fischfang verboten – auch Muscheln und Krebse sind geschützt.

*Fischfanggebiete* sind die Gewässer rund um die Küste und die Inseln. Gefangen werden von Nord nach Süd hauptsächlich Tintenfisch, Makrele, Goldbrasse, Brauner Serran, Thunfisch, Drachenkopf, Meeräsche, Aal, Zahnbrasse, Gelbstriemen, große Geisbrasse, schwarzer Schattenfisch, Muräne, Sackbrasse, Seebarbe und Rotbrasse.

*Für Süßwasser:* Auch der Vraknso jezero, die Krka und Zrmanja in ihren Oberläufen sind beliebte Angelgebiete.

**Informationen**  Die Broschüre *Sportfischerei* liegt in den Touristinformationen kostenlos aus.

**Sportfischereiverband**  Verband für Sportfischerei auf See von Kroatien, ✆ 01/6106-208, www.hssrm.hr (kroat. Sprache).

**Free-Climbing und Klettern:** Tolle Klettergebiete sind v. a. die *Paklenica*-Schlucht im gleichnamigen Nationalpark bei *Starigrad-Paklenica*. Kleinere Klettergebiete finden sich u. a. bei *Pag (Sv. Vid)* und auch auf der Insel Ugljan bei *Preko*.

**Joggen:** Läufer finden überall beste Bedingungen in aromatischer Luft und auf schönen Wegen.

**Kanu, Kajak, Rafting:** Kajaking- und Rafting-Angebote gibt es u. a. auf dem Fluss Zrmanja. Sehr beliebt ist auch Meerkajaking, d. h. per Kajak entlang der Küste paddeln (Infos über die Tourismusverbände).

**Reiten:** Pferdeliebhaber finden u. a. bei Zaton (Nin) und im Landesinneren Möglichkeiten zum Reiten.

**Schnorcheln:** Die Felsküsten sind ein Paradies für Schnorchelfreunde, krebsartiges Getier und zahlreiche Fischarten tummeln sich in den klaren Tiefen. Schnorchelausrüstung am besten von zu Hause mitnehmen!

**Sportschifffahrt:** Für Segelfreunde und Motorbootfahrer ist die Küste ein ideales Revier – die kroatische Küste misst insgesamt 6116 km! Für den nautischen Tourismus gibt es an der Küste und auf den Inseln 98 Häfen, davon sind 61 Marinas (10 davon Trockenmarinas). 21 Marinas gehören zum ACI-Club, sind modern mit Restaurants und Geschäften ausgestattet und für fast alle Dienstleistungen und Reparaturen ausgerüstet. Weil der Nautiksport boomt, werden Jahr für Jahr die Marinas ausgebaut – die Zahl der ganzjährig aufgenommenen Segelschiffe und Motorboote steigt ständig, und die schönsten und am besten ausgestatteten Marinas sind schnell ausgebucht –über 17.000 Liegeplätze gibt es im Meer und fast 10.000 an Land.

Kroatiens Marinas sind bestens aufgestellt und finden weltweit Beachtung. Die *Marina Madalina* (Šibenik) wurde als erste kroatische Marina mit den „Fünf Ankern" ausgezeichnet, die *Marina Frappa* (Rogoznica) wurde zur weltbesten Segelbasis ernannt.

Sehr beliebt sind Bootscharter oder Segeltörns in der Adria. Auf fast jeder Insel kann man für 40–60 € pro Tag ein 4-PS-Motorboot mieten, aber ebenfalls, laut Gesetz, nur gegen Bootsführerscheinvorlage! Bootsbesitzer müssen sich im nächsten Hafen anmelden (→ „Übernachten"), benötigen eine Vignette und auch die Crew muss festgelegt sein. Wer keinen Segel- oder Bootsführerschein besitzt, kann ihn an der Küste erwerben.

Die Entwicklung des Bootstourismus geht weiter voran und viele Millionen Euro werden in Hafen- und Marinasanierungen sowie neue Anlagen fließen.

**Informationen** Udruženje nautičkog turizma (Verband des nautischen Tourismus und der Marinas), ☎ 051/209-147, www.hgk.hr.

**ACI-Club** (Kroatischer Jachthafenclub; Zentrale), ☎ 051/271-288, www.aci-club.hr.

**Bootscharter** Ist von vielen Marinas aus möglich (→ Reiseteil). Zudem kann man fast alle in Kroatien ansässigen Vercharterer von Deutschland aus buchen, was das gleiche kostet. Von Vorteil ist dabei, dass die Buchung über eine deutsche Agentur läuft und bei Schadensfall somit auch nach deutschem Recht verfahren wird! Wer sich einen Überblick verschaffen möchte, sucht im Web unter www.yachtcharterfinder.com. Tipps rund ums Segeln etc. unter www.skippertipps.de.

**Literatur** Gute Vorschläge für Törns in Kroatien liefert das Magazin More, www.more.hr, zudem unser langjähriger Spezialist Karl-Heinz Beständig mit seinem Standardwerk **888 Häfen- und Ankerbuchten** (→ „Wissenswertes von A bis Z/Literatur").

Mala Proversa (Kornaten) – vor Untiefen warnen Leuchtfeuer

# Wissenswertes von A bis Z

## Ärztliche Versorgung

Die ärztliche Versorgung in Kroatien entspricht europäischen Standards. Auch in Kroatien gilt die *Europäische Krankenversicherungskarte (EHIC)*, mit der Sie ärztliche und zahnärztliche Behandlung, Heilmittel oder Krankenhausbehandlung in Anspruch nehmen können. Wer sich umfangreicher absichern möchte, wählt eine zusätzliche Auslandskrankenversicherung.

Im Reiseteil sind unter **Gesundheit** alle wichtigen Adressen ersichtlich.

> **Polizeinotruf** ✆ 192
> **Unfallrettung** ✆ 194
> In dringenden Fällen:
> **ADAC-Notruf** in Zagreb (dtsch.): ✆ (+385/1)3440-666,
> **medizinische Hilfe** auch über München ✆ (+49)89/76-7676
> **Seerettung u. Tauchernotruf:** ✆ 122 und ✆ 9155
> (→ „Telefon/Notrufe")

Ein **Krankenhaus** *(Bolnica)*, Krankenstation *(Dom zdravlja)* oder eine Ambulanz *(Ambulanta)* gibt es in fast allen Städten. Im Sommer sind in Touristenorten separate Ambulanzen für Urlauber eingerichtet, auch größere Hotels und Campingplätze bieten medizinische Erstversorgung (in Englisch, Deutsch oder Italienisch).

Im Notfall wenden Sie sich an den ADAC-Telefondienst (s. u.), der Adresse und Telefonnummer eines deutschsprachigen Arztes vermittelt oder einen Krankentransport

dig, und die schönsten und am besten ausgestatteten Marinas sind schnell ausgebucht –über 17.000 Liegeplätze gibt es im Meer und fast 10.000 an Land.

Kroatiens Marinas sind bestens aufgestellt und finden weltweit Beachtung. Die *Marina Madalina* (Šibenik) wurde als erste kroatische Marina mit den „Fünf Ankern" ausgezeichnet, die *Marina Frappa* (Rogoznica) wurde zur weltbesten Segelbasis ernannt.

Sehr beliebt sind Bootscharter oder Segeltörns in der Adria. Auf fast jeder Insel kann man für 40–60 € pro Tag ein 4-PS-Motorboot mieten, aber ebenfalls, laut Gesetz, nur gegen Bootsführerscheinvorlage! Bootsbesitzer müssen sich im nächsten Hafen anmelden (→ „Übernachten"), benötigen eine Vignette und auch die Crew muss festgelegt sein. Wer keinen Segel- oder Bootsführerschein besitzt, kann ihn an der Küste erwerben.

Die Entwicklung des Bootstourismus geht weiter voran und viele Millionen Euro werden in Hafen- und Marinasanierungen sowie neue Anlagen fließen.

**Informationen** Udruženje nautičkog turizma (Verband des nautischen Tourismus und der Marinas), ✆ 051/209-147, www.hgk.hr.

**ACI-Club** (Kroatischer Jachthafenclub; Zentrale), ✆ 051/271-288, www.aci-club.hr.

**Bootscharter** Ist von vielen Marinas aus möglich (→ Reiseteil). Zudem kann man fast alle in Kroatien ansässigen Vercharterer von Deutschland aus buchen, was das gleiche kostet. Von Vorteil ist dabei, dass die Buchung über eine deutsche Agentur läuft und bei Schadensfall somit auch nach deutschem Recht verfahren wird! Wer sich einen Überblick verschaffen möchte, sucht im Web unter www.yachtcharterfinder.com. Tipps rund ums Segeln etc. unter www.skippertipps.de.

**Literatur** Gute Vorschläge für Törns in Kroatien liefert das Magazin More, www.more.hr, zudem unser langjähriger Spezialist Karl-Heinz Beständig mit seinem Standardwerk **888 Häfen- und Ankerbuchten** (→ „Wissenswertes von A bis Z/Literatur").

**Surfen und Kiten:** Die Adriaküste bietet Anfängern wie Profis sehr gute Bedingungen zum Surfen und Kite-Surfen. In Norddalmatien beliebt sind die Insel Pag (Novalja), gute Winde wehen am Strand Kraljičina bei Nin und auch auf der Halbinsel Murter sieht man die Surfsegel am Horizont. Das schon oben erwähnte *Kiteboarden* (Surfen mit Gleitschirm), bei dem der Surfer hohe Geschwindigkeiten erreicht, hat auch in Kroatien sehr viele Anhänger gefunden. Anfänger haben die Möglichkeit, sich in windgeschützten Buchten mit dem Brett vertraut zu machen. Wo gute Surf- und Kitebedingungen herrschen, gibt es auch Schulen und Verleih, so in den meisten Hotels und auf Campingplätzen. Spezielle Geschäfte für Surfausrüstung gibt es meist nur in größeren Städten. Mehr dazu (→ Reiseteil).

---

**Seerettung u. Tauchernotruf:** Notrufnummer ✆ **122** und **9155** (Zentrale des Such- und Seenotrettungsdienstes Rijeka).
**Poliklinik für Baromedizin** (Fa. Oxy), Pula, Kochova 1 (Verudela), ✆ (+385)052/215-663, zudem im Notfall über Mobil: (+385)098/219-225 (Ltg. Dr. Mario Franolić), www.oxy.hr.
**Mobile Dekompressionskammer in Zadar**, Obala kneza Trpimira b. b., (+385)023/332-954, 098/254-207 (mobil, Hr. Damir Velimir).
**Dekompressionskammer Split – IPM HRM**, Šoltanska 1, ✆ 021/354-511, Dr. Nadan Petri.

---

**Tauchen:** Die kroatische Adria ist wegen ihrer extrem tiefen Sichtweite und des sauberen Wassers ein Tauch-Eldorado. Getaucht wird zu Wracks alter Handels- und Passagierschiffe (hierzu wird eine Extra-Gebühr von 25–40 € berechnet) – 15.000 soll es geben, in Grotten und Höhlen, zu Amphorenfeldern und an Steilwänden. Zu sehen gibt es eine bizarre Meeresflora und -fauna.

---

Das Tauchen mit Pressluftflaschen muss angemeldet werden. Taucher benötigen einen **Tauchausweis**; dieser ist 1 Jahr ab Ausstellung gültig, kostet 18 € und ist beim Tauchverband/Tauchclubs erhältlich. Tauchen kann organisiert oder individuell ausgeführt werden. Individuelle Taucher, d. h. Taucher, die ohne lizenzierten Tauchclub tauchen möchten, benötigen neben dem Tauchausweis noch eine **Tauchgenehmigung**. Die Tauchgenehmigung (beim Hafenamt erhältlich), ist ebenfalls 1 Jahr ab Ausstellung gültig und kostet 325 €. Die Hafenämter informieren auch über Sperrgebiete. Für Unterwasserfotografie gelten dieselben Vorschriften. Unterwasserjagd mit der Harpune ist verboten.

---

Auf vielen Inseln und an der Küste gibt es Tauchschulen (→ Reiseteil/Wassersport/Tauchen), die Schnuppertauchen oder auch einwöchige Lehrgänge anbieten. Nicht vergessen: Gesundheitszeugnis (Tauchtauglichkeit) von zu Hause mitbringen – manchmal wird dieses auch von Tauchclubs ausgestellt.

Die schönsten Tauchgebiete finden sich natürlich in entlegenen Gegenden. Schöne Tauchbasen und damit auch kurze Anfahrten gibt es auf den Inseln *Premuda* (keine Tauchbasis, aber Tauchgebiet), *Ist* und *Dugi Otok*, bei *Biograd* und auf der Insel *Murter*; das Tauchgebiet auf der *Kornaten*-Inselgruppe und vor *Vodice*.

**Informationsstelle des Kroatischen Tauchclubs** Sektion Tauchtourismus (HGK), ✆ +385/1/4848-765, www.diving-hrs.hr, www.croprodive.info (in Englisch).

**Information** Gratis-Broschüre Tauchen in Kroatien über Tourismusämter erhältlich.

**Tennis:** Alle komfortablen Hotels sowie Sportcenter in manchen Touristenorten verfügen über Tennisplätze. Auch einige große Campingplätze haben eigene Courts, die sich aber nicht immer im besten Zustand befinden. Tennisschläger kann man in den Hotels ausleihen, besser jedoch ist es, die eigene Ausrüstung mitzubringen. (→ Reiseteil).

**Wakeboarden:** sehr beliebt bei Jugendlichen. Per Wasserlift mit dem Board über *pipes* jumpen kann man u. a. in *Zaton* (bei Zadar) und in der *Pager Bucht* (Insel Pag).

### Berge mit herrlicher Aussicht in Norddalmatien

| | |
|---|---|
| Insel Pag | Berg Sv. Vid |
| Insel Vir | Berg Sv. Juraj |
| Insel Ist | Berg Straža |
| Insel Ugljan | Sv. Mihovil-Festung (bei Preko) |
| Vransko jezero | Berg Kamenjak |
| Insel Kornat | Berg Metlina |
| Velebit-Naturpark/N. P. Paklenica | V. Alan und Oštra glave. |
| Insel Dugi Otok | Berg Grpašćac oberhalb der Telešćica-Bucht |

**Wandern:** Schöne und gut markierte Wanderungen sind im Naturpark *Velebit* mit *Paklenica*-Nationalpark, im Nationalpark *Krka* sowie um den Naturpark *Vransko jezero* möglich. Überall kann man entlang der Küste, zudem auch auf den Inseln und teilweise auch im Hinterland auf Pfaden wandern, jährlich werden immer mehr Wanderwege gekennzeichnet und mit Schildern versehen; auch das Kartenmaterial wird jährlich verbessert.

Im **Kleinen Wanderführer** am Ende des Buches habe ich Ihnen 14 schöne GPS-Wandertouren für die Region Norddalmatien zusammengestellt und ausführlich beschrieben. Dort finden Sie auch alle notwendigen Tipps zum Wandern in Norddalmatien. Auch im Reiseteil biete ich unter der Rubrik „Wandern" viele weitere Vorschläge an.

**Wasserski:** In allen größeren Touristenorten an der Küste kann man Wasserskifahren, es ist aber nicht mehr „trendy", d. h. Fans dieser Sportart sollten besser ihre eigene Ausrüstung mitbringen, Bootsverleih hingegen ist kein Problem (allerdings nur mit Bootsführerschein!). *Bitte beachten*: Erst ab einem Mindestabstand von 300 m zum Strand kann der Bootsmotor auf vollen Touren laufen, dann ist der Spaß für den Läufer gesichert. Es muss neben dem Fahrer ein Beifahrer anwesend sein, der den Wasserskiläufer beobachten kann, und das Boot muss über einen Rückspiegel verfügen.

Mala Proversa (Kornaten) – vor Untiefen warnen Leuchtfeuer

# Wissenswertes von A bis Z

## Ärztliche Versorgung

Die ärztliche Versorgung in Kroatien entspricht europäischen Standards. Auch in Kroatien gilt die *Europäische Krankenversicherungskarte (EHIC)*, mit der Sie ärztliche und zahnärztliche Behandlung, Heilmittel oder Krankenhausbehandlung in Anspruch nehmen können. Wer sich umfangreicher absichern möchte, wählt eine zusätzliche Auslandskrankenversicherung.

Im Reiseteil sind unter **Gesundheit** alle wichtigen Adressen ersichtlich.

> **Polizeinotruf** ✆ 192
> **Unfallrettung** ✆ 194
> In dringenden Fällen:
> **ADAC-Notruf** in Zagreb (dtsch.): ✆ (+385/1)3440-666,
> **medizinische Hilfe** auch über München ✆ (+49)89/76-7676
> **Seerettung u. Tauchernotruf**: ✆ 122 und ✆ 9155
> (→ „Telefon/Notrufe")

Ein **Krankenhaus** *(Bolnica)*, Krankenstation *(Dom zdravlja)* oder eine Ambulanz *(Ambulanta)* gibt es in fast allen Städten. Im Sommer sind in Touristenorten separate Ambulanzen für Urlauber eingerichtet, auch größere Hotels und Campingplätze bieten medizinische Erstversorgung (in Englisch, Deutsch oder Italienisch).

Im Notfall wenden Sie sich an den ADAC-Telefondienst (s. u.), der Adresse und Telefonnummer eines deutschsprachigen Arztes vermittelt oder einen Krankentransport veranlasst. Bei Tauchunfällen wenden Sie sich an eine **Poliklinik für Baromedizin** (→ „Sport/Tauchen").

**Apotheken** *(Ljekarna)* gibt es in jedem größeren Ort; geöffnet ist meist von 8 bis 19 Uhr, samstags bis 14 Uhr (teils auch sonntags). Zudem gibt es einen Apotheken-Notdienst.

**Tierarzt** *(Veterinar):* in jedem größeren Ort; Infos unter www.veterinarstro.hr.

## Diplomatische Vertretungen

Botschaft der Republik Kroatien in Deutschland, Ahornstr. 4, 10787 Berlin, ℡ 030/21915-514, www.zagreb.diplo.de.

In Österreich, Haubergasse 10, 1170 Wien, ℡ 01/4802-083.

In der Schweiz, Gurtenweg 39, P. O. Box 231 Muri/Bern, ℡ 031/9256-659.

Deutsche Botschaft in Kroatien, 10000 Zagreb, Ul. grada Vukovara 64, ℡ 01/6300-100.

Österreichische Botschaft, 10000 Zagreb, Jabukovac 39, ℡ 01/4881-050, -052.

Schweizer Botschaft, 10000 Zagreb, Bogovićeva 3, ℡ 01/4878-800.

Weitere Infos unter www.mvp.hr.

## Elektrizität und Trinkwasser

Die Spannung beträgt 220 V, 50 Hz. Das Trinkwasser ist im ganzen Land einwandfrei und trinkbar. Wer dennoch unsicher ist, sollte auf Wasser in Flaschen zurückgreifen.

## Feiertage

An Feiertagen bleiben Geschäfte, Banken, meist auch Museen geschlossen:

| | | | |
|---|---|---|---|
| **1. Januar:** | Neujahrstag | **25. Juni:** | Staatsfeiertag |
| **6. Januar:** | Hl. Drei Könige | **5. August:** | Dankfeiertag |
| **März/April:** | Ostersonntag/-montag | **15. August:** | Mariä Himmelfahrt |
| **1. Mai:** | Tag der Arbeit | **8. Oktober:** | Tag der Unabhängigkeit |
| **Mai/Juni:** | Fronleichnam | **1. November:** | Allerheiligen |
| **22. Juni:** | Tag des antifaschistischen Widerstands | **25./26. Dezember:** | Weihnachten |

## Feste und Veranstaltungen

Größere Städte bieten ein breites Spektrum an *Musik-, Theater-* und *Folkloreveranstaltungen*. Aber auch touristische Zentren und kleinere Orte warten in den Sommermonaten mit einem Unterhaltungsprogramm auf (→ Reiseteil/Veranstaltungen). Die kroatischen Tourismusverbände geben jährlich einen detaillierten Veranstaltungskalender heraus, der auch im Internet abrufbar ist. Eine Auswahl an Highlights:

**Insel Murter** Fest Sv. Mihovil, 29. Sept. in Murter-Stadt (das Wochenende), u. a. Regatta mit den alten Segelschiffen.

**Gardenfestival**, in Tisno, 1. Juliwoche.

**Insel Pag** Pilgerfest von der Stadt Pag nach Stari Grad am 15. Aug.

**Nationalpark Kornaten** Insel Kornat, 1. So im Juli, mit **Schiffsprozession** zur Kirche Sv. Gospe o Tarca.

**Nationalpark Krka** Velika Gospa-Fest auf der Klosterinsel Visovac, 5. Aug.

**Nin** Am 1. Mo im Mai **Sv. Marija-Prozession**; per Boot zur vorgelagerten Insel Zečevo (zudem am 5. Mai und 5. Aug.).

**Primošten** Stadtfest Gospa od Loreta, am 10 Mai; **Hafenfest Gospa od Porta**, 27. Juli – beide mit großen Prozessionen.

**Rogoznica** Schiffsprozessionen, am Patronatstag, 2. Juli und am Sonntag nach „Gospa od Karmela" (16. Juli).

**Šibenik Kinderfestival**, vom vorletzten Sa im Juni bis Anfang Juli findet das 2-wöchige Festival mit Theater- und Ballettaufführungen am Domplatz statt. **Chansons of Dalmatia** – Chansonabende in der 3. Augustwoche. **Mittelalterfest** zu Ehren des Schutzpatrons Sv. Mihovil, 3. Septemberwoche.

**Starigrad Paklenica** 1. Maiwoche **Big Wall Speed Climbing**, intern. Freeclimber-Wettbewerb.

**Vodice** Sv. Karmela-Fest, 16. Juli. Zudem **Jazzfestival**, Ende Juli.

**Zadar** U. a. **Klassische Konzerte** in der Kirche Sv. Donat, Juli–Mitte Aug. **Theatersommer** Mitte Juli–Mitte Aug. oder z. B. romantisches **Vollmondfest**.

**Sonstiges** In allen Städten auf den Inseln und an der Küste gibt es im Juli und Aug. **Sonderveranstaltungen** (Theater- u. Musikaufführungen). In Touristeninformationen erkundigen oder unter www.kroatien.hr/events.

# Geld

**Währung:** Ab dem 13. Juli 2013 wird in Kroatien der Euro eingeführt. Zuvor und sicherlich auch danach gibt es noch mindestens 1 Jahr die Möglichkeit, mit Kunas zu bezahlen. 1 Kuna = 100 Lipa. 1 KN = 0,135 €; 1 € = ca. 7,5 KN (Stand Feb. 2013). Ein-/Ausfuhr von Kunas (→ „Zoll").

**Bargeld/Geldwechsel:** Bargeld sollte man auf jeden Fall zumindest teilweise mitnehmen (*Achtung*: ab 10.000 € am Zoll deklarieren); der Bargeldumtausch ist in Kroatien günstiger als z. B. in Deutschland. Geldwechsel ist in Banken, Wechselstuben, Post und an Rezeptionen von Hotels und Campingplätzen möglich; zudem gibt es zahlreiche Bankomaten.

Der Salzgarten von Nin – das „weiße Gold" war heiß begehrt und machte reich

Internet 67

**Bankkarte:** In jedem Ort gibt es an Banken Geldautomaten (Bankomat), die per EC-Karte (mit Geheimzahl) bedient werden können. In Kroatien die einfachste und bequemste Art, sich Bargeld zu besorgen! Höchstbetrag pro Abhebung sind ca. 150 €. Die Gebühr beträgt mit EC-Karte ca. 4,50 € (je nach Bank), mit Kreditkarte ca. 10 € (z. B. bei Mastercard!). Eine gute Alternative ist hier die Postbank-Sparcard 3000, pro Jahr hat man 10 Auslandsabhebungen an Visa-Plus-Automaten gratis. *Achtung:* Die neuen V-Pay-Karten (www.vpay.com) von Banken und Post funktionierten 2011 teilweise in Kroatien nicht (unbedingt Infos einholen).

**Kreditkarte:** Alle gängigen Kreditkarten werden u. a. von Hotels, Autovermietungen, Restaurants, Tankstellen und größeren Geschäften akzeptiert. Geldabhebungen (s. o.) nicht sinnvoll!

**Reiseschecks** können an Banken gegen Gebühr eingelöst werden, Wartezeiten dafür sind einzukalkulieren. Vorteil: bei Scheckverlust gibt es gegen Vorlage der Kaufbescheinigung Ersatz.

**Banken** sind in der Regel Mo–Fr 7–19, Sa 7–13 Uhr geöffnet; in kleineren Orten ist manchmal mittags geschlossen. Banken gibt es in Kroatiens Städten und Touristenorten an fast jeder Ecke, **Bankomaten** auch in kleinen Orten.

> **Zentrale Kartensperre** ✆ +49/116-116: Sperrnummer für Karten (u. a. Bank- u. Kreditkarten, Mobiltelefon), die bei Verlust oder Missbrauch die Sperrung umfasst. Der Verein Sperr e. V. leitet die Anrufe an die zuständigen Firmen weiter (im Ausland kostenpflichtig). Natürlich muss man seine Geheimzahl bzw. PIN-Nummer wissen!

## Informationen

Kostenloses Informationsmaterial und Auskünfte über Kroatien erhält man in Reisebüros oder bei den unten stehenden Tourismusverbänden. Es gibt Karten, Hotel- und Campingverzeichnisse, Informationen über Nautik etc. Auch das Angebot an Internet-Seiten über Kroatien ist sehr groß. Fast jede Stadt präsentiert sich informativ und mit nützlichen Adressen.

**Tourismusverbände in Kroatien** Kroatische Zentrale für Tourismus, 10000 Zagreb, Iblerov trg 10/IV, ✆ +385/1/4699-333, www.kroatien.hr.

*Region Zadar:* **Tourismusverband**, 23000 Zadar, Sv. Leopolda Bogdana Mandica 1, ✆ +385/23/315-107, www.zadar.hr.

*Region Šibenik-Knin:* **Tourismusverband**, N. Ružića b. b. (Eingang um die Ecke), ✆ 022/219-072, www.sibenikregion.com.

**In Deutschland** Kroatische Zentrale für Tourismus, Hochstr. 43, 60313 Frankfurt, ✆ 069/2385-350, www.kroatien.hr.

Rumfordstr. 7, 80469 München, ✆ 089/223-344.

**In Österreich** Kroatische Zentrale für Tourismus, Am Hof 13, 1010 Wien, ✆ +43/1/5853-884.

**In der Schweiz** Kroatische Zentrale für Tourismus, Badener Str. 332, 8004 Zürich, ✆ +41/43/3362-030.

## Internet

Auch in Kroatien präsentieren sich Firmen, Hotels, Tourismusverbände auf Internetseiten (in den Ortskapiteln angegeben). Gute Hotels verfügen meist über

Internetanschlüsse oder WLAN, ebenfalls gut ausgestattete Campingplätze, Marinas und Cafés. Zudem gibt es flächendeckend Cybercafés und Hotspot-Plätze – kein Problem also, Urlaubsimpressionen zu übermitteln. PC- und Telefonshops gibt es ebenfalls flächendeckend.

## Karten

Euro-Cart (RV-Verlag), Dalmatinische Adriaküste, 1:300.000. Karte für die Grobplanung der Reiseroute.

freytag & berndt, Autokarte Kroatien, Istrien & Dalmatien, 1:250.000. Übersichtliche Straßenkarte für unterwegs.

Auto karte Trsat, Hrvatska, 1:500.000. Gute Kroatien-Gesamtkarte für Übersicht und Anreise (mit Slowenien u. Bosnien-Herzegowina) inkl. Stadtplänen der wichtigsten Großstädte. Nur in Kroatien erhältlich (Tankstellen, Buchhandlungen, etc.).

Zudem gibt es vor Ort meist sehr gute Gebiets- und Inselkarten, ebenso Fahrrad- und Wanderkarten.

## Kleidung

Die Tourismuswerbung verspricht viel Sonne. Doch sollte man die Stürme nicht außer Acht lassen, die je nach Jahreszeit die Küste heimsuchen. Obwohl sich die Adriaküste gerade im Frühjahr und Spätherbst für verfrorene Mitteleuropäer anbietet, sollte man nicht aus Übermut *warme und regenfeste Bekleidung* vergessen. Für die Berge auf jeden Fall funktionale Kleidung einpacken. Unentbehrlich sind v. a. rutschfeste gute Wanderschuhe!

## Literatur

Weithmann, Michael W., *2000 Jahre zwischen Orient und Okzident,* Verlag Weithman von Pustet, 2000. Zusammenfassung der Spannungen zwischen Orient und Okzident.

Hösch, Edgar, *Geschichte der Balkanländer,* C. H. Beck Verlag, München 2002. Umfassendes Werk zum Verständnis der Entwicklung auf dem Balkan.

Schönfelder, Ingrid u. Peter, *Was blüht am Mittelmeer?* Mittelmeerpflanzen nach Farbe bestimmen, 320 Seiten, 460 Abbildungen, Kosmos-Verlag.

Marčić, R. und Karlić, B., *Schlemmen an Kroatiens Küsten.* Traumziele für Gourmets, Bibliothek More.

Maša Ljuština und Boria Vitas, *Naturpark Telašćica,* Verlag Bius, Zagreb 2002. Endemische Pflanzen und Tiere im Naturpark Telašćica, in englischer und kroatischer Sprache. Für Botaniker interessant.

Ferič, Stanco, *Das Murterinische Inselbrevier,* 1999 publiziert vom Nationalpark Kornati. Sehr gute Beschreibung aller Kornaten Inseln sowie der Insel Murter.

Ferič, Stanco, *Krka,* 2000 publiziert vom Nationalpark Krka. Ausführliche Beschreibung zum Fluss Krka und zum Nationalpark Kra.

Čujić, Boris, *Paklenica,* Verlag Karolina, 2000, ISBN 953-6571-04-8; ein guter Kletterführer zum Paklenica-Nationalpark.

**Nautik-Literatur** Beständig, Karl-Heinz, *Kroatien, Slowenien, Montenegro – 888 Häfen u. Buchten,* Eigenverlag Beständig, Pressig, Marienstraße 7, 96332 Pressig, ☏ 09265/913240, karl-heinz.bestaendig@t-online.de. Erscheint jährlich aktualisiert u. jetzt in der 24. Auflage auch in Farbe. Standardwerk für jeden Skipper!

Beständig, Karl-Heinz, *1000 GPS Wegepunkte. Kroatien, Slowenien, Montenegro,* Eigenverlag Beständig.

Müller, Bodo, *Kroatische Küste – Die Kornaten,* Edition Maritim, Hamburg 2006. Landgänge zu den besten Restaurants; Liegeplätze, Hafenbeschreibungen und wunderbare Fotos zur Einstimmung.

Blick auf die Universität von Zadar, von Dominikanermönchen 1396 gegründet

## Minenfelder

Immer wieder werde ich von Lesern auf Landminen hingewiesen, daher ein paar Infos. In den bis 1995 umkämpften Gebieten Kroatiens und v. a. an der damaligen Frontlinie besteht in einsamen Gegenden immer noch Gefahr durch Landminen. D. h. im Gebiet Ostslawoniens, zudem im Raum Sisak und Karlovac, östlich von Ogulin, Otočac, Gospić, nordöstlich von Zadar (Gebiet in Richtung Novigradsko more, Obrovac), im südlichen Velebit, im Hinterland der Küste zwischen Zadar und Split (Gegend um Knin und Drniš) und in der Bergwelt südöstlich von Dubrovnik. Die Minenfelder, die oft dicht am Straßenrand verlegt wurden, sind normalerweise durch Schilder und gelbe Plastikstreifen gekennzeichnet. In diesen Gebieten also die Straßen und Wege nicht verlassen; ebenfalls sollte man leer stehende Gebäude, besonders auch beschossene und Trümmergrundstücke nicht betreten. Nähere Informationen erteilt die Minenräumanstalt *Hrvatski centar za Rasminiranje,* www.hcr.hr (in Englisch). Die Minengebiete wurden auf den Website-Karten („Mine Situation") eingezeichnet.

## Nachrichten/Medien

**Nachrichten/Medien:** Wer wissen möchte, was zu Hause oder in aller Welt passiert, geht am besten in den Touristenorten ins nächste *Internetcafé* (→ Reiseteil) oder zum *Kiosk,* der meist auch eine gute Auswahl an deutschsprachigen Zeitungen und Zeitschriften bietet. Ebenso sind in Hotels die *Sat.-TVs* mit einer Auswahl an deutschsprachigen Sendern gängig, die ebenfalls Nachrichten ausstrahlen.

**Nachrichten, Wetter, Verkehrslage:** Im Sommer jede volle Stunde im 2. Programm des Kroatischen Rundfunks sowie aus den Studios des Bayerischen Rundfunks, Ö 3, RAI Uno sowie Virgin Radio (englisch).

**Wetter:** Die meist zuverlässigen Wetterprognosen liegen in den Hotels, an Campingplätzen, Tourismusinformationen und v. a. in den Marinas aus.

Im Internet ist der Adria-Seewetterbericht in deutscher Sprache unter www.meteo. hr ersichtlich, zudem auf das WAP-Mobiltelefon ladbar: www.meteo.hr/mobil/jadran_n.wml.

Nur über UKW-Seefunkgeräte zu empfangen:

*Radio Rijeka*, UKW-Kanal 04, 20, 24 u. 81.

*Radio Split*, UKW-Kanal 07, 21, 23, 28 u. 81.

Sendezeiten des kroatischen Wetterberichtes um: 7.45, 14.45, 21.45 Uhr.

# Öffnungszeiten

Es gibt keine gesetzlich geregelten Öffnungszeiten. In der Saison sind Post, Bank, Touristeninformationen und Geschäfte meist durchgehend von 7 bis 21 oder 22 Uhr geöffnet. In der Nebensaison reduzierte Öffnungszeiten. Auch an Sonntagen haben viele Geschäfte zumindest bis Mittag geöffnet. Nähere Infos dazu in den entsprechenden Rubriken in den Ortskapiteln.

# Organisierte Aktivreisen

**Bootstourismus:** Sehr beliebt sind 1- oder 2-wöchige Segeltörns mit nachgebauten, alten Motorseglern. Sie verkehren in der Kvarner-Bucht und in Dalmatien. Eine tolle Sache für all diejenigen, deren Geldbeutel nicht prall gefüllt sind, die aber trotzdem Seeluft schnuppern wollen. Die Schiffe schippern entlang der Küste, halten zum Baden an schönen abgelegenen Buchten und ankern direkt in den Häfen der Küstengroßstädte. Ein großes Angebot haben *Riva Tours* (www.idriva.de).

**Inselhopping & Fahrradtouren:** der Motorsegler, Fahrradtransport inklusive. Auch hier verfügt *Riva Tours* (www.idriva.de) über ein breites Angebot. Weitere ausgefeilte Angebote entlang der Küste, aber auch zu den Nationalparks, sowie gute individuelle Reisebegleiter hat die Agentur *Zeit-Reisen* (Konstanz, ✆ 0753/8199-390, www.inselhuepfen.de).

**Radtouren:** Eine super Sache, gerade auf den Inseln. Hinzu kommt, dass das Gepäck transportiert wird, man/frau tagsüber nur Kleingepäck wie Badesachen am Rücken halftern muss. Agenturen sind *Zeit-Reisen* (s. o.), *Wikinger, Rückenwind, Radissimo, Natours, Pedalo, DRF Rad & Aktiv*, sowie auch *Dertour*.

# Papiere

Ab dem 13. Juli 2013 ist Kroatien EU-Land. Wie es exakt mit Kontrollen aussehen wird (da es eine EU-Außengrenze ist), konnte zu Redaktionsschluss noch nicht beantwortet werden. Auf jeden Fall müssen Reisepapiere, auch für Anmeldungen (Hotel, Campingplatz, etc.), immer mitgeführt werden.

Bisher galt: Für die Einreise nach Kroatien und einen Aufenthalt von bis zu drei Monaten benötigen Deutsche, Österreicher und Schweizer einen gültigen *Reisepass* oder einen *Personalausweis*. Seit Juni 2012 müssen auch Kinder über einen eigenen *Kinderreisepass* verfügen, d. h. der bisherige Eintrag in den Reisepässen der Eltern wird ungültig, lediglich ein noch gültiger Kinderausweis wird akzeptiert (diese neue Regelung gilt auch für die EU-Länder); ein Foto ist im Kinderreisedokument nicht Vorschrift (erst ab 12 Jahren obligatorisch), lt. Deutscher Botschaft allerdings zu empfehlen. Für einen Aufenthalt von mehr als drei Monaten ist ein *Visum* erforderlich.

Auto- bzw Motorradfahrer benötigen *Führerschein* und *Fahrzeugschein,* bei einer Fahrzeuganmietung evtl. auch den internationalen Führerschein.

Feinste Bio-Schafsmilch – das EU-Reinheitsgebot wird in Zukunft auch viele kleine Käsereien treffen …

Für Haustiere ist der *EU-Heimtierausweis* mit den vorgeschriebenen Impfungen (u. a. Primär-Tollwutimpfung) obligatorisch. Die Tiere müssen über einen implantierten Chip verfügen.

## Post

Die kroatischen Postämter *(pošta)* sind mit einem blau-gelben Schild und der Aufschrift „HPT" gekennzeichnet. Hier kann man auch telefonieren, telegrafieren, faxen, Geld wechseln und erhält Telefonkarten *(telefonska karta)*.

> **Achtung**: Wer auf ein Päckchen aus Deutschland wartet, sollte sich danach auch am Zoll, *Carina* (meist im oder neben dem Postgebäude), erkundigen – hier werden die meisten ausländischen Pakete bis zur Abholung aufbewahrt.

Briefe (7,20 KN/1 €) und Postkarten (3,50 KN/0,55 €) benötigen ca. 2 bis 3 Tage nach Deutschland. Briefmarken gibt es außer am Postschalter auch an jedem Kiosk. Einschreiben oder Päckchen werden am Schalter abgegeben. Pakete für den Auslandsverkehr sind bis 10 kg zugelassen – internationale Paketkarte und Zollerklärung (dreifach) sind am Schalter erhältlich. Geöffnet meist Mo–Fr 7–19, Sa bis 14 Uhr. In kleinen Orten immer nur bis 14 Uhr.

## Rauchen

Auch in Kroatien gilt das **Rauchverbot**; u. a. in allen öffentlichen Gebäuden, Restaurants und Diskotheken, außer es gibt Nebenräume.

## Souvenirs

Lohnende Mitbringsel aus Kroatien sind die hochwertigen, kalt gepressten Olivenöle, Honig, Liköre (u. a. aus Feigen, Maraska-Kirsche, Aprikosen), regionale Rot- und Weißweine und Grappas oder die leckeren Käsesorten, u. a. von der Insel Pag,

Öl, Käse, Grappas – nette Mitbringsel

nicht zu vergessen natürlich der luftgetrocknete Schinken, *Pršut* (s. u. „Zoll"). Hübsch sind auch Feigen- und Knoblauchkränze oder Süßes wie die *Škradinska torta* oder die mit Grappa getränkten Feigen; fast Pralinen sind *Kuglice ob smokava* (aus Feigen, Walnüssen, Mandeln und Grappa). Auch ätherische Öle aus Rosmarin oder Lavendel werden überall angeboten. In Städten kann man sich mit Krawatten eindecken, die von Kroatien ihren Weg in die Geschäftswelt und feine Gesellschaft fanden. Um 1630 hatten bereits Kroatiens Soldaten eine Art Schlips um den Hals, die Franzosen fanden Gefallen and diesem Halstextil „à la Croate" und nannten es „Cravate". Die Krawattenläden *Croata* bieten ein Sortiment mit über 2000 verschiedenen Modellen, natürlich alle von Hand gemacht und aus Seide.

# Telefon/Notrufe

Die meisten Urlauber sind mit einem *Mobiltelefon* ausgerüstet, das Mobilfunknetz in Kroatien ist bestens. Zudem gibt es eine Vielzahl von Mobiltelefonläden, wo man kostengünstig SIM-Karten (u. a. Simpa ist häufig vertreten) erwerben kann. *Telefonkarten* (telefonska karta) sind mit verschieden hohen Guthaben an Zeitungskiosken, in Postämtern und auch Hotels erhältlich (Achtung, hier ebenfalls dann z. B. Simpa-Telefonkarten verwenden).

## Wichtige Telefonnummern

| | | | |
|---|---|---|---|
| Polizei | 192 | Auskunft Ortsgespräch | 11880 |
| Feuerwehr | 193 | Auskunft Ferngespräch | (+385/1) 11888 |
| Erste Hilfe | 194 | | |
| Rettungsdienst | 112 | Verkehrsservice | (+385) 060/520520 |
| Suche/Rettung auf Meer | 9155 | Kroat. Engel (Touristeninfos) | (+385) 062/999-999 |
| Tauchernotruf | 9155 | | |
| Pannenhilfe | (+385/1) 1987 | ADAC-Notruf (in Kroatien) | (+385/1) 3440-666 |
| Auskunft allgemein | (+385/1) 18981 | | |

(Alle Nummern ohne Vorwahl gelten für die Wahl aus deutschen Fest- und Mobilfunknetzen.)

Wer herkömmlich telefonieren möchte: Auslandsgespräche vermitteln die Postämter oder (mit Aufschlag) alle größeren Hotels, Touristeninformationen und Campingplätze.

**Hinweis:** Telefonnummern und Internetadressen unterliegen in Kroatien ständigen Änderungen – für die im Reiseteil angegebenen Nummern können wir deshalb nicht garantieren!

**Vorwahlnummern**
**Von Kroatien nach:**
Deutschland+49
Österreich+43
Schweiz+41
**Nach Kroatien:** +385

# Trinkgeld

Ein Bedienungszuschlag ist im Preis oft nicht inbegriffen. Es bleibt dem Gast überlassen, ob er einen guten Service anerkennen möchte; üblich sind 10 % der Restaurantrechnung.

# Trinkwasser

Das Trinkwasser ist im ganzen Land einwandfrei und trinkbar. Dennoch bevorzuge ich immer Wasser aus Flaschen.

# Zoll

In Kroatien gelten die Zollbestimmungen der EU-Länder. Aufgrund des baldigen EU-Beitritts sowie der EU-Außengrenze ist mit aktuell verschärften Grenzkontrollen zu rechnen!

**Ein-/Ausfuhr:** Alle wertvollen Gegenstände (u. a. Laptop, Foto-, Tauchausrüstung), die den Rahmen eines normalen Reisegepäcks übersteigen, sollten an der Grenze mündlich deklariert werden. Ebenfalls am Zoll zu deklarieren ist ein Bargeldbetrag von über 10.000 € (lt. EU-Bankengesetz, dies gilt bereits in Österreich!). Betriebsgenehmigungen für Funksprechgeräte sind im Voraus beim kroatischen Konsulat oder bei der Botschaft zu beantragen. Die Ein-/Ausfuhr der Landeswährung Kuna ist auf 15.000 KN pro Pers. beschränkt.

Die Einfuhr von Lebensmitteln (u. a. auch Käse und Pršut) nach Deutschland sind im privaten Reiseverkehr erlaubt, beträgt aber eine Höchstmenge von 10 kg bzw. einem Wert von 300 € (im Flugverkehr 430 €). Lebensmittelversendungen auf dem Postweg sind verboten!

### Mehrwertsteuer-Rückerstattung mit PDV-Formular

Beim Einkauf (mit Ausnahme von Treibstoff) ab einem Mindestbetrag von 500 KN (ca. 67 €) haben Sie ein Recht auf Rückerstattung der 25-prozentigen kroatischen Mehrwertsteuer. Beim Kauf das PDV-P-Formular (Poreski ček) verlangen, das vom Verkäufer ausgefüllt und quittiert werden muss. Bei der Ausreise erfolgt am Zoll nach Beglaubigung die Auszahlung. Info: Zollverwaltung der Republik Kroatien, ✆ 01/6102-333, www.carina.hr.

Insel Žut (Archipel Kornaten) – kleine Pfade führen auf aussichtsreiche Plätze

# Norddalmatien – Reiseziele

**Region Zadar** → S. 76
  Von Zadar nach
    Starigrad Paklenica → S. 77
  Rund um das Novigradsko
    und Karinsko more → S. 132
  Inseln vor Zadar → S. 155
  Von Zadar nach Pakoštane → S. 211

**Region Šibenik-Knin** → S. 232
  Küste von Šibenik bis Pirovac
    und vorgelagerte Inseln → S. 233
  Von Šibenik in
    Richtung Knin → S. 290
  Von Šibenik nach
    Rogoznica → S. 311

Canyon Zrmanja – beeindruckende Kulisse für Western- und Winnetoufilme

# Region Zadar

Die Region Zadar, *Zadarske županije*, beginnt im Norden beim Küstenort Starigrad Paklenica, schließt den Nationalpark Paklenica ein und führt im Süden bis nach Pakoštane nahe dem Naturpark Vransko jezero. Sehenswerte Küstenstädte sind die Metropole Zadar mit ihren zahlreichen Kulturdenkmälern, daneben die ebenfalls reizvollen Kleinstädte Nin und Novigrad, das kleine Vinjerac sowie die weiße Stadt Biograd, bester Ausgangspunkt für den Nationalpark Kornaten. Die Ferienorte Bibinje und Sukošan sind der Nautikszene durch die große Marina Dalmacija bekannt. Sv. Filip i Jakov und Pakoštane sind attraktiv für Urlauber, die neben einem Badeurlaub auch Ausflüge in die Umgebung unternehmen wollen. Naturliebhaber schätzen die von Zadar aus erreichbaren, zahlreichen vorgelagerten Inseln, angefangen im Norden mit der Insel Pag, dann folgen der autofreie Archipel vor Zadar, die großen Inseln Dugi Otok, Ugljan und Pašman, die mit ruhigen Badebuchten und Wanderpfaden locken. Das Hinterland mit der Halbinsel Ravni kotari und das Gebiet Bukovica sind geschichtsträchtig – hier verlief die Grenzlinie zwischen West- und Ostrom, zudem die alte Handelsstraße von Zadar über Skradin gen Split. So ist vor allem auch die Gegend um Benkovac mit Burgen und Ausgrabungsstätten gespickt. Weitere Highlights sind der Fluss Zrmanja mit seinem Canyon oder die größte Höhle Kroatiens bei Gračac. Sportliche finden ein breites Revier: Mountainbiker können auf schönen Pfaden die Inseln oder auch den Velebit erkunden; Tauchgenuss versprechen die Gewässer rund um die autofreien Inseln Ist, Premuda oder Dugi Otok; wer sich lieber an den Felsen übt, ist im Nationalpark Paklenica richtig. Kulturinteressierte finden in den Städten bestens gestaltete Museen oder genießen auf den Altstadtplätzen den Paški sir, fangfrischen Fisch, süffigen Wein oder Maraskino-Likör.

Region Zadar

# Von Zadar nach Starigrad Paklenica

Von der sehenswerten Hafenstadt **Zadar**, die mit ihren Museen und Kulturschätzen mehr als einen Zwischenstopp wert ist, gelangt man über die fruchtbare Halbinsel Ravni kotari gen Norden. In der Umgebung von Zadar locken kleine Badeorte wie Petrčane, Zaton und Privlaka oder auch die Kleinstadt **Nin** mit ihrer frühchristlichen Basilika. Von hier aus gelangt man problemlos auf die **Inseln Vir** und **Pag**, die durch Brücken mit dem Festland verbunden sind. Vor allem die Insel Pag bietet schöne Badebuchten und den in ganz Kroatien bekannten Paški sir. Auch das an einer tiefen Bucht liegende Kleinod **Novigrad** am Novigradsko more und das **Kloster Karin** am anschließenden Karinsko more sind malerisch. Ins Novigradsko more mündet der **Fluss Zrmanja**, der zwei Jahrhunderte lang Grenzfluss und Schlachtfeld im Kampf zwischen Türken und Christen war – der Ortsname **Islam** erinnert bis heute daran. Und so ist es wenig verwunderlich, dass dieses Gebiet auch im letzten Jugoslawien-Krieg heiß umstritten war. Heute ist der Fluss Zrmanja mit imposanten Schluchten ein beliebtes Ausflugsziel für Rafting- und Bootstouren. Lohnenswert sind auch die größten Grotten Kroatiens, **Cerovačke pećine,** die sich östlich des Städtchens Gračac auf 4 km erstrecken. Weiter im Süden liegt **Benkovac**, der Verwaltungsort der Bukovica-Region – hier verlief die alte, mit Festungen bestückte Handelsstraße, die von Zadar (Jadera), Benkovac (Asseria), Skradin (Scardona) über Burnum nach Split (Salona) führte. Die **Maslenica-Brücke**, die den schmalen Meeresschlund von Novigrad überspannt, trennt im Groben Norddalmatien vom Kroatischen Küstenland. Ein Highlight kurz danach ist der **Nationalpark Paklenica**, der mit seinen Schluchten im schroff bis über 1700 m aufragenden Velebit-Gebirge beeindruckt – hier ist „Treff" der Kletter- und Wanderszene.

# Zadar

Gesäumt vom Fährhafen und beschützt von wuchtigen Mauern, liegt Zadars malerische Altstadt auf einer Landzunge. Die einstige Hauptstadt Dalmatiens ist eine Stadt der Baudenkmäler und Museen, eine Stadt zum Flanieren sowie Sprungbrett zu vielen Inseln. Nicht zuletzt durch den Flughafen hat sich die 76.000-Einwohner-Metropole zu einem modernen Geschäfts- und Touristenzentrum entwickelt.

In den autofreien Gassen und auf den Plätzen drängen sich die Menschen auf glatt poliertem Marmorpflaster durch die 2000-jährige Vergangenheit Zadars – ein buntes Gewirr verschiedenster Stilepochen und Baudenkmäler, die die Jahrhunderte überstanden haben und immer wieder restauriert wurden. Auch im Zweiten Weltkrieg und besonders im Krieg zwischen 1991 und 1994 hat die Altstadt sehr gelitten. Doch davon ist heute fast nichts mehr zu sehen; mit großem Aufwand wurde das historische Zentrum wiederhergestellt, alte Plätze wie z. B. der *Trg pet bunara* (5-Brunnen-Platz) oder die Landspitze mit den *Meeresorgeln* oder dem *Gruß an die Sonne* wurden neu gestaltet. Reges Treiben herrscht in den Einkaufsstraßen und am *Narodni trg* (Nationalplatz), am Markt mit vielen Obst-, Gemüse- und Souvenirständen. Beschaulich ist es dagegen abends bei einem Konzert auf dem römischen Forum. Wegen ihrer Kirchenschätze wird Zadar auch die Stadt von „Gold und Silber" genannt, der Besuch einiger Museen lohnt. In jedem Fall ist die Stadt ein paar Tage Aufenthalt wert – zudem ist sie ein guter Standort für interessante Ausflüge in die Umgebung. Auch an Mountainbikefans wurde gedacht – schöne ausgewiesene Fahrradstrecken führen von Zadar über die Halbinsel Ravni kotari oder einfach nur zum nächsten Badestrand. Für Sonnen- und Badehungrige sind die Strände nicht allzu weit, und im Stadtteil Puntamika liegt – direkt am Meer – die riesige Hotelanlage Borik mit Freizeitzentrum, zudem auch der Jachthafen Borik. Noch etwas weiter, im Vorort Diklo, finden sich ebenfalls schöne Strände und Unterkunftsmöglichkeiten.

## Geschichte

Erstmals erwähnt wurde Zadar von den Griechen im 4. Jh. v. Chr. Unter den Römern hieß die Stadt *Jadera* und *Diadora.* Als das antike Salona bei Split von den Slawen und Awaren zerstört wurde, stieg Zadar 614 zur Hauptstadt des byzantinischen Dalmatiens auf. Häufig kam es zu Kämpfen mit den Venezianern. Zum Empfang von Papst *Alexander III.* sang das stolze Volk von Zadar nicht lateinische, sondern slawische Lieder. Im „Frieden von Zadar" (→ Franziskanerkloster) musste Venedig auf Zadar und ganz Dalmatien verzichten. Doch bereits 1409 verkaufte der letzte ungarisch-kroatische König *Ladislav Napuljski* (Ladislav von Neapel) dieses gesamte Gebiet für einen Spotpreis von 100.000 Dukaten wieder an Venedig.

Die Türken besetzten im 16. Jh. das Hinterland der Stadt. Unter österreichischer und französischer Besatzung wurde Zadar erneut Hauptstadt Dalmatiens. Im Vertrag von Rapallo 1922 wurde die Stadt Italien zugesprochen, das damit einen wichtigen

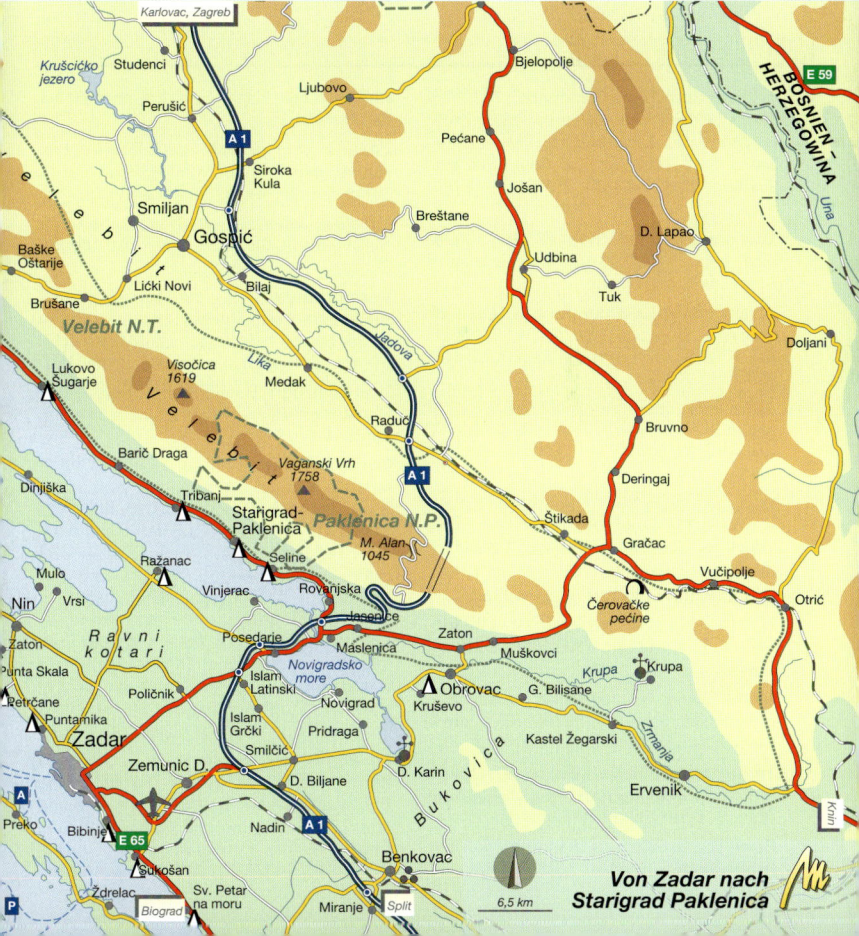

Von Zadar nach Starigrad Paklenica

Seehafen erhielt. Zadar verlor jedoch an Bedeutung, da es vom Hinterland isoliert war. Nach der Kapitulation Italiens 1943 besetzten die Alliierten die Stadt. Am Ende des Zweiten Weltkriegs war sie fast völlig durch den Bombenabwurf der Alliierten zerstört.

1947 wurde Zadar dem Staat Jugoslawien angegliedert. Man begann mit dem Wiederaufbau, restaurierte die Kunstdenkmäler, und Zadar entwickelte sich zu einem modernen Wirtschafts- und Fremdenverkehrszentrum. 1991 wurde dem Aufschwung ein jähes Ende gesetzt. In diesem Jahr, nach der Unabhängigkeitserklärung Kroatiens, besetzten Serben die Region um Knin (die Krajina), die Bemühungen um Autonomie scheiterten. Die serbische Armee sprengte die Maslenica-Brücke und rückte bis nahe an Zadars Tore heran. Vom Hinterland abgeschnitten, hielten die Bewohner in Kellern und Bunkern dem dreijährigen Beschuss stand oder verließen per Fähre das Land. Es gab viele Tote und Verwundete. Trotzdem begann man in der Altstadt bereits während des Krieges mit der Restaurierung. Das ist lange her. Heute erwartet den Besucher eine prachtvolle Stadt, in der man in noblen Geschäften von Benetton oder Calvin Klein shoppen oder sich den zahlreichen Kulturgütern widmen kann.

## Basis-Infos

**Information** Touristinformation TIC, Mihe Klaića 2 (am Narodni trg), 23000 Zadar, ✆ 023/316-166. Ganzjährig tägl. Mo–Fr 8–20, Sa/So 9–13 Uhr; Juni u. Sept. 8–22 Uhr; Juli/Aug. tägl. 8–24 Uhr (Sa/So ab 9 Uhr). Auskünfte, auch Privatzimmer-Info.

**Tourismusverband Zadar (TZG)**, I. Smiljanica b. b., ✆ 023/212-412, www.tzzadar.hr. Kein Publikumsverkehr!

**Tourismusverband der Region (TZŽ)**, Sv. Leopolda Bogdana Mandica 1, ✆ 023/315-107, 315-316, www.zadar.hr. Kein Publikumsverkehr!

**Jadrolinija**, Liburnska obala 7 (beim Seetor), gegenüber Trajekthafen), ✆ 023/254-800, www.jadrolinija.hr. Tägl. 7–20 Uhr (Mo, Mi u. Fr bis 22 Uhr).

**Miatours**, Vrata Sv. Krševana (im Seetor), ✆ 023/254-300, www.miatours.hr. Tickets für Tragflügelboote nach Ancona, Božava. Zudem LNP-Vertretung.

**Generalturist**, Obala kneza Branimira 1, ✆ 023/318-997, www.generalturist.com. Mo–Fr 8–19, Sa bis 13 Uhr. Privatunterkünfte und Ausflüge.

**Marlin Tours**, R.K. Jeretova 3 (gegenüber Fußgängerbrücke), ✆ 023/305-920, www.marlin-tours.hr. Ausflüge und Zimmer.

**Terra-Travel**, Matije Gupca 2° (Diklo), ✆ 023/337-294, www.terratravel.hr. Ausflüge; Auto, Scooter, Fahrräder, Zimmer.

**Bora Tours**, Majstora Radovana 7 (Borik, Falkensteiner Hotels), ✆ 023/337-760. 9–19 Uhr. Rafting-, Kajak- und Kanutouren auf der Zrmanja.

**Zadar in your pocket**, kostenlose Infobroschüre über Events, Nightlife, Restaurants, Sehenswürdigkeiten. Bei TIC erhältlich.

**Infostelle-Jasenice**, an Autobahn A1 (vor Maslenica-Brücke), Mai–Mitte Okt. tägl. 8–22 Uhr.

**Verbindungen** **Ruderboot**: überquert Bucht zwischen Fährhafen und Leuchtturm (in der Saison frühmorgens bis Mitternacht, 0,70 €) – eine jahrhundertealte Tradition.

**Touristenzug**: Hotelanlage Borik–Zadar–Hotelanlage Borik, 6-mal tägl. ca. 6 €/retour, Kinder 4–8 J. 2 €.

**Busse**: Haltestelle an der Liburnska obala (am Kai vor der Stadtmauer), Verbindung zum Busbahnhof. **Hauptbusbahnhof**, Ante Starčevića 1 (2 km südöstl. der Altstadt), Info-✆ 060/305-305. Verschiedene Busunternehmen wie Autotrans, Punta Mica Line und Contus (s. u.): 3-mal tägl. nach Zagreb (18 €, 2:30–3 Std. Fahrtzeit), mehrmals nach Rijeka und stündl. nach Split. Ticket 1,10 € (im Bus), 1,70 €/2 Fahrten (VVK am Kiosk). Nach Borik alle 15 Min., stündl. startet auch ein Taxiboot vom Kai. **Flughafenbus**, Abfahrt ebenfalls am Busstopp (Liburnska obala); ca. 3,50 €.

Für **Fernfahrten** ist eine Reservierung erforderlich! Ab Zadar etliche Busverbindung mit deutschen Großstädten. Eine gute und komfortable Buslinie nach Split, Zagreb und Deutschland ist Contus (Büro im Busbahnhof, ✆ 023/314-477, 314-202, www.contus.hr).

Infos am Busbahnhof, bei Contus, Croatia-Express und Touring-GmbH Deutschland (www.touring.de).

**Gepäckaufbewahrung** (Garderoba), im Busbahnhofgebäude (6–22 Uhr) sowie am Seetor (innerhalb der Stadtmauer, 8–21 Uhr, So 8–18 Uhr.

**Züge:** Bahnhof, Ante Starčevića 4 (2 km südöstlich der Altstadt beim Busbahnhof). **Zugauskunft** ✆ 060/333-444 (kroat. Info-Zentrale), www.hznetrh oder über Croatia-Express. Um Zagreb, Split, Šibenik zu erreichen, muss man den Lokalzug nach Knin (100 km) nehmen und dort umsteigen (rund 2 Std.). Fahrpreis Zadar–Zagreb ca. 28 €, Fahrtzeit 6 Std. (schnellste Verbindung!) – besser per Bus in 3 Std.

**Flüge:** Flughafen (Zračna luka) Zadar, Zemunik Donji (9 km südöstlich von Zadar), Fluginfo ✆ 023/205-800, www.zadar-airport.hr. **Flughafenbusse** starten vor der Altstadt (→ Busse), ca. 3 Std. vor Abflug, Ticket ca. 3,50 €. Flugverbindungen (→ „Anreise"). **Croatia Airlines**, nur am Flughafen, ✆ 023/250-101 oder Hotline ✆ 062/500-505, www.croatiaairlines.hr.

**Schiffsverbindungen** An der westlichen Landspitze legen die großen Italienfähren an; im Hafenbecken, gegenüber der Stadtmauer, die Trajekts nach Ugljan, Dugi Otok usw., zudem die Katamarane. Ticketverkauf im Jadrolinija-Gebäude gegenüber an der Stadtmauer, für Katamaran-LNP bei Miatour (im Seetor).

**Trajekts:** *Linie 431 Zadar–Preko (Ugljan)*, 17-mal zwischen 5.30–23 Uhr, fast stündl.; zur HS auch noch um 23.59 Uhr. Fahrzeit 0:25 Std.

*Linie 434 Zadar–Brbinj (Dugi Otok)*, 3- bis 4-mal tägl. Fahrzeit 1:20 Std.

*Linie 435 Zadar–Bršanj (Iž)*, 2-mal tägl.

*Linie 401 Zadar–Ist–Olib–Silba–Premuda–Mali Lošinj*, Juni–Sept. 1-mal tägl. (in NS keine tägl. Verbindung); nach Ist nicht Di, Mi, So; nach Mali Lošinj nur Mo u. Do.

*Linie 433 Zadar–Rivanj–Sestrunj–Zverinac–Molat–Ist*, 5-mal wöchentl., Ist nur Di und Mi. Zudem Katamaran (s. u.).

**Personenfähren und Katamaran:** *Katamaran (LNP) Zadar–Silba–Ilovik–Mali Lošinj–Unije–Pula* (4:45 Std.), ganzjährig 2-mal (Juli/Aug. 5-mal) wöchentl. Ilovik u. Unije werden auch im Juli/Aug. nur 2-mal wöchentl. angelaufen.

*Katamaran (Linie 9406) Zadar–Sali–Zaglav (Dugi Otok)*, bis zu 3-mal tägl.

*Personenfähre (Linie 405a) Zadar–Sali–Zaglav (Dugi Otok)*, 1-mal tägl. (10 Uhr).

*Katamaran (Linie 9403) Zadar–Molat–Brgulje–Zapuntel–Ist*, 1-mal tägl.

*Personenfähre (Linie 405) Zadar–Mali Iž–Veli Iž–Mala Rava–Rava*, 1-mal tägl.

**Italienfähren** (Reservierung im Voraus erforderlich): *Zadar–Ancona* (Jadrolinija), ganzjährig 4- bis 6-mal wöchentl.; Fahrzeit 9 Std.

*Katamaran (G & V-Line) Zadar–Božava*, Info über Miatours (s. o.).

*Katamaran Emilia Romagna Lines* (www.emiliaromagnalines.it), 1-mal wöchentl. (Sa) im Aug. von Pesaro nach Zadar (Fahrzeit 4:30 Std.). Preise (→ „Anreise").

## Diverses
→ Karte hintere Umschlagklappe

**Ausflüge** Z. B. Raftingtouren auf der Zrmanja (→ Obrovac und Novigrad); zu den Nationalparks Krka-Wasserfälle, Plitvicer Seen, Paklenica und Kornaten (→ Reiseteil), organisiert über obige Agenturen.

**Autovermietung** Z. B. **Dollar & Thrifty**, Bože Perčića 14 (Hotel Kolovare), ℡ 023/315-733; am Flughafen, ℡ 098/424-891 (mobil).

**H-Zadar**, Bana Josipa Jelačića 1, ℡ 023/236-600. 8–20 Uhr.

**Lulić**, Ul. 159. brigade 10, ℡ 023/242-224, www.lulic.hr.

**Einkaufen** Frisches **Obst** und **Gemüse** tägl. bis 18 Uhr am Markt. **Fischmarkt** tägl. 7–12 Uhr (hinter dem Tor beim Obstmarkt). Die Ulica Široka mit ihrer Verlängerung nach Westen ist die Hauptgeschäftsstraße: Buchhandlung, Textil-, Schuh- und Kosmetikläden aller namhaften Firmen. **Spezialität** von Zadar ist der Maraschino: ein klarer süßer Likör aus den Kernen der Weichselkirsche Maraska; zudem die Schnäpse Pelinkovac (aus Wermut) und Vlahovac (versch. Kräuter).

**Fahrradvermietung** (→ „Sport")

**Geldwechsel** Überall Banken, zudem Bankomaten; u. a.: **Erste & Steiermarkische Bank**, gleich daneben die **OTP**, Ul. Široka 1. Meist Mo–Fr ca. 8–18/20, Sa 8–12/13 Uhr. Wer in einer ehemaligen Kirche Geld abheben möchte, geht in die **Zagrebačka banka** (→ Sehenswertes), Brne Karnarutića 13; hier Mo–Fr 8–18 Uhr, Sa/So geschlossen.

**Gesundheit** Krankenhaus (bolnica), Bože Perčića 5 (nahe Hotel Kolovare), ℡ 023/505-505. **Notfall-Ambulanz**, 24 Std., Ivana Mažuranića 28 b (nahe Jachthafen), ℡ 023/239-811. **Apotheken** (ljekarna) mit Bereitschaft: **Centar**, Jurja Barakovića 2, ℡ 023/302-920; **Donat**, Braće Vranjanina 14, ℡ 023/251-342 u. 215-480. Mo–Fr 7–21, Sa 7.30-13.30 Uhr.

**Internet** Hotspots: u. a. im Arsenal (auch Multimediacenter), Trg tri bunara; Café-Bar The Garden, Marina Zadar. **Internetcafés**: u. a. **VIP-caffe** ⓧ, beim Ruderklub (Bucht Jazine), Obala kneza Branimira; tägl. 8–24, Fr/Sa bis 3 Uhr.

**Parken** Alle Parkplätze sind gebührenpflichtig, je nach Zone und Saison 0,50–1,60 €/Std. Hinter der Altstadtmauer am Kai – aber aufpassen, hier stehen auch die Autos, die auf Fähren warten! Parkplätze entlang der Altstadtmauer (am teuersten), zudem nordwestlich vom Hafenbecken und der Fußgängerbrücke (Obala kneza Branimira). Großer Freiflächenparkplatz westl. vom Krankenhaus, Marka Marulića. Infos über TIC.

**Langzeitparken** auf dem einzigen bewachten Parkplatz: Marina Zadar, ℡ 023/204-850; ansonsten das Parkhaus gegenüber der Altstadt, Frane Tuđmana oder der große Parkplatz beim Krankenhaus.

**Post** Hauptpost, Kralja S. Držialava 1 (östl., vor der Altstadt), ℡ 023/316-841, hier auch Poste restante, Mo–Sa 7–20 Uhr. Zweigstellen: Ul. Šimuna Kožičića Benje (zw. Seetor u. Forum), Mo–Sa 7.30–21 Uhr (Sa bis 20 Uhr). Josipa Jurja Strossmayera (nördl. der Fußgängerbrücke), Mo–Fr 7–20, Sa 7–13 Uhr.

**Taxi** Beim Busbahnhof und Kai. Zentrale: ℡ 023/251-400. Ca. 2,70 € für 5 km (im Juli/Aug. das Doppelte!); zum Flughafen ca. 14–20 €. Preiswert, auch weitere Entfernungen, fährt auch **Taxi Lulić**, ℡ 023/494-494, www.lulic.hr.

**Veranstaltungen** In der Saison tägl. Events, u. a.: **Klassische Konzerte**, mehrmals die Woche von Juli bis Mitte Aug. in der Kirche Sv. Donat. Tägl. **Musikabende** am Narodni trg. **Theatersommer**, Mitte Juli bis Mitte Aug. **Zadar snova** („Zadar der Träume"), neues internationales Theater, Mitte Aug.

**》 Mein Tipp:** **Vollmondfest** im Juli, an der Uferpromenade liegen alte trad. Schiffe, es gibt Klappas und – ganz roman-

# Zadar

tisch – Kerzenbeleuchtung! Ein besonderer Event! **«**

**Streetfestival Kalelarg-Art**, Široka ul., 3 Tages-Fest, Ende Juli; Musik, Performance. **Zadar More**, im Okt.; 1 Woche Vorträge und Ausstellungen zum Thema „Meer", zudem alte Schiffe und Workshops zum trad. Bootsbau.

## Übernachten/Camping  → Karte hintere Umschlagklappe

Das Übernachtungsangebot in Zadar ist in den letzten Jahren groß und vielfältig geworden. Auch innerhalb der Altstadtmauern warten nun einige nette Hotels auf Gäste, ebenso gemütliche Appartements und Hostels. Zudem gibt es ein breites Unterkunftsangebot in Richtung Puntamika und Diklo, hier meist ohne Parkplatzprobleme. Alle angegebenen Preise sind für die Hauptsaison gültig.

**Privatzimmer** Vermittlung über Agenturen oder über TIC. Ab 40 €/DZ. Mittlerweile gibt es auch in der Innenstadt nette Zimmer/-Appartements, allerdings meist ohne Parkplätze. Privatzimmer in Puntamika und Diklo (→ Übernachten außerhalb der Altstadt).

**Rog Dogg Rooms** 26, erst Ende 2011 eröffnet, zentrale Lage, nett mit Natursteinemäuer. 4 Zimmer/Studio, 60–80 €/2 Pers. Fam. Šime Rogić, Ul. Šime Ljubavca 3, 095/5171-315, www.rog-dogg.com.

**Appartements 72** 29, 4 nette Appartements (inkl. Küchenzeile), Gemeinschaftsterrasse, nahe Universität. Ab 75 €/2 Pers. Knezova Posedarskih 2, 091/5910-536.

**Apartmani Miriam** 7, 2 nette Zimmer mit Mini-Gemeinschaftsküche im Altstadtwohnhaus. Fam. Radak, Jurja Divini 1, 098/9915-103 (mobil).

**Pension-Café-Galerie Gina** 21, mitten in der Altstadt. Zimmer/Appartementvermietung (→ Café). Varoška 2, 023/314-774.

**Innenstadthotels** Inzwischen gibt es drei gute Innenstadthotels.

**»> Mein Tipp:** **** **Hotel Bastion** 8, beste Lage am Trg 3 bunara mit stilsicherer Einrichtung. Die Gäste können auf den Grundmauern eines Kastells aus dem 13. Jh. schlummern. Gourmetfreunde verwöhnt das **Restaurant Kaštel** 8, mit lauschiger Gartenterrasse, bei Regen geht man für einen Cocktail in die glitzernde Kristallbar. Relaxen kann man im Spa-Bereich. 28 komfortable Zimmer/Suiten mit Frühstück ab 219 €; Parkplatz (Parkhaus) 20 €/Tag extra. Bedemi zadarskih pobuna 13, 023/494-950, www.hotel-bastion.hr. **«**

**** **Art-Hotel Kalelarga** 16, das geschmackvolle, erst 2012 eröffnete Altstadthotel liegt zentral an der Fußgängerhauptachse, nahe TIC. Es birgt 10 verschieden eingerichtete Zimmer; die Natursteinmauern machen die komfortablen Zimmer gemütlich. Zudem verwöhnt ein Restaurant mit dalmatinischen Spezialitäten den Gaumen, die hauseigene Patisserie lockt mit verführerischem Gebäck und auch die Vinothek ist gut bestückt. Široka ul., 023/233-000, www.arthotel-kalelarga.com.

**** **Hotel Kolovare** 27, 1 km östl. der Altstadt. Modernisiertes, gut geführtes 200-Zimmer-Hotel, ruhig hinter grünen Hecken, mit Swimmingpool, Tennisplatz, großer Terrasse, Restaurant, Vinothek. Zum Strand nur über die Uferstraße. Komfortable Zimmer mit Balkon. Großer hoteleigener Parkplatz. DZ/F ca. 180 €. Bože Perčića 14, 023/211-017, -203-200, www.hotel-kolovare.com.

**Außerhalb der Altstadt in Richtung Puntamika/Diklo** *** **Hotel Villa Hrešć**, an der Uferstraße altstadtauswärts, ca. 10 Min. Fußweg zur Altstadt. Schön renovierte Villa mit Zimmern, Appartements und großzügigen Balkonen, Restaurant und Garten mit herrlichen Pflanzen und Pool. Blick auf die Altstadt von Zadar. Parkplätze. DZ/F ab 140 €. Obala kneza Trpimira 28, 023/337-570, www.villa-hresc.hr.

*** **Hotel-Restaurant Mediteran**, modernes, gut geführtes 30-Zimmer-Hotel, 500 m vom Meer entfernt (gegenüber der Hotelanlage Borik). Zimmer mit AC und Balkon; Garten, Pool, Wifi-Internet. Restaurant mit Terrasse und Blick auf die Insel Ugljan, große Auswahl an Fleischgerichten und frischem Fisch. Parkplätze. DZ/F 88 € (Suite 100 €). Matije Gupca 19, 023/337-500, www.hotelmediteran-zd.hr.

*** **Hotel-Restaurant Niko**, direkt am Meer beim Jachthafen Borik, guter Service, gut ausgestattet. Sehr gutes Restaurant (s. u.). DZ/F 120–150 €. Obala kneza Domagoja 9, 023/337-880, www.hotel-niko.hr.

\*\*\* **Hotel-Restaurant Marinko**, nahe Jachthafen Borik, kleines familiäres 21-Betten-Hotel mit gutem Restaurant; Parkplätze. DZ/F 70 €. Poljski put 1, ✆ 023/337-800.

\*\*\*\* **Hotel Villa Ivana** netter Familienbetrieb nahe Jachthafen Borik. Im netten Neubau mit Garten gegenüber dem Strand (Liegestühle und Sonnenschirme vorhanden) gibt es schöne Zimmer/Studios und Appartements mit Balkon und herrlichem Meerblick (oft ausgebucht!); zudem Fahrradverleih und Parkplätze. DZ/F mit Meerblick ab 95 €, mit Balkon ab 105 €. Obala kneza Domagoja 14, ✆ 023/335-871, www.villa-ivana.com.

\*\*\* **Hotel-Restaurant Tamaris**, modernes, kleines Hotel mit gutem Restaurant (s. u.); Parkplätze stadtauswärts an der N 8 (Jadranska cesta) in Richtung Autobahn. DZ/F 60 €. Zagrebačka 5, ✆ 023/318-700, www.tamaris-zadar.com.hr.

\*\*\* **Pansion Maria**, nette Zimmer, auch Familienzimmer mit Balkon. Hilfsbereite Wirtsleute. Ca. 500 m zum Meer, zudem Parkplatz vor der Tür. DZ/F ab 69 €. Put Petrića 24 (Borik), ✆ 023/334-244, www.pansionmaria.hr.

**Appartements Basioli**, in Diklo, modernes Haus mit guter Ausstattung (auch Wifi), Blick aufs Meer, gegenüber dem Strand. Verschieden große 2- bis 3-Zimmer-Appartements (4–6 Pers.), 70–120 €. Krešimirova obala 116, ✆ 023/331-129, 091/5287-321.

**Falkensteiner Hotels & Resort Borik** \*\*\*–\*\*\*\*\* Hotelanlage (meist All-incl.), im Kiefernwald am Meer im Stadtteil Puntamika. In Händen der österreichischen Hotelgruppe Falkenstein, komfortabel modernisiert. Riesiges Freizeit- und Sportangebot mit Animation, kleiner Bootshafen. Für die preiswerte NS sicherlich eine gute Alternative; in der HS zu voll und zu teuer. Falkensteiner Hotels & Resorts Borik, Majstora Radovana 7, ✆ 023/206-100, www.falkensteiner.com.

\*\*\*\* **Hotel Adriana**, ein sog. Lifestyle-Hotel mit 48 komfortablen Junior-Suiten im modernen Design, mit großen Balkonen. Wellness- u. Beautyoase, Pool, Gourmetküche; gedacht für Ruhe Suchende. Im DZ 90 € (TS 110 €)/Pers./HP. ✆ 023/206-636.

\*\*\*\* **Club Funimation Borik**, All-incl.-Anlage für die Familie, Fun und Animation ist hier die Devise; im Mittelpunkt steht Aquapura Borik, eine große Wasserlandschaft mit Rutschen; zudem großes Sport- und Aktionsangebot. DZ mit Meerblick ab 116 €/Pers./All-incl. ✆ 023/206-100,

\*\*\* **Hotel Donat**, All-incl.-Hotel mit Sport- und Freizeitanimation, Pool etc. DZ All-incl. 78 €/Pers. (TS 84 €). ✆ 023/206-500.

**Jugendherbergen** ››› Mein Tipp: Boutique Hostel Forum 14, 2011 am Forumsplatz eröffnet. Lifestyle und modernste Technik finden sich nun auch in dieser Jugendherberge, besser Jugendhotel: absolut modern ausgestattet, vom 2-Bett-Zimmer/Suite mit LED-TV und Forumsplatz-Blick (105 bzw. 120 €/2 Pers. inkl. Frühstück) bis hin zum 4-Pers.-Zimmer (pro Bett jeweils eigenes Chip-Schließsystem für Gepäck etc.; 27 €/Pers.). Insg. für 111 Gäste, alle Zimmer mit AC und kleiner Du/WC, moderne Gemeinschaftsküche, Terrasse; auf Wunsch mit Frühstück nebenan im stylischen Café – v. a. die Mehrbettzimmer sind eine gute, preiswerte Wahl. Široka ul. 20, ✆ 023/253-031, www.hostelforumzadar.com. ‹‹‹

**Zadar Youth Hostel**, 3 km nördl. des Zentrums im Stadtteil Puntamika, mit Bus Nr. 5 ab Busbahnhof erreichbar. 2011 renoviert und gut gestaltet mit Restaurant und Sportplatz, in ruhiger Lage. 2- bis 8-Pers.-Zimmer, 21 €/Pers. inkl. Frühstück. Obala K. Trpimira 76, ✆ 023/331-145, www.hfhs.hr.

**Hostel Drunken Monkey** 30, im östlichen Stadtteil Arbanasi, nahe Strand Kolovare. 38-Betten-Haus mit Mehrbett-, Doppel- u. Einzelzimmern; Bar und Küche. 25–66 €. Skenderbega 21, ✆ 023/314-406, www.drunkenmonkeyhostel.com.

**Camping** \* **Autocamp Borik**, neben der Hotelanlage Falkensteiner, Mitbenutzung der Hotelangebote möglich. 9,5-ha-Gelände unter Föhren mit kleinem Kies-Sandstrand, Restaurant, Supermarkt; Wifi-Zone. Auch Mobilhausvermietung (www.campiente.com). Geöffnet 1.5.–30.9. Ca. 9 €/Pers., Auto/Wohnmobil ab 9 €. ✆ 023/332-074, www.camping.borik.com.

## Essen & Trinken/Nachtleben → Karte hintere Umschlagklappe

**Essen & Trinken** **Restaurant Foša** 25, hier zählt v. a. die malerische Lage am alten Hafen Foša. Terrasse direkt am Meer, umgeben von wuchtigen Mauern; Blick auf die Lichterkette von Ugljan und auf die Zitadelle gegenüber. Große Auswahl an Gerichten, Spezialität sind Fischgerichte. 12–23.30 Uhr. Ul. Kralja Dmitra Zvonimira 2, ✆ 023/314-421.

Zadar 85

Restaurant Bruschetta 28, ruhige Lage, gute Qualität, bester Service. Schönes lauschiges Sitzen im Innern oder auf der Terrasse, mit Blick auf die Vergangenheit – die frühchristlichen Stomorica-Ruinen. Große Speise- und Weinkarte, u. a. auch leckere Meeresfrüchte-Pizzen für den späten Snack. 11–23 Uhr. Mihovila Pavlinovića 12, ✆ 023/312-915.

Restaurant/Pizzeria Dva ribara 22, modern im Innern; für den Freisitz gibt es etliche Terrassen. Freundlicher, guter Service. Gute Pizzen, Fisch- und Fleischgerichte, auch schmackhafte Antipasti. 11–23 Uhr. Ul. Blaža Jurjeva 1, ✆ 023/213-445.

»» Mein Tipp: Konoba Stomorica 24, in der gleichnamigen Gasse und auch gegenüber im Hinterhof. Es wird angestanden, um einen Platz zu ergattern. Gute, preiswerte dalmatinische Hausmannskost, lecker u. a. das Schwarze Risotto oder Sardinen. 12–24 Uhr. Stomorica 12, ✆ 023/315-946. ««

Konoba Martinac 19, klein, stilvoll und gemütlich mit Terrasse im Innenhof. Dalmatinische Gerichte. Aleksandra Paravije 7, ✆ 098/308 869.

Konoba Na po ure 20, eine typische kleine Konoba mit dalmatinischen Speisen wie gegrilltem Fisch, Pašticada. Auch für einen Imbiss zwischendurch bestens. 9–23 Uhr. Špire Brusine 8.

Konoba-Café Skoblar 17, beim lauschigen 5-Brunnen-Platz. Eines der ältesten Lokale der Stadt mit nettem Ambiente, guter Küche, u. a. Peka-Gerichte und Fisch. Ab 7 Uhr geöffnet. Trg Petra Zoranića, ✆ 023/213-236.

🌿 Restaurant Pet bunara 10, Olivenbäumchen begrenzen die schöne, ruhige Terrasse. Für Vegetarier gibt es leckere Salate und Gemüseplatten; zudem steht auf der Speisekarte Saisonales aus ökologischem Anbau. Daneben etliche Speisen mit Feigen, hausgemachte Ravioli und Gnocchi, leckere Steaks und Lamm, fangfrischer Fisch – und wer's nicht lassen kann – Pizzen. Die Palette an Süßem ist groß, u. a. saftiger Schoko-, Orangen- oder Zitronenkuchen. Zum Verkauf u. a. Feigenmarmelade oder Rogač-Likör (Johannesbrotbaum). Trg. Pet bunara, ✆ 023/224-010. ■

Restaurant Lungo Mare, schön zum Sitzen auf schattiger Terrasse, gutes, landestypisches Essen, guter Service. Obala kneza Trpimira 23 (gegenüber der Altstadt), ✆ 023/331-533.

Nachtleben in der Ul. Stomorica

Schnellimbiss Hajduk 13, im Zentrum ist der 50-jährige Traditionsimbiss von Aliji Šerif. Das Essen ist von guter Qualität und preiswert. Hier gibt es leckere Burek (mit Käse oder Hackfleischfüllung), Pizzen, Sandwiches. Auch zum Draußensitzen. Mo–Sa 7–24, So ab 15 Uhr. Knezova Šubića Bribirskih 9.

»» Mein Tipp: Selbstbedienungsrestaurant Barbakan 31, die Mensa lehnt an der Altstadtmauer und ist bestens in der studienfreien Sommerzeit; hier gibt es preiswerten, leckeren Mittagstisch; auch Freisitz im Innenhof. Rudera Boškovića 5. ««

**Essen & Trinken außerhalb der Altstadt** Restaurant Ankora, Gourmetrestaurant nördl. der Marina Zadar. Hübsche Terrasse und stilvolles Ambiente. Neben Hummer und Fischgerichten ist das Ankora für seine Steaks beliebt. Auch Pizza. Reservierung empfohlen. Oko Vrulja 10, ✆ 023/439-491.

»» Mein Tipp: Fischrestaurant Niko, traditionsreiches Fischlokal mit großer, überdachter Terrasse gegenüber der Marina Borik an der Uferstraße. Sehr guter Service, frische Fischgerichte in allen Varianten und Krustentiere; als Nachspeise z. B. leckeres

# Von Zadar nach Starigrad Paklenica

Tiramisú. Immer gut besuchtes Lokal, Reservierung sinnvoll. Auch Zimmervermietung. Obala kneza Domagoja 9, ✆ 023/337-888. «

**Restaurant Roko**, gutes Fischlokal in Borik. Fangfrisch, was gerade im Netz war. Put Dikla 74, ✆ 023/331-000.

**Restaurant Tamaris**, modern, einem kleinen Hotel angeschlossen. Hierher gehen die Zadarer, um Lamm oder auch Pute zu speisen; große Weinkarte. Zagrebačka 5, ✆ 023/318-700.

**Cafés** **Café Lovre** 11, schön gelegen am Narodni trg; ein Blick lohnt auch das Innere – die Kapelle aus dem 11. Jh. Guter Kaffee, Kuchen, Eis etc. Tägl. ab 7 Uhr.

**Café Callegro** 15, gegenüber dem Forum. Hier gibt es bei gutem Service Kaffee und Kuchen. Tägl. ab 7.30 Uhr. Široka ul. 18.

**Café-Galerie Gina** 21, hier nehmen in ungezwungener Atmosphäre die Einheimischen ihren Espresso; gute Musik und Gemälde. Auch Zimmervermietung. Varoška 2, ✆ 023/314-774.

**Café Branimir** 2, gegenüber der Fußgängerbrücke. Viele Tische und Stühle im Freien, großes Kuchenangebot, Eis, guter Cappuccino, Blick auf die Altstadtkulisse und die Abendsonne.

**Nachtleben** Zadars Nachtleben ist vielfältig – beliebter Szenetreff der Studenten ist um die Ul. Stomorica mit größerem Platz, wo es auch Livemusik gibt: viele kleine Bars, u. a. **Bar Kult** 23, gute Musik, im Sommer sitzt man im Freien.

**»› Mein Tipp: Café-Cocktailbar The Garden** 9, auf der Stadtmauer mit Blick auf den Fährhafen. Groß, unter schattigen Bäumen mit Sitzkissen auf der Mauer, Snacks, Cocktails, zum Chillen und Feiern sanfte Jazztöne, Latin, House oder Breaks. Hotspot zum Surfen, zudem Schach. – Auch tagsüber an heißen Tagen bester Platz der Stadt! 10.30–1.30 Uhr. Ul. Bedemi zadarskih pobuna. «

**Lounge & Bar Ledana** 12, oberhalb des 5-Brunnen-Platzes im Königin-Jelena-Madijevka-Park; übrigens genossen hier im Ledana (Kühlhaus) schon die Zadarer Bürger im 19. Jh. ihr Eis. Die große Bar offeriert zudem leckere Cocktails oder man genießt seinen Espresso auf den lauschigen Terrassen (im Winter auch überdacht) mitten im ruhigen Grün. Hier werden auch viele Konzerte und Events veranstaltet. Im Sommer 8–2 Uhr. ✆ 095/8706-800, www.ledana.hr.

**Q-Bar** 6, am Fährhafen mit erhöhter Terrasse. Tagsüber nettes Café, abends tobt der Sound, auch Livebands. 7–4 Uhr. Liburnska obala 6.

**Arsenal**, Infothek, Internet, Café-Loungebar, Vinothek und Restaurant (Pizzen, Snacks, Salate), abends Szene-Treff an der langen Bar; riesiger Innenraum mit modernen Sofas, v. a. in der NS viele verschiedene Musik-Events, auch im Freien Sitzmöglichkeiten. 8–24, Fr/Sa bis 1 Uhr. Trg tri bunara, www.arsenalzadar.com.

**Café-Bar-Restaurant & Club Maraschino** 4, beim Ruderclub (Bucht Jazine), guter Platz bei Tag und Nacht – DJ's, Livebands, Cocktailbar. In der Saison 7–6 Uhr. Obala kneza Branimira 6a.

**City-Club Forum** 5, beliebt bei Jüngeren. Musikmix, House, 3 Bars. Fr/Sa 23–4 Uhr. Ul. Marka Marulića.

**Yachting Bar**, in der Marina Borik. Moderne Café-Bar, Cocktails, Livemusik. Geöffnet 7–4 Uhr. Ul. Majstora Radovana 7.

**Diskothek Saturnus**, in Zaton (20 km entfernt, kurz vor Nin), die größte Disco an der Küste. DJ-Partys, Shows, Livemusik. Geöffnet Do–So 23–4 Uhr. Zaton Holiday Resort, www.zaton.hr.

**Weitere nette Café-Bars** (8–1 Uhr), u. a. **Café-Bar Barca** 1, westl. vom Jachthafen und der Mole, lauschiger Platz am Meer; **Toni** 18, Mihe Klaiča 6; **Rio** 32, nette Latino- und House-Musik, Putevac 5; **Gagica**, Matoša 8, Borik (hier 7–3 Uhr geöffnet).

## Wassersport/Sport

**Diverses** Großes Angebot beim Hotelkomplex Borik. Kurse (Tennis, Wasserski, Surfen) und Sportgeräte-Verleih (→ Falkensteiner Hotels & Resort Borik).

**Tauchen** Zadar Sub, sehr gutes, kompetentes Tauchcenter, zudem Unterwasserservice; angeschlossen auch ein Café (tägl. geöffnet). Dubrovačka 20a (nordwärts der Ul. B. J. Jelačića gehen und weiter Ul. Splitska folgen, bei Bihaćka ul. rechts und nochmal rechts), ✆ 023/214-848, www.zadarsub.hr.

**Rafting/Canyoning** Knapp 40 km nordöstl. von Zadar und etwas östl. der Maslenica-Brücke mündet die Zrmanja. Etwas landeinwärts bei Obrovac bahnt sich die Zrmanja ihren Weg durch die Berge – hier ist es ideal zum Raften und Canyoning (→ Obrovac/Agenturen).

**Jachthäfen** Marina Zadar, 300 Liegeplätze zur See, 200 an Land. Über 50 % jedoch dauerbelegt. 6,5- und 15-t-Kran, 50-t-Slip. Reparaturwerkstatt (spez. Volvo) und Holzbauwerft. Gute Sanitäranlagen, Restaurant, Snackbar; Charterfirmen. Ul. Ivana Meštrovića 2, ✆ 023/204-700, -730, www.marinazadar.com.

Hafenkapitän, Liburnska obala 8, ✆ 023/254-888.

Marina Borik, mit 220 Liegeplätzen zur See, 50 an Land, Jachtservice, Slipanlage, 20-t-Lift, Restaurant und Café-Bar. Obala kneza Demagoja 1, ✆ 023/333-036, www.marinaborik.hr.

Die nächsten Marinas sind in Bibinje-Sukošan (groß und schön!) und auf der Insel Iž oder Insel Pag (Šimuni).

**Jacht- und Motorbootcharter** In der Marina mehrere Charterfirmen, u. a. **Asta-Yachting**, Matice dalmatinske 6, ✆ 023/435-370.

**Mountainbike** Calimero, Ul. II zasjednja Zavnoha 1 (westl. vom Hafenbecken), ✆ 023/3110-010, www.calimero-sport.hr. Verleih und Service.

Zadar-Bike, Borelli 6 (mitten in der Altstadt), ✆ 023/316-613, www.zadar-bike.com. Verleih und Touren.

Zudem **Terra-Travel** (→ Information).

Ausgewiesene gute Fahrradstrecken rund um Zadar in Richtung Zaton, Nin, Insel Vir und Insel Pag. Südlich von Zadar reizt die Gegend v. a. rund um den Vraner See. Fahrradkarten bei TIC und in Agenturen erhältlich.

## Rundgang durch die Stadt

Von der alten Stadtbefestigung sieht man noch die Turmmauern, von den einst vier Stadttoren sind noch zwei erhalten. Das Befestigungssystem stammt aus dem 15. und 16. Jh., als Zadar sich gegen die Türken wappnen musste.

Vom Fährhafen gelangt man durch das **Seetor** ins Stadtinnere. Die Außenfront des Tores ziert der venezianische Löwe, die Innenseite trägt das Stadtwappen und eine Tafel, die den Sieg über die türkische Seeflotte 1571 bei Lepanto feiert. Wer mit dem Auto angereist ist und endlich einen Parkplatz gefunden hat, entspannt vielleicht erst einmal in einem der kleinen Straßencafés an der ehemaligen Hauptstraße, der Šimuna Kožičića Benje. Hier saßen schon die Römer, und ihre Sandalen polierten so manchen Pflasterstein. Oder man begibt sich gleich auf Besichtigungstour. Neben dem Seetor befindet sich das **Narodni muzej** (Stadtmuseum) mit einer kulturgeschichtlichen und einer naturwissenschaftlichen Abteilung, die Fauna, Flora und Fossilien Dalmatiens zeigt. Anhand von Modellen kann man sich einen Überblick über die Stadt verschaffen und die bauliche Entwicklung Zadars gut nachvollziehen.

April–Sept. Mo–Fr 9–12/18–21, Sa 9–13 Uhr; Okt.–März nur Mo–Fr 9–13/17–19 Uhr. Eintritt 2 €, Kinder/Stud. 0,80 €. Poljana pape Aleksandra III b. b.

Der lauschige Trg Pet Bunara

In Richtung Osten (Ul. Brne Kmarutica) fällt der Blick auf die Kirche **Sv. Krševan**. Die heutige Kirche wurde im 12. Jh. im romanischen Stil erbaut, die Außenfassade zieren beachtenswerte Blendarkaden und drei Apsiden. Die Arkadenwände im Kircheninneren werden von antiken Säulen mit korinthischen Kapitellen getragen. Sehenswert auch der Barockaltar mit Marmorstatuen der Schutzheiligen von Zadar (Sv. Stošija, Sv. Krševan, Sv. Šimun) von 1701 sowie ein wunderschön bemaltes Kruzifix, das wahrscheinlich *Jacopo di Bonomo* 1380 gestaltet hat. Die Kirche gehörte lange Zeit den Benediktinern – das Kloster wurde im Zweiten Weltkrieg zerstört.

Am Beginn der Gasse Ulica Brne Kmarutica hat die **Zagrebačka banka** einen prachtvollen Sitz in den Überresten der frühchristlichen Basilika Sv. Toma (sie hieß auch Sv. Križ und Sv. Sylvester) aus dem 5. Jh., die bis 1807 als Kirche genutzt wurde und 1822 einem Schulbau weichen musste. Zwischen den Banktresen blickt man heute auf die teilweise erhaltenen und restaurierten Grundmauern und Altarbögen.

Läuft man diese Gasse (Ul. Brne Kmarutica), vorbei an der Kirche Sv. Krševan (s. o.), in östliche Richtung, gelangt man zum großen bunten **Markt** *(tržnica)* mit Obst, Gemüse und Souvenirständen. Gleich daneben, an der Stadtmauer, wird frühmorgens der **Fischmarkt** *(ribarnica)* abgehalten.

Hält man sich vom Marktplatz aus südöstlich, kommt man nach einigen Minuten zum *Narodni trg,* dem Stadtplatz, den heute die Porträtzeichner bevölkern. Bei einem Tässchen Kaffee kann man in Ruhe die angrenzenden Renaissancefassaden aus dem 15. Jh. genießen: die inzwischen verglaste städtische Loggia, die Stadtwache mit dem **Ethnographischen Museum** und dem Rathaus. Das Ethnographische Museum bietet einen Einblick in die Fischerei, die Wohnkultur und zeigt alte Trachten und Schmuck. Die **städtische Loggia** *(Gradska Loža)* zeigt Wanderausstellungen.
Öffnungszeiten Museum und Loggia: April–Sept. Mo–Sa 9–22, So 9–13 Uhr; Okt.–März Mo–Sa 8–20, So 9–13 Uhr.

In der Hauptgasse (E. Kotromanić) weiter östlich steht die Kirche **Sv. Šimun**. Sie wurde im 12. Jh. erbaut, vereint aber durch ständige Umbauten die verschiedensten Stilrichtungen. Im Inneren prunkt der eine Vierteltonne schwere, aus Zedernholz gefertigte *Sarkophag des Hl. Šimeon.* Der mit vergoldetem Silberblech ummantelte Schrein, verziert mit Reliefs und der Plastik des Heiligen, wurde um 1380 vom Mailänder Goldschmied *Francesco di Antonio da Sesto* geschaffen; er zählt zu den bedeutendsten Goldschmiedearbeiten Dalmatiens aus jener Zeit.

Ein kurzer Abstecher führt zu den nördlich liegenden Befestigungsmauern und einem prächtigen Palast, in dem das **Antike Glasmuseum** (*Muzej Antičkog Stakla*) residiert; neben antiken Glas-Fundstücken kann man bei der Glasbläserei sowie bei Glasperlen-Herstellung für Schmuck zusehen; zudem wird Modernes (u. a. Schalen, Gläser) im Shop angeboten.
Mai–Sept. tägl. 9–21 Uhr; Okt.–April Mo–Sa 9–16 Uhr. Eintritt 4 €, Kinder 1,30 €. Poljana zemaljskog odbora 1, www.mas-zadar.hr.

Wer sich für moderne Kunst interessiert, sollte die **Moderne Galerie** (*Moderna galerija,* Ulica Medulićeva 2, südlich von Sv. Šimun) mit Werken dalmatinischer Maler und Bildhauer besuchen (tägl. 9–12/17–20, Sa 9–13 Uhr, So geschlossen).

Weiter östlich befinden sich Teile einer fünfeckigen mittelalterlichen Festung, die sich an die wuchtige Stadtmauer beim **Trg pet bunara** (Fünf-Brunnen-Platz) und dem **Kapitänsturm** anlehnt. Im Turm wohnten der Stadtfürst (Bürgermeister) und

Touristenmagnet und beliebter Rastplatz – das römische Forum mit Kirche Sv. Donat

der Capetano, der von den Venezianern eingesetzte Verwalter. Die hintereinander stehenden Ziehbrunnen auf dem Platz dienten bei Belagerungen der Wasserversorgung. Unterhalb vom Trg pet bunara, am Trg P. Zoranića, blickt man mitten auf dem Platz auf jüngst freigelegte römische Funde. Oberhalb der wuchtigen Bastionen erstreckt sich der schattige Königin-Jelene-Park, **Perivoj kraljice Jelene-Madijevke**, in dem es bis vor einigen Jahren noch üppig blühte. Er wurde 1829 von *Baron Franz Ludwig Welden*, einem Botaniker, angelegt. Nun hat man hier wieder robuste dalmatinische Pflanzen angesiedelt, zudem im alten Eishaus Ledana eine schicke Loungebar eröffnet.

Gen Süden fällt der Blick auf den kleinen **Hafen Foša** im ehemaligen Wassergraben und auf das reich verzierte **Landtor** aus dem Jahr 1543. Das Tor mit seiner Zugbrücke war damals die einzige Verbindung Zadars zum Festland – gegenüber zum Greifen nah: nachts die Lichter des Hafenstädtchens Preko (Insel Ugljan).

Umrundet man die Altstadtfestung an der Südostseite, passiert man die **Universität,** von Dominikaner-Mönchen 1396 gegründet – sie zählt zu Europas ältesten. Hier an der Uferpromenade wurde der Naturwissenschaftler und Orinthologe *Špiro Brusina* (1845–1908) mit einer Muschel in der Hand verewigt.

Weiter nördlich, rechts der Uferpromenade, sind die Grundmauern der frühchristlichen Kirche **Sv. Marije „de Pusteria" Stomorica** aus dem 11. Jh. zu sehen.

Entlang der Uferpromenade, vorbei am Foto von *Alfred Hitchcock* (s. u.), gelangt man durch einen Park mit Palmen zum Ruinenfeld des **römischen Forums.** Es war 90 x 45 m groß und an drei Seiten von Säulenhallen und Statuen umgeben, daneben stand ein prachtvoller Tempel. Heute blickt man auf das geschichtsträchtige Pflaster, auf Säulenreste und Grabmäler, die als Sitzbänke und Turnplätze für Kinder herhalten. Westlich ragt eine gut erhaltene, 14 m hohe korinthische Säule gen Himmel, die im Mittelalter als Schandpfahl diente. Die Kulisse des Platzes bildet die monumental wirkende, in schlichtem Halbrund erbaute Kirche **Sv. Donat** aus dem frühen 9. Jh. – eines der beliebtesten Fotomotive Zadars; mit 27 m Höhe ist sie eine der größten Kirchen des frühen Mittelalters. Als Baumaterial dienten Reste römischer Bauten. Bei Belagerungen wurde Sv. Donat immer wieder als Speicher benutzt, heute weiß man ihr Inneres wegen der hervorragenden Akustik zu schätzen und veranstaltet darin Konzerte, zudem finden auch interessante Ausstellungen mit Installationen statt.

Neben dem Forumsplatz erhebt sich mächtig der Glockenturm des Doms, der an die Kathedrale von Rab erinnert. Die dazugehörige Kirche, **Sv. Stošija**, wurde im 12. und 13. Jh. erbaut. Säulchen und Arkaden schmücken die dreischiffige Basilika, zwei Rosetten und prächtige Portale ihre Stirnseite.

Östlich vom Forumsplatz residiert das sehenswerte **Archäologische Museum**, 1832 gegründet, mit Funden aus den verschiedenen Epochen ab dem 1. Jh. v. Chr. Juni–Sept. Mo–Sa 9–21, So 9–13 Uhr; Okt.–Dez. u. April Mo–Sa 9–15 Uhr; Jan.–März Mo–Sa 9–14 Uhr. Eintritt 2 €, Kinder/Studenten 1,30 €. Trg opatice Čike 1, www.amzd.hr.

Daneben das Benediktinerkloster mit der dreischiffigen Kirche **Sv. Marija** von 1091, im 16 Jh. modernisiert. Die Adelige Cika aus Zadar soll das Kloster 1066 gegründet haben. Der schöne Glockenturm aus dem 12. Jh., den König *Koloman* errichtete, blieb unverändert. Das Kloster birgt das großflächige **Museum Gold und Silber,** das Kirchenschätze vom 8. bis zum 18 Jh. zeigt und eine der wertvollsten Sammlungen Kroatiens ist (geöffnet 10–13/18–20 Uhr, So nur 10–13 Uhr).

Westlich des Forums steht die mittelalterliche, im 18. Jh. barockisierte serbisch-orthodoxe Kirche **Sv. Ilija** mit einer wertvollen Ikonensammlung aus dem 16. bis 18. Jh. Die Kirche und das Ikonenmuseum waren 2013 geschlossen.

Südwestlich der Sv. Ilija-Kirche steht das **Franziskanerkloster** mit seiner Klosterkirche, das 1283 im Stil der Gotik errichtet wurde, durch häufige Umbauten kamen weitere Stilelemente hinzu. Das weite Kircheninnere birgt mehrere Altäre, u. a. mit einem Bildnis des hl. Franziskus von *Jakopo Palma dem Jüngeren,* und ein Chorgestühl im Stil der venezianischen Gotik. In der Sakristei wurde 1358 der für die kroatische Geschichte wichtige „Zadarer Frieden" geschlossen (→ Geschichte). Hinter der Sakristei befindet sich die Schatzkammer (Mo–Sa 9–18 Uhr), deren kostbarstes Stück ein großes bemaltes Kruzifix aus dem Jahr 1180 ist – es gilt als das älteste Kroatiens –, zudem gibt es u. a. ein Gemälde von *Jacopo Bassano*. Weiter gelangt man zur Renaissance-Kapelle des hl. Antonius und weiter zum Klosterkreuzgang von 1556, den fein gearbeitete Steinreliefs zieren. Daneben birgt das Kloster eine wertvolle Bibliothek.

Gehen wir nordwärts durch die ruhige *Ul. Br. Bilsić*-Gasse, stoßen wir auf die barockisierte Renaissancekirche **Gospa od Zdravlja**. Etwas nördlich, beim *Trg tri bunara* (Drei-Brunnen-Platz), blickt man auf das große **Arsenal,** das 1752 als Hafenlager erbaut wurde. Heute ist es im Innern modernisiert und birgt Boutiquen, Infocenter, Internetraum, Bibliothek und Restaurant/Bar.

An der südlichen Altstadthalbinsel verläuft die Uferpromenade mit schattigen Sitzbänken unter Kiefern und einigen Besonderheiten, z. B. der **Alfred Hitchcock-Tafel:** Dieses Portraitfoto, das um die Welt ging, zeigt den bekannten Regisseur mit seiner ihm eigenen Mimik. Es wurde hier im Mai 1964 von dem Fotografen *Ante Brkan* geschossen, als Hitchcock Zadar besuchte und sagte: „Das ist der schönste Sonnenuntergang, den ich je sah". Ein Stückchen weiter entlang der Uferpromenade trifft man auf Stufen am Meer und auf staunende Touristen und ganz ungewöhnliche Klänge ...

### Meeresorgeln (Morske orgulje)

Gehen wir meerwärts zur Südwestspitze der Altstadthalbinsel, hören wir schon von Ferne manchmal laute, manchmal ganz feine Töne, gleich einer Symphonie. Es sind die Meeresorgeln, die ertönen. Auf den breiten Stufen am Meer können wir uns niederlassen und ihrem Klang lauschen – sie sind „die" Attraktion Zadars und locken viele neugierige Besucher, die alle sehr erstaunt versuchen zu erkunden, woher diese Musik kommt. Besonders laut und klangvoll wird das Orchester, wenn ein Schiff vorbeifährt oder gar der Jugo bläst. Das Meer inspirierte den Architekten *Nikola Bašić* aus Murter schon in seiner Kindheit. Nun wurde sein Traum mithilfe des Komponisten *Ivica Stamać* aus Molat und einiger Hydraulikfachmänner in die Tat umgesetzt. Hierfür leitete man an der Kaimauer das Meerwasser durch 35 Röhren, an deren Enden Orgelpfeifen angebracht wurden. Bašić's Meeresorgeln wurden 2006 in Barcelona als bestes europäisches Projekt für urbane öffentliche Plätze prämiert. So bezaubernd das „Meereskonzert" für die Touristen sein mag, einige Anwohner finden es auf Dauer weniger unterhaltsam ...

### Gruß an die Sonne

Ein weiteres faszinierendes Werk von *Nikola Bašić* lässt die Besucher an der Landspitze staunen: Fast außerirdisch wirken die zu einem großen Kreis angeordneten mehrschichtigen Glasplättchen mit eingebauten Beleuchtungselementen, die den Sonnenuntergang beeindruckend einfangen und in seinem Farbenspektrum spiegeln. Auch das Sonnensystem mit Umlaufbahnen wird dargestellt. Als Vorlage dienten historische Pergamentzeichnungen aus dem Universitätsarchiv Zadar, der ältesten Universität des Landes, damals von den Dominikanern geleitet (→ S. 89).

# Zadar/Umgebung

Rund 14 km nördlich von Zadar (bzw. 6 km südlich von Nin) erreichen wir **Petrčane**, einen kleinen, reizvollen Ort mit vielen schattigen Bäumen an der lang gezogenen Bucht (Kiesstrand) und mit teils prächtigen Villen. Auf den Ufermauern braten die Sonnenanbeter, entlang der Straße laden gemütliche Cafés und Restaurants ein. Vor allem am Wochenende wird es hier voll, wenn die die Städter zum Baden kommen. Das bekannte Garden-Musikfestival, das jährlich mit über 50 Bands und mehreren Tausend Besuchern eine Juliwoche lang den Ort füllte, ist nach Tisno (Insel Murter) abgewandert (→ Tisno). Das verspricht Urlaubern, die stadtnah nächtigen möchten, nun ruhige Zeiten.

Die Siedlung entstand um das 10. Jh., als das Land zum Kloster Kreševana in Zadar gehörte. Die wuchtige romanische *Kirche Sv. Bartula* wurde im 13. Jh. errichtet und ist heute ein Wohnhaus, die *Pfarrkiche Gospe od Rožarija* mit ihrem Glockenturm ist aus dem 18. Jh.

Auf der nördlich von Petrčane gelegenen Landzunge liegt **Punta Skala**, eine riesige, komplett modernisierte und inzwischen sehr beliebte Ferienanlage, mit allem Komfort und vielen Sportmöglichkeiten.

**Information** Touristinformation, 23231 Petrčane, ℅ 023/364-052. Mo—Sa 8—20 Uhr.

**Verbindung** Bus nach Zadar und zurück mindestens 7-mal tägl.

**Übernachten in Petrčane** Privatzimmer kosten ab 30 €, Appartements ab 35 €.

**\*\*\*\* Hotel Pinija**, großer Hotelkomplex südl. von Petrčane mit guter Ausstattung und Service, auf einer mit Kiefern bewachsenen Landzunge direkt am Meer (Kiesstrand). Geboten werden u. a. Pool, Hallenbad, Spa, Tennisplätze, Beachvolleyball, Fahrradverleih. Je nach Zimmerlage ab 70 €/Pers./HP (bei nur 1 Nacht ab 102 €/Pers./HP!). Put 1, ℅ 023/202-500, www.hotel-pinija.hr.

**\*\*\* Villa Nela**, ebenfalls am ruhigen Südende von Petrčane liegt das freundliche 12-Zimmer-Appartementhaus (2–4 Pers.) direkt am Meer mit schönem Pool. Studio 75–85 € (TS 95 €). Punta Radman Put 7, ℅ 023/364-660, www.velcek-tours.com.

**Villa Kajok**, dieses kleinere, hübsche 5-Zimmer-Appartementhaus (2–4 Pers.) liegt in der Nähe von Nela, ist unter gleicher Leitung und etwas preiswerter. Studio 55–65 € (TS 75 €). Kontakt → Villa Nela.

**Camping** Vor der Schranke des Hotels Pinija links fahren – hier finden sich mehrere **Privatcamps**. Teilweise recht hübsch und am Meer gelegen. U. a.:

**Camp Pineta**, kleiner Platz direkt am Meer. Geöffnet Mai–Sept. Pro Pers. 5 €, Wohnmobil ca. 7 €. Punta Radmana 21, ℅ 023/364-261.

**Essen & Trinken in Petrčane** Es gibt zahlreiche Restaurants und Konobas, viele entlang der Hauptstraße; beliebt sind **Konoba Terraza** oder **Gostionica Jure**.

**Übernachten in Punta Skala** »»» Mein Tipp: **\*\*\*\*-\*\*\*\*\* Falkensteiner Hotels & Residences Punta Skala**, int. renommierte Architekten kreierten aus der alten Anlage das größte und modernste Resort an der kroatischen Küste. Auf der bewaldeten gleichnamigen Halbinsel mit Sand-Kies-Strand wurden auf knapp 30 ha Fläche luxuriöse Unterkünfte geschaffen (Wifi und Flachbildschirm obligatorisch). Zudem gibt es auf 8000 m² Appartementanlagen (teils Residenzen) mit Shops, Restaurants und Bars; zum Relaxen und Regenerieren geht man ins 6000 qm² große Wellnesscenter – das größte Kroatiens. Groß ist auch das Sportangebot und die Animation für Groß und Klein: Tennis, Tauchclub, Beachvolleyball, Nautikcenter (Marina u. auch Golfplatz in Planung). Interessant sind hier v. a. die bis zu 50 % reduzierten Spezialangebote in der preiswerteren Nebensaison. ℅ 023/554-912, 555-600 (Reservierungen), www.falkensteiner.com. «««

**\*\*\*\* Family Hotel Diadóra**, mit 252 Familienzimmern. Ab 160 €/Pers./All-incl., www.falkensteiner.com.

**\*\*\*\*\* Hotel & Spa Iadera**, 210 Zimmer mit Balkon oder Terrasse. Superior DZ/F ab 400 €. ℅ 023/555-600, www.falkensteiner.com.

Sv. Križ, die kleinste Kathedrale des Christentums (9. Jh.)

# Nin

Kirchenbaukunst, illyrische Gräber und der mutige Bischof Grgur Ninski machen das Städtchen interessant. Der für Kroatiens Geschichte so bedeutsame Ort strahlt heute eine friedvolle Ruhe aus: schattige Bäume, blühende Gärten, wenig Tourismus, zumindest in der Nebensaison.

Die geschichtsträchtige kleine Idylle mit ihren Denkmälern hat man schnell abgelaufen. Als Standquartier ist Nin hervorragend geeignet, um z. B. per Mountainbike die Halbinsel Ravni kotari oder die umliegenden Inseln auf vielen ausgewiesenen Fahrradrouten zu erkunden.

Im 14. Jh. buddelten die Niner aus Sicherheitsgründen einen Graben, mit dem sie die Halbinsel zur Insel machten. Zwei Brücken verbinden deshalb Nin mit dem Festland; die Stadttore und Teile der Befestigung sind noch erhalten. Ein romanischer Campanile überragt die kleinen Häuser des Lagunenstädtchens.

## Geschichte

Nin wurde von den illyrischen Liburnern gegründet, Hunderte von Gräbern aus dieser Zeit wurden entdeckt – einer der reichhaltigsten illyrischen Funde Dalmatiens. Die Quellen belegen, dass Nin schon im 4. Jh. v. Chr. ein großes liburnisches Wirtschafts- und Kulturzentrum war. Ende des 1. Jh. kamen die Römer und befestigten *Aenona*. Die Stadt erhielt den Status eines Munizipiums, war bedeutende Hafenstadt und nannte Forum, Aquädukt, Amphitheater sowie einen der größten Tempel Kroatiens ihr Eigen.

Nach der Zerstörung *Aenonas* durch die Awaren im 7. Jh. bauten kroatische Siedler den Ort unter dem slawischen Namen Nin neu auf, das als Königsstadt und erster kroatischer Bischofssitz zentrale Bedeutung für Kroatien erlangen sollte. Um 800 versuchten fränkische Missionare, die Einwohner zum Christentum zu bekehren. Ein bedeutender Fund aus dieser Zeit ist das *Višeslav-Taufbecken*. Bischof Gregorius, *Grgur Ninski*, (10. Jh.), als kroatischer Nationalheld bis heute verehrt, führte von hier den Kampf gegen den dalmatinischen Klerus von Split um die Beibehaltung der slawischen Sprache im Gottesdienst.

Nin stand seit 1328 unter der Herrschaft Venedigs und wurde im 15. und 16. Jh. vorsorglich zerstört, um den Türken keinen unversehrten Stützpunkt zu lassen. 1699 baute man Nin wieder auf, doch ihre frühere Bedeutung erlangte die Stadt nie mehr – Nin blieb im Vergleich zu Zadar unbedeutend.

Nins einziger Industriezweig ist heute die Meersalzgewinnung in den seichten Lagunen. Wegen der Reinheit der Natur, des langen, seichten Meeresabschnitts und reichhaltiger Funde des Peloid-Meeresheilschlamms wird in Nin ein größeres Gesundheitszentrum geplant. Die Heilkraft des Meeres nutzten schon die Römer, wovon Überreste römischer Thermen zeugen.

Nin gehört neben Zadar zu den derzeit 123 europäischen Mitgliedern des 1990 gegründeten *Walled Towns Friendship Circle* (WTFC) und wurde 2010 zur „European destination of excellence" gewählt.

## Basis-Infos

**Information** Touristinformation (TZG), Trg Braće Radića 3 (vor Fußgängerbrücke), 23232 Nin, ☏ 023/264-280, www.nin.hr. Mai–Okt. tägl. 8–20 Uhr (Juli/Aug. bis 21 Uhr), sonst Mo–Fr 8–15 Uhr.

**Verbindungen** Bushaltestelle bei der Post. Bus nach Zadar und Vir (Insel Vir) fast stündl. 5.10–20.50 Uhr, So/Feiertage nur noch 7- bis 10-mal. Touristenzug Zaton–Nin, Juni–Sept. 9–22 Uhr, halbstündl., 2,50 €.

**Gesundheit** Apotheke Kremić, Kraljičin put 2, ☏ 023/264-491. Mo–Sa 8–20, So 8–12 Uhr.

Ärztehaus, Zadarska 25, ☏ 023/265-031 (Dr. Pekić-Jurišić) u. ☏ 023/264-550 (Dr. Georgijev). 8–20 Uhr, Sa/So Bereitschaft. Hier auch **Erste Hilfe** (Bereitschaft), ☏ 023/264-888 und ein **Zahnarzt**, ☏ 023/264-544 (Dr. Šarić).

Ninska laguna (→ „Baden"), kostenfrei kuriert man hier seine schmerzenden Gelenke und sonstigen Wehwehchen, d. h. sich einfach mit dem heilsamen schwarzen Peloid einschmieren – es stinkt zwar, aber es hilft – viele Gäste haben auch ohne

gesundheitliche Probleme ihren Spaß daran, sich in dem Morast zu wälzen.

**Veranstaltungen** **Sonne & Lichtfest**, zum Sommeranfang am 21. Juni in der Basilika Sv. Križ.

**»» Mein Tipp:** Prozession zur **Madonna von Zečevo** (Blagdan Gospe od Zečeva), jährlich am 5. Mai. Mit Booten wird zur vorgelagerten Insel Zečevo hinübergeschippert, in der kleinen weißen Kapelle gibt es eine Messe. Am 6. Mai findet dann das **Gospe od Zečeva**-Fest mit Prozession und Messen in der Altstadt statt. **«««**

**Šokol-Fest**, 10 Tage ab Mitte Juli steht der geräucherte Schweinenacken „Šokol" im Mittelpunkt. Stände mit Kostproben und Siegerehrung der besten Šokol-Metzger.

**Patronatstage Sv. Anzelmo**, 24.–25. Aug. mit Prozession.

**Salzfest**, jährlich am 29. Aug. im Solana-Park. Workshops zum Thema Salz und Verkauf.

Im Sommer Veranstaltungen im **Kulturhaus** (gegenüber Sv. Križ) mit Galerie Višelav (Juli/Aug. 18–22 Uhr).

# Von Zadar nach Starigrad Paklenica

## Übernachten/Essen & Trinken → Karte S. 94/95

**Übernachten** Privatzimmer kosten 20–30 €/DZ mit Dusche, einstöckige **Appartementhäuschen** mit Balkon und Terrasse für 2 Pers. 35–50 €, z. B. **\*\*\*\* Appartements Vila Vukić 16**, im Ortsteil Mulo (4 km außerhalb), 15 schöne Appartements mit Balkon, Klimaanlage, Minibar, Pizzeria, 30 m vom Meer entfernt, ✆ 023/360-321. **Pension Valentina Vidić 9**, Bana Jelačića 34, ✆ 023/265-002, Zimmer ab 35 €. **Appartements Dejanović 13**, Biogradska 9, ✆ 023/264-147, www.nin-dejanovic.com.

**\*\*\*\* Vila Dalibor 6**, im Ortsteil Ždrijac, nördlich der Salinen. Mit Garten und Pool (mehr für Kinder); wenige Minuten vom Strand entfernt. Verschieden große Appartements mit Terrasse. Studios ab 60 €. Ul. Hrv. Gradovo 16, ✆ 023/264-502, www.viladalibor.com.

**\*\* Aparthotel Condura Croatica 1**, herrliche Lage oberhalb des Sandstrands in Ninske Vodice (6 km nördl.). Von der Restaurantterrasse Blick aufs Küstengebirge. Appartements für 2–4 Pers. ab 74 €, Frühstück 4 €/Pers. Put Škrile 1, ✆ 023/272-330, www.condura-croatica.hr.

**Camping** Autocamp Dispet **3**, nördlich der Salinen, gegenüber der Altstadt an der Lagune. Fast schattenloses Camp ohne Restaurant und Laden, aber preisgünstig. Ca. 8 €/2 Pers., Zelt, Auto. ✆ 098/1643-051 (mobil).

**Autocamp Nick 2**, hinter Dispet, schön gelegen beim Strand Žrijac, mit ähnlicher Ausstattung. Ul. Nikola i Stiven Burela, ✆ 023/264-048.

Schöne Lage im Norden der Altstadt haben auch **Autocamp Nin 5**, ✆ 023/264-031 und vor allem **Autocamp Ninska laguna 4**, ✆ 023/264-265, 265-574, www.ninskalaguna.hr. Es ist der größte Platz, gegenüber der Lagune, mit neuen Sanitäranlagen.

Weitere Übernachtungs- und Campingmöglichkeiten (→ Zaton).

**Essen & Trinken** Eine Niner Spezialität ist Šokol (→ Veranstaltungen), geräucherter Schweinehals. Der Hals wird 3 bis 7 Tage in Meersalz gelegt, dann mit Nelken und Muskatnuss gespickt und mit Pfeffer gewürzt und anschließend in Rotwein gekocht, herausgenommen und in eine Darmhaut gesteckt und mit Schnüren eingebunden. Nun wird diese Wurst geräuchert und anschließend noch ins Freie gehängt. Gerade die salzige Bora-Luft gibt dem Niner Šokol seine besondere Geschmacksnote.

**Restaurant Šokol 12**, gleich hinter dem Stadttor, in von Wein überwachsenem Innenhof. Es gibt Pizza, Fisch- und Fleischgerichte und natürlich die namensgebende Šokol-Wurst. Ostern–Okt, 7–22 bzw. 24 Uhr (im Sommer). Hrvatskog Sabora 2, ✆ 023/264-412.

Des Weiteren in der Altstadt zu empfehlen **Konoba Stara kužina 11**, mit schönem Garten, und **Konoba Kalalarga 7**; beide nur von Juni–Sept. geöffnet.

**»» Mein Tipp: Konoba Branimir 8**, neben Kathedrale Sv. Križ. Das Natursteingebäude mit überdachter Terrasse wurde auf den Grundmauern eines königlichen Hauses aus dem 9.–11. Jh. errichtet. Spezialitäten sind Cripnjagerichte (Gerichte aus der Peka) mit Oktopus, Lamm, Kalb, zudem Hummer, Fischgerichte und Fischcarpaccio – bester Platz in Nin. Mai–Sept. 8–24 Uhr. Višeslavov trg 2, ✆ 023/264-866. **«**

**Konoba Burela 14**, gegenüber von TIC, mit nettem Garten und Blick auf die Altstadt. Geöffnet Mai–Sept. ab 7 Uhr. Trg braće Radića 2, ✆ 023/265-064.

**Konoba Dalmacija 15**, gemütliches kleines Lokal mit Niner Spezialitäten. An der Hauptstr. Ul. Zrinsko Frankopanska 4, ✆ 023/264-163.

**Fischrestaurant Aenona 10**, unter Schatten spendenden Laubbäumen, gegenüber von Sv. Križ. Ganzjährig (außer Jan.–März) geöffnet. Ul. Petra Zoranića 2, ✆ 023/264-052.

## Wassersport/Sport

**Baden** Nördlich der Altstadt am Sandstrand Ždrijac; auf der Uferstraße vorbei an der Salzfabrik und den Campingplätzen Dišpet und Nick. Weiter östlich liegt der Strand Zukve mit gleichnamiger Siedlung. Nördlich von Nin an der Ninska laguna (ca. 3 km) ist ein herrlicher flach abfallender Sandstrand; hier kann man sich auch mit dem heilsamen Peloid einschmieren. Schön ist die Bademöglichkeit in Ninske Vodice (5 km nördlich Richtung Vir, kurz vor Privlaka rechts ab, durch dessen Ortsteil Sabunike und

# Nin 97

Der Paradiesstrand ist kinderfreundlich und bietet einen gigantischen Velebit-Blick

nochmals rechts Richtung Ninske Vodice) am so genannten Königsstrand, Kraljičina plaža; auch mit dem Fahrrad gut erreichbar. Hier gibt es Sandstrand, allerdings einige Steine im Wasser, Beachbar, Windsurfzentrum (s. o.) und einen wundervollen Blick auf das Küstengebirge Velebit. Genügend Bademöglichkeiten gibt's auch in Richtung Vrsi und in Richtung Vir an der Ostküste (langer Sandstrand).

**Tauchen** Scuba Adriatic, im Holiday Village Zaton, ✆ 023/280-350; 098/686-999 (mobil), www.scubaadriatic.com.

**Windsurfen** Surfmania, am Kraljičina plaža in Ninske Vodice, www.surfmania.net. Geöffnet 15. April–15. Nov. Surfbrettverleih und Schule, auch Kitesurfen. Ab nachmittags gute Surfwinde vom Velebit.

Die geschützte Bucht östlich der Altstadt beim Camp Dišpet wird ebenfalls gerne von Surfern und Kitern und auch zum Zuschauen genutzt.

**Mountainbike** Die flache Halbinsel Ravni kotari eignet sich bestens für Touren verschiedener Längen, z. B. in die Metropole Zadar, 24 km entfernt. Fahrradverleih ist bisher nur in Zaton (Holiday Village) möglich. Fahrradkarten gibt es in der Touristeninformation.

**Reiten** (→ Nin/Umgebung/Zaton).

## Sehenswertes

Beispielhaftes Zeugnis für altkroatische Kirchenbaukunst ist die vollständig erhaltene Kirche **Sveti Križ** (Heiligkreuz) aus dem 9. Jh., die „kleinste Kathedrale des Christentums" (ganztägig geöffnet). Bauherr war der damalige Gespan (Stadtverwalter) *Godežav;* sein Name, eine der ältesten erhaltenen Inschriften, ist über der Tür verewigt.

Lange rätselten die Forscher, warum bei einem derart vollkommenen Bau nicht darauf geachtet wurde, die Mauern gerade zu ziehen. Des Rätsels mögliche Lösung fand *Mladen Pejaković,* ein Maler aus Dubrovnik. Er ging davon aus, dass sich der Bauplan am einfallenden Sonnenlicht orientierte – das heißt, dass das Gebäude Kirche, Uhr und Kalender zugleich war und die Fenster- und Türöffnungen wie die gesamte Konstruktion genau nach dem Sonneneinfall angelegt wurden.

Nin's Schutzpatrone – Anselmus und Ambrosius

Neben der Kirche sieht man die Fundamente eines römischen Tempels, den einst die Statuen zahlreicher römischer Kaiser zierten. Die **Tempelanlage** zählt mit zu den größten ihrer Art in Kroatien. Sieben der Statuen, darunter die Bildnisse der Kaiser Tiberius und Augustus, sind heute im Archäologischen Museum von Zadar zu bewundern.

Die Pfarrkirche **Sv. Anzelmo** (St. Anselmus) an der Hauptstraße stammt in ihrer jetzigen Form aus dem 18. Jh. und wurde anstelle einer romanisch-gotischen Kathedrale errichtet; erhalten sind nur noch die Seitenkapelle, die Reliefs und das Nordportal. Der romanische Glockenturm daneben stammt aus dem 12. bis 13. Jh. Anselmus, der Überlieferung nach einer der 70 Jünger Jesu, bekehrte in Gallien die Menschen zum Christentum, kam nach Nin und wurde dort der erste Bischof der Stadt. Sehenswert ist die *Schatzkammer* mit Gold- und Silberpretiosen aus Nin. An der Außenfassade prangen die vom Ursprungsbau erhaltenen Reliefs von Anselmus und Ambrosius, der beiden Schutzpatrone von Nin. Die kleine Kirche des **St. Ambrosius** aus dem 13. Jh. steht im Norden der Stadt.

Auf dem Stadtplatz gegenüber der Kirche steht die **Bronzestatue des Bischofs Gregorius**. Dem kroatischen Bildhauer *Ivan Meštrović* gelang ein eindrucksvolles Standbild des Bischofs, der zürnend oder mahnend in Richtung Kirche einer imaginären Zuhörerschaft seine Worte entgegenzuschleudern scheint.

Einen Besuch wert ist auch das kleine **Archäologische Museum** der Stadt (Trg opatice Čike, Juli/Aug. tägl. 9–21 Uhr, sonst Mo–Sa 9–15 Uhr, Eintritt 2,50 €). In drei kleinen, kühlen Räumen zeigt es unter anderem Bauteile und ein Modell der Tempelanlage. Leider werden zahlreiche Fundstücke aus Nin in den Museen von Zadar, Split und Zagreb verwahrt – so das *Taufbecken von Fürst Višeslav* aus der Zeit der Christianisierung um 800. Eine Kopie des Beckens, gefüllt mit Geldscheinen und kleinen Münzen, ist im Museum zu bewundern.

Am Trg Kraljevac kann man noch das **Antik-Museum** (Muzej ninskih Starina) besuchen. In sieben Räumen wird anschaulich die Geschichte Nins mit ihren Hinterlassenschaften dokumentiert, u. a. auch zwei alten Segelbooten aus dem 11. Jh.,

*Condura Croatica* genannt (Juni–Sept. 9–22 Uhr, Mai 9–12/17–20 Uhr, sonst 9–14 Uhr; Eintritt 2 €).

**Die Salzgärten** (Park Prirode Solana Nin) liegen im Südosten der Altstadt, sind schon seit Römerzeiten in Betrieb und können besichtigt werden. Aufgrund der besonderen Fauna und Flora dieser 55 ha großen Fläche wurden sie zum Naturpark erklärt. Es gibt auch ein kleines *Salzmuseum,* das die Gerätschaften, Einblick in die Salzgewinnung und die Bedeutung des Salzes für den menschlichen Organismus zeigt. Zudem kann man im Shop natürlich auch das Salz, die Salzblüte und mit Kräutern verfeinertes Salz erwerben.

Ilirska cesta 4, ✆ 023/264-764. 15. Juni–15. Sept. tägl. 8–13/17–20 Uhr, sonst Mo–Fr 7–15 Uhr. Eintritt 4,60 €.

Etwas außerhalb, an der Straße nach Zadar, steht auf einem Hügel, geschützt von zwei Pinien, die kleine Wehrkirche **Sv. Nikola** aus dem späten 11. Jh. Sie hat einen dreiblättrigen Grundriss, bekam während der Türkenkämpfe einen Wachturm mit Zinnen auf die Kuppel gesetzt und ähnelt seitdem einer kleinen Festung.

In der Umgebung von Nin gibt es vorchristliche **Hügelgräber** mit Grabbeigaben und anderen Zeugnissen aus liburnischer Zeit.

Bischof Gregorius

### Die Tränen der Madonna von Zečevo

Nördlich von Nin liegt in Sichtweite der Küste das Inselchen Zečevo. Einst besiedelten Eremiten die Insel und erbauten der Muttergottes zu Ehren eine Kirche. Als aber im Jahr 1500 die Bürger von Zadar und Nin einen Angriff der Türken heldenhaft abwehrten, fielen diese aus Rache über Zečevo her, brandschatzten Kirche und Kloster, ermordeten die Eremiten und raubten die Madonnenstatue.

Die Türken warfen die Statue achtlos ins Meer, doch diese, so weiß die Legende, schwamm schnurstracks wieder nach Zečevo zurück. Schon auf halbem Weg begannen die Glocken von selbst zu läuten, und die Bauern eilten von den Feldern herbei, sahen das Wunder und verehrten das heilige Bildnis umso mehr. Bald veranlasste der Bischof von Nin den Wiederaufbau der Kirche, und ein paar Jahre später, 1516, erschien der Witwe Jelena die Madonna von Zečevo ganz lebendig – aus der Statue kamen Tränen. Nach wiederholten Besuchen in der Kirche holte die Witwe am 5. Mai die Würdenträger herbei, damit auch diese die Erscheinung sehen könnten, und alle kamen und sahen die Tränen der Muttergottes. So weit die Überlieferung.

Seit diesem Tag führt jedes Jahr am 5. Mai eine Bootsprozession nach Zečevo, die Gläubigen kommen mit ihren Booten, um der weinenden Madonna zu Ehren eine Messe zu feiern.

# Nin/Umgebung

Um Nin laden einige Gemeinden zur Erkundung oder zum Nächtigen ein, zudem ist die gesamte Region optimales Radler-Revier, da flaches Gelände vorherrscht. Ca. 4 km nordöstlich von Nin erstreckt sich an Buchten der Badeort **Vrsi** mit altem Ortskern und dem Weiler *Mulo* – mit vielen Appartementhäusern entlang dem Meer und der Wochenendsiedlung *Zukve*. Gen Norden zieht sich die fast unbewohnte Landzunge, vorgelagert die **Insel Zečevo** (→ Kasten S. 99). Diese ruhige Gegend mit ihrer flach abfallenden Küste ist bestens geeignet für Familienurlaube.

**Information** Tourismusverband Vrsi, Školska ulica 6, 23235 Vrsi, ✆ 023/359-825, www.tz-vrsi.hr. Geöffnet Juni–Sept. 8–12/17–20 Uhr.

**Verbindungen** Mehrmals tägl. Busse nach Nin.

**Essen/Übernachten** Etliche Restaurants v. a. in Vrsi-Mulo, wie **Karoca**, **Vukić** oder **Antonio**. Privatzimmer am besten über den Tourismusverband erfragen.

Rund 2 km südwestlich von Nin an der Meereswestseite liegt **Zaton**, das vom bekannten großen Hotelkomplex, der auch Pferdefreunde begeistert, beherrscht wird.

**Information** Infos und **Privatzimmervermittlung** an der Rezeption des Holiday Village Zaton.

**Verbindungen** Regelmäßige Busverbindung nach Zadar. Ein Touristenzug pendelt im Hochsommer halbstündlich mit Nin.

**Übernachten** Die Touristensiedlung **Holiday Village Zaton** mit **Autocamp** und **Appartements** entstand 1982 in einem Kiefernwäldchen und ist ca. 1,5 km vom Ort Zaton entfernt. Hier lebt es sich wie in einer eigenen Stadt: In punkto Unterhaltung und Sport ist nahezu alles geboten. Es gibt Restaurant, Pizzeria, Supermarkt, Taverne, Konditorei, Internet; Bootsanlegestelle mit Slipanlage; Windsurf- und Wasserskischule, Tauchschule und Tauchclub, Reitstall; Paddel- und Ruderboote, Parasailing, Minigolf, Tischtennis, Fahrradverleih und Animation; Tanzterrasse und Kroatiens größte **Diskothek Satumus**. Runde, windgeschützte Bucht mit flachem Wasser und Sand-Kies-Strand, Kinderspielplatz, Wasserrutsche, Swimmingpool. ✆ 023/280-280, www.zaton.hr.

**Appartements**, verschiedene Kategorien (\*\*\*/\*\*\*\*) für 2–5 Pers.; z. B. Studio/2 Pers. ab 91 €/114 € (TS 106 €/132 €). Geöffnet Mai–Sept. ✆ 023/280-588, www.zaton.hr.

Privlaka – Blick vom Hafen auf die gegenüberliegende Insel Vir

# Nin/Umgebung

**Camping in Zaton** \*\*\*\* Autocamp Zaton, schön schattig unter Kiefern. Es gibt auch schöne Mobilhäuser (max. 6 Pers.) mit Terrassen ab 139 € (TS 161 €). 9,60 € (TS 11,10 €) Pers., Parzelle für Zelt/Auto ab 22,80 € (TS 25,50 €). Geöffnet Mai–Okt. ☎ 023/280-215, www.zaton.hr.

**Camping Peroš**, familiengeführt, 60 Parzellen teils schattig unter Bäumen, mit Pool, Pizzeria/Bar. 8,25 €/Pers. 13,20 € Auto/Zelt. Geöffnet März–Nov. Put Petra Zoranica 14, ☎ 023/265-830, www.autocamp-peros.hr.

**Reitzentrum Zaton** Reitschule, Ausritte, Kutschfahrten, Ponys. ☎ 099/442-160 (mobil), www.horse-center-libertas.hr.

**Privlaka,** ein ruhiger Ferienort, liegt mit seinem alten Ortskern und Hafen ca. 6 km nordwestlich von Nin, gegenüber der Insel Vir, und breitet sich mit etlichen Weilern über die gesamte Halbinsel aus. Kilometerlange betonierte Uferwege ziehen sich entlang der Meereswestseite, über etliche Weiler und kleine Hafenmolen, entlang der gegliederten Küste gen Süden bis kurz vor Zaton. Flach und teils sandig ist hier das Meer, also bestens für Familien mit Kleinkindern. Schöner Blick auf die Insel Vir im Norden, gen Süden auf die Inseln Sestrunj und Ugljan. Auch der Ortsteil Sabunike im Osten dieser Halbinsel mit anschließendem Königsstrand (→ Nin/Baden) gehört zu Privlaka. Die Überreste von vielen Sakralbauten, die bis ins 13. Jh. zurückreichen, zeugen von einer früheren Besiedlung – die Lage, die Süßwasserquellen und das fruchtbare flache Land, das für Wein und Gemüse genutzt wurde, machten ein Leben hier attraktiv. Der älteste erhaltene Kirchenbau, *Sv. Vid* (14. Jh.), liegt ca. 200 m rechts der Hauptstraße, kurz vor der Brücke zur Insel Vir.

**Information** Tourismusverband, 23233 Privlaka, Ivana Pavla II, 46, ☎ 023/367-468, www.privlaka-tz.hr.

**Verbindung** Bus nach Zadar und zurück mindestens 7-mal tägl.

**Übernachten** Privatzimmer kosten ab 30 €, **Appartements** ab 35 €.

\*\*\*\* **Hotel Laguna**, im südlichen Weiler Bilontinjak, fast schon bei Zaton. Angeboten werden 23 gut ausgestattete Zimmer mit Internet, das „Restaurant Leut" mit schöner Terrasse, kleines Fitnesscenter und direkte Meereslage. Put Bilotinjaka b. b., ☎ 023/224-950, www.hotel-laguna-privlaka.com.

**Camping** \*\*\* Camp Dalmacija, netter 4 ha-Platz unter schattigen Kiefern, mit Bootsanlegestelle, Sand-Kiesstrand, guter Pizzeria, einer Bar, Eiskiosk und Supermarkt, zudem Fahrradverleih. In der Nähe mehrere Konobas, das alte Zentrum ist ca. 15 Min. zu Fuß entfernt. Das Gelände ist parzelliert, auch Mobilhäuser werden angeboten. 7 €/Pers., 14–21 €/Parzelle. März–Dez. geöffnet. Ivana Pavla II Nr. 40, ☎ 023/366-661, www.dalmacija-camp.com.

Zudem gibt es eine Reihe kleiner Privatcamps, u. a.:

**Camp Gara**, kleiner sauberer Privatplatz mit Wiesengelände am Meer. Put Brtalića, ☎ 023/367-395, www.camping-gara.com.

**Camp Medanić**, kleiner Platz am Südende des Ortes. Put Brtalića 29, ☎ 023/367-375.

**Essen & Trinken** Restaurant Amico, mit großer Terrasse oberhalb des Hafens im alten Ortskern von Privlaka.

Gelobt wird auch die **Pizzeria Aloha** am Dalmacija-Camp. Zudem gibt es ortsauswärts gen Süden, v. a. entlang der Hauptstraße, zahlreiche Lokale, etliche haben allerdings in der Nebensaison geschlossen.

# Insel Vir

Früher konzentrierte sich das Leben auf der kleinen, kargen Insel auf den gleichnamigen Hauptort an der Sapavac-Bucht, ein bei den Bewohnern des nahen Zadar beliebtes Ausflugsziel. Leider hat im letzten Jahrzehnt Virs Ursprünglichkeit sehr unter der Zersiedelung ganzer Küstenabschnitte gelitten.

Von Nin und Privlaka kommend, geht es auf der 1979 erbauten Brücke über das tiefblaue Meer nach Vir. Bis auf ein paar Hügel mit den charakteristischen Steinmäuerchen ist die 22,5 km² große, von 600 Menschen bewohnte Insel karstig, kahl und flach. Von der Vegetation her ähnelt sie der Insel Pag – viele Steine und dazwischen ein paar Kräuter.

Der lange Zeit herrschenden Willkür bei meist illegalen Hausbauten wurde nun ein Riegel vorgeschoben, dennoch prägen die Hälfte der Insel nun diese Neubausiedlungen. Sie ziehen sich nahtlos inselmittig rund um den Hauptort und um die *Sapavac-Bucht*, zudem an der Nordküste u. a. an der *Radnjača-Bucht* bei Lozice und bei den *Buchten Mala Slatina* und *Lučica* entlang – eben überall da, wo auch die schönen Badebuchten sind.

Den bisher unverbauten Inselwestteil kann man per Mountainbike oder zu Fuß auf Makadam-Wegen erkunden, die sich über die sanften Hügel hinab zum Meer und zu kleinen, meist felsigen Badebuchten schwingen. Aber auch die nahe Halbinsel Ravni kotari lässt sich von hier gut erreichen – nur 14 km bis Nin oder 30 km bis Zadar sind zu radeln.

Die Insel Vir besuchen hauptsächlich kroatische Feriengäste, die hier Grundstücke besitzen. Ausländische Touristen findet man selten und wenn, bleiben sie nur ein paar Tage.

Die Insel war schon in vorgeschichtlicher Zeit besiedelt. Auf dem 112 m hohen *Bandira* finden sich Überreste einer illyrischen Burgruine und ein paar Quader der Kapelle *Sv. Juraj*, die man auf das 12. bis 13. Jh. datiert. 1069 wird Vir in der Schenkungsurkunde des kroatischen Königs *Krešimir IV.* erstmals erwähnt. Aus venezianischer Zeit erhalten sind die Wehrmauern eines Kastells (s. u). Am 13. August 1908 wurde die Insel Vir, die u. a. im Besitz von *Paško Bakmaz* war, von Tochter Augusta Obradović an die nun ansässigen 98 Familien übergeben, allerdings gegen je 12.000 Krunas (Kronen, die alte k & k-Währung).

# Vir

Der Inselhauptort zieht sich an der weiten *Sapavac-Bucht* in die Länge – vom neueren Ortsteil Uvala Luka im Osten über das Ortszentrum mit dem Hafenbecken und gen Westen mit neu angelegter Hafenbucht und Strand – per Fahrrad entlang dem Meer lässt sich Vir prima erkunden. Das kleine Zentrum mit Marktständen ist durch Einbahnstraßen kaum zu finden. Am Hafen (Put mula), in der Mitte der Sapavac-Bucht, findet sich noch etwas ursprüngliches Inselleben, neben Fischerbooten stehen Holzfässer für den Fang parat. Sonnenhungrige tummeln sich am Fels- und Kiesstrand entlang der breit angelegten neuen Uferpromenade mit ihren Sonnenschirmen. Westlich von Vir ragen am Meer die renovierten Wehrmauern mit nur noch einem Turm des Kastells empor, *Kaštelina* genannt, das Anfang des 17. Jh. von den Venezianern zum Schutz gegen Piraten und Türkenangriffe errichtet worden war; an der Nordseite prangt noch der leider etwas beschädigte Löwe.

Die Ortskirche *Sv. Juraj* aus der Mitte des 19. Jh. wurde auf den Fundamenten einer kleinen Kapelle erbaut. Daneben ragt der frei stehende Kirchturm ins wolkenlose Blau. Etwas außerhalb des Ortes, Richtung Torovi, steht seit dem 13./14. Jh. *Sv. Ivan*, die heutige Friedhofskirche bzw. frühere Hauptkirche von Vir.

## Basis-Infos

**Information** Touristinformation, Put mula (kurz vor dem Hafenbecken), 23234 Vir. Juni–Sept. tägl. 7–21 Uhr (Juli/Aug. bis 22 Uhr); sonst Mo–Fr 7–15 Uhr, Sa 7–12 Uhr. ℡ 023/362-196, www.otok-vir.info.

Agentur Vir Turizam, Prezida VII (Ortsbeginn linke Seite, beim Konzum), ℡ 023/346-741, www.virturizam.hr. Privatzimmer, Fahrradverleih. Geöffnet Juni–Aug. tägl. 8–20, Sept. bis 18 Uhr; sonst Mo–Fr 8–16 Uhr.

**Verbindungen** Werktags fast jede 45 Min. Busse über Nin nach Zadar, von 4.45–20.30 Uhr; Sa/So/Feiertage weniger. Ticketverkauf neben Restaurant Katarina.

Einbahnstraße: Momentan verläuft der Autoverkehr (wegen Bauarbeiten) entlang der Hauptstraße und dann wieder stadtauswärts gen Osten entlang des Meeres. Kurz vor Put Mulo ist eine Schranke (1,50 €/Std., 1 Std. ist gratis, also Durchfahrt kein Problem!), die v. a. im Hochsommer den Verkehr lenken soll.

**Geldwechsel** Post, Bankomaten und Touristinformation.

**Gesundheit** Ambulanz, kurz vor dem Hafenbecken, ℡ 023/362-769.

**Internet** WiFi-Points um die Touristinfo und bei Konzum.

**Post** Ortsende Richtung Lozice.

**Veranstaltungen** Patronatsfest Sv. Juraj, 23. April, mit Klappa-Konzert.

Patronatsfest Sv. Ivan, am 29. Aug., mit Prozession, außerdem Folkloreveranstaltung mit Tanz und gutem Essen.

Virska noć, jährlich am 13. Aug. wird die Landübergabe (→ Einleitung Insel Vir) an die Bevölkerung mit Feuerwerk, Blaskonzert, Livebands und Klappa gefeiert.

**Tauchen** Divingcenter Vir, Put Mulo 6 (neben Tourismusverband), ℡ 023/346-741.

## Übernachten/Camping

Privatzimmer, meist Appartements, Studios ca. 50–60 €, am besten über Tourismusverband oder Agentur. U. a.:

Pension Bašić, ruhig gelegen und gemütlich, mit großer Terrasse und Garten, auf Wunsch auch HP. Zimmer/Appartements ab ca. 40 €. Stari put 10, ℡ 091/2208-944 (mobil).

**Appartements Liverić**, netter Neubau mit gut ausgestatteten Appartements (4–6 Pers.) auf großem Grundstück mit Pinien, Oliven, nahe Strand Slatina. Ab 50 € (TS 60 €). Slatina 11, ✆ 051/283-140, www.otok-vir.hr.

**Apartmani Melani**, ebenfalls netter Familienbetrieb, nahe Strand Mala Slatina. Ganzjährig geöffnet. Slatinska 13, ✆ 098/494-462 (mobil).

**》》》 Mein Tipp: Villa Monica**, pinkfarbenes Gebäude im Zentrum und mittig an der Uferpromenade gegenüber dem Badestrand. Es werden 4 Zimmer und 13 hübsche Appartements (4–6 Pers.) mit Balkon vermietet. 2-Pers.-Studio 57 €. Im Juli/Aug. ist es hier allerdings durch Konzerte, Bars etc. laut. Angeschlossen ein gutes Restaurant mit Wintergarten, das neben leckeren Fischgerichten auch Pizzen bietet. Šetnica Jadro 26, ✆ 023/363-800, www.villa-monica.hr. 《《《

\*\*\* **Appartements Spavalice** (→ „Essen & Trinken"), 7 Appartements (1–2 Schlafräume) mit kleiner Küche. 1-Zimmer-Appartement (max. 3 Pers.) 55 €. Put Spavalice 1, ✆ 023/362-033, konobakodspavalice@gmail.com.

\*\*\* **Appartements Paradiso** (→ „Essen & Trinken").

**Übernachten/Außerhalb** Nur Privatzimmer, am besten über die Agentur.

**》》》 Mein Tipp:** \*\*\*\* **Leuchtturm Villa Lanterna**, dieser 1881 erbaute und komplett renovierte Leuchtturm liegt in absolut ruhiger Alleinlage an der Südwestküste; die 4 Zimmer sind komfortabel eingerichtet, zudem gibt es eine kleine Wellnessoase. Kann nur gesamt ab ca. 250 € gemietet werden. Umgeben von hübschen Pinien. Put lanterna; u. a. über Agentur Vir Turizam buchbar (→ Information). 《《《

**Camping** Es gibt etliche, sehr einfache, komfortlose Campingplätze nur Juni–Sept. geöffnet:

**Camping Sapavac**, dieser ist sicherlich der schönste Camp auf Vir. Liegt an der gleichnamigen Bucht im Ortswesten beim Kastell. Schöner schattiger Platz unter Kiefern, unten die Badebucht. 6,40 €/Pers., 2,80 €/Auto, 5,20 €/Zelt. Geöffnet Juni–Sept. ✆ 091/207-2267 (mobil).

**Camp Luka**, östlich vom Zentrum nahe Meer mit Beachbar und auch Zimmervermietung, klein, aber o. k. Stari put 88, ✆ 098/449-041.

Noch einfacher und in der gleichen Straße: **Camping Matea**, Stari put 67, ✆ 023/362-474 und **Camp Ann**, Stari put 90, ✆ 023/362-241.

Die Venezianer erbauten ihr Kastell (kroat. Kaštelina) an einem idyllischen Platz

## Essen & Trinken/Nachtleben

**Essen & Trinken** Restaurant Kod Mate, im Ortszentrum an der Hauptstraße. Hier isst man bestens frischen Fisch. Ul. Borisa Krnčevića (gegenüber Rest. Virtranka).

**Restaurant Paradiso**, an der Strandpromenade mit großer schöner Terrasse – sicherlich zum Essen der schönste Platz; ganzjährig geöffnet und gut. Es werden auch einige Appartments vermietet. Stari put 49, ✆ 023/362-475, dolores.basic@zd.htnet.hr.

**»› Mein Tipp:** Konoba Kod Spavalice, Natursteinhaus mit großem Hof, gemütlichem überdachten Freisitz unter Fischernetzen und herabhängenden Šokol-Würsten; im Innern rustikal mit großem Kamin. Fisch- und Fleischspezialitäten, nach Voranmeldung Peka-Gerichte. Ganzjährig ab 10 Uhr geöffnet. Put Spavalice 1 (in Richtung Mala Slatine), ✆ 023/362-033, 091/3331-342 (mobil). «‹

**Restaurant Zvonimir**, nettes gemütliches Lokal mit Gartenterrasse, westlicher Ortsausgang in Kurve und gegenüber der Sv.-Juraj-Kirche. Nur Juni–15. Sept. geöffnet. ✆ 023/362-505.

**Restaurant Kotarina**, nahe Tourismusverband mit großer Terrasse und Meerblick, am Spielplatz und an der Bocciabahn – zu Gucken gibt's hier immer was. Unterhalb ist die Cocktailbar (s. u.). Hier isst man Peka-Gerichte und Pizzen. Ganzjährig offen. Put Mola 6, ✆ 023/362-585.

**Restaurant Kunjka**, hübsch mit altem Inventar und Fischernetzen ausgestattet. Spezialitäten sind Muscheln mit Spaghetti, Fisch und Risotto. Leider Sitzmöglichkeiten nur im Innern. Ganzjährig 16–23 Uhr. Put Mula 14, ✆ 023/362-722.

**Essen/Außerhalb** Bis auf **Pizzeria Azzuro** (in Lozice) und **Pizzeria Toni** (Uvala Velika Slatina) gibt es nur Cafébars; alle nur Juni–Aug. geöffnet.

**Nachtleben** Cocktailbar Vagabundo, beliebt, mit Terrasse. Ul. Borisa Krnčevića.

**Cocktailbar-Terrasse Kotarina**, unterhalb des Restaurants, hier gibt es gute Cocktails und im Juli/Aug. 1-mal wöchentlich Konzerte mit bekannten und beliebten kroatischen Sängern – dann ist der Bär los. Put Mulo/Šet. Jadro.

# Weitere Inselorte

**Lozice:** Von Vir führt die Asphaltstraße an die Nordküste nach Lozice. Unterhalb die *Radnjača-Bucht*, deren westlicher Küstenabschnitt sich zu einer einzigen Baustelle entwickelt hat. Die Grundstücke am Meer sind fest in der Hand der Städter, überall Einfamilienhäuser mitten in der Landschaft. An der Straße Richtung *Kap Rastavac* finden sich noch schöne Buchten, z. B. die von roten Sandsteinfelsen umgebene *Duboka Draga*. Auf Makadam kann man den gesamten Inselwesten erkunden und findet immer wieder kleine Badebuchten mit schönem Weitblick gen Dugi Otok, Ugljan und dem autofreien Inselarchipel vor Zadar.

Vorbei am Friedhof von Vir führt die Teerstraße Richtung **Torovi:** Neubauten, ein paar alte Steinhäuser, Hühnerställe, Weingärten, Steinmäuerchen, die die Hügel geometrisch unterteilen, ein würzig duftender Weg hinab zum Meer. Voraus im Dunst liegt die Inselkette mit Olib, Ist, Molat, Sestrunj, Ugljan. Noch weiter reicht die Sicht vom 112 m hohen *Bandira* (nach Torovi den Makadamweg hoch) – herrlicher Rundblick von Vir bis Nin und Zadar, über die Inselkette vor Zadar, im Osten auf Pag und das Velebit-Küstengebirge. Und beim Blick auf den Boden entdeckt man die alten Grundmauern der *Sv.-Juraj-Kapelle* aus dem 12.–13. Jh. Weiter gen Westen erreicht man den schönen *Leuchtturm Lanterna* (→ Vir/Übernachten). Hier finden sich immer wieder kleine *Fels-* und *Kiesstrände,* die am besten zu Fuß zu erkunden sind.

# Insel Pag

Faszinierend und gleichzeitig unwirklich wirkt diese Insel: wie eine Mondlandschaft mit endlosen, von Mäuerchen durchzogenen Steinwüsten. Sengende Sonne auf dem gleißend weißen Geröll, das sich vom tiefblauen Meer scharf abhebt. Im Frühsommer bildet das Gelb der Disteln auf den Geröllhalden einen leuchtenden Kontrast. Entlang der Inselflanken ziehen sich zahllose Badebuchten, die man oft ganz für sich alleine genießen kann.

Durch die Brücke zum Festland im Südosten rückt Pag in Zadars Nähe und zählt damit zum norddalmatinischen Inselraum. Pag ist 60 km lang, im Südosten bis zu 10 km breit, an der Nordwestspitze nur 2 km. Auf 285 km² leben hier 8450 Menschen, die sich ihren Lebensunterhalt mit Fischerei, Weinbau, Tourismus und in den Salzgärten beim Inselhauptort Pag verdienen. Auch die traditionelle Schafzucht hat durch die Ökowelle großen Aufschwung erlebt, der Pager Käse ist eine Spezialität, und so grasen hinter vielen Steinmauern die Biokäseproduzenten.

Mit der Stadt *Pag* und vor allem mit *Novalja* hat die Insel zwei Zentren, und trotz seiner Reize ist das von tiefen Buchten zerklüftete Pag bis auf die Pager Bucht bei Novalja noch nicht zu sehr von Touristen überlaufen. Rund um die Insel gibt es zahllose Badebuchten an Sand- und Kiesstränden und meist weht auch die „Blaue Flagge". Für Mountainbikefans hat man ein breites Netz an ausgewiesenen Radwegen angelegt. Und zum Wandern locken neben vielen Küstenwegen vor allem der 348 m hohe *Inselberg Sv. Vid* für eine aussichtsreiche Tour (→ Kleiner Wanderführer/Wanderung 1, S. 331).

Der venezianische Gelehrte und Priester *Abbé Fortis* beschrieb Pags Bewohner als wild und ungehobelt. Es sei, „als hausten sie in der Wildnis ohne Umgang mit höflichen Menschen. Die Bessergestellten, die glauben, bessere Manieren zu haben als das Volk, sind in Kleidung, Benehmen und anmaßendem Auftreten erst recht groteske Figuren. Die Unwissenheit der Geistlichen ist kaum vorstellbar", berichtet

## Wichtiges auf einen Blick

**Telefonvorwahl**: 053 (Gebiet Novalija), 023 (ab Kolan bis Inselende).

**Anreise**: Über die Brücke im Südosten, wenn man bei Posedarje die Autobahn oder die Magistrale verlässt, oder per Fähre.

**Fährverbindungen**: *Trajekt Prizna–Žigljen (Halbinsel Pag)*, in der Saison nonstop fast stündl. ab 4.30–0.30 Uhr. 2,30 €/Pers., Auto 12,80 €.

*Katamaran Rijeka–Rab–Novalja*, ganzjährig 1-mal tägl. von Novaljia um 6 Uhr (So 9 Uhr) nach Rijeka und nach Novalja (Insel Pag); Abfahrt Rijeka 17 Uhr (ab Schulbeginn Anfang Sept. um 15 Uhr).

*Personenschiff Lun–Rab* (Schiff Maslina), Lun ganzjährig Mo, Sa u. So 7.30 Uhr; Juni–Mitte Sept. auch tägl.; zudem Di, Do u. Fr ab Juli auch noch um 10 u. 16 Uhr. In der HS auch Stopps in Jakišnica. Info: Rapska plovidba (www.rabska-plovidba.hr), ✆ 051/724-122. 4,20 €/Pers.

**Busverbindungen**: Regelmäßig zu allen Orten der Insel; zudem von Novalja und Pag nach Rijeka, Zadar, Split und Zagreb (Preise etc. → Novalja).

**Tankstellen**: Novalja (Busbahnhof u. Stadt) und Pag; Juni–Sept. durchgehend geöffnet.

**Geldwechsel**: Banken in Novalja und Pag, zudem viele Bankomaten. Post auch in kleinen Orten.

---

Fortis um 1770. Abgesehen davon, dass ihm die Pager zu unmanierlich waren, fand er wohl auch keine angemessene Unterhaltung: „Sie waren alle so mit der Salzgewinnung beschäftigt, dass sie keinen anderen Gesprächsstoff kannten."

Karstig und kahl ist Pag. Kräuter und Sträucher sind in die Geometrie der Steinmäuerchen eingezwängt, und die 20.000 Schafe fressen begierig die letzten Reste des mageren Weidelands. Die Folgen menschlichen Raubbaus an der Natur sind auf der Insel deutlich zu sehen. Es waren Venezianer, die die Wälder für den Schiffsbau abholzten. Durch die starken, vom Festland über die Insel peitschenden Fallwinde hatten neue Bäume und Sträucher kaum mehr eine Chance, die Bodenerosion nahm zu. In die unbewachsenen Flächen konnte der Regen ungehindert eindringen

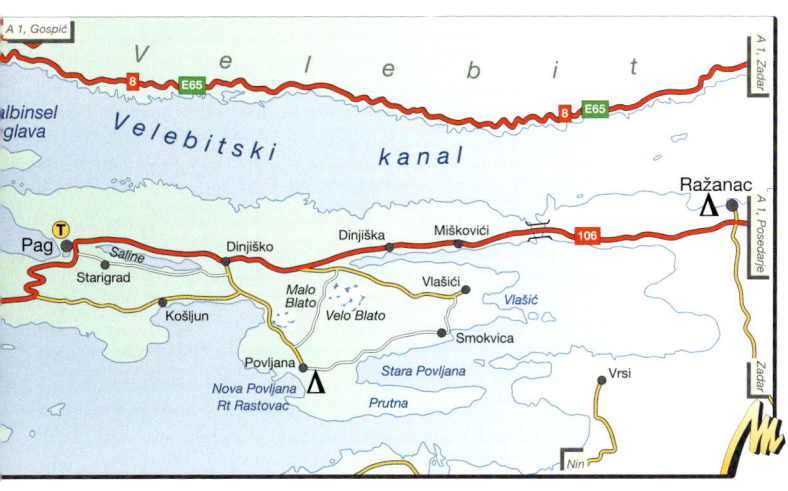

Von Povljana gen Malo Blato (ein malerisches Sumpfgebiet)

und zersetzte mit seiner Kohlensäure langsam das Kalk- und Dolomitgestein. Selbst die Bemühungen der Einwohner, die fleißig Stein für Stein zu Mäuerchen zusammentrugen, um das Land vor den Winden zu schützen, zeigten wenig Erfolg, ein Wiederaufforsten scheint fast unmöglich.

Die *Pager Bucht* ist eine fruchtbare, größtenteils jedoch überflutete Talwanne. Bei Novalja und Pag ist die Insel am grünsten. Hier gibt es Gärten und Felder und bei Novalja den *Wald Straško* mit Steineichen, Aleppokiefern und Zypressen. Ab und zu eine Pinie. An geschützten Stellen gedeihen die immergrünen Hartlaubgewächse, ansonsten nur Garigue mit Salbei, Thymian, Immortellen und vielen Disteln. Der Karstsee *Velo Blato* im Süden ist von Schilfgras umstanden und Brutstätte für viele Wasservögel; seine unterirdischen Quellen dienen auch der Trinkwasserversorgung. Sumpfschildkröte und griechische Landschildkröte, Zikaden, Eidechsen, Nattern und Sandvipern sind auf der Insel Pag heimisch – Fasane und Rebhühner wurden ausgesetzt, damit ihnen die Jagdurlauber den Garaus machen können; und vom Velebit, dem Küstengebirge, schaut manchmal ein Gänsegeier vorbei. Berge durchziehen die Insel der Länge nach und ragen in der Mitte bis zur höchsten Erhebung, dem *Sveti Vid* (348 m), auf. Die Berge sind zur Küste hin steil, fallen aber in ihren buchtenreichen Ausläufern sanft zur offenen See ab, wo vorgelagert die Inseln *Skrda* und *Maun* liegen. Letztere hat ein paar Hirtenkaten und Badebuchten im Südwesten. Ansonsten gibt es *Kies-Sand-Strände* in der Pager Bucht und an der Südwestseite der Insel.

Auf Pag wird es im Sommer durch die kühlen Maestral-Winde nicht zu heiß; der Winter ist mild und regenreich durch den Südwind Jugo, der das Meer zu Dreimeterwellen auftürmt. An der Nordostseite tobt die trockenkalte Bora, die sich durch die von den Bergen her wehende Tramuntana, den Nordwind, ankündigt und mit ihren Böen die Salzgischt peitscht, das Land ausbleicht und zum Glitzern bringt. Im Herbst stürmt der Grbin mit Regen von Südwesten.

Rheumakranken seien die Schlammbäder bei den *Pager Salinen* empfohlen. Der Heilschlamm mit seinem hohen Schwefelanteil, auf den Körper gepackt und an der Sonne getrocknet, lindert die Beschwerden.

Eine weitere Besonderheit der Insel sind die geklöppelten *Pager Spitzen, Čipka* genannt. Allerdings sitzen heute nur noch wenige Frauen in den Gassen von Pag vor ihren Häusern und arbeiten an den bizarren Deckchen.

Inselspezialitäten sind der bekannte Pager Schafskäse *Paški sir,* eine Art Parmesan, der durch die salzigen Weiden seinen besonderen Geschmack erhält; inzwischen gibt es auch eine Reihe guter Käsereien v. a. um Kolan und in Pag. Zudem gibt es wohlmundende *Weine,* wie den kraftvollen Dessertwein *Prošek,* den goldgelben *Žutica* und den weißen *Paški gegić* und – nicht zu vergessen – die in der Gegend um Lun gedörrten leckeren *Feigen,* die Frauen zum Kauf anbieten.

Für nächtliche Vergnügungen sorgen die zahlreichen Open-Air-Bars und Diskotheken an der Pager Bucht; die angesagtesten europäischen DJs werden im Sommer eingeflogen und internationales junges Publikum tanzt und fühlt sich prächtig.

Sportliche Naturen können tauchen, surfen, wakeboarden, wandern, klettern oder auf dem 150 km langen angelegten Fahrradnetz die gesamte Insel per Mountainbike erkunden.

### Von der Milch zum Pager Käse Paški sir

Die besondere Note des Pager Käses ergibt sich aus der würzigen Pager Schafsmilch. Die Schafe sind das ganze Jahr über im Freien und fressen die salzigen Kräuter, die im Sommer der sengenden Hitze ausgesetzt sind. Die Bauern liefern die Milch in Bottichen ab. Sie wird in Wannen gefüllt und erhitzt, fermentiert, in mit Leinentüchern ausgelegte Formen gefüllt und zwei bis drei Stunden ruhig stehen gelassen, danach gepresst, bis alles Wasser ausgetreten ist, und in Salzwasser gelegt. Dieser Vorgang wird zweimal wiederholt. Schließlich wird der Käse nochmals drei Tage in Salzwasser gelegt, herausgenommen, gepresst und getrocknet. Die Käselaibchen lagern dann mindestens drei Monate bei konstant kühlen 14 °C, sie werden jeden Tag kontrolliert und gedreht. Die Laibchen haben ein Gewicht von ca. 2 kg und kosten um die 25 €.

Da es aber im Jahr nur von Februar bis September Schafsmilch gibt, die Nachfrage im letzten Jahrzehnt außerdem sehr gestiegen ist, gibt es inzwischen auch Käsesorten, wo Kuhmilch zugesetzt ist (diese kommt vom Festland) und damit auch verschiedene Geschmacksrichtungen, d. h. neben dem reinen Schafskäse (sehr schmackhafter, würziger Parmesan), u. a. halb Kuh- und halb Schafskäse und reinen Kuhkäse, zudem mit Gewürzen verfeinerte Käse.

Neben der ältesten Käsefabrik in Pag, der *Paška sirana* (→ Pag/Einkaufen), die seit 1946 produziert, gibt es auch in den kleinen Orten wie Kolan Käsefabriken (→ Kolan).

## Geschichte

Die Liburner errichteten im ersten Jahrtausend v. Chr. auf Pag ihre Wallburgen und Grabstätten. Um das 1. Jh. waren es die Römer, die Befestigungsanlagen zur Verteidigung gegen illyrische Stämme errichteten, so auch das große *Castrum Cissa* (bei der heute bekannten Bucht Caska), das sie zum Hauptsitz der Insel machten, und kleinere, wie das Hafencastrum Navalia (heute ungefähre Lage von Novalja), weitere bei Pag, Kolan und Košljun. Reste einer römischen Seefestung sieht man heute z. B. noch in Svetojanj am Velebit-Kanal. Etwa dreihundert Jahre später, 361, versank die römische Stadt Cissa bei einem Erdbeben im Meer, Mauerreste kann man noch im Meer finden. Die Überlebenden retteten sich ins *Castrum Navalia,* das nun zur neuen Inselhauptstadt aufstieg, eine starke christliche Gemeinde bildete und Pilgerziel wurde. Im 4. und 5. Jh. wurden hier drei Basiliken erbaut.

Auf die byzantinische Herrschaft folgten die kroatischen Könige. Einer ihrer letzten, König *Krešimir IV.,* machte 1071 eine verhängnisvolle Schenkung. Die Nordhälfte von Pag gab er der byzantinisch-dalmatinischen Stadt Rab, die Südhälfte schenkte er Zadar, das damals ebenfalls noch dem Oströmischen Reich unterstand. Dann kämpften die ungarisch-kroatischen Könige mit den venezianischen Dogen um Dalmatien; Bistum Rab stritt mit Bistum Zadar um den Rest von Pag mit den Gewinn bringenden Salinen. Zadar machte die zu Rab gehörende Stadt *Navalia,* die zeitweilig Kesa hieß, 1203 dem Erdboden gleich. Nun verlagerten sich die bischöflichen Zwiste in die Inselmitte, nach Pag. Die Stadt Pag kämpfte um ihre Selbständigkeit: Zwar hatte sie durch die Salzgewinnung an Bedeutung gewonnen, und auf eben dieses Salz hatte Zadar ein Auge geworfen. Dem Streit machte 1376 der Kroatenkönig *Ludwig der Große* ein Ende, als er Pag zur freien Stadtgemeinde erklärte. Nach seinem Tod verkaufte *Ladislaus* seine Rechte auf Dalmatien – dies betraf Zadar und Pag – an Venedig. Rab fürchtete um seine Pager Ländereien und erkannte vorsichtshalber die Oberhoheit des Dogen an. Die Einwohner der Stadt Pag siedelten sich am Meer an, das mittelalterliche Pag hieß fortan *Stari Grad.* Kirchlich blieb die Insel Zadar untertan, Venedig behielt sich das Salzmonopol vor. Unter Österreich erwachte das kroatische Nationalbewusstsein, Pag wurde wieder eine administrative Einheit. Man baute Straßen, und Dampfschiffe liefen die Häfen an. Der heutige Name der Insel und ihres größten Ortes geht auf das lateinische Wort *pagus* (Dorf) zurück. Bis 1983 gehörte die Nordwestspitze, die Halbinsel Lun, zur Gemeinde Rab, dann mal wieder zu Zadar, heute untersteht sie verwaltungsmäßig der Lika-Senj-Region.

# Vom südöstlichen Inselende zum Hauptort Pag

Die Inselbrücke schwingt sich vom Festland über die Meerenge *Ljubačka vrata* zur zerklüfteten Insel Pag und deren Südostende. Kahler Fels und Steinhalden dominieren, gen Norden fällt der Blick auf das sich majestätisch erhebende Küstengebirge Velebit. Unten am Meer erinnert eine malerische Burgruine an vergangene Zeiten, als strategisch wichtige Kaps noch bewacht wurden. Gen Süden weitet sich die Bucht, darin verstreut ein paar Inselchen, in der Ferne schimmert die Landzunge von Vrsi.

Die fast schnurgerade verlaufende Inselhauptstraße führt durch die Fischer- und Sommersiedlung **Miškovići** und entlang der immer schmäler werdenden schlauchartigen Meereseinbuchtung, der *Dinjiška uvala.* Etwas grüner wird die hier karge Landschaft. Das alte Salinendorf **Dinjiška** folgt mit Konobas, Privatzimmern, Minicamp und netten, neu gestalteten Feinkiesstränden direkt an der Straße, die v. a. in der Nebensaison zu einem ersten Stopp verlocken.

Kurz nach Dinjiška bietet sich ein Abzweig zur Inselsüdseite an, durch eine nun grüne Landschaft gen **Vlašići**, **Smokvica** und Richtung **Povljana**. Im Schilf versteckt liegt der Süßwassersee **Velo Blato**, der im Winter auf das Fünffache seiner Fläche anschwillt – Lebensraum für verschiedene Wasservögel. Es wurde ein Hochstand zur Vogelbeobachtung errichtet.

Die strategisch wichtige Burgruine bewachte die schmalste Stelle zum Festland

Wenige Kilometer weiter an der Inselstraße in Richtung Pag begleitet uns nun ebenfalls Schilfgras. Bei **Gorica** folgt nochmals eine Abzweigung gen Süden nach Povljana. Die schmale Straße ist von hölzernen Strommasten gesäumt und führt die *Bucht von Košljun* entlang, die sich fjordartig verengt. Vorbei an Sumpfgebieten, Karstwüste und Natursteinhäuschen gelangt man zu einem fruchtbareren Landstrich.

Die letzten Kilometer bis **Pag** folgt die Inselstraße der langen flachen Meeresbucht mit ihren Salzgärten: alte graue Häuser und von Schilf überwucherte Ruinen. Wer zum Ort **Košljun** per Auto möchte, muss ca. 5 km westlich von Pag die Stichstraße in den Süden nehmen.

**Vlašići:** Schon in der Nachsaison schläft Vlašići den Schlaf der Gerechten – die Eisdiele verriegelt, das Touristenbüro geschlossen, ein paar Esel auf dem Fußballplatz. Im Umkreis gedeihen die grünsten und saftigsten Wiesen auf Pag, dahinter ein paar Neubauten mit Zimmervermietung, ein Steilhang und die *Bucht von Vlašići* mit kleinem Anleger und gepflegtem Feinkiesstrand, der seicht ins Meer geht.

**Information** Touristinformation, Vlašići-Smokvica, Ortsmitte, ✆ 023/616-002. Mitte Juni–Aug. tägl. 9–12/19–21 Uhr.

**Übernachten** Es gibt etliche **Privatzimmer/Appartements**, u. a. **Pansion Miljenko Žunić**, direkt oberhalb vom Strand. Einfache, preiswerte Zimmer (DZ/F 50 €), Appartements (4 Pers. 60 €). Für Hausgäste wird auch gekocht. Magazina 35, ✆ 099/8766-701 (mobil). Oder auch **Pansion Dupin**, südlich des Strandes, etliche Appartements und große Terrasse. Put Magazina b. b., ✆ 098/228-929, dupinvlasic@gmail.

**Essen & Trinken** In der **Konoba-Bar** oberhalb des Strandes auf luftiger, schattiger Terrasse.

**Smokvica:** Vor Vlašići zweigt die Straße ab zu dem Örtchen am Ende der Stara-Povljana-Bucht. Etliche Neubauten gruppieren sich auf einem Plateau oberhalb des Meeres, von hier bietet sich ein herrliches Panorama: Gegenüber ragt die Halbinsel Prutna ins Meer, dahinter liegt das Festland mit dem uralten Städtchen Nin.

Auch in Smokvica gibt es Privatzimmer und Appartements; Wein- und Käse werden angeboten. Pfade führen zu schönen Badebuchten hinab – in der Nebensaison wirkt alles wie ausgestorben.

Um Povljana finden sich viele Sandbuchten, bestens für Familien mit Kleinkindern

## Povljana

Kleiner, von Wein- und fruchtbaren Gemüsefeldern umgebener Touristenort an der Südwestküste, der stetig durch Neubau-Feriensiedlungen wächst. Für Badefreuden sorgen zahlreiche ruhige Buchten mit schönen Sand-, Kies- und Felsstränden und die flache Landschaft lädt zum gemütlichen Fahrradfahren ein.

Das kleine alte Ortszentrum bietet Läden, Obst- und Gemüsestände. Alte Frauen und Männer verkaufen mit breitem Lachen Produkte aus eigenem Anbau wie Öl, Essig und Wein, aber auch selbst gestrickte Wollsocken. Auf den Mauern liegen riesige Kürbisse und warten auf Käufer. Vor allem nach Westen hat sich Povljana leider fast großstadtmäßig mit Neubauten erweitert. Diese Siedlung heißt nun Dubrovnik und erhielt auch einen Feinkiesstrand und eine Uferpromenade.

Gegenüber die Insel Vir, nur durch den Kanal von Povljana getrennt. Fast einsam und verlassen steht die alte kroatische *Sv.-Nikola-Kapelle* aus dem 11. Jh. am Meer. Sie wurde von Kroaten erbaut, die im Osten von Povljana, jenseits der Feldflur, an der Bucht Stara Povljana lebten.

### Basis-Infos

**Information** Tourismusverband, Stjepana Radića 20 (westl. vom Hauptplatz), 23292 Povljana, ✆ 023/692-003, www.tz-povljana.hr. Juni–Aug. Mo–Sa 8–21, So 9–13 Uhr; sonst Mo–Fr 8–14 Uhr.

**Agentur Porat Povljana**, neben Tourismusverband; großes Angebot an Privatunterkünften. ✆ 023/692-003, www.povljana.eu.

**Touristagentur P&M**, weiter westl. ✆ 023/692-054.

**Verbindungen** Regelmäßig **Busse** nach Pag und Zadar.

**Gesundheit** Ambulanz, Ante Starčevića, ✆ 023/692-952. **Apotheke**, Ante Starčevića, ✆ 023/692-913.

## Übernachten/Essen & Trinken

**Übernachten** Privatzimmer ab 40 €; Appartements ab 50 €. Wer nur eine Nacht bleiben möchte, hat Schwierigkeiten, ein Zimmer zu bekommen – und wenn, ist es teuer. U. a. **Pension Lanterna**, nahe dem Strand Dubrovnik. Für die Hausgäste wird lecker gekocht. Kralja Tomislava b. b., ☎ 098/165-3636 (mobil).

Nahe Perilo-Strand (südl. vom Zentrum) u. a. **Appartements Sirena**, ☎ 099/4143-198 (mobil).

\*\*\*\* **Villa Kaštel**, netter Neubau am Strand Dubrovnik mit beheiztem Pool und Blick aufs Meer. Mit dem guten Restaurant Jardin. Es gibt 8 Zimmer und 3 Suiten. DZ/F ab 87 € (TS 104 €). Nur Juni–Sept. geöffnet. Kralja Tomislava b. b., ☎ 023/692-830, www.villa-kastel.hr.

**Camping** Mali Dubrovnik, kleiner Platz westl. des Orts, an der Bootsanlegestelle. Geöffnet 1.5.–1.10. Pers. 4 €, Zelt 6,50 €, Parken 4 €. Kralja Petra Svačića b. b., ☎ 023/692-331.

Camp Tomi, großer Platz mit Zelt-, Caravan- und Mobilheimverleih (58 €/4 Pers.). An der Rezeption erhält man gute Auskünfte, es werden auch Appartements vermittelt. Im Juli/Aug. Animation. Geöffnet Juni–Sept. 5 €/Pers., Auto 4 €, Zelt 4 €. Stjepana Radića b. b., ☎ 023/692-114, www.campingtomi.com.

**Essen & Trinken** Leider ist die Restaurantsaison in Povljana sehr kurz, meist von Mai/Juni bis Ende Sept. So ist es sinnvoll evtl. Pensionen mit HP zu finden.

Restaurant Jardin, gehört zur Villa Kaštel (s. o.), schöne Terrasse und Meerblick oder Sonnenuntergang. Es gibt franz.-dalm. Küche, frischen Fisch, Lobster, Muscheln. ☎ 098/165-3636 (mobil).

Gute Küche wird v. a. im Zentrum serviert: **Restaurant Leut**, mit überdachter Laube; oder auch im **Restaurant Mornar** östl. vom Zentrum.

Restaurant Nirvana, schöne Terrasse unter Pinien mit weitem Blick über die Bucht. Fisch- und Fleischgerichte. Juni–Mitte Sept. Stjepana Radića 43 (Hafen vor Dubrovnik).

In Richtung Perilo-Strand (südl. des Orts) Pizzeria **Perilo.**

## Wassersport

**Baden** Rund um den Ort gute Bademöglichkeiten und drei Mal weht an allen großen Buchten die „Blaue Flagge". Ganz im Westen gibt es Sandbuchten, u. a. die Plaža Dubrovnik mit Uferpromenade, Cafés und Restaurants. Fußwege führen ostwärts über die Stara Povljana zur Sandbucht Plaža Perila und weiter zur spitz ins Meer ragenden Halbinsel Prutna. Auch über die Halbinsel führen Fußwege zum Südzipfel – direkt gegenüberliegende die Insel Vir mit ihrer Landbrücke.

# Košljun

Der Ort liegt an der großen *Bucht von Košljun* und war einst Schiffsstation des österreichischen Lloyd. Aus dieser Zeit stammen der Leuchtturm und das Aleppokiefernwäldchen mit seiner sturmzerzausten Frisur. Steiniger Strand mit ein paar Bootsstegen, gegenüber die Insel Vir. Von der Inselhauptstraße, kurz nach Gorica, führt nur ein Makadam hierher. Besser ist die Anfahrt oberhalb vom Hauptort Pag; eine schmale Straße schwingt sich durch eine kahle Landschaft, nur von Steinmäuerchen durchsetzt, zum Ort hinab. Nur in der Saison herrscht hier etwas Leben.

**Übernachten/Essen** Privatzimmer (ab 15 €/Pers.) und **Appartements** (ab 40 €) in den Häusern mit Gärten an der Uferstraße oder Ferienhäuschen in der neu erbauten Sommersiedlung.

**Pension Renato**, nahe am Meer mit großer Terrasse, sehr ruhig gelegen, Bootsanlegesteg. Es gibt ein kleines Tauchzentrum, für die Hausgäste wird gekocht. DZ/F 40 €. Košljun 45, ☎ 023/699-045.

Camp Košljun, kleiner Privatplatz im Garten, im Osten des Ortes; auch Zimmervermietung. Gegenüber gibt es Juli/Aug. Kiosk (Brot, Obst etc.). 5 €/Pers., Zelt 3,50 €, Auto 3 €. Fam. Brenko, Haus-Nr. 83, ☎ 023/699-007.

# Pag

Der Hauptort der Insel (2300 Einwohner) breitet sich am Ende der gleichnamigen Bucht aus, die sich nach der Landbrücke in den rechteckigen Formen der Salinen fortsetzt. Das Städtchen besitzt einen gut erhaltenen Altstadtkern.

Streng geometrisch wie die Salinen ist auch der Grundriss der Altstadt, den *Juraj Dalmatinac*, ein großer dalmatinischer Baumeister, entworfen hat. 1483 wurde mit dem Bau begonnen, 20 Jahre später stand die Stadt. Die nach Dalmatinac benannte Hauptstraße, zu der die Gässchen parallel verlaufen, kreuzt sich mit einer Querstraße am Hauptplatz, dem *Trg kralja Petra Krešimira IV*. Hier steht ein Denkmal für den Baumeister und die *Basilika Velika Gospa* mit prachtvoller Fassade. Pag wirkt ruhig, es gibt wenig Unterhaltungsprogramm. In den schnurgeraden, engen Gassen, in die die geöffneten Fensterläden ragen, sitzen nur noch wenige schwarz gekleidete Frauen Spitzendeckchen häkelnd vor den Haustüren, äugen, plauschen und bewegen virtuos ihre Nadeln.

Die *Große Straße* (Vela ulica), die eigentlich auch nur eine Gasse ist, führt vom Hauptplatz gerade nach unten zur Uferpromenade. Nachts leuchten bunte Lämpchen zwischen den grauen Natursteinhäusern. Dazwischen Laubbäume, ein Marmorbrunnen, dessen Geplätscher das Geplauder der Gäste im Café untermalt. An der Uferpromenade Cafés und Restaurants und eine hübsche, für Boote durchlässige hohe Brücke, die zur Südstadtseite mit Museum führt.

## Basis-Infos

**Information** Tourismusverband (TIC), Vela ulica, 23290 Pag, ✆ 023/611-286, www.tzgpag.hr. Geöffnet Juli/Aug. tägl. 8–22 Uhr, Mai/Juni u. Sept. Mo–Fr 8–19, Sa/So 9–13/17–19 Uhr; sonst Mo–Fr 8–15 Uhr.

**Agentur Meridijan 15**, A. Starčevića 1 (neben Hotel Pagus), ✆ 023/612-162, www.meridijan15.hr. Zimmervermittlung etc.

**Pag Tours**, Zagrebačka (neben Supermarkt). Vermietung von Scootern, Fahrrädern und Autos. Nur Juli/Aug.

**Agentur Perla**, J. B. Jelačića 21, ✆ 023/600-003, www.perla-pag.hr. Zimmervermittlung.

**Verbindungen** Busse nach Novalja (3- bis 5-mal tägl., 2,80 €), Rijeka (2-mal tägl., 25 €), Zagreb, Zadar, Split. Busbahnhof am alten Fährhafen. (Verbindungen/Preise → Novalja).

**Einkaufen** Shop Paška sirana, es gibt neben Käse auch Wein, Schnaps etc. – alles Produkte von der Insel Pag. Vela ulica.

**》》 Mein Tipp:** Paška sirana, Zadarska ul. 5, ✆ 023/600-810, www.paskasirana.hr. Es ist

### Reticella-Spitzen – Čipka

Schon im alten Venedig waren die Pager Reticella-Spitzen, schlicht Čipka genannt, berühmt und begehrt, und zu österreichischen Zeiten nähten Pagerinnen am Wiener Hof von Kaiser Franz-Joseph. Die Spitzen aus feinem Garn wurden später auch in Klöppeltechnik hergestellt, es gab im Ort auch eine Spitzenklöppelschule – sie wurde wieder eröffnet, um auch jungen Frauen die alte Handarbeitskunst innerhalb von neun Monaten zu vermitteln. Im kleinen *Museum* (Trg kralja Petra Krešimira IV, östlich der Basilika) sind filigrane Spitzendeckchen ausgestellt (in der Saison 9–13/19–22 Uhr).

# Insel Pag/Pag

Blick auf den alten Hauptort Pag an der Pager Bucht und an den Salinen

die älteste Käsefabrik auf der Insel, sie arbeitet seit 1946 und erhielt mehrfach Auszeichnungen. Es sind 6 verschiedene Käsesorten erhältlich, neben dem Paški sir (reiner Schafskäse, sehr pikant), der 2011 seinen Award erhielt, auch die beim Worldcheese Award 2012 prämierten Sorten Pramenko, Dalmatinac, Primorac, Trapist und Mediterano (→ Kasten S. 109). «

**Gesundheit** Hinter dem Campingplatz ein Bassin für **Schlammpackungen** (gut gegen Rheuma und Abnützungserscheinungen), aber ohne ärztliche Aufsicht.

**Ambulanz**, Prosika (südl. der Fußgängerbrücke), ✆ 023/611-006. **Apotheke**, Stjepana Radića (östl. der Fußgängerbrücke), ✆ 023/611-043.

**Tankstelle** Östl. vom Zentrum (Zadarska ul.), hinter Kreuzung nach Novalja.

**Veranstaltungen** Stadtfest Velika Gospa, 5. Aug. **Mariä Himmelfahrt** 15. Aug., große Prozession, Beginn 18 Uhr an der alten Kirche in Stari Grad. **Mala Gospa**, 8. Sept. (kleine Prozession → Kasten „Madonna von Stari Grad"), Beginn um 17 Uhr am Hauptplatz von Pag, 18.30 Uhr Messe in Stari Grad. **Spitzenfestival**, 5 Tage Mitte Juni. **Klassische Musik**, 1.–15. Aug. in der Kirche Sv. Frane. **Klappa-Konzerte** im Juli/Aug. **Sommerkarneval**, letztes Juliwochenende.

## Übernachten/Essen & Trinken/Nachtleben → Karte S. 116/117

**Übernachten** Privatzimmer ab 15 €/Pers. Die schönsten liegen nördl. der Stadt, an der Bašaca-Bucht oder auch im Süden an der Pager Bucht. **Appartements** ab 35 €/2 Pers. Z. B. **Fam. Marija & Ivo Kauriot** 13, freundlicher Familienbetrieb, nette Zimmer/Appartements, große Gemeinschaftsküche und großes Gelände, auch gut zum Parken; nebenan vermietet die Schwägerin. DZ 42 €. Prosika 19, ✆ 023/611-183, www.apartmani-marija.com.

\*\*\* **Hotel Smokva** 9, altstadtnahes, nettes Hotel mit 20 ansprechenden Zimmern und Appartements (Eröffnung war 2011), dazu ein gutes Restaurant mit schöner baumbestandener Terrasse. DZ/F und Meerblick 102 € (TS 114 €). Geöffnet Mai–Okt. Golija b. b., ✆ 023/611-168, www.hotelsmokva.com.

\*\*\* **Aparthotel Belveder** 1, mehrstöckiges Haus nordwestl. der Altstadt nahe dem Meer, mit Restaurant, Pool, Sauna, Fitness. Zimmer und Appartements. Fahrradverleih. DZ/F 100 €. Veli Brig 20, ✆ 023/612-564, www.belveder-pag.com.

### Übernachten
1. Aparthotel Belveder
3. Hotel Tony
5. Hotel-Restaurant Pagus
9. Hotel Smokva
13. Appartments Fam. Kauriot
14. Hotel-Restaurant Biser
15. Hotel Plaža

### Essen & Trinken
2. Konoba Bile
4. Konoba Mišković
5. Restaurant Pagus
6. Rest. Bodulo
7. Konoba Barcarola
8. Rest. Na Tale
10. Rest. Dubrava
14. Restaurant Biser

### Cafés
2. Konoba Bile

### Nachtleben
11. Vanga Club
12. Diskothek Magazin No 5

\*\* **Hotel Tony** 3, kleines, einfaches und familiäres Hotel mit guter Küche, nördl. vom Hotel Pagus in ruhiger Lage, oberhalb schöner Badebucht. Internet. DZ/HP 80 € (TS 90 €). Dubrovačka ulica 39, ☏ 023/611-370, www.hotel-tony.com.

\*\*\*\* **Hotel-Restaurant Pagus** 5, nordwestl. der Stadt direkt am Feinkiesstrand. Komfortabel mit 117 Zimmern, schönes Spa-Center mit Meerblick, Innen- und Außenpools. Sehr gutes und schönes Restaurant mit großer Terrasse (Sonnenuntergänge!) und Lounge-Bar. DZ/F mit Balkon zum Meer 132 € (TS 150 €). Šet. A. Starčevića, ☏ 023/611-310, www.coning.hr.

\*\*\*\* **Hotel Plaža** 15, direkt am Meer in Richtung alte Straße nach Novalja. Komfortable Zimmer, großer Außenpool, Sauna, Fitness und Restaurant. DZ/F 130 € (HS nur HP). Ul. Marka Marulić 14, ☏ 023/600-855, www.plaza-croatia.com.

\*\*\* **Hotel-Restaurant Biser** 14, westl. von Hotel Plaža, nicht weit vom Meer, schön und ruhig gelegen, Kiesstrand. Ganzjährig geöff-

net. DZ und Balkon 60 € (TS 78 €). A.G. Matroša 10, ☎ 023/611-333, www.hotel-biser.com.

**Essen & Trinken** Eine Vielzahl von Restaurants verwöhnt den Gaumen.

》》 Mein Tipp: **Restaurant Na Tale 8**, wer üppige Portionen auf seinem Teller liebt, dazu von guter Qualität und von hilfsbereitem, charmanten Personal serviert, ist hier richtig. Die Küche ist vielfältig, mit frischen Produkten, lecker u. a. die Medaillons mit Pager Käse und Pršut gefüllt. Einziges Manko: Nur ein kleiner Essbereich ist unter freiem Himmel. Die Besitzer leiten auch einen Tauchclub – d. h. frische Fische garantiert. Ganzjährig geöffnet. Stepana Radića 2, ☎ 023/611-194. 《《

**Restaurant Dubrava 10**, direkt an der Uferpromenade bei der Fußgängerbrücke liegt das alteingesessene Lokal. Auch hier gute Portionen, flinker, freundlicher Service und leckere Fischgerichte. Geöffnet April–Okt. Branimira obala, ☎ 023/611-317.

**Konoba Barcarola 7**, beim Hafen. Von der Terrasse unter der Laube Blick aufs Meer.

Fisch- und Fleischgerichte. V. Nažora 12, ✆ 023/611-239.

**Konoba Mišković 4**, gegenüber vom Hotel Pagus mit gemütlicher, pflanzenumrankter Terrasse. Fisch- und Fleischgerichte. Šet. A. Starčevića 6, ✆ 023/611-363.

**Restaurant Bodulo 6**, gutes Restaurant außerhalb der nördl. Altstadtmauer. Geöffnet Mitte Juni–Sept. Van grada 19, ✆ 023/611-989.

**»» Mein Tipp: Konoba Bile 2**, nördl. des Kirchplatzes. Typische Weinstube, gemütlich und rustikal im Innern, Sitzgelegenheiten auch vor der Tür. Treffpunkt Einheimischer. Guter hauseigener Zutica-Wein und Grappas, zudem Schinken und Käse. Ganzjährig 7–1 Uhr. Ul. Jurja Dalmatinca 35. **«**

**Nachtleben** Discothek Magazin No 5 **12**, Prosika (südl. der Fußgängerbrücke), große Tanzfläche im hohen Raum, Natursteinmauern; ab und zu Livemusik. Geöffnet Juli/Aug. tägl. 22–3 Uhr, Juni/Sept. nur Fr/Sa. **Vanga-Club 11**, Open-Air-Terrasse, direkt an der Fußgängerbrücke.

## Wassersport/Sport

**Baden** Rund um Pag gibt es Sand-Feinkies-Strände. Am Kiesstrand Prosika (Stadtstrand) weht die „Blaue Flagge" und man kann sich mit Peloid, dem heilsamen Schlamm einschmieren. Meist ist es hier aber sehr voll. Wer es ruhiger mag, geht zu den Buchten Richtung Novalja, in die Bašaca-Bucht im Norden oder umrundet die unbewohnte Landspitze mit einer Vielzahl an Buchten.

**Tauchen** Tauchbasis neben Hotel Pagus. **Tauchclub** an der Fußgängerbrücke. ✆ 091/2430-163 (mobil). Zudem **Scuba-Center** Pag (Basis in Novalja, arbeiten aber auch hier), ✆ 098/209-144 (mobil).

**Nautik** Anlegemöglichkeiten (mit Strom/Wasser) aqm Stadthafen, bis zu 15 Boote. Hafenkapitän, ✆ 023/611-023. Bootsverleih.

**Fahrrad** Verleih: Hotel Belveder und Pag Tours. Fahrradmarathon 53 km, 1. Sa im Juli.

Basilika Velika Gospa

## Sehenswertes

Das Mittelschiff der dreischiffigen **Basilika Velika Gospa** am Hauptplatz Trg Kralja Pedra Krešimira IV. wird von acht sehenswerten Arkadenbögen getragen – von den Kapitellen gleicht keines dem anderen. Schön auch die filigrane große Rosette, die an Pager Spitzen erinnert; der Glockenturm aus dem Jahr 1562 wurde nie vollendet. Unvollendet blieb auch der *Bischofspalast*, der Plan dazu entsprang reinem Wunschdenken – Pag wurde nie Bischofssitz. Gegenüber der Basilika steht der **Fürstenpalast**, im dazugehörigen Uhrturm war früher das Stadtgefängnis. An der Uferstraße Reste der städtischen Befestigung, ein Stück weiter das **Benediktinerkloster,** das 1318 in Alt-Pag gegründet wurde und wertvolle Kunstschätze birgt. Östlich der Basilika kann man schöne Reticella-Spitzen im kleinen Museum bewundern (→ Kasten S. 114).

Gegenüber der Altstadt, über die hohe Fußgängerbrücke zu erreichen, steht das große Magazin, hier ist das **Salzmuseum** untergebracht (in der Saison ganztägig, danach 10–13/17–21 Uhr).

**Salzgärten:** Sie erstrecken sich hinter Pag ostwärts. Schon 1215 wurden sie urkundlich erwähnt. Auch im Jugoslawischen Staat war Pag nach Ulicinj (Montenegro) das wichtigste Salinenwerk des Landes. Salinen (lat. *salinus* = „zum Salz gehörig") bestehen aus flachen, betonierten oder früher mit Ton ausgestampften Becken, in die man Meerwasser einleitet. Durch die Sonnenwärme verdunstet das Wasser und der hochwertige Rückstand, die Sole, wird in Sudpfannen gepumpt und durch Verdampfersysteme zur beschleunigten Kristallisation gebracht. Früher überließ man diesen Prozess ebenfalls der Sonne. Die Pager *Salzfabrik Solana* ist modernisiert und bringt mit 30.000 t die größte Jahresproduktion Kroatiens. Kleinere Betriebe sind in Nin und Ston.

> **Die Madonna von Stari Grad**
>
> Als im 15. Jh. die Pest wütete und die Pager sich nicht anders zu helfen wussten, holten sie die holzgeschnitzte gotische Madonna aus der Kirche von Alt-Pag (Stari Grad) in ihre Stadt – und die Epidemie klang ab. Zum Dank feiert die Bevölkerung das Ereignis alljährlich an Mariä Himmelfahrt (15. August) mit einer Prozession. Die Madonnenskulptur steht dann bis 8. September am Ort ihres wundersamen Wirkens, in der Basilika zu Pag. Bei der kleinen Prozession Mala Gospa wird sie wieder zurückgetragen, um ihren Platz für ein weiteres Jahr in Stari Grad einzunehmen.

**Stari Grad:** Stadtauswärts Richtung Novalja zweigt östlich ein Sträßchen ab und führt entlang der Saline nach Stari Grad. Breite Steinstufen ziehen sich den Hang hinauf. Auf dem Kirchplatz mit großen Schatten spendenden Bäumen die romanische *Basilika* aus dem 13. Jh., daneben die Ruinen eines Franziskanerklosters und der Stadtbefestigung, die sorgsam rekonstruiert wird. Bis auf die Kirche wurde Stari Grad im 15. Jh. für den Bau des heutigen Pag abgetragen. Seit der Pestepidemie (→ Kasten) führt alljährlich eine Prozession aus Pag hierher. Dann werden die Kirchenpforten geöffnet und man kann den geschnitzten Madonnenaltar in Blau und Gold bestaunen.

# Von Pag nach Novalja

Die Inselstraße führt vom Hauptort kurvig bergan und bietet einen traumhaften Blick auf das Städtchen Pag an der Landbrücke zwischen Bucht und Saline. Oberhalb der Bucht ein Felsmassiv wie der Grand Canyon, dahinter das Küstengebirge, zartrosa in der Abendsonne, die die Salinengeviere in der Bucht rot-lila färbt.

An Macchiahängen und Steinwüsten entlang verläuft die Strecke noch etwas bergauf. Dann blickt man wieder aufs Meer und auf dunkle, weißgesäumte kleine Inseln im Dunst: Vir, Molat, Ist, Olib, Maun und Skrda. Hier ist auch der Abzweig gen Košljun.

Die Inselstraße führt weiter, vorbei an **Šimuni** mit seinem Jachthafen und am alten Ort **Kolan**, der in der Inselmitte unterhalb des Bergzugs Sv. Vid und in einer fruchtbaren Senke liegt – heute v. a. wegen seiner Käseherstellung bekannt. Von hier zweigt ein Sträßchen zum kleine Touristenort **Mandre** ab. Wieder auf der

Inselhauptstraße wird nun der Blick frei auf die tief unten liegende *Pager Bucht*, den Horizont versperrt der Velebit. In wenigen Kilometern erreichen wir **Novalja**, einen quirligen Touristenort.

## Šimuni

Der Ort liegt an der Südküste an einer fjordartigen Bucht und einer kleinen Landzunge mit kiefernbewachsenen Hängen, die wenigen Häuser verstecken sich hinter dem Grün der Büsche und Bäume. Das große Hafenbecken bietet Jachten geschützte Ankerplätze und wurde zu einer ACI-Marina ausgebaut. Östlich vom Ort, in der *Suha-Bucht*, liegt der gut ausgestattete Campingplatz.

**Information** Touristinformation, 23293 Kolan-Šimuni, ✆ 023/697-437. Nur Juli/Aug.

**Verbindungen** Busse nach Pag und Novalja. Busstopp an der Straße oberhalb des Campingplatzes.

**Einkaufen** Im Ort nur Wein- und Gemüseverkauf. Laden im Campingplatz.

**Übernachten** Privatzimmer ab 12 €/Pers.

\*\*\* **Hotel-Pizzeria Olea**, nettes 10-Zimmer-Hotel mit guter Pizzeria, ca. 50 m vom Strand. Geöffnet Mai–Sept. DZ/F ca. 60 €. Šimuni 101, ✆ 023/697-439, www.villaolea.hr.

**Camping** \*\*\* **Autocamp Šimuni**, 1 km nördlich von Šimuni, in der Bucht von Suha mit Blick auf die Insel Maun. Großer 48-ha-Platz in einem Pinienwäldchen, leichte Hanglage, steiniger Untergrund; Fels- und Kiesstrand. Minimarkt, Café, Restaurant, Windsurf- und Tauchschule Foka, Bootsanlegeplätze. Im Hochsommer wenig Freiraum, da zu kleine Parzellen. Mobilheim (ab 110 €/4 Pers., TS 130 €) und Wohnwagenvermietung (9 €/Pers., TS 10,50 €), Stellplatz 10 € (TS 15 €), Parzelle ab 20 € (TS 25 €). Ganzjährig geöffnet. Šimuni b. b., ✆ 023/97-441, www.camping-simuni.hr.

**Essen & Trinken** Grill/Bistro Šimuni, im Ort, mit kleiner, schattiger Terrasse unter ausladender Pinie. Die Karte bietet Gegrilltes und Fisch.

Restaurant Marina Šobar, direkt am Hafenbecken, innerhalb der Marina. Fisch- und Fleischgerichte.

**Tauchen** Tauchcenter Foka (Hr. Vedran Dorušić) am Campingplatz Šimuni, ✆ 091/5302-072 (mobil), www.foka.hr.

**Jachthafen** ACI-Marina Šimuni, 150 Liegeplätze im Meer, 30 an Land, Slip, 15-t-Kran. Die Liegeplätze verfügen über Wasser- und Stromanschluss, bewachten Parkplatz, sanitäre Anlagen, Wäscherei, Restaurant, Minimarkt. Ganzjährig geöffnet. ✆ 023/697-457, www.aci-club.hr.

**Wandern** Bergtour zum Sv. Vid: Es gibt viele Wege zum Sv. Vid, so auch von Šimuni. Abzweig ist an der Hauptstraße östlich vom Campingplatz (ausgeschildert); von hier benötigt man ca. 1 Std. einfach, d. h. etwas kürzer als von Kolan aus, teils läuft man aber auch nur auf breiterem Makadam (Wanderung von Kolan → Kleiner Wanderführer/Wanderung 1, S. 331).

## Mandre

Rund um den gut geschützten, von Kiefern umstandenen Hafen findet man noch die Fischerortidylle mit ausgebreiteten Fischernetzen und schaukelnden Kähnen im Wasser. Ein Bauboom hat auch hier in den letzten Jahren eingesetzt und den Ort an der Südküste nach beiden Seiten durch große Neubaugebiete erweitert. Eine kilometerlange Uferpromenade mit vielen aufgeschütteten, gepflegten Kiesbadebuchten zieht sich nach West, für Familien mit Kindern und Kinderwagenschieber bestens, allerdings meist schattenlos. Überall werden Appartements und Zimmer vermietet. Gegenüber liegen die Inseln Skrda und Maun und in der Ferne Olib.

**Information** Touristinformation am Hafenbecken, 23293 Kolan-Mandre, ✆ 023/682-203. Nur Juli/Aug. 7–12/18–20 Uhr (sonst in Kolan).

Agentur Đuza, Ortszufahrt und -beginn (links), ✆ 023/697-285, 098/273-268 (mobil). Gut organisiert, Zimmervermittlung.

**Verbindungen** Regelmäßig Busse nach Pag und Novalja.

**Einkaufen** Obst-/Gemüsestand und Supermarkt.

**Essen/Übernachten** Es gibt etliche Restaurants, Cafébars, eine Bäckerei und Kon-

# Insel Pag/Kolan

Idyllisch blieb es am kleinen Hafen von Mandre

ditorei. Zudem ein breites Übernachtungsangebot, am besten über den Tourismusverband oder die Agentur.

Empfohlen werden u. a.: **Restaurant/Pension Pet Ferala**, hier stimmen das Preis-Leistungs-Verhältnis, der Service und das Essen, das man auf der großen Terrasse des 2-stöckigen Neubaus am Meer genießt. Auch Zimmer/Appartementvermietung. Lungomare 18, ✆ 023/682-123.

**Gostiona Lanterna**, gute Fischgerichte, nett zum Sitzen. Kralja Tomislava 2 (vor dem Hafen-Zentrum nach Westen), ✆ 023/697-168, -005.

**Baden** beidseitig des Ortes entlang der Uferpromenade an mit Feinkies aufgefüllten Badebuchten, auch nach der Bebauung, jedoch teils schlechterer Zugang zum Meer. Wer ein Boot hat, findet sicherlich seinen Platz, vor allem auch auf der **Insel Maun** gibt es schöne Badestellen.

## Kolan

Die Ortschaft unterhalb der Inselstraße, umgeben von fruchtbarem Land, ist die einzige Ansiedlung im Landesinneren und wurde zum Zentrum der Käseherstellung (→ Kasten S. 109). An vielen Häusern prangen Verkaufsschilder nicht nur für Käse, sondern auch für Wein und Schinken. Von Kolan aus kann man die mit 348 m höchste Erhebung der Insel, den *Sv. Vid*, besteigen – oben wartet ein herrlicher Rundblick auf die Insel, auf die Pager Bucht und in die Ferne.

>  Wanderung 1: Insel Pag – Bergtour von Kolan zum Sv. Vid → S. 331
> Aussichtsreiche, leichte Wanderung zum höchsten Inselberg

**Information** Tourismusverband, 23251 Kolan, Trg kralja Tomislava, ✆ 023/698-290, www.tzkolan-mandre.com. Geöffnet Mo–Fr 7–11 Uhr, Juli/Aug. 7–19 Uhr.

**Einkaufen** ⟫ **Mein Tipp:** Sirana Gligora, die größte und modernste Käserei (errang mehrere Auszeichnungen), die nach Voranmeldung auch besichtigt werden kann.

Mo–Sa gibt es Führungen mit Käseverkostung um 11 u. 13 Uhr, 8 €. Zudem gibt es einen Käseladen (geöffnet in der Saison tägl. 7–20 Uhr), hier werden die verschiedenen Sorten Pager Käse angeboten (reiner Schafskäse oder auch halb Kuh- u. Schafskäse); zudem harter gereifter oder weicher Frischkäse, auch mit Kräutern oder Trüffeln); daneben Wein, Öl, Essig, Kapern –

fast alles Bio-Ware. Figurica 20, ☎ 023/698-052, www.gligora.com. ◂◂◂

Neben obiger gibt es im Ort noch etliche kleine **Käsereien** (Sirana), die ebenfalls guten Käse herstellen: u. a. **Šmrika**, **Mih** (Stanić 29, ☎ 023/698-011, www.siranamih.hr), **Beledvir** (s. u. ), **Figurica** (s. u.).

**Übernachten** Privatzimmer gibt es ab 15 €/Pers., **Appartements** ab 35 €/2 Pers. → „Essen & Trinken".

**Essen & Trinken** Konoba-Pension Beledvir, nettes Lokal mit Terrasse; aus eigener Produktion und Zucht gibt es neben prämiertem Käse auch Lammspezialitäten, u. a. aus der Peka, sowie Fisch, Gemüse, Wein und Grappa. Auch Zimmervermietung. Šuprahini dvori 11, ☎ 023/698-078, www.konoba-beledvir.hr. ▪

**▸▸▸ Mein Tipp:** **Konoba-Pension Figurica**, hübscher gepflegter Landgasthof mit Natursteinterrasse und Freiblick auf das Tal gen Süden. Auch hier wird prämierter Käse produziert und Schafsfleisch, aber auch Oktopus oder Fische, brutzeln im Ofen; dazu natürlich hauseigener Wein, Travarica und Orahovac. Zimmervermietung. Figurica 11, ☎ 023/698-090, 098/429-193 (mobil). ◂◂◂

**Konoba Nono**, nett an der Ortsdurchgangsstraße im Osten, hübsch mit Fischernetzen. Es gibt Käse und Schinken, Fleisch und Fisch. Rudina 1, ☎ 023/698-059; 098/449-228 (mobil).

### Inselberg Sv. Vid

Der Inselberg Sv. Vid mit seinen 348 m ist von etlichen Seiten aus erreichbar. Von Kolan aus benötigt man rund 1:30 Std., die Strecke führt durch ein kleines Tal mit etwas Landwirtschaft, aber vor allem mit Schafspferchen, und dann den kahlen Berg aufwärts. Kürzer bergan geht es von der Südseite bei Šimuni aus (kurz nach dem Campingplatz beginnt der Aufstieg). Eine weitere Möglichkeit besteht von der Nordseite, östlich von Sv. Duh. Die Aussicht ist von allen Seiten spektakulär, hat man den Gipfel erreicht, genießt jeder den schönen Weitblick (→ Kleiner Wanderführer/Wanderung 1, S. 331).

## Pager Bucht

Die weite, von weißen Bergen umschlossene Pager Bucht mit Sand- und Kiesstränden zeigt sich auf der Karte wie ein viele Kilometer langer Schlauch, nur nach Osten öffnet sich die Meerenge zum Velebit-Kanal. An der Westseite liegt der für die Pager Bucht wichtige Touristenort Novalja (→ Novalja), auf der Nordostseite verteilen sich ein paar Dörfer wie u. a. Metajna (s. u.), am Ende der Bucht im Süden liegt der Inselhauptort Pag.

**Sv. Duh** und **Bucht Barkariž:** Beide Buchten liegen an der Südseite der Pager Bucht; kurz nach Kolan von der Inselstraße nordwärts hinab Richtung alte Inselstraße gen Pag abbiegen – sie windet sich ebenso kühn wie die Steinmäuerchen über die Hügel. Schilfrohrfelder bestimmen das Bild, ab und zu eine Schar Rebhühner. In den Buchten ist FKK möglich; der Kiesstrand mit seichtem Sandgrund ist für Kinder gut geeignet. In der Barkariž-Bucht verlangt man inzwischen Eintritt (ca. 1,50 €).

**Camping** Campingplatz Sv. Duh, auf einer großen, durch Tamariskenbüsche unterteilten Wiese kann man in ruhiger Umgebung zelten. Sanitärmäßig leider eine Katastrophe – doch weiter westlich gibt es Süßwasserquellen. Neben dem Platz die Spirit-Bar mit Getränken und Gegrilltem. Ca. 4,50 €/Pers., Zelt 2 €, Auto 1,80 €. ☎ 098/295-756 (mobil).

Von der *Sv. Duh-Bucht* westwärts bis zur *Katarelac-Bucht* und ostwärts bis zur *Dubrava-Bucht* gibt es viele einsame Badestrände mit Kies und Sand; Zufahrten von der Straße aus teils wegen Schafherden verschlossen.

# Insel Pag/Pager Bucht

**Zrće-Bucht:** liegt im Westen am Buchtende und ist bestens mit Novalja per Busshuttle verbunden. Von einem Kiefernwäldchen ist sie gesäumt, umrahmt von weißgrauer Bergkulisse; dazwischen spült das Meer feinen Kies aus, der im Wasser in Sand übergeht. Der Strand ist gepflegt und erhielt die „Blaue Flagge". Frühmorgens, nach den Zechgelagen, rücken die Putzkolonnen an. Leider wurde die Bucht sehr kommerzialisiert: Clubs, Snackbars, Cafés mit Hotspots, Wasserpark und Wakeboardanlage und ein großer Parkplatz (15 €/Tag!), auf dem die Blechlawinen rasten, beherrschen den einst idyllischen Platz. Im Hochsommer tobt hier der Bär, die besten europäischen DJs werden per Helikopter eingeflogen und gastieren zu gigantischen Stundenlöhnen. Es gibt neben Konzerten auf großen Bühnen Poolparties und sonstige Events, es wird getanzt und gefeiert. Der Strand zählt zu den beliebtesten Sommer-Partymeilen von ganz Kroatien und viele große Zagreber Clubs haben hier ihr Sommerquartier erfolgreich aufgeschlagen.

**Essen/Unterhaltung** »> Mein Tipp: Etliche Clubs (www.zrce.hr) residieren hier ab Mitte Juni bis Aug. mit großen Bühnen und großem Programm: **Diskothek-Club Aquarius** (www.aquarius.hr/novalja) und **Club Papaya** (www.papaya.com.hr); **Disco-Beach-Club Kalypso** (www.calypsoclub.hr); Letzterer etwas netter am Kiefernwäldchen und am nördlichen Rand. In allen Lokalitäten gibt es Bars, Pizza, Gegrilltes, Snacks. Abends ist Discobetrieb von 22–4 Uhr. Ein Bus verkehrt nach Novalja Juli/Aug. bis 5 Uhr morgens, sonst nur tagsüber. «<

**Sport** Boots-, Surfbrett-, Sonnenschirmverleih, Wakeboard-Anlage, Bungeejumping, Jetski.

**Caska-Bucht:** nördlich der Zrće-Bucht. Einige Neubauten mit Zimmer- bzw. Appartementvermietung zählt der gleichnamige Weiler, am türkisfarbenen Meer der 100-jährige Thunfischbeobachtungsturm und Sand-Kies-Strand, unter dem Meeresspiegel die Mauerreste des untergegangenen *Cissa*. Oberhalb der Bucht, auf einem Hügel, stehen die Ruinen der Kirche *Sv. Juraj* aus dem 11. Jh.

**Essen/Unterhaltung** Auch hier haben sich ein paar Bars angesiedelt: **Emko-Bar** (bis 23 Uhr), Strudel, Palatschinken und Pizza. **Cocktailbar Tri Sunca** und **Žal** (10–2 Uhr).

**Richtung Metajna:** Steinwüste begleitet die Strecke; die karg-grünen Flächen sind unterteilt von unzähligen Mäuerchen, die die Landschaft von weitem wie ein Labyrinth

Pager Bucht – Badespaß am Caska Strand

erscheinen lassen. Oberhalb das Felsgebirge. Die Straße führt an den Dörfern **Kustići** und **Zubovići** mit vielen Neubauten vorbei. Zwischen Zubovići und Metajna gibt es am Uferweg Sand- und Kiesstrände.

**Übernachten** In beiden Orten gibt es **Appartements** ab 32 € und **Privatzimmer** ab 10 €/Pers. (auch HP möglich).

**Essen & Trinken** Konoba Marina mit Terrasse.

**Metajna** und **Halbinsel Zaglava:** Auch in Metajna gibt es Privatzimmer; an der Hafenbucht, an der auch die Straße endet, die Cafébar *Draga* und *Gostionica Riva*. Busverbindung nach Novalja und Taxischiffe nach Pag.

Die Halbinsel Zaglava ragt hornförmig ins Meer. In der Talsenke wachsen Schilf und die Reben für einen schweren Rotwein. Die Bucht *Ručica* auf der anderen Seite, von karstweißen, nackten Bergen eingezwängt, ist über den Fußweg zu erreichen, der das Horn schnurgerade durchschneidet. Der Kiesstrand bietet einen Blick auf die Stadt Pag, aber keinen Schatten. Oberhalb des Strandes eine Konoba mit Meeresblick, man sitzt luftig auf dem Holzbalkon. Oberhalb der Ručica-Bucht verläuft ein schmaler Pfad weiter durch das weiße Gestade zur *Slana-Bucht*. Freeclimber betätigen sich an den Felsen hinter dem Ort.

**Information** Tourismusverband Metajna, ✆ 053/667-188; geöffnet 15.6.–15.9.

**Übernachten** Es gibt etliche preiswerte Unterkünfte, ein paar Vermieter haben sich zusammengeschlossen: www.metajna.eu.

Pension Laguna, das Haus der gastfreundlichen Familie liegt am Meer mit Kiesstrand; schöne, gut ausgestattete Zimmer mit Meerblick. Es gibt Frühstücksbuffet und wer möchte, bekommt auch leckeres Abendessen (ca. 32 €/Pers./HP). Preiswert und sehr gut. Fam. Jure Datković, Metajna 104, ✆ 053/667-160.

# Novalja

Das einstige Fischerdorf liegt an einer weit geschwungenen Bucht mit breiter Promenade, neu gestaltete Plätze zieren den alten Ortskern, Zeugen aus römischer Zeit warten auf Entdeckung. Novalja war zeitweise Inselhauptstadt und hat sich wegen der vielen Strände in der Umgebung zum touristischen Zentrum gemausert – nachts locken die Diskotheken.

Rund 2500 Einwohner leben in der Kleinstadt, dem Touristenzentrum der Insel, aber nach Pager Maßstäben: Es gibt zwei unauffällige Hotels, viele Pensionen, Lokale und den gut gelegenen Campingplatz mit Sportzentrum in der Nähe. Doch auch hier bleibt die Zeit nicht stehen, Jahr für Jahr wird um das Städtchen herum kräftig gebaut, Neubauten mit Pensionen und Appartements fressen sich immer tiefer in unberührte Natur.

Den alten Ortskern mit seinen wenigen verwinkelten Gassen hat man schnell durchquert, sofern man nicht an irgendeiner Haustür beim Wein- oder Käse-Probieren hängen bleibt – von Obst bis Knoblauch wird feilgeboten, was der Garten hervorbringt. Die *Loža*, der Hafenplatz, und der angrenzende, vom Grün der Sophorabäume beschattete *Trg bazilike* mit der sog. „Kleinen Kirche" sind die belebtesten Flecken im Ort. Der Trg bazilike wurde mit einem plätschernden Springbrunnen neu gestaltet und ist von einladenden Cafébars umgeben. Etwas abseits nun die Obst- und Gemüsestände mit nur noch wenigen Pager Spitzendeckchen – auch die alten, in Schwarz gekleideten häkelnden Frauen sind mittlerweile

Prächtige Sonnenuntergänge genießt man am Hafen von Novalja

verstorben. An der mit Palmen, Lorbeer, Oleander und Tamarisken bepflanzten Uferpromenade reihen sich Straßenkneipen, Eisdielen und die unvermeidlichen Souvenirbuden.

Frühmorgens erwacht Novalja am Hafenbecken wieder zum einstigen Fischerdorf: Kähne, gefüllt mit bunten großen und kleinen Fischen, warten auf Abnehmer und Feilscher, die bald auch von allen Seiten angelaufen kommen. Novalja war übrigens früher bekannt für die Thunfischjagd, um die Pager Bucht standen etliche Thunfischbeobachtungstürme. Nur noch einer bei *Caska* ist erhalten.

## Geschichte und Sehenswertes

Als *Caska (Cissa)* versank, wurde Novalja zur neuen Inselhauptstadt. Das alte Weinbauerndorf Novalja gibt es noch heute – und in der **archäologischen Sammlung Stomorica** (neben der Pfarrkirche St. Katharina) die zu Stein erstarrte Geschichte einer glanzvollen Zeit: Gezeigt werden ein Inschriftenstein mit bischöflichem Taufspruch aus dem 4. Jh., Funde aus zwei frühchristlichen Kirchen des 5. und 6. Jh. und Reliquiare (Juli/Aug. 9–13/18–22 Uhr, sonst Mo–Sa 9–13 Uhr, Eintritt mit Stadtmuseum).

Von den Römern wurde eine *unterirdische Wasserleitung* gebaut, die von Polje (= Feldflur) bis zum Hafen durch den Fels verläuft, 44 m tief und 1402 m lang. Durch acht senkrechte Schächte gruben 16 Mann gleichzeitig im Stollen. Den Stolleneingang (→ Foto S. 126) gegenüber dem Rathaus *(Kralja Zvonimira)* hat man überbaut und darin das **Stadtmuseum** eingerichtet (Juli/Aug. 9–13/18–22 Uhr, sonst Mo–Sa 9–13 Uhr). Mit Führung kann man in den Schacht hinabsteigen und ca. 200 m weit an römischen Quadern entlanglaufen. Das Museum zeigt u. a. Amphoren aus der Mitte des 2. Jh. bis zum Ende des 1. Jh. v. Chr., eine Fotoausstellung von *Damir Fabianić* und wechselnde Ausstellungen. Für Taucher gibt es eine besondere Überraschung: Die restlichen fast 100 Amphoren, die 2004 von dem Taucher *Dražen Peranić* (→ Stara Novalja/Tauchen) ca. 1 km östlich von Žigljen bei der Vlaška-Mala-Bucht gefunden wurden, können am Meeresgrund besichtigt werden, sind allerdings durch einen Stahlnetzkäfig gesichert.

Die Steinklötze an der Uferpromenade und am Marktplatz entstammen römischen Steinbrüchen; am Trg bazilike stehen frühchristliche Sarkophage, daneben erhebt sich die **Kleine Kirche**, 1828 anstelle eines im 17. Jh. abgerissenen Vorgängerbaus errichtet. Im Innern ist ein ikonenhaftes Madonnenbild zu besichtigen, das seit 1534 als wundertätig gilt. Hinter der Kleinen Kirche stieß man 1974 bei Erdarbeiten auf die Grundmauern einer frühchristlichen Basilika, deren Apsis mit 13 m Durchmesser die größte der Region Römisch-Dalmatien ist. Zudem legte man Mosaike frei, die aus dem 4. oder 5. Jh. stammen. Der Mosaikboden ist in der Kirche unter einer Glasscheibe zu bewundern.

Die Kirche **Sv. Katarina** (18. Jh.) nördlich vom Trg bazilike brannte nieder und wurde 1906 wieder aufgebaut; sehenswert ist der aus Carrara-Marmor gefertigte Hochaltar mit einem Relief von *Ivan Rendić*.

Die römische Wasserleitung

## Basis-Infos

**Information** Tourismusverband (TZG) und TIC, Trg Brišićić 1 (kurz nach der Schranke an Uferpromenade), 53291 Novalja, ✆ 053/661-404, www.novalja.hr. Juni–Aug. tägl. 7.30–22.30 Uhr (15. Juli–15. Aug. bis 23 Uhr), Sept./Okt. tägl. 8–21 Uhr, Nov.–Mai Mo–Fr 8–15 Uhr.

**Agentur Sunturist**, Ul. Kranjčevićeva (am Ortseingang), ✆ 053/661-211, www.islandpag.com. Juli/Aug. 7–22 Uhr, sonst 8–20 Uhr.

**Navalia Kompas**, ✆ 053/661-102, www.navalija-kompas.hr. Zimmer, Ausflüge.

**Agentur Aurora Travel**, Slatinska 9, ✆ 053/663-493, www.aurora-travel.hr. Zimmer etc.

**Jadrolinija**, für Katamaran, Nordseite von Hotel Loža; Info-✆ 098/299-133 (mobil) für Trajekt (Žigljen).

**Autotrans**, ✆ 060/304-070, am Hafen.

**Verbindungen** Busse: Bushaltestelle für Lokalbusse westl. der Mole. **Zentralbusbahnhof**, Špital, östl. vom Zentrum, gegenüber Tankstelle (Busverbindung zwischen beiden Haltestellen), Tickets 2 €. Infos über Autotrans oder andere Agenturen (z. T. sind die Bustickets bei Autotrans am teuersten). Zu allen Fährabfahrts- und -ankunftszeiten

Busverbindungen zwischen Pag und Novalja nach Žigljen. Vor dem Campingplatz hält der Bus ebenfalls. Im Juli/Aug. viele Direktbusse u. a. bis zu 10-mal tägl. nach Zagreb (Fahrzeit 5:20 Std., Fahrpreis 24 bzw. 31 € mit Autotrans), sonst nur 3-mal tägl. Nach Rijeka ganzjährig 2-mal tägl. (5.40, 12.15 Uhr, 3 Std., 23 €). Nach Zadar 5-mal tägl. (1:45 Std., 9 bzw. 10 €). Nach Split 2-mal tägl. (4:15 Std.), 9 und 13.30 Uhr (bis Dubrovnik in 9 Std.!).

Bus zum Strand Zrče (Abfahrt bei Mole, Stopp auch Busbahnhof), 5.20 und 11 Uhr, danach stündl. bis 19 Uhr, im Hochsommer auch nachts.

**Taxi**: u. a. nach Lun, ca. 20 €.

**Schiffsverbindungen** (→ „Wichtiges auf einen Blick").

**Ausflugsfahrten** Vermitteln die Agenturen: nach Rab, Lošinj, Silba, zu den Kornaten und den Plitvicer Seen.

**Einkaufen** Mehrere gut sortierte Supermärkte, Obst- und Gemüsemarkt, internationaler Zeitungskiosk.

**Galerie** Galerija kunkera, nördl. der Kralja Zvonimira und westl. von Sv. Katarina; meist 8–12/19–22 Uhr.

## Insel Pag/Novalja

**Gesundheit** Ambulanz, Špital 1 (neben Busbahnhof), ℡ 053/661-367; **Apotheke**, Dalmatinska ul. 1, ℡ 053/661-370.

**Internetcafé und Hotspots** Im Altstadtzentrum, am Autocamp Straško und Zrće-Strand überall Wifi. Internetcafés u. a. Valis, (Trg bazilike), **Café Gaudinjo**, Ul. braće Radić.

**Tankstelle** Westlicher Altstadteingang; zudem am Ortsausgang und Kreuzung Richtung Žigljen bzw. Pag. Juni–Sept. durchgehend geöffnet.

**Veranstaltungen** Mariä Himmelfahrt, 15. Aug., Prozession von Novalja nach Pag. **Patronatsfest Sv. Anton**, 13. Juni. **Kultursommer Novalja**, Mitte Juni bis Mitte Sept.; viele Events, u. a. Ethno-Festival, Klassik- und Klappakonzerte.

## Übernachten/Essen & Trinken/Nachtleben

**Übernachten** Privatzimmer je nach Kategorie ab 30 € ohne Frühstück. **Appartements** ab 40 €/2 Pers. Schöne Unterkünfte finden sich im Westen der Stadt.

** **Hotel Liburnija**, hinter Palmen am Meer, nur die Lage ist gut. Älteres, abgewohntes Hotel ohne AC und Balkon. Einfachste Ausstattung (TV, Minikühlschrank); abends Musik auf der Terrasse. DZ/F mit Meerblick 80 € (TS 102 €, zu teuer!). ℡ 053/663-381, www.turno.hr.

** **Hotel Loža**, am Kai und Hauptplatz. Abends Pianomusik auf überdachter Terrasse. DZ/F mit Meerblick ca. 100–130 €. Trg. Loža 1, ℡ 053/661-313, www.turno.hr.

**Camping** ⋙ **Mein Tipp:** *** **Autocamp Straško**, zählt wegen der herrlichen Lage zu den Top 10 von Kroatien. 57 ha großes Areal an der Südwestküste 2 km östl. vor der Stadt mit kilometerlangem Kieselstrand (Blaue Flagge). Schatten spenden Steineichen, Strandkiefern, Zypressen und Olivenbäume. Weißer Fels- und Kiesstrand. 1/3 des Geländes ist den FKK-Freunden reserviert. Supermarkt, Restaurants, Pizzeria, Cafés, Tennisplätze, Beautycenter, Kletterinsel, Tauchclub und großes Sportprogramm, Verleih von Surfbrettern. Hotspot, Bankomat; Animation für Groß und Klein. Touristenzug pendelt in die Stadt. Geöffnet Anf. April–Mitte Okt. 9,50 €/Pers., Stellplatz ab 17,50 €, Parzelle ab 22 €; schöne Mobilhäuser ab 95 € (TS 118 €) und Wohnwagenvermietung. ℡ 053/661-226, www.turno.hr. ⋘

**Essen & Trinken** Zahlreiche Restaurants und Cafébars von meist gleichem Niveau (→ Stara Novalja).

⋙ **Mein Tipp:** **Restaurant Antonio**, zählt zu den besten Restaurants von Novalja. Gute Fischgerichte, vielfältige italienische Küche. Obala Petra Krešimira IV b. b. (Ortsbeginn), ℡ 053/661-441. ⋘

**Restaurant Starac i More**, hier sitzt man hübsch unter Fischernetzen unter überdachter Terrasse oder im großen Garten. Spezialitäten: frische Fischsuppe und Fischgerichte, meist lange Wartezeiten. Braće Radić, ℡ 053/662-423.

**Konoba Ankora**, westl. des Marktplatzes. Überdachte Terrasse, weißer Oleander säumt den Eingang. Im Angebot z. B. Hummer, Froschschenkel und natürlich Gegrilltes. Ribarska 10, ℡ 053/661-363.

**Restaurant Stari Mlin** (Alte Mühle), Gerichte vom Holzkohlengrill. Obala Petra Krešimira IV, ℡ 053/662-275.

**Restaurant Riva**, am Beginn der westlich Uferpromenade. Gute Atmosphäre und beste Küche durch frische Zutaten. Spezialität sind Fisch- und Scampi-Gerichte. Obala K. Domagoja 4, ℡ 053/661-965.

**Restaurant Laguna**, ganz im Westen an der Strandpromenade. Gehobene Preise, dafür romantische Atmosphäre mit Kerzenlicht und Blick aufs Meer. Leckere Steaks oder Fische vom Holzofen. Primorska 26, ℡ 053/662-217.

⋙ **Mein Tipp:** **Restaurant Basilika**, kurz vor Laguna, bei der Mole. Edle Pinienmöbel und schickes Ambiente, kreative moderne Küche auf Basis alter Tradition. Spezialitäten sind Fisch- und Krustengerichte, u. a. Lobster aus der Peka. Gehobenes Preisniveau. Primorska 42, ℡ 053/661-969. ⋘

**Konoba Antika**, klein und gemütlich mit offenem Kamin und Antikem, u. a. ein Piano von 1622 oder Mussolinis Trompete aus dem Jahr 1938. Zur Unterhaltung plaudert die Papageiendame Jagoda. Verfeinerte dalmatinische Küche, u. a. Scampi mit Pfirsich-Risotto. Ante Šonje 5 (östl. Trg Bazilike), ℡ 053/661-712.

# Von Zadar nach Starigrad Paklenica

**Restaurant-Pizzeria Moby Dick**, an der Hauptstraße (Ortsmitte). Hier isst man gute Pizzen. ✆ 053/662-488.

**Nachtleben** Um an Cocktails zu nippen geht man u. a. in die **Loungbar El Faro** (südl. der Uferpromenade) oder nahe Trg bazilike in die große **Bar New Yorker**; auch rund um den Trg bazilike nette Cafébars.

Der Bär tobt nachts v. a. am Zrće-Strand: **Diskothek Zrće** (22–3 Uhr); **Disco-Club Kalypso** (22–3 Uhr); **Diskothek Aquarius** und **Papaya** – in der Saison werden die besten europäischen DJs eingeflogen. In allen Lokalitäten gibt es Snacks, Gegrilltes und Pizzen. Am **Caska**-Strand: **Cocktailbar Tri Sunca** und **Žal** (10–2 Uhr). (→ Pager Bucht).

## Wassersport/Sport

**Baden** Gute Bademöglichkeiten am Kiesstrand in der großen Bucht von Novalija. Auch für Kinder bestens geeignet, da es seicht ins Wasser geht. Wem es hier zu überlaufen ist, der kann um das Kap Gaj herumlaufen zur Babe-Bucht mit felsigem Strand und sandigem Grund. Ein paar Kilometer entfernt der Sandbucht Trinćel. Oder man fährt in die Pager Bucht zum Sand-Kies-Strand von Caska. Nebenan der Kiesstrand von Zrće (gebührenpflichtiger Parkplatz, Hotspot; sehr viel Rummel), allerdings weht die „Blaue Flagge". Frühmorgendliche Putzkolonnen säubern den Strand von den nächtlichen Gelagen. Östlich vom Autocamp Straško (ebenfalls Blaue Flagge) der Kiesstrand Braničevica (bei Gajac-Feriensiedlung). Mehr zu Baden (→ Pager Bucht).

**Bootsverleih** über die Agenturen, im Autocamp und an der Zrće-Bucht. Surfbrett- und Paddelbootverleih an der Zrće-Bucht.

**Tauchen** Tauchclub im **Autocamp Straško** (✆ 053/662-419). Zudem etliche in Stara Novalija.

**Wakeboarden und Bungeejumping** Die große Anlage ist südlich vom Zrće-Strand.

**Diverses** Sportzentrum neben dem Campingplatz mit Tennisplätzen, Minigolf, Beachvolleyball, Boots- u. Surfbrettverleih.

**Fahrradfahren** Fahrradverleih bei der Busstation, beim Hotel Liburnija und im Autocamp Straško, sowie vor Restaurant Stare i More. Von Novalja aus kann man herrliche Touren Richtung Lun (Vorsicht auf der Hauptstraße) oder auf dem Uferweg nach Pag unternehmen.

## Novalja/Umgebung

**Stara Novalja:** Die alte Fähranlegestelle im Nordwesten von Novalja ist heute beliebter Ferienort bei Tauchern – die Bucht ist auf ganzer Länge mit neuen Häusern zugebaut, trotzdem herrscht geruhsame Stimmung. Zu den Anwesen gehört meist ein kleiner Strand, das Meer ist sehr sauber. Am Buchtende die *Sandbucht Trinćel* mit Bootsanlegestelle und einige Cafébars.

**Information** Tourismusverband, Kaštel b. b., 53291 Stara Novalja, ✆ 053/651-077, www.tzstaranovalja.hr. 8–15 Uhr.

**Agentur Sv. Marija**, ✆ 053/662-250.

**Übernachten/Essen** Großes Angebot an Unterkünften, Vermittlung über die Agenturen. Privatzimmer 13–17 €/Pers., Appartements ab 40 €/2 Pers.

Kleines **Privatcamp** unter Pinien.

🌿 **Restaurant-Pension Arka**, liegt direkt am Meer, bietet 7 Zimmer/Appartements (***); den Gaumen verwöhnt das sehr gute Restaurant (tägl. ab 12 Uhr) mit Produkten aus der eigenen Landwirtschaft (Lamm) und der Käserei, aber es gibt auch fangfrischen Fisch. Kaštel 159, ✆ 053/651-125, www.arka-pag.com. ∎

**Restaurant Porat**, wird ebenfalls gelobt, hier werden auch Peka-Gerichte angeboten. Drljanda, ✆ 053/651-348.

**》》 Mein Tipp:** Hotel Boškinac, am Ortsbeginn und nordöstlich der Bucht Trinćel (ausgeschildert). Mitten im grünen Tal liegt der Natursteinbau mit eigener Kelterei im mediterranen Stil mit hübscher Terrasse und errang schon etliche Auszeichnungen. Gehobener Standard. Beste kreative Küche verwöhnt den Gaumen, zudem können in der Vinothek die hauseigenen, erlesenen Weine verkostet werden. Das müde Haupt schläft in komfortablen Zimmern/Appartements. DZ/F ab 130 € (TS 184). Novaljsko polje b. b., ✆ 053/663-500, www.boskinac.com. «

**Tauchen** Im kleinen Ort gibt's etliche Tauchclubs. Empfohlen werden:

Lagona Divers (dtsch. Team), Livići 85, ✆ 053/651-328, 098/1631-008 (mobil), zudem (49)09406/90550, www.lagona-divers-pag.com. Geöffnet März–Nov. Kurse von PAIDI und CMAS bis Tauchlehrer. Schöne Unterkünfte u. a. bei Pension Mama werden organisiert.

Ocean Pro (tschech. Team), Puntica 97, ✆ 098/1646-185 (mobil), www.oceanpro.cz. Wer mit Englisch kein Problem hat, ist hier bestens aufgehoben. Gut ausgerüstet, auch PS-starkes Speedboot.

Amfora Diving (Ltg. Dražen Peranić, intern. Team, auch dtsch.-sprachig), Livić 9, ✆ 091/5049-934 (mobil). Es gibt hier in der Basis direkt am Meer auch ganzjährig Unterkünfte, das DZ/F für ca. 40 €. Der Besitzer fand übrigens das große Amphorenfeld im Meer (→ Novalja).

**Žigljen:** Diese wichtige Fähranlegestelle (→ Novalja/Verbindungen) im Norden der Insel ist auf direkter, breiter Straße in ca. 6 km von Novalja aus erreichbar. Sie führt vorbei an der Pager Bucht, den kahlen Steinhügel hinauf und windet sich dann tief hinab, bald wird der Blick frei auf das gegenüber liegende Festland mit dem beeindruckenden Velebit-Gebirge.

# Halbinsel Lun

Wie eine Lanze stößt die Halbinsel von Novalja nordwestwärts ins Meer. Ihre Bewohner bauen Wein und Oliven an, züchten Vieh und schichten Steine zu Mäuerchen zum Schutz des verkarsteten Landes gegen den Wind.

Richtung Lun verläuft die Straße zwischen niedrigen Mauern: Karg und steinig ist das Land, nur Feigen- und Olivenbäume gedeihen hier. Auf der einen Seite das Küstengebirge, auf der anderen tiefblau das Meer. In der Ferne erheben sich die Inseln Lošinj, Silba und Olib. Oben an der Straße wirkt alles einsam und verlassen,

Tausendjährige Zeitzeugen unter Naturschutz – wilde Olivenbäume bei Lun

nur ab und zu ein Esel, Schafe, die unter den knorrigen, ausladenden Olivenbäumen Schatten suchen. Schmale Asphaltwege zweigen zu Weilern auf der Südwestseite der Insel ab, die sich langsam dem Tourismus öffnet. Diese, bis auf einige Hügel fast schnurgerade Straße, ist vor allem in der Saison für Radler durch massiven Autoverkehr sehr gefährlich geworden – leider.

**Potočnica:** Fels- und Kiesbuchten umgeben den Ort, ein kurvenreiches Sträßchen führt hinab zur kleinen Siedlung. Am Hafenbecken wird Fisch gegrillt; es gibt Zimmervermietung.

**Camping** Autocamp Škovrdara, ca. 10 km von Novalja entfernt, kleiner familiärer und schöner Platz unter ein paar Olivenbäumen direkt am Meer; einfache Duschen kalt/warm. Getränkeverkauf. Geöffnet Juni–Mitte Sept. 4,50 €/Pers., Zelt u. Auto 6 €. Škopljanska 25, ✆ 091/886-369 (mobil), www.camp-skovrdara.com.

**Dražica:** Ein schmales Asphaltsträßchen, eingezwängt zwischen Buschwerk und Mäuerchen, schlängelt sich tief zum Meer hinab.

**Camping** ››› **Mein Tipp:** **Autocamp-Pension Dražica**, schöner terrassierter Platz unter Olivenbäumen an einer stillen Bucht. Grillengezirpe ist in der Mittagshitze das einzige Geräusch. Unterhalb des Camps Kies-/Felsstrand und Pfade zu weiteren Buchten. In der gemütlichen Konoba Mul gibt es dalmatinische Gerichte. Caravans können ab Hauptstraße gezogen werden! Es werden auch Zimmer vermietet. Die netten Besitzer Jasna u. Mate Guščić sprechen Deutsch. Pers. 5,15 €, Stellplatz (Auto/Zelt) 8,30 €. Geöffnet 1.6.–31.9. Primorska 21A, ✆ 053/661-294, 098/416-759 (mobil, im Sommer), www.autocampdrazica.com. ‹‹‹

**Jakišnica:** Einfamilienhäuser zwischen Oliven- und Feigenbäumen ziehen sich hinab bis zum Meer und zum Hafenbecken. Rund um Jakišnica Kies- und Felsbuchten. Die Einheimischen braten sich ihren Fisch vor der Haustür. Der Ort wird oft mit Ausflugsbooten von Rab „beglückt"; zudem hält hier in der Hochsaison auch das Boot Rab–Lun.

An der Südwestseite von Lun findet jeder seine lauschige Badebucht

**Übernachten/Essen** Es gibt zahlreiche Privatzimmer/Appartementvermietungen rund um die Bucht, ab 14 €/Pers. Zum **Einkaufen** gibt's einen kleinen Laden.

**Pension-Restaurant Palma**, netter Neubau mit schönen \*\*\* Zimmern und gutem Restaurant an der Anlegestelle. Fam. Badurina, Jakišnica 261, ✆ 053/668-117.

**Konoba-Pension Sidro**, auch am Hafenbecken. Hier isst man ebenfalls gute Fischgerichte und es werden Zimmer vermietet. ✆ 053/668-093.

**Bistro-Pension Toni**, schöne Lage am Hafenbecken, nette Zimmer und gute Küche. ✆ 053/668-087.

\*\*\*\* **Hotel Luna Island**, komfortables Hotel, das beste der Insel, mit gutem Restaurant, Wellnesscenter, großem, gut gestalteten Außenpool oberhalb am Meer – alles bestens, nur zu modern und zu groß für diese ländliche Gegend. Fast ganzjährig geöffnet. DZ/HP 242 €. ✆ 053/654-700, www.luna-hotel.hr, www.valamar.com.

**Dudići:** Kurz vor Lun führt eine Abzweigung zu dem Olivenweiler mit sehr gutem *Fischrestaurant* und *Pension Crnika* unter den Schatten spendenden namensgebenden Steineichen direkt am Hafenbecken (✆ 053/665-105, 665-104, Mulobedanj 199). Rechts vom Ort führt ein Waldweg zu vielen kleinen *Kiesbuchten*.

**Lun:** Kleiner Ort an der Straße, versteckt hinter Steinmäuerchen und Gärten. In einer Kneipe mit schilfgedeckter Terrasse bekommt man Pager Käse, luftgetrockneten Schinken und Wein – ein Ort zum Ausspannen. Wenn einem hier jemand aufgeregt nachläuft, so nur, weil er ein paar frische Feigen verkaufen möchte, die übrigens sehr lecker sind. Beschaulich ist der unter Naturschutz stehende 23,6 ha große Olivenhain mit knorrigen bis zu 1000-jährigen wilden Olivenbäumen (olea oleaster).

**Tovarnele:** Am äußersten Zipfel im Nordwesten der Insel. Ein ruhiges, verschlafenes Örtchen mit einfachen Häusern, die sich bis zum Meer hinabziehen. Die neu gestaltete Uferpromenade verläuft nun rund um diesen Küstenabschnitt, wo man herrliche Sonnenuntergänge genießen kann. Ausflügler, u. a. von Rab, beleben den Ort und seine wenigen Restaurants.

**Information** Tourismusverband, 53294 Lun, ✆ 053/665-087, nur Mitte Juni–Mitte Sept.

**Verbindungen** Regelmäßig **Busse** nach Novalja. Tägl. **Boots**verbindung nach Rab (→ „Wichtiges auf einen Blick").

**Einkaufen** Laden und Zeitungskiosk.

**Übernachten** Privatzimmer kosten ab ca. 12 €/Pers.; auch Appartements.

**Essen & Trinken** U. a. **Gostiona Nado**, nördlich des Hafenbeckens. Hier isst man gut Fisch- und Grillgerichte.

**Buffet Torvanele**, gegenüber der Hafenbucht unter schattigen Bäumen. ✆ 053/665-038.

# Ražanac und Vinjerac

Wer mit dem eigenen Fahrzeug unterwegs ist, wird die kurzen Entfernungen auf der Halbinsel Ravni kotari schätzen. Ein abendlicher Abstecher nach Zadar (20 km) über die gut ausgebaute Verbindungsstraße ist immer drin. Von der Hauptstraße N106 in Richtung Insel Pag (s. o.) zweigen Stichstraßen ans Meer zu den kleinen Ferienorten Ražanac und weiter südöstlich nach Vinjerac ab, die, getrennt durch den Velebit-Kanal, schräg gegenüber von Starigrad Paklenica liegen. Der Blick auf das imposante Velebit-Massiv im Hintergrund ist bei klarem Wetter grandios.

**Ražanac:** ein Ort mit sympathischer Atmosphäre, wenn auch ohne markanten Charakter; das Leben hier geht noch seinen ursprünglichen, vom Tourismus kaum gezeichneten Gang.

Die Bewohner haben und nehmen sich Zeit, sitzen bei Musik und selbst gekeltertem Wein zusammen, flanieren abends zwischen Dorfplatz, Restaurant und Hafen.

Dort blickt man auf noch teils erhaltene Wehrtürme und Reste der Festung, die 1507 erbaut, 1570 von den Türken zerstört, nochmals befriedet wurden und dem zweiten Eroberungsversuch 1645 stand hielten. Am Ortsbeginn, kurz vor dem Campingplatz, liegen am Straßenrand *Mirila-Steine* (→ Starigrad Paklenica/Mirila). Neben *Sobe*-Schildern werben Schilder für den hausgemachten Wein – und der ist gut. Am Ortsstrand betonierte Liegeflächen. Das Meer ist ruhig, und im steten Wind lässt es sich prima surfen.

**Übernachten** Privatzimmer kosten 10–17 €; auf „Sobe"-Schilder achten.

**Camping** ** **Autocamp Planika**, einfacher, schattiger, großer Föhren-Platz, zum Meer mit Kiesbucht ca. 300 m. Restaurant und Kiosk. Geöffnet April–Sept. 4,50 €/Pers., Auto 4 €, Zelt 3,50 €. ✆ 023/651-431, 098/272-187 (mobil), www.planik.hr.

**Autokamp Puntica**, kleiner, familiär geführter Platz nahe dem Meer. Es werden auch Appartements vermietet. Geöffnet Mai–Sept. Puntica 1, ✆ 023/274-412.

**Essen & Trinken** Kleines **Restaurant** gegenüber dem Hafenbecken. Sehr schön sitzt man im **Café** am Dorfplatz; hier trinken die Einheimischen gern ihren Schoppen.

**Ražanac/Umgebung:** Fährt man weiter Richtung Insel Pag (von Ražanac nur 10 km), zeigt sich die Halbinsel mit dem auf Pag weisenden Sporn von *Rtina* in ihrer rauen Schönheit, unberührt und ländlich ist sie abseits der Magistrale. Der Blick schweift übers Wasser, das Meer ist glatt, die vielen kleinen Buchten erscheinen wie Seen. Nur wenige Häuser stehen einsam in dieser karstigen Landschaft. Der Anblick der Inseln Pag und Vir am Haltepunkt vor der Brücke ist gespenstisch – unbewohnbare Steinwüste, Mondlandschaft.

Die Strecke Ražanac–Zadar führt durch eine flache, landwirtschaftlich genutzte Ebene, überall eiförmige, um einen Holzpfahl aufgeschichtete Strohhaufen, zudem kann man sich hier gut mit Obst und Gemüse, das an den vielen Kiosken verkauft wird, eindecken.

**Vinjerac:** Der malerische Fischerort liegt östlich von Ražanac, Abzweig auf der Hauptstraße Insel Pag–Posedarje (N 106) nach 10 km und dann weitere ca. 5 km Richtung Meer hinab (auch erreichbar über die kleine Straße kurz vor der Maslenica-Brücke). Die Sicht hinüber zum Velebit-Massiv ist gewaltig, Taxiboote verkehren mit Starigrad Paklenica.

**Übernachten/Essen** **Aparthotel Buratović**, netter, gepflegter Neubau nahe dem Meer mit verschieden großen Studios/Appartements ab 53 €. Auf Wunsch gibt es gute Halbpension. Stara cesta 1, ✆ 023/275-074, www.aparthotel-buratović.hr.

**»» Mein Tipp:** **Konoba Pece**, vor allem für Fischgerichte ist dieses familiär geführte Lokal bekannt. Neben zuvorkommendem Service und leckerem Essen wird schönes Natursteinambiente und Blick auf den Hafen geboten. Fangfrischer Fisch, Peka-Gerichte, leckerer Oktopussalat und Nachspeisen wie Panna cotta stehen zur Auswahl. Vermietet werden zwei hübsche Appartements (2–3 Pers. 67 €) mit kleinem Pool. Fast ganzjährig ab 16 Uhr geöffnet, Mo Ruhetag. Fam. Gregurić, Draga prilaz 2, ✆ 023/275-069, anita.greguric@zd.htnet.hr. **«**

# Rund um das Novigradsko und Karinsko more

Fast wie Seen wirken diese beiden nach Südosten verlaufenden Meereseinbuchtungen, Fortsetzungen des Velebit-Kanals. Die Menschen lebten hier bestens vom Fisch- und auch vom Perlenfang.

Der Meeresschlund *Novsko ždrilo* wird von der verkehrswichtigen, 300 m langen, fast 60 m hohen Maslenica-Brücke überspannt, über die auch die Autobahn verläuft und den Norden Kroatiens mit der dalmatinischen Küste verbindet. Diese wichtige Brücke wurde im letzten Krieg von den Krajina-Serben zerstört. Bis zur Erneuerung der Brücke 1997 musste der gesammte Verkehr über eine Ponton-Brücke und danach am Novigrader Meer entlang nach **Posedarje** rollen.

Diese stategisch wichtige Gegend war auch schon in grauer Vorzeit als Siedlungsgebiet beliebt, da kein Gebirge den Handelsweg erschwerte und es zudem reichlich Süßwasser gab. Südlich von Posedarje verlief beim Ort **Islam** bezeichnenderweise die Grenze zwischen Christentum und Islam. Heute ist diese Region touristisch wenig bedeutend, und wenn die Bora bläst, kann es ungemütlich werden. Highlights sind das malerische Städtchen **Novigrad**, das *Franziskanerkloster Karin* und der bei Raftingfreunden beliebte Fluss *Zrmanja*, der ins Novigradsko more mündet. Ein Nebenarm der Zrmanja, die *Krupa*, ist auch ein schönes Wandergebiet (→ Obrovac und Umgebung).

Am Nordufer des Novigradsko more und kurz vor dem Meeresschlund *Novsko ždrilo* liegt der kleine Ferienort **Maslenica**, von hier kann man Bootstouren auf der Zrmanja unternehmen.

## Jasenice, Maslenica und Rovanjska

Verwaltungsmäßig gehören Maslenica und Rovanjska zu Jasenice, einem Durchgangsort an der wichtigen Straße N 54 ins Landesinnere, Richtung Gračac und Knin.

**Maslenica** ist ein unspektakulärer kleiner Ferienort am Novigradsko more, vor allem mit Wochenendhäusern der Zadarer bebaut und Namensgeber der großen Brücke. Von hier kann man Touren in den Velebit unternehmen, sich eine Höhle ansehen (s. u.) und Boots- oder Raftingtouren auf der Zrmanja buchen. Manchmal wird der Ort von Besuchern unfreiwillig aufgesucht, wenn die Brücke wieder einmal wegen der blasenden Bora gesperrt ist – so manch einer bleibt hängen. Die Zufahrt erfolgt über eine Stichstraße zum Meer ca. 3 km westlich von Jasenice.

Erkundung der Špilija Modrić

Östlich von **Jasenice** können Sie einen Abstecher zum sog. *Pueblo Plateau* (Pariževačka glavica) oberhalb vom *Canyon Zrmanja* machen – 400 m tief fällt der Blick hinab auf den Fluss Zrmanja, der hier kurz vor seiner Mündung ins Novigradsko more beeindruckend durchs Gestein bricht. Diese atemberaubende Landschaft diente schon bei Winnetoufilmen als gigantische Kulisse, heute ist das Pueblo Plateau leergefegt, außer bei Festspielen, dann lodert das Feuer und es werden Zelte aufgebaut.

**Rovanjska** liegt bereits am Buchtende des Velebit-Kanals und nördlich der

## 134  Von Zadar nach Starigrad Paklenica

Autobahn (A 1) an der Küstenstraße N 8 und ist für viele Urlauber Durchgangsort zum nahen Nationalpark Paklenica (→ Starigrad Paklenica/Paklenica-Nationalpark). Es gibt ein paar Pensionen, Restaurants, Bademöglichkeiten am Uferweg, das noch heute beeindruckende Kirchlein *Sv. Juraj* aus dem 9.–11. Jh. und vor allem einen gigantischem Blick auf den Velebit.

Attraktion ist die nahe gelegene Tropfsteinhöhle *Špilija Modrić* (→ Foto S. 133), ca. 1 km nördlich des Ortes und wenige Meter östlich der Magistrale (ausgeschildert!). Ihr Eingang misst nur 1,80 m x 1,30 m, sie ist insgesamt 829 m lang. Im Inneren wechseln sehr enge Passagen mit breiten Öffnungen, in denen sich herrliche Stalagmiten und Stalaktiten in verschiedenen Formen befinden. Ganzjährig hat die Temperatur angenehme 17–18 °C. Die Höhle ist nur organisiert (→ Information/Agentur Zara-Adventure) zugänglich. Eine Führung (auch in Deutsch) mit Ausstattung dauert ca. 2:30 Std. Auch für Kinder ab ca. 6 Jahren interessant und machbar. Treffpunkt Restaurant Bartol (→ Übernachten/Essen).

**Information**  Tourismusverband Jasenice-Maslenica, 23243 Jasenice, Gojka Šuška 41, ✆ 023/655-634, www.maslenica.hr, www.rovanjska.com.

**Agentur Zara-Adventure** (Ltg. Hr. Marijan Buzov), organisiert die Besichtigung der Tropfsteinhöhle. Reservierung mind. 1 Tag im Voraus, Eintritt 25 € (auch Kinder), inkl. Helm, Licht, Schutzkleidung und Versicherung. Danijela Farlattija 7, Zadar, ✆ 091/5631-507, 098/348-437 (mobil Hr. Marijan), www.zara-adventure.com.

**Übernachten/Essen**  Restaurant-Pension Biser, in Maslenica, nahe dem Meer mit guter Küche und Zimmervermietung. Fam. Darko & Marija Dedić, Jure Božića 71, ✆ 023/655-001, 098/9954-680 (mobil).

**Appartements Blaž**, hier werden Zimmer/Appartements vermietet. Fam. Baričević Blaž Maslenica, Jure Božića 2, ✆ 023/655-181.

**》》 Mein Tipp:** Restaurant-Pension Bartol, in Rovanjska. Der nette Familienbetrieb offeriert im Restaurant eigene Produkte wie hausgemachtes Brot, Gemüse, Wein, Feigen und Schnaps, zudem fangfrischen Fisch und schmackhafte Peka-Gerichte. Vermietet werden 4 Zimmer mit Balkon und Meerblick für 30 €. Geöffnet Mai–Sept. Fam. Marko & Pauline Matković, Vrtlina 23, ✆ 023/654-090, bartolrestoran1@gmail.com. 《《

## Posedarje

Das einstige verschlafene Örtchen liegt heute zentral neben der Magistrale und der Autobahn (mit Ausfahrt!). Die Bademöglichkeiten sind gut, am Strand finden sich

Blick vom Gradina auf das Novigradsko more, Sv. Duh und Maslenica

# Rund um das Novigradsko und Karinsko more 135

schattige Bäume, einige Restaurants, es gibt Privatcamps, Privatunterkünfte und eine sehenswerte romanische Pfarrkirche.

**Essen/Übernachten** 》》 **Mein Tipp:** *** **Hotel Lucija**, 3-stöckiges modernes Haus am Meer mit gutem Restaurant und herrlicher Terrasse. Serviert werden frische, hausgemachte Produkte und Fisch. Geöffnet Mai–Mitte Okt. Es gibt 16 gut ausgestattete Zimmer (DZ/HP ab 80 €, TS 84 €) und Appartements (105 €/4 Pers. und Frühstück) und eigenen Badestrand. Tunjarice b. b., 23242 Posedarje, ✆ 023/266-844, www.hotel-lucija.hr. 《《

1 km südlich von Posedarje geht es links ab nach Novigrad (11 km). Auf dem Weg dorthin gibt es an der schattenlosen Küste überall Bademöglichkeiten, doch ist das Wasser sehr flach, man muss weit in das eher schlickige Binnengewässer hineinwaten. Beliebter Badeplatz ist eine aufgeschüttete Mole, die zu einer kleinen Insel mit dem *Heiliggeistkirchlein* (Sveti Duh) aus dem 15. Jh. führt, hier findet auch Posedarjes Nachtleben in Strandbars statt (nur Hochsaison geöffnet).

## Islam

Geschichtlich bedeutsam sind die Orte **Islam** an der N 56. Als sich die Türken auch auf der Halbinsel Ravni kotari weiter ausbreiteten und Venedig seine Stellungen fast nicht mehr halten konnte, fungierte Mitte des 16. Jh. der Ort Islam zwischen den beiden Großmächten als Grenzpunkt. Der serbisch-orthodoxe Ort **Islam Grčki** und der gesamte östliche Teil dieser Region kam unter die Herrschaft der Osmanen, das römisch-katholische **Islam Latinski** und das westliche Gebiet unter die der Venezianer. Erst nach dem Fall Venedigs im Jahr 1797 gingen die gesamte Halbinsel Ravni kotari wie auch Zadar an die k & k-Monarchie über.

An diese Zeit erinnert oberhalb von Islam Grčki noch heute das mittelalterliche Kastell *Kula Stojana Jankovića* einer bedeutenden Uskokenfamilie (→ Obrovac) aus dem 17. Jh., umgeben von 4 ha altem Baumbestand und Blick auf die Halbinsel Ravni kotari. Das Kastell besteht aus Wohngebäude, Stallungen und dem Wehrturm, wo sich im Gewölbekeller auch eine alte Küche und einen Stock darunter das sog. Verlies bzw. der Kerker befinden. Der Komplex ist von teilweise erhaltenen Wehrmauern umschlossen. Das Kastell birgt eine reichhaltige Sammlung von Ikonen aus dem 16.–18. Jh., mittelalterliche Wappen, eine archäologische Sammlung aus dem Paläolithikum, römisches Glas und Münzen, Lapidarium, Gemäldegalerie, eine reichhaltige Bibliothek und natürlich eine Sammlung über die Eigentümer, die Uskokenfamilie. Zum Kastell gehören auch die *Kapelle* aus dem 12. Jh., wo der Poet *Vladan Desnica*, der hier viele Jahre lebte, seit 1967 begraben liegt, sowie eine eigene Süßwasserquelle und ein Fischteich. Der Familie Janković-Desnica ist es zu verdanken, dass das Kastell erhalten, restauriert und der Öffentlichkeit in musealer Weise komplett zugänglich gemacht werden soll. Die Renovierungen begannen 1989. Dass das Kastell Symbolcharakter im letzten Krieg hatte, erübrigt sich zu beschreiben, die Schäden waren immens, das wertvolle Inventar konnte zum Großteil in umliegende Städte verteilt und gesichert werden. Die Restaurierungen, die von einer Stiftung getragen werden, sind nur teilweise abgeschlossen, die Sammlungen wurden wieder ins Kastell zurückgebracht. Zur Besichtigung stehen momentan die ethnographische Sammlung mit der alten Küche sowie der Turm. Geöffnet ist dieser Teil Mitte Juni bis Mitte Sept., Anmeldung unter ✆ 091/5983-096 (mobil, Fam. Desnica). Die Außenanlagen können jederzeit und ganzjährig besichtigt werden.

# Novigrad

Das mittelalterliche Städtchen versteckt sich an einem schmalen, s-förmig geschwungenen, einen Kilometer tiefen Meeresfjord, der sich zwischen kiefernbewaldete Berge zwängt.

Fährt man von der Hochebene hinab, genießt man völlig unerwartet eine Altstadtidylle, die wirkt wie im Dornröschenschlaf. Man blickt auf Befestigungsmauern und Natursteinhäuser, die sich hinaufschachteln zur Burgruine, sowie auf den von Fischerbooten gesäumten Fjord mit Uferpromenade, den kleinen Hafen am Buchtende und das hoch aufragende Velebit-Gebirge, das die Nordkulisse bildet.

## Geschichte

Die große Verteidigungsanlage erinnert daran, dass Novigrad einst eine strategisch bedeutende, gut befestigte Stadt war und von hier bereits Illyrer, Römer und Kroaten weit ins Land und aufs Meer blickten. Letztere kamen im 7. Jh. und hinterließen ihre Kirchenbauten. Im 13. Jh. wurde die alte Festung unter den Fürsten *Gusići-Kurjakovići* (aus dem Zrinski-Adelsgeschlecht) erneuert und ausgebaut. Die Festungsmauern bergen aber auch ein tragisches Schicksal zweier Frauen. Während der Wirren um die ungarisch-kroatische Thronfolge nach dem Tod *Ludwigs I. von Anjou* wurde die Königin-Witwe *Elisabeth* mit ihrer Tochter *Maria* in der Novigrader Festung gefangen gehalten. Zu allem Unglück hatte der nach der Krone trachtende König *Sigismund* aus dem Hause Luxemburg Maria gewaltsam zur Heirat gezwungen. Ihre Mutter wurde 1387 erdrosselt. In der Pfarrkirche wird ein kostbarer Brokatumhang aufbewahrt, den nach der Überlieferung Elisabeth webte und bestickte und vor ihrem Tod den Frauen schenkte, die die letzten Stunden bei ihr verbrachten. *Ladislaus von Neapel,* der sich in Zadar zum Gegenkönig Sigismunds krönen ließ, verkaufte Dalmatien einschließlich Zadar und Novigrad, sowie die Insel Pag für 100.000 Goldukaten an Venedig. Die Stadtrepublik eroberte von Novigrad aus das durch die Türken geschwächte dalmatinische Ungarn-Kroatien.

Das alte Novigrad ...

## Basis-Infos

**Information** Tourismusverband, Trg kralja Tomislava 1 (Hafen), 23312 Novigrad, ✆ 023/375-051, www.novigrad-dalmacija.hr. Ganzjährig Mo–Fr 7–15 Uhr, Juni–Aug. auch Sa 8–12 Uhr.

**Verbindungen** Bus: Abfahrt am Hafenplatz; an Werktagen 4-mal tägl. (Sa/So nur 1-mal) Verbindungen ins 35 km entfernte Zadar. Zum Flughafen sind es von hier 23 km.

**Ausflüge** Agentur Novi Commercce d.o.o (Ltg. Frane Sinovčić), Novigrad Nr. 66, ✆ 098/774-651 (mobil), www.f-zrmanja.com. Organisiert u. a. Rafting-Touren auf der

Zrmanja (→ Obrovac), Canyoning. Weitere Rafting-Agenturen (→ Zadar/Obrovac).

**Zrmanja-Schiffstouren**, Abfahrtstellen sind Maslenica und Starigrad; auch Kanutouren. Buchung über Tourismusverband.

**Einkaufen** Vinothek (Ltg. Hr. Ivica Vlatković), eigene Weine und Olivenöl. Obala kraljice Elizabete Kotromanić.

Konditorei/Eisdiele **Riva**, Obala E. Kotromanić 34 (April–Sept. tägl. 8–14/17–24 Uhr) und eine ganzjährig geöffnete **Bäckerei** (tägl. 8–12 Uhr), zudem **Markt** Juni–Sept. tägl. 7–12 Uhr und **Fischverkauf** an der Uferpromenade bei Hr. Maroja.

**Geldwechsel** Geldautomaten (u. a. neben Tourismusverband) sowie bei der Post.

**Gesundheit** Apotheke, Stjepana Radića 1, ✆ 023/375-187. **Ärztehaus**, Stjepana Radića 2, ✆ 023/375-116 (Arzt), ✆ 023/375-409 (Zahnarzt).

**Internet** Die gesamte Altstadt ist Wifi-Zone.

**Veranstaltungen Kirchenfest Gospa od Blažene Djevice Marije**, 16. Sept., mit Messe um 10.30 Uhr, Prozession durch die Altstadt, zudem Kioske an der Freitreppe.

**Sommer in Novigrad**, wöchentlich etliche Veranstaltungen sowie auch Konzerte auf der Skalinda (Freitreppen) vor der Kirche.

**Fischerfest**, 1. Sa im Aug. Stände mit Essen und Trinken entlang der Uferpromenade.

**》》Mein Tipp: Smodra Folklora**, in Paljuv (4 km in Richtung Zadar), im Juli/Aug. Klappa- und Volkstanzgruppen aus ganz Kroatien. **《《**

**Jazzfestival**, 3 Tage im Aug. (jährlich verschieden).

**Hafen** Ankern können nur kleine Boote, es gibt Strom/Wasser. **Hafenkapitän** nur montags im Ort, sonst in Starigrad.

## Übernachten/Camping

**Privatzimmer**, DZ ab ca. 30 €; **Appartements** (2–6 Pers.) ab ca. 30–80 €.

\*\*\* **Appartements Vladimir Bakić**, an der Uferpromenade Obala kraljice Elizabete Kotromanić 54 (neben Pizzeria Šimun), ✆ 023/375-087.

\*\*\***Appartements Ivčić Tješimir**, hübsch mit grünen Fensterläden und Blick auf den Fjord, an der Uferpromenade. Obala kraljice Elizabete Kotromanić 108, ✆ 023/375-047, zdenko.ivcic@zd.t-com.hr.

... versteckt sich an seinem tiefen, malerischen Fjord

# Von Zadar nach Starigrad Paklenica

>>> **Mein Tipp:** \*\*\* **Kontinovi dvori**, auch bekannt unter Vlatkovića-Haus. Ein stilvoll renoviertes und gemütlich eingerichtetes Altstadthaus mit schöner Terrasse, nördlich vom Museum. Fam. Jelić Slavica, Ul. prof. Vice Vlatkovića 2, www.houseofvlatkovic.com. <<<

\*\*\* **Aparthotel Castrum Novum**, am Ende der Uferpromenade, direkt am Meer. Schöne große Appartements (2–6 Pers.), meist mit Balkon/Terrasse. Für 2 Pers. (+2 Kinder mögl.) zu 90 €/105 € (TS 101 €/121 €). Restaurant, kleines Wellnesscenter, gratis Kanuund Fahrradvermietung. Betonierte Liegeflächen an aufgeschütteter Kiesbucht. Geöffnet April–Okt. Obala E. Kotromanić b. b., ✆ 023/375-309, www.kroatia.hr.

**Camping** \*\*\* **Camp Adria Sol**, kleiner Platz am Ende der Uferstraße am Meer, herrlicher Blick auf den Velebit. Kleine Bäumchen spenden Schatten, sonnenbadet wird auf Kies und auf einer Betonmole; kleiner Laden, Bistro, Waschmaschine, WLAN. Zu mieten gibt es auch 12 einfache, aber zweckmäßige Containerbungalows (Du/WC seperat) mit Doppel- und Stockbett (bis zu 4 Pers.), Terrasse, Tisch und Stühlen (auch Campinggeschirr kann gemietet werden). Die Benennung der Campingstraße in „Bora-Boulevard" zeugt vom Humor der Besucher bezüglich des Themas Wind ... Fahrradverleih und Ausflüge u. a. nach Zadar. Geöffnet Mai–Sept. 6 €/Pers., 3 €/Auto, 4 €/Zelt. ✆ 023/375-618, -111, www.adriasol.com.

## Essen & Trinken

Es gibt nur wenige Restaurants im Städtchen, Spezialitäten sind die hier gezüchteten *Miesmuscheln* – beste Zeit von Juni–Aug., und zum Naschen die *Novska torta* aus Nüssen und Schokolade.

**Restaurant Castrum Novum**, (→ Übernachten), sicherlich der schönste Platz zum Speisen, nur von Juni–Aug. geöffnet.

>>> **Mein Tipp:** **Konoba Mika**, im Hinterhaus, aber mit Blick auf den Fjord. Gute Fisch-, Fleisch- und Peka-Gerichte, auch Pizzen, alles aus dem offenen Kamin. Geöffnet Mai–Sept. 12–15/18–23 Uhr. Ul. II Nr. 12, ✆ 098/512-012. <<<

**Pizzeria Šimun**, Obala kraljice Elizabete Kotromanić 53 (Uferpromenade), geöffnet Mitte Juni–Sept.

**Konoba Maslina**, im Ortsteil Pridraga, ca. 7 km südl. Ganzjährig und tägl. ab 17 Uhr. A. Stepinca 20, ✆ 023/669-333.

## Sehenswertes

Den schönsten Blick auf das 500-Einwohner-Städtchen hat man von der hoch oben thronenden **Festung** (Fortica), 360 Stufen führen von der Uferpromenade über die Freitreppen, vorbei an der Pfarrkirche (s. u.) hinauf – ein lohnender, aber schweißtreibender Aufstieg. Eine illyrische Ruine (2000–1000 v. Chr.) bezeugt eine frühe Besiedlung, ein römischer Wehrturm stand hier um 1220, ehe die Fürsten *Gusići-Kurjakovići* Ende des 13. Jh. ihr Bollwerk ausbauten. Unter den Venezianern wurden die Burg und die Befestigungsanlagen, vor allem während der herrschenden Türkengefahr, deutlich durch zwei weitere Vorburgen vergrößert. Erst 1646 wurde die Festung von den Türken erobert, die sie allerdings nach wenigen Monaten wieder ihren Vorbesitzern überlassen mussten. Anfang des 18. Jh. wurde die Festung nochmals renoviert, durch den Fall Venedigs dann aber 1797 endgültig aufgegeben.

Kurz nach dem Hafenbecken gelangt man von der Uferpromenade, der *Obala kraljice Elizabete Kotromanić*, benannt nach der berühmten Gefangenen (→ Geschichte), über die breiten Freitreppen *Skalinda* zur wuchtigen neoklassizistischen **Pfarrkirche Blažene Djevice Marije** (Schmerzensreiche Mutter Gottes) von 1895, die neben einem barocken Inneren den Brokatumhang Elizabeths beherbergt.

Weiter die Stufen bergan, stößt man auf den *Trg Velika vrata*, den Platz vor dem „Großen Tor", durch das man früher in die von Vorburgen befestigte Altstadt gelangte. Dieser Weg führt auch heute noch hinauf zur Burg.

Etwas westlich vom Trg Velika vrata können zwei sich gegenüberliegende **Museen** besichtigt werden. Das **Stadtmuseum** befindet sich in der ehemaligen Pfarrkirche Sv. Marija. Sie wurde auf altkroatischen Grundsteinen im 15. Jh. errichtet, später erweitert und 1646 von den Türken niedergebrannt. Das Kirchenschiff, ein Lapidarium und das Schmuckstück, die 1587 gegossene „Pager Glocke", ein Gastgeschenk der Pager an Novigrad, die 1647 ihre Zufluchtsstätte wieder verließen und deren von den Türken verwüstete Stadt Pag durch die Fürsprache der „Schmerzensreichen Mutter Gottes" von der Pest verschont blieb ... Gegenüber im alten Pfarrhaus ist auf zwei Etagen das hübsch gestaltete **Ethnographische Museum** untergebracht, das Einblick in frühere Gerätschaften und in die Wohnkultur gibt; zudem schrieb und lebte hier im 17. Jh. der Schriftsteller und Priester *Juraj Baraković*.

Juni–Sept. Mo–Sa 10–14 Uhr, Juni u. Okt. Mo–Fr 8–12 Uhr; danach auf Anfrage im Tourismusverband; Eintritt mit Führung – auch dtsch.-sprachig – für beide Museen 1,50 €.

Weiter westlich dieser Hauptgasse, vorbei an netten Natursteinhäusern, steht die **Katharinenkirche** (Sv. Katarine), die früher zu einem Franziskanerklosterkomplex gehörte und von Fürst *Butko Kurjaković* um 1392 verschönert und erweitert wurde.

Beim Leuchtturm, fast am Ende der Uferpromenade und an der Hafeneinfahrt, steht die **Nikolauskapelle** (Sv. Nikola) von 1800, dem Beschützer der Seefahrer geweiht.

# Karinsko more und Umgebung

Rund 7 km südlich von Novigrad, auf der Hochebene und etwas abseits vom Karinsko more, stehen im Ortsteil **Pridraga** einige alte Kulturdenkmäler, u. a. das Kirchlein *Sv. Martina* (Hl. Martin) aus dem 5. Jh., die Überreste der Kirche *Sv. Mihovil* (Hl. Michael) aus dem 9. Jh. sowie Grundmauern einer *Villa rustica*.

## Karin

Am Südende des Karinsko more liegt der namensgebende Ort **Karin** mit Neubauten gen Nordosten in Karin Gornji, Badebuchten und einigen ruhigen Weilern. Die

Das Franziskanerkloster steht in malerischer Lage am Bächlein Karišnica

fruchtbare und gut geschützte Gegend, die auch über Süßwasser verfügt, war schon für Illyrer ein attraktiver Wohnort, sie errichteten oben am Hügel im heutigen **Stari Karin** eine Fluchtburg. Später war hier Sitz des römischen Munizipiums *Corinium*, dann lebten hier der kroatische Stamm der Kariner, ab 1527 bis 1685 die Türken, die in dieser Zeit nur kurz ihre Vormachtstellung an Venedig abtreten mussten. Anschließend allerdings regierten bis zur Habsburger Monarchie wieder die Venezianer. Heute sind nur noch malerische, von Macchia überzogene Ruinen sichtbar.

Ein Relikt vergangener Tage, das *Franziskanerkloster* mit der Kirche *Začeća Blažene Djevice Marije* (Selige Jungfrau Maria), steht im Weiler **Karin Donji** vor traumhafter Velebit- und Meereskulisse am Bächlein Karišnica. Der gute Standort wurde schon von Illyrern und Römern, die hier ihre Villa rustica erbauten, genutzt. Im 15. Jh. errichteten die Franziskaner auf den Grundmauern einer Benediktinerabtei ein Kloster, welches im Kretischen Krieg Mitte des 17. Jh. stark beschädigt und nach Osmanenüberfällen im 18. Jh. komplett erneuert und ausgebaut wurde. Auch der letzte Krieg um 1990 verursachte schwere Schäden. Das heutige schmucke Äußere ist erst wenige Jahre alt.

Das flachsandige Meer wurde auch zur Salzgewinnung genutzt, heute lieben es Familien für einen Bade- oder auch Schlammkurtag. Die herrliche kiefernbewaldete hügelige Gegend lädt ein zum Spazierengehen, u. a. auch entlang des Lehrpfads Karišnica, der unter Naturschutz steht.

**Lehrpfad Karišnica (Poučna staza Karišnica):** ein hübscher, 2,5 km langer Lehrpfad mit einigen Infotafeln entlang dem Bach Karišnica von der Meeresmündung bis zur Quelle. Unterwegs trifft man auf etliche alte Mühlen (= mlinice), die früher schon den Mönchen dienten. Pfadbeginn ist am Meer, nahe der kleinen Straße. Auf dieser geht man vorbei am Franziskanerkloster und zweigt dann südwärts und westlich des Baches in einen Feldweg ab. Dieser passiert eine alte Wassermühle, unterquert die Straßenbrücke (N27) und trifft wieder auf eine Mühlenruine. Es folgen die *Fratarska mlinica*, dann eine malerische Steinbrücke, bis nach einer halben Stunde die baufällige *Paulića mlinica* erreicht wird, wo sich im Fels die Quelle befindet. Nach längerer Trockenzeit wird der Bach aufgrund der typischen Karstphänomene kaum Wasser führen. In diesem Bioreservat tummeln sich 100 verschiedene Vogelarten sowie 350 verschiedene Pflanzen, nennenswert u. a. die Gelbe Orchidee (Ophris lutea) sowie die völlig ungefährliche Leopardenschlange (Zamenis situla) oder auch der hübsche grün-orange gepunktete Frosch (Epidalea viridis). Oberhalb des Tals stehen der verfallene, von den Türken erbaute Turm *Šušina kula* und die Reste der Fluchtburg *Miodrag gradina*.

**Information/Entfernungen** Über **Tourismusverband Benkovac** (www.tz-benkovac.hr), der für diese Gegend zuständig ist. Von Karin nach Zadar 30 km, zum Flughafen 20 km, nach Benkovac 12 km.

**Übernachten/Essen** V. A. in Karin Donji gibt es etliche ruhige Zimmer/Appartements in Meeresnähe zu mieten. Die wenigen Lokale am Meer sind allerdings nur in der Hauptsaison geöffnet, ganzjährig die Konobas an der N 27 in Richtung Kruševo. Infos auch über Tourismusverband Benkovac.

**Kuća Veritás**, wenige Meter vom Meer entfernt mit Garten und Grill. Hier werden Zimmer/Appartements vermietet, auf Wunsch mit Frühstück. DZ 30 €. Karin Ulica 1. broj 30, ☎ 98/484-864 (mobil), www.adriatic.geosat.hr.

**\*\*\* Villa-Restaurant Daniela**, nur wenige Meter von Strand und Zentrum in Karin Donji. Gepflegtes Natursteinhaus mit etlichen netten Zimmern. DZ/F 50 €. Zudem wird die Küche sehr gelobt, v. a. für Fischgerichte. Fam. Hujak, Haus Nr. 312, ☎ 023/687-409, 095/564-0452, www.villadaniela.eu.tf.

**》 Mein Tipp:** **\*\*\* Pension-Restaurant Casa Lavanda**, der angenehme Neubau liegt ruhig nahe der flachsandigen Bucht. Neben 8 netten Zimmern, Garten, Parkplätzen gibt es ein gutes Restaurant (Besitzer ist Koch!). Für einen Zwischenstopp bestens. DZ 58 € mit HP (3-Gänge-Menü!).

Fam. Kristina & Mišo Dujlović, Karin Gornji, ✆ 023/687-532, www.casa-lavanda.com. **«**

**Weiterfahrt:** Das alte Städtchen *Obrovac* (→ S. 144) erreicht man von Karin auf der N27 über Kruševo in rund 12 km, einer malerischen Strecke über die Hochebene mit Weitblick auf das Karinsko und Novigradsko more sowie auf das imposante Velebit-Gebirge. Wer in die Bezirkshauptstadt *Benkovac* mit der Ausgrabungsstätte Asseria möchte, fährt auf der N27 in südliche Richtung ebenfalls rund 12 km.

# Benkovac und Umgebung

Diese wichtige Bezirkshauptstadt für die Bukovica-Region (bis Fluss Zrmanja und Novigradsko more) sowie für Teilgebiete des Ravni-kotari-Hinterlands, bildet einen Verkehrsknotenpunkt in Richtung Zadar und Knin sowie vom Landesinneren in Richtung Meer. Bereits in der Antike führte eine wichtige Handelsstraße von *Jadera* (Zadar) über *Nedinum* (Nadin), *Asseria, Burnum, Scardona* (Skradin) und weiter gen Süden zur römischen Hauptstadt *Salona* (Split) und so war hier ein wichtiges Siedlungsgebiet, wovon viele gut erhaltene kulturhistorische Denkmäler zeugen. Auch um Benkovac verlief die für Venedig wichtige Grenze zum Osmanischen Reich, gesichert durch viele Festungen. Im letzten Krieg lag Benkovac wieder an der Front, wurde stark beschädigt und konnte sich, da es nicht vom Tourismus lebt, nur langsam erholen. Das bedeutendste Kulturgut unter den vielen Befestigungen, die alle einen herrlichen Weitblick auf die von Wein- und Gemüsefeldern überzogene Landschaft bis hin zum Meer bieten, ist sicherlich *Asseria*.

## Geschichte

Auch das Land um Benkovac wurde vom kroatisch-ungarischen König *Ladislav* (Ladislaus) im Jahr 1409 an Venedig verkauft und wurde plötzlich wichtiges und heiß umkämpftes Grenzterritorium. Namensgeber und Gründer des heutigen 3700-Einwohner-Städtchens waren im 15. Jh. die kroatischen Fürsten *Benković*. Ihr oberhalb der Stadt dominierender Sitz, das heute renovierte Kastell mit seinen runden Ecktürmen, wurde 1527 von den Türken erobert. Ab Mitte des 18. Jh. wurde auch unterhalb des Kastells gesiedelt und mit der Zeit entstand ein geschäftiger Marktflecken mit bis in die heutigen Tage ausgeprägter Traditionsverbundenheit. Bekannt sind die typische Flöten- und Dudelsackmusik, zudem die großen Wochen- und Monatsmärkte, die neben Obst und Gemüse auch allerlei Handwerkskunst anbieten – ein Kurzbesuch, und sei es nur für einen Einkaufsbummel, lohnt auf jeden Fall.

**Information** Tourismusverband, A. Starčevića 2b, 23420 Benkovac, ✆ 023/681-834, www.tz-benkovac.hr. Mo–Fr 7–14 Uhr.

**Verbindungen** Bus, Trg Asseria 3 (Ul. Vukovarska/Petra Zoranića), ✆ 23/681-000. 6-mal tägl. nach Zadar. **Zug**, Benkovačke bonje 9, ✆ 023/315-468. 3-mal tägl. nach Zadar.

**Einkaufen** Markt, jeden 10. des Monats.

Weingut Božo Bačić, in Podgrade, nördl. der Altstadt. Hier werden ökologische Weine produziert. In London gab es 2012 die Silbermedaille. Podgrade 29, ✆ 023/687-008, 095/997-434 (mobil). ■

Weingut Šime Škaulj, in Nadin. Neben guten Speisen kann man vor allem prämierte Weine kosten (2012 Silbermedaille in London). Nadin 23, ✆ 023/663 053, 091/3891-421 (mobil).

**Veranstaltungen** Die Stadt bietet jährlich im Juli/Aug. ein großes **Kultur- und Gastroprogramm** auf den Plätzen und in den Straßen mit Musik-, Wein- und Gastroevents, Modeschauen und historischem Spektakel. Beim **Event Puževim korakom** (Folge dem Schneckenweg) gibt es die verschiedensten Schneckengerichte. Die genauen

Das alte Benkovac konnte bis heute sein Brauchtum erhalten

Termine entnehmen Sie bitte der Website des Tourismusverbands.

**Übernachten** Pension Ivančic, nahe dem Zentrum in einem netten Einfamilienhaus werden Zimmer und Studios vermietet. Kralje Zvonimira 13, ✆ 023/23681925, 099/6910-550 (mobil).

Im **Weiler Nadin**, ca. 14 km nordwestl. (nahe der Eisenbahnlinie) gibt es einige Touristische Bauernhöfe, u. a.:

》》》 **Mein Tipp:** Agroturizam und Appartements Odžaković, netter Neubau mit Pool. Hier wird für die Gäste lecker gekocht, u. a. Peka-Gerichte. Fam. Odžaković, Nadin 90, 23420 Nadin, ✆ 091/7660-586, 091/5351-741 (mobil). 《《《

**Essen & Trinken**  Die Spezialitäten rund um Benkovac sind u. a. der leckere saftige salzige Käsekuchen *Prisnac*, aus Kuhmilch hergestellt. Zudem natürlich Gerichte aus der *Peka* wie Lamm und Ziege; auch Schnecken-Gerichte sind beliebt sowie der gute *Pršut* und Käse.

》》》 **Mein Tipp:** Restaurant Šopot, im südlichen Stadtteil Šopot mit schöner, großer überdachter Terrasse liegt das traditionsreiche familiär geführte Lokal; hier ist man bestens Lamm- und Ziegengerichte. Bis auf Weihnachten/Anf. Jan. ganzjährig 6–22 Uhr geöffnet. Ul. Šopotska 5, ✆ 023/681-033. 《《《

Konoba Asseria, beliebt und gut ist auch dieses Lokal mit seinen Peka-Gerichten. Tägl. 6–22 Uhr. Šet. kneza Branimira 54, ✆ 023/681-711.

Restaurant Milonga, getanzt wird hier nicht, aber hier gibt es leckere Pizzen und Nudelgerichte. Tägl. 6–23 Uhr. Ul. Ivana Meštrovića 11, ✆ 023/681-125.

## Sehenswertes

Innerhalb der Stadt gibt es die kleine Kirche **Sv. Ante** aus dem Jahr 1743 zu besichtigen. Hübsch anzusehen ist auch die orthodoxe Kirche **Hl. Jovan**, sie steht an der Straße stadtauswärts Richtung Knin. Sie war zunächst eine katholische Kirche, wurde im 10. Jh. erbaut und hieß Sv. Vid, dann Sv. Ivan. Im 18. Jh. wurde sie, nach Beendigung der Osmanenherrschaft, der orthodoxen Bevölkerung vermacht. Ihr heutiges Aussehen stammt aus dem 19. Jh.

## Benkovac und Umgebung 143

Des Weiteren lohnt ein Spaziergang hinauf zum mittelalterlichen *Kastell,* in dem das **Landesmuseum Benkovac** seinen Sitz hat (Zavičanjni Muzej, Obitelji Benković 6, ✆ 023/681-055; Mo–Fr 7–14 Uhr) und eine reichhaltige archäologische und ethnographische Sammlung zeigt. Im südlichen Stadtteil Šopot wurde ein **Steindenkmal** aus dem 9. Jh. gefunden, das erstmalig den eingemeißelten Namen des kroatischen Fürsten *Branimir* zeigt. Es wird heute im Archäologischen Museum in Split aufbewahrt. Eine Kopie ist hier im Landesmuseum zu sehen.

Auch der örtliche **Friedhof** (Grobnica) lohnt einen Besuch, hier befindet sich ein kleines Mausoleum mit schöner Skulptur, gefertigt vom Bildhauer *Ivan Rendić,* das er *Ivan Meštrović* und seiner Frau Jela widmete.

Die bedeutsame liburnisch-römische **Ruinenstadt Asseria** liegt rund 6 km nordöstlich von Benkovac (Richtung Lisičić) bei Podgrađe auf der Hochebene. Das große Gelände zeigt mit seinen Ruinen die einst mächtigen Ausmaße dieser Stadt, einer Militärstation. Selbst der Reisende und Geschichtsschreiber *Albert Fortis* war bei seinem Besuch Ende des 18. Jh. derart begeistert, dass er selbst bei den Ausgrabungen Hand anlegen wollte. Anfang des 20. Jh. kamen Wiener Archäologen zu Forschungszwecken, seit 1998 wird nun an den Ausgrabungen systematisch gearbeitet. Die bedeutendsten Funde wie Grabsteine und Skulpturen finden sich in Zadar und Zagreb. Zu sehen sind neben den alten Mauern die Kirche *Sv. Duh,* im 15. Jh. auf einer frühchristlichen Basilika errichtet, alte liburnische und römische Grabsteine, die an Zipfelmützen erinnern, zudem bietet sich von hier ein schöner Weitblick. Etwas unterhalb liegen die Weinberge mit dem prämierten Asseria-Label (→ Einkaufen).

Die **Burgruine Kličevica** liegt 3 km nordwestlich von Benkovac und versteckt sich oberhalb des gleichnamigen Bachs auf einer kleinen Waldlichtung, heute zudem eingezwängt zwischen Bahnlinie und Autobahn. Sie ist ab der N56 (ausgeschildert) über einen Makadam und weiter zu Fuß über einen Waldweg erreichbar. Diese Festung mit hohem Rundturm wurde Mitte des 15. Jh. vom Fürsten *Kurjaković* errichtet, was Venedig zuerst als Bedrohung, später als nützlich empfand, die aber trotzdem 1538 von den Türken eingenommen wurde.

Etwa 3 km südöstlich von Benkovac steht die **Burgruine Perušić** oberhalb des gleichnamigen Ortes. Die Burg wie die Kirche *Sv. Marija* werden in Dokumenten aus dem Jahr 1449 genannt, man nimmt aber an, dass die Burg bereits im 14. Jh. entstand. Auch hier verlief die Grenze zwischen Venedig und dem kroatisch-ungarischen Reich. Die Türken besetzten die Festung von 1527 bis 1647. Bis 1944 blieb die Burg erhalten, erst dann fiel sie dem Krieg zum Opfer.

**Nadin:** Um das antike *Nedinum* beim Ort **Nadin** ca. 14 km nordwestlich von Benkovac (südl. der Eisenbahnlinie, hier auch Haltestelle), wo römische Gräber gefunden wurden und alte Grundmauern, gibt es etliche *Touristische Bauernhöfe,* die für ihre Spezialitäten bekannt sind (→ Übernachten).

**Kula Altlagića:** Rund 5 km nordöstlich liegt der kleine Ort, der früher Tihilić hieß und seit der osmanischen Eroberung den Namen des Adeligen trägt. Interessant ist das romanische Kirchlein *Sv. Petar* von 1187, mit hübscher, mit Blenden versehener Außenfassade. Ein Blickfang ist auch die orthodoxe Kirche *Sv. Nikola,* 1446 als katholische Kirche erbaut, von den Türken für ihren Glauben umgebaut und, wie etliche Kirchen in dieser Region, nach Abzug der Osmanen der orthodoxen Bevölkerung überlassen.

# Obrovac und Umgebung

Die alte Kleinstadt mit rund 1000 Einwohnern, einst sicherlich ein malerischer Fleck, liegt eingezwängt im Canyon am Fluss Zrmanja und an der wichtigen Straßenkreuzung ins Landesinnere in Richtung Zagreb und über Benkovac in Richtung Süden ans Meer. Die Zrmanja ist bis Obrovac schiffbar für Boote mit einem Tiefgang von bis zu 2,5 m. Im letzten Krieg ist Obrovac, das bis 1990 ein wichtiger Industriestandort der Bukovica-Region war – es gab eine Aluminiumfabrik –, schwer zerstört worden und so auch wirtschaftlich verwaist. Die Bootsfabrik und das riesige Pumpspeicherkraftwerk Velebit, westlich der Stadt, arbeiten noch.

Ansonsten ist Obrovac ein Durchgangsort, vor allem für zahlreiche Raftingfreunde, sowie auch bei Sperrung der Maslenica-Brücke. Da touristische Infrastrukturen, bis auf das außerhalb liegende Ökodorf (→ Übernachten) fehlen, ist Obrovac selbst für Urlauber unbedeutend. Die Umgebung bietet allerdings einige Highlights, wie eine Tour zur Südseite des hier alles überragenden *Velebit* (→ In die Bergwelt des Velebit um den M. Alan und Sv. Rok), zum *Fluss Zrmanja* oder zur *Kudin most* (→ S.145), sowie zu den *Grotten Cerovčke pećine* (→ S.147).

## Geschichte

Auch hier hinterließen Illyrer und vor allem Römer ihre Spuren, wie *Clambetae*, das heutige *Cvijina gradina* bei Kruševo (3 km südlich) zeigt. Um 918 wurde hier eine Siedlung *Bravico* erwähnt, ab dem 11. Jh. hieß sie *Habrouec*, die kroatischen Fürsten gaben ihr den Namen *Obrovez*. Die weitere Geschichte ähnelt der von Novigrad (→ S. 136). Auch hier hatten die Adeligen *Krbavski* (später dann Fürsten Kurjaković) bis 1527 ihr Kastell, welches heute noch trutzig oberhalb des Ortes auf einem Hügel emporragt. Ab 1409 kam Obrovac zu Venedig, zwischen 1527 und 1684 fiel es an die Türken, die den Fluss mit Befestigungen sicherten und von hier aus ihre Piraterie betrieben – bis zu den Inseln Pag, Rab und Krk wurde geplündert und deren Einwohner wurden als Sklaven verschleppt. Obrovac' Held und Befreier hieß *Stojan Janković*. Er kämpfte für die Republik Venedig gegen die Osmanen. 1848 wurde von hier aus zum Erhalt des Slawentums in Dalmatien aufgerufen. Erst ab 1945 gehörte Obrovac zur Teilrepublik Kroatien. Im letzten Krieg von 1991 litt die Stadt unter Bombardements und ethnischer Säuberung und gehörte zur militärisch kontrollierten Republik Serbische Krajina. Erst im August 1995 konnte Obrovac wieder von den Kroaten zurückerobert werden.

**Information** Tourismusverband Obrovac, Ivane Brlić Mažuranić 6, 23450 Obrovac, ✆ 023/689-870, www.tz-obrovac.hr. Geöffnet Mo–Fr 8–14 Uhr.

**Agentur Riva Rafting Center & Terra Tedania**, Obala hrv. Časnika S. Župana 6 (westl. der Brücke), Obrovac, ✆ 023/689-920, 091/1211-213 (mobil), 091/5134-186 (mobil, Fr. Lana Božović), www.riva-rafting-centar.hr, www.terra-tedania.hr. Im Angebot sind Rafting- (3:30 Std./43 €) und Kajaktouren (3:30–4 Std./36 €), Canyon-Zrmanja-Bootstour (20 €), Stehpaddeln (36 €), Jeepsafari Velebit (48 €); Kinder (7–14 Jahre) bezahlen 50 %. Auch Höhlenbesichtigung und Unterkünfte (→ Übernachten/Mićanovi dvori).

Ein tolles **Angebot** dieser Agentur wartet auf Sie: Gegen Vorlage dieses Buches erhalten Sie 10 % Ermäßigung auf alle Ausflüge – danke!

**Übernachten/Essen** Ökovillage Zrmanja – Terra Tedania – Mićanovi dvori –, viele Namen gibt es für das idyllisch gelegene, ganzjährig geöffnete und bestens organisierte Ökodorf (Ltg. Riva Rafting Center) ca. 4 km oberhalb von Obrovac (Richtung Zadar, am Berg Abzweig Richtung Medvida, nochmals rechts und wieder links – ausgeschildert!). Auf dem 5-ha-Gelände stehen hübsche Natursteinhäuser, abseits unter Oliven- und Johannisbrotbäumen die sehr gut eingerichteten Mobilhäuser (2 Schlafräume, 2 Duschen, Küche und Terrasse, Wifi, TV, max. 6 Pers.). Bei 3-Tages-Aufenthalt 95 € bzw. TS 107 €, kürzer + 25 %. Auf dem Freigelände besteht die Möglichkeit zu campen (10 €/Pers.), zudem gibt es einen Kinderspielplatz, einen großen Pool, Fahrradverleih. Das Restaurant (April–Okt. 8–23 Uhr, Nov.–März 10–22 Uhr) ist mit altem Mobiliar, Fellen und Kamin, sowie mit schönen Freisitzterrassen gemütlich ausgestattet und kocht deftig mit regionalen Produkten aus der Umgebung: zur Vorspeise u. a. Ziegen- oder Kuhmilchkäse, Basa (ein scharfer Quark) oder luftgetrockneter Schinken, dazu selbstgebackenes Brot; zur Hauptspeise u. a. aus der Peka Lamm und Kalbfleisch (mind. 2:30 Std. Vorabbestellung), gemischte Fleischplatte (Rind, Huhn, Hackfleisch, Würste) mit Gemüse oder Lammspieß; zum Nachtisch vielleicht Johannisbrot- oder Feigenkuchen und natürlich süffige Weiß- und Rotweine. Auch das Frühstück ist sehr gehaltvoll mit Quark, Würsten, Eiern. Das Personal ist in der hiesigen Tracht gekleidet. Hauseigene Ausflüge mit Ermäßigung (→ Agentur Riva Rafting Center). Kruševo drage b. b. ■

**In die Bergwelt des Velebit um den M. Alan und Sv. Rok:** Kaiser Franz Joseph ließ 1830 die Gebirgsstraße über den Pass M. Alan (1044 m) in Richtung Norden erbauen. Kurz nach *Zaton Obovački* zweigt diese schmale Straße nach Norden ab und schraubt sich Kurve um Kurve höher, der Blick fällt hinab auf die Autobahn mit Raststation und weit auf das Meer. Bis zur Kirche *Sv. Franjo* mit Aussichtspunkt ist die Straße asphaltiert, danach fährt man auf gutem Makadam durch unberührte gigantische Landschaft. Achtung! Wegen Minengefahr sollte man nicht von der Straße abzweigen (mit Schildern gekennzeichnet). Man passiert die zackigen Felsformationen des *Tulove grede*, wo unterhalb auf den Geierwiesen Winnetou starb. Hier, in der Wildnis, steht auch ein Fanpostkasten – die Umgebung wurde freundlicherweise von Minen geräumt! Weiter führt der Makadam durch das Gebirge gen *Sv. Rok* (ab Abzweig Hauptstraße ca. 45 km). Nach weiteren 15 km über Lovinac stoßen wir bei Gornje Ploča in Autobahnnähe wieder auf Zivilisation. Weiterfahrt Richtung Korenica (Plitvicer Seen) oder nach Süden in Richtung Gračac möglich.

## Fluss Zrmanja und Nebenfluss Krupa

Insider des Wassersports kennen den **Fluss Zrmanja** schon lange, Urlauber entdeckten ihn auf Rafting-, Kajak- oder geruhsamen Bootstouren in den letzten Jahren. Die Zrmanja entspringt bei Poštak (nördlich von Knin) im Dinarischen Gebirge, nähert sich hier bis auf 10 km der Krka und mündet nach 69 km ins Novigradsko more. Sie bildet die natürliche Grenze zwischen Kroatischem Küstenland und Dalmatien. Das gesamte Flussgebiet mit Krupa steht unter dem Schutz des Naturparks Velebit (www.pp-velebit.hr). Der Fluss windet sich die ersten Kilometer unterirdisch durch die Karstlandschaft, bildet für Rafting- und Kajakfreunde herausfordernde Kaskaden mit insgesamt 15 Wasserfällen – der höchste ist der *Veliki buk* mit 11 m – und beeindruckende Canyons, die schon als Winnetoukulissen dienten (→ Jasenice S. 133, Foto S. 76), fließt durch das Städtchen Obrovac und ist ab dann die letzten 10 km bis zu seiner Mündung für kleine Boote mit bis zu 2,5 m Tiefgang schiffbar. Von vielen Touristenorten werden organisierte Boots-, Rafting- und Kajaktouren angeboten, je näher vor Ort, desto preiswerter.

Wer auf der Zrmanja in einem kleinen Umkreis nur etwas paddeln möchte, fährt 20 km östlich direkt auf breit ausgebauter Straße (hier landeten während des Krieges die Flugzeuge!) nach Kaštel Žegarski, einem netten kleinen beschaulichen Weiler, wo in der Saison etliche ortsansässige Kanuanbieter vermieten.

**Boot-, Rafting- und Kajaktouren** Auf der Zrmanja werden Bootsausflüge (Obrovac–Novigradsko more) sowie Rafting- und Kajaktouren ab Kaštel Žegarski von vielen

Agenturen angeboten. Gut organisiert und ganzjährig arbeitet u. a. das Riva Rafting Center in Obrovac (→ Obrovac), auch von Starigrad Paklenica oder Maslenica und weiteren Touristenorten werden Boots- und Raftingtouren angeboten (→ dort).

Die organisierten Kajak- und Raftingtouren starten nach Vorbuchung und Abholung von Kaštel Žegarski und fahren bis südl. von Muškovci (nahe Obrovac); 14,5 km, ca. 3–4 Std. Je nach Gruppe werden die meisten 1 bis 5 m hohen Wasserfälle umgangen.

Die **Krupa** ist ein kleiner Nebenfluss der Zrmanja, der östlich und oberhalb vom *Weiler Krupa* aus einem Fels entspringt, sich durch den kahlfelsigen Canyon bohrt, rund 18 Travertin-Barrieren bildet und nach rund 11 km zwischen Kaštel Žegarski und Bilišane in das landschaftlich bizarre Krupa-Zrmanja-Delta mündet. Wer möchte, kann mit seinem PKW eine kleine Rundtour auf schmaler, steiler (!) Straße hinab über *Golubić* (Anfahrt s. u.) und weiter über das *Kloster Krupa* und gen Kaštel Žegarski und dann zurück nach Obrovac unternehmen (ab Obrovac insg. ca. 53 km) und dabei einige fantastische Ausblicke erhaschen. Auch schöne, aber anstrengende Wanderungen hinab ins Flusstal zur *Kudin most* oder Richtung *Delta* bieten sich an.

**Monastir (Samostan) Krupa**, der serbisch-orthodoxe Klosterkomplex, liegt in Alleinlage mit Kirche, Wehrturm, Gärten und Teich etwas oberhalb des hier fruchtbaren Krupa-Tals und wurde unter König Milutin 1317 erbaut. Ab 1642 bewohnten und bewirtschafteten bosnische Mönche, die aus ihrer Heimat vor den Türken geflohen waren, das Kloster, das seit dieser Zeit immer wieder zerstört und wieder aufgebaut wurde. Es ist das älteste und größte von fünf weiteren Klöstern in Kroatien und war eines der geistigen und kulturellen Zentren der orthodoxen Serben in Dalmatien, wo wichtige serbische Persönlichkeiten lebten und arbeiteten, u. a. der Kirchenklostervorstand und Schriftsteller *Gerasim Zelić* (1752–1828), der Schriftsteller, Philosoph, Pädagoge und Gründer der Universität von Belgrad *Dositej Obradović* (1739–1811) und der Schriftsteller *Simo Matavulj* (1852–1908). Vor allem zur Zeit der venezianisch-osmanischen Kriege wurde das Kloster 1502 und 1620 stark beschädigt, in jüngster Zeit 1941 und 1995. Heute lebt nur noch Abt *Gabriel*

Wird bei Raftingtouren durchfahren – das von Bergen eingerahmte Zrmanja-Flusstal

*Stevanović* auf dem riesigen Gelände, das wertvolle Fresken von *Jure Mitrofanović* aus dem 16. Jh., eine reichhaltige Ikonensammlung und Schatzkammer birgt. Es kann besucht werden, offizielle Öffnungszeiten gibt es allerdings nicht.

**Anfahrt** Von Obrovac auf der N27 in Richtung Gračac, nach 10 km rechts Abzweig nach Golubić (ca. 5,6 km) bis Kloster Krupa (weitere 5 km); oder von Obrovac (in Richtung Ervenik) über G. Bilišane und Kaštel Žegarski zum Kloster (ca. 26 km).

**Wanderung zur Kudin most und Richtung Krupa-Zrmanja-Delta:** Anfahrt vom Weiler Golubić, in der Ortsmitte auf schmalem Sträßlein (10 %ige Steigung!) rund 1,3 km hinab bis zu einem Parkplatz und einem einzeln stehenden Haus (hier kann man Käse kaufen). Sehr gutes rutschfestes Schuhwerk und **Trittsicherheit** erforderlich, da steiler Abstieg und teils loses Gestein! Nicht bei Regen oder nach Starkregen zu begehen! Nicht für Kleinkinder geeignet!

Ab dem Parkplatz führt ein schmaler ausgeschilderter Wanderpfad (rot-weißer Balken) in ca. 0:30 Std. tief hinab (0:45 Std. steil bergan zurück!) zur natürlichen Felsbrücke **Kudin most**, die unter Denkmalschutz steht. Der Blick hinab Richtung Canyon und türkis-smaragd schimmerndem Fluss ist fantastisch. Durch die Travertin-Barriere werden Seen gebildet, man blickt auf eine bizzare, mit vier Bögen und Pfeilern versehene steinerne Brücke, die Ende des 18. Jh. als Verbindungsweg erbaut wurde. Um die Brücke rankt sich die Sage zweier Liebenden, von Kude und seiner Milija, die beide von ihrer Seite aus versuchten, Stein um Stein eine Verbindung zu bauen, um sich endlich in die Arme fallen zu können …

Wer möchte, kann unten im Flusstal den rechten ausgeschilderten Abzweig Richtung Krupa-Zrmanja-Delta nehmen, benötigt dann aber insg. ca. 3 Std. Der Weg ist allerdings in einem noch schlechteren Zustand. Er führt bis oberhalb des größten Wasserfalls, dem Veliki buk, ein Weiterkommen ist hier nicht möglich!

# Gračac

Ein für Touristen unbedeutendes Städtchen, da der meiste Verkehr über die Autobahn bzw. über die wichtige N1 (E71) in Richtung Knin vorbeirollt. Auch hier hat der letzte Krieg Spuren hinterlassen. Einen Besuch wert sind allerdings die südwestlich der Stadt gelegenen Grotten.

**Cerovačke pećine**: Die größten Grotten Kroatiens dehnen sich auf 4 km über zwei Ebenen aus, d. h. in übereinander liegenden Höhlen mit beeindruckenden Stalagmiten und Stalagtiten. Es gibt die 1200 m lange *Gornja pećina*, die *Donja pećina* mit 2400 m und dazwischen die sehenswerte kleinere *Srednja pećina*. In den Grotten wurden bedeutsame Funde gemacht, u. a. Fossilien, menschliche Spuren und Skelette von Höhlenbären (Ursus spelaeus), die hier im Pleistozän vor über 25.000 Jahren lebten, zudem Bronzefunde. Die Durchschnittstemperatur beträgt ganzjährig 11 Grad. Beide Höhlen sind für die Öffentlichkeit zugänglich und können mit Führung von April bis Oktober individuell oder auch organisiert (→ Agenturen) besichtigt werden. Gutes Schuhwerk erforderlich!

**Anfahrt/Öffnungszeiten** Cerovačke pećine, Gračac-Cerovec, ca. 4 km von Gračac in Richtung Knin (E71), ✆ 053/560-450, 098/9151-002 (Guide-mobil, vor Ort), www.speleologija.hr/cerovacke. Die Grotten sind gut ausgeschildert, d. h. bis zum Parkplatz fahren, dann noch 10 Min. Fußweg durch den Wald zur ersten Höhle, weitere ca. 5 Min. zur zweiten. Mai–Aug. Mo–Fr 9–17, Sa/So bis 18 Uhr; April, Sept./Okt. Mo–Fr 10–16, Sa/So 10–17 Uhr. Eintritt und Führung für eine Grotte (1:30 Std.) 8 €, Kinder 7–14 Jahre 5,50 €; für zwei Grotten (ca. 3 Std.) 12 €, Kinder 8 €. Wer individuell kommt, muss evtl. warten, bis die vorherige Führung beendet ist.

# Starigrad Paklenica

Der nahe Paklenica-Nationalpark mit seinen bizarren Schluchten, die schon in Winnetou-Filmen als Kulisse dienten, lockt die Gäste an. Heute hört man keine Pferdehufe mehr dröhnen, sondern das Rasseln der Sicherungsketten und Steigeisen der Kletterer, die sich an den Schluchtwänden in Schwindel erregende Höhen hocharbeiten.

Bereits von weitem ist das Hotel Alan, das einzige Hochhaus des Straßendorfs, zu erkennen. Ein Blick hinüber in die mächtige Berglandschaft entschädigt jedoch für manche Bausünde. Der Eingang zum Paklenica-Nationalpark ist am südlichen Ortsende. Die Touristen sind meist junge, drahtige Kletterfans, und viele von ihnen nächtigen auf den zahlreichen kleinen Campingplätzen rund um den Ort. Da das Klettern in den letzten Jahren immer populärer wurde, ist es kein Wunder, dass immer mehr Gäste kommen. Hier gibt es Klettersteige in allen Schwierigkeitsgraden und, nicht zu vergessen, das nahe Meer mit seinen herrlichen Badebuchten, wo man nachmittags ausspannen kann. Auch immer mehr Wander- und Mountainbikefreunde kommen, erforschen auf den angelegten Pfaden die imposante, unberührte Bergwelt, erfrischen sich dabei ab und an im glasklaren Wasser des Baches Velika Paklenica. Allein 150 km Wegstrecke kann man im Nationalpark Paklenica mit seinen beiden Schluchten zurücklegen, zudem warten Ökotrails zu altem Brauchtum (→ Kasten „Mirila"), endlose Gebirgspfade und Makadamwege durch die herrliche Landschaft des südlichen Velebit. Und wo sonst kommt man in den Genuss, morgens in der Kletterwand zu hängen oder eine Bergtour zu machen und

> ### Auf Winnetous Spuren
>
> Winnetoufans können in und um Starigrad Paklenica auf den Spuren von Winnetou und Old Shatterhand wandeln. Zwischen 1962 und 1968 wurde hier der größte Teil der Karl-May-Filme mit Lex Barker und Pierre Brice gedreht. Zahlreiche Drehorte waren u. a. in der Schlucht Velika Paklenica, auf dem Tulove grede (hier starb Winnetou), am Canyon Zrmanja (Río Pecos oder Colorado) und natürlich auch an den Plitvicer Seen und den Krka Wasserfällen. Allein 10 Filmschauplätze bietet die Velika-Paklenica-Schlucht, u. a. zu „Der Schatz im Silbersee", „Unter Geiern", „Winnetou und Shatterhand im Tal der Toten". Es gibt ein Winnetou-Museum im alten Teil des Hotels Alan, jährliche Winnetou-Festivals, Events und Kongresse und eine riesige europäische Fangemeinde – oben am Tulove grede auf den Geierwiesen eine Karl-May-Fanbox. Zu den Drehorten werden organisierte Jeep-Safaris unternommen, auch werden Bootstrips von Starigrad Paklenica und auch von Novigrad oder Obrovac in den Canyon Zrmanja angeboten. Sportliche nehmen ihr Mountainbike und gutes Kartenmaterial (über TIC).
>
>

# Starigrad Paklenica 149

Wild und verwegen steht die Burgruine Večka vor imposanter Velebit-Kulisse

nachmittags seinen müden Körper an den Strand zu betten und dabei vom Indianerhäuptling Winnetou und seinem weißen Blutsbruder Old Shatterhand zu träumen!

Starigrads Geschichte beginnt in der Römerzeit mit der Siedlung *Argyruntum*. Ihren Namenszusatz legte sich die Stadt zu, als der südliche Ausläufer des Velebit zum Nationalpark erklärt wurde. Wahrzeichen von Starigrad ist die Ruine eines Wehrturmes der *Večka-Burg* aus türkischer Zeit, den Rest hat sich das Meer genommen.

## Basis-Infos

**Information** Touristinformation (TIC), Trg Tome Marasovića 1 (nördl. Ortsbeginn, gegenüber Hafen), 23244 Starigrad Paklenica, ✆ 023/369-255, www.rivijera-paklenica.hr. Mitte Juni–Ende Sept. tägl. 8–21 Uhr, sonst Mo–Fr 8–15 Uhr. Unterkunftsbroschüre und Karten.

**Nationalpark Paklenica** (N. P.-Verwaltung), Ul. Dr. Franje Tuđmana 14a, ✆ 023/369-202, www.paklenica.hr. Mo–Fr 8–15 Uhr, zusätzlich in der HS Sa/So 8–12/18–21 Uhr. Infos, Bücher, Wanderkarten, DVDs; auch geführte Touren buchbar.

**Infostation** mit Wanderkarten, Büchern etc. auch am Eingang 1 (N. P.-Velika Paklenica).

**Agentur Koma Maras**, F. Tuđmana 14 (neben Apotheke), ✆ 023/359-206, www.komamaras.hr. Fahrräder, Scooter, Autos und Exkursionen.

**Agentur Rajna**, ✆ 098/272-878 (mobil), www.hotel-rajna.com. Exkursionen, Fotosafari (ab 2 Pers.) per Jeep in den Velebit; zudem Wanderungen, Seekajak und Unterkunft.

**Agentur Avanturist**, Dr. Franje Tuđmana 14 (neben Tankstelle), ✆ 023/369-032, 098/9327-725 (mobil), www.paklenica-avanturist.com. Zimmer; v. a. werden Kletterkurse und Wandertouren angeboten.

**Verbindungen** Sehr gute Busverbindungen nach Zadar, mehrmals tägl.

**Ausflüge** Zahlreiche interessante Ausflugsmöglichkeiten in geringer Entfernung: Rafting und Bootstouren auf der Zrmanja; Nationalparks Plitvice, Krka (bei Šibenik) und Kornaten; organisierte Berg- und Mountainbiketouren sowie Kletterkurse. Highlights sind Jeepsafaris zu Winnetou-Drehorten.

# Von Zadar nach Starigrad Paklenica

**Einkaufen** Outdoor-Shop, neben der Tankstelle.

**Gesundheit** Apotheke, kurz nach Tankstelle, ℅ 023/369-258. **Ambulanz**, Starigradski Zidari (Straße gegenüber N.P.-Verwaltung), ℅ 023/369-238, ganztägig geöffnet.

**Veranstaltungen** Big Wall Speed Climbing, Ende April bis Anfang Mai, internationaler Treff und Meisterschaften der Freeclimber in der Paklenica-Schlucht.

**》》 Mein Tipp:** Winnetoufest, jährl. im Frühjahr wird für ein paar Tage auf Winnetous Spuren gewandelt, mit Schauspielern, Stuntmen, Statisten, Lagerfeuer und Pferden. www.winnetou-filmland-kroatien.de.

Zudem viele **Aktionswochen** wie Fahrrad-, Wander- und Höhlenwochen, Abenteuerwoche, Trekkingfest (→ Website TIC).

## Übernachten/Essen & Trinken

**Übernachten** Privatzimmer je nach Ausstattung im DZ 30–40 €. **Appartements** für 2 Pers. 35–50 €. Z. B. **Appartements** Sanja (über Avanturist).

**\*\*\* Hotel Vicko**, an der Durchgangsstraße am nördl. Ortseingang. Der Neubau hat einige Terrassen und wirkt wie eine kleine Burg, vielleicht auch deshalb, weil Familie Katić bereits um 1500 als Adelige erwähnt wurden. Das Restaurant der Traditionsherberge legt Wert auf gesunde, ursprüngliche Kost und errang schon etliche Auszeichnungen. 24 nette Zimmer. DZ/F ab 80 € (TS 110 €). Jose Dokoze 20, ℅ 023/369-304, www.hotel-vicko.hr.

**\*\*\*\* Villa Vicko**, der komfortable Neubau steht unterhalb von obigem Hotel direkt am Meer und bietet 16 Zimmer und Appartements (etwas teurer als das Hotel) mit Balkon und Garten. Reservierung s. o.

**\*\*\* Hotel Alan**, 9-stöckiges 200-Zimmer-Hochhaus in Meernähe, kurz vor N. P.-Zufahrt. Von den obersten Etagen herrlicher Weitblick, ansonsten ist das Gebäude in dieser Landschaft fehl platziert. Es gibt: Restaurant, Café, Pool, Spa-Center, Kajaks, Tauchschule (s. u.), Fahrradverleih, ein kleines Winnetou-Museum; angeschlossen ein Campingplatz (s. u.). Nichts für Ruhebedürftige, da hellhörige Zimmer, zudem in den NS viele Reisegesellschaften. Von Juni bis Anf. Sept. nur All-incl. möglich, ab 108 €/Pers. im DZ; sonst auch DZ/F. ℅ 023/369-236, www.bluesunhotels.com.

**\*\* Pension Roli**, kleines, preiswertes 22-Zimmer-Haus, zentral am Hafen. Restaurant und Terrasse mit Blick aufs Meer. Einfache Zimmer mit Balkon. DZ/F 60 €. Stipe Bušljete 1, ℅ 023/369-018, www.gdjenamore.com.

**\*\* Hotel-Restaurant Rajna**, kurz nach der N. P.-Zufahrt. Sehr gutes, bekanntes Restaurant mit Terrasse. Die Wirtsleute Marin Marasović und seine Frau sind sehr bemüht, beherbergten schon viele begnadete Bergsteiger und Kletterer, sind Winnetoufans, organisieren Ausflüge in den Velebit (→ Agentur) und verleihen Fahrräder. Saubere nette Zimmer/Appartements mit TV, AC für ca. 48 €/2 Pers. Es werden auch Häuser vermietet (s. u.). Fr. Tuđmana 105, ℅ 023/369-121, www.hotel-rajna.com.

**》》 Mein Tipp:** Kuća Varoš, ca. 600 m oberhalb von Starigrad Paklenica in Dadići-Škilijći. Der wunderschöne renovierte und denkmalgeschützte Hof mit 2 Nebengebäuden von 1850 liegt am Ökotrail mitten in der Natur. Infos über Hotel Rajna. Auf 200 m² können bis zu 12 Pers. wohnen, pro Tag 260 € (TS 310 €). 《《

**Kuća Pojdata**, ein weiteres kleineres Natursteinhäuschen für 2+2 Pers. liegt im Weiler Marasovići, Zufahrt zum N.P.-Eingang Velika Paklenica. Tagesmiete 82 € (TS 85 €). Infos über Hotel Rajna.

**\*\*\* Pension-Restaurant Croatia**, nach der Zufahrt zum N. P. im Ortsteil Seline. Neubau mit großer überdachter Terrasse direkt am Meer. Komfortable DZ/F ca. 60 €. Put jaza b. b., ℅ 023/369-190, www.pansion-croatia.com.

**\*\*\* Pension-Restaurant Kiko**, ein Stückchen südlicher, nach Pension Croatia, im Ortsteil Seline, auch am Meer gelegen. Die Küche hat einen guten Ruf. ℅ 023/369-784, www.pansion-kiko.com.

**\*\*\* Pension Anđelko**, gut geführtes Haus direkt am Meer (nördl. vom Hafen) mit 17 Zimmern und 2 Appartements mit Balkon. S. Bušljete 3, ℅ 023/369-307, www.pansion-andjelko.com.

## Starigrad Paklenica

**Camping** Im Ort gibt es fast 20 Campingplätze; hier sind nur die größten beschrieben. Viele kleine Plätze liegen nahe der Zufahrtsstraße zum Nationalpark.

**»> Mein Tipp:** \*\* **Autocamp Nationalpark**, schöner Platz im Föhrenwäldchen am Meer hinter der N.P.-Verwaltung. Kleine Kiesbuchten und Fels, Sanitäreinrichtungen für die Hochsaison etwas knapp bemessen. Kleiner Supermarkt am Eingang und Café-Snackbar. Geöffnet 15.3.–15.11. 5,50 €/Pers., Parzelle ab 8,20 €. ✆ 023/369-202. **«**

\* **Camping-Pension Plantaža**, am nördl. Ortseingang im schattigen Wäldchen und direkt am Strand. Betonierte Molen, auf denen man gut liegen kann, ragen ins Wasser, sonst Kiesstrand mit Strandduschen; wenig Sanitäranlagen. Ca. 100 Stellplätze. 5,30 €/Pers., je Größe ab 3,50 €/Zelt, 3,70 €/Auto; Zimmer- und Appartementvermietung (\*\*\*). Put Plantaže 2, ✆ 023/369-131, www.plantaza.com.

\* **Camping-Pension Michael**, kleiner, netter, gut geführter Platz für 30 Zelte neben Camp Plantaža, ebenfalls direkt am Meer und unter Föhren. Im Haupthaus Zimmer-/Appartementvermietung (\*\*\*). Put Plantaže b. b., ✆ 023/369-137.

\*\* **Bluesun Autocamp Paklenica**, auf einer 2,5 ha großen Wiese neben Hotel Alan, dessen Einrichtungen benutzt werden können. Kinderspielplatz, Boot- und Paddelbootverleih; Grill-Pizzeria am Strand, Minimarkt. Tennis, Basket- und Handball, Minigolf. Geöffnet 15.3.–1.11. Preise höher wie Camp Nationalpark. ✆ 023/209-062, www.hotel-alan.hr.

**Autocamp Pisak**, kleiner Platz, idyllisch und ruhig am Meer auf der gleichnamigen Halbinsel im Ortsteil Seline gelegen. Sanitäranlagen in Ordnung. Geöffnet 1.4.–1.11. 4,50 €/Pers., Parzelle ab 5,50 €. Put bunarića b. b., ✆ 023/656-129.

**Essen & Trinken** Restaurant Vičko, wird sehr gelobt, erhielt viele Auszeichnungen – Spezialität sind Fischgerichte (→ Hotel Vičko). ✆ 023/369-304.

**»> Mein Tipp:** Restaurant **Rajna**, mit Terrasse. Hier wird leckere, preiswerte Hausmannskost serviert; Spezialitäten sind u. a. Fischplatte mit Kalamaris, Rochen und Wolfsfisch, auf Bestellung gibt es Fischbrodetto in Tomatensauce mit Polenta (→ Hotel Rajna). ✆ 023/369-130. **«**

Zudem empfehlenswert **Restaurant Paklenica**, an der Zufahrtsstraße zum Nationalpark; in Marasovići die gute Konoba im **Ethno-Haus** (Mai–Okt. 14–18 Uhr); gute Fischgerichte gibt es auch im **Restaurant Dalmatia** am Meer. Empfehlenswert auch die **Restaurants Croatia** und **Kiko** im Ortsteil Seline; im Ortsteil Tribanj-Kruščica wird das **Restaurant Karlo** am Meer gelobt.

## Wassersport/Sport

**Baden** Schöne Feinkiesbuchten und Schatten spendende kleine Bäume rund um die Ruine des Wehrturms Većka (südlich Hotel Alan); ebenfalls schöne Buchten gibt es auf der **Halbinsel Pišak** im Ortsteil Seline.

**Tauchen** **Pan Dive**, Tauchbasis beim Hotel Alan, ✆ 098/9234-724 (mobil), www.pandive.com.

**Wandern** Neben Paklenica-Schluchten (→ dazu Nationalpark Paklenica und Kleiner Wanderführer/Wanderungen 2 und 3, S. 333 u. 336) gibt es auch noch weitere Wandermöglichkeiten.

**Ökotrail (Poučna Staza)**: Der angelegte Makadamweg (auch Verbindungsweg zwischen den beiden Schluchten Velika und Mala Paklenica) eignet sich in Richtung Osten gut zum Mountainbiken. Er zieht sich oberhalb von Starigrad Paklenica über 8 km an den Abhängen des Velebit entlang. Besichtigt werden können westlich von Starigrad Paklenica, oberhalb von Matkovača (400 m), die Totenraststätten *Mirila*. Wer mag, kann auch noch höher hinauf, bis auf 900 m steigt die Bergwelt auf kleinen Straßen und Wegen hier bergan (besser zu Fuß!). Vom Zentrum Starigrad Paklenica gen Westen verläuft der Weg über Marasovići (Ethno-Haus), dann zweigt er kurz vor dem Eingang zum Nationalpark ab und verläuft wieder oberhalb des Ortes mit schönem Weitblick auf die Küste. Man kommt durch winzige Weiler mit schönen alten Gehöften wie Škiljići, Jurline, Jusupi. Kurz nach Jukići besteht die Möglichkeit, in die Schlucht Mala Paklenica zu gelangen. Dann weiter über Bucići nach Reljani. Ab hier muss man wieder hinab zur Magistrale oder man fährt den schönen Weg wieder zurück.

**Wander-Infos** Auf markierten Pfaden in die Schluchten oder hoch ins Velebit-Gebirge. Organisierte Touren gibt es über die N. P.-Verwaltung; Proviant, Schlafsack etc. muss man mitbringen und selbst hochtragen. Es gibt in diesem Gebiet neben Kod Marija (s. o.) ca. 12 einfach ausgestattete Berghütten, die von Mai bis Sept./Okt. geöffnet sind. Man kann natürlich auch nur Tagestouren unternehmen. Die Ranger der N. P.-Verwaltung kennen sich gut aus und geben gern nützliche Tipps, zudem ist in einigen Hütten eine Anmeldung erforderlich.

**Klettern/Freeclimbing** Dies dürften hier die beliebtesten Sportarten sein – es gibt über 300 Touren in allen Schwierigkeitsgraden. Eine Kletterschule befindet sich im Nationalpark (→ Agenturen), eine Klettererlaubnis muss eingeholt werden. Infos, Karten, Kletterführer bei der N. P.-Verwaltung.

**Mountainbike** Touren im Velebit sind sehr beliebt, in den Schluchten verboten. Organisierte Touren und Radverleih (→ Agenturen).

## Mirila – Totenraststeine

Entlang der Gebirgswege im Velebit findet man Mirilas, die sog. Totenraststeine – eine einzigartige Begräbniskultur, die vom 17. Jh. bis 1957 ausgeübt wurde. Um ihre Toten von den abgelegenen Höfen im Velebit-Gebirge zur nächsten Dorfkirche und zum Friedhof zu transportieren, mussten die Angehörigen oft sehr weite Strecken bewältigen. Es wurde ihnen erlaubt eine Rast zu machen, damit der Tote seinen letzten Gruß an die Sonne senden

und seine Seele Frieden finden konnte. Diese Ruheplätze wurden sorgfältig ausgesucht und befinden sich meist in schöner Lage. Der Tote wurde mit Platten nach seiner Größe vermessen, am Kopfende wurde ein Sockelstein angebracht. Die Sockelsteine wurden verziert, früher nur mit Symbolen, später mit dem Namen und Todestag des Verstorbenen. Danach wurde der Tote zum Friedhof getragen und beerdigt. Die Mirilas wurden von den Angehörigen häufiger besucht und mehr verehrt als das Grab selbst. Zwei markierte Lehrpfade (Poučna Staza) bringen uns diesen Brauch näher. Einer befindet sich oberhalb von Starigrad Paklenica (3 km, 1:30 Std. Wegzeit), ein weiterer um das Dorf Lubotić (10 km in Richtung Trbanj-Kruščica, dann Abzweig und weitere 3,5 km). Gutes Schuhwerk (unebener, felsiger Weg) und Wasser erforderlich. Herrliche unberührte Landschaft garantiert. Bei TIC ist eine kleine Wanderkarte erhältlich.

Auf traumhaften Wanderpfaden die Velika- und die Mala-Paklenica-Schlucht erkunden

# Nationalpark Paklenica

Der 1949 zum Naturschutzgebiet erklärte Nationalpark umfasst zwei wilde Karstschluchten des Velebit-Gebirges – das mit 150 km Länge größte kroatische Gebirgsmassiv. Der Zugang zur größeren Schlucht, der *Velika Paklenica,* beginnt am Ortsende von Starigrad und führt zuerst über eine schmale Asphaltstraße am Weiler Marasovići vorbei – hier besteht die erste Möglichkeit zu parken; nach weiteren 2 km endet das Sträßchen an einem relativ kleinen Parkplatz beim Nationalparkhaus (Haupteingang/Eingang 1), der meist schon frühmorgens belegt ist. Ab hier heißt es laufen. Je tiefer man in die Schlucht eindringt, desto enger wird sie. Die Wände türmen sich immer steiler, bis sie fast senkrecht aufragen, an manchen Stellen bis zu 400 m hoch. In dieser urwüchsigen, faszinierenden Landschaft wirken die verbissenen Mountainbikefahrer und die Kletterer und Freeclimber, die mit minimaler, doch hoch spezialisierter Ausrüstung im Fels hängen, wie Eindringlinge.

Durchwandert man die Schlucht, wandelt sich das in Küstennähe mediterrane Klima in kontinentales; die gerodete Landschaft in Küstennähe weicht reicher Flora und großen Wäldern. Buchen-, Eichen- und Kiefernwälder bedecken fast die Hälfte des Nationalparks – gute Lebensbedingungen für die vielfältige Tierwelt. Die *Velika-Paklenica-Schlucht* ist 10 km lang, die umgebenden Berge steigen auf über 1600 m an und können ebenfalls erklommen werden. Man sollte sich deshalb nicht ganz unvorbereitet auf den Weg machen, gerade wenn man übernachten will.

Beide Täler – das kleinere der *Mala Paklenica* (Eingang 2) erreicht man über den Ort Seline – sind im Lauf der Jahrtausende durch Verwitterung und Erosion entstanden. Damals flossen hier die Bäche noch oberirdisch. Von der ungebändigten Kraft des Wassers, das auch heute bei Regenfällen sturzbachartig durch den Canyon schießt, zeugen die für Karstgebiete typischen Grotten und Höhlen. Die größte Tropfsteinhöhle ist die 175 m lange *Manita peć,* die über Velika Paklenica in etwa 2 Std. zu erreichen ist.

154   Von Zadar nach Starigrad Paklenica

 **Wanderung 2**: Rundweg von der Mala- zur Velika Paklenica-Schlucht → S. 333
Beeindruckende, Kondition erfordernde Wanderung durch zwei Schluchten

**Wanderung 3**: In die Velika-Paklenica-Schlucht → S. 336
Familienwanderung in die imposante Schlucht

**Information/Öffnungszeiten** Nationalpark-Verwaltung Paklenica, Ul. Dr. Franje Tuđmana 14a, ✆ 023/369-202, www.paklenica.hr. Mo–Fr 8–15 Uhr, zusätzlich in der HS Sa/So 8–12/18–21 Uhr. Infos, Bücher, Wanderkarten, DVDs, auch geführte Touren buchbar.

Rezeption Nationalpark Velika Paklenica (Haupteingang/Eingang 1), ✆ 023/369-803. Ganzjährig geöffnet. Kiosk, Souvenir-Shop mit Kartenmaterial etc.

Rezeption N. P. Mala Paklenica (Eingang 2), bei Seline. Geöffnet Mai–Okt.

Grotte Manita peć, Juli–Sept. tägl. 10–13 Uhr; Juni u. Okt. nur Mo, Mi, Sa 10–13 Uhr; im Mai nur Mi u. Sa, im April nur Sa jeweils 10–13 Uhr.

**Anfahrt** Da nur kleine Parkplatzflächen zur Verfügung stehen, verkehren, wenn der hintere Parkplatz voll ist, von 9–15 Uhr Pendelbusse.

**Eintritt** Mai–Sept. 6,70 €/Erwachsene (restl. Monate 6/5,30 €), 4 € bzw. 2,60 €/Kinder 7–18 J., unter 7 J. gratis. Zudem vergünstigte 3- u. 5-Tageskarten.
Die Grotte Manita peć kostet extra: 2,60 € (Erw.), 1,30 € (Kinder 7–18 J.).

**Klettern/Freeclimbing** Dies dürften hier die beliebtesten Sportarten sein – es gibt über 300 Touren in allen Schwierigkeitsgraden. Eine Kletterschule befindet sich im Nationalpark (→ Agenturen), eine Klettererlaubnis muss eingeholt werden. Infos, Karten, Kletterführer bei der N. P.-Verwaltung.

**Mountainbike** ist in den Schluchten verboten!

**Übernachten/Essen** Ethno-Haus in Marasovići, kleines Museum und Konoba, Mai–Okt. 14–20 Uhr. Lugarnica (Forsthaus), Mai–Okt. tägl. 10–17 Uhr; nur Getränke. Dom Paklenica, schöne Lage, aber wenig Service, Übernachtungsmöglichkeiten in Schlaflagern; Juni–Mitte Sept., danach nur am Wochenende; ✆ 023/301-636.

》》》 **Mein Tipp**: Ramića Dvori – Kod Marija, nördl., ca. 5–10 Min. vom Dom Paklenica entfernt. Idyllisch liegt das Geburtshaus des Eigentümers Marijo Ramić, ein wunderschönes Natursteinhaus. Es bietet 5 Zimmer für insg. 19 Pers. (u. Dusche) und leckeres Essen (Lamm, Gemüse, Suppen), gekocht von seiner Frau Marija; der Esel draußen ist das Haustier. Geöffnet ca. Mai–Okt. ✆ 023/231-756, 091/5898-617 (mobil), www.ramica-dvori.com. 《《《

Ivančev Dom, dieses nette Naturstein-Berghaus ist ebenfalls ein gutes Basislager für Wanderungen; schräg gegenüber obigem. Es gibt 4 Zimmer mit 4 Betten, 2 Duschen. Lebensmittel müssen mitgebracht werden. Anmeldung erforderlich. ✆ 095/8017-785 u. 098/9378-577 (mobil), www.paklenica.net.

Berg Straža (Insel Ist) – herrlicher Weitblick über die Norddalmatinischen Inseln

# Inseln vor Zadar

Von Zadar aus sind die unzähligen großen und kleinen Inseln per Trajekt, Katamaran oder Personenfähre zu erreichen. Gen Norden in Richtung Insel Lošinj reihen sich wie an einer Perlenschnur zahlreiche kleine Inseln, der **Archipel vor Zadar**, wo so gut wie kein Auto fährt, da man es auch – bis auf die Bewohner für Transporte – nicht benötigt. Diese Inseln bieten sich für Wandertouren an. Dann folgen südlich von Zadar die große **Insel Dugi Otok** und die durch eine Brücke verbundenen **Inseln Ugljan** und **Pašman**, die wiederum von kleinen Inseln wie **Vrgada** umgeben sind. Die großen Inseln eignen sich sowohl für Wandertouren als auch zum Mountainbiken.

### Wichtiges auf einen Blick

**Telefonvorwahl:** 023

**Verbindungen:** Die meisten Schiffe kommen von Zadar, nur 1-mal tägl. von/nach Mali Lošinj (Insel Lošinj). Man sollte sich bestens über Hin- und Rückfahrt informieren, Änderungen möglich. Zwischen Mali Lošinj und Zadar verkehrt auch ein Trajekt, das aber nicht für den offiziellen Autotransport, sondern für den Transport von Baumaterialien für die Einheimischen vorgesehen ist. Einzig zur Insel Iž kann, wer mag, sein Auto mitnehmen, was sich aber wenig lohnt und nur der Umwelt schadet.

**Geldwechsel:** Keine Banken, nur Poststationen, die oft nur wenige Stunden geöffnet haben. Nur geringer Bargeldwechsel. Am besten vorab an Umtausch denken.

**Informationen:** Die Touristeninformationen vor Ort sind meist nur Juli/Aug. geöffnet. Informationen erhält man in Zadar oder auch unter www.zadar.hr.

**Einkaufen:** Nur kleine Läden.

# Archipel vor Zadar

Die Inselkette nordwestlich von Zadar ist vom außerkroatischen Tourismus noch weitgehend unberührt – ein Tipp für Individualisten, die Abgeschiedenheit und Stille lieben und auf größeren Komfort gern verzichten.

Einheimische oder ausgewanderte Kroaten verbringen hier im Juli und August ihre Ferien. Meist werden die Inseln von Bootsbesitzern angelaufen, und nur wenige, wie Silba, haben sich auf Urlaubsgäste eingestellt. Es sind Inseln, die viel Ruhe und Abgeschiedenheit ohne großen Komfort bieten und zu Erkundungen auf Pfaden einladen, die mitunter in der undurchdringlichen Macchia enden. *Achtung*, in den Sommermonaten kann der kräftige Westwind *Newera* Bootsbesitzern sehr zu schaffen machen. Die Schiffsverbindungen vor allem nach Zadar wurden etwas verbessert, zudem verkehren auch Trajekts; ein Auto ist hier für den Urlauber allerdings unnötig, da es kaum Straßen gibt. Den Einheimischen dient der Pkw zum Transport oder in den Städten zur Fortbewegung.

## Insel Olib

Von der Fähre aus wirkt die autofreie Insel wie ein mit Buschwald und Kiesbuchten verzierter einsamer Inselfladen. Um die schönen Badeplätze wussten bisher meist nur Bootsbesitzer oder junge Kroaten, die mit dem Vorgefundenen zufrieden waren und auf weiteres Amüsement keinen Wert legten.

Das flache, durch Steinmäuerchen unterteilte Olib ist 25,6 km² groß und bis auf wenige bewirtschaftete Wein- und Olivenplantagen von Macchia überwuchert. Der gleichnamige Inselort liegt ziemlich zentral an der schmalsten Stelle nahe der Westküste – nur 1,4 km sind es zum östlichen Meeresufer. Der Ort Olib ist von Weinfeldern, Olivengärten und Schafweiden umgeben, je weiter entfernt, desto verwilderter und urtümlicher. Pfade führen zu Badebuchten im Osten und Süden. Im Osten sieht man die Insel *Plavnik,* in der Ferne *Pag* und das Küstengebirge und im Westen, zum Greifen nah, *Silba.* Olib war einst eine der dichtest besiedelten Inseln im Zadarer Archipel. Die heute noch verbliebenen 200 Menschen leben hauptsächlich vom Fischfang, daneben ein wenig vom Tourismus und der Landwirtschaft.

Inseln vor Zadar

## Geschichte

Schon zur Römerzeit war Olib besiedelt, ab 1409 gehörte es, wie alle Inseln des Archipels, zu Venedig. Die heutigen Siedler kamen vor über 500 Jahren von Vrlaka (bei Split) und waren Bauern. Ein Spliter Bischof versprach dem Völkchen auf der Flucht vor den Türken eine Insel namens *Ulbo,* wenn sie fleißig das Land bearbeiten würden. Unter ihrem Anführer, Pater *Juraj Cetinjanin,* siedelten sie sich 1476 auf der Insel an. Sie brachten ein Holzkreuz mit, das noch heute in der Pfarrkirche *Sv. Marije* steht. Die Insel war damals im Besitz der Adelsfamilie *Filipi,* der die neuen Siedler Abgaben zahlen mussten. Sie bauten hauptsächlich Wein und Oliven an, züchteten Schafe und verkauften ihre Erzeugnisse in die Städte und nach Italien. Um 1900 starb der Filipi-Clan aus und ein geachteter Bischof schlug vor, das Land aufzukaufen und unter den Bauern aufzuteilen – ihre Freiheit und ihr Land erhielten die Oliber am 14. Mai 1900. Wirtschaftlich erwies es sich allerdings als unklug, das Land derart zu parzellieren. Als dann noch die Reblaus die Weinstocke vernichtete, war die Existenzgrundlage dahin. Vor dem Ersten Weltkrieg begann die erste Emigrationswelle in die USA und nach Australien – bis dahin zählte Olib noch 2030 Bewohner. Nach dem Zweiten Weltkrieg setzte ein neuer Auswanderungsschub ein und viele suchten ihr Glück in New York und Kalifornien. Heute wohnen nur noch 150 alte Menschen hier, viele Häuser stehen leer. Im Juli und August besuchen jedoch viele Emigranten oder deren Nachkommen ihre alte Heimat, um Urlaub zu machen oder die alten Häuser zu renovieren – dann kehrt Leben ein in die Cafébars, man sieht viele Schirmmützen und hört breiten amerikanischen Slang.

**Information** Touristinformation am Hafen, 23296 Olib, ✆ 023/370-162; in der Saison Mo-Sa 16.30–20.30 Uhr.

**Verbindungen** *Trajekt (Linie 401):* Zadar–Olib (1-mal tägl.), Olib–Silba (1-mal tägl.), Olib–Premuda (1-mal tägl.), Olib–Ist (3-mal wöchentl.), Olib–Mali Lošinj (4-mal wöchentl.).

**Einkaufen** am Kirchplatz Laden und Metzgerei; am Hafen Minimarkt u. Obststand.

**Veranstaltungen** Fischfest am 2. Sa im Aug. Dann gibt es kostenlos Fisch für alle Gäste.

**Übernachten/Essen** Privatzimmer/Appartements ab 30 €.

Restaurant-Pension Amfora, nahe Hafen, Neubau mit großer pflanzenumrankter Terrasse, gutes Restaurant. Geöffnet Mitte Mai–Okt. DZ/F ca. 40 €. ✆ 023/376-010.

Gostionica Olib, große überdachte Terrasse. Einfache, deftige Küche mit Fleisch- und Fischgerichten.

Gostiona Amfora, in einer kleinen, mit Blumentöpfen geschmückten Laube. Treff der Jachtler. Preise wie auch Essen sind etwas anspruchsvoller. Es gibt Fisch- und Fleischgerichte.

Konoba Plavnik, am Hafenbecken mit Tischen und Stühlen unter Strohmattendach. Treff der Einheimischen zum Kartenspiel und Plausch. Es gibt nur Getränke.

Nett ist's auch bei Miki in der **Cafébar Grobak,** bei guter Musik und Cocktails.

*Archipel vor Zadar*

Archipel vor Zadar/Insel Olib 159

## Sehenswertes

Das Ortsbild von Olib prägen bunt angemalte, stattliche Häuser mit fruchtbaren Gärten und Weinstöcken und der imposanten Velebit-Kulisse im Hintergrund. Aus dem Ort ragt der Kirchturm der Pfarrkirche **Sv. Marije** auf. An ihrer Rückseite steht eingemauert die ehemalige Kapelle, die 1786 zu dieser Kirche vergrößert wurde. Das geräumige Kircheninnere ist in hellen Farben ausgemalt und mit bunten Glasleuchtern geschmückt. Neben fünf Altären birgt sie das schlichte Holzkreuz, das die kroatischen Siedler 1476 aus ihrer alten Heimat mitbrachten. Es stand früher in der kleinen **Sv.-Stošije-Friedhofskapelle**, in der auch ihr Anführer Pater *Juraj Cetinjanin* begraben liegt. Heute noch steht im Friedhof das geduckte Kirchlein von 1632 gegenüber der stattlichen neuen Kirche. Im Inselosten, nahe der Slatinica-Bucht, die Kapelle **Sv. Rok** von 1888, die nach einer Pestepidemie als Votivkirche diente. Die Kirche **Sv. Nikola** (1881) steht im Südwesten der Insel an der gleichnamigen Hafenbucht – und direkt neben der Kapelle aus dem 17. Jh., die in eine Sakristei umgewandelt wurde. Etwas weiter westlich die Ruinen der Kirche und des **Klosters Sv. Ante Opata**, das ab 1934 eine Klosterschule beherbergte. Zwischen 1727 und 1948 lebte hier die Ordensgemeinschaft Peter und Paul, die die glagolitische Schrift pflegte (→ Kasten S. 160). Es gab 179 Priester, die bis 1968 an dieser Schrift festhielten.

Südlich der Klosterruinen steht inmitten von Weinstöcken ein **Wehrturm** vom Ende des 17. Jh. Das 1934 erbaute **Monument** in Hafennähe erinnert an die Inselübergabe durch die Familie Filipi an die Oliber Bauern. Der Freikauf aus der Leibeigenschaft wurde seitdem am 15. Mai gefeiert. Später verlegte man das Fest auf Anfang August, wenn sich die Auswanderer zum Urlaub wieder auf ihrer Heimatinsel einfinden. Der Kontakt zu den Zurückgebliebenen ist immer noch sehr innig. Einige Emigranten unterstützen die Insel mit Spenden, und dem beginnenden Tourismus begegnen sie sehr kritisch: Probleme der Müllbeseitigung, die geringe Größe der Insel, die alten Häuser, die urwüchsige Natur – es ist sehr verständlich,

dass sie ihre Heimat unberührt vorfinden möchten, aber welche Alternative haben die wenigen verbliebenen Bewohner?

> **Glagoliza – die glagolitische Schrift**
>
> Die Glagoliza ist eine altslawische Schrift mit eigenen, aus dem Griechischen, Orientalischen und Slawischen abgeleiteten Formgebungselementen. Wahrscheinlich wurde sie im 9. Jh. von dem „Slawenapostel" Kyrillos aus Saloniki im Zuge seiner Bibelübersetzung zum besseren Verständnis des Inhalts geschaffen.
>
> Grundlage der glagolitischen Schrift sind die griechischen Kleinbuchstaben, die Lettern sind orientalischen Alphabeten entlehnt und wurden an die Lautbesonderheiten der slawischen Sprache angepasst und umgestaltet. Die Schrift fand Eingang in die slawische kirchliche Literatur und ist trotz des Widerstandes der lateinisch orientierten Papstkirche in ihrem westlichsten Verbreitungsgebiet bis in die Gegenwart erhalten geblieben.

## Baden

In der großen Bucht beim Ort gibt es Kies- und betonierte Liegeflächen, Umkleidekabinen, Toiletten und Stranddusche. Weiter südlich davon Kiesbuchten. Ein Fußpfad führt in rund 0:20 Std. auf die Ostseite der Insel zur **Slatinica-Bucht**. Sehr seicht und sandig ist der Strand, man kann allerlei Krebsgetier beäugen und blickt auf das Velebit-Gebirge. Links und rechts der Bucht wird es grobkieselig und felsig. Nach Südwesten führt ein Pfad zur **Sv.-Nikola-Bucht** mit der gleichnamigen Kapelle oberhalb des Ufers. Im Nordwesten liegt die **Draga-Bucht** mit Kies- und Felsstrand.

Der Wehrturm von Olib, Ende des 17. Jh. erbaut, ragt trutzig aus dem Feld

# Insel Silba

Die Bewohner von Silba haben sich längst mit dem Tourismus angefreundet und gehen auf die Bedürfnisse der Gäste ein – doch noch ist die Insel ruhig und natürlich, ein kleines Idyll. Die Schönheiten von Silba entdeckt man auf den macchiagesäumten Wegen zu vielen Fels-, Sand- und Kiesbuchten.

300 Menschen leben auf der 15 km² großen Insel, die, obwohl unweit der Insel Lošinj gelegen, noch zum Zadar-Archipel gehört. Die Insel ist flach, es wachsen vielerlei Macchiagehölze. Zu den Sand- und Kiesbuchten wurden Pfade angelegt. Alles wirkt etwas lieblicher und nicht so urwüchsig wie auf der Nachbarinsel Olib.

Silba soll eine griechische Kolonie namens *Selbo* gewesen sein, definitiv aber war es zu römischen Zeiten besiedelt. Das belegen Münzfunde mit Kaiser Antoninus Pius (138–161) und auch der jüngste Fund, ein Sarkophag, in der Bucht *Pocumarak*. Auch *Porphyrogenet* erwähnte im 10. Jh. die Insel Selbo und unter König *Petar Krešimir* ging die Insel 1073 an das Kloster Sv. Marija in Zadar. Seit 1409 gehörte Silba zu Venedig und nach dessen Fall 1797 zu Zadar. Die Blütezeit der Insel lag im 17. und 18. Jh., als Silba ein wichtiges Seefahrerzentrum war.

Die Bewohner von Silba lebten nicht von der Landwirtschaft, sie waren Seefahrer. Die Insel war reich – bis zum Ersten Weltkrieg gab es hier noch 190 Segelschiffe. Zwar verdrängten die Dampfschiffe bald die traditionellen Segler, doch die Menschen konnten sich nie so recht mit der Umstellung auf Schafzucht und Fischfang anfreunden. Wie Olib liegt auch der Inselhauptort Silba in der Inselmitte, seine Häuser ziehen sich die wenigen hundert Meter von der Ostküste über einen Hügel zur Westküste hinüber.

Silba ist schon lange kein Geheimtipp mehr; es wurde fleißig gebaut und die Haupterwerbsquelle dürfte mittlerweile der Tourismus sein. Dennoch bemüht man sich wenig um Gäste – sie sind da oder auch nicht – es sind mehr die Einheimischen selbst, die sich hier in ihrem Idyll zurückziehen und ab und an ihre übrigen Zimmer vermieten. Das wichtigste Verkehrsmittel ist mittlerweile, anstelle des Esels, der Kleinbulldog – ein fahrbares Maschinchen mit Lenkstange, das man vor einen Anhänger spannt. Ebenso löste der elektrische Strom die Kerzenscheinromantik ab. Doch da wo man durch ein Gewitter zurück in alte Zeiten versetzt, dann werden wieder die Petroleumlampen hervorgeholt, und es wird noch beschaulicher. Trotz aller Neuerungen hat sich der Ort seine Ursprünglichkeit bewahrt, die meisten Neubauten fügen sich mit ihrer Pflanzenpracht gut in die alte Bausubstanz ein.

Wer den Ort oder gar die Inselschönheit entdecken möchte, sollte gut zu Fuß sein bzw. gerne wandern, rundum gibt es herrliche Küstenwege (→ Baden/Wandern).

**Information** Tourismusverband, Ortsmitte, gegenüber Kirche, 23295 Silba, ✆ 023/370-010, www.tz.silba.net. Mai–Okt. Mo–Fr 8–12 Uhr (Juli/Aug. auch 18–22 Uhr). Zimmervermittlung.

**Verbindungen** Der **Fährhafen** liegt im Westen; nur wenn es stark stürmt, legt die Fähre im Osten an. Fährtickets im Kiosk am Fährhafen, kurz bevor die Fähre ablegt. Silba ist mit Zadar, Mali Lošinj (auch Premuda u. Olib) 1-mal tägl. verbunden (*Trajekt Linie 401*), 4-mal wöchentl. mit Ist; zudem stoppt *Katamaran (LNP)* in Richtung M. Lošinj und Pula.

**Einkaufen** mehrere Läden, Obst- u. Gemüsestand am Kirchplatz. Fischladen schräg gegenüber dem Liebesturm.

**Gesundheit** Ambulanz, beim Liebesturm, geöffnet Mo u. Do 8–12 Uhr. ✆ 023/370-135.

**Parken in Zadar** Es gibt Familien aus Silba, die Parkgaragen in Zadar anbieten, u. a. ✆ 023/370-223 (ca. 5 €/Tag) oder auch unter 098/562-146 (mobil).

*Die Südküste von Silba*

*Der Liebesturm*
*Die Mavrova-Bucht*

**Post** Gasse Richtung Liebesturm; Mo–Sa 7–21 Uhr; hier auch Geldwechsel.

**Übernachten** Es gibt viele **Privatzimmer/ Appartements** ab 40/50 €. Schöne Pensionen liegen an der Westseite. Da viele Häuser nur 1 oder 2 Zimmer/Appartements vermieten, ist es schwierig, Empfehlungen zu geben. Man kann sich aber sein Objekt auf den Websiten www.silba.net oder www.silba.org aussuchen. U. a.:

\*\*\* **Pension-Restaurtant Fregadon**, netter Neubau mit mehreren Zimmern/Appartements oberhalb vom Fährhafen Žalić. ✆ 023/370-104, www.pansion-silba.com.

**Apartmani Maslinski dvori**, zwischen Fährhafen Žalić und der südlich gelegenen Pocukmarak-Bucht nahe dem Meer; eingehüllt in einen großen Garten mit Grill. Gut ausgestattete Appartements (Internetzugang). Fam. Smirčić, ✆ 023/370-264, 099/2908-985 (mobil), www.apartmani-maslinskidvori.com.

**Essen & Trinken** Es gibt einige Lokale, u. a.:

》》》 Mein Tipp: **Konoba Žalić**, in der Hauptgasse zur westl. Hafenbucht; überdachte, von Blumenkübeln umgebene Terrasse. Hier speist man gut Fisch und Fleisch – was gerade frisch ist. Geöffnet Ende April–Sept. ab 17 Uhr (Juli/Aug ab 12 Uhr). ✆ 098/1912-713 (mobil). 《《《

**Pizzeria/Restaurant Velebit**, am Hauptplatz neben der Kirche. Hier sind auch Bäckerei und Cafés.

**Konoba Mule**, gemütliche Schenke kurz vor dem östl. Hafenbecken.

**Restaurant Silba**, am östlichen Hafenbecken.

**Jachthafen** Jachthafen Silba, im Osten, 30 Liegeplätze mit Strom u. Wasser, zudem Slipanlage für kleinere Boote. Geschützter Hafen (bis auf Bora und Tramontana, dann zur Westseite ausweichen). In der Bucht Sv. Ante 30 Bojen.

**Hafenamt**, Ostseite, ✆ 023/370-410.

## Sehenswertes

Der Ort Silba zieht sich vom Fährhafen im Westen (Luka Žalić) über einen Hügel bis zum Jachthafen im Osten (Luka Mul oder Silba); ein verzweigtes, betoniertes Wegenetz verbindet den Ort mit den Badebuchten. Die Hauptwege sind mit Bäumchen bepflanzt und beleuchtet – verlaufen kann man sich in dem Labyrinth von Gassen trotzdem leicht. Um die Buchten im Westen und Osten ziehen sich Uferpromenaden mit Sitzbänkchen zum Verweilen. Im Inselosten viele Jachten.

Am Hauptplatz ragt ein einsamer, großer Kirchturm empor, ein paar hundert Meter entfernt die dazugehörige Pfarrkirche **Vela Gospa Sv. Marija**, die 7 Altäre birgt. Beachtenswert die „Grablegung Christi" (1641) von *Rudolfino*, einem Schüler Tizians – dieses Gemälde zierte einst Sv. Marko (s. u.). In der Kirche Vela Gospa Sv. Marija wurde früher auch die silberne Krone aufbewahrt, die beim alljährlich am 25. Dezember stattfindenden *Königswahl*-Fest als Schmuck diente – den alten Brauch gibt es leider nicht mehr.

Die ehemalige Pfarrkirche des Ortes, **Sv. Marko**, 1637 erbaut, steht südlich des Ortes auf dem Friedhof. Es ist ein mittelalterlicher Bau mit wertvollem Holzaltar.

Verstreut finden sich in der Macchia etliche, teils auch verfallene Kapellen, die zum Prozessionsweg gehören, u. a. die noch gut erhaltene Kapelle **Sv. Ante** (18. Jh.) an der gleichnamigen Bucht. Ihr Festtag ist im Juli, mit Prozession ab der Hauptkirche.

In der Ortsmitte biegt nördlich eine Gasse zum sechseckigen **Liebesturm** ab, um den sich eine Freitreppe windet. Ende des 18. Jh. ließ Kapitän *Petar Marinić* diesen Turm für seine „grande amore" errichten, auf dass sie immerzu Ausschau nach ihm halten konnte. Dem Weg nordwärts folgend, stößt man auf die halb verfallene Kirche **Gospa od Carmela**, die zu einem Klosterkomplex gehörte, der mindestens auf das 14. Jh. zurückgeht, um 1660 von den Minoriten übernommen und erweitert und 1804 aufgelöst wurde.

An der nächsten Weggabelung steht das älteste Gotteshaus der Insel, die geduckte Kapelle **Sv. Ivan** (ca. 16. Jh.), die momentan restauriert wird; sie wurde auf Grundmauern ihrer Vorgängerin aus dem 10. Jh. erbaut.

Die zahlreichen Kirchen zeugen vom einstigen Reichtum Silbas. Wie auch auf den anderen Inseln dieses Archipels wanderten viele Silbaner vor dem Ersten und Zweiten Weltkrieg aus, erst der Tourismus brachte wieder einen bescheidenen Aufschwung.

## Baden/Wandern

Die vielen Badebuchten rund um die Insel sind auf schönen **Wanderungen** zu erreichen, man sollte sich also mit gutem Schuhwerk, ausreichend Wasser, Verpflegung und Kopfbedeckung ausrüsten – und los kann's gehen durch die malerische Landschaft mit herrlichen Blicken auf umliegende Inselketten (→ Kleiner Wanderführer/Wanderungen 4 und 5, → S. 338 und 341).

Taucher, aber auch Schwimmer können das kleine **Unterwassermuseum** bei der *Pocumarak-Bucht* (südlich vom Hafen Žalić) in nur zwei bis drei Metern Tiefe bewundern; 2008 wurden hier der schöne Sarkophag (4.–6. Jh.) und Überreste eines weiteren gesichtet.

Für den schnellen Sprung ins Wasser eignet sich der Strand an der westlichen und östlichen Uferpromenade – teils Sand, Kies und Fels. Schöner, jedoch weiter entfernt die FKK-Buchten bei **Sv. Ante, Nozdre** und **Pernastica.**

**Bucht Sv. Ante:** Eine schöne Wanderung führt von Silba zur Bucht. In der Bucht warten eine kleine Kapelle und Ankerplätze. Weiter südlich folgen die Kies- und Sandbuchten *Mavrova, Dobra Voda* und *Slatina,* die auch für Kinder bestens geeignet sind.

>  **Wanderung 4:**
> **Insel Silba – zur Sv.-Ante-Bucht und weiter gen Süden** → S. 338
> Leichte Wanderung über die Sv.-Ante-Bucht zu weiteren Badebuchten

**Bucht Nozdre:** Am besten den Weg kurz vor dem Jachthafen nach Süden nehmen, auch dort rundum sehr schöne Badebuchten.

**Bucht Pernastica:** Eine leichte Wanderung führt von Silba aus zur Pernastica-Bucht. Doch schon vorher gibt es Bademöglichkeiten in der **Paprenica-Bucht** – ein Strand mit großen Kieseln und interessanter Unterwasserwelt. In der Bucht von Pernastica gibt es Sand- und Kiesstrand, aber auch viel Seegras.

>  **Wanderung 5: Insel Silba – zur Bucht Pernastica** → S. 341
> Durch den Ort und zum Nordteil der Insel mit Bademöglichkeiten

# Insel Premuda

Auf dem kargen Inselchen steckt der Tourismus noch in den Kinderschuhen. Premudas Hauptanziehungspunkte sind das Tauchgebiet um die „Kathedrale" und die schönen türkisblauen Badestrände.

Premuda, die nordwestlichste Insel des Zadarer Archipels, ist 9 km² groß. Ihr vorgelagert sind kleine Inseln, *Masarine* genannt. Die meisten der 100 Inselbewohner leben im Ort Premuda. Der alte Ortskern liegt oberhalb des *Hafens Loža* im Nordosten und ist auf betoniertem Fußweg zu erreichen – von oben ein herrlicher Blick auf Silba und die umliegende Inselwelt. Auch im Ort Premuda entstehen rund um

Premuda ist ein beliebter Anlaufpunkt für Taucher und Bootsbesitzer

Archipel vor Zadar/Insel Ist 165

die alten Natursteinhäuser viele Neubauten. Ein Fußweg führt hinab zur Westseite zum Hafen Krijal (wird nur bei Bora angelaufen). Das Meer leuchtet in Türkistönen. Für Taucher gibt es hier ein sehr schönes Revier, die *Kathedrale*, mit einem Eingang in 30 m Tiefe und Ausgang in 10 m Tiefe. Auch bei Bootsbesitzern ist der *Hafen Krijal* mit seinen netten Restaurants sehr beliebt, nicht zuletzt deshalb, weil er vor der stürmischen Bora schützt. Etwas südlich noch die unbewohnte Bucht Premuda.

**Information** Infos über das Restaurant.

**Verbindungen** *Trajekt (Linie 401)* Zadar–Premuda–Silba–Olib und nach Mali Lošinj, 1-mal tägl.; Premuda–Ist, 4-mal wöchentl.

**Einkaufen** zwei kleine Läden.

**Gesundheit** Ambulanz, nur Mi 8–9.30 Uhr. ℅ 023/370-135, 098/714-221 (mobil).

**Post** im Ortskern, vormittags geöffnet.

**Übernachten** Privatzimmer ab 30 €/DZ.

**Essen & Trinken** Restaurant Masarine, am Hafen Krijal, mit überdachter Terrasse. Bekannt für sehr gute Fischgerichte. ℅ 023/396-025.

Konoba Grmalj, ebenfalls am Hafen Krijal, mit Terrasse. Hier isst man vorzüglich Lamm u. Zicklein. 13–24 Uhr. ℅ 023/396-070.

Südöstlich von Premuda liegt die Insel **Škarda,** dann folgen **Ist** und **Molat** – alle auf einer Linie mit weiteren verstreuten Inselchen.

# Insel Ist

Hauptsächlich Bootsbesitzer sind es bisher, die zum Übernachten und Essen im Hafen der autofreien Insel einlaufen – und Unterwasserbegeisterte, die mit dem hier ansässigen Tauchclub auf Entdeckungsreise gehen. Langsam hält auch auf Ist der Tourismus Einzug.

Von der Ortschaft sind es nur ein paar hundert Meter zur nördlichen und südlichen Bucht, noch kürzer ist es zur Nachbarinsel Molat. Die höchste Erhebung von Ist und der Inseln rundum ist der *Berg Straža* mit 174 m (→ S. 155). Die 150 Bewohner des kargen, rund 10 km² großen Eilands leben von etwas Schafzucht, Landwirtschaft und vor allem vom Fischfang. In letzter Zeit stellte man sich mehr auf den Tourismus ein. So eröffneten einige Restaurants, die vor allem von den abendlich ankommenden Bootsbesitzern besucht werden.

Um 1500 wurde die Insel unter dem Namen *Gistum* erstmals erwähnt. Ihre Bewohner lebten vom Fischfang, von der Seefahrt und besaßen eine eigene Flotte. Heute haben viele Ister auf französischen Schiffen angeheuert.

**Information** Tourismusverband, am Hafen, 23207 Ist, ℅ 023/372-517. In der Saison 8–11/18–21 Uhr.

Ist-Tourist, Ortsmitte, ℅ 023/372-419; falls geschlossen, nebenan im Restaurant Maestro nachfragen.

**Verbindungen** *Trajekt (Linie 401):* Zadar–Ist–Olib–Silba–Premuda–Mali Lošinj, 4-mal wöchentl. *Trajekt (Linie 433):* Zadar–Rivanj–Sestrunj–Zverinac–Molat–Ist, 5-mal wöchentl. *Katamaran (Linie 9403):* Zadar–Molat–Brgulje–Zapuntel–Ist, 1-mal tägl.

**Einkaufen** Es gibt 3 Läden; in der Saison Obst- und Gemüsestand am Hafen.

**Gesundheit** Ambulanz, Ortsmitte; der Arzt pendelt zwischen Ist und Molat; ℅ 023/372-510.

**Post** Nördl. des Hauptplatzes; Mo–Fr 8–12/18–21, Sa 8–15 Uhr.

**Übernachten/Essen** Im Ort gibt es einige einfache **Privatzimmer** ab 15 €/Pers.; **Appartements** ca. 15–20 €/Pers. Z. B. **\*\*\* Pension Maestro**, s. u. **Diving Center**, vermietet auch Zimmer/Appartements zu 45 €/3 Pers.; pro Pers. 5 € Frühstück oder 10 € Abendessen. Auch in der Pension **Caruba** nette Zimmer.

Restaurant Katy, beste Adresse, ganz im Osten an der Uferpromenade, mit großer Terrasse und Blick auf die Bucht. Große Weinauswahl, sehr gute Fischgerichte und Gegrilltes.

Restaurant-Pension Caruba, an der Uferpromenade im Ort mit großer Terrasse. Hier speist man ebenfalls sehr gut Fisch – zu gehobenen Preisen.

Restaurant-Pension Maestro, leckere Fisch- und Fleischgerichte, zudem guter Service. Gegenüber von Carubo.

**Tauchen** Diving Center Ist, am Hafen. Taucherausrüstung- und Flaschenverleih, Kompressorstation, verschiedene Tauchkurse, Bootsausfahrten; Unterkünfte werden angeboten. Deutschsprachige Leitung. ✆ 023/372-419, ✆ 098/339-600 (mobil), www.ist-diving.com.

**Jachthafen** Marina Ist, 40 Liegeplätze, Strom, Wasser, Dusche, Toiletten. ✆ 023/372-638. **Hafenamt**, ✆ 023/372-449.

## Sehenswertes

Der Ort Ist breitet sich von der *Široka-Bucht* im Südosten bis zur *Kosirača-Bucht* im Nordwesten aus. Wie ein kleines Labyrinth erscheint der Ortskern mit seinen Natursteinhäusern: viele Gassen, gesäumt von Mäuerchen, hinter denen es üppig wuchert. Im Ortszentrum ein kleiner Laden. Ehe dieser aufmacht, versammeln sich die Leute davor, sitzen auf der Bank und plaudern – vermutlich ein ebenso wichtiges Ereignis wie die Sonntagsmesse. Die Dorfkirche ist im Innern in rosa und meeresblauen Farbtönen gefasst. Die wenigen Touristen bedenkt der Pfarrer mit einem Gebet. An der Promenade blüht der Oleander, in der Hafenbucht ankern neben alten Fischerbooten stolze Jachten, im seichten, sandgrundigen Wasser planschen Kinder. Spätnachmittags laufen die Jachten ein und die Promenade mit ihren Restaurants füllt sich. Auf der Westseite wurde ebenfalls eine Hafenmole errichtet, hier ankern hauptsächlich die Einheimischen.

Dagegen ist es auf der anderen Küstenseite ruhig. Ein paar alte Fischerhütten und ein Anlegeplatz mit bunten Kähnen – nur Boote laufen ständig zum Fang aus.

Auf dem *Berg Straža* (174 m) oberhalb von Ist steht eine *Kapelle,* die man über einen Serpentinenweg in einer halben Stunde erreichen kann. Von oben ein herrlicher Ausblick über die Inselwelt ringsum: unten spielzeugähnlich der Ort, im Nordwesten Lošinj, im Osten das Küstengebirge und im Süden in der Ferne das lang gezogene Dugi Otok.

## Baden

An der Promenade mit betonierten Liegeflächen. Bessere Bademöglichkeiten in der **Kosirača-Bucht**; Pfade führen durch Macchia zu Felsbadebuchten mit Blick auf vorgelagerte Inselchen.

# Insel Molat

Die mit üppiger Macchia bewachsene Insel empfiehlt sich wie der Inselnachbar Ist nur für Individualisten und Bootsbesitzer. Wer Ruhe sucht, gerne wandert, gegen einfache Zimmer und meist felsige Badebuchten nichts einzuwenden hat, ist auf Molat richtig.

Wer möchte, kann inzwischen sogar sein Auto mit dem Trajekt auf die Insel bringen – leider. Meist sind es jedoch nur der Arzt und der Bäcker, die die schmale Inselstraße entlang düsen. Molat ist von vielen Buchten zerklüftet und reckt im Süden einen langen Arm ins Meer. 27 km² ist die Insel groß, 200 Einwohner leben in den Ortschaften Molat, Brgulje und Zapuntel mit dem Fährort Porat, deren Ortskerne oberhalb des Meeres angelegt wurden – zum Schutz vor Piraten. Die Menschen

# Archipel vor Zadar/Insel Molat

hier lebten seit alters her vom Fischfang, und mit Makrelen und Blaufischen erzielten sie gute Fänge. Daneben verdienten sie ihren Unterhalt als Schafzüchter, machten schmackhaften Käse und bauten Wein an.

> ### Wichtiges auf einen Blick
> **Touristinformation:** 23292 Molat. ☏ 023/371-799; vormittags geöffnet.
>
> **Verbindungen:** Molat hat drei **Fährhäfen**: Molat, Bruglje und Zapuntel, die aber nicht immer alle angefahren werden. *Katamaran (Linie 9403):* Zadar–Molat–Bruglje–Zapuntel–Ist, 1-mal tägl.
>
> *Trajekt (Linie 433):* Zadar–Rivanj–Sestrunj–Zverinac–Molat, 1-mal tägl.
>
> **Post:** Molat, 8–12/18–21 Uhr.
>
> **Übernachten:** In Molat und Bruglje.
>
> **Essen & Trinken:** In Molat und Bruglje

Auch auf Molat sind die meisten Bewohner nach Nord- und Südamerika ausgewandert. Die Insel besitzt ein paar Erhebungen, die höchste, der *Knežak,* ragt 142 m hoch aus dem Meer. Ein schmales Asphaltsträßchen verbindet die Inselorte: im Südosten Molat, in der Mitte Brgulje, im Nordwesten Zapuntel mit dem Fährort Porat. Die Landschaft ist felsig und mit Erdbeerbäumen, Zistrosen, Wacholder, Baumheide und vielen Gewürzkräutern dicht bewachsen – in Meeresnähe wächst die gelb blühende Immortelle.

> ### König Eduard VIII.
> Der englische König Eduard VIII., anscheinend ein passionierter Inselfreund, machte 1936 mit Wallis Simpson nicht nur auf Rab, sondern auch auf dem abgeschiedenen Molat Station. Seine Hoheit verkostete den Käse und geruhte zu bemerken, man habe nie zuvor einen besseren gegessen. Dazu schlürften die königlichen Lippen den köstlichen Wein, der den königlichen Gaumen mit vollendetem Genuss ergötzt haben soll. Die lustvollen Urlaubswochen in Kroatien hatten schwerwiegende Folgen: nur 8 Monate später verzichtete Eduard VIII. auf seine Krone und heiratete die geschiedene Wallis, seine große Liebe – welch Skandal!

Und auch einen Poeten besitzt Molat: *Fahrudin Nikšić,* 1929 in Mostar geboren, heiratete auf der Insel ein. Wer Kroatisch beherrscht, kann seine Gedichte über Molat lesen; Nikšićs Werke stehen in der großen Bibliothek im Rathaus.

Molat wurde in der zweiten Hälfte des 10. Jh. von den dalmatinischen Romanen besiedelt, die der Insel den Namen *Melata* gaben. Seit alters her ist Molat durch seine Fischerei bekannt. Schon 995 wird über den Verkauf der Fischereigewässer der Insel durch die Gemeinde Zadar an adlige Familien berichtet. Seit dem 11. Jh. gehörte die Insel dem Benediktinerkloster Sv. Krševan aus Zadar, ab 1409 herrschten auch auf Molat die Venezianer.

## Molat

Der Inselhauptort zieht sich von der Anlegestelle an der *Lučina-Bucht,* an der ein rot-weiß gedecktes Haus mit spitzturmigem Erker auffällt, den Hügel hinauf. Oben steht die Kirche *Sv. Marija* (1479) mit ihrem ockerfarbenen Kirchturm. Hinter

Der kleine, ruhige Hauptort Molat wird nur lebendig, wenn die Fähre kommt

Mäuerchen inmitten von wucherndem Wein und Gemüsegärten stehen Natursteinhäuser. Am Hauptplatz dominiert das frühere Rathaus, heute Sitz des Tourismusverbandes. Die Dorfatmosphäre ist sehr heimelig, jeder kennt jeden, auch die wenigen Urlaubsgäste sind schnell bekannt. Das bisher fehlende üppige Süßwasser ließ den Plan, die Insel zu einem Jagdrevier für Fasane zu machen, platzen. Es wurden zwar Fasane ausgesetzt, aber in Ermangelung des raren Wassers stürzten sich die Federtiere auf die wohl mundenden, ebenso raren Weintrauben. Nördlich des Ortes Molat, auf dem Weg zur Jazine-Bucht, weisen drei Türme auf ein ehemaliges Konzentrationslager der Italiener hin.

**Einkaufen** Kiosk am Hafen, im Juli/Aug. durchgehend geöffnet. **Laden** bei der Post, Mo–Sa 8–12/18–20, So 17–20 Uhr. **Bäckerei:** an der Jazine-Bucht und beim Gemeindehaus, es gibt Brot und leckeren *burek* (pizzaförmige Stücke aus einer Art Strudelteig mit Quark, Fleisch, aber auch süß, mit Äpfeln gefüllt).

**Gesundheit** Ambulanz (→ Ist), Mo–Sa 7–13 Uhr, ✆ 023/372-510.

**Übernachten** Privatzimmer ab 10 €/Pers. Am Hafen werden **Appartements** vermietet.

**Essen & Trinken** Restaurant Mare, am Hafen mit großer Terrasse.

**Baden** Jazine-Bucht, an der Nordseite (in 10 Min. erreichbar). Die Bucht hat Süßwasserquellen, einen Anlegeplatz und ist kiefernumstanden. Seicht und sandig ist der Meeresgrund, mit großen weißen Kieselsteinen. Ostwärts geht es durch Kiefernwald zu weiteren Buchten.

## Bruglje

Das Asphaltsträßchen führt über den Bergkamm von Molat (eine halbe Stunde Fußmarsch) nach Bruglje, das in der Inselmitte liegt. In nördlicher Richtung fällt der Blick auf weiß gesäumte, vorgelagerte Inseln und auf das bei wolkigem Himmel wie Marmor wirkende Velebit-Gebirge. Am Wegesrand wachsen Stechginster, Myrte, Ölbaum, Erdbeerstrauch, Mastix, Wacholder und Baumheide – es riecht harzig-würzig.

Der Dorfplatz ist gesäumt von alten Natursteinhäusern, Ruinen und einer Zisterne, im Hintergrund ragt der Campanile empor. Tomaten und Kohl wachsen in den weinberankten Gärten.

Die Straße führt hinab zum Hafenbecken an der Südküste (Fußmarsch 0:15 Std.). Jachten ankern vor der Inselsilhouette. Gegenüber eine kleine, kieferngrüne Insel, im Hintergrund kegelförmig die zweithöchste Erhebung des Archipels. Neubauten und nummerierte Anlegeplätze reihen sich entlang der Bucht, die eine Landzunge schützend umschließt.

## Archipel vor Zadar/Inseln Sestrunj und Rivanj

**Einkaufen** Kleiner **Laden** am Dorfplatz.

**Übernachten** Privatzimmer und Appartements; in den Restaurants nachfragen.

**Essen & Trinken** Grill **Papa**, westl. an der Promenade, Terrasse mit Blick aufs Meer. Die Fische, die man essen möchte, kann man auswählen.

»» **Mein Tipp:** Grill Janko, am Hafen, mit herrlichem Blick von der weinberankten Terrasse aufs Meer – die blauen Trauben wachsen einem in den Mund. Es gibt lecker zubereiteten Fisch – am besten soll er schmecken, wenn er in Weinstockreisig geräuchert wurde. «

**Baden** An den betonierten Liegeflächen. Ganz im Westen grobkiesige Abschnitte. Zwischen Molat und Bruglje kleine Sandbuchten, die nur mit dem Boot zu erreichen sind.

**Jachthafen** Jachthafen Bruglje, gut geschützt, mit Strom und Wasser; besser noch am Ende der großen Bucht von Bruglje, einer der bestgeschützten natürlichen Ankerplätze im Umkreis.

### Zapuntel

Die Straße führt von Bruglje weiter nach Zapuntel (0:45 Std. Fußmarsch). Der Ort mit seinen alten Häusern liegt 2 km vom Meer entfernt in einem Tal. Früher wurde hier auch Wein angebaut, inzwischen liegen die Felder brach. Bekannt war der Ort durch seine Kalkbrennerei. 1464 wird er erstmals als *Zampotel* schriftlich erwähnt. Die *Pfarrkirche Marijina* wurde 1579 erbaut und in letzter Zeit erneuert. Es gibt eine Kneipe und einen Laden. In Richtung Nordwesten führt die Straße zur Anlegestelle Porat mit *Gostiona* und gut geschützten *Liegeplätzen*. Gegenüber, zum Greifen nah, die Insel Ist.

## Insel Zverinac

Die macchiaüberzogene, 4,5 km² große Insel liegt nordöstlich vor Dugi Otok. Der gleichnamige Ort mit 100 Einwohnern breitet sich oberhalb des Meeres aus. Ein paar Häuser, ein Restaurant – nach Zimmern muss man sich durchfragen. Die Insel wird meist von Bootsbesitzern als Zwischenstation oder von Bozava (Dugi Otok) aus für Badefahrten angelaufen. Die Anlegehäfen *Zverinac* und *Kablin* liegen an der Südwestseite. Ein Weg verläuft über die Insel an der höchsten Erhebung, dem *Klis* mit 117 m, vorbei. Am 31. Juli feiert man hier das *zverišku feštu* – das Inselfest.

Die Zverinacer sind tüchtige Bauern, die sich mit dem Anbau von Oliven, Wein und Feigen beschäftigten. Viele der Felder liegen jedoch wegen der vielen Auswanderer brach. Noch immer berühmt sind der Käse und der Wein aus Zverinac.

1421 tauchte der Name der Insel erstmals in Dokumenten auf. Im 16. Jh. gehörte sie adligen Familien aus Zadar. Bis 1746 existierte der Palast der Familie Fanfogna. Auch auf Zverinac fand man Spuren römischer Besiedlung.

**Verbindungen** *Trajekt (Linie 433):* Zadar–Rivanj–Sestrunj–Zverinac–Molat, 5-mal wöchentl.; nach Ist nur 2-mal wöchentl. (Mo, Mi).

## Inseln Sestrunj und Rivanj

Nur noch 150 Menschen leben auf **Sestrunj** und im gleichnamigen Ort, der hoch oben auf den Fels gebaut ist. 14 km² ist die mit Buschwerk dicht bewachsene Insel groß, höchste Erhebung ist der Berg *Obručar* mit 186 m. Pfade führen zu Buchten und durch die Bergwelt. An der Südostseite die kleinen Anlegestellen *Kablin* und *Dumbočica*. Touristisch ist Sestrunj so wenig erschlossen wie Zverinac. Nach Zimmern muss man sich durchfragen.

Die Bewohner leben von Fischfang, vom Olivenanbau und Wein. Sie orientieren sich an Božava (Dugi Otok). Im 10. Jh. erwähnte ein byzantinischer Schreiber die Insel als *Estiun*, auf deren Hügel Gračinica bereits die Illyrer lebten.

Im Osten die wesentlich kleinere und flache Insel **Rivanj** mit ein paar vorgelagerten Eilanden. Nur 60 Menschen leben noch auf Rivanj – die einzige Verbindung zur Außenwelt ist die Fähre.
**Verbindungen** Wie Insel Zverinac (s. o.).

# Insel Iž

Die von Macchia überwucherte Insel ist ein beliebtes Ausflugsziel und inzwischen auch per Autofähre erreichbar. Die traditionsreiche Insel der Töpfer und Seefahrer lockt mit Jachthafen, Hotel, zahlreichen Badebuchten und Spazierwegen.

Das 17,6 km² große Iž liegt zwischen Ugljan und Dugi Otok und ist von mehreren kleinen Inseln umgeben. Von Veli Iž kann man auf den 168 m hohen *Berg Korinjak* hinaufspazieren und dort die herrliche Aussicht genießen. Weniger als 600 Einwohner leben in den beiden 6 km voneinander entfernten, von Feigen- und Olivenhainen umgebenen Inselorten. Veli Iž, im Westteil der Insel, ist touristisch gut erschlossen. Mali Iž im Südosten ist ein älteres Fischerdorf mit ein paar Siedlungen drum herum und dem Fährhafen Bršanj im Süden. Die Orte sind durch eine Asphaltstraße erschlossen, man kann auch das eigene Auto auf die Insel per Trajekt mitbringen, was aber wenig lohnenswert ist. Besser ist die Mitnahme eines Mountainbikes, um die Landschaft genussvoll zu erkunden.

Die Besonderheiten von Iž versinnbildlicht das Inselwappen: Auf dem Wappenkopf prangt ein Tontopf, der Veli Iž symbolisiert; das das Wappen einrahmende Fischernetz verkörpert Mali Iž, und mittendrin steht in glagolitischen Lettern „Iž" – ein Hinweis auf die starke Glagolismus-Tradition – erst 1975 starb hier der letzte glagolitische Priester (→ Kasten S. 160). Eine Spezialität der Insel sind die Töpferwaren aus Veli Iž, die sich vom früheren Gebrauchsgegenstand mehr und mehr zum Souvenirgut gewandelt haben.

Veli Iž – ein netter, ruhiger Ort mit guter Marina und einladenden Restaurants

## Wichtiges auf einen Blick

**Telefonvorwahl**: 023

**Information**: In Veli Iž, am Hafen (s. d.).

**Fährverbindungen**: *Trajekt (Linie 435)*: Zadar–Iž (Bršanj), ganzjährig 2-mal tägl.; weiter nach Rava nur Di, Do u. Sa. 3,20 €/Pers., 23,30 €/PKW.

*Trajekt (Linie 405)*: Zadar–Iž Mali–Iž–Veli–M. Rava–Rava, 1-mal tägl., So 2-mal tägl.

*Katamaran m/s Paula* (G&V Line, www.gv-line.hr): Zadar–Mali Iž–Veli Iž–Mala Rava–Rava, 1-mal tägl. außer So und Feiertag, ganzjährig.

**Übernachten**: In Veli Iž (Privatzimmer und Hotel) und Mali Iž und umgebenden Weilern (Privatzimmer).

**Essen & Trinken**: Es gibt kleine Läden, zudem Restaurants in den Inselorten.

**Geldwechsel**: Keine Bank, nur Post! Bankomat in Veli Iž.

**Tankstelle**: Keine Tankstelle auf der Insel, auch nicht für Boote!

## Geschichte

Die Insel ist seit prähistorischer Zeit besiedelt, wie Funde aus der Gegend um Mali Iž zeigen. Der byzantinische Kaiser *Porphyrogenet* erwähnte die Insel im 10. Jh. unter dem Namen *Ez*. Überreste von Trockenmauern und befestigten Beobachtungsposten auf den Hügeln *Veli Opačac* und *Košljun* bezeugen eine illyrische Besiedlung. Im 8. Jh. bewohnten Kroaten die Insel. Im Mittelalter gehörte die Insel Adligen und Bürgern aus Zadar. Die Menschen bauten Oliven und Wein an und züchteten Schafe. Im 17. und 18. Jh. starb das Feudalsystem langsam aus, und die Blütezeit der Seefahrt begann. Einige reiche Familien besaßen mehrere Segelschiffe und betrieben Handel im ganzen Adriaraum. Ende des 18. Jh. wurde die Ižer Werft gegründet. Und die Inselbevölkerung wuchs rapide: 1825 lebten auf Iž 620 Menschen, 1905 bereits 1614. Damals war jedes Stückchen Land terrassiert und wurde bearbeitet: Es gab Wein, Oliven (bis zu 100 Tonnen ernteten manche Familien!), Obst, Gemüse und Schafe. In der zweiten Hälfte des 19. Jh. gingen etliche Ižer als Gastarbeiter für ein paar Jahre nach Nord- und Südamerika. Nach 1890 heuerten viele Männer auf den Dampfschiffen der österreichisch-amerikanischen Schifffahrtsgesellschaft Lloyd an und befuhren die Weltmeere. Nach dem Zweiten Weltkrieg zogen viele Bewohner in die Städte oder wanderten nach Nord- und Südamerika oder Australien aus.

## Veli Iž

Der Ort mit seinen 450 Einwohnern liegt an der Nordostküste. Zu den leer stehenden alten Häusern gesellen sich rund um den Hafen Neubauten und ein kleines Hotel, dazu der dominierende Neubau des Restaurants/Cafés der Marina. Vorgelagert ist die kleine Badeinsel *Rutnjak*, dahinter erstreckt sich Ugljan. Iž hat noch ein paar seiner historischen Handwerkskünste, Bräuche und Feste bewahrt. Das kleine Museum (nur Juli/Aug. geöffnet) und das hübsche Theater mit barockisierender Architektur aus dem Jahr 1927 wird mit Geldern von Emigranten instand gehalten.

Die *Töpferei* ist eine uralte Ižer Tradition. An der dalmatinischen Küste war Iž die einzige Insel, auf der dieses Handwerk ausgeübt wurde. Man verkaufte das braune, unlasierte Steingut an die umliegenden Inseln und an das Festland. Was nicht abgesetzt werden konnte, warf man ins Meer – denn es war für den Töpfer eine Schande, wenn er nicht alles verkauft hatte.

Heute arbeitet nur noch *Hr. Petrović*, Peppi genannt und Lehrer in Zagreb, während der Sommermonate nach dem traditionellen Ižer Verfahren und mit Ižer Ton

– eine Masse aus 80 % Ton und 20 % Kalzit. Kalzit wird als Bindemittel verwendet, das den Ton beim Brennen nicht brüchig werden lässt; früher wurde er in den Bergen aus dem Gestein gebrochen, in einer Mühle gerieben und mit dem Hammer fein geklopft. Mit Wasser werden Ton und Kalzit zu einer homogenen Masse vermischt. Auf selbst gebauten, drehbaren Holzgestellen wird der Ton nun bearbeitet und mit der Hand zu Brotschalen, Käseglocken etc. aufgebaut; die Tonwürste werden dabei aufeinander gelegt und verschmiert. Nach dem Trocknen erfolgt das Brennen im Holzfeuer. Die Keramiken sind fast ohne Verzierung, und der weißliche Glanz ist kein Schmutz, sondern rührt vom Kalzit her.

Auf den Dorffesten oder in seinem kleinen Laden nördlich des Hafenbeckens kann man die traditionsreiche Ware erstehen.

Das *Ethnographische Museum* ist im ehemaligen Haus der Familie Fanfogna untergebracht, in einer kleinen Gasse südlich des Hafens (Mo, Mi, Sa 18–20 Uhr oder beim Tourismusverband nachfragen). Auf drei Etagen präsentiert das sehr gut gestaltete Museum traditionelle, auf der Insel gefertigte Gegenstände – Möbel und Hausrat aus Holz, Werkzeuge für Feldarbeit und Fischfang, alte Trachten. Fotos dokumentieren den Werdegang der Töpferei, zeigen Spindeln und einen Webstuhl: Auf der Insel wurde Schafwolle versponnen, und aus Leinen (Flachs wurde hier ebenfalls angebaut) webte man Tücher.

Die hübsche Pfarrkirche *Sveti Petar i Pavao* wurde im 12. Jh. erbaut und steht nordwestlich vom Hafenbecken. Ihr heutiges Erscheinungsbild erhielt sie durch Umbauten im 18. und 19. Jh.

**Information** Tourismusverband (TZO), am Hafen, 23284 Veli Iž, ✆ 023/277-021. 15. Juni–15. Sept. tägl. 8–16 Uhr. Information auch über TIC Zadar.

**Einkaufen** Bäckerei, Laden, Supermarkt (8–20 Uhr). Von Privat kann man Wein und Olivenöl kaufen. Fischmarkt frühmorgens am Hafen oder in der Fischfarm in der Bucht Soline (nordwestl.).

**Töpferei Petrović**, nördlich vom Hafenbecken. Verschiedenste Keramik.

**Gesundheit** Ambulanz im Ort.

**Post** Beim Jachthafen. Mo–Fr 8–14, Sa 8–13 Uhr.

**Veranstaltungen** Iški kralj – die „Königswahl" – am letzten Wochenende im Juli, dazu Folkloreaufführungen, Konzerte, Sportveranstaltungen und Tanz. **Kirchenfest Sv. Petrovo**, am 29. Juni.

**Übernachten** Privatzimmer ab 15 €/Pers. Appartements ab 20 €/Pers.

Mali Iž – liegt sonnenverwöhnt am Hang mit Blick auf die Insel Ugljan

## Inselbräuche

**Königswahl:** Die *Ižki kralj* ist auf Iž wie auch auf einigen anderen Inseln eine uralte Tradition. Seit alters her wurde jedes Jahr am 26. Dezember unter den einflussreichsten Männern der König gewählt. 12 Tage lang, bis Heilige Drei Könige, dauerte das Fest, und der frisch Gewählte musste sein Volk bei Essen und Trinken freihalten. 1879 feierte man auf Iž die letzte Königswahl – die Oberhäupter hatten kein Geld mehr für das ausschweifende Gelage. Und übrigens auch nicht für die gewohnten Insignien: Auf Iž besaß der König, im Gegensatz zu Silba, nie eine Krone.

Heute findet das Fest der Königswahl als Touristenattraktion im Sommer statt. Dann gibt es auch eine Krone – aus Blech. Freies Essen und Trinken erhalten allerdings nur noch die engsten Begleiter des „Königs".

**Weihnachtsfeuer:** Bis 1915 pflegte man auf Iž auch die so genannte „Koleda", das Weihnachtsfeuer, das bis Heilige Drei Könige nicht ausgehen durfte. Der Legende nach kam einst in Mali Iž ein Drache an Land und vernichtete große Teile der Ernte. In ihrer Angst holten die Leute den Pfarrer zu Hilfe, dem es gelang, den Drachen zu vertreiben. Um zu verhindern, dass das Ungeheuer die Insel erneut heimsuchte, entzündeten die Ižer seitdem Jahr für Jahr ein Feuer. Die Koleda soll auf das 17. Jh. zurückgehen, andere Quellen vermuten einen noch früheren Zeitpunkt für den feurigen Brauch.

---

**\*\*–\*\*\* Hotel Korinjak**, an der Hafeneinfahrt im Kiefernwäldchen. Das Hotel steht unter dem Motto „Raus aus dem Alltagsstress" und bietet Yogakurse, Entspannungstraining etc. Das Restaurant serviert nur vegetarische Kost. Betonierter Strand, Boccia, Verleih von Fahrrädern, Paddel-, und Motorbooten, Kajaks; Tauchschule. Geöffnet Juni–Mitte Sept. Einfache DZ/F 90 €. ✆ 023/277-064, www.odmorzadusu.hr.

**Camping** Im Wäldchen beim Hotel kann man auch zelten. Infos über das Hotel.

**Essen & Trinken** Die meisten Lokale haben von Ostern–Okt. geöffnet; in der HS ganztägig, NS erst ab 17/18 Uhr.

**»> Mein Tipp:** Restaurant **Mandrać**, schöner Innenhof und ein paar Tische in der Gasse. Es gibt gute Fischgerichte und Fleisch, z. B. 400 g schwere Steaks. ✆ 023/-277-115. **«<**

**Konoba Lanterna**, etwas versteckt in zweiter Reihe vom Hafenbecken. Gute Fischgerichte.

**Gostiona Raijka**, etwas oberhalb, von der Terrasse Blick aufs Meer und auf den Ort. Hausmannskost.

**Pizzeria**, am Ende des großen Platzes, mit Tischen und Stühlen unter schattigen Bäumen. Innen barmäßige Einrichtung und Discomusik.

Am Hafen die **Gostiona Garma**; bei der Marina das **Restaurant Porat** und **Café**.

**Baden** Beim Hotel mit betonierten Liegeflächen – sandig der flach abfallende Meeresgrund. Weiter nach Osten Grobkiesstrand. Mit dem Boot auf die **Insel Rutnjak**.

**Jachthafen** Benjamin Marina – Iž Veli, 50 Liegeplätze im Meer, 150 an Land, alle mit Wasser und Strom; zudem Bojen. Automatische Helling mit Tragfähigkeit bis 50 t, 24-t-Travellift; Holzbau- und Kunststoffreparaturwerkstatt. Restaurant, Café, Sanitäranlagen (Duschen/WC). ✆ 023/277-006, www.tankerkomerc.hr.

**Sport** (→ Hotel Korinjak)

## Mali Iž

Der älteste Ort der Insel mit 120 Einwohnern und malerischen Natursteinhäusern ist 5 km von Veli Iž entfernt und besteht aus etlichen Weilern. Der Hafen von Mali

Iž heißt *Komoševa*, von hier gelangt man nordwärts entlang der Uferpromenade in ca. 0:20 Std. zum Hafen Knež mit der vorgelagerten Insel Knežak. An der Hafenbucht Knež gibt es neben alten Gemäuern eine kleine ethnographische Sammlung in der alten Mühle zu sehen (nur Juli/Aug.).

Geht man von Komoševa südwärts, erreicht man in 0:15 Std. den *Trajekthafen Bršanj*. Vom Hafen Komoševa ziehen sich die bunt bemalten Häuser und Natursteingemäuer die Anhöhe hinauf zur Inselstraße und den Weilern *Porvač* und *Makovac* mit ihren dicht zusammenstehenden Häusern. Dazwischen duckt sich im Kiefernwald abseits der Inselstraße die sehenswerte altkroatische *Marienkirche* aus dem 10. Jh. Die große Pfarrkirche *St. Peter und Paul* mit Basilikacharakter wurde gegenüber auf den Grundmauern einer Kapelle aus dem 12. Jh. erbaut, ihr heutiges Aussehen stammt aus dem 19. Jh. Hinter der Kirche liegt der Friedhof. Die Reichen ließen sich unter schön verzierten Grabplatten in der Kirche begraben. Während der Herrschaft Napoleons wurden Bestattungen innerhalb der Kirche verboten. Das befestigte *Schloss* mit Wachturm ließ die Familie *Begna* erbauen. Jahrhunderte lang war Mali Iž ein Zentrum der Glagoliza-Tradition (→ Kasten S.160). Südlich von Makovac dominiert auf einem Hügel das hübsche *Mućel*, ebenfalls eng bebaut, mit herrlicher Aussicht auf die Insel, auf Rava und Dugi Otok.

**Post** 7–10 und 18.30–20 Uhr.

**Übernachten/Essen** Privatzimmer/Appartements ab 15 €/Pers.

**»› Mein Tipp: Restaurant-Pension Knež**, oberhalb der Hafenbucht Knež. Der Familienbetrieb Martinović bietet ausgezeichnete Fischgerichte. Verschieden große, nette Appartements und Bootsvermietung. ☏ 023/278-111, 098/200-374 (mobil), www.otok-iz-apartmani-knez.hr. ‹‹‹

Restaurant-Pension Baroni, am Hafen Knež. Hier gibt es Appartements in verschiedenen Größen mit tollem Meerblick. Fahrradvermietung, Bojen und leckeres Essen wie Peka-Gerichte. ☏ 023/278-052, www.baroniurlaub.de.

Restaurant Diža, im Dorfinnern von Komoševa. Die Küche wird sehr gelobt.

**Baden** An der Uferpromenade, in den Buchten **Knežak** und **Vodnjak**.

# Insel Rava

Die 4 km² große, macchiabewachsene und zerklüftete Insel liegt zwischen Iž und Dugi Otok. Ravas höchste Erhebung ist der Berg *Babikovac* mit 98 m.

Zwei kleine Ortschaften gibt es auf Rava: **Vela Rava** mit 200 Einwohnern, umgeben von Olivenhainen in der Inselmitte, und im Norden **Mala Rava**, der ältere und kleinere Ort mit 70 Einwohnern. Die Leute lebten einst von Fischfang, Landwirtschaft und Olivenanbau und waren bekannt für ihre Korbflechterei. Nachdem viele Bewohner ausgewandert sind, liegen auch hier die Felder brach; die Insel wird heute vorwiegend von alten Menschen bewohnt – dem alten Ravaer Liedchen zum Trotz: „Wer Rava nicht gesehen hat, hat die Welt nicht gesehen, denn Rava ist die halbe Welt."

**Verbindungen** *Trajekt* Zadar–Bršanj–Rava: 1-mal wöchentl., Mi.

*Trajekt* Zadar–Mali Iž–Veli Iž–Mala Rava–Rava: Fr, So und Feiertag.

*Katamaran m/s Paula* (G&V Line, www.gv-line.hr), Zadar–Mali Iž–Veli Iž–Mala Rava–Rava: 1-mal tägl. außer So und Feiertag, ganzjährig.

**Sonstiges** Es gibt eine Post, einen Laden und Übernachtungsmöglichkeiten in Privatzimmern ab 15 €, zudem in Mala Rava eine gute **Konoba** mit hübschem Meerblick.

**Baden** An Fels- und Kiesbuchten.

Blick auf den Fährort Preko, die Klosterinsel Galevac und Zadar am Festland

# Insel Ugljan

Ugljan, die Vielhügelige, ist grün, fruchtbar und dicht besiedelt. Zahlreiche Inselbewohner arbeiten in Zadar, die Städter nutzen ihrerseits das nahe Ugljan für Wochenendausflüge. Als Vorgarten der Großstadt ist die Insel mit einer fast stündlich verkehrenden Fähre eng mit dem Festland verbunden.

Auf 52 km² leben hier rund 7500 Menschen. Ugljans Hauptort *Preko* und alle anderen Orte liegen auf der Festlandseite. Im Südosten ist die Insel durch eine Brücke mit der Nachbarinsel Pašman verbunden.

### Wichtiges auf einen Blick

**Telefonvorwahl**: 023

**Fährverbindungen**: *Trajekt Zadar–Preko* (30 Min. Fahrtzeit): während der Hauptsaison bis zu 18-mal tägl. 5.30–24 Uhr; 2,50 €/Pers., Auto 13,70 €. Fährhafen ist Preko. 2-mal tägl. hält der Trajekt an der Insel Ošljak.

Da Ugljan mit der Insel Pašman durch eine Brücke verbunden ist, kann man auch über Biograd anreisen. *Trajekt Biograd–Tkon:* in der Hauptsaison bis zu 14-mal tägl. 6–22.30 Uhr; 1,90 €/Pers., Auto 10,70 €.

**Busverbindungen**: Busse fahren zu allen Inselorten, zur Nachbarinsel Pašman und über die Fähre nach Zadar.

**Geldwechsel**: Banken nur in Preko; zudem Bankomaten in Preko und Ugljan.

**Post**: in jedem Ort.

**Tanken**: In Preko am Hafen ist die einzige Tankstelle für beide Inseln!

## 176  Inseln vor Zadar

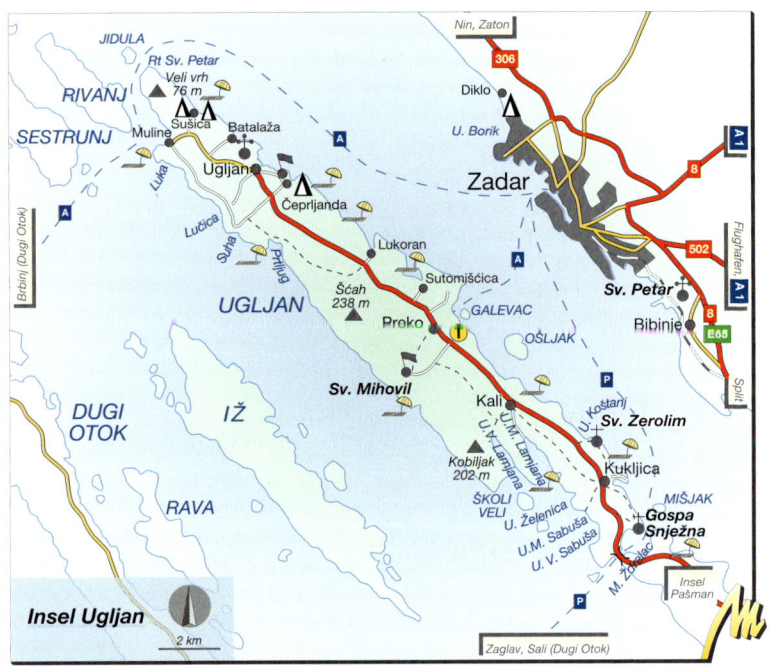

Ugljan, auch „Olive Island" genannt, ist eigentlich keine Touristeninsel – erste Ansätze zeigen sich bisher nur in *Preko* und *Kukljica* und ein wenig im Ort *Ugljan*. Unterkünfte finden sich, bis auf wenige kleine Hotels, vor allem in Privathäusern und auf zahlreichen kleinen Campingplätzen. Allerdings herrscht am Wochenende starker Bootsausflugsverkehr, überall stehen Wochenendhäuser. Ihre roten Dächer versinken im Grün der Laubbäume, Zypressen, Zedernwacholder, Feigen, Olivenbäume und Macchiagewächse. Dazwischen fruchtbares Ackerland, Wiesentäler und Badestrände. Im letzten Jahrzehnt eröffneten Marinas in Preko und Sutomišćica, Ugljan ist in Planung. Somit ist auch auf dieser Insel der Bootstourismus eingeläutet und eine damit verbundene Preissteigerung. Wer die Insel erkunden möchte, kann dies zu Fuß und auch per Mountainbike tun, viele Wege wurden angelegt und markiert (Übersichts-Wander-/Fahrradkarte beim Tourismusverband).

Ugljans Siedlungen an der Festlandseite schachteln sich fast alle hangabwärts bis zu den Buchten. Darüber, von Nordwest nach Südost, führt die einzige Straße, mit Ausblicken auf das Dächergewirr am Meer, auf Gärten und Felder. Oberhalb ziehen sich macchiabewachsen und karstig die Hügel wie ein Drachenrücken dahin. Auf einer der Erhebungen thront die Burgruine *Sv. Mihovil*. Der mit 286 m höchste Berg heißt *Veliki brdo*. Kaum ein Weg führt ins Unbewohnte, auf die andere, von der Küste abgekehrte Seite – lediglich im Nordwesten, wo die Insel in ein paar Weilern und Badebuchten ausläuft. In Muline endet die Straße mit Blick auf die vorgelagerten Inseln Rivanj und Sestrunj. In der Ferne erstreckt sich Dugi Otok.

## Geschichte

Ugljan ist seit vorgeschichtlicher Zeit besiedelt. Von späteren Epochen zeugen illyrische Burgruinen und, vor allem in Muline, die Reste römischer Bauwerke. Die heutigen Siedlungen wurden im Mittelalter gegründet, der Name der Insel wurde 1325 erstmals erwähnt. Anfang des 16. Jh., als die Türken das gesamte Hinterland bis an die Stadtmauern Zadars besetzt hatten, diente die fruchtbare Insel der belagerten Stadt als eine Art Gemüsegarten. So orientierte sich Ugljan seit jeher an Zadar, im Gegensatz zur Nachbarinsel Pašman. Die Meerenge Ždrelac zwischen Ugljan und Pašman war früher so schmal, dass dazwischen kein Schiffsverkehr möglich war, 1883 grub man einen 4 m tiefen Kanal, den seit 1973 eine Brücke überspannt. Seit 2 Jahren wird die Schiffspassage vertieft und verbreitert, da es immer wieder zu abgebrochenen Segelmasten kam.

# Ugljan

**Ein kleines, ruhiges Fischerdorf mit ein paar Unterkunftsmöglichkeiten und für Schnorchel- und Badefreunde guter Ausgangspunkt zu den umliegenden Buchten – viel mehr gab es bisher nicht zu berichten.**

Wie eh und je sind die Ugljaner mit ihren Booten und Netzen beschäftigt, die wenigen Touristen stören sie nicht, werden auch weiter nicht beachtet, aber – auch hier wird eine Marina gebaut und schnell wird die Idylle Vergangenheit sein.

Oberhalb des Ortes steht die Pfarrkirche, umgeben von einem großen Friedhof. Sehenswert ist auch das nördlich auf der Landzunge gelegene *Franziskanerkloster* (Juli/Aug. tägl. außer Sa 17–19 Uhr) aus dem Jahr 1430. Stattliche Kiefern, deren mit Zapfen schwer beladenen Äste sich zum Meer hinabbeugen, säumen das Idyll. Durch den Klostergarten erreicht man den blumengeschmückten Innenhof, in dem sich die Grabtafel des Bischofs und Gründers der glagolitischen Druckerei in Rijeka, *Šime Kožičić*, befindet, der hier bestattet ist. Der Kreuzgang mit romanischen Kapitellen von Bauwerken aus Zadar wurde im 16. Jh. erbaut. Die Klosterkirche im gotischen Stil stammt von 1447. Heute bewohnen Nonnen das Kloster, es werden Seminare abgehalten und auf Anfrage kann hier übernachtet werden.

Zu Ugljan gehören auch die Dörfer *Čeprljanda* im Süden, *Batalaža* und *Sušica* im Norden und *Muline* an der Nordwestküste. Per Mountainbike kann man rundum die Gegend auf kleinen Wegen erkunden. Nordöstlich von Muline, auf der Landzunge, gibt es eine archäologische Fundstätte aus römischer Zeit mit Anlegestelle, Villa rustica, Mausoleum und Mühlen, auf die der Name des Ortes zurückgeht. Auf einem Pfad gelangt man zu den Ruinen – die meisten liegen jedoch im Meer verborgen. Für Tauchfreunde ein spannendes Revier.

## Basis-Infos

**Information** Tourismusverband, Šimuna Kožičića Benje 17, 23275 Ugljan, ✆ 023/288-011, tz-ugljan@zd.t-com.hr, www.ugljan.hr. Juni–Aug. Mo–Sa 8–21, So 8–12 Uhr; sonst Mo–Fr 8–14 Uhr. Gute Information, Unterkunftsverzeichnis.

Agentur Nav-Travel (s. a. Preko), im gleichen Gebäude. Zimmervermittlung; nur Juni–15. Sept.

**Verbindungen** Regelmäßige **Bus**verbindung von Ugljan nach Muline, Preko, Kukljica und weiter nach Pašman. Mit dem Bus über die Fähre nach Zadar.

## Übernachten/Essen & Trinken

**Übernachten** Privatzimmer kosten ab 30 €, **Appartements** für 2 Pers. 30–50 €. In den umliegenden Weilern Čeprljanda, BataLaža, Sušica im Norden und Muline im Nordwesten werden **Appartements** vermietet: Die Gebäude stehen in üppigem Grün nahe am Meer. Das **Hotel Ugljan** ist aktuell nicht zu empfehlen, in der HS zu teuer für die sehr einfache Ausstattung und in der NS geschlossen.

**Kloster Ugljan**, hier werden spirituelle Wochen für Familien abgehalten, es gibt Schlafräume und Campingmöglichkoit ( › Camp Mostir). ℅ 023/288-091, www.mariapropeto.hr.

**Villa Oleandar**, Appartementhäuschen, nördl. des Hotels Ugljan am Meer. ℅ 023/288-025.

**Villa Stari Dvor**, nördl. der Kirche, im Ortsteil Bataļaža. Neben dem Neubau duckt sich die alte Gaststätte, an der noch das schmiedeeiserne Schild Stari Dvor (alter Hof) prangt. Die Anlage mit großem Blumengarten, Bocciabahn und Tischtennisplatten ist sehr ruhig gelegen. Geräumige Zimmer mit Balkon. Guter Service. Ganzjährig geöffnet. DZ/F 88 € (TS 100 €). Bataļaža 7, ℅ 023/288-688, www.staridvor.hr.

**\*\*\* Appartements Štokov dvorac (Stocco Castle)**, im alten Landschlösschen im Weiler Ceprljanda. Es gibt verschieden große Appartements (max. 13 Pers.) und Studios. 85–110 €/6 Pers. oder Studio für 60 €. Ceprljandska 103, ℅ 095/9012-718 (mobil), www.apartmanihrvatska.hr.

*Im Weiler Muline*: **Restaurant-Pension Stivon**, ruhige Lage nahe Meer. 11 nette Zimmer mit Balkon, sehr gutes Restaurant mit Hausmannskost und schöner Terrasse, hier lohnt sich Halbpension. DZ/F 60 € (HP 38 €/Pers.). ℅ 023/288-388.

**Camping** Um Ugljan 9 kleine, sehr einfache Privatcampingplätze; geöffnet meist Mai bis Mitte Sept./Okt. 2 Pers. mit Auto und Zelt zahlen ca. 15 €.

**Camp Mostir**, innerhalb des Klosters, es versteht sich von selbst, dass Ruhe gewünscht wird! Nur Juli/Aug. geöffnet und nur auf Anfrage. ℅ 023/288-091.

**»> Mein Tipp: Camp Mario** (Inh. Hr. Bakota), in Ceprljanda an der Nordostseite. Schöner familiärer Platz direkt am Meer, geleitet von Miro und der Deutschen Tanja. Es gibt eine Feuerstelle und frischen Fisch für den, der mag. Nicht für große Wohnwagen etc. geeignet, da schmale, holprige Zufahrt. Geöffnet April–Nov. ℅ 023/288-172. «<

**Camp Stipanić**, im Weiler Ceprljanda; gegenüber auch Zimmervermietung. Put Sv. Marije 36, ℅ 098/761-231 (mobil), www.autocampstipanic.com.

Einige größere Campingplätze in Sušica:

**Autocamp Porat**, Sušica, ℅ 023/288-318, www.megaone.com/campporat.

**Autocamp Mekelenić**, Sušica, ℅ 023/288-105, www.ugljan.hr.

**Essen & Trinken** Bistro Trapula, neben Touristinfo. Hier speist man lecker und preiswert; Spezialität u. a. Trapula-Steak (gefüllt mit Käse, Schinken u. Pilzen) mit hausgemachten Spinatnudeln. Mai–Okt. ab 12 Uhr. ℅ 092/2984-440 (mobil).

**»> Mein Tipp:** **Konoba Kaleta**, direkt am Meer, mit überdachter Terrasse und Blick auf Zadar. Guter Service, allerdings gehobenes Preisniveau. Es gibt schmackhafte Fischgerichte, leckere Nachspeisen wie Panna Cotta mit Schokocreme. Große Weinauswahl. Muringe zum Anlegen. Juni–Sept. geöffnet. ℅ 023/288-523. «<

Wer noch einen Café oder Cocktail trinken möchte, geht über den Damm zum **Café-bar-Nightclub Rita M** mit schönen Sitzgelegenheiten am Meer; ganzjährig geöffnet, im Sommer bis 3 Uhr morgens.

## Wassersport/Sport

**Baden** Beim Franziskanerkloster gibt es einen kinderfreundlichen Sandstrand – ganz flach geht's ins Wasser; außerdem viele Bademöglichkeiten bei den Campingplätzen. Gut zum Baden ist auch die Bucht von Muline mit schmalen Sand- und Kiessträndern. An der Südwestküste befinden sich ruhige, fast unbebaute Buchten: Uvala Južnaa (südöstlich von Muline), ab der Mole ca. 10 Min. Fußweg, hier ganz seicht und sandig, für Kleinkinder bestens; Uvala Lučica, mit Fels- und Kiesstrand; Uvala Suha, ebenfalls mit Kies.

Oase der Ruhe, das Franziskanerkloster von 1430 am sandseichten Strand

**Tauchen** Diving Center Ugljan, Uferpromenade zum Kloster, ✆ 023/288-261, -022, www.diving-ugljan.com. Tauchkurse auch für Instructor, Kindertauchen und Ausflüge, auch Appartementvermietung. Gutes Tauchrevier in der Bucht von Muline.

**Jachthafen/Anleger** In Ugljan gibt es einen kleinen Jachthafen, der zur Marina für ca. 80 Boote ausgebaut werden soll; Anlegeplätze in Muline, Batalaža und Čeprljanda.

**Fahrräder** Verleih in Agentur Sole Porte, zudem am Tauchcenter; auch in Muline, gegenüber Damm.

# Von Ugljan nach Preko

**Lukoran** besteht aus zwei Ortsteilen, Veli Lukoran und Mali Lukoran. *Veli Lukoran* im Westen der kleinen Halbinsel erstreckt sich um die fruchtbare Bucht, Neubauten stehen zwischen älteren Häusern – hier machen fast nur Kroaten Urlaub. Einsam und verlassen steht die Kirche oben am Straßenrand. Unterkunft in Privatzimmern, Appartements oder auf dem *Autocamp Lukoran*, zum Essen ist das *Restaurant Frakalo* empfehlenswert. Fels- und Kiesbuchten und Anlegeplätze für Boote.

Eine Handvoll Häuser im Osten an der Sutomišćica-Bucht – das ist *Mali Lukoran*. Ein Pfad am Meer entlang verbindet beide Ortsteile.

**Sutomišćica**, ein kleiner Weiler, liegt an der gleichnamigen Bucht mit großer Marina und am Hang. Zwischen Zypressen, die nur der spitze Kirchturm von *Sv. Euphemia* überragt, zieht sich der Ort die Landzunge entlang. In der Kirche von 1349, deren heutige Architektur auf das Jahr 1679 zurückgeht, ist am Altar das Barockgemälde eines unbekannten venezianischen Meisters sehenswert. Auffallend das im venezianischen Barock erbaute Sommerhaus der Zadarer Patrizierfamilie *Lantana* (1686) mit Kapelle und großem Park. Einst fanden hier die Einsetzungsfeierlichkeiten der Statthalter von Dalmatien statt. Bademöglichkeiten an der seicht abfallenden Bucht mit Grobkies und betonierten Liegeflächen.

**Poljana**, der östlich von Sutomišćica folgende Weiler, ist durch einen Fußweg durch eine fruchtbare Feldflur, wo üppigst Gemüse und Obstbäume gedeihen, mit Sutomišćica verbunden. Der Weiler selbst bietet neben alten Natursteinhäusern einen hübschen kleinen Hafen und Blick auf die Klosterinsel von Preko. Idylle und Ruhe herrschen hier, es gibt einige Lokal und gute Übernachtungsmöglichkeiten. Entlang der Uferpromenade ist man schnell in Preko.

**Übernachten/Essen** Über den Tourismusverband in Preko gibt es eine Unterkunftsliste für Privatzimmer/Appartements, auch im Internet ersichtlich (→ Preko/Information). Schön sind die Unterkünfte an der Ostseite von Poljana.

**Restaurant Lantana**, kurz vor oben genanntem Sommerhaus bzw. Castello, mit hübschem, von Pflanzen umwuchertem Garten und guter Küche, alles aus eigenem Anbau. In Sutomišćica, ✆ 023/268-264.

**Jachthafen** Olive Island Marina, moderne Anlage in der Sutomišćica-Bucht. 215 Liegeplätze zu Wasser, 25 zu Land, 30-t-Travellift; Reparatur und Wartung; gute Sanitäranlagen, Wäscherei, schönes Restaurant und Bar, Swimmingpool für Kinder, WLAN-Internet, Supermarkt und Nautikshop, Servicewerkstätten, Fahrrad- und Scooterverleih; privater Fährdienst nach Zadar; Tankstelle am Fährhafen in Preko. Plava Vala d.o.o., 23273 Sutomišćica, ✆ 023/335-809, www.oliveislandmarina.com.

# Preko

Der lebendige Ort mit Mittelmeeratmosphäre ist das Zentrum von Ugljan. Preko liegt Zadar in Sichtweite gegenüber – wie auch der Name verrät: „preko" bedeutet gegenüber. Vorgelagert sind die beiden bewaldeten Inselchen Ošljak und Galevac, oberhalb thront die Festungsruine Sv. Mihovil.

Das Städtchen mit 1500 Einwohnern zieht sich vom Trajekthafen im Osten bis über den Jachthafen und die Bucht Jaz im Westen. Entlang der Strandpromenade beeindrucken alte, teilweise sehr stattliche, von Wein überrankte Häuser zwischen Palmen, Zypressen und Pinien. Hier, im Zentrum von Preko, schaukeln die Jachten in der Marina, daneben die bunten Fischerboote; Taxi- und Ausflugsboote legen an. An der Uferpromenade nette Cafébars und Restaurants. Dahinter führt ein Labyrinth enger Gassen, in dem man sich als Autofahrer leicht verliert, den Hang hinauf.

Zwischen Zeilen der kleinen alten Häuser ragen der rote Kirchturm der Pfarrkirche *Gospe od Rozarija* aus dem 17. Jh. und die romanische Kirche *Sv. Ivan* aus dem 11. Jh. empor. Auf dem Berg oberhalb von Preko die Ruine der ehemaligen *Festung Sv. Mihovil,* im 13. Jh. erbaut – von hier bietet sich ein herrlicher Blick auf den Ort

Preko – hübsche Uferpromenade zum Chillen und Flanieren

und die umliegende Inselwelt, bei klarer Sicht sogar bis zur italienischen Küste (→ Kleiner Wanderführer/Wanderung 6, S. 342).

Gegenüber von Preko liegt die kleine **Insel Galevac** (bzw. **Školjić**, wie es die Einheimischen nennen) mit dem *Franziskanerkloster* der Glagoliter aus dem 15. Jh., halb verborgen hinter wucherndem, subtropischem Grün. Heute leben noch drei Franziskaner auf ihrer idyllischen Privatinsel, die mittlerweile auch gern zum

Preko – von der Burgruine Sv. Mihovil genießt man einen grandiosen Weitblick

Baden genutzt wird – ständig pendelt ein Taxiboot (geöffnet Juli/Aug. Mo–Sa 17–18.45 Uhr, zudem auf Anfrage über TIC).

Weiter vorgelagert die bewohnte, etwas größere **Insel Ošljak** mit den Windmühlen-Ruinen. Es gibt ein Restaurant, Zimmervermietung und auch die Fähre hält 2-mal täglich. Das *Museum* in der alten Olivenölfabrik neben dem Tourismusverband zeigt vor allem die Herstellung von Olivenöl, auch kann man hier das Öl mit selbstgebackenem Brot verkosten und erwerben (Juli/Aug. Mo–Sa 8–23 Uhr, ansonsten auf Anfrage über TIC). Zum Museum gehört auch der *Olivengarten Komorok* mit seinen 100-jährigen Ölbäumen (südöstlich der Stadt), eine Führung gibt es allerdings nur für Gruppen. Das offen zugängliche Gelände – hier wurden auch Heilpflanzen angesiedelt – kann bei einem Spaziergang besichtigt werden.

## Basis-Infos

**Information** Tourismusverband und TIC, Magazin 6 (westl. Uferpromenade, gegenüber Insel Galevac), 23273 Preko, ☎ 023/286-108, www.preko.hr. Juli/Aug. tägl. 8–21 Uhr, Juni u. Sept. Mo–Sa 8–13/18–20 Uhr; sonst Mo–Fr 8–15 Uhr. Gute Auskünfte und Material.

**Agentur Nav-Travel**, Magazin 8 (neben Tourismusverband). Verschiedenste Ausflüge, Flughafentransfer, Internet, Scooter- u. Fahrradverleih. ☎ 023/647-311, 095/1122-330 (mobil), www.islandugljan.com. Zweigstellen in Tkon u. Ugljan.

**Verbindungen** Fähren nach Zadar (→ Wichtiges auf einen Blick), Jadrolinija-Büro am Fährhafen.

**Busse** fahren regelmäßig zu allen Inselorten. **Taxiboote** zur Klosterinsel Galevac, ca. 1 € Retour-Ticket; Juni–Sept. 7–19 Uhr, sonst am Wochenende; auch nach Osljak fahren Boote (zudem die Fähre). **Taxi:** u. a. Auto Ugljan, ☎ 098/1973-428 (mobil).

**Einkaufen** Olivenölverkauf im Museum (neben Tourismusverband).

**Geldwechsel** OTP-Bank, am Fährhafen; mit Geldautomat, zudem noch **POZ-Bank**.

**Gesundheit** Ambulanz, ☎ 023/286-181 (eigenes Ambulanzschnellboot) und **Apotheken**, u. a. Ljekarna Preko, ☎ 023/286-179.

**Tanken** Einzige Tankstelle der Insel sowie der Nachbarinsel Pašman; am Fährhafen; Juni–Sept. 7–24 Uhr, danach kürzer.

**Veranstaltungen** Sommerfestspiele von Juli–Anf. Sept.

Insel Ugljan/Preko 183

## Übernachten/Essen & Trinken → Karte S. 181

**Übernachten** Großes Angebot an **Privatzimmern** ab 30 €/DZ. **Appartements** für 2 Pers. ab 40 €. Schön nächtigt man nördl. der Bucht Jaz in Richtung Poljana; Unterkunftslisten über TIC und deren Website. U. a.:

\*\*\* **Villa Eden** 2, netter Familienbetrieb (Fam. Eugen und Marjan Sorić) mit zwei Gebäuden an der Uvala Jaz im Westen der Stadt. Es gibt verschieden große Appartements und Studios. Ab 55 €/2 Pers. Jaz 18, ☏ 023/286-075, 098/9312-148 (mobil), www.eden.hr.

\*\*\* **Villa Maria** 3, nette Pension der Familie Lucin mit 3 Studios und Garten, oberhalb vom Meer und im Westen der Stadt. Preških bratovština 10, ☏ 023/286-816.

\*\*\* **Pansion-Restaurant Rušev** 5, in der Stadt liegt die gut geführte Pension der Fam. Rušev. Es werden etliche Zimmer/Appartements vermietet und es gibt gute Halbpension für die Gäste. DZ/F 51 €, Appartements (2 Zimmer) 70 €. Duga Mocira 12, ☏ 023/286-266, www.croadria-rusev.com.

**Essen & Trinken** Die Speisekarten sind ziemlich identisch, Fisch-, Fleisch-, Nudel- und Reisgerichte, d. h. auswählen, welche Lage am besten gefällt.

**Restaurant Jardin** 8, im Zentrum, nahe dem Hafenbecken; hier sitzt man schön auf der großen Terrasse oder im stilvollen Innern. Guter Service und neben den Fisch- und Fleischgerichten gibt es für Vegetarier u. a. Gemüseplatten, dazu selbstgebackene Brötchen. Mai–Mitte Okt. ☏ 023/286-385.

》》 **Mein Tipp: Konoba Joso** 7, im Zentrum, mit Blick aufs Hafenbecken von der Terrasse, im Innern gemütlich mit Natursteingemäuer; angeboten werden neben Fleisch- und Fischgerichten hausgemachter Debit-Wein, Brot, Sardinen, Öl und Nudeln. Ganzjährig geöffnet. ☏ 023/286-818. 《《

Gegenüber dem Jachthafen speist man hübsch, gut und etwas teurer in der **Konoba Roko** 6 (ex Vruljan), beim Jachthafen.

**Lounge-Bar Miramare** 4, ist neben Roko bestens für den Cocktail oder Sundowner.

In schöner Lage direkt an der Uferpromenade in Richtung Fährhafen: **Konoba Barbara** 9, nett zu sitzen, guter Service; nur Mai–Sept. Put Jerolimovih 4, ☏ 023/286-129.

**Konoba Petrina** 10 mit schöner, erhöhter, überdachter Terrasse, schon fast am Fährhafen. April–Okt. geöffnet. Biliće 16, ☏ 023/286-860.

**Restaurant/Pizzeria Plavi Jadran** 1, sehr beliebt im Sommer, da direkt an der Uvala Jaz, im Westen der Stadt.

## Wassersport/Sport

**Baden** Im Strandbad JAZ (hier weht die Blaue Flagge), mit Umkleidekabinen und flach abfallendem Sandstrand, bestens für Kinder geeignet. Oder man lässt sich mit dem Taxiboot für 0,80 € zu den schattigen Fels- und Kiesstränden der Klosterinsel Galevac schippern. Auf der Südseite der Insel liegen schöne Buchten, zu denen man wandern kann, u. a. die Uvala Svitla, von deren Felsplatten Preko erbaut wurde oder zur schönen Kiesbucht Željina vela, die unterhalb der Festung Sv. Mihovil liegt.

**Jachthafen** Marina Preko, 94 Liegeplätze, alle Stege mit Strom- und Wasseranschluss;

Im Süden von Preko lockt die glasklare Svitla-Bucht zum Baden

Duschen, Wäscherei, WLAN-Internet, Tankstelle am Fährhafen. Vrulja 2, ✆ 023/286-230, www.marinapreko.com.

**Klettern** Unterhalb der Sv. Mihovil-Festung liegen auch die Kletterfelsen Željena, die 30 Routen bieten.

**Wandern/Mountainbiken** Zur Festung Sv. Mihovil: Ca. 1 Std. Gehzeit benötigt man von der Inselstraße auf dem markierten Wanderweg (Beginn im Westen von Preko, gegenüber Bushaltestelle) oder man geht zu Fuß (oder per Mountainbike) den einfacheren Weg bergan auf dem schmalen Serpentinensträßchen (Put sv. Mihovil) – allerdings nur zur NS zu empfehlen (Abzweig an der Inselstraße gegenüber Straße zur Ortsmitte/Kirche). Die Festung selbst ist nicht betretbar (Satellitenstation), aber der Rundblick auf die Inseln und die Stadt ist herrlich. Ein Wanderweg führt unterhalb der Festung zur Südseite und den Badebuchten.

 **Wanderung 6**: Insel Ugljan – von Preko zur Festung Sv. Mihovil → S. 342
Aussichtsreiche Wanderung hoch zur Festung mit erfrischendem Badestopp

# Kali

Die Touristenattraktion von Kali sind die turbulenten „Fischernächte". Für mehr Amüsement haben die Fischer keine Zeit. Im Hafen liegen riesige Kähne vor Anker – täglich läuft von hier eine der größten Fischereiflotten der Adria aus, die die Fischfabrik „Adria" in Zadar beliefert. Besonders gute Geschäfte werden mit Thunfischlieferungen nach Japan gemacht.

Eine schmale Gasse führt zum Hafen hinab, vorbei an sich eng aneinander schmiegenden Häusern. Auf den Mäuerchen dörren Feigen, alte Frauen sitzen in den Haustüren und äugen neugierig heraus. Im Ort die Barockkirche *Sv. Lovro* aus dem 18. Jh. und viele Neubauten, in denen Privatzimmer vermietet werden. Südlich von

Kali – täglich laufen frühmorgens die Fischkutter mit fangfrischer Ware ein

Insel Ugljan/Kukljica 185

Kali, auf der Südseite der Insel, liegt die Bucht *Vela Lamjana* mit großer Werft, hier befinden sich auch viele Fischfarmen. Baden kann man in der Nachbarbucht *Mala Lamjana*. Ein Höhenweg, zu Fuß oder auch mit dem Mountainbike zu bewältigen, führt südlich der Inselstraße hinauf zur *Kapelle Sv. Pelegrin* aus dem 15. Jh. Wer mag, geht auf dem Höhenweg weiter (teils schlechter Makadamweg) entlang dem Nehaj und Straža gen Südosten und stößt dann bei Kukljica auf die Inselstraße.

**Information** Tourismusverband, an der Inselstraße, 23272 Kali, ✆ 023/282-406, www.kali.hr. Juli/Aug. 8–20, So 8–13/18–20 Uhr, im Juni u. Sept Mo–Sa 8–15 Uhr; sonst nur Mo–Fr 8–14 Uhr. Infos u. Zimmerauskünfte.

**Einkaufen »> Mein Tipp:** Fischcooperative **Ribarska Sloga**, neben Srdelasnack (s. o.); hier kann man alles Fischige erwerben, in Gläsern gibt's Anchovis oder Sardellen, zudem Thunfisch etc. Tägl. zu Arbeitszeiten geöffnet. BataIaža, ✆ 023/281-748. **«**

**Veranstaltungen** Ribarske noći (Fischernächte), um den Patronatstag von Sv. Lovro (10. 8.), bzw. zu Vollmond Anf. Aug.

**Übernachten/Essen** Restaurant-Appartements **Franov**, gutes Restaurant im Zentrum von Kali, oberhalb vom Hafen mit herrlichem Blick. Hier gibt es neben fangfrischem Fisch die vom Besitzer selbst gefangenen Kozice (ähnlich den Shrimps). Zudem nette Appartements mit Meerblick. Studio 39 €, HP 35 €/Pers. ✆ 023/282–404, www.kali.hr/franov.

**Srdelasnack**, hier sitzt man unter Fischernetzen neben der Fischfabrik direkt an der Hafenmole mit Blick auf die großen Kutter und genießt dabei frisch zubereiteten oder rohen, eingelegten Fisch. Es gibt marinierte oder gesalzene Sardellen, Anchovis, Thunfisch, Makrelen vom Grill, dazu leckeren roten und weißen Bogdanuša (Insel Hvar) oder weißen Graševina. Geöffnet Mai–Okt. (evtl. auch länger), im Juli/Aug. von morgens bis 21 Uhr (oder auch länger). ∎

# Kukljica

Das alte Fischerdorf liegt an einer großen Bucht nahe dem südöstlichen Inselende. Die alten Männer sitzen wie immer auf ihren Bänken am Hafen, im Becken dümpeln bunte Kutter und Jachten, es wird geschweißt und gehämmert. Die Touristen werden weiter nicht beachtet, außer jemand ist gar zu auffällig gekleidet – dann wird geschmunzelt und gemunkelt. Gebadet wird rund um die von Kiefern umstandene Halbinsel der Ferienanlage Zelena Punta. Ruhige Badebuchten kann man gut per Mountainbike auf Fahrradwegen erkunden, so z. B. an der unbewohnten Südwestküste südlich von Kukljica – am Horizont zieht sich malerisch Dugi Otok entlang.

Erstmals erwähnt wurde der Ort 1345. In der Pfarrkirche *Sv. Pavao* (17. Jh.) sind alte glagolitische Inschriften zu sehen (→ Kasten S. 160). Im Nordwesten von Kukljica, kurz vor der Badebucht *Kostanj*, steht die Kirche *Sv. Jerolim* (15. Jh., restauriert im 18. Jh.), sie kann per Mountainbike erreicht werden, ebenso die Kapelle *Gospa Snježna* (16. Jh.) in schöner Lage an der Landspitze und Meerenge Mala Ždrelac. Am 5. August führt jährlich eine Bootsprozession hierher. Die Kapelle erhielt ihren Namen Maria Schnee aufgrund eines ungewöhnlichen Wintereinbruchs, es schneite am 5. August 1514 – ein Wunder!

## Basis-Infos

**Information** Tourismusverband, am Hafen, 23271 Kukljica, ✆ 023/373-276, www.kukljica.hr. Juni–Sept. Mo–Sa 8–15 Uhr.

**Veranstaltungen** Fest Gospa Snježna, 5. Aug., Bootsprozession von Kukljika zur Kapelle.

**Übernachten** Privatzimmer ab 15 €/Pers. sowie **Appartements**.

Kukljica bietet eine nett gestaltete Uferpromenade und gute Ankermöglichkeiten

\*\*\* **Hotelanlage Zelena Punta**, im Kiefernwald auf der Halbinsel liegt die teilweise renovierte Ferienanlage. Nett wohnt es sich in den 100 komplett modernisierten Appartementhäuschen. Es gibt ein Restaurant, Bar, Kajakvermietung, Tauchclub (s. u.); gebadet wird am Kies- und Felsstrand sowie an Betonmolen. Appartement (2+1) 92 € (TS 104 €). ✆ 023/492-050, www.zelenapunta.hr.

**Essen & Trinken**  Rund ums Hafenbecken Lokale und Cafébars. Empfehlenswert **Konoba Stari Mlin** und **Barba Tome**.

## Wassersport

**Baden**  Zur Bucht Mala Sabuša an der Südküste (von der Inselstraße aus beschildert) führt der zypressengesäumte Fuß- und gute Radweg am Friedhof vorbei auf die andere Inselseite. Betonierte Liegeflächen, seichtes, teils brackiges Wasser und Bootsanlegestelle. Östlich davon die unberührtere Bucht Velika Sabuša, westlich die Bucht Jelenica mit Felsstrand. Weitere Buchten rundum. Im Nordwesten von Kukljica die schöne Badebucht Kostanj.

**Tauchen**  Divingcenter Kukljica (Inh. Werner Wehling), Basis in der Ferienanlage Zelena Punta, ✆ 023/646-678, 099/1922-258 (mobil), www.id-wehling.com.

# Insel Pašman

Pašman ist vom Tourismus noch immer fast unberührt und damit ursprünglich geblieben, obwohl die Insel gute Verkehrsverbindungen, Sandstrände, Tauchreviere und viel duftendes Grün bietet.

Pašman ist mit 63 km² weit größer als die Nachbarinsel Ugljan, doch leben hier nur knapp 3000 Einwohner, darunter viele, die nach Zadar und Biograd pendeln. Wie auf Ugljan liegen die Ortschaften an der flacheren Festlandseite. Das Hinterland bilden Hügelketten mit Karsthöhen, die steil zur Südwestküste abfallen. Die Insel ist nicht so üppig bewachsen wie Ugljan – vor allem im Osten dominieren Macchia und Schafweiden. Dafür gibt es viele kleine bewaldete Inseln in Küstennähe.

## Insel Pašman/Ždrelac

Pašmans Dörfer sind Fischerdörfer geblieben – es gibt keine Bank, keine Tankstelle, kein größeres Hotel – auch Restaurants sind rar. Privatzimmer, Pensionen und Campingplätze bieten Übernachtungsmöglichkeiten. Geruhsame Ferien kann man auch in „Robinsonhäuschen" an der Südostküste bei Tkon verbringen, immer mehr dieser einstigen Fischerhäuser werden zum Vermieten hergerichtet. Die Insel wird am besten per Mountainbike erkundet – auch hier gibt es gutes Kartenmaterial.

Pašman ist eine Art Zwillingsinsel von Ugljan, mit dem Unterschied, dass sie sich an Biograd orientiert und nicht wie Ugljan an Zadar. Hinter der Verbindungsbrücke hoch über dem Kanal setzt sich der „Drachenrücken" von Ugljan mit seiner urwüchsigen Pflanzenwelt auf Pašman fort. Um die Ortschaften herum gibt es kaum Gärten und Felder, abgesehen von Weinstöcken, Oliven- und Feigenbäumen im Westen. Öfters liegen kleine Campingplätze am Meer, viele sind jedoch in der Nachsaison geschlossen – baden kann man dann ziemlich ungestört und ungeniert an den flach abfallenden Sandstränden – bestens geeignet für Familien mit Kleinkindern.

### Wichtiges auf einen Blick

**Telefonvorwahl:** 023

**Fährverbindungen:** *Trajekt Biograd–Tkon* (Fahrtzeit 10 Min.): in der Hauptsaison bis zu 14-mal tägl. 6–22.30 Uhr; 1,90 €/Pers., Auto 10,70 €.

*Trajekt Zadar–Preko (Ugljan)* (20 Min.): in der Hauptsaison bis zu 18-mal tägl. 5.30–24 Uhr; 2,50 €/Pers., Auto 13,70 €. 2-mal tägl. hält das Trajekt an der Insel Ošljak.

**Busse:** Regelmäßige Fahrten zu den Inselorten, nach Pašman und über die Fähre nach Zadar.

**Tanken:** Auf Pašman gibt es **keine** Tankstelle, man muss nach Ugljan (Preko)!

**Geldwechsel:** Es gibt keine Bank; nur auf Ugljan in Preko.

**Post:** in jedem Ort.

### Geschichte

Eine illyrische Burgruine und Überreste aus römischer Zeit zeugen von der frühen Besiedlung Pašmans. Im Südwesten steht eine vorromanische Kirche am Meer. Sie war von 1050 an Eigentum des Bischofs von Biograd, 75 Jahre später ging sie in den Besitz des Erzbischofs von Zadar über. Wie Ugljan wurde auch Pašman nie von den Osmanen erobert. Während der Zerstörung Biograds durch die Venezianer und der Angriffe der Türken diente die Insel vielen als Unterschlupf. Bis 1883 war Pašman von Ugljan nur durch eine Furt getrennt. Später wurde ein Kanal gegraben und 1973 auf 4 m vertieft und überbrückt – heute tuckert hier die Autofähre hindurch.

# Ždrelac

Der Ort zieht sich mit mehreren Weilern von der gleichnamigen großen Meereseinbuchtung und Meeresenge mit ein paar Häusern (meist Neubauten) über etliche Buchten bis zum kleinen Zentrum mit der *Kirche Sv. Luka* zur Orientierung. Am Hafenbecken ist es gemütlich. An der Meerespassage unterhalb der Brücke kann man ebenfalls gut sitzen und dem Schiffsverkehr zusehen. Vor allem sonntags ist viel los – ab und an krachte es auch an der Brücke, wenn Segler ihre über 16 m hohen Masten unterschätzen – aber das ist fast Vergangenheit, denn die Passage wird vertieft und verbreitert.

# 188  Inseln vor Zadar

**Übernachten**  Im **Privatzimmer** ab 13 €/Pers. und in **Appartements**.

**Camping**  Autocamp Ruža, gepflegte kleine schattige Anlage am Ortseingang, von Fr. Ruža Pikunić. Saubere Sanitäreinrichtungen. Juni–Anf. Sept. ✆ 023/374-240.

**Essen & Trinken**  Buffet Riva, im Ortszentrum am Hafen. Man sitzt gemütlich auf der Terrasse, der Service ist gut und das Essen preiswert. Es gibt Fisch- (z. B. Hummer) und Fleischgerichte. Uv. Sv. Luka.

Café-Bar & Pizzeria, neben der Brücke – von hier bester Blick auf die Schiffe.

**Baden**  An der **nördl. Buchtseite** und an der **Kablin-Bucht** an der Südküste (ein Pfad führt dorthin). Fels- und Kiesstrände.

## Banj

Ein paar Häuschen, verstreut um das Hafenbecken, Appartementvermietung in einem verschachtelten Neubau nahe dem Meer, Pizzeria, Baden an kleinen Kiesstränden – das bietet Banj. Von der erhöht gelegenen Terrasse der Pizzeria kann man die Abendsonne genießen und auf den Kanal von Pašman blicken.

Camping  *** Camp Daleka Obala, ca. 1,5 km südl. von Banj, direkt am Meer. Neu angelegter Platz für 20 Zelte, moderne Sanitäranlagen und Ankerplätze für Boote. Komplettpreis 25 €. ✆ 023/285-036 (über Agentur Con Sole Tkon).

## Dobropoljana und Neviđane

Wenige Kilometer südlich von Banj wird **Dobropoljana** erreicht, ein Weiler, der sich von Weinlauben überwuchert zum Meer hinabzieht.

Insel Pašman/Pašman 189

Dann folgt der ruhige Ort **Neviđane** mit schmalen Häusern, die Haustüren trennen nur ein paar Meter. Dazwischen weiden Schafe, meckern Ziegen, gackern die Hühner. Rund 630 Menschen bewirtschaften die fruchtbare Ebene. In Nevidane steht die einzige Schule der Insel, die bis zur 8. Klasse führt. Richtung Meer zieht sich der Ort mit neueren Bauten, dazwischen die von Zypressen umgebene Pfarrkirche aus dem 19. Jh. Auf dem Friedhof steht eine alte Kirche von 990, die im 15. Jh. wieder aufgebaut und 1650 im Barockstil umgestaltet wurde. Über der Tür eine gotische Inschrift aus dem 15. Jh. Südlich des Ortes die Ruinen einer Kapelle aus dem 10. Jh.

Der Ort wird 1067 erstmals als *Nevijana* erwähnt – nach dem Namen eines heute nicht mehr existierenden Klosters. Am Berg Binjak befand sich eine illyrische Siedlung.

**Information** In der Ortsmitte, geöffnet nur Juli/Aug. ☏ 023/269-239.

**Übernachten** Privatzimmer ab 12 €/Pers., Appartements ab 25 €/2 Pers.

In Dobropoljana gibt es 2 **Campingplätze**, allerdings nicht am Meer.

**Essen & Trinken** Einige Esslokale. Zu empfehlen: **Fischlokal Zrinski**, in Dobropoljana, ganzjährig geöffnet.

**Restaurant Marinero**, südl. von Neviđane in der nächsten Bucht (bei Mrljane) direkt am Meer; Anlegemöglichkeiten für Boote.

**Baden** Gute Plätze an kleinen Sand- und Kiesbuchten in Richtung Osten.

# Pašman

Der Hauptort der Insel, ein kleiner Fischerort mit rund 450 Einwohnern, lebt bis heute vor allem von Fischerei und Landwirtschaft, weniger vom Tourismus – die vereinzelten Besucher werden neugierig beäugt.

Enge Gassen mit einfachen Häusern und umliegende Weinfelder bestimmen das Ortsbild. Eine Straße zieht sich am Kai entlang. Rundum Badebuchten – vorgelagert die von einer Familie bewohnte *Leuchtturminsel Babac*.

## Geschichte und Sehenswertes

Der Ort ist seit illyrischer und römischer Zeit besiedelt. 1067 wird er unter dem Namen *Postimana* erstmals erwähnt. Die Pfarrkirche stammt aus dem frühen Mittelalter, wurde später vergrößert und erhielt 1750 ihren Turm. Ein spätgotisches Prozessionskreuz und das Altarbild von Meister *Medović* sind die wertvollsten Stücke. Entlang der Küste finden sich überall unterirdische Fundstätten aus der Römerzeit, Mauern, Mosaiken – wenn Geld vorhanden ist, sollen Ausgrabungen beginnen. Wer gut zu Fuß ist oder ein Mountainbike zur Verfügung hat, besucht die *Bucht Sv. Ante* auf der Südseite der Insel, umringt von ein paar Ferienhäusern, mit Anlegestelle für Boote und ruhigen Bademöglichkeiten. Hier steht auch der Namensgeber, die kleine vorromanische Kapelle *Sv. Ante,* vor der Kapelle die Statue des Sv. Ante von Padua, gefertigt vom heimischen Mönch und Bildhauer *Jaki Gregov*.

**Information** Tourismusverband, 23262 Pašman, ☏ 023/260-155, www.pasman.hr. Juni–Sept. Mo–Sa 8–12/17.30–20.30, So 8–11 Uhr; sonst Mo–Fr 8–14 Uhr.

**Übernachten/Essen** Die Touristeninformation vermittelt **Privatzimmer** ab 10 €/Pers.

**Restaurant-Appartements Laterna**, an der Strandstraße gelegen. 11 Appartements für 4–6 Pers., gutes Restaurant mit Blick aufs Meer. ☏ 023/260-179, www.laterna.hr.

**Camping** ** **Autocamp Kod Jakova**, direkt am Meer und an der Mole – hier fühlen sich die Damen wohl. Es werden auch Zimmer vermietet. Geöffnet Mai–Sept. ☏ 023/260-331.

**Camp Padre Kiriqin**, westl. vom Kloster, ein weiteres gut geleitetes kleines Camp.

* **Camping Lučina**, an der gleichnamigen Bucht hinter Kod Jakova; Leser beschwerten sich allerdings über Lärmbelästigung! ☏ 023/260-173, -133, www.lucina.hr.

Region Zadar → Karten S. 78/79, 156/157 u. 213

### Baden

In der **Lučine-Bucht** mit Kiesstrand sowie an der **Halbinsel Bartul**. An der Strandstraße betonierte Liegeflächen. Ins Wasser geht es sehr flach hinein, man kann fast bis zu den bewaldeten Inselchen durchwaten – für Kinder gut geeignet. Aufpassen: ab und zu Seeigel! Via Boot geht es zu den kleinen vorgelagerten Inseln. Auf der Südseite die schöne **Bucht Sv. Ante**, beliebt auch bei Bootsbesitzern.

## Kraj und Ugrinić

**Kraj**: Ein paar Häuschen zwischen Oliven- und Weingärten. Am Meer neben einer Ruine, umgeben von blühendem Oleander, steht das Franziskanerkloster *Sv. Dujam* mit Museum. Das Kloster wurde Ende des 14. Jh. erbaut und später im Barockstil umgestaltet. Das *Museum* zeigt Funde aus der Illyrer- und Römerzeit, eine historische Waffensammlung, alte Münzen, Briefmarken und im ehemaligen großen Refektorium alte Gemälde (tägl. 17–19 Uhr, ab und an auch morgens; leider oft verschlossen).

Ab dem Kloster gibt es in Richtung Tkon schöne Bademöglichkeiten an Kiesbuchten mit teils sandigem Untergrund.

**Ugrinić**: Eine kleine Siedlung, die kurz nach Kraj folgt, mit vielen ruhigen und schön gelegenen Privatzimmern, Appartements sowie einem Campingplatz.

**Einkaufen** Ölmühle in Kraj.

**Übernachten/Essen in Kraj** \*\*\*\* **Villa Kruna**, der zartrosa Bau mit Balkonen und Terrassen liegt kurz vor dem Meer. Kraj 122a, ✆ 023/285-410, www.vila-kruna.com.

\*\*\*\* **Villa Palme**, in unmittelbarer Nähe von Villa Kruna (gleiche Ltg.).

**Übernachten/Essen in Ugrinić** Restaurant-Pension **Tome**, unter österreichischer Leitung. Ankerplatz, wenige Meter vor dem Meer und ruhig gelegen. Verschiedene Wochenangebote inkl. 4-Gänge-Menüs. ✆ 023-285-006.

Das hügelige, grüne Pašman – Blick auf Tkon und das Festland

**Camping** Es gibt eine Reihe kleiner Camps für max. 50 Pers., u. a.:

**Autocamp Brist**, am Meer. ✆ 023/285-225.

**Autocamp Kelly**, ✆ 098/9697-056 (mobil).

**Autocamp Olivia**, in Ugrinić am Meer. ✆ 023/285-043.

**Camping Torkul**, am flachsandigen Meer bei Kraj mit kleinem Bistro. ✆ 023/285-190, www.campingtorkul.com.

# Tkon

Mit seinen 290 Einwohnern ist Tkon der lebendigste Flecken der Insel. Der Fährort bietet Booten gute und geschützte Anlegestellen. An der unbewohnten Südküste von Tkon kann man geruhsame Ferien in sogenannten Robinsonhäuschen verbringen.

Tkons Ortsbild wird beherrscht von Fährschiffen, Fischkuttern und Jachten, die in der Hauptsaison manchmal Probleme bekommen, einen freien Platz zu ergattern. Die Bar am Hafen ist voll von Männern, die beim Wein plaudern und debattieren.

Westlich des Ortes steht auf dem Berg *Ćakovac* das romanische *Benediktinerkloster*. Nachdem Biograd zerstört worden war, ließen sich die Benediktiner hier nieder und bauten 1125 an der Stelle einer älteren Kirche das Kloster, das wegen seiner strategisch günstigen Lage zugleich als Festung diente. Bei einem Gefecht mit den Venezianern, mit *Louis von Anjou* als Anführer, wurde das Kloster 1358 vollständig zerstört. Nach dem Frieden von Zadar wurde es neu aufgebaut und entwickelte sich zum geheimen Zentrum der glagolitischen Schrift und Literatur (→ Kasten S. 160). Die gotische Kirche mit herrlichem Portal der Muttergottes mit Kind stammt aus dieser Zeit. Heute leben drei alte Benediktinerbrüder im Kloster, das täglich von 16 bis 18 Uhr besichtigt werden kann (außer Sonntag). Das kleine Museum zeigt Klöppelkunst der Benediktinerinnen von der Insel Hvar und glagolitische Bücher. Auch die Außenanlagen und der beschauliche Platz unter Zypressen und Pinien, mit Blick auf Tkon und all die umliegenden Inseln, lohnen den Weg hierher.

Makadamwege führen von Tkon über den 184 m hohen *Preven* mit schöner Aussicht zur Südseite der Insel und Richtung Osten bis an das Inselende.

## Basis-Infos

**Information** Tourismusverband, am Trajekthafen, 23212 Tkon, ✆ 023/285-213, www.tkon.hr. Juni–Sept. tägl. 7–21, So/Feiertage 7–12 Uhr.

**Agentur NAV-Travel**, Trg Mulina 18, ✆ 023/285-072, 095/1122-330, tkon@navadriatic.com. Appartements, Robinsonhäuser, Ausflüge, Scooter- u. Fahrradverleih etc. (Zweigstellen auch in Preko u. Ugljan auf der Insel Ugljan.)

**Verbindungen** Fähre nach Biograd (→ „Wichtiges auf einen Blick"). Regelmäßige **Bus**verbindungen zu allen Inselorten.

**Einkaufen** Markt, Supermarkt, Metzgerei, Bäcker.

## Übernachten/Essen & Trinken

**Übernachten – Robinsonhäuschen**
**》》》 Mein Tipp:** an der Südküste (z. B. in Uvala Vitane) gibt es einfach ausgestattete Natursteinhäuser direkt am Meer für idyllisch-geruhsame Ferien zu mieten – z. B. über die Touristeninformationen oder Agenturen (u. a. NAV-Travel). Die Häuser sind sehr einfach, unterschiedlich groß und meist für 4–7 Pers. geeignet. Energieversorgung durch Solaranlage oder Gas. Transfer mit Taxiboot oder über den Makadam ist meist inbegriffen, die Versorgung erfolgt 2-tägig. 4-PS-Boote sind zu mieten. Für 4 Pers. (2 Zimmer) ab ca. 100 €. 《《《

Tkon – Benediktiner-Kloster

**Camping** \*\* Autocamp Adriana, 500 m östl. vom Ort, direkt am Meer. Preise ähnlich Sovinje (s. u.). ✆ 023/285-017.

\* FKK-Camping Sovinje, 2 km östl. von Tkon, schön und ruhig direkt am Meer und im Kiefernwald gelegen. Flachsandige, schattige Bucht, ideal für Familien mit Kleinkindern. Einfache Anlage auf knapp 3 ha, mit Bar, Essen kann bestellt werden. Geöffnet April–Anf. Okt. 6 €/Pers., Auto/Zelt 9 €. ✆ 023/285-541, 098/314-045 (mobil), www.fkksovinje.hr.

**Übernachten/Essen** Restaurant-Pension Arkada, direkt am Hafen. Auf der Terrasse speist man gute Fisch- und Fleischgerichte. Übernachtungsmöglichkeiten in geräumigen Zimmern mit Balkon für 40 € inkl. Frühstück. ✆ 023-285-312.

Pension-Camp Maestral, hier zahlt man fürs DZ/F 40 €, wer lieber im Freien schläft, schlägt sein Zelt auf. ✆ 023/285-316.

\*\*\* **Pension Muscet**, mit Restaurant. ✆ 023-285-279, www.muscet.com.

Zu empfehlen: **Konoba Klamac** und **Restaurant Leut** sowie das direkt am Meer und Fährhafen gelegene **Restaurant Sovinje**.

## Wassersport/Sport

**Baden** Zwischen Tkon und Campingplatz gibt es flache Sandbuchten. Lange läuft man, bis das Wasser Kniehöhe erreicht, für Kinder gut geeignet. Im Sonnenlicht lodert der Feuerdorn, das Meer leuchtet beinahe schon kitschig in allen Blautönen.

Weitere Plätze in Richtung Kraj und an der Südküste.

**Bootsvermietung** ✆ 098/908-3494 oder 098/838-196 (mobil).

**Wassersport** Gut geschützte Anlegeplätze am Hafen und für kleinere Boote am Wellenbrecher, ✆ 098/314-054 (mobil).

**Fahrradvermietung** Mountainbikes ✆ 098/538-730 (mobil) oder über die Agentur (s. o.).

# Insel Gnalić

Östlich von Pašman Richtung Vrgada wurden bei der kleinen Insel Gnalić in einem gesunkenen Handelsschiff bedeutende archäologische Funde gemacht. Über 350 Jahre lang lag der große Frachter samt Ladung am Meeresgrund, und nur ein verschwindend kleiner Teil der Schätze wurde bis heute geborgen (→ Kasten).

## Versunkene Schätze

1967 barg man nahe der kleinen *Insel Gnalić* aus 30 m Tiefe erstmals Teile der Fracht eines unbekannten Handelsschiffes aus dem 16. Jh. Die Herkunft des großen Frachters ist ungeklärt, man vermutet, dass er sich auf der Fahrt von der Nordadria Richtung Süden befand – ob er kenterte oder in einer Schlacht versenkt wurde, ist ebenso ungewiss. 1973 entdeckte man bei Tauchaktionen etliche kunstvoll verzierte Bronzekanonen aus venezianischen und französischen Gießerwerkstätten sowie große Anker. Bisher verzichtete man auf die Bergung dieser schweren Teile, die verdeutlichen, dass die damaligen Handelsschiffe für die Verteidigung gut gerüstet waren. Im Inneren des Wracks fand man eine beträchtliche Menge an Frachtgut: Gläser und Messingleuchter, aber auch Rohstoffe, die zur Weiterverarbeitung bestimmt waren – alles sorgsam verpackt in Fässern, Schachteln und Körben.

Die Verarbeitung und Qualität der Glasgegenstände deuten auf Murano als Herkunftsort hin – die Glasbläser der kleinen Insel bei Venedig waren in ganz Europa bekannt. Dieser Teil des Fundes besteht vorwiegend, empfindlich wie Glas eben ist, aus Bruch. Die Messingleuchter deuten auf Werkstätten in Nordeuropa, möglicherweise in Lübeck hin. Man barg Kronleuchter mit Doppeladler und Löwenkopf, die aufs 16. Jh. datiert wurden. Gut erhaltene Textilwaren holte man aus einer eisenbeschlagenen Kiste – z. B. einen Seidendamast in Originallänge, zusammengefaltet, eingehüllt in einen Sack, verplombt und versiegelt – die Qualität lässt auf Werkstätten in Florenz, Venedig oder Lucca schließen. Stark beschädigtes Keramikgeschirr, Kleinteile wie Fingerhüte und Nähnadeln und ganze Kisten voller Rasiermesser und Scheren wurden ebenso geborgen wie Kupfergeschirr, das zum Schiffsinventar gehörte.

Den wichtigsten und größten Teil der Schiffsfracht aber machten die Rohstoffe und Halbfabrikate aus: Gewalztes, in Bündeln zusammengelegtes Messingblech und Messingstangen. Zinnstangen mit dem Stempel der Republik Venedig – da es in Kroatien keine Zinnvorkommen gab, verbürgte sich Venedig für die Qualität der Ware. Außerdem fand man Zinnoberkugeln aus Spanien oder Slowenien, Bleiweiß, welches man in kleinen Kegeln transportierte und das in den Niederlanden oder auch in Venedig erzeugt worden war, sowie verzinntes, als rostfreies Material sehr geschätztes Stahlblech aus Böhmen und Sachsen.

Noch lange ist nicht alles entdeckt und geborgen. Die aufwändigen Bergungs- und Konservierungsverfahren erfordern viel Zeit und vor allem Geld, an dem es in Kroatien mangelt.

## Insel Vrgada

Das knapp 4 km² große Eiland mit 130 Bewohnern liegt im Osten von Pašman auf halbem Weg nach Murter und bietet, außer Ruhe, auch einige schöne Badestrände.

Der gleichnamige Inselort zieht sich von der heutigen tiefen Haupt- und Hafenbucht *Luka* im Nordosten hinauf und hinüber zur flachsandigeren *Uvala Sv. Andrija* (auch Uv. Priština genannt) auf der Nordwestseite. Hier steht noch das alte Gebäude der Dosenfabrik für Sardinen, wo vor 40 Jahren die Inselbewohner Arbeit fanden. Vrgada ist teils üppig bewaldet und verfügt auch über fruchtbare Erde.

### Geschichte und Sehenswertes

Bereits im 6. Jh. ließ der byzantinische Kaiser *Justinian I.* entlang der Küste für seine Seewegsicherung Festungen bauen, so auch hier oberhalb des Hafens auf dem Berg Gradine das *Castrum Lumbricata*. Unter Kaiser *Konstantin VII.*, um 950, wurde die Insel unter dem Namen *Loumbrikaton* erwähnt, sie soll damals die einzig bewohnte Insel in der Zadar-Šibenik-Region gewesen sein. Oberhalb der Sv.-Andrija-Bucht gelangt man über einen Pfad, abgehend nahe Hafenmole und Friedhof, hinauf zum Berg *Gradine* und blickt auf die Ruinen dieser einst illyrischen, antiken und frühmittelalterlichen Burg. Bis 1410 lebten auf dem Gradine auch Mönche, ehe sie zur Insel Galevac (→ Insel Ugljan/Preko) umsiedelten. Einer blieb und wurde der Inselpfarrer. Von den Römern blieb eine bis heute bestens erhaltene gemauerte Zisterne.

Unten am Friedhof steht die Kapelle *Sv. Andrije* aus dem 10. Jh. Der Legende nach stand einst am Altar eine hölzerne Statue des Hl. Andreas, die von einer im Sturm gekenterten byzantinischen Galleone angeschwemmt worden war. Bis heute ist hier Sv. Andrije der Schutzpatron der Fischer.

Insel Vrgada – bestens von Pakoštane per Boot erreichbar

# Insel Vrgada

Vrgada war zu Zeiten Venedigs von vielen Adeligen und geachteten Familien bewohnt, die hier z. T. ihre Sommerhäuser hatten, u. a. auch die alte Aristokratenfamilie *Klokočić* aus Zadar. Einen großen Palast baute die Familie Damiani von der Insel Brač, die ab 1682 bis 1920 hier ihre Sommer verbrachte. Noch heute blickt man auf die Ruinen dieser *Residenz*, die einst im Innenhof über Wasserbasin, exotischen Garten und eine eigene, da Baptisten, Kapelle verfügte, die *Gospe od Zdravlja*, die jüngst restauriert wurde.

Am Sudujam-Hügel dominiert die große Pfarrkirche *Sv. Trojice*, ihre gewaltigen Ausmaße überforderten das Budget der Inselbewohner und so zog sich der Bau viele Jahrzehnte hin, bis er 1687 fertiggestellt wurde. Von hier oben hat man einen herrlichen Blick zum Festland und auf die Inseln rundum. Ein Weg führt vorbei an Gemüsegärten und durch Kiefernwald gen Süden zu einer bei Bootsleuten beliebten Ankerbucht. Für Bootsbesitzer ist das Inselchen eine gute Zwischenstation.

**Information** über **Tourismusverband Pakoštane**; dort auch Unterkunftslisten und Fährplan.

**Transfer** Bootsverbindung: Vrgada–Biograd, ganzjährig 2-mal tägl. 2,50 €; nach Pakoštane je nach Saison 2- bis 7-mal tägl. 2,20 €.

**Übernachten/Essen** In etlichen Häusern werden Zimmer vermietet, ca. 20 €/Pers. Z. B. bei **Fam. Zdravka & Ivan Arapov** im netten, pflanzenumwucherten Haus. Vrgada 217, ✆ 023/371-134, 098/9610-999 (mobil), zdravka.arapov@hotmail.com. Oder im **Appartementhaus Mladenka**, Vrgada 124, ✆ 023/371-060, 092/2748-929 (mobil).

Zur Versorgung gibt es in der Saison einen Minimarket und einige Lokale (geöffnet meist nur Mai/Juni–Sept./Anf. Okt.).

**Restaurant Bracera**, an der Hafenbucht. Ähnelt, wie der Name besagt, einem Schiff. Hier sitzt man schön, genießt den Blick aufs Meer. Die Speisekarte bietet u. a. Schwarzes Risotto und natürlich Fleisch und Fisch vom Grill.

**Restaurant Adrijana**, liegt hinter obigem, ebenfalls mit schöner Terrasse und guten Fisch- und Fleischgerichten.

**Restaurant Kod Zorana**, weinbelaubte Terrasse mit Blick über die Bucht. ✆ 023/371-001.

## Baden

Zum Baden lockt der Sandstrand an der **Bucht Pržina**, unterhalb der roten Felsenklippe, die man schon bei der Fähranfahrt kurz vor der Hafenbucht sichtet. Das sandig-tonige Gemisch ist herrlich für Kinder zum Spielen, zum Einschmieren und natürlich ein wunderbarer Badestrand. Gegenüber in Schwimm-, manchmal auch in Laufweite, liegt die kleine bewaldete Miniinsel **Artina**, diese Passage wird auch gerne von Booten zum Ankern genutzt. Läuft man durch den Kiefernwald zur Südseite der Insel, kann man an der tiefen Kies- und Felsbucht **Kranje** ebenfalls herrlich baden – auch hier ankern viele Boote. Wer hier ein paar Tage verbringt, kann die Insel geruhsam erkunden und nette kleine Badestellen entdecken.

Blick von der Inselstraße auf Luka und die Inseln Iž und Ugljan

# Insel Dugi Otok

Auf der üppig bewachsenen, bergigen Insel mit ihren kristallklaren Badebuchten findet man Einsamkeit und Ruhe – ein Paradies für Taucher. Attraktion von Dugi Otok ist der Telašćica-Naturpark mit dem Mir-Salzsee und imposanter Steilküste. Trotz zahlreicher Fährverbindungen beschränkt sich der Tourismus weitgehend auf Božava, Sali und Luka.

Dugi Otok, die „lange Insel", ist mit 52 km Länge und 124 km² Fläche nach der Insel Pag die zweitgrößte der norddalmatinischen Inseln. Die 1800 Bewohner leben von Fischfang, Landwirtschaft, in letzter Zeit auch etwas vom Tourismus; der größte Inselort ist Sali. Auf der Insel gibt es kein Süßwasser. In den Dörfern wird das Regenwasser in Gemeinschaftszisternen gesammelt, die Hotels bekommen Wasser per Tankschiff und Feuerwehrschlauch. Bis 1985 war Dugi Otok autofrei, inzwischen führt die Asphaltstraße quer über die Insel. In der Nachsaison ist bis auf wenige Lokalitäten in Božava und Sali alles geschlossen. Aufgrund der für die Einheimischen sehr unattraktiven ganzjährigen Schiffsverbindungen, vor allem in die beiden größeren Orte Božava und Sali, zeigen die meisten jungen Leute wenig Interesse, auf ihrer Heimatinsel zu bleiben.

Im Südosten klafft die Öffnung der *Telašćica-Bucht,* an der Westseite liegt der mit Kiefern umstandene *Mir-Salzsee*. Karstig-steil ist dieser Küstenabschnitt. Der gesamte Südzipfel Dugi Otoks mit den umgebenden Inselchen wurde als *Telašćica-Naturpark* ausgewiesen. Dieser sehenswerte Naturpark wird bei allen Kornatenexkursionen angefahren. In der Inselmitte erhebt sich der höchste Berg *Vela Straža* mit 338 m. Bei den Ortschaften an der nordöstlichen Inselseite wurden zwischen Macchia Olivenhaine, Wein- und Gemüsefelder angelegt. Der Nordwesten ist kiefernbewaldet und manchmal nur 1,5 km schmal.

Dugi Otok ist reizvolles Tauchrevier – das Wasser ist klar, Pflanzen und Meeresgetier sind reichlich vorhanden. Außerdem kann man hier das internationale Küstenschifffahrtspatent erwerben – entsprechende Kurse werden angeboten.

Wer gerne wandert, hat auf dieser Insel beste Möglichkeiten für kurze oder lange Touren (→ Kleiner Wanderführer/Wanderungen 7 bis 9, S. 347–352), natürlich sind viele Wege auch mit dem Mountainbike befahrbar und in der Nebensaison hat man auch die Inselstraße fast für sich.

## Geschichte

Die Namensgebung „Dugi Otok" geht auf die Inselbewohner zurück. Sie selbst bezeichnen ihre Insel nur als Otok (Insel). Einer Legende zufolge schien ihnen das „Lang" (dugi = lang) nie zu gefallen, denn sie wollten aus dem Schlauch zwei Inseln machen, was sie wohl wegen des harten Gesteins nicht schafften. Dugi Otok wird im 10. Jh. vom byzantinischen Kaiser *Konstantin Porfirogenet* als *Pizuh* erwähnt. Danach wurde sie in Urkunden *Insula Tilagus* (griech. pelagos = Meer) und im 15. Jh. *Veli Otok* (große Insel) genannt. Reste illyrischer Burgruinen, römischer Villen und die kleinen Häuser und Kirchen aus frühkroatischer Zeit, als die Insel noch im Besitz der Klöster und einiger Bürger von Zadar war, zeugen von Dugi Otoks langer Geschichte. Mit den Türkeneinfällen auf dem Festland im 15. und 16. Jh. flüchteten viele Menschen hierher, um Schutz zu finden.

### Wichtiges auf einen Blick

**Telefonvorwahl**: 023

**Information**: www.dugiotok.hr

**Fährverbindungen**: *Trajekt Zadar–Brbinj:* 3-mal tägl., Sa zusätzl. um 20 Uhr. 4 €/Pers., Auto 23,30 €. Fahrtzeit 80 Min.

*Personenfähre* (Jadrolinija) *Zadar–Sali–Zaglav*: 1-mal tägl. außer So um 10 Uhr; zurück 1-mal tägl. außer So Abfahrt Zaglav um 11.40 Uhr, kein Stopp in Sali.

*Katamaran* (Jadrolinija) *Zadar–Sali–Zaglav*: 4-mal tägl. (am So ist nur 1-mal Stopp in Sali, 2-mal bis Zaglav). Fahrtzeit 55 Min.

*Katamaran m/s Paula* (G&V Line, www.gv-line.hr) *Zverinac–Božava–Sestrunj–Rivanj–Zadar*: ganzjährig 1-mal tägl., So 2-mal.

**Busverbindungen**: Nur zu den Fährhäfen und zu den Schiffsabfahrtszeiten.

**Straßenverhältnisse**: Die Inselstraßen sind durchgehend asphaltiert.

**Geldwechsel**: Keine Bank auf der Insel! Nur Bankomat in Sali und in der Post in Božava.

**Einkaufen**: Keine großen Läden, wenig Obst und Gemüse (in Zadar eindecken).

**Tankstelle**: Nur in Zaglav.

# Božava

Božava liegt, umgeben von Kiefernwäldchen, Agaven, Tamarisken und Gärten, an einer Bucht. Neben Sali ist das Fischerdorf der einzige touristische Ort der Insel – mit sehr guten Bade- und Wassersportmöglichkeiten.

Nachts weist das angestrahlte Kirchlein den Weg durch die schmalen Gassen, der fürs Auto schließlich zu schmal wird. Die Stufen führen hinunter zur Hafenbucht – links Bars und Restaurants, rechts ein Hotelkomplex. Durch den Jachthafenbau vor ein paar Jahren in Verunić ist Božava vor allem in der Nebensaison verwaist – wer Ruhe sucht, gerne wandert (→ Kleiner Wanderführer/Wanderung 7, S. 347), ist hier dann richtig.

Gut befestigt waren die alten Haushöfe von Božava zum Schutz vor Piraten. Heute belagern Nacht für Nacht die Touristen das Dörfchen. Tagsüber aber gehört Božava wieder den Einheimischen. Dann ist die Post ein wichtiger Ort der Kommunikation.

Božava wird 1327 als *Bosan* erstmals erwähnt; zu sehen gibt es illyrische Burgruinen und römische Überreste. In der *Pfarrkirche,* angeblich aus dem 9. Jh., sind drei gotische Prozessionskreuze sehenswert. Die kleine Friedhofskapelle *Sv. Nikola* wird ebenfalls auf das 9. bis 10. Jh. datiert. An der Pforte das Relief des hl. Nikolaus mit der eingemeißelten Jahreszahl 1469.

## Basis-Infos

**Information** Touristinformation (TZ) im Zentrum, 23286 Božava, ✆ 023/377-607. Juli/Aug. 9–13/16–22, Sa 8–22, So 8–16 Uhr; Juni u. Sept. Mo–Fr 8–13/17–20 Uhr; sonst nur morgens.

**Verbindungen** Schiffsverbindungen (→ „Wichtiges auf einen Blick"). Keine Busverbindung nach Sali, nur zu den Fährhäfen, **Touristenzug**: Hotels–Bucht Sakarun, Juni–Sept. 6-mal tägl.

**Gesundheit** Ambulanz im Ort, ✆ 023/377-604.

**Post** Mo–Sa 7–12/18–21 Uhr; Bankomat.

**Veranstaltungen** Božavska noć, am 2. Wochenende im Aug.

## Übernachten/Essen & Trinken

**Übernachten** Es gibt viele schöne **Privatunterkünfte**: ca. 30–35 €/DZ. **Appartements** für 2 Pers. ab 40 €.

U. a. **Appartements Irena**, an der Zufahrt, kurz vor dem Parkplatz. Gut ausgestattete Studios und Appartements (2–4 Pers., ca. 53–69 €). Hinter dem Haus Grill- und Liegemöglichkeit im Olivengarten. ✆ 023/377-707, 098/650-746.

\*\*\*/\*\*\*\* **Hoteli Božava**, im Kiefernwald am Meer mit verschiedenen Dependancen. Gutes Restaurant mit Terrasse über dem Meer, Fußballplatz, Tennisplatz, Tischtennis, Schwimmbad, Wellnesscenter. Baden an den Felsplatten, Jacht- und Bootsanlegestellen. Die Dependancen sind etwas preiswerter. Das \*\*\*\* **Maxim** (HP 78 €/Pers.; TS 88 €/Pers.) wurde renoviert und mit High-Tech ausgestattet, es gibt Zimmer und Appartements, großen Pool. Schön renoviert wurde auch \*\*\* **Lavanda** (HP 64 €/Pers., TS 78 €/Pers.), ebenfalls mit Swimmingpool. Im \*\*\* Appartement-Haus Agava und in \*\*\* **Mirta** einfachere Zimmer mit Balkon. ✆ 023/291-291, www.bozava-hotels.com.

**Essen & Trinken** Eine Cafébar und Restaurants am Hafenbecken mit guter Auswahl. Z. B. **Restaurant Aphrodite**, ✆ 023/377-703; **Restaurant Boxavia**, ✆ 023/377-637; **Restaurant Veli Kamnik**, ✆ 023/377-614.

## Wassersport/Sport

**Baden** Gute Plätze auf der kleinen Halbinsel im Westen der Bucht. Nach der Promenade führt ein Weg durch das Kiefernwäldchen bis zum Leuchtturm. Rundherum kleine Buchten mit Felsplatten, teils Kiesel, seeigelfrei und FKK-geeignet. Die beste Badebucht liegt im Süden Božavas in der Sakarun-Bucht mit Sandstrand. Schöne Buchten auch bei Soline und Veli Rat. Entweder läuft man auf der Straße oder kürzt über Pfade am Bergkamm entlang die Straße ab. Wegzeit ca. 1:30 Std.

**Wandern** Nach **Dragove** (→ Dragove) in 1 Std. auf dem alten schmalen Uferweg an der schattigen Küste entlang; drei kleine Kieselbuchten laden zum Baden ein (→ Kleiner Wanderführer/Wanderung 7, S. 347). Ein schöner Abendspaziergang (ca. 1 Std.) ist der Weg über den **Bergkamm Kapelica** von Božava nach Soline – mit schönen Blick auf den Südwesten von

# Insel Dugi Otok/Božava

Božava. Bis zum Bergkamm läuft man ca. 0:25 Std. (vom Parkplatz in Richtung Friedhof und den Weg bergan, → Kleiner Wanderführer/Wanderung 8, S. 348).

**Tauchen** Tauchbasis Božava (deutsche Ltg. Hans-Georg Hassmann & Gabi) am Hafen. Füllstation und Ausrüstungsdepot. Tauchkurse (Basic + Open Water bzw. CMAS 1 Stern), u. a. internationale Brevetierung, Logbuch, Nachttauchen, Tauchausflüge etc. Geöffnet ab Ostern bis Ende Okt. ✆ 023/318-891, 099/5912264 (mobil, Gabi), www.bozava.de.

**Wassersport** Bootsvermietung und Scooter bei den Hotels Božava oder von privat am Hafen.

**Jachthafen** Sporthafen Mulić, gut geschützte Bucht für ca. 50 Boote, mit Strom- und Wasseranschluss. ✆ 023/377-230.

Hafenkapitän: ✆ 023/377-677.

**Fahrradfahren** Die Insel ist hervorragend per Fahrrad zu erkunden. Mountainbikes gibt es im Hotelkomplex.

---

**Wanderung 7: Insel Dugi Otok – von Božava nach Dragove** → S. 347
Leichte Wanderung entlang der badebuchtenreichen Nordküste

**Wanderung 8: Insel Dugi Otok – von Božava zur Bucht Sakarun** → S. 348
Aussichtsreiche Wanderung über den Bergkamm zur Inselsüdseite

Bucht Sakarun – eine herrliche flachsandige Badebucht und bestes Wanderziel

## Zur Nordwestseite Dugi Otoks

Kurz vor Božava (oben am Berg) zweigt die Straße nach links zur Nordwestseite der Insel und zu schönen *Badestränden*.

**Soline,** mit wenigen Häusern (nur eine Cafébar), liegt an der Spitze der tief eingeschnittenen *Solišćica-Bucht*, nach der der Ort seinen Namen erhielt. Soline ist einer der ältesten Orte Dugi Otoks und wird im 12. Jh. erstmals erwähnt. In der Bucht wurde früher Salz gewonnen. Die Kirche *Sv. Jakov* stammt aus dem 15. Jh., wurde im 16. Jh. umgebaut und im 19. Jh. restauriert.

Die Straße führt weiter nach **Verunić,** das an der tiefen Einbuchtung *Žaljev Pantera* liegt. Viele Boote und Jachten ankern an den Molen oder Bojen der Restaurants. Die Barockkirche *Gospa od Karmena* stammt aus dem Jahre 1678. Gegenüber in Sichtweite Veli Rat mit Marina.

**Übernachten/Essen** Es gibt einige Zimmervermittler, u. a. **Appartements Gorgonia,** mit Fahrradverleih und kleinem Minimarkt. ✆ 023/378-153.

In der Saison sind 2 gute Restaurants geöffnet, **Verona** und **DM** (✆ 023/435-230). Beide bieten fangfrischen Fisch; vor allem Letzteres wird wegen seiner Kochkreationen sehr gelobt.

**Einkaufen** 》》》 **Mein Tipp:** Honigverarbeitung **Api-Komerc,** der Familienbetrieb produziert u. a. Salbei-, Rosmarin-, Akazien-, Lindenblüten- und Kastanienhonig, zudem gibt es Propolis, Gelee-Royal etc. zu kaufen. ✆ 023/322-936. 《《

Zurück auf der Hauptstraße geht es an der Südseite zur großen **Badebucht Sakarun:** ankernde Segelschiffe, Badende, Kies, seichtes Wasser in leuchtendem Türkis und Sand – teils aber auch angeschwemmte Plastikteile und Teer. Man erreicht die Bucht auch von Božava aus auf dem alten Verbindungsweg in knapp 1:30 Std. Im Sommer hat ein Strandrestaurant geöffnet, und die einstige Naturbucht verfügt inzwischen auch über fest installierte Sonnenschirme; zudem fährt der Touristenzug hierher (→ Božava).

Dann zweigt die Straße westwärts ab nach **Veli Rat,** das südlich von Verunić in der tiefen *Pantera-Bucht* liegt und über eine Marina (s. u.) verfügt. Der Ort ist umgeben von Kiefernwald und Badebuchten, es gibt Übernachtungsmöglichkeiten und das *Restaurant Lanterna.* Der Ort ist seit römischer Zeit besiedelt und wurde 1327 als *ad Punctas* erwähnt.

Fährt oder läuft man von Veli Rat weiter südwestwärts, gelangt man zum 41 m hohen *Leuchtturm.* Er wurde 1849 gebaut und zählt zu den höchsten in der Adria. Angeblich erhielt er seine gute Putzhaftung von dem Eiweiß von 100.000 Eiern. Nahe dem Leuchtturm die Kapelle *Sv. Nikole,* dem Schutzpatron der Segler und Schiffsreisenden geweiht.

**Übernachten** ≫ Mein Tipp: Leuchtturm Veli Rat, wunderbar gelegen, Wiesengrundstück, mit dem Auto erreichbar. Zu mieten sind je ein Appartement \*\*–\*\*\* für 3 und 4 Pers. Einfache Einrichtung mit Küche, pro Woche 1099 bzw. 1199 €. Auskünfte: www.lighthouses-croatia.com. ≪

**Camping**  Kurz nach dem Leuchtturm ist ein einfacher Campingplatz eröffnet worden (war allerdings in der NS geschlossen).

**Jachthafen**  Marina Nautica Veli Rat, ca. 110 Liegeplätze im Meer (mit Strom- u. Wasseranschluss), Sanitäranlagen, Wäscherei, Fahrradverleih. Ganzjährig geöffnet. In der Nähe Restaurant (nur in der Saison geöffnet) und Minimarkt. ✆ 023/378-072, www.cromarina.com.

# Von Božava nach Savar

Es duftet wie in einer Gewürzkammer. Vielleicht unternimmt man lieber, statt mit dem Auto zu fahren, eine Inselwanderung mit Rucksack!

**Dragove** liegt nachts wie ein Lichterberg an der Straße, oberhalb des Meeres. Die Leute hier lebten einst von Fischfang und Landwirtschaft. Doch die vom Meer entfernte Lage und der steinige Boden machten das Leben hart. So wanderten viele Dragover nach Australien und in die USA aus. Die Pfarrkirche im Ort stammt aus

Rund um den Leuchtturm Veli Rat gibt es schöne Kieselbuchten

Der Fischerort Sali ist ein super Ausgangspunkt für den Naturpark Telešćica

## Sali

Sali liegt an der tiefen und gut geschützten gleichnamigen Bucht im Südosten. Mit rund 730 Einwohnern ist Sali der größte Ort sowie wirtschaftliches Zentrum und Verwaltungssitz von Dugi Otok. Der Besucher spürt davon nichts – in Sali erwarten ihn Ursprünglichkeit und Gelassenheit.

Der Fischerort ist idealer Ausgangspunkt für Touren zu den Kornaten und zur nahen Telašćica-Bucht – nicht nur für Bootsbesitzer: Zu Fuß kann man von Sali aus herrliche Wanderungen z. B. ans Inselende unternehmen (→ Wandern).

Der Fischfang begünstigte Salis Entwicklung, und das Erste, was von der Fähre aus zu sehen ist, sind die lang gestreckten Gebäude der *Fischfabrik* und eine Schiffsflotte.

### Die Fischfabrik in Sali

1905 bauten sich die Salier eine moderne Fischfabrik. Denn die Fischer von Sali waren die Einzigen, die im Gebiet der Kornaten – ein damals überaus fischreiches Gewässer – auf Fang gehen durften. Heute schafft man die Fische zum Teil aus Japan und von Afrikas Küsten zum Eindosen heran, um die Fabrik in Gang zu halten. Andererseits mangelt es heute auch an Arbeitskräften – die Jüngeren sind meist nicht gewillt, sich ohne gute Verbindungen zur Außenwelt in der Einsamkeit Dugi Otoks niederzulassen.

Im Hafenbecken schaukeln Jachten und Fischerboote, am Kai spenden Tamarisken Schatten, in den Cafés wird geplauscht – alles wirkt ursprünglich und gemächlich, obwohl die Uferpromenade im Süden mit Badebuchten und netten Restauranttter-

## Insel Dugi Otok/Von Božava nach Savar

zwischen auch über fest installierte Sonnenschirme; zudem fährt der Touristenzug hierher (→ Božava).

Dann zweigt die Straße westwärts ab nach **Veli Rat,** das südlich von Verunić in der tiefen *Pantera-Bucht* liegt und über eine Marina (s. u.) verfügt. Der Ort ist umgeben von Kiefernwald und Badebuchten, es gibt Übernachtungsmöglichkeiten und das *Restaurant Lanterna*. Der Ort ist seit römischer Zeit besiedelt und wurde 1327 als *ad Punctas* erwähnt.

Fährt oder läuft man von Veli Rat weiter südwestwärts, gelangt man zum 41 m hohen *Leuchtturm*. Er wurde 1849 gebaut und zählt zu den höchsten in der Adria. Angeblich erhielt er seine gute Putzhaftung von dem Eiweiß von 100.000 Eiern. Nahe dem Leuchtturm die Kapelle *Sv. Nikole*, dem Schutzpatron der Segler und Schiffsreisenden geweiht.

**Übernachten** »» Mein Tipp: Leuchtturm Veli Rat, wunderbar gelegen, Wiesengrundstück, mit dem Auto erreichbar. Zu mieten sind je ein Appartement **–*** für 3 und 4 Pers. Einfache Einrichtung mit Küche, pro Woche 1099 bzw. 1199 €. Auskünfte: www.lighthouses-croatia.com. «

**Camping** Kurz nach dem Leuchtturm ist ein einfacher Campingplatz eröffnet worden (war allerdings in der NS geschlossen).

**Jachthafen** Marina Nautica Veli Rat, ca. 110 Liegeplätze im Meer (mit Strom- u. Wasseranschluss), Sanitäranlagen, Wäscherei, Fahrradverleih. Ganzjährig geöffnet. In der Nähe Restaurant (nur in der Saison geöffnet) und Minimarkt. ☎ 023/378-072, www.cromarina.com.

## Von Božava nach Savar

Es duftet wie in einer Gewürzkammer. Vielleicht unternimmt man lieber, statt mit dem Auto zu fahren, eine Inselwanderung mit Rucksack!

**Dragove** liegt nachts wie ein Lichterberg an der Straße, oberhalb des Meeres. Die Leute hier lebten einst von Fischfang und Landwirtschaft. Doch die vom Meer entfernte Lage und der steinige Boden machten das Leben hart. So wanderten viele Dragover nach Australien und in die USA aus. Die Pfarrkirche im Ort stammt aus

Rund um den Leuchtturm Veli Rat gibt es schöne Kieselbuchten

dem 15. Jh. Der Ort ist nach einer Zadarer Familie benannt, die hier Land besaß. Unten am Meer ein kleiner geschützter Hafen. Die hübsche kleine *Mala Gospa*, ca. 1,5 km westlich des Ortes auf dem bewaldeten Hügel *Dumbovica* wurde im 5. oder 6. Jh. errichtet und 913 geweiht (Zufahrt von der Inselstraße).

**Shop Birgit**, die einzige Essensversorgung im Ort, geöffnet Juni-Sept. 7-12/17-20 Uhr.

Weiter südöstlich, in der nächsten Bucht, der **Fährort Brbinj**. Der alte Ortskern mit dickturmiger Kirche liegt an der Ostseite der Bucht. Ende des 12. Jh. wurde der Ort erstmals erwähnt. Im 16. Jh. stand hier ein Kastell der Familie Sope, heute nur noch ein Ruinenfeld. Im Hafen Jaz gibt es geschützte Ankerplätze, eine kleine Bootsbauerwerkstatt und einen Laden.

**Übernachten/Essen** Es gibt Privatunterkünfte, u. a. **Restaurant-Pension Kaleb**, direkt im gelben Haus an der Anlegestelle. Neben Zimmern/Appartements auch leckere Fischspezialitäten. DZ/F 48 € (TS 58 €), ✆ 023/378-728, www.pansion-kaleb.hr.

**Gostiona Sjor Bepo**, etwas östl. des Fährhafens, ebenfalls gute Fischgerichte. ✆ 023/378-674.

**Baden** Gute Bademöglichkeiten an der mit Kiefern umstandenen Bucht. Schön mit dem Mountainbike (12 km; steiler 140 Höhenmeter-Anstieg und -Abstieg) erreichbar, z. B. die Südküste mit der Badebucht **Brbišćica** – hier ist ein geologischer und paleontologischer Platz, d. h. es gibt viele Fossilien, auch ein Reptil-Fossil und Unterwasserhöhlen sind zu sehen.

Die Inselstraße verläuft nun weiter am Bergkamm, tief unten sind kleine runde Inseln ins Meer gestreut – in der Ferne zieht sich Ugljan entlang. Jede Kurve bringt neue Ausblicke. Es geht abwärts zur Ortschaft **Savar**, vorbei an Olivenhainen, Weingärten und Neubauten mit Zimmervermietung. Unten in der Bucht die Friedhofshalbinsel mit der *Sv.-Pelegrin-Kirche* aus dem 13. Jh. – einer der bedeutendsten altkroatischen Sakralbauten. Das Kirchlein mit Glockenaufsatz und kugelrundem vorromanischen Choranbau steht geduckt vor einem Kiefernwäldchen. Das Taufbecken mit glagolitischer Inschrift ist heute in der Pfarrkirche aus dem 17. Jh. zu sehen. In Savar stand früher das Kloster des Eremiten Sv. Antun mit der Kirche *Sv. Andrija* – beide wurden im 16. Jh. aufgelöst. Nur noch wenige alte Menschen leben hier, viele der Bewohner wanderten auf die Sinai-Halbinsel in einen Kibbuz aus.

Dugi Otok wird Richtung Süden immer karstiger. Von der Inselstraße blickt man ein kurzes Stück auf die südliche Inselseite. Dann schlängelt sich die Straße wieder auf die nördliche Seite und die Bucht von Luka rückt ins Blickfeld. Am Horizont Iž und Rava, dahinter Ugljan und Pašman.

# Luka

Umgeben von Gemüsegärten, Wein- und Olivenplantagen, liegt Luka an einer tief eingeschnittenen Meeresbucht. Die Kirche *Sv. Stjepan* stammt aus dem 15. Jh. Im Hintergrund ragt der höchste Berg der Insel, der *Vela Straža*, 338 m auf. In westlicher Richtung gibt es drei *Grotten* – die bekannteste, die 30 m lange Tropfsteinhöhle *Straša peć*, diente im Zweiten Weltkrieg den Partisanen als Unterschlupf und kann besichtigt werden (ab 15. Juli bis ca. 20. Aug. 20-Min.-Führung tägl. außer Do 9–19 Uhr, sonst auf Anfrage, ✆ 098/1757-923; ca. 2 km westl. von Luka Abzweig von der Inselstraße in Richtung Südküste; ausgeschildert).

**Information** Im Hotel Luka, 23281 Luka, ✆ 023/372-114.

**Einkaufen** Es gibt einen Laden.

**Veranstaltungen** Dorffest am 3. Aug.

**Übernachten/Essen** Privatzimmer ab 20 €/DZ. **Hotel Luka**, mit Restaurant, ruhig

Insel Dugi Otok/Zaglav 203

inmitten von Grün mit Blick auf die vorgelagerten Inseln. 37 sehr einfache Zimmer. Nur Juni–Sept. geöffnet. ✆ 023/372-114, www.hotelluka.hr.

》》 **Mein Tipp:** \*\*\* Restaurant-Pension **Alen**, netter Familienbetrieb direkt am Meer. Hier speist man ganzjährig bestens. Hausspezialitäten sind Peka-Gerichte und Fisch vom Grill. Es gibt Zimmer/Appartements. DZ/F 53 €, auch HP möglich. Fam. Alen Škara, Luka 4, ✆ 023/372-218, www.lincarnica.com. 《《

**Baden** Schöne Badebuchten nördl. des Ortes um die **Halbinsel Gubac**.

**Klettern** Nahe der Höhle Straša peć gibt es schöne Kletterfelsen.

# Žman

Das Dorf besteht aus ein paar Häuschen, die sich zur Žmanšćica-Bucht hinabziehen. Einige Fischkutter liegen rund um das kleine Hafenbecken. Die neugierigen Blicke der Bewohner folgen dem Besucher beim Spaziergang durch den Ort. Die Pfarrkirche *Sv. Ivana* aus dem 13. Jh. wurde umgebaut; im Innern ein Prozessionskreuz aus dem 14./15. Jh. Der Ort wurde im 13. Jh. erstmals als *Mežano* erwähnt, prähistorische und römische Gräber zeugen von noch früherer Besiedlung.

Im Herbst und Frühjahr bilden sich nach Regengüssen in der Nähe des Dorfes kleine Seen – fruchtbare Erde, auf der Gemüse und sehr guter Wein gedeihen. Bekannt ist Žman auch für sein Olivenöl. Ein großes Dorffest zu Ehren der Schutzpatronin gibt es am 29. August.

**Diverses** Rund um die Hafenbucht Post, Gostiona, Einkaufsladen, Bar, Ambulanz (✆ 023/372-050).

**Übernachten/Essen** Restaurant Regula, mit schöner Terrasse und Blick hinab aufs Meer. Hier speist man gut und preiswert, u. a. was gerade fangfrisch aus dem Meer kommt. Das nette Lokal hat ganzjährig geöffnet. ✆ 091/137-2094.

Öko-Bauernhof, bei der Fam. Žampera gibt es u. a. ökologisch zertifizierte, eigene Produkte wie Olivenöl, den Kräuterschnaps Travarica und Ziegenkäse. ✆ 023/372-071, 091/8920-750 (mobil). Ortsbeginn (ausgeschildert). Vermietung von Robinsonhäuschen auf der Insel Lavdara. ■

# Zaglav

Wein, Zypressen, alte Häuser – mal rot, mal türkis – und das *Franziskanerkloster* mit der Kirche *Sv. Mihovil* aus dem 15. Jh. sind pittoresk am Hang aufgereiht. Im Kircheninneren ein gotisches Holzkruzifix. Der Ort wurde erstmals im 15. Jh. erwähnt. Anfang des 20. Jh. arbeiteten die Zaglaver in der Fischfabrik im benachbarten Sali. Heute leben bis auf wenige, meist alte Menschen die meisten früheren Bewohner im Ausland.

Vor dem alten Dorf führt eine Stichstraße zum *Fährhafen*. Seitdem Zaglav nur mehr von der Personenfähre angelaufen wird, herrscht im Ort und am Meer wieder idyllische Ruhe.

**Diverses** Restaurant-Pension Roko; Supermarkt, Tankstelle. Verbindungen (→ „Wichtiges auf einen Blick").

**Tauchen** Gleich zwei ähnlich klingende Website-Namen: **Tauchclub Dive Dugi Otok** (Ltg. Eric Šešelja), ✆ 023/377-167, 098/1093-107 (mobil), www.kornati-diver.com.

Auch Appartementvermietung.

**Kornati Diving Center** (Ltg. David Špralja), ✆ 091/5060-102 (mobil), www.kornati-diving.com. Basis in der Bucht Tri Luke. Bedient auch Gäste in Sali. Auch hier werden Zimmer/Appartements vermietet.

Der Fischerort Sali ist ein super Ausgangspunkt für den Naturpark Telešćica

## Sali

Sali liegt an der tiefen und gut geschützten gleichnamigen Bucht im Südosten. Mit rund 730 Einwohnern ist Sali der größte Ort sowie wirtschaftliches Zentrum und Verwaltungssitz von Dugi Otok. Der Besucher spürt davon nichts – in Sali erwarten ihn Ursprünglichkeit und Gelassenheit.

Der Fischerort ist idealer Ausgangspunkt für Touren zu den Kornaten und zur nahen Telašćica-Bucht – nicht nur für Bootsbesitzer: Zu Fuß kann man von Sali aus herrliche Wanderungen z. B. ans Inselende unternehmen (→ Wandern).

Der Fischfang begünstigte Salis Entwicklung, und das Erste, was von der Fähre aus zu sehen ist, sind die lang gestreckten Gebäude der *Fischfabrik* und eine Schiffsflotte.

### Die Fischfabrik in Sali

1905 bauten sich die Salier eine moderne Fischfabrik. Denn die Fischer von Sali waren die Einzigen, die im Gebiet der Kornaten – ein damals überaus fischreiches Gewässer – auf Fang gehen durften. Heute schafft man die Fische zum Teil aus Japan und von Afrikas Küsten zum Eindosen heran, um die Fabrik in Gang zu halten. Andererseits mangelt es heute auch an Arbeitskräften – die Jüngeren sind meist nicht gewillt, sich ohne gute Verbindungen zur Außenwelt in der Einsamkeit Dugi Otoks niederzulassen.

Im Hafenbecken schaukeln Jachten und Fischerboote, am Kai spenden Tamarisken Schatten, in den Cafés wird geplauscht – alles wirkt ursprünglich und gemächlich, obwohl die Uferpromenade im Süden mit Badebuchten und netten Restaurantterrassen aufgehübscht wurde. Alte Häuser – nur wenige Neubauten ziehen sich den Hang hinauf – entlang der engen Gassen, durch die kein Auto passt. An der Stelle der gotischen *Pfarrkirche* aus dem 15. Jh. und ihrem modernen Kirchturm stand einst ein vorromanisches Kirchlein. Die Überreste eines Flechtwerkreliefs wurden in den Seiteneingang der Pfarrkirche eingebaut. Im Inneren ein geschnitzter Altar, Renaissancekelche und Grabplatten mit glagolitischen Inschriften. Sehenswert ist der *Friedhof,* der eine sehr seltene, aber für diese Gegend typische Beisetzungsart zeigt: Für die Särge werden in den Fels Grüfte gesprengt, die man anschließend wieder mit Steinplatten verschließt. 1105 wurde Sali erstmals erwähnt. Seinen Namen erhielt der Ort von den einst hier angelegten Salinen. Doch seit mehr als 1000 Jahren ist die Fischerei Salis wichtigste Erwerbsquelle, wie alte Dokumente belegen.

Auf der nördlichen Seite der *Halbinsel Blud* liegt an der tiefen Seščica-Bucht in ruhiger Alleinlage eine Hotelsiedlung. Um diese Halbinsel führt rundum ein schöner Weg. Im Osten von Sali vorgelagert die Insel *Lavdara,* zu der man von Sali aus hingeschippert wird. Hier können Robinsonhäuschen gemietet werden.

## Basis-Infos

**Information** Touristinformation (TZ) am Kai, 23281 Sali, ☏ 023/377-094, www.sali-dugi otok.com (nur kroat.). Juli–Mitte Sept. tägl. 8–21 Uhr; Juni u. Mitte–Ende Sept. tägl. 8–15/17–21 Uhr; sonst nur Mo–Fr 8–16 Uhr. Sehr hilfsbereites Personal, gute Informationen.

**Agentur Adamo Travel,** beim Touristinfogebäude. Geöffnet Juli/Aug. 8.30–22 Uhr, Juni u. Sept. 9–12.30/16–20 Uhr. Zimmervermittlung (gute Website), Robinsonhäuschen, Internet, Kornati-Ausflüge. ☏ 023/377-208, www.adamo.hr.

**Naturparkverwaltung (Park prirode)** Telašćica, Put Danijela Grbina b. b. (hinter Restaurant Kornat), ☏ 023/377-096, www.telascica.hr.

**Verbindungen** (→ „Wichtiges auf einen Blick")

**Ausflüge** Bootsausflüge in die Telašćica-Bucht und zu den Kornaten, ca. 39 €.

**Einkaufen** Supermarkt, Obststand, Bäckerei, Metzgerei.

**Geldwechsel** Bankomat.

**Gesundheit** Ambulanz, ☏ 023/377-032.

**Internet** In der Bücherei am Hafen.

**Post** Am Kai, geöffnet wie TZ.

**Veranstaltungen** Am 1. Wochenende im Aug. findet das Fest **Saljske užanse** statt, mit Fischernacht, Eselsrennen, Musikgruppen und viel Wein. Zudem **Kulturprogramm** an Donnerstagen im Juli/Aug.

## Übernachten/Essen & Trinken

**Übernachten** Privatzimmer je nach Kategorie ab 20 €. Appartements für 2 Pers. ab 40 €. Z. B. das große, roséfarbene Gebäude am Hafenbecken, **Fam. Šoštarić,** ☏ 023/377-050. **Fam Sandra & Zdenko Burin,** ca. 100 m oberhalb vom Hafenbecken; der Besitzer arbeitet in der Fischfabrik, zudem hat er ein eigenes Boot und macht Ausflüge, auch zu den Kornaten. ☏ 098/379-343 (mobil).

\*\*\* **Hotel Sali,** auf der nördl. Seite der Landzunge (am nördl. des Ortes) in einem Kiefernwäldchen. Alle Zimmer mit Balkon und Blick auf Meer. Tauchschule (→ Zaglav). Unterhalb Felsbuchten mit Platten, Betonliegeflächen und Bootsanlegstelle. Geöffnet Mai–Sept. DZ/F 68 € (TS 82 €). ☏ 023/377-049, www.hotel-sali.hr.

**》》 Mein Tipp:** Robinsonhäuschen Um die Telašćica-Bucht werden einfache Fischerhäuser vermietet (→ Naturpark Telašćica). Auf der gegenüberliegenden Insel Lavadara werden ebenfalls viele Häuser vermietet, Transfer per Boot wird organisiert. Der Hauspreis beträgt für 4 Pers. ca. 150 €. Infos über Touristeninfo Sali. **《《**

**Essen & Trinken** Restaurant Tamaris, an der Uferpromenade Richtung Fischfabrik direkt am Kai. Gute Fischgerichte und Service. ☏ 023/377-377.

Grill Toni, östl. vom Tamaris, auch mit Terrasse am Meer. Es gibt Pizzen und leckere Fisch- und Fleischgerichte.

Bistro Bočac, hier kann man gut Fisch und auch nach Vorbestellung Peka-Gerichte essen. ✆ 023/377-323.

Empfohlen wird noch die **Konoba Kod Stipe** in der Altstadt.

**»› Mein Tipp:** Café-Cocktailbar Maritimo, direkt am Anlegerhafen. Treff der Bootsszene, gute Musik, nettes Ambiente, Frühstück ab 6 Uhr. In der Saison tobt hier nachts der Bär. **‹‹**

Café Bruc, beliebter Einheimischen-Treffpunkt.

Weitere Restaurants (→ Naturpark Telašćica).

### Sardinen und Anchovis

In der tiefen Bucht von Sali liegen neben großen Schiffsflotten auch viele kleine bunte Fischerboote im Hafen, was darauf hinweist, dass sich viele Einwohner ihre Fische selbst fangen. Beliebt sind *Sardinen:* Hauptfangzeit sind Frühling und Herbst (Paarung ist im Winter), aber nur bei Vollmond! In Mutters Küche landen sie in der Pfanne oder werden in Salz eingelegt. Für die leckeren *Anchovis* müssen die Fischer im Juli und August weit hinaus aufs offene Meer fahren, ca. 30 Meilen in Richtung Italien. Zu Hause wird der Fang in Salz eingelegt oder mariniert.

## Wassersport/Sport

**Baden** Beim Hotel Sali mit Felsstrand und betonierten Liegeflächen oder weiter Richtung Süden entlang der Halbinsel Blud. In weiterer Entfernung, z. B. per Mountainbike erreichbar, am Südostzipfel die Bucht Danovica. Von Sali über das Asphaltsträßchen fahren, das dann in Makadam mündet, und weiter geradeaus Richtung Süden. Näher ist die schönere Bucht Kruševica an der Telašćica-Bucht (zweite Abzweigung links von der Asphaltstraße, dann weiter in südlicher Richtung über Makadam).

**Tauchen** (→ Zaglav)

**Jachthafen** 80 Anlegestellen, Service, Reparaturwerkstatt, Strom- und Wasserversorgung und Duschen.

**Bootsvermietung** am Hafen, z. B. Hr. Tonći Grandov, ✆ 091/5042-568 (mobil). **Hafenkapitän** ✆ 023/377-021.

**Wandern** Schöne Wandertouren bieten sich entlang der Telašćica-Bucht an; wer mag startet sein Tour (auch per Mountainbike möglich) bereits ab Sali (→ Naturpark Telašćica/Wandern).

Einen schönen Überblick über die Bucht kann man sich vom Berg *Berčastac* verschaffen; Aufstieg von Sali ca. 1 Std.

**Fahrradvermietung** Im Hotel Sali und in der Touristinfo. Der Südzipfel von Dugi Otok und der Telašćica-Naturpark eignen sich bestens für Mountainbiketouren.

# Naturpark Telašćica

Der Naturpark am südlichsten Zipfel von Dugi Otok umfasst die riesige Telašćica-Bucht mit ihrem Hinterland sowie die vorgelagerten Inseln. Beeindruckend sind die steil abfallenden Klippen zur Südseite, der Mir-Salzsee, die teils unberührte Natur. Bei Wanderungen sind altkroatische Kirchen, liburnische Grabstätten oder römische Villenreste zu entdecken.

Kurze Ausblicke auf die riesige Telašćica-Bucht mit ihren Ausläufern und ihrem kegeligen Inselberg Donji Školj (63 m) und dem flacheren Gornji Školj nebenan hat

Vom Berg Grpaśćak Weitblick gen Prisika-Klippen und Kornaten-Archipel

man schon von der Hauptstraße aus. Die Bucht ist mit über 8 km Länge und 0,5 bis 2 km Breite der größte und am besten geschützte Naturhafen der adriatischen Inseln. In der Bucht ein Kliff und neben den beiden Školj-Inseln ein paar weitere Inselchen. Umgeben ist der Telašćica-Naturpark, dessen Fläche 26 km² zu Land und 45 km² zu Wasser beträgt, von weiteren 13 Inseln.

Auch hier finden sich Spuren von Fischersiedlungen aus illyrischer und römischer Zeit sowie Reste von vier vorromanischen Kirchen. Die Telašćica-Bucht war schon immer ein beliebter Ankerplatz für Schiffsflotten – bis zu 80 Kriegsschiffe der österreichisch-ungarischen Kriegsmarine lagen hier bei Flottenübungen vor Anker. An 15 Einbuchtungen gibt es Landestege für Boote. Im Sommer öffnen einige Restaurants für die Touristen, die mit Ausflugsbooten oder Jachten kommen. Einst war die Telašćica-Bucht bewaldet. Als man um 1930 die Weidewirtschaft aufgab, begann wieder Gebüsch zu wachsen. Heute erstreckt sich ein großer Aleppokiefernwald um den Mir-See. Der *Mir-See* im Südwesten ist eine Salzwasserellipse. Durch karstige Felsritzen tauscht er sich ganz langsam mit dem Meer aus. Wegen seiner geringen Tiefe ist der See im Sommer 6 °C wärmer als das Meer, im Winter entsprechend kälter. Im See kann man baden und sich eine „Fango-Kur" verabreichen. Den nördlichen Hintergrund bilden der bewaldete, knapp 100 m hohe Berg *Muravjak*, sowie der 148 m hohe *Veli vrh*. Geht man vom Restaurant Mir (an der Anlegestelle) südlich wenige Minuten bergauf, stößt man auf die fast 200 m hohen *Prisika-Klippen* (s.o.), die sich an dieser 2 km langen Steilküste zwischen Mrzlovica und Pristika entlangziehen und auch im Meer eine Tiefe von bis zu 85 m erreichen – im Volksmund werden sie auch *Stene* genannt. Auf einem Pfad, der sich ein Stückchen oberhalb dieser beeindruckenden Klippe entlangwindet (Vorsicht, wer mit Kindern unterwegs ist!), kann man diesen imposanten Blick bestens einfangen. Auch vom 166 m hohen *Grpaśćak* (nur über die Asphaltstraße zu erreichen; Foto s. o.), etwas nordwestlich gelegen, genießt man einen herrlichen Rundblick. In den Gebäuden auf dem Berg ist heute eine Radarstation untergebracht.

Der Telašćica-Naturpark ist Lebensraum für eine üppige mediterrane Vegetation mit ca. 300 Spezies, darunter seltene Pflanzen wie z. B. allein acht Arten wilder

Orchideen. Ebenso reichhaltig ist die Tierwelt. Sehr interessant ist auch die Flora der Klippen, die sich aus rund 40 Pflanzenarten zusammensetzt – hervorzuheben ist hier besonders die Flockenblume *(Centaurea ragusia)*. Die Vielfalt der Meereswelt präsentiert sich in mehr als 250 Pflanzen- und 300 Tierarten, darunter verschiedenste Schwämme (auch Fleisch fressende), rote Korallen, Fische, Seepferdchen, Algen, Schlangen, Meeresschnecken und bestimmte Möwenarten, die hier von einem Team kartiert wurden.

### Ausflugsfahrten zur Telaśćica-Bucht

Die Touristen kommen in Scharen – von den meisten Touristenorten aus werden Ausflüge in die Telaśćica-Bucht und zu den Kornaten angeboten. Von „Naturpark" kann dann manchmal nicht mehr die Rede sein. Zu bestimmten Zeiten laufen die Besucher zuhauf in der großen Telaśćica-Bucht ein. Dann geht's an Land: Schnell wird ein Menü oder Drink eingenommen, dann marsch, marsch im Gänseschritt auf dem betonierten Pfad zum See. Ein Sprung ins Wasser, ein paar Fotos auf die Schnelle – für kurze Zeit verwandelt sich der See in eine lärmende städtische Badeanstalt. Auch die Esel haben sich an den täglichen Rummel gewöhnt, und – sind begeistert, bekommen sie doch meist ein gutes Häppchen, und wenn nicht, kann man am Badeplatz auch mal auf Suche gehen. Für die Besucher heißt es bald hopp, hopp zurück zum Boot, wo König Alkohol wartet. Mit Tempo geht's dann zurück zu den Heimathäfen durch die herrliche, von der Abendsonne verzauberte Inselwelt, von der die lauten Touristenschwärme nichts mehr mitbekommen. Und es kehrt wieder Ruhe an der malerischen Telaśćica-Bucht ein, in der nur noch Jachten schaukeln.

## Basis-Infos

**Information** Naturparkverwaltung (Park prirode) Telaśćica, Sali, Put Danijela Grbina b. b., ℡ 023/377-096, www.telascica.hr.

Für Bootsbesitzer ist die **Naturparkbasis Telaśćica** beim Restaurant Mir Anlauf- und Informationsstelle. ℡ 098/467-988 (mobil), 023/467-989. Geöffnet ca. April–Okt. An beiden Adressen sind Lizenzen und Eintrittskarten erhältlich.

**Einkaufen** In der Telaśćica-Bucht verkehrt noch Toni's-Boots-Supermarkt – Sohn Sebastian verkauft Obst, Gemüse und Brot.

**Eintritt** Zu Land ist der Naturpark-Eingang (Ranger-Info-Häuschen) an der Straßenzufahrt kurz vor Sali. 3,30 €/Pers., Bootsbesitzer zahlen knapp 8 €/Pers., Kinder unter 12 J. frei.

**Wassersport** Wassersportaktivitäten im Naturpark unterliegen besonderen Vorschriften. Individuelles Tauchen ist verboten, nur organisierte Tauchgänge mit Tauchclubs, die eine spezielle Lizenz benötigen, sind möglich. Tauchgebühr 5,30 €/Tag (mit Tauchclub). Nationalparkwärter kontrollieren die Einhaltung der Regeln. Wer dagegen verstößt und erwischt wird, zahlt z. B. für das Fische-Harpunieren 53 € Strafe und wird des Parks verwiesen.

## Übernachten/Essen & Trinken

**Übernachten** Um die Telaśćica-Bucht stehen in üppigem Macchiagrün versteckt Fischerhäuser, die gemietet werden können, z. T. von der Straße aus oder per Boot erreichbar. Boote können gemietet werden. Die meisten Häuser haben 2–4 Zimmer, Küche, Bad, kleinen Garten, Strom gibt es per Solarmodul. Preis ca. 135 €/4 Pers. Auskünfte über die Touristeninformation in Sali.

# Insel Dugi Otok/Naturpark Telašćica

Die große Telešćica-Bucht bietet Booten besten Windschutz in malerischer Natur

**Essen/Telašćica** Die meisten Restaurants sind Mai–Okt. geöffnet.

**》》 Mein Tipp:** Restaurant Goro, am nördl. Buchtbeginn von Telašćica. Von wildem Wein eingehüllte Terrasse. Das Markenzeichen des Hauses ist das im Mauerwerk eingelassene Fischmosaik aus Muranoglas. Goran Ciska Jakov bewirtet internationale Persönlichkeiten, die seine delikate Küche und Diskretion schätzen; Spezialitäten sind natürlich frischer Fisch, aber auch Peka-Gerichte (Lamm, Oktopus). Anlegemöglichkeiten. ✆ 098/853-434 (mobil). 《《

An der Mir-Bucht, an der die Ausflugsboote ankern, liegen das große **Restaurant Mir**, ein Café und Obststände. Gute Anlegemöglichkeiten.

**Essen/Insel Katina** Restaurant Aquarius, direkt an der Meerenge Mala Proversa, gegenüber der Villa rustica. Ein wunderbarer Platz auf der pflanzenumwucherten, schattigen Gartenterrasse, die Gischt spritzt fast bis auf den Teller – von hier kann man in aller Ruhe den Bootsverkehr betrachten. Gute Fischgerichte und Verkauf von eigenem Olivenöl. Anlegemöglichkeit im kleinen Hafenbecken. ✆ 023/7888-818, 098/9288-201 (mobil).

**》》 Mein Tipp:** Konoba Kod Mare, auf der Südseite der Insel Katina in der ruhigen Bucht Potkatina nahe der Meerenge Vela Proversa. Lauschiger Platz unter Olivenbäumen. Hummer- und Fischbecken, bekannt für leckere Scampi-Gerichte. Gute Anlegemöglichkeiten mit Strom. Das Lokal zählt zu den ältesten und besten im ganzen Gebiet. ✆ 099/472-656 (mobil). 《《

Daneben, ebenfalls direkt an der Mala Proversa, noch die beiden netten Lokale **Konoba Bagtela** (Fr. Blazenka Fabianović), ✆ 091/9432-043 (mobil) und **Konoba Sandra** (Hr. Damir Bozikov), ✆ 098/9235-033 (mobil); beide mit Bootsanlegemöglichkeiten.

## Wandern/Mountainbiken

Schön ist von Sali aus die ca. einstündige Wanderung auf den 199 m hohen Berg *Berčastac*, mit bestem Weitblick über die Telašćica-Bucht und all die Inselchen des Kornatenarchipels. Von Sali führt auch ein Wanderweg, der alte Verbindungsweg, zur Telašćica-Bucht, dies bedeutet jedoch ein paar Stunden laufen. Mit dem Auto (oder mit dem Mountainbike) kann man bis zum Parkplatz (s. u.) auf der Südseite der Telašćica-Bucht fahren. Abzweig ist vor Sali, von Zaglav kommend (*Narodni Park* mit Rangerhaus, hier ist Eintritt fällig). Am Parkplatz und Straßenende (ausgeschildert mit Mir-See) parken, dann noch ca. 0:45 Std. zu Fuß bis zum See. Kurz bevor die Asphaltstraße endet und in den Schotterweg zum Parkplatz übergeht, steht die kleine Kirchenruine *Sv. Ivan* aus dem 11. Jh.

>  **Wanderung 9: Insel Dugi Otok – im Naturpark Telašćica** → S. 350
> Imposante und malerische Wanderung entlang der Highlights des Naturparks

Zur Südspitze von Dugi Otok kann man ebenfalls mit dem Auto (oder per Mountainbike) den Weg etwas abkürzen. Kurz bevor die Hauptstraße nach unten zum Hafen bzw. zur Fischfabrik führt, zweigt nach links ein Schotterweg ab. Ca. 2 km bei den weißen Mauern links, dann parkt man das Auto am besten bei dem kleinen Haus. In der Nähe sind illyrische Gräber. Ein Pfad führt in 0:30 Std. südostwärts an einigen Olivenhainen vorbei zur Südspitze und den Resten einer Villa rustica. Von dort bietet sich ein traumhafter Blick auf die Meerenge *Mala Proversa*, gegenüber in Schwimmweite die Insel Katina. Baden kann man auch in den drei nördlich nebeneinanderliegenden Buchten *Uvala Čušćica, Uvala Veli Dajnica* und *Mali Dajnica*.

### Vorgelagerte Inselchen

Neben der Telašćica-Bucht gehören zum Telašćica-Naturpark einige weitere Inseln: Im Südwesten **Gornje Aba** mit einem Olivenhain, **Buč Veli**, daneben **Buč Mali**. In Schwimmnähe zu Dugi Otok und einst mit ihr verbunden, die bis zu 116 m aufragende **Insel Katina**, 1,85 km lang und 1,65 m breit. Die seichte Meerenge zwischen Dugi Otok und Katina heißt *Mala Proversa*. Hier sind die Reste einer römischen Villa zu sehen. Zu Römerzeiten ragte hier eine Landzunge 1 m aus dem Meer, die Römer bauten eine 90 m lange Landvilla darauf – ein sehr komfortables Haus mit Bädern und fließendem Wasser. Die geborgenen Reste des Wasserreservoirs befinden sich heute auf Dugi Otok. Wahrscheinlich gruben die Römer damals einen Bootskanal durch ihre Villenanlage und zogen mit der starken Meeresströmung Fische an, die sie sich in Fischteichen bis zum Verzehr frisch hielten. Auf der südlichen Inselseite von Katina die Meerenge zu Kornat, *Vela Proversa*. Leuchtend türkis schimmert das Wasser, hier nicht breiter als ein Fluss. Direkt am Kanal (auf Kornat) das *Restaurant Aquarius*. Weiter südlich auf der Insel Katina, in der geschützten Bucht, das gute *Fischlokal Kod Mare*. Ansonsten gibt es auf Katina lediglich ein paar Bäume, ein paar Häuser, Zisternen, Windschutz und Ankerplätze für Boote.

Weiter im Süden gehören zum Telašćica-Naturpark auch die **Insel Abica** und die **Insel Sestrica Veli** mit dem 1876 erbauten 27 m hohen Leuchtturm, der von weitem wie das Minarett einer Moschee anmutet. Das aus Stein von der Insel Aba erbaute Leuchtturmhaus ist heute Sitz einer meteorologischen Station. Nebenan noch die kleine **Insel Sestrica Mali**.

Dugi Otok vorgelagert, ragt das Riff **Taljurić** aus dem Meer. Bei Sturm schäumt das Meer über den nackten Stein. Westlich die durch das Kap Vidilica vor starken Nordwinden geschützten Eilande **Gamernjak Veli** und **Gamernjak Mali**. Vom Boot aus genießt man einen fantastischen Blick auf die im Nordosten senkrecht aufragenden Klippen.

In Sichtweite liegt der Nationalpark Kornaten mit seinen vielen Inseln und Riffs (→ Nationalpark Kornaten, S. 277).

Bibinje – der schöne Feinkiesstrand kurz vor der Marina Dalmacija

# Von Zadar nach Pakoštane

Entlang der Küstenstraße, der Jadranska Magistrale (E65) von Zadar nach Pakoštane (35 km), reihen sich etliche kleine Ferienorte wie **Bibinje**, **Sukošan**, **Sv. Filip i Jakov**, die am Wochenende gerne von Familien aus Zadar zum Badeausflug angesteuert werden (und die hier z. T. auch ihre Wochenenddomizile besitzen). Etwas großstädtischer ist **Biograd** mit seinen gut ausgestatteten Marinas, die als Sprungbrett zum **Kornaten-Archipel** dienen. Auch in **Sukošan** werden Bootsbesitzer in einer der größten Mittelmeer-Marinas gut versorgt. Das Schlusslicht dieser südlichen Küstenregion von Zadar ist **Pakoštane** mit seinem nahen Highlight, dem **Naturpark Vransko jezero**. Wer an diesem Küstenabschnitt Urlaub macht, genießt einen schönen Ausblick auf die vorgelagerte Inselwelt, kann problemlos mit Fähren hinübertuckern und ist am Festland in der Lage, viele Städte, Sehenswürdigkeiten, Kulturdenkmäler und etliche Nationalparks in einem kleinen Radius für sich zu entdecken. Größere Hotels findet man hier nicht, dafür Ferienwohnungen und viele kleine, familiär geführte Minicamps. Auch ist dieser Küstenabschnitt, da oft flach und sogar etwas sandig ins Meer abfallend, bestens für Familien mit Kindern geeignet. Sportliche Naturen, vor allem Mountainbiker, kommen auf ihre Kosten. Wer allerdings Ruhe und Natur sucht und zur Hauptsaison unterwegs ist, sollte sich besser auf die Inseln zurückziehen.

# Bibinje

Ein beschaulicher Fischer- und Ferienort vor allem in der Nebensaison, der sich auf einer kleinen Halbinsel ausdehnt und in Sichtweite zu Zadar und der hügeligen Insel Ugljan liegt.

Gemütlich schlendert man in der Nachsaison durch den 4500-Einwohner-Ort, um die kleine Hafenbucht und rund um die Halbinsel, die sich mit Uferpromenaden bis zur Marina Dalmacija in Sukošan zieht. Die imposanten Sonnenuntergänge mit der rundum in Orange getauchten Bergkulisse Ugljans sind ein täglich neues Naturschauspiel. Nicht verwunderlich, dass dieser relativ grüne, von Gemüsefeldern durchzogene Fleck inzwischen ein beliebter, ruhiger Wohnort der Zadarer ist, die in nur 6 km ihre Stadt erreichen. Im Hochsommer allerdings gibt es etliche Veranstaltungen und entlang der Promenaden und mit Kies und Sand aufgeschütteten Badebuchten wird es eng, ebenso auf den hier zahlreichen kleinen Privatcamps. Wer stadt- und flughafennah seinen Urlaub oder ein paar Tage verbringen möchte, ist hier sicherlich richtig.

## Geschichte und Sehenswertes

Schriftliche Dokumente belegen eine Besiedlung von Kroaten im Jahr 1214, damals noch oben am Hügel. Bereits 1066 schenkte König *Petar Krešimir IV.* dem damals neu gegründeten Benediktinerkloster in Zadar das Land Tochinia, das heutige Bibinje, das fortan bis zu den Türkeneinfällen unter dem Schutz des Benediktinerordens stand und sich dadurch vor allem landwirtschaftlich und religiös entwickeln konnte. Ab Mitte des 15. Jh. litt der Ort unter ständigen Türkenüberfällen. 1468 wurde Bibinje unter Venedig eingefriedet. Während des Kretischen Kriegs tat sich der Priester *Stipan Sorić* aus Bibinje hervor, als es um die Befreiung Dalmatiens und der Lika ging. Etliche weitere Priester kamen im kleinen Bibinje zur Welt und leisteten Gutes. So ist es nicht verwunderlich, dass es auch viele Kirchen gibt. Ebenfalls auf der Altstadthalbinsel stehen die Kirche *Sv. Ivana Krstitelja* aus dem 12. Jh. sowie das heute bedeutendste Kirchlein *Sv. Rok*, das im 16. Jh. zum Dank, der Pest entronnen zu sein, errichtet wurde. Der älteste Sakralbau, die Kapelle *Sv. Petar* aus dem 8. Jh., ist verfallen und steht nahe des neuen Friedhofs – eine baldige Renovierung ist in Planung.

## Basis-Infos

**Information** Tourismusverband Bibinje, Ul. 112. brigade HV2 (Ortszufahrt nahe Hafen), 23205 Bibinje, ✆ 023/261-001, www.tzo-bibinje.hr. Mo–Fr 8–14 Uhr. Gute Information, Unterkunftsverzeichnis.

**Verbindungen** Bus, Bushalt am Trg dr. Frane Tuđmana, oberhalb vom Hafen; Mo–Fr bis zu 10-mal nach Zadar, ebenso Richtung Biograd. **Taxi**, u. a. **Taxi Denis**, Starine 11, ✆ 091/2622-621; nach Zadar ca. 14 €, zum Flughafen rund 20 €.

**Gesundheit** Ambulanz (✆ 023/261-177) neben Tourismusverband, **Apotheke** (✆ 023/261-961) etwas südlicher.

**Veranstaltungen** Raspivano Bibinje, bedeutendstes Klappa-Festival in dieser Region; jährlich seit 30 Jahren am 2. Augustwochenende. **Folkloreabende**, 1. Fr u. Sa im Aug. mit Folkloregruppen aus ganz Kroatien. **Bibinjski gardelini**, großes Kinderfest im Sommer. **Fischerfeste**, wöchentl. im Juli/Aug. mit Fisch vom Grill und viel Wein. **Sv.-Rok-Kirchenfest**, vom 15. bis 16. Aug., beginnend am 15. Aug. abends mit großem Feuerwerk, am nächsten Tag Messe und Konzerte.

## Übernachten/Essen & Trinken

**Übernachten** Auch hier ist das Angebot an Appartements und Privatzimmern groß; ca. 15–20 €/Pers. U. a.:

*** Villa Anđi**, im hübschen Natursteinhaus neben Konoba u Ribara (gleiche Ltg.), an der Südseite der Uferpromenade gelegen. Zimmer 70 €. Fam. Grgo Karaban, Trg. sv. Ivana 3, ✆ 023/261-899.

*** Apartmani Nina**, im Nachbarhaus östl. von obigem vermietet der Bruder Tomislav

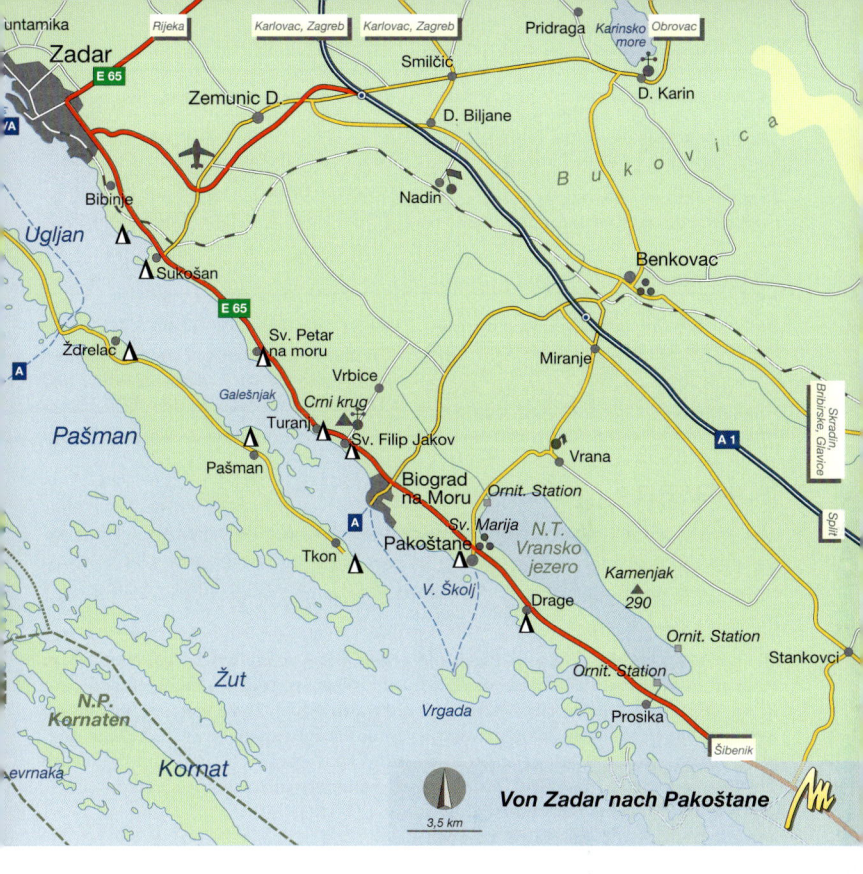

*Von Zadar nach Pakoštane*

Karaban; sehr freundliche Eigentümer. Ca. 60 €, ☏ 023/261-442, 095/5576-126, tomislav.karaban@zd.htnet.hr.

*** **Appartementhaus Anita**, neben der Kirche Sv. Rok, 1 Appartement (80 €) für bis zu 5 Pers. mit eigener Terrasse, 2 Schlafzimmern und Küche. Sehr gemütlich und nett. Fam. Anita Sorić, Trg. sv. Roka 3, ☏ 023/261-016, 091/3249-655 (mobil), anitasr321@gmail.com.

**Appartements Niko**, freundlich mit Garten und Grill, hier werden 5 Zimmer und 4 Appartements (u. a. 4-Pers.-Appart. 60 €) vermietet. Fam. Niko Šindija, Put donje vode 19, ☏ 023/261-536, 091/7642-795, niko.sindija@optinet.hr.

**Camping** Ca. 10 kleine, familiär geführte Minicamps gibt es, ca. 7–10 €/Pers. Geöffnet von ca. Mai–Sept. U. a.:

Hintereinander Richtung Plaža Punta gelegen: **Camp Dido**, hier kann man auch Wohnmobils mieten. Težacki put (Punta), ☏ 023/261-235, www.kamp-dido.com.

**Camp Anđela**, Težacki put, ☏ 023/262-038.
**Camp Matea**, Težacki put, ☏ 023/261-442.
**Camp Punta**, Težacki put, ☏ 023/261-418.

**Camp Ivan**, nahe und westl. vom Zentrum am Meer, Branimirova obala, ☏ 023/261-295. Kurz daneben am kleinen Hafen noch **Camp Maslina**, Braće Radića, ☏ 023/261-249.

**Essen & Trinken** Konoba Zvonimir, neben der Sv.-Rok-Kirche. Auch hier beste Fischgerichte. Geöffnet Mai–Sept. ☏ 023/261-519.

≫ Mein Tipp: **Konoba u Ribara**, auf der Südseite der Altstadthalbinsel – sicherlich das schönste und beste Lokal im Natursteingemäuer am Ort. Von der Terrasse genießt man einen herrlichen Blick übers Meer auf die Insel Ugljan, serviert werden fangfrischer Fisch, saisonale Salate und

Gemüse aus der Umgebung, auch Pizzen aus dem Holzofen. Nebenan werden in der Villa Anđi Zimmer vermietet. Geöffnet Mai–Sept. Staro selo, Ul. Petra Kere. «

**Restaurant Roko**, hier gibt es gute traditionelle Gerichte wie Gerstensuppe mit Kalbfleisch, Peka-Gerichte (Lamm, Fisch, Kalb), Fischeintopf und auch Frühstück. Ganzjährig geöffnet. Trg dr. Frane Tuđmana (an der Straße nahe Bushaltestelle), ✆ 023/494-505.

**Beachbar Bibano**, an der Plaža, kurz vor der Marina. Nur von Juni–Anfang Sept. geöffnet.

## Wassersport

**Baden** Rund um den Ort entlang der Uferpromenade bis zur Marina Dalmacija gibt es immer wieder aufgeschüttete Kiesbadebuchten. Gern besucht wird der Strand **Plaža Punta** mit Beachbar und Tauchschule kurz vor der Marina (→ Foto S. 111).

**Tauchen** Tauchcenter Zlatna luka, Obala kraljice Jelene (am Plaža), ✆ 091/2528-021 (mobil), www.diving-zlatnaluka.net.

# Sukošan

Der einst kleine Fischerort mit seinem Wahrzeichen, den aus dem Meer ragenden Palastruinen, ist heute fest in den Händen der Nautikszene – sternförmig mit Insel ausgebaut, dominiert hier eine der größten Marinas des Mittelmeers.

Die gut geschützte Bucht, die durch die gegenüberliegende Insel Ugljan auch von starken Südwinden verschont wird, der nur 6 km entfernte Flughafen, die nur 11 km entfernte Großstadt Zadar und nahe attraktive Ziele wie der Kornaten-Archipel ließen vor allem den Nautiktourismus enorm expandieren. Sukošans Aushängeschild ist die 1985 erbaute und immerzu vergrößerte und modernisierte *Marina Dalmacija*, die viele Gäste in den Ferienort mit seinem idyllischen Altstadtkern zieht. Gebadet wird auch hier an aufgeschütteten Kiesbadestränden oder betonierten Uferwegen, die sich rund um die kilometerlange, buchtenreiche und fruchtbare Halbinsel erstrecken. Die Gastronomen und Zimmervermieter haben sich auf eine lange Saison eingestellt und so steht man auch im Spätherbst nicht vor verschlossenen Restauranttüren.

## Geschichte und Sehenswertes

Šukosan besitzt ein beschauliches kleines Altstadtzentrum mit verwinkelten Gassen und altem Natursteingemäuer, außen herum beherrschen großflächige Neubausiedlungen das Bild. Nordwestlich des 3000-Einwohner-Ortes an der *Uvala Zlatna luka*, dem „Goldenen Hafen", liegt die große Marina mit Insel und Strand, gen Süden erstreckt sich schützend der Landvor-

sprung *Podvara,* wo sich die Minicamps reihen. Gen Süden und Südosten gibt es auf rund 2,5 km weitere Buchten, dahinter viele Einfamilienhäuser mit üppigen Gärten, aber auch viele mehrstöckige moderne Appartementhäuser und auch noch etwas freies Bauland.

Eine frühe Besiedlung wird durch Funde rings um den „Goldenen Hafen" (Portus aureus) belegt, wie eine Villa rustica im Meer, Spuren einer illyrischen Festung in Vrčevo und die alte römischen Wasserversorgung (Vilinski zid).

Die Altstadt wird beherrscht von der mächtigen, aus Naturstein erbauten Kirche *Sv. Kasijana,* deren heutiges Aussehen auf das 17. Jh. zurückgeht. Allerdings gab es Dokumenten zufolge schon vor 1289, als der Ort erstmals Erwähnung fand, hier ein Kirchlein. Den hoch aufragenden, abseits stehenden Kirchturm erhielt sie erst im 20. Jh. Der große hübsche Kircheninnenhof wird im Sommer für Konzerte genutzt.

Nordwärts gelangt man zum *Gornja vrata,* dem alten Tor, das die Venezianer 1470 erbauten, wie auch die Stadtmauern, die nur noch teilweise erhalten sind. Gegenüber auf dem Platz, von Zypressen bewacht, steht die kleine Kirche *Gospe od Milosrda,* 1650 als Wehrkirche erbaut; interessant sind die Türpfeiler mit Reliefs aus dem 9. und 10. Jh., die der früheren Sv.-Kasijana-Kirche entstammen sollen.

Augenfällig ist die malerische Ruinenkulisse mitten in der Meeresbucht, *Palac – Nadbiskupski ljetnikovac,* eine einst großzügige, bewehrte Sommerresidenz mit Kirche, die sich die Erzbischöfe von Zadar im 15. Jh. mitten in der Bucht auf einem Inselchen für Erholungszwecke erbauen ließen und die bei Türkenüberfällen der Bevölkerung Schutz bot. Heute wird an den Ruinenmauern geankert oder sie dienen Jugendlichen beim Wettschwimmen als Ziel.

Rund 4 km oberhalb von Šukosan (in Richtung Flughafen) steht die Kapelle *Sv. Martina* aus dem Jahr 1387, die mehrmals, auch 1991, zerstört und wieder renoviert wurde.

Das Wahrzeichen von Sukošan – die Palastruinen im Meer

# Von Zadar nach Pakoštane

## Basis-Infos

**Information** Tourismusverband Šukošan, Trg mladeži 4 (an der Durchgangsstraße Ul. dr. Frane Tudmana), ℘ 023/393-345, tzo-sukosan@zd.t-com.hr, www.sukosan.hr/de. Geöffnet Mai–Sept. Mo–Sa 8–20, So 8–14 Uhr; Okt. Mo–Sa 8–14/18–20, So 8–14 Uhr; sonst Mo–Fr 8–15 Uhr.

**Agentur Tustica**, neben dem Tourismusverband, ähnliche Öffnungszeiten. ℘ 023/394-412, www.tustica.net. Privatzimmer, Ausflüge, Scooterverleih.

**Verbindungen** Bus, stündl. Zadar u. Biograd, Bushalt an der Hauptstraße nahe Tourismusverband. Kein Taxi, evtl. über Bibinje (Taxi Denise) anfragen oder **Leihwagen** (Uni-Rent, Flughafen Zadar, ℘ 023/254-162, www.uni-rent.com). **Fahrradverleih** in der Marina und neben Tourismusverband.

**Gesundheit** Ambulanz, Hrv. Branitelja, ℘ 023/393-533; **Apotheke**, Ul. dr. Frane Tudmana (gegenüber Put Vrisja), ℘ 023/394-030.

**Veranstaltungen** Kirchenfest Sv. Kasijan, 13. Aug. mit Konzerten, Feuerwerk, Essen. **Eselrennen**, am So vor dem 13. Aug., eine Tradition seit 1969 mit rund 20 Eseln. Fischeintopf-Fest, Ende Aug. beim Sportcenter, hier wird das beste Brodet prämiert.

Im Sommer viele Konzerte und Folkloreaufführungen.

## Übernachten/Essen & Trinken/Nachtleben

**Übernachten** Es gibt zahlreiche Privatzimmer und Appartements im Ort. Eine schöne Lage bietet die Landzunge Podvara oder der Süden, nahe der Plaža Barbir. Für die Hauptsaison über die Agentur vorbuchen, in der Nebensaison gibt es viele freie Übernachtungsplätze. Zudem sind viele Anbieter auf der Tourismusverband-Website aufgelistet.

**\*\*\*\* Design-Appartements Dijan**, an der Uferpromenade am Hafen mit Blick auf den Palac. Geräumige Appartements für 3–5 Pers., modern und mit Balkon ausgestattet. TS 70–75 €. Ul. Marijana Grdovića, ℘ 023/393-018, www.apartmani-dijan.hr.

**\*\*\* Appartements Malenica**, im zweistöckigen Appartementhaus werden verschieden große Studios und Appartements vermietet. Es liegt fast an der gleichnamigen Badebucht (→ Camping).

**》》 Mein Tipp:** \*\*\*–\*\*\*\* **Hotel-Restaurant Jošo**, gut und freundlich geführt, an der Hauptstraße auf großem Gelände mit vielen Parkplätzen; es gibt insgesamt 40 Zimmer im Hauptgebäude (DZ 60 €) und im sehr gut ausgestatteten neueren Nebengebäude (DZ 80 €) im hinteren Teil des Grundstücks – der Blick auf die Marina vom Balkon ist traumhaft. Das sehr gute Restaurant mit großem Wintergarten bietet saisonale Gerichte, auch Pizzen aus dem Holzofen, und ist immer sehr gut besucht. Gegenüber kleiner aufgeschütteter Strand. Ganzjährig geöffnet. Ul. dr. Frane Tudmana 117, ℘ 023/394-900, www.hotel-joso.hr. 《《

**Camping** Es gibt viele kleine Campingplätze, v. a. entlang der Landzunge Podvara, meist mit direktem Meerzugang; zudem werden in den Häusern der Besitzer auch oft noch Zimmer vermietet. U. a.

**Autocamp-Appartements Malenica**, an der gleichnamigen Badebucht im Südosten des Ortes, mit schattigen Stellflächen. 5 €/Pers., 7,50 €/Auto u. Zelt, 10 €/Camper. Maslenica 7, ℘ 023/393-122, -590, 091/5207-611 (mobil), www.apartementsmalenica.com.

An der Landzunge Podvara und abgehend von der Ul. Punta reihen sich die Minicamps, u. a.: **Autocamp Oliva**, gleich am Beginn. Fam. Ruljančić, ℘ 098/1643-741 (mobil). **Autocamp Brajde**, 023/393-062. **Autocamp Punta**, ℘ 023/393-216.

**Essen & Trinken** Konoba Kod Gušte, an der Uferpromenade vor der Altstadt. Durch die großen Glasfenster bzw. von der Terrasse am Meer genießt man den besten Blick auf die Marina in der Bucht gegenüber. Das Lokal ist ganzjährig (in der NS erst ab 16 Uhr) geöffnet und bekannt für gute Fischgerichte und Fleisch aus der Peka. Rudina, ℘ 023/394-303.

**》》 Mein Tipp:** Konoba Kaleta, mitten in der Altstadt steht das Natursteinhaus mit etlichen Gasträumen, bestückt mit alten Fotos und Gebrauchsgegenständen. Im Sommer sitzt man gemütlich draußen auf der Terrasse. Flinker, guter und freundlicher Service. Serviert wird u. a. fangfrischer Fisch, Grillplatten, schwarzes Risotto.

Ganzjährig geöffnet. Ul. Ivanan Pavla II, ☏ 023/394-031. ⟪

**Konoba Griblja**, stilvoll renoviertes Natursteinhaus mit ausgesuchtem Interieur, mit Terrasse und Blick auf die Hafenbucht – insgesamt ein sehr ansprechendes mediterranes Ambiente. Ausgewählte Speisekarte (Škampi, Fisch, Fleisch, alles hübsch arrangiert und lecker zubereitet) sowie gute Weinauswahl, aber auch gehobenes Preisniveau. Geöffnet Mai–Sept. Trg Ruševac, ☏ 023/394-700.

**Restaurant Veseljak**, an der Hauptstraße nahe Tourismusverband, eines der ältesten Lokale in dieser Region. Hier speist man in einfachem Ambiente gut und preiswert gegrillten Fisch oder Fleisch. Ganzjährig geöffnet. Ul. dr. Frane Tuđmana.

**Cafébars/Nachtleben** Von Juni bis Sept. trifft man sich in den **Beachbars Barbir** (am gleichnamigen Strand), zudem im **La Bocca** an der Uvala Malenica. Fast ganzjährig sind die netten **Cafébars Fortuna** und **Mrav** am Hafen geöffnet.

### Wassersport

**Baden** Rund um die Halbinsel bis hin im Südosten zur Magistrale Bademöglichkeiten an aufgeschütteten Kiesbadebuchten, teils auch schöner Feinkies, im Hochsommer aber sehr voll, v. a. am Hauptstrand *Dječji raj* oder am *Plaža Barbir*.

**Tauchen** Diving Center Zlatna Luka (→ Bibinje), Punta, westl. der Marina.

**Wassersportzentrum** am Hauptstrand Plaža Dječji raj. Verleih von Jet Ski, Speedboat, Booten, Banana, Kajaks.

**Jachthafen** Marina Dalmacija, 1200 Liegeplätzen im Wasser, 1100 an Land; 30t-, 35t- oder 65t-Kran, Travellift, Kranpass; Garagen und Parkplätze, Service & Reparatur, Tankstelle, gut ausgestattete Sanitärhäuser, Wäscherei, Supermarkt, Tauchcenter, Strände, Wifi; mehrere Restaurants und Cafés. ☏ 023/200-300, www.marinadalmacija.hr.

# Sv. Filip i Jakov

Kurz vor Biograd liegt der quirlige, freundliche Badeort mit seinen Gemeinden Sv. Petar und Turanj. Vom Aussichtsberg Crni krug genießt man einen herrlichen Blick auf das Aushängeschild des Ortes, die herzförmige Insel Galešnjak, sowie weitere kleine Eilande und auf die schützend vorgelagerte Insel Pašman.

Rund um den Hafen und entlang der Uferpromenade des 2000-Einwohner-Ortes finden sich viele Restaurants und Cafébars, meist gut gefüllt von den Urlaubern, die hier die Stadtnähe sowie die vielfältigen Ausflugsziele schätzen. Neben etlichen Feriewohnungen gibt es auch hier zahlreiche Minicamps.

Die Illyrer hinterließen ihre Trockenmauern, zu Römerzeiten wurden Villae rusticae am Meer oder oberhalb am Berg mit Aussicht erbaut. Auch auf der kleinen Insel *Frimić* lebten die Römer und hinterließen eine solide Zisterne. Die erste Siedlung lag am Berg, 2 km nördlich vom heutigen Sv. Filip i Jakov (Richtung Vrbica) und hieß *Rogovo*. Die im 11. Jh. errichtete *Sv.-Roko-Kirche* (s. u.) erinnert daran, ebenso nahe Grundmauern einer älteren Festung names *Dorine*. Auch gab es ein Benediktinerkloster mit zugehörigem Hafen, das sog. *Rogovski pristan*. Der schöne Kirchplatz rund um Sv. Roko ist von Zypressen umgeben, zu sehen sind noch ein paar Grundmauern aus verschiedenen Epochen. Am 16. August wird hier das Patronatsfest gefeiert.

Der Ortsname führt zurück auf das Kirchlein Sv. Filip i Jakov aus dem 12. Jh., das oberhalb des Ortes stand, aber komplett zerstört wurde. Im 15. Jh. wird eine Siedlung nahe dem Meer unter dem Namen *San Filip e Giacomodi Rogovo* erwähnt. Die

Die alte Sv.-Roko-Kirche (11. Jh.) liegt oberhalb von Sv. Filip i Jakov am Berg

heutige Altstadt entstand im 16. und 17. Jh. und wurde rund um die Kirche *Sv. Mihovil* erbaut, die bei einem Türkenüberfall zerstört, im Jahr 1707 mit Glockenturm aber wieder aufgebaut wurde. Die *Sv.-Roko-Kirche* aus dem 11. Jh. wurde im Laufe der Jahre durch ein Kirchenschiff erweitert, das mächtige Holzkruzifix aus dem 14. Jh. über dem kleinen Altar wird nur durch wenig einfallendes Licht beleuchtet, außen prangt ein altes Wappen. Im 18. Jh. kam der Zadarer Adel – Sommerhäuser wurden gebaut, u. a. die der Familien *Oštrić* und *Borelli*, die auch einen großzügigen Park anlegte.

Heute ist Sv. Filip i Jakov ein schmuckes Städtchen, das mit Blumenfesten wirbt, zudem fast jedes Jahr Preise erhält – u. a. auch für seine sauberen Strände. Am Stadtstrand *Iza Banja* weht die „Blaue Flagge". Die Küste hier ist relativ zugebaut, gebadet wird an aufgeschütteten Kies-Sandstränden. Wer es ruhiger mag, nimmt sich ein Boot und schippert hinüber zu den vorgelagerten Inseln, die im Sommer auch per Ausflugsboot zu erreichen sind.

Lohnend ist eine Wanderung hinauf zur Kirche Sv. Roko, dann westwärts und ca. 3 km auf Makadam in Richtung Aussichtspunkt *Crni Krug* – ein herrlicher Weitblick auf die Inselwelt lockt (→ Turanj).

**Information** Tourismusverband/TIC Sv. Filip i Jakov, Obala kralja Tomislava 16 (hinter Post), ✆ 023/389-071, info@sv-filipjakov.hr, www.sv-filipjakov.hr. Mai–Okt. tägl. 8–22 Uhr, sonst Mo–Fr 8–15 Uhr.

**Agentur Mare**, Zimmervermietung, Scooter, Fahrräder, Ausflüge. Rogovski pristan 2 (nahe Hafen), ✆ 023/388-808, 091/388-3944 (mobil), www.maretours.hr.

**Verbindungen Bus**, stündl. nach Zadar u. Biograd, Bushalt an der Jadranska cesta (Hauptstraße Zadar–Biograd). **Taxi Biograd**, ✆ 091/518-547 (mobil).

**Veranstaltungen** Konzerte und Folkloreaufführungen, im Juli/Aug., jeden 2. Tag.; auch in Turanj finden wöchentl. Konzerte statt. **Kirchenfest Sv. Roko**, 16. Aug. mit Folkloreaufführungen. **Optimist-Segelregatta**, 4.–5. Aug. **Kirchenfest Sv. Petar**, 29. Juni.

Sv. Filip i Jakov/Umgebung 219

**Übernachten** Es gibt zahlreiche Privatzimmer (u. a. auf Tourismusverband-Website ersichtlich), jedoch von Anfang Juli bis Mitte Aug. mit einem gewaltigen Aufschlag (TS).

\*\*\*\* **Hotel Villa Donat** & \*\*\* **Dependance** 2 (→ Karte S. 222/223), das hübsche rote 16-Zimmer-Hauptgebäude sowie die Dependance mit 56 Zimmern stehen oberhalb vom Meer im Ort, umgeben von alten Bäumen. Hauseigenes Restaurant und Bar. DZ/F ohne Balkone 120 € (TS 140 €), in den Dependancen DZ/F 80 € (TS 95 €). Geöffnet nur Mai–Sept. ℡ 023/383-556, www.ilirijabiograd.com.

\*\*\*\* **Villa Smirna**, 10 unterschiedlich große Appartements (2–6 Pers.), alle mit Balkon oder Terrasse etwas oberhalb vom Meer mit komfortabler Ausstattung, Pool und schöner Gartenanlage. Fahrradvermietung. Studio 60 € (TS 95 €). Put Primorja 50, ℡ 023/389-820, www.vila-smirna.com.

**Camping** Südlich vom Zentrum gibt es 5 Minicamps. Nett und mit Meereszugang u. a.:

\* Camping **Moče**, familiär geführt, auf immerhin schattigen 2,7 ha. Geöffnet April–Mitte Okt. Put Primorja 8, ℡ 023/388-436, www.camping-moce.com.

\*\*\* **Camp Rio**, fast am südlichen Ortsende, nett unter Bäumen auf 0,7 ha. Geöffnet Ende März bis Ende Okt. Put Primorja 66, ℡ 023/388-671.

**Camp Djardin**, der größte Platz liegt auf 3 ha nahe am Zentrum, oberhalb vom Hafenbecken unter Bäumen. Hier ist es allerdings lauter. Geöffnet April–Okt. Put primorja 4, ℡ 023/388-607, -906.

**Essen & Trinken** Restaurant Angela, sehr gute Küche vor allem für Grillgerichte wie Fisch und Fleisch. Leider kann man nur innen sitzen. Ul. Kralja Krešimira IV (kurz vor Hafen).

**Konoba Rea**, an der Uferpromenade nahe Hafen mit Terrasse. Hier gibt es neben leckeren Holzofenpizzen Fisch- und Fleischgerichte.

# Sv. Filip i Jakov/Umgebung

Die kleinen Küstenorte **Turanj** und **Sv. Petar**, nordwestlich in Richtung Sukošan gelegen, gehören zur Gemeinde Sv. Filip i Jakov, bieten einen ruhigen Urlaub in Ferienwohnungen und auf zahlreichen Minicamps. Es gibt viele Molen und wer ein Boot hat, ist schnell auf die vorgelagerten Inseln geschippert. Allerdings gehen diese Orte bereits ab Ende September in Winterschlaf.

**Turanj** mit seinen 1000 Einwohnern, nur 2 km in Richtung Sukošan gelegen, erhielt seinen Namen nach einer mittelalterlichen Festung. Der bis heute erhaltene kleine Ortsteil wurde wehrhaft zur Türkenabwehr erbaut. Zudem gibt es eine Reihe alter Kirchen, u. a. die Friedhofskirche *Crkvica Neoskvrnjenog* von 849, errichtet auf den Grundmauern einer Villa rustica der Adelsfamilie *Mogorović*. Im Zentrum steht die Pfarrkirche *Gospa od Karmela* aus dem 15. Jh., nordwestlich im Ortsteil Tukljača *Sv. Marija*, ähnlichen Baudatums, sowie auf den vorgelagerten Inselchen Babac die Kirche *Sv. Andrije* aus dem 13.–15. Jh. Oberhalb von Turanj, auf dem *Crni krug*, blickt man auf Ruinen aus der Eisenzeit – von hier oben bietet sich ein herrlicher Weitblick. Am besten über Sv. Filip i Jakov (s. o.) erreichbar.

**Sv. Petar na moru** mit 780 Einwohnern wurde nach seiner Apostelkirche *Sv. Petar* aus dem 18. Jh. benannt. Im Zentrum stößt man noch auf mittelalterliche Hausruinen, am Berg oberhalb bei Pećina auf Festungsruinen. Archäologische Funde aus der Höhle Buta bezeugen eine frühe Besiedlung. Ansonsten bestimmen den Ferienort einfache Häuser mit Privatzimmerangebot sowie viele Minicamps.

**Übernachten** \*\*\* Hotel Mare Nostrum, modernes 14-Zimmer-Hotel am Ortsende und am eigenen Strandstreifen mit Restaurant. Geöffnet Anfang April bis Ende Sept. DZ/F mit Balkon und Meerblick ca. 70–80 € (TS 86 €). Turanj, ℡ 023/391-420, www.marenostrum-hr.com.

**Camping** In Turanj gibt es 10 Minicamps, empfehlenswert u. a. \* Camp Bepo, nahe dem Meer, ℡ 023/388-029. Auch Sv. Petar hat nahe der Straße 6 Camps.

Biograd – beliebtes Sprungbrett zu den Kornaten

# Biograd na moru

Die „weiße Stadt am Meer" mit ihren beiden großen Jachthäfen ist für Bootsbesitzer das Sprungbrett zu den vorgelagerten Inseln und den Kornaten. Längst haben Jachten aller Größen die kleinen Fischerboote abgelöst.

Das 5000-Einwohner-Städtchen mit vielen Restaurants, Souvenirständen, buntem Obstmarkt und den beiden immer größer werdenden Jachthäfen liegt an der „Biogradska Riviera". In einem der zahlreichen Cafés an der großzügig angelegten Palmenpromenade kann man es sich gemütlich machen, oder man geht ins *Zavičajni musej* mit dem großen Anker am Eingang – das Museum zeigt Funde aus römischer und altkroatischer Zeit (Juli/Aug. tägl. außer So 9–12/18–23 Uhr; Juni u. Sept. Mo–Fr 7–15 Uhr; sonst Mo–Fr 7–14 Uhr).

Ruhig ist es in den verwinkelten Altstadtgassen und oben am grasüberwucherten Kirchplatz mit Blick über die Dächer von Biograd. Die Pfarrkirche *Sv. Stošija* wurde im 17. Jh. errichtet, eine ihrer Kostbarkeiten ist die *Mondsichelmadonna*, ein Weihegeschenk aus demselben Jahrhundert. Nordwestlich der Altstadt blickt man auf die freigelegten Grundmauern des *Benediktinerklosters Sv. Ivana* von 1059.

## Geschichte

Römische Überreste und zwei frühchristliche Kirchenruinen zeugen von der langen Stadtgeschichte. Biograd wurde im 10. Jh. gegründet und war einst Sitz der kroatischen Könige, u. a. wurde hier 925 König *Tomislav* gekrönt und machte Biograd zu seiner Hauptstadt. *Petar Krešimir IV.* erhielt hier 1025 seine Königsweihe und gründete das bedeutsame Benediktinerkloster. *Koloman* wurde hier 1102 König und schuf auch den langjährigen kroatisch-ungarischen Verbund. Die Venezianer zerstörten die Stadt 1125, bauten sie dann aber wieder auf; später zerstörten die Kroaten ihre Stadt selbst, um zu verhindern, dass sie den Türken in die Hände fiel. Als 1202 Kreuzritter Zadar besetzten, suchten viele Zadar-Bewohner in Bio-

# Biograd na moru

grad Zuflucht. Im 13. und 14. Jh. war Biograd unter der Herrschaft der mächtigen Cetiner *Kačić-Familie* sowie der von *Šubić*. Ab 1409 bis 1797 gehörte es zu Venedig. Auch erlitt die Stadt während der ständigen venezianisch-türkischen Grenzkriege vom 16. bis 17. Jh. großen Schaden. Dann herrschte hier Habsburg mit kurzer Unterbrechung durch die Franzosen bis 1918. Auch im letzten Heimatkrieg übernahm Biograd wieder eine wichtige Verteidigungsrolle.

Ein lohnenswerter Ausflug führt 8 km südlich zum fischreichen *Vransko jezero* (→ Vransko jezero) oder auf der N 503 ins Hinterland zur 20 km entfernten Stadt *Benkovac*, die umgeben ist von geschichtsträchtigen Altertümern. Wer Ruhe sucht, nimmt ein Trajekt hinüber zur *Insel Pašman* (→ Insel Pašman/Insel Ugljan) oder ein kleines Linienboot zum *Inselchen Vrgada* (→ Insel Vrgada).

## Basis-Infos

**Information** Tourismusverband (TZG), Trg Hrvatskih velikana 12 (nahe Polizei), 23210 Biograd, ✆ 023/385-382, 383-123, www.tzg-biograd.hr. Juni–Sept. Mo–Sa 8–21, So 8–12 Uhr; sonst Mo–Fr 8–16 Uhr. Gute Infos.

**Naturpark (Park prirode)** Vransko jezero, Kralja P. Svačića 2, 23210 Biograd, ✆ 023/383-181, 386-452, www.vransko-jezero.hr. Geöffnet Mo-Fr 8-16 Uhr.

**Touristagentur Ilirija**, Tina Ujevića 7 (gegenüber Hotel Ilirija), ✆ 023/383-121, www.touristbiro.com. Juni–Sept. 8–22 Uhr. Auskünfte, Zimmer, Camping, Fahrräder, Taxitransfer (s. u.), Marinas, Ausflüge.

**Šangulin Tours**, Obala Kralja P. Krešimira IV 10, ✆ 023/383-738, www.sangulin.hr. Kornatenausflüge mit großem Katamaran, Marina.

**Škver Tours**, Kornatska 2 (nördl. der Marina), ✆ 023/384-457, www.skver-tours.com. Privatzimmer, Exkursionen, Boots- und Fahrradvermietung.

**Val-Tours**, Trg Hrvatskih velikana 1, ✆ 023/386-479, www.val-tours.hr. Gutes Angebot an Privatzimmern, Robinsonhäusern, Ausflüge zum Vraner-See und Vogelbeobachtungen.

**Verbindungen** Trajekt Biograd–Tkon (Fahrtzeit 10 Min.), in der Hauptsaison bis zu 14-mal tägl. 6–22.30 Uhr; 1,90 €/Pers., Auto 10,70 €. Schiffsverbindung Biograd–Vragada, ganzjährig 2-mal tägl. 2,50 €.

Taxiboote zum FKK-Inselchen Sv. Katarina am Kai. **Busse** halbstündl. nach Zadar (30 km, 2,80 €), stündl. nach Split (9,50 €); Busbahnhof am Ortseingang; Infos bei Ilirija, ✆ 023/383-121. Die **Touristeneisenbahn** verkehrt von 17 bis 24 Uhr zwischen Hotel Kornati–Marina–Hotel Bolero. **Taxi** (Ilijria-Agentur), z. B. Flughafen Zadar 50 €, Split 120 €.

**Ausflüge** Kornaten (35 €/Tagesfahrt), Krka-Wasserfälle (42 €), Plitvicer Seen (55 €).

**Geldwechsel** mehrere im Zentrum; alle mit Geldautomat.

**Gesundheit** Apotheken *Soline Farm*, Matije Ivanića 2, ✆ 023/385-444; *Pervan*, Matije Ivanića 4, ✆ 023/385-358 (beide neben Krankenhaus). Krankenhaus (Dom Zdravlja), Matije Ivanića 6, ✆ 023/383-014.

**Post** Tägl. außer So 7–21 Uhr; Zagrebačka 1.

**Veranstaltungen** Biogradska fešta – Folklore- und Musikveranstaltungen jedes Jahr im Juli/Aug. U. a. Biograd-Night, 4. Aug.; großes Musikevent mit verschiedensten Stilrichtungen, zudem auch 10 Klappagruppen, Feuerwerk; für den Gaumen gibt es traditionelle Gerichte, Fisch und Wein.

Bootsmesse, 3. Oktoberwochenende, 4 Tage; die größte Kroatiens.

Gastro-Table, 1. Juniwochenende; osteuropäische Restaurants kreieren ihre besten Speisen, zudem auch Souvenirs; entlang der Uferpromenade.

## Übernachten/Essen & Trinken/Nachtleben → Karte S. 222/223

**Übernachten** Privatzimmer ab 40 €/DZ, Appartements für 2 Pers. ab 50 €.

**\*\*\* Villa Maimare** 9, wenige Gehminuten vom Zentrum. Netter orangefarbener Neubau mit 15 Zimmern, alle mit Balkon; zudem

## Von Zadar nach Pakoštane

Garten und Parkplätze. Marica Marulia 1, ☏ 023/384358, www.maimare.hr.

\*\*\* **Villa Ivana** 5, im grünen Stadtteil Soline. Nettes, freundliches und familiär geführtes Appartementhaus mit Garten. Fam. Ivana Ivić, Učka 9, ☏ 023/385-684.

**Hotels** An der Strandpromenade stehen folgende Hotelblocks – gut für die NS: \*\*\*\* **Kornati** 14 (ganzjährig offen) und \*\*\*\* **Ilirija** 18 (März–Okt.), mit Wellness- und Beautyoase Salvia und eigenem Bootshafen; am Rande \*\*\* **Adriatic** 19 (Mai–Sept.), mit großem Außenpool. Je nach Lage und Ausstattung DZ/F 136–150 €. ☏ 023/383-165, www.ilirijabiograd.com.

\*\*\* **Hotel Meduza** 3, 15-Zimmer-Hotel mit Appartements/Zimmern beim Tennisplatz, 500 m nördl. des Zentrums. Das Restaurant wird gelobt. DZ 54 € (TS 66 €). Augusta Šenoe 24, ☏ 023/383-331, www.hotelmeduza.com.

**Camping** \*\*\* **Autocamp Park Soline** 7, schöner 5 ha-Platz im Kiefernwald hinter der gleichnamigen Bucht. Fels- und Kiesstrand, moderne Sanitärblocks, gutes Sportangebot, u. a. auch Beachvolleyball, sowie Animation für Groß und Klein. Geöffnet 1.4.–15.10. Zudem Mobilhausvermietung (4–6 Pers. ab 75 €). Je Standplatz 5,60–6,80 €/Pers. (TS 6,20–8,70 €/Pers.), Parzelle je Lage inkl. Auto, Zelt, Strom 10–16,30 € (TS 11,20–20 €). ☏ 023/383-351, www.campsoline.com.

》》 **Mein Tipp:** \*\*\* **Autocamp Diana & Josip** 6, kleine, gut gewartete 200-Personen-Anlage im Föhrenwäldchen, nördlich des Autocamps Soline und Strand. Es werden schöne Mobilheime und Appartementhäuschen vermietet. Ganzjährig geöffnet. 2 Pers./Auto/Zelt 25 € (TS 35 €). Put solina 55, ☏ 023/385-340, www.autocampdiana.com. 《《

\*\*\* **Autocamp Mia** 8, gleiche Leitung wie Camp Diana. Ebenfalls für 200 Pers., oberhalb Centralni Park und Dražica Strand. Preise und Info wie oben. Put solina 17, ☏ 023/385-339.

\*\* **Autocamp Crkvine** 1, am Westufer des großen, fischreichen Vransko jezero, ca. 8 km südlich von Biograd. Der 6-ha-Platz liegt schattig unter Kiefern mit wunderschönem, weitem Blick über den See und auf die Berge; wer will, kann mit Schein angeln. Gutes Restaurant. Nebenan eine Pferderanch mit Schule. Geöffnet 1.4.–15.10. ☏ 023/636-193, -194, www.pakostane.hr.

**Essen & Trinken** Entlang der Promenade viele Cafébars, Eisdielen, Restaurants und

**Ü**bernachten
1 Autocamp Crkvine
2 Hotel Villa Donat und Dependance
3 Hotel Meduza
5 Villa Ivana
6 Autocamp Diana & Josip
7 Autocamp Park Soline
8 Autocamp Mia
9 Villa Maimare
14 Kornati
18 Ilirija
19 Adriatic

**E**ssen & Trinken
3 Rest. Meduza
4 Rest. Kornati
10 Rest. Guste
11 Pizzeria Šare
12 Rest.-Bar Belveder
15 Rest. Arkada
16 Pizzeria Casa Vecchia
17 Konoba Danilo
21 Konoba Barba
22 Rest. Vapor

**N**achtleben
13 Disco Aquaa
20 Konoba-Bar Carpymore
23 Cafébar Europa

Pizzerien. Nette Gostionas in den verwinkelten Altstadtgassen.

》》 **Mein Tipp:** Restaurant **Guste** 10, an der Straße zum Fährhafen, inzwischen vergrößert und mit überdachter Terrasse. Die Küche bietet Schmackhaftes, v. a. gute Fischgerichte. Kralj Petra Svačića b. b. (Westseite), ☏ 023/383-025. 《《

**Pizzeria Šare** 11, die besten Pizzen der Stadt! Ganzjährig geöffnet. Trg Hrv. Velikana 1.

**Restaurant Vapor** 22, an der Strandpromenade mit herrlichem Blick. Gute Fischgerichte und guter Service. Mai–Sept. Obala kralja Petra Krešimira IV, ☏ 023/385-482.

**Restaurant Arkada** 15, an der Uferpromenade nahe der Agentur Ilirija, mit lauschigem

Garten unter Schatten spendenden Bäumen. Hier speist man ganzjährig gut Fisch- und Fleischgerichte. Tina Ujevića 3, ✆ 023/385-303.

**Restaurant Kornati 4**, in der Marina, hier zählt das Ambiente und der schöne Blick auf die Masten und das Meer. Fisch- und Fleischgerichte. ✆ 023/384-505.

**Restaurant Meduza 3**, bei Einheimischen beliebt, bietet gute Fisch- und Fleischgerichte. Preis und Qualität gut. Ganzjährig. Augusta Šenoe 24, ✆ 023/384-025.

🌿 **Konoba Danilo 17**, kurz vor dem Fährhafen an der Stadtwestseite. Das urige Lokal ist Treff der Einheimischen. Hier gibt es besten hauseigenen Rot-, Weißwein und Grappa; zudem auch Šibeniker-Käse, Pršut, Oliven, Sardellen. In der HS ganztägig, in der NS ab 17 Uhr. Kneža Borne 3. ■

**Konoba Barba 21**, leckere eingelegte Sardinen, Fisch vom Grill zu moderaten Preisen, dazu netter freundlicher Service; ab und an auch Klappa-Musik. Mai–Sept. durchgehend, sonst ab 14 Uhr. Frankopanska 2, ✆ 023/384-451.

**Restaurant-Bar Belveder 12**, hier isst man gut Muscheln oder Langusten à la buzara, aber auch Gulasch. Zu später Stunde sind Lokal und Bar Szene-Treff. Küche bis 24 Uhr, Lokal bis 2 Uhr. Tina Ujevića 17.

**Pizzeria Casa Vecchia 16**, lauschiges Lokal mit Garten, mitten im Altstadtzentrum neben der Kirche. Gute Holzofenpizzen, Nudel-Gerichte. Ulica kralja Kolomana 30.

**Nachtleben** Disco Aquaa ⓭, am Dražica-Strand (südl. der Tennisplätze). **Bar Belveder** (s. o.), 8–3 Uhr. Nett ist die **Konoba-Bar Carpymore** ⓴, tägl. Livemusik; 7–4 Uhr; Kralja Tvrtka 10. Entlang der Uferpromenade ist zur Hauptsaison, aber auch danach abends einiges los, u. a. **Cafébar-Europa** ㉓ (auch gut zum Frühstücken; 11–24 Uhr).

## Wassersport/Sport

**Baden** An der Strandpromenade am Dražica plaža mit Sand- und Kiesstrand, Strandduschen, Schatten spendenden Kiefern und Bänken. Der Strand ist jedoch oft überfüllt. Alternativ kann man im vom Meer umgebenen, blau-weiß gekachelten Wasserballstadion schwimmen und danach im Restaurant speisen. Weitere Bademöglichkeiten auf dem FKK-Inselchen Sv. Katarina und an der Soline-Bucht, ca. 1,5 km in südlicher Richtung. Schöne Bademöglichkeiten auch bei der Bucht Crvena Luka, ca. 5 km südlich oder man schippert zur Insel Vrgada (→ Insel Vragada).

**Bootsverleih** Von einfachen Paddelbooten bis zu 7-m-Jachten. 20/50-PS-Motorboote zu 50/70 €. Auskünfte in den Touristenagenturen und in der Marina. Bootsverleih auch bei **Rent a boat**, Obala Kralja P. Krešimira IV br. 10, ☎ 023/383-883; bei **Ilirija Yachting**, ☎ 023/383-800, www.marinakornati.com.

**Tauchen** Albamaris Diving Center, beim Hotel Albamaris, Basis beim Strandbad. ☎ 023/385-435.

**Jachthäfen** **Marina Kornati**, großer Jachthafen mit 600 Liegeplätzen, 70 Landstellplätzen, 50-t-Travellift, 10-t-Kran, Sanitäranlagen, Restaurant, Café, WLAN, Nautikshop. Tankstelle am Fährhafen. ☎ 023/383-800, www.marinakornati.com.

**Marina Lučica**, Hotelgäste der Ilirija-Kette können auch diese Marina im Stadtzentrum benutzen, mit Platz für ca. 200 kleinere Jachten. Infos bei Touristenagentur Ilirija und über die Hotels.

**Marina Šangulin**, vor der Marina Kornati, an der Westseite der Altstadt. 112 Liegeplätze, 12-t-Kran; ebenfalls bestens ausgestattet. Tankstelle am Fährhafen. ☎ 023/385-020, www.sangulin.hr.

**Hafenkapitän** Obala Kralja Petra Krešimira IV b. b., ☎ 023/383-210.

**Fahrradfahren** Mountainbike-Verleih bei **Agentur Ilirija** oder **Škver Tours**. Von Biograd aus kann man auf ausgeschilderten Fahrradwegen zum Vransko jezero radeln und diesen umrunden; Gesamtstrecke ca. 40 km. Es gibt gute Fahrradkarten.

**Tennis** Im Sportzentrum hinter den Hotels im Kiefernwald. 14 beleuchtete Sand- und 6 Hartplätze, Tennisschule, Verleih.

# Pakoštane

Der kleine 2300-Einwohner-Ferienort verdankt seine Beliebtheit den mit Kiefern umstandenen Badestränden, den zahlreichen Unterkunftsmöglichkeiten und Lokalen und vor allem seinen attraktiven Ausflugszielen.

Aus Pakoštanes kleinem Zentrum, das sich durch viele Neubauten rundum stark erweitert hat, ragt die Pfarrkirche *Uzašća Gospodnova* von 1890. Weitere Kulturdenkmäler findet man hier nicht, aber in der Umgebung. Viele reizvolle Ausflugsziele machen Pakoštane als Urlaubsstandort attraktiv. Highlights sind der nahe Naturpark *Vransko Jezero*, ein großer Süßwassersee und Vogelparadies, vorgelagerte Inseln wie Vrgada (→ Insel Vrgada, S. 194) und in der Ferne der Kornaten-Archipel.

Wer über ein eigenes Boot verfügt, kann viele schöne Buchten rundum abklappern oder die drei kleinen Inseln, die man auch schwimmend erreichen kann, ansteuern: Die Insel **Sv. Juština** mit gleichnamiger Votivkapelle, zum Dank an den überstandenen Lepanto-Krieg Ende des 16. Jh. erbaut. Es folgen die größere bewaldete Insel **Veliki Školj** (= große Muschel) mit einem Kreuz, und die Insel **Babuljaš**, von einem

Der Hafen von Pakoštane mit der Insel Sv. Juština in Sichtweite

Waldkleid überzogen. Aber auch Mountainbiker und Wanderer werden hier glücklich: Ein über 40 km ausgebautes Wegenetz wurde angelegt, das man für sich großzügig erweitern kann.

## Geschichte

Die Menschen von Pakoštane lebten schon immer mehr von der Landwirtschaft als vom Fischfang. Bis heute noch baut man Gemüse und Getreide an und kultiviert Obstbäume und Wein. Vor allem mit den Murteranern trieb man regen Handel. Die Römer hinterließen überall ihre Spuren: Im Meer, vom heutigen Kai in Richtung Insel Sv. Juština, findet man noch die alte Hafenanlage Diana, die auch damals schon die Schiffe vor starken Südwinden schützte. Im 15. Jh. wurde der Ort erstmals unter *Pacoschane* erwähnt, 1538 wurden die Bewohner von den Türken überfallen, über 100 Jahre waren die Türken im Hinterland die Herrscher, kurzzeitig auch immer wieder an der Küste. Sie wollten ganz Dalmatien erobern – dazu kam es allerdings nicht (→ Vrana), ebensowenig bewahrheiteten sich *Sultan Bajazits* Drohgebärden: „Er würde nicht innehalten, bis der Futtertrog seines Pferdes in der Sankt Peters Kirche steht". Die Türken verwüsteten immer wieder die Siedlungen, die Bewohner flohen, so auch auf die Insel Sv. Juština.

Der Ort blieb unter venezianischer Oberhoheit, regiert von der zur Verwaltung eingesetzten Familie *Karnarutić*, die 1597 eine Ansiedlung von 12 Familien in Pakoštane veranlasste und auch die Einfriedung anordnete. Die Bewohner schufteten, sie bauten Wehrmauern und mussten für ihre Landnutzung hohe Abgaben leisten. Dies alles schweißte sie zusammen und sie trotzten den türkischen Angriffen tapfer. Heute prangt das Gesicht eines anderen Helden an sämtlichen Litfasssäulen, das des vom internationalen Gerichtshof verurteilten *Generals Gotovina*, der hier aufwuchs. Die Bevölkerung verehrt ihn, rettete er doch hier ihre Haut und steht für ihre Befreiung im Bürgerkrieg von 1991.

# Von Zadar nach Pakoštane

Auch Franzosen prägten das Bild von Pakoštane. Der *Ferienclub Mediterranée* lockte sie hierher und so mancher siedelte sich ab 1960 an (→ Übernachten/Adriatic Eco Resort Pine Beach).

## Basis-Infos

**Information** Tourismusverband (TZO), Trg Kraljice Jelene 78 (Ortszufahrt am Kreisverkehr), 23211 Pakoštane, ✆ 023/381-892, tzo-pakostane@zd.t-com.hr, www.pakostane.hr Juni–Sept. tägl. 7.30–21 Uhr, sonst Mo–Fr 8–15 Uhr.

Dalma Turist Center (✆ 023/381-990, www.dalmaturist.hr) und **Agentur Aquarius – Maxim Company** (✆ 023/381-884, maxim.tours@zd.t-com.hr) liegen am Kirchenplatz, Mai–Sept. geöffnet. Zimmervermittlung und Ausflüge.

**Verbindungen** Bus, fast stündl. nach Biograd. Bootsverbindung zur Insel Vrgada, ganzjährig, je nach Saison 2- bis 7-mal tägl. 2,20 €.

**Ausflüge** Über die Agenturen (s. o.), zudem Exkursionen per Speedboot (Kornaten etc.) und Mountainbike (auch mehrere Tage), Jure Škiljić, ✆ 095/5188-121, www.dalmatiadventures.com. **Galeb Aventures**, u. a. per Kajak zu den Kornaten mit Übernachtung, Krešimirova obala 72, ✆ 091/5423-902 (mobil).

**Gesundheit** Apotheke, Obala kralja Petra Krešimira IV. 34, ✆ 023/381-758.

**Veranstaltungen** Materine Uzance, „Mutters Bräuche", ein Ethno- und Gastrofest, 1 Tag im Juli und Aug.; in alten Trachten, in den Gassen werden traditionelle Gerichte gekocht. **Klappa-Festival Školjka**, im Sommer, variables Datum. **Sommerkarneval**, Mitte Juli, ein nettes Spektakel vor allem für die Touristen.

**》》 Mein Tipp:** Dani Vitezora vranskih, in Vrana; Historienspektakel am letzten Augustwochenende Fr–So; rund 400 Schauspieler inszenieren den Türkenangriff, die Verteidigung etc., zudem Feuerwerk, Ritterturniere, Mittelaltermarkt, Musik und Essen. Eintritt ca. 2 €. 《《

## Übernachten/Essen & Trinken

**Übernachten** Viele Privatzimmer im Ort, am besten auf der Website des Tourismusverbands fündig werden. U. a.:

*** Pension Kazija**, im Ortswesten auf großem Grundstück mit einfachen Zimmern und Appartements, aber v. a. sehr netten, hilfsbereiten und Deutsch sprechenden Wirtsleuten. Fam. Slavo & Dušanka Kazija, Trpimirova 8, ✆ 023/381-083.

**Fam. Damir Brajković**, nett und gemütlich, im Westen des Ortes; vermietet werden Zimmer und Appartements mit Balkon. Brune Bušića 82, ✆ 023/381-420.

**Fam. Tina Brajković**, komfortable und gemütliche Zimmer mit Balkon. Brune Bušića 118, ✆ 098/9135-888.

**Appartements Yvonne**, 4 hübsche Appartements mit Balkon (bis zu 5 Pers. 55 €) und Garten stehen zur Verfügung, zudem organisiert Jure Ausflüge per Speedboot und per Mountainbike. Fam. Jure & Yvonne Škiljić, Brune Bušića 44, ✆ 023/381-543, www.dalmatia.net.info.

🌿 **Adriatic Eco Resort Pine Beach** – All-incl., im Westen von Pakoštane, angrenzend an das Autocamp Kozarica, liegt dieses Öko- und Robinson-Resort auf riesigem ca. 18-ha-Gelände, komplett autofrei und daher ruhig – nur angelegte Pfade durchziehen den Wald. Wie im Wichtelwald stehen die Holz-Schilfhütten im polynesischen Stil (leider ohne Moskitonetze an den Fenstern) – insgesamt ein Platz zum Relaxen. Ab 1960 gehörte die Anlage zum Club Mediterranée, seit 2006 steht sie nun unter eigener Leitung. Leider wurde der Öko-Gedanke nicht komplett durchgezogen – wo Geld für Investitionen fehlte, setzte man auf den Öko-Label ... Es gibt keinen Strom und kein fließendes Wasser an den Hütten. Die Küche des Restaurants biete dalmatinische Speisen. Es gibt es zahlreiche Sportmöglichkeiten (u. a. Beachvolleyball, Kajak, Tennis, Segeln, Bogenschießen), auch für Kinderunterhaltung ist gesorgt. Die Küste ist kieferngesäumt mit kleinen Kies- und Felsbuchten, aber auch mit einer weißsandigen

# Pakoštane

Schöne Badebuchten um Pakoštane locken – Blick auf die Insel Babuljaš

Badebucht. 2 Pers. ab 135 €/All-incl. Nur von Juni bis Anfang Sept. geöffnet. Bruno Bušića b. b., ✆ 023/250-961, www.pinebeach.hr. ■

**Camping** *** **Autocamp Kozarica**, das parzellierte 6-ha-Gelände liegt im Kiefernwald ca. 1 km westl. vom Zentrum. Es wurde 2012 zu einem der besten kroatischen Campingplätze nominiert. Es gibt eine Snack- u. Cafébar, Market, schöne Kieselstrände, Wellness & Massage. Parzelle je nach Lage 13–19 €, 7,50 €/Pers.; auch Mobilheimvermietung. Fahrradverleih und WiFi. Brune Bušića b. b., ✆ 023/381-070, www.adria-more.hr.

Ortsauswärts Richtung Süden am Meer gibt es mindestens 9 Minicamps (über die Ul. Kardinala A. Stepinca erreichbar): Etwas größer ist **Camp Nordsee**, rund 500 m vom Ortszentrum und sehr beliebt, mit schönem Kiesstrand und Bootsanlegestelle (mit 40 Bojen), fast fest in der Hand von Deutschen. Vor 25 Jahren eröffnete hier Holger mit seiner Familie das Camp in schöner Lage. Es gibt 70 Stellplätze, ein nettes Restaurant, Wohnwagen- und Mobilheimvermietung und auch Appartements, oberhalb vom Platz. Bootsvermietung möglich. 6,50 €/Pers., 7 €/Auto, 9,50 €/Wohnmobil. DZ 35 €. Geöffnet März–Nov. ✆ 023/381-438, www.autocamp-nordsee.com.

**Camp Zora**, neben Camp Nordsee, wurde erst 2012 eröffnet. Die kleine Anlage liegt unter Olivenbäumen. Wifi-Gelände. ✆ 023/381-009, www.campzora.com.

**Autocamp Vransko jezero** (→ Pakoštane/Umgebung).

**Essen & Trinken** Spezialitäten sind **Mimci**, wie Krapfen – nur ohne Marmelade, oder Fritule.

**Konoba Obala**, einfaches Lokal an der Uferpromenade mit schönem Meerblick – hier gibt es leckere Sardinen vom Grill.

**Restaurant-Appartements Tri Ferala**, die Terrassen sind eingehüllt von einer üppigen Pflanzenpracht. Es werden einige Appartements vermietet. Die Küche ist vielseitig, v. a. genießt man hier das schöne Ambiente. Geöffnet April–Okt. Ivana Meštrovića 9, ✆ 023/381-107, www.tri-ferala.biz.

**》》Mein Tipp:** Konoba **Đoker**, hier gibt es im Wechsel vom Drehgrill Lamm oder Spanferkel zu besten Preisen. Trg Kralja Tomislava. **《《**

**Konoba Galija**, nett und ansprechend, gegenüber dem Campingplatz Kozarica. Das Lokal hat eine lange Tradition und ist ganzjährig geöffnet, im Winter allerdings nur Fr–So.

**Restaurant Pakoštanac**, einfach, preiswert und gut. Man sitzt auf Holzbänken und lässt sich die Grillgerichte schmecken. ✆ 098/429-868.

## Von Zadar nach Pakoštane

### Wassersport/Sport

**Baden** Gebadet wird am Hauptstrand vor dem Ort, oder man fährt mit dem Fahrrad gen Nordwesten zum schönen Pilatuša-Strand (nach dem Ökoresort), gen Süden in Richtung Drage oder man nimmt die pendelnde Personenfähre zur Insel Vrgada (→ Insel Vrgada).

**Bootshafen** Nur in der Nebensaison ist es möglich, dass kleine Boote ankern können. ✆ 098/1973-011 (mobil, Hr. Nino).

**Tauchen** Tauchschule Nadji laguna (österr.-kroat. Ltg. Heike & Nadji), Obala kralja Petra Krešimira IV br. 64 (am Hafen), ✆ 091/5906-617, www.nadji-laguna.com. Geöffnet Mai–Sept.

Tschechische **Tauchschule Jadransko ronjenje**, ✆ 091/1135-035, www.potapeni-online.cz.

**Mountainbike** Fahrradverleih bei Agentur Aquarius. Rund 40 km Fahrradwege wurden angelegt. Die Seeumrundung oder Ausflüge ins Hinterland mit dem Fahrrad sind ein Erlebnis!

**Reiten** Ranch Mk, ✆ 098/2982-501, www.mkranch.com; Reitausflüge etc.

## Pakoštane/Umgebung

Nur 3 km südlich von Pakoštane liegt der kleine Ferienort **Drage**, umgeben von vielen schönen Badebuchten wie der *Uvala Kazin* mit Sand-Feinkies; draußen im Meer schimmern viele hübsche Inseln. Zu Fuß entlang der Küste gen Süden entdeckt man viele weitere einladende Buchten. Wer Bootsbesitzer ist oder auch nur über ein Schlauchboot oder Seekajak verfügt, kann die Schönheit dieser Gegend richtig erfahren.

**Essen/Übernachten** Viele Zimmer/Appartementanbieter, am besten über die Tourismusverband-Website von Pakoštane.

**Bistro-Pizzeria-Pension Ivan**, am Hafenbecken, bietet gute preiswerte Küche. Hier werden auch etliche Zimmer vermietet. ✆ 023/635-158.

**Camping** Autocamp Oaza Mira, auf der teils mit Kiefern bewachsenen Halbinsel, ca. 1,5 km südlich von Drage (ausgeschildert); terrassiertes 4-ha-Gelände in Alleinlage, nur die vorgelagerten Inseln im Blickfeld. Schöne Kiesbadebuchten, ausreichend Sanitäranlagen, Bootsanlegeplatz, Market, Obst- und Gemüsestand; Restaurant vor dem Camp. Es werden auch Mobilheime vermietet. 10 €/Pers., Parzelle 33 € (36 € TS). Geöffnet April–Okt. ✆ 023/635-419, www.oaza-mira.hr.

Rund 3 km südlich von Draga liegen an der schönen *Uvala Lučica*, einer flach abfallenden Feinkiesbucht, mehrere kleine einfache Minicamps (bisher ohne Strom) – bestens auch für kleine Kinder. Es gibt Tretbootverleihe und Anlegemöglichkeit für kleine Boote. U. a.

»› **Mein Tipp:** Autocamp Paradiso, schön terrassiert; morgens kommt der Bäcker, vom netten Besitzer Mario gibt es Gemüse und Wein und einmal pro Woche einen Grillabend. Fam. Vulin, ✆ 098/1920-044 (mobil), www.camppparadisodrage.com. «‹

Marios Bruder betreibt daneben, direkt am Meer, das **Autocamp Romantica**, hier gibt es sogar eine kleine Taverne. ✆ 098/1644664 (mobil).

## Vransko jezero

Ein lohnender Ausflug führt zum größten See Kroatiens, dem Vransko jezero, einem Naturpark mit einer Fläche von 57 km². Er liegt nördlich von Pakoštane, erstreckt sich parallel zur Küstenstraße gen Süden und liegt eingebettet zwischen Bergen idyllisch in einer Senke in einsamer Landschaft – nur knapp 1 km vom Meer entfernt. Durch eine Reihe unterirdischer Kanäle ist der See mit dem Meer verbunden, d. h. sein Wasser ist brackig – nicht süß und nicht salzig und bietet

Blick vom Berg Kamenjak auf den Vransko jezero, die Kornaten und den Šibeniker Archipel

dementsprechend Lebensraum für Süß- und Salzwasserfische. Am Südende wurde menschliche Hand angelegt, rund 8 m breit und knapp 1 km lang wurde der *Prosika* gebuddelt und erst nach 18-jähriger Bauzeit im Jahr 1770 fertiggestellt; gen Westen wurden kleine Bewässerungskanäle erbaut. Der See ist 30 km² groß, 13,5 km lang, 2 bis 5 m tief und bietet Lebensraum für Schwärme von Meeräschen, Aalen, Welsen und vor allem Karpfen. Der nordwestliche, sumpfige Seeteil ist ein Vogelreservat, in dem u. a. zahlreiche Reiher leben. Darin wurde ein 900 m langer **Lehrpfad** auf erhöhtem Holzweg angelegt, mit Aussichtshäusern und vielen Infotafeln, die über Flora und Fauna informieren (Eintritt 3 €, Kinder 1 €; Schilder von der Straße Richtung Benkovac weisen darauf hin). Südlich davon liegt der Campingplatz mit Restaurant und Bootshafen (→ Übernachten/Essen).

## Geschichte und Sehenswertes

Die attraktive Lage am Süß- und Salzwasser ließ eine frühzeitige Besiedlung zu. Überbleibsel sind u. a. die romanische Kirchenruine *Sv. Marija* südlich vom Campingplatz, bzw. auch von der Straße in Richtung Benkovac erreichbar (ausgeschildert). Wer mit dem Mountainbike den See umrundet, passiert am Nordufer die Ruinen der altkroatischen Siedlung *Baškonjane*, kommt vorbei am steilen Fußpfad hinauf zum Berg *Kamenjak* (ausgeschildert), blickt kurz vor der Wegkreuzung links auf zwei Ruinen von Wachposten, einer aus dem 4. Jh. und ein venezianischer aus dem 16. Jh. Man erreicht ein altes Fischerhaus, heute eine Vogelbeobachtungsstation, *Živaća* genannt. Am südöstlichen Buchtende blickt man auf die kleine Halbinsel *Babin školj* – diesen Platz liebten alle: die Liburner, die hier 2000 v. Chr. ihre Schutzwälle und Wallburgen erbauten; die Römer, die Mauern aus dem 4. Jh. hinterließen; und die Venezianer, die im 15. Jh. mal wieder einen Beobachtungsposten errichteten. Aus dem 18. Jh. stammt ein weiteres hübsches Fischerhaus, aus jüngster Zeit der Infopunkt am kleinen Hafen und Kanal (Prosika). Wer sich noch einen venezianischen

Wachposten aus dem 16. Jh. ansehen möchte, fährt zum Kanalausgang am Meer. Das gesamte Gelände gehörte im 18. Jh. der Zadarer Adelsfamilie *Borelli*, die hier durch den Kanalbau die Wasserzufuhr und -abfuhr regulieren konnte und so im Westen das Sumpfland durch Trockenlegung für Ackerbau nutzbar machte. Der Wasserstand ist heute übrigens wesentlich niedriger als noch vor 200 Jahren.

**Information Naturpark (Park prirode) Vransko jezero**, Kralja P. Svačića 2, 23210 Biograd, ✆ 023/383-181, 386-452, www.vransko-jezero.hr. Mo-Fr 8-16 Uhr.

**Übernachten/Essen** * Campingplatz **Vransko jezero**, ein schönes mit Pappeln bestandenes Wiesengelände auf der Westseite des Vransko jezero (Straße nach Benkovac); mit gutem Restaurant (frischer Süß- und Salzwasserfisch), Kanu- und Kajakverleih und Möglichkeit zum Angeln. Kinder verfügen hier über ein großes interessantes Areal, auch ein kleiner Spielplatz ist vorhanden. Die Sanitäranlagen sind einfach, aber o. k. Für Naturliebhaber und als Standort für Ausflüge bestens. 4,50 €/Pers., 2 €/Auto, 3,70 €/Zelt, 7,80 €/Camper. Geöffnet Juni–Sept. ✆ 023/636-194, 091/1893-765 (mobil).

## Vrana und Umgebung

Der Namensgeber des Sees war im Mittelalter Hauptort dieser Region. Heute blickt man auf einen unscheinbaren Ort am Hang, wo nur gewaltige mittelalterliche *Festungsruinen* an jene Zeit erinnern, die in Mittelalterfesten (→ Pakoštane/Veranstaltungen) wachgehalten wird. An der Straße blickt man auf die Karawanserei *Maškovića han*, Mitte des 17. Jh. erbaut, heute teils zugemauert, teils von Privatpersonen bewohnt und leider nicht zu besichtigen. Sie ist die größte erhaltene Karawanserei in Dalmatien und auch die westlichste. Ihr Erbauer war der namengebende und einflussreiche Befehlshaber *Jusuf Mašković*, der hier in Vrana lebte. Er gilt als der Barmherzige, da er u. a. geringe Abgaben von den Bewohnern forderte und deshalb auf Befehl des Sultans von seiner eigenen Armee 1645 exekutiert wurde.

### Geschichte

Bereits in der Antike lebten hier Menschen und auch spätere Siedler hinterließen ihre Spuren. So sind u. a. Reste einer römischen Wasserleitung, die nach Zadar führte, zu finden. 1076 schenkte König *Zvonimir* die Stadt Papst *Gregor VII.* Ab dem 12. bis 1312 war Vrana im Besitz der Templer, dann in Händen des Johanniter-Ritterordens, ab dem 14. Jh. fiel es, wie das gesamte Umland, an Venedig und geriet in die Mühlen der Machtkonflikte, da es an der Grenzlinie zwischen Ost und West lag.

Zwei weltbekannte Größen gleichen Namens brachte der kleine Ort in jener Zeit hervor, ob Brüder oder Verwandte ist jedoch ungeklärt: den Bildhauer *Francesco Laurana* (1430–1502), dessen hervorragende Büsten im Pariser

Louvre stehen, und den Baumeister *Luciano Laurana* (1420–1479), der Weltruhm durch seinen Herzogspalast in Urbino, den Palazzo Ducale errang.

Eine wenig friedvolle Zeit mit ständigen Überfällen und Plünderungen stand an, so dass die Menschen zeitweise auf der Insel Murter Schutz suchten oder nach Venedig emigrierten (Castello-Viertel). Trotz venezianischer Grenzpostensicherung wehte hier ab 1537 dann offiziell die türkische Flagge und auf der Burg und rundum zog die türkische Armee ein. In dieser Zeit wurde das Land ringsum für die Landwirtschaft nutzbar gemacht und kleine Bewässerungssysteme wurden gebaut. Mitte des 17. Jh. ließ Wesir *Jusuf Mašković* dann die *Karawanserei* unterhalb der Stadt erbauen.

Mitte des 18. Jh. wurde Vrana von seinen ehemaligen Besitzern, den Venezianern, geschliffen und alles verfiel, ebenso die Landwirtschaft, zudem begann man am Meer zu siedeln. Erst mit dem Kanalbau 1770 wurde ein Teil des Landstrichs wieder lebendig (→ Vransko jezero) und vor allem von den Bewohnern aus Pakoštane genutzt.

Wer weiter ins Landesinnere, z. B. nach *Benkovac* (→ S. 141) möchte, hat nur noch 11 km zu fahren, auch hier locken viele Ruinenfelder.

**Berg Kamenjak**: Diesen Berg mit dem Fahrrad zu erklimmen, setzt etwas Sportlichkeit voraus, sind es doch immerhin 15 km ab Pakoštane und es geht kontinuierlich, zum Teil auch steil auf den 250 m hohen Berg. Man kann aber auch das Auto benutzen und auf sehr schmaler Straße hinauffahren und den gigantischen Ausblick auf den langen See, die Küste und die vorgelagerten Inseln genießen. Am Parkplatz am Prozessionswegende steht die im romanischen Stil gebaute Kapelle *Svih Svetih* von 1995 und weist auf rund 50 Tote hin, die man aus politischen Gründen 1944 hier in die Felsgruft warf. Es gibt hier ebenfalls einen 200 m langen *Lehrpfad*, der um das Felsmassiv führt und an einem Aussichtspunkt endet (Eintritt für Instandhaltungsgebühren 3 €, Kinder 1 €).

Die gewaltigen Festungsruinen von Vrana, zur westlichen Grenzsicherung erbaut

Insel Murter – von der Kapelle Sv. Rok genießt man einen herrlichen Weitblick

# Region Šibenik-Knin

Diese südliche Region von Norddalmatien, *Šibensko-kninska županija*, wird von Šibenik aus verwaltet. Sie beginnt am Südufer des Vransko jezero, nahe dem Küstenort Pirovac, und endet beim Fischerort Rogoznica. Auch dieses Gebiet wird gesäumt von zahlreichen, hier vor allem kleinen Inseln. Das Hinterland erstreckt sich von Šibenik die Krka aufwärts bis zur Stadt Knin. Die Landschaft ist imposant, geprägt von Canyons, Hochebenen, dem Promina-Gebirge und dem bis 1800 m ansteigenden Dinarischen Grenzgebirge. Ein städtebaulicher Genuss am Krka-Kanal ist Šibenik mit mittelalterlich geprägter Altstadt. In kürzester Zeit erreicht man den Šibeniker Archipel, der Badegenuss und Erholung verspricht. Auch von Vodice werden einige Inseln angelaufen, die Stadt selbst präsentiert sich jung und quirlig und mit großer Marina. Nahe liegt auch das Kleinod Tribunj auf seinem Inselchen mit großer Marina. Ein weiterer Besuchermagnet ist das mittelalterliche Primošten auf seiner Altstadthalbinsel. Der Fischerort Rogoznica verdankt seine Popularität der prämierten Marina Frappa. Im Landesinneren lohnen die Königstadt Knin mit riesiger Burganlage und auch das kleinere Drniš in malerischer Lage am Čikola-Fluss, das Meštrović-Liebhaber anzieht. An Natur-Highlights warten der Nationalpark Kornaten mit seinen zahlreichen, meist unbewohnten Inselchen und der Nationalpark Krka, ein Naturparadies mit zahlreichen Wasserfällen, die man umrunden kann. Auch hier kann man bestens Mountainbiketouren unternehmen, entlang der Krka oder auf dem Šibeniker Archipel wandern oder im glasklaren Meer tauchen. Die Speisekarte verspricht neben saftigen Muscheln aus dem Krka-Kanal auch Süßwasserfische, ein Genuss ist sicherlich ein Tropfen Babić vom UNESCO-geschützten Weinberg.

Region Šibenik-Knin

# Küste von Šibenik bis Pirovac und vorgelagerte Inseln

An diesem Küstenabschnitt lohnt das mittelalterliche **Šibenik** mehr als einen Kurzbesuch, gilt es doch neben der sehenswerten Altstadt mit ihrem meisterhaften Dom, den Museen und verwinkelten alten Gassen hinauf zur Festung Sv. Mihovil auch den autofreien **Šibeniker Archipel** mit den Inselchen Privić, Kaprije, Žirje, Zlarin, die schöne Badebuchten bieten, zu entdecken. Gen Norden passiert man **Vodice**, ein vor allem bei Jugendlichen sehr beliebtes Städtchen, das zahlreiche Cafébars, Clubs und Restaurants bietet; auch von hier aus erreicht man etliche kleine Inseln des Archipels. Die Kulturgüter der Umgebung erkundet man am besten per Mountainbike. **Tribunj** mit seiner Altstadtinsel und dem Sv.-Nikola-Berg ist nicht nur für Bootsbesitzer ein Anlaufziel. Die Insel **Murter**, bequem über eine Brücke erreichbar, ist in der Nautikszene schon lange durch ihre vielen Marinas und die Bootsbautradition bekannt, zudem ist die Insel Sprungbrett zum nahen **Nationalpark Kornaten**, einer Ansammlung zahlreicher kleiner, unbewohnter Inseln, allerdings mit einer Vielzahl guter bis sehr guter Restaurants. Wer über kein eigenes Boot verfügt, bucht eine Ausflugtour zum Kornaten-Archipel oder gleich ein Robinsonhäuschen. Besuchenswert ist auch der kleine Küstenort **Pirovac**, der das Schlusslicht der Šibeniker Region bildet. Bestens für Mountainbiketouren eignen sich die Gegenden um Vodice, Tribunj und die Insel Murter. Ebenso finden sich hier schöne Wandertouren, u. a. auf der Insel Murter sowie auch auf dem Šibeniker Archipel.

# Šibenik

Die unter dem Schutz der UNESCO stehende mittelalterliche Altstadt mit ihren verwinkelten Gassen und Treppen, die darüber thronende Mihovil-Festung und der Dom mit seiner meisterhaften Architektur lohnen einen längeren Besuch. Zudem ist Šibenik Ausgangspunkt für den Nationalpark Krka und den vorgelagerten Archipel.

Die ca. 50.000-Einwohner-Stadt liegt an der Mündung des Krka-Flusses, jedoch nicht am offenen Meer. Ein Kanal, schmaler als der Fluss am Unterlauf, schneidet sich durch das Land und bildet eine weitere Bucht. Dem Kanal gegenüber ist die Stadt in Terrassen an einen Hügel gebaut, von dem man über das Meer und ins Landesinnere blicken kann. Diesen strategisch wichtigen Überblick schätzten schon die Römer und Venezianer und bauten hier ihre noch heute existierenden Festungen. Neben dem Dom sind die unzähligen Gässchen und kleinen Plätze lohnenswert für einen Bummel.

Nach dem Zweiten Weltkrieg hat sich um die Stadt sehr viel Industrie angesiedelt. Damit erhielt auch der Hafen Auftrieb, von dem Holz und Bauxit exportiert werden. Im Jugoslawienkrieg wurden sehr viele Anlagen zerstört, es gab weder Wasser noch Strom. Auch die Stadt selbst wurde schwer beschädigt, unter anderem wurde die Kuppel des Doms zerstört. Sie wurde vor einigen Jahren aufwändig rekonstruiert, die Kirchenfassade saniert und auch die meisten Altstadthäuser wurden wieder instand gesetzt, alte Stadtplätze neu und hübsch gestaltet, und an der Uferpromenade ankern wieder viele Jachten und Segelschiffe.

Im Klostergarten von Sv. Lovro

## Geschichte

Šibenik ist eine junge Stadt, die erst unter den Kroaten als Bollwerk gegen das byzantinische Dalmatien gegründet wurde. 1066 anlässlich eines Besuchs des kroatischen Königs Petar Krešimir IV. wird die Stadt erstmals als *Castum Sebenici* erwähnt. Bis 1102 gehörte sie zu Kroatien, ehe ein Bündnis mit Ungarn Šibenik zur kroatisch-ungarischen Stadt machte. 1167 erhielt Šibenik Stadtrecht, 1298 wurde sie Bistum und erlebte damit einen wirtschaftlichen und kulturellen Aufschwung. Kurze Zeit, von 1116 bis 1124, unterstand Šibenik der byzantinischen Herrschaft, ehe die Venezianer auch hier das Zepter an sich rissen. Sie bauten die Stadt aus, befestigten sie mit Stadtmauern und machten sie für einige Zeit zur größten

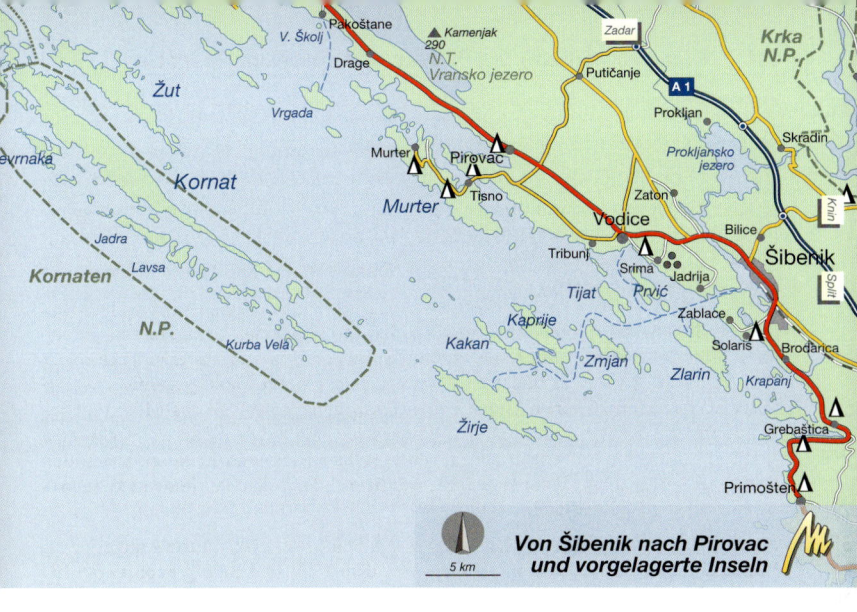

**Von Šibenik nach Pirovac und vorgelagerte Inseln**

Stadt Dalmatiens. Šibenik erkannte die Herrschaft der Venezianer an, denn sie bot ihnen Schutz vor den Türken, die im 16. Jh. vergeblich versuchten, die Stadt zu erobern. Die weitere Stadtgeschichte gleicht der der anderen dalmatinischen Städte. Šibeniks wichtigste Bauwerke entstanden gegen Ende des Mittelalters, und bedeutende Kroaten wurden hier geboren, u. a. *Auntun Vrančić* (1504–1573), *Faust Vrančić* (1551–1617) der Schriftsteller *Nikola Tommaseo* (1802–1874) und der Grafiker *Martin Kolunić-Rota* (1532–1583). Bedeutsam war *Hr. Šupuk*, der mit einem Ingenieur 1895 die erste Hydrozentrale Osteuropas an den Krka-Wasserfällen erbaute (→ Krka-Wasserfälle). Junge Šibeniker und Spezialisten ihres Faches sind u. a. der 1964 geborene Basketballspieler *Dražen Petrović*, der noch jüngere Schauspieler *Goran Višnjić* und der weltweit unter Vertrag stehende Pianist *Maksim Mrvica*.

## Basis-Infos

**Information** Touristeninformation (TIC), Obala dr. Franje Tuđmana 5, 22000 Šibenik, ☎ 022/214-411, -448. Juli/Aug. tägl. 8–22 Uhr; Mai/Juni u. Sept./Okt. tägl. 8–20 Uhr (Sept./Okt. So nur bis 14 Uhr); Nov.–April Mo–Fr 8–15 Uhr. Sämtliche Auskünfte.

**Tourismusverband Šibenik (TZG)**, Ulica Fausta Vrančića 18 (beim Trg palith šibenskih boraca, Fußgängerzone Kralja Tomislava), ☎ 022/212-075, www.sibenik-tourism.hr. Ganzjährig Mo–Fr 8–15 Uhr. Sämtliche Auskünfte.

**Tourismusverband der Region** (TZŽ – Šibensko-Kninske), N. Ružića b. b. (Eingang um die Ecke), ☎ 022/219-072, www.sibenikregion.com. Ganzjährig Mo–Fr 7.30–15.30 Uhr.

**Atlas Šibenik**, Trglvana Gorana Kvačića 14, ☎ 022/330-232, -233. Informationen, Robinson-Urlaub auf den Kornaten, Ausflüge.

**Agentur Magtours**, Draga 2 (neben Busstation), ☎ 022/201-150, -155, www.magtours.com.

**Jadrolinija**, Obala dr. F. Tuđmana 8 (Uferpromenade), ☎ 022/213-468, www.jadrolinija.hr.

**Krka Nationalpark** (Nacionalni Park Krka), Trg Ivana Pavla II. br. 5, ☎ 022/201-777, www.npkrka.hr.

# Küste von Šibenik bis Pirovac und vorgelagerte Inseln

**Verbindungen** Busse: Busbahnhof in der Draga b. b. (südl. Ende des Kais, oberhalb der Obala hrv. Mornarice). Mehrmals tägl. nach Split (alle 1–2 Std.; 8 €), Dubrovnik sowie Zadar, Rijeka und Zagreb. Bushalt für Stadtteil Šubićevac (Hotel Vijur), gegenüber Jadranska banka, (Ante Starčevića). Auskünfte über ✆ 022/212-087, 216-066.

**Züge:** Bahnhof für **Šibenik**, 15 km südöstl. in Perković (bis dorthin per Bus). Hier verläuft die Hauptstrecke Zagreb–Knin–Split; tägl. mind. ein Expresszug nach Zagreb und 2-mal (morgens und abends) nach Split. Auskunft über ✆ 022/336-696.

**Personenfähren** (ganzjährig): *Šibenik–Zlarin–Kaprije–Žirje:* 3-mal tägl. (Zlarin nur 1-mal tägl.), Abfahrt an der südöstl. Hafenmole (südl. Busterminal).

*Šibenik–Zlarin–Prvić Luka–Šepurine–Vodice:* ebenfalls nun südöstl. an der Mole.

**Taxiboote:** U. a. von Zoran Mikulandra (✆ 098/668-500, mobil) an der Uferpromenade; je mehr Personen, desto billiger wird die Fahrt. Z. B. nach Zlarin ca. 20 €/Pers.

**Ausflüge** Über die Agenturen; zu den beiden Nationalparks, zu den Kornaten (Tagesausflug ab 35 € inkl. Eintrittskarte N.P.) und den Krka-Wasserfällen (Tagesausflug mit Boot und Eintrittskarte ca. 30 €); Rafting-Touren.

**Auto** Tankstelle stadtauswärts Richtung Zadar, Kralja Zvaonimira b. b. sowie in Richtung Primošten.

**Parken:** Überall gebührenpflichtig! Ausgewiesene Parkflächen. Am preiswertesten im Norden an der Zufahrt zur Stadt (Parking TEF, 2,60 €/Tag; 0:15 Std. Fußweg in die Altstadt); beim Hafen und Busbahnhof östl. der Altstadt (Parking Žk und Draga, 0,80 €/Std.); am teuersten an der Uferpromenade (Parking Obala, 1,30 €/Std.). Infos, auch für Langzeitparken, unter Gradski parking, ✆ 022/200-770 oder bei TIC.

**Autovermietung** U. a. Rent a car Euro-San, Ivana Meštrovića 5, ✆ 022/200-290, www.rentacar-croatia.net. Imeko, Poljana maršala Tita 2, ✆ 022/331-555, 091/7266-535 (mobil).

**Einkaufen** Riesige Shoppingcenter an der Hauptstraße stadtauswärts Richtung Primošten. Obst- und Gemüsemarkt südl. der Altstadt an der Ante Starčevica.

**Fahrrad** Kein Fahrradverleih, man muss dazu nach Vodice oder Hotelanlage Solaris.

**Geldwechsel** In der Altstadt gibt es viele Banken und Bankomaten; u. a. **Jadranska banka**, Ante Starčevića 4, mit Bankomat, 7.30–20, Sa 7–13 Uhr. **Privredna banka**, Vladimira Nazora 1, 8–20, Sa 8–12 Uhr.

**Gesundheit** Apotheken, Ljekarna Centrala, Stjepana Radića b. b., ✆ 022/213-539, geöffnet Mo–Fr 7–20, Sa 7.30–15 Uhr; Ljekarna Varoš, Kralja Zvonimira 2, ✆ 022/212-249; Ljekarna Baldekin, Stjepana Radića 56a, ✆ 022/332-068. Krankenhaus, Stjepana Radića 83, ✆ 022/641-641.

**Post** Hauptpost, Zadarska ul. 7 (an der Hauptstraße Ecke Ul. Kralja Zvonimira), Mo–Sa 7–21 Uhr.

**Veranstaltungen** Jährlich vom vorletzten Sa im Juni bis Anfang Juli findet das 2-wöchige **Kinderfestival** mit Theater- und Ballettaufführungen am Domplatz statt.

**Chansons of Dalmatia** – Chansonabende in der 3. Augustwoche.

**Jazz** im Café No 4 (→ „Nachtleben").

**Mittelalterliches Fest** zu Ehren des Schutzpatrons Sv. Mihovil, am 3. Wochenende im Sept.; Ritterspiele, mittelalterliche Musik und Kostüme, Markt mit Kunsthandwerk und Essen.

## Übernachten → Karte S. 238/239

**Privatzimmer** ca. 40 €/DZ, Appartements ca. 55 €. Weitere Übernachtungsmöglichkeiten (→ Skradin). U. a.:

**Fam. Ivo Krečak 10**, ca. 0:15 Std. Fußweg entlang Stadtviertel Dolac am Meer. Netter roséfarbener Neubau mit Appartements/Zimmern mit Blick aufs Meer und Gratis-Internet, Parkplatz; nahe dem Schwimmbad von Šibenik. Drniški žrtava 12a (nördl. der Altstadt und dem Meer und nördl. von Schiffsbau Brodoservice), ✆ 022/212-783, 098/1959-754 (mobil).

**Fam. Ivan Matić 3**, Appartements/Zimmer u. Parkplatz. Nördl. der Zufahrtsstraße zur Altstadt, Kralja Zvonimira, kurz vor Sv. Mihovil-Festung links hoch. Stara cesta 1, ✆ 022/212-574, 091/5711-494 (mobil).

**Fam. Karđole Vjera 2**, hübsches Natursteinhaus, ebenfalls mitten in der Stadt.

# Šibenik

Blick von der Festung Sv. Mihovil über die Stadt, den Krka-Kanal und den Archipel

Nördl. Seitenstr. der Kralja Zvonimira (gegenüber Sv. Mihovil-Festung). Ul. Petra Grubišića 13, ✆ 022/330-421, 098/714-493 (mobil).

**Apartman Romantica** 4, Fam. Katja Ivec, mitten im Zentrum. Kein Parkplatz vor dem Haus. Grugura Ninskog 13, ✆ 098/347-430 (mobil), www.apartman-romantica.com.

*** **Hotel Jadran** 16, 57-Zimmer-Hotel in schöner Lage an der Uferstraße – das einzige Hotel in der Altstadt. Einfache, aber nette Zimmer, schöne Restaurant-Terrasse mit Blick aufs Meer; eigene Parkplätze. DZ/F 116 €. Obala dr. F. Tuđmana 52, ✆ 022/242-000, www.rivijera.hr.

**Außerhalb** *** **Hotel Panorama** 1, in exponierter Lage an der Krka-Brücke, für einen Stopp auf jeden Fall zu empfehlen. 20 gut ausgestattete Zimmer (auch 3-Bett-Zimmer), Restaurant mit herrlicher Terrasse und großer Parkplatz. Schöner Blick auf die Krka, Šibenik und die Bungee-Jumper. DZ/F 84 € (TS 104 €). Šibenski most 1, ✆ 022/213-397, www.hotel-panorama.hr.

**Solaris Holiday Resort** (→ Šibenik/Umgebung).

**Camping** (→ Šibenik/Umgebung, Skradin oder Vodice).

## Essen & Trinken/Nachtleben → Karte S. 238/239

**Essen & Trinken** An der Uferpromenade und in der Fußgängerzone reihen sich die Cafés. In den Restaurants kann man sehr gut Muscheln essen, z. B. Jakobsmuscheln, die im Krka-Gebiet gezüchtet werden. An Weinen sind der rote Babić, der weiße Debit oder Skradin sowie der Rosé-wein Opol zu empfehlen.

Sehr schön sitzt man auf dem Domplatz in der Loggia des Rathauses im **Restaurant Vjećnica** 13, stilvolle Atmosphäre, gelegentlich Pianokonzerte. Leichte, moderne Küche, große Auswahl an Vorspeisen, Fisch- und Fleischgerichten; vegetarische Küche. ✆ 022/213-605.

**》》 Mein Tipp: Konoba und Vinothek Pelegrin** 12, romantische Sitzplätze oberhalb des Domplatzes und im Innenhof des großen Vierbrunnenplatzes, *Četiri Bunara*. Schmackhafte, aber leichte und kreative dalmatinische Küche mit frischen Zutaten aus der Umgebung, auch Trüffelgerichte, zudem beste Weine. Wer möchte, kann zwischen 8 und 12 Uhr auch Frühstücken! Jurja Dalmatinca 1, ✆ 022/213-701. 《《

**Restaurant Tinel 7**, gegenüber der Kirche Sv. Krševan, mit Terrasse, innen gleicht es einem Wohnzimmer. Hier isst man regionaltypische Gerichte wie Pašticada, Fleisch nach Šibeniker Art, Brodet, Kalbfleisch mit Gemüse etc.; zur Nachspeise hausgemachten Kuchen. ✆ 022/331-815.

**Konoba Gorica 5**, am alten Stadtplatz Trg pučkih kapetana. Mit Springbrunnen, lauschige Atmosphäre. Es gibt Fisch, Sardellen, Käse, Schinken etc.

An der Uferpromenade speist man sehr gut in der **Konoba Kanela 18**, wo im Kamin das Feuer für die Peka knistert. Spezialitäten sind Peka-Gerichte wie Oktopus, Kalamares, Kalbshaxe oder -braten. ✆ 022/214-986.

Ein paar Meter weiter an der Uferpromenade das **Restaurant Rivica 17**, gediegene Atmosphäre, hübsch eingerichtet, guter Koch. Fleisch- und Fischgerichte. ✆ 022/212-691.

»»» **Mein Tipp**: Konoba-Vinothek Dalmatino **9**, ein einladendes, schön gestaltetes Delikatessengeschäft, in dem man Weine testen und dazu Schinken, Käse und Sardellen kosten kann, zudem tägl. 1–2 warme Gerichte wie Pasticada oder gefüllte Paprika; Tische und Stühle auch im Freien. Nur Juni–Mitte Okt. Frane N. Ružića. «««

**Restaurant-Cafébar Peškarija 11**, im Stadtteil Dolac. Schöne erhöht liegende Terrasse mit Blick auf die Bucht von Šibenik. Fleisch- und Fischgerichte. ✆ 022/212-691.

**Konoba Gradska Straža 15**, neben der Sv. Nikola-Kirche. Hier gibt es gute, preiswerte und frische Gerichte. Zlarinsk prolaz.

**Nachtleben** Im Stadtteil Dolac, ca. 500 m in der nördl. Verlängerung der Uferpromenade Obala palih omladinaca, reihen sich Café- und Cocktailbars aneinander, in denen sich die jüngere Szene Šibeniks bis frühmorgens trifft.

»»» **Mein Tipp**: Café No 4 **6**, schön zum Sitzen in der Gasse – im Sommer steigen hier Jazzevents; Snacks, Kuchen und

**N**achtleben
8  Pub Highlander
11  Café-Bar-Restaurant Peškarija

**Ü**bernachten
1  Hotel Panorama
2  Fam. Kardole Vjera
3  Fam. Ivan Matić
4  Apartman Romantic
10  Fam. Ivo Krečak
16  Hotel Jadran

*Šibenik*
50 m

Fleischgerichte. 8–1 Uhr (Winter bis 23 Uhr). Trg Dinka Zavorovića 4. «««

**Café Park 14**, neben Café und Wein gibt es abends bis 23 Uhr fast tägl. Livemusik.

**Pub Highlander 8**, Musik- und Bierbar. Nördl. Trg palith šibenskih boraca.

**Café-Bar-Restaurant Peškarija 11**, im Stadtteil Dolac, hier gibt's den neuesten Techno- und Chillout-Musik; schöne Terrasse. Geöffnet bis gegen 3 Uhr.

**Diskothek & Cafébar Inside**, im Stadtteil Bioci; Straße Richtung Solaris, Kreuzung Šibenik Süd. 8–1 Uhr, Discobetrieb 23–4 Uhr.

*Weitere Diskotheken*: **Disco Hacienda** in Vodice, **Disco Aurora** in Primošten (20 km südl.).

## Wassersport/Sport

**Baden** Im nördlichen Stadtteil Crnica wurde am Krka-Kanal der Badestrand Banj mit herrlichem Blick auf die Altstadt eingerichtet (ausreichend Parkplätze vorhanden). Šibeniks Strandbad Jadrija (→ Šibenik/Umgebung) liegt am Kanal, gegenüber der Festung Sv. Nikola; im Sommer verkehren stündlich Boote ab dem Kai an der Altstadt. Des Weiteren im Solaris Holiday Resort (→ Šibenik/Umgebung) auf der Landspitze

südlich von Šibenik, am Šibeniker Kanal mit Feinkies – hier wehen zwei „Blaue Flaggen". Anfahrt über den südlichen Stadtteil Mandalina, dann nach Südwesten Richtung Solaris, insgesamt ca. 6 km. Gute Badestellen finden sich auch auf den vorgelagerten Inseln Zlarin, Kaprije, Žirje und Prvić, die mit der Personenfähre erreicht werden können (→ Archipel vor Šibenik).

**Bungee Jumping** Von der Šibeniker Brücke geht es 40 m in die Tiefe, für ca. 35 €. Nur Juli bis Anf. Sept. tägl. 10–20, Fr/Sa 10–14 Uhr. ✆ 099/6770-631 (mobil), www.bungee.com.hr.

**Tauchen** Tauchcenter Vertigo, www.vertigo.hr. Basis am Autocamp Solaris.

Weitere (→ Šibenik/Umgebung unter Brodarica und Krpanj).

**Jachthafen** Yacht Marina Solaris, im Solaris Holiday Resort südl. von Šibenik. Kreisrunde Hafenanlage, mittendrin die Insel mit Cafébar, gut geschützt, da nur durch schmalen Kanal zum Meer geöffnet. 320 Liegeplätze im Wasser, 200 Stellplätze an Land, Strom- und Wasseranschluss, 5-t-Kran, max. Wassertiefgang 2 m; Restaurant, Sanitäranlagen, Waschanlagen mit Waschmaschinen, Wäscherei, Geschirrspüler und Waschraum für Haustiere; Supermarkt; Hoteleinrichtungen (Pools, Wassersportgeräte etc.) können mitbenutzt werden. Ganzjährig geöffnet. Solaris b. b., ✆ 022/361-024, www.solaris.hr.

**Marina Mandalina**, schöne Lage südl. der Altstadt im gleichnamigen Stadtteil entlang der Uvala Sv. Petar. Ist dem Segelzentrum Prgin angeschlossen. Umgebaute alte Werftanlage, d. h. Platz für Service und Reparaturen auch für Megajachten, 900-t-Synchronlift, 15-t-Travellift und 1,5-t-Kran. Restaurant Blue Frog und Bar, Internetcafé, WLAN, gute Sanitäranlagen, Wäscherei, Minimarkt, Bootscharter und auf Wunsch Transfer in die Altstadt. Tankstelle 0,1 sm. Obala Jerka Šižgorića, ✆ 022/312-977, www.ncp.hr.

Die nächstgelegenen Marinas sind: **ACI Skradin** (→ Skradin), und **ACI Vodice** (→ Vodice).

## Stadtbummel

Von der Hafenpromenade in den Stadtkern gelangt man an den beiden Kanonen vorbei durchs Meerestor, die Stufen hoch zum Trg Republike Hrvatske, dem Hauptplatz mit dem **Dom Sv. Jakov:** Ein prächtiges Löwenportal, Putten und Apsiden mit 74 steinernen Porträts mit z. T. erschreckenden Gesichtern zieren das architektonische Meisterwerk. Die Porträts stellen einen Querschnitt der Einwohner Šibeniks zur Mitte des 15. Jh. dar. Ob die Abgebildeten wohl den Kirchenbau nicht mitfinanzieren wollten? Über 100 Jahre (1431–1555) wurde am Dom gebaut. *Juraj Dalmatinac* begann im venezianisch-gotischen Stil. Nach seinem Tod arbeitete *Nikola Firentinac* im Stil der Frührenaissance weiter und vollendete das Werk. Der Dom gilt als das größte und schönste Bauwerk dieser Stilepochen. Ungewöhnlich und für die damalige Zeit ebenfalls ein echtes Meisterwerk ist die Dachkonstruktion. Ineinander verschachtelte Steinplatten wölben sich ohne Stützen über Hauptschiff, beide Seitenschiffe, die Apsiden und den Kuppelbau. Die Kuppel wurde im Jugoslawienkrieg zerstört und inzwischen aufwändig restauriert. Der große Bildhauer *Ivan Meštrović* hat dem Baumeister vor der Kathedrale ein *Denkmal* geschaffen.

Gegenüber das **Rathaus** (Gradska vijećnica) im Renaissancestil – die Zeit, zu auch der Dom vollendet wurde – mit neunbogiger, zweigeschossiger Vorhalle. Durch einen Bombenangriff der Alliierten wurde der Bau vollkommen zerstört. Nach dem Krieg restaurierte man die Fassade originalgetreu, heute ist hier ein stilvolles Café-Restaurant untergebracht. Die kleine Renaissance-**Loggia** gegenüber war Ort für Gerichtsverhandlungen und Versteigerungen, die mittlere Säule diente als Pranger. Im **Rektorenpalast** neben der Kathedrale befindet sich heute das sehenswerte *Stadtmuseum* (tägl. außer Mo 10–13 und 17–20 Uhr). An der Südseite des Doms steht der **Bischofspalast** aus der zweiten Hälfte des 15. Jh., von dem nicht viel erhalten ist: im Innenhof eine Skulptur des Erzengels Michael und einige Arkaden vom Säulengang.

Östlich vom Dom steht die gotische **Barbarakirche** (Sv. Barbare) aus dem 15. Jh., heute ein *kirchliches Museum*. An der Fassade die Statue des hl. Nikolaus, ein Werk des italienischen Meisters *Bonino da Milano*. An der Nordwand ein gotisches, ebenfalls von Bonino angefertigtes Fenster. Das Museum birgt wertvolle Malereien und Holzschnitzereien aus verschiedenen Kunstepochen.

Über Treppchen und durch ruhige Gassen gelangen wir vom Domplatz nördlich zu **Kirche und Kloster Sv. Lovre** aus dem 15. Jh. Außerhalb des Klosters gibt es eine kleine Grotte mit Madonna von Lourdes, im Innern wurde ein schöner *Klostergarten* mit duftenden Rosen und Kräutern angelegt, zudem ein Café, das zur Pause einlädt (Sommer 8–23, Winter 9–16 Uhr, Eintritt 2 €; Ecke Andrija Kačića/Strme stube).

Nordöstlich des Domplatzes, in der Ul. Don Krste Stošica, steht das Kirchlein **Sv. Krševan** aus dem 12. Jh. mit einer Vorhalle aus dem 15. Jh. Sv. Krševan wurde im Zweiten Weltkrieg schwer beschädigt, heute stellt hier eine Galerie aus. Den Eingang ziert eine mächtige Kirchenglocke von 1266; sie ist die älteste Kroatiens und wurde am Meeresgrund bei der Insel Silba von Schwammtauchern geborgen.

Etwas weiter östlich die im 15. Jh. erbaute sehenswerte **Sv.-Ivan-Kirche,** ein Werk der Gotik und Renaissance. Den Treppenaufgang zum Chor an der Südseite der Kirche und den verzierten Türsturz schuf der Šibeniker Baumeister *Ivan Pribislavić*. Die Balustrade, das große Fenster unterhalb des Glockenturms sowie der geflügelte Engel und das Lamm Gottes an der Südwand des Turms stammen von *Nikola Firentinac*. Den Glockenturm ziert seit 1648 ein steinernes Zifferblatt – es ist die erste mechanische Uhr Šibeniks, auch „türkische Uhr" genannt, weil sie nach dem

Abzug der Türken aus Drniš hierher gebracht wurde.

Ein paar Meter weiter die nach Entwürfen des Šibeniker Meisters *Antun Nogulović* im Stil der Spätrenaissance erbaute Kirche **Sv. Duh**.

Kurz vor dem Theaterplatz steht die orthodoxe Kirche **Mariä Himmelfahrt** (Crkva uspenie Bogomatere) mit Schatzkammer. 1808 gründete Napoleon in Šibenik ein Bistum für die orthodoxe Bevölkerung von Istrien und Dalmatien. Die Kirche wurde im Barockstil erbaut, an Stelle eines Vorgängerbaus der Templer aus dem 12. Jh. Der Glockenturm wurde von Baumeister Ivan Skoko entworfen und zählt zu den schönsten an der Adria. Das Kircheninnere ziert eine farbenfrohe Ikonostase. In der Schatzkammer u. a. Ikonen, eine Silbersammlung und zwei schöne Kandelaber aus Venedig (1766).

An der Hauptstraße liegt der große *Theaterplatz.* Außen herum ein paar Kioske, wo man auch noch spät nachts Zeitungen und Zigaretten kaufen kann.

Durch einen hübschen, im mediterranen Stil angelegten Park kommt man wieder zurück zur Hafenpromenade, vorbei am **Kloster mit Kirche des hl. Franziskus** (Sv. Frane). Die einschiffige Kirche wurde im 14. Jh. im gotischen Stil errichtet und seitdem mehrfach umgestaltet. Ihr Inneres zieren wertvolle Altargemälde und eine Kassettendecke aus Lärchenholz mit Bildern von *Marko Capogrosso* (1674). Eine Rarität birgt die Kapelle: die Orgel von Meister *Petar Nakić* aus dem Jahr 1762. Sie ist die älteste Orgel Dalmatiens und wird noch mit dem traditionellen Blasebalg bedient. Das angeschlossene Kloster besitzt ein *Sakralmuseum,* das die reichhaltige Schatzkammer und eine Bibliothek mit wertvollen Handschriften zeigt, u. a. das *Šibeniker Gebet* aus dem 14. Jh., das älteste Zeugnis kroatischer Sprache in lateinischer Schrift.

Löweneingangsportal vom Dom

Kloster Sv. Frane

Die **Festung Sv. Mihovil** thront mächtig über der Stadt. Sie ist Šibeniks ältestes Bollwerk, wie römische Funde bei jüngsten Ausgrabungen belegten (Juni–Aug. 8–19.30 Uhr, sonst 8–18 Uhr; Eintritt 2,70 €); beeindruckend liegt uns die Stadt bei einem Rundgang auf den alten Mauern zu Füßen. **Sv. Ivan** im Nordwesten ist dagegen die am höchsten gelegene Stadtfestung. Im Osten steht die dritte Festung Šibeniks, die **Šubićevac**, an der Kanaleinfahrt schließlich die **Festung Sv. Nikola**. Sie alle dienten der Türkenabwehr und wurden in venezianischer Zeit erbaut. Unterhalb von Sv. Mihovil liegen die Kirche **Sv. Ana** und der alte *Friedhof* (Groblje; im Sommer von 7–21 Uhr, Winter 7.30–17.30 Uhr), auf dem in steinernen „Schubladen" die Toten terrassenförmig aufgereiht sind. Von hier aus herrlicher Rundblick auf Neu- und Altstadt: die tonnenförmige Kuppel der Kathedrale, die zahlreichen Kirchen, Patrizierhäuser und das Gewirr der Gassen und Treppen.

# Šibenik/Umgebung

Die zu Šibenik gehörenden Orte Zaton und Jadrija müssen über die nördlich gelegene Šibeniker Brücke angefahren werden und liegen westlich der Krka-Mündung.

**Zaton**: Der kleine Fischerort liegt am nördlichen Ende des Krka-Kanals und fast am Beginn des *Prokljansko jezero* (9 km nordwestlich von Šibenik), eines ebenfalls von der Krka gebildeten Sees. Der im 15. Jh. gegründete Ort schmiegt sich malerisch um die Bucht. Die Pfarrkirche *Sv. Juraj* wurde im 16. Jh. erbaut. Hier trifft man so gut wie keine Touristen und kann geruhsam im kleinen Zentrum am Hafen im *Restaurant Porat* Fisch oder die hier gezüchteten Muscheln speisen oder in der *Café-bar Đir* Espresso schlürfen.

**Jadrija:** Auf der Šibenik gegenüberliegenden Landzunge, rund 15 km westlich von Šibenik, liegt Jadrija, das „Strandbad der Šibeniker", nahe dem Kanal Sv. Ante. Hier haben die Städter ihre kleinen, einfachen Wochenendhäuser und hier liegen in der Lagune gegenüber der Festung Sv. Nikola die kleinen Jollen, die sie geschwind über die Krka bringen. Im Sommer pendelt stündlich ein Boot (ab Fährhafen). An der sonnigen Westseite stehen wie Bienenstöcke aneinandergereiht die schon fast als Kulturgut einzustufenden farbigen Umkleidekabinen. Gesonnt wird sich an den betonierten Liegeflächen, gebadet am seichten sandigen Strand, der sich auch bestens für Kleinkinder eignet und zum Wasserballspiel einlädt, es gibt ein Bistro, eine Bocciabahn und kaum Touristen.

Wer sich für Falken interessiert, kann einen Abstecher zum *Falkenzentrum* von Emilija Mendušića unternehmen, ins 7 km entfernte **Dubrava**. Vögel und Falkner demonstrieren dort regelmäßig ihr Können, auch eine einwöchige Ausbildung ist möglich.
Sokolarski centar, Škugori b. b., ✆ 022/330-116 oder 091/5067-610 (mobil). April bis ca. 20. Okt. 9–19 Uhr, danach nur nach Anmeldung. Anfahrt: Straße nach Drniš, kurz danach Abzweig nach Dubrava, in Ort Dubrava nach Južni Škugori abbiegen.

**Halbinsel Zablaće**: Sie liegt rund 9 km südlich von Šibenik, ist vom Stadtteil Mandalina mit seinem Jachthafen oder schneller über die Magistrale aus erreichbar (nach ca. 2 km Abzweig nach Solaris). Die grüne Halbinsel begrenzt die Krka-Mündung im Süden und auch hier wird es am Wochenende voll mit Städtern, die zum Baden und Angeln kommen. Gleich zu Beginn der Halbinsel liegen in ruhiger Lage das große renomierte *Hotelresort Solaris* mit *Campingplatz*, der Ort **Zablaće** mit einem Campingplatz, und am Straßenende, am Sv. Ante-Kanal, die *Sv. Nikola-Festung* (→ Šibenik/Sehenswertes). Mittendrin zwei Seen, der *Veliki* und *Malo Jezero*, auch bekannt unter *Mala Solina* oder *Blato*. An dem flachen Gewässer wurde be-

# Šibenik/Umgebung

reits 1432 Salz abgebaut. Der kleinere ist bis heute durch einen kleinen Kanal mit dem Meer verbunden, der größere teils unterirdisch. Nahe dem Meer steht die *Sv.-Ivan-Kapelle* von 1837.

**Übernachten/Essen** \*\*\*\*–\*\*\* Solaris Holiday Resort, 6 km südl. von Šibenik auf der Halbinsel Zablaće an eigener Bucht, in einem Kiefernwäldchen. Zum Baden 5 schöne Sand-Kies- und Felsbadebuchten, an denen die „Blaue Flagge" weht; sehr großes Sportangebot, Animation für Groß und Klein, Tauchclub, Jachthafen. Die Anlage ist komfortabel ausgestattet, nur Hotel Jakov hat Kat. \*\*\*; zudem gibt es auch die schönen Villen Kornati. Restaurants, Nightclubs und Discos; 7 Swimmingpools, Meerwasserhallenbad (Hotel Ivan), Gesundheits- und Beauty-Bereich, Thalassotherapie und nachgebautes Ethnodorf mit Mühle, Bäckerei, Kräuter- und Olivengarten, Fischhaus und typische Konoba, wo man gut essen kann. Für Bootsfreunde gibt es eine eigene Marina und Charterverleih. Zimmerbuchungen sind nur mit Frühstück, Halbpension oder auch All-inclusive (Hotel Andrija und Jakov) möglich. Geöffnet Ostern–Ende Okt. Buchung unter ✆ 022/361-001, -007, www.solaris.hr.

Bei eingehender Betrachtung wird jeder „seine" Unterkunft in dieser Anlage finden: Es gibt die hochwertig ausgestatteten **Hotels** \*\*\*\* **Ivan**, das Haupthaus, am teuersten (DZ/F 140 €, TS 166 €); **Andrija** und **Jure**, etwas preiswerter (DZ/F ca. 155 €); **Niko**, ca. 3 € preiswerter als Letztere; \*\*\* **Jakov**, preiswertestes, Dependance (DZ/F ca.120 €). Etwas abseits die \*\*\*\* **Villas Kornati**, eine hübsche Appartementanlage von 2+2 bis 4+3 Pers. (mit Stellbetten).

**Camping** \*\* Camping Zablaće, beim gleichnamigen Ort, ebenfalls am Meer, etwas weniger komfortabel, ebenfalls zum Solaris Holiday Resort gehörend; Gäste können alle Einrichtungen der Anlage nutzen. Geöffnet 15.3.–31.10. Etwas preiswerter. www.solaris.hr.

**》》Mein Tipp:** \*\*\* Autocamp Solaris, der 15 ha-Platz unter Laubbäumen gehört zum Solaris Holiday Resort. Strand auch mit FKK-Abteilung. Supermarkt, Restaurants und verschiedene Bars; eigener Bootshafen und 305 Anlegeplätze, Hebekran, Bootsservice. Gäste können die Sportangebote des Hotels nutzen. Geöffnet April–Okt. 8 €/Pers. (TS 9,50 €), Parzelle je Lage, Strom etc. 13–30 € (dann direkt am Meer). ✆ 022/361-001, www.solaris.hr. 《《

**Essen & Trinken** Restaurant Barun, im Stadtteil Podsolarsko (am Abzweig nach Solaris und Halbinsel Zablaće). Sehr gutes Lokal mit Fisch- und Fleischspezialitäten; schöner Blick über das Meer, die Insel Zlarin und die Hotelanlage Solaris. Podsolarsko 24, ✆ 022/350-666.

Der neu gestaltete Flussbadestrand Banj mit herrlichem Altstadtblick

Im netten Hafenort Sepurine verbrachte Faust Vrančić seine Sommerferien

# Archipel vor Šibenik

Zahlreich sind die Inseln des Archipels ins Meer gestreut. Die größten – Privić, Zlarin, Kaprije und Žirje – sind mit der häufig verkehrenden Personenfähre von Vodice oder Šibenik aus gut erreichbar. Sie bieten Unterkunft, Essensmöglichkeiten, ruhige Badeplätze und reichlich Gelegenheit für ausgedehnte Spaziergänge.

Von Vodice wie von Šibenik aus sind die Inseln ein lohnendes Ziel für Tagesausflüge. Wer hier gleich ein paar geruhsame Tage verbringen möchte, hat keine Probleme, eine Pension zu finden; auf **Zlarin** und **Privić** gibt es sogar kleine Hotels. Restaurants, kleine Lebensmittelgeschäfte und Post sind ebenso vorhanden. Die kleine Insel **Krapanj** ist von *Brodarica* (südlich von Šibenik) aus zu erreichen und wird aus diesem Grund auch dort vorgestellt (→ S. 313).

## Insel Privić

Das fruchtbare Inselchen Privić mit seinen beiden ruhigen Orten liegt in Sichtweite zum Festland und eignet sich gut für ein paar erholsame Tage.

Privić ist der Stadt Vodice vorgelagert und damit die dem Festland nächstgelegene Insel des Archipels. Auf 2,3 km² leben hier nur noch 80 Menschen. Die beiden Inselorte – Šepurine im Nordwesten und Privić luka im Südosten – sind durch einen 1 km langen Fußweg miteinander verbunden.

Privić war schon im frühen Mittelalter besiedelt. Infolge der Besetzung des Festlands durch die Türken im 15. Jh. flohen viele Menschen auf die kleinen, noch spärlich besiedelten Inseln. Das Land gehörte Patrizierfamilien aus Šibenik, die hier Sommerresidenzen besaßen, so auch die bekannte *Vrančic-Familie*, deren Sproß

*Faust* (→ Kasten) durch seine Erfindungen in die Geschichte einging. Ihm zu Ehren wurde ein schönes Museum in Privić luka eingerichtet. Die Bewohner lebten vom Fischfang, waren Seeleute und Viehzüchter. Die Tiere weideten auf den benachbarten Inseln Tijat und Zmajan. Daneben widmeten sich die Privićer dem Weinanbau und -handel, bis die Reblaus alles vernichtete. So wanderten viele Anfang des 20. Jh. aus. Heute leben viele Privićer vom Tourismus. Der Name „Privić" leitet sich von der geografischen Lage der Insel ab – *prvi* ist „der Erste". Im Gegensatz zu all den anderen Inseln des Archipels besteht Privić nicht aus Kalkstein, sondern aus Dolomit.

### Faust Vrančic

Er wurde 1551 in Šibenik geboren, war Sprachwissenschaftler, Historiker, Mathematiker, Physiker und Ingenieur in einer Person – ein wissenschaftliches Multitalent. Sein *Wörterbuch der fünf edelsten europäischen Sprachen* umfasste Italienisch, Latein, Deutsch, Ungarisch und – als erstes kroatisches Wörterbuch – auch Dalmatinisch. Bekannt wurde er durch sein wissenschaftliches Hauptwerk *Machinae novae*, 1615 veröffentlicht, in dem er seine 56 Erfindungen vorstellte: u. a. 18 verschiedenartige Mühlen, eine mit Luft betriebene Turbine, verschiedenste Brückenkonzepte (runder Steinbrückenbau, Hängebrücken und auch Eisbrecher für Brücken), Kabinenbahn mit Seilzugbetrieb, Wasserraddampfer, Schwimmanzug, Stoßdämpfer. Auch Uhren gehören zu seinem Erfindungssortiment: Sonnenuhr mit Kompass, Wasseruhr. Des Weiteren Olivenöl- und Weinpresse, Sand- und Wasserförderung mit sog. Schaufeln (Wasserräder). Zudem versuchte er Konstruktionen um aus der Kraft von Ebbe und Flut Antriebsenergie zu gewinnen. Attraktion zur damaligen Zeit war sein Fallschirm. Vrančić nahm das Design des Flugobjektes von Leonardo da Vinci und entwickelte es weiter. 1608 beeindruckte er mit seinem Fallschirmtestflug vom Kirchturm der Markuskirche hinab auf den Markusplatz (Venedig). 1617 starb er in Venedig und wurde auf seinen Wunsch in der Pfarrkirche von Privić luka beigesetzt.

Privić luka – vor dem neuen Museum prunkt eine Bewässerungskonstruktion

## Šepurine

Der 400-Einwohner-Ort an der Draga-Bucht im Nordwesten der Insel ist seit dem 15. Jh. besiedelt. Šepurines hübsch restaurierte Natursteinhäuser gruppieren sich um das Hafenbecken, überragt vom Kirchturm der 1479 erbauten und 1878 restaurierten Kirche *Mariä Himmelfahrt*. Am Kirchplatz steht eine antike *Säule* mit Kapitell, angeblich stammt sie aus dem römischen Salona. Entfernt am Ufer die *Sv. Roko-Kirche* von 1620 mit wertvollem Holzaltar. Schöne Natursteinpflastergässchen führen durch den Ort und bergan. In einer der herrschaftlichen Sommervillen leben bis heute die Nachkommen der alten Patrizierfamilie *Vrančic* (→ Privić luka), am Haus das Familienwappen.

Dem Besucher bietet Šepurine Postamt, Laden, Restaurants, Badestrände und Bootsanlegeplätze, in der Nebensaison aber ist vieles geschlossen.

**Fährverbindung (Personenfähre)** Mehrmals tägl. Šepurine–Šibenik und Šepurine–Vodice.

**Post/Supermarkt** Am Hafen.

**Übernachten** Privatzimmer ab 30 €/DZ.

**Essen & Trinken** Restaurant Ribarski Dvor, schöne Lage an der Promenade mit Terrasse und freundlichem Service. Sehr gute Fisch- und Fleischgerichte. Geöffnet Mai–Sept. ✆ 022/448-511.

**Cafébar** am Hafenbecken. Leider in der NS nur zu Fährankunftszeiten geöffnet.

**Baden** Schöne Kiesbuchten beim Ort.

## Privić luka

Der älteste Ort der Insel (200 Einwohner) erstreckt sich entlang der tiefen, geschützten *Luka-Bucht* im Südosten. Auch hier wird viel renoviert – liebevoll versucht man, die zweistöckigen Natursteinhäuser mit Erkern und bunten Fensterläden zu erhalten oder mit Naturstein zu erneuern. Eines davon ist die *Galerie Mirina* (ganztägig geöffnet) – in dem hübschen Natursteinhaus wird gezeigt, wie die Menschen früher hier lebten.

1461 siedelten sich Franziskaner in Privić luka an und errichteten ein *Kloster*, das 1884 nach einem verheerenden Brand wieder aufgebaut wurde. Das Kloster galt als Zentrum der Glagoliter im Šibeniker Raum. In der *Pfarrkirche* das Grab von *Faust Vrančic* (→ Kasten „Faust Vrančic"). Am Hafen prunkt nun seit 2012 das modern gestaltete und sehenswerte *Vrančic-Museum mit Park* (www.mcfaustvrancic.hr). Es bietet zahlreiche Modelle seiner Erfindungen, Erklärungen zur Mechanik und einen

# Archipel vor Šibenik/Insel Privić

gut gemachten Film über sein Leben und Wirken (Mai–Sept. tägl. außer So 8–16 Uhr; Eintritt 4 €, Kinder 7–18 J. 2 €).

**Verbindungen** (→ Šepurine), Abfahrt mit 10 Min. Zeitunterschied – Richtung Vodice früher, Richtung Šibenik später.

**Einkaufen** Minimarket.

**Übernachten/Essen** Es gibt einige sehr nette **Privatzimmer** ab 40 € für das DZ. Rechtzeitig über die Agenturen in Vodice buchen.

**》》 Mein Tipp:** Hotel Maestral, am Hafen im hübschen Natursteinbau. Auch die 12 Zimmer und 1 Appartement wurden mit Naturmaterialien im mediterranen Stil ausgestattet. Angeschlossen das gemütliche Restaurant Val mit Terrasse am Meer. Ganzjährig geöffnet. DZ/F 118 €, mit Meerblick 124 €. ✆ 022/448-300, www.hotelmaestral.com. 《《

**》》 Mein Tipp:** Restaurant Stara Makina, in einer über 150 Jahre alten umgebauten Olivenölfabrik untergebracht, direkt am Meer mit hübscher Terrasse. Spezialitäten sind hausgemachter Ziegenkäse von der eigenen Herde, fangfrischer Fisch und nach Voranmeldung Peka-Gerichte von Ziege oder Huhn (mind. 2 Std. vorher, Minimum 2 Pers.). Fam. Delač, ✆ 095/6543-210 (mobil). 《《

**Konoba Mareta**, am Hafenplatz, ebenfalls beliebt und gut v. a. für Fischgerichte. Im Sommer ganztägig, im Winter (Mitte Dez.–Ende März geschl.) ab 17 Uhr. ✆ 022/448-712.

**Konoba Maslina**, neben der Kirche liegt das kleine Lokal mit künstlerisch gestalteter Terrasse unter Fischernetzen. Der Besitzer schnitzt gerne, gesellt sich aber oft

auf ein Gläschen Wein zu den Gästen. Es gibt Oliven, Fisch und Fleischgerichte. Abends April–Okt. geöffnet.

**Baden** Östl. des Ortes an Fels- und Kiesbuchten; gegenüber dem Ort an der mit Kiefern umstandenen Landzunge.

# Insel Zlarin

Wegen ihrer landschaftlichen Schönheit und der Korallen ist Zlarin, die „insula auri" (goldene Insel), seit alters her bekannt. Die Touristen des 21. Jh. schätzen Zlarin als Badeinselchen, und auch Bootsbesitzer legen hier gern einen Stopp ein.

Die 8 km² große Koralleninsel ist ein beliebtes Ausflugsziel der Bewohner des nahen Šibenik. Die spätvenezianischen Häuser des Inselorts Zlarin gruppieren sich um das tief eingeschnittene Hafenbecken mit vielen kleinen und großen Molen.

Dickbauchige Palmen und Tamarisken zieren die Promenade, aus den mit bunten Fensterläden geschmückten Natursteinhäusern ragen Erkerchen, in den Gärten wuchern Wein, Oleander, Palmen, Obstbäume, Granatäpfel und Feigen.

Zlarin ist die einzige Insel an der kroatischen Adria mit Korallenvorkommen. Jahrhunderte lang fischte man danach ebenso wie nach Schwämmen, für die besonders die kleine Nachbarinsel Krapanj bekannt ist. Doch das Korallenfischen ist Vergangenheit; inzwischen müsste man 100 m tief hinabtauchen, um die herrlich verzweigten Äste zu finden, und dazu fehlt die Ausrüstung. Einen alten Meister, angeblich den letzten Europas, gibt es noch im Ort, der eigene Korallenvorräte besitzt und diese in kunstvoller Handwerksarbeit für die Schmuckherstellung vorbereitet.

Zlarins malerische alte Gassen

Oberhalb vom Hauptplatz steht ein kleines *Museum* (Mitte Juni bis Mitte Sept. 9–13/16–21 Uhr), das Amphoren, Korallen und eine kleine ethnographische Sammlung präsentiert, darunter alte Fotografien mit Szenen des 1938 hier mit *Luis Trenker* gedrehten Films *Korallenprinzessin*. Korallenschmuck gibt es im Souvenirshop zu kaufen. Die *Pfarrkirche Mariä Himmelfahrt* wurde um 1740 auf den Grundmauern einer älteren Kirche errichtet. Die gotische Kirche der *Muttergottes von Rašelj* aus dem 15. Jh. birgt zahlreiche Votivbilder von Schifffahrern.

Um das Wohl der Inselwelt kümmerte sich Hr. *Ante Meglić*, besser bekannt unter Anthony Maglica und vor allem als weltweit führender Taschenlampenfabrikant „Mag-Lite", ein Kroate, der sein Geld in den USA machte und sich hier früher mit seiner Familie in einem prachtvollen Sommerhaus Ruhe gönnte und Projekte wie Aufforstung und Denkmalschutz förderte.

Die rund 150 Inselbewohner, die immer noch gerne ihre alten Trachten tragen, leben von Weinbau und Fischfang oder pendeln in die nahe Großstadt. Ein paar Kuna lassen sich mit dem Tourismus dazu verdienen – täglich wird der Ort im Sommer von Ausflugsbooten angelaufen. Von 1298 bis 1843 gehörte Zlarin zum Bistum von Šibenik. 1386 wird die Insel erstmals schriftlich erwähnt. Doch Funde aus dem Neolithikum und der Römerzeit belegen eine weit frühere Besiedlung.

**Information** Touristinformation, 22232 Zlarin, ☏ 022/553-557. Nur Juni–Sept. tägl. 9–13/18–21 Uhr. Rest des Jahres Auskünfte in Šibenik.

**Fährverbindung (Personenfähre)** Zlarin–Šibenik und Zlarin–Vodice mehrmals tägl.

**Einkaufen** Supermarkt (7–12/16–20 Uhr), Metzgerei.

**Post** 7–11/19–21 Uhr, Sa 7–11 Uhr.

**Veranstaltungen** Zlariner Fest mit Folklore, Musik und Tanz Mitte Aug.

**Übernachten/Essen** Im Ort werden **Privatzimmer** vermietet; zudem gibt es an der Uferpromenade das einfache **Hotel Four Lions**, mit Restaurant. ☏ 022/553-621, www.4lionszlarin.com.

**Konoba Aldura**, mit schöner Terrasse und Wintergarten und gemütlichem Innern am Hafen; immer gut besucht und fast ganzjährig geöffnet. Hierher fahren auch die Städter mal schnell mit ihrem Boot zum Essen. Es lohnt: Es gibt Škampi, frischen Fisch, Tintenfischrisotto, Grillteller und natürlich leckeren Nachtisch wie Schokotorte etc. ☏ 022/553-628.

**》》 Mein Tipp: Kod Vunenog**, gegenüber dem Museum. Wer Hunger hat, sollte dieses urige Lokal aufsuchen – hier trifft sich die Skipperszene. Um das leibliche Wohl kümmert sich bis spät in die Nacht Hr. Kocac (Spitzname), der seinen Namen aufgrund seiner lockigen Mähne, gleich einem Wollmilchschaf, erhielt. **《《**

**Baden** Beim Ort mit Kies- und Felsstrand, betonierten Liegeflächen und Strandduschen. Oder am Südostzipfel in kleinen Buchten mit Fels und Kies.

# Insel Kaprije

**Kaprije ist hügelig, fruchtbar und bietet zahlreiche gute Bademöglichkeiten. Urlauber finden Privat- und Pensionszimmer, Lokale, Laden und einen gut geschützten Bootshafen.**

Das 9,7 km² große Kaprije liegt in der Mitte der Šibeniker Inselgruppe, umgeben von den unbewohnten Inseln Zmajan und Obonjan im Osten sowie Kakan im Westen. Die Insel ist mit Macchiahügeln durchsetzt und hat viele kleine Badebuchten mit Kies und Felsplatten im kristallklaren Meer. Kaprijes höchste Erhebung ist der 132 m hohe *Velika Glavica* mit herrlicher Rundsicht über den Archipel. Das Fischerdorf Kaprije mit 70 Einwohnern liegt an der großen, tiefen Meereseinbuchtung im Westen – die schmalste Stelle der Insel – mit gut geschütztem Hafenbecken – an der Mole ganz modern Wifi-Zone.

Quirliges Dorfleben herrscht leider nicht mehr in Kaprije. Der Tourismus ging stark zurück. Unten am Hafenbecken Neubauten und eine Bocciabahn – die Männer sitzen auf den Pollern und verfolgen neugierig den Spielverlauf. Der ältere Teil des Dorfs mit verwinkelten Natursteinhäusern liegt etwas oberhalb. In den Gärten gedeihen Pfirsiche, Mandeln, Feigen, Gemüse, Wein, an jeder Ecke steht ein blühender Oleander. Alte, schwarz gekleidete Frauen mit Kopftüchern sitzen in Grüppchen zusammen, sortieren Steckzwiebeln und verbreiten die neuesten Nachrichten.

Kaprijes *Pfarrkirche* stammt aus dem 16. Jh. und wurde 1801 erweitert. Ein gut präparierter Fußweg führt in 10 bzw. 20 Min. zu den Buchten *Uvala Mala* und *Velika Nosdra* an der Ostseite der Insel über den Hügel.

Der Name Kaprije stammt vom Kapernstrauch, dessen eingelegte Knospen das beliebte Gewürz liefern. Im 14. und 15. Jh. gehörte die Insel Patrizierfamilien aus Šibenik. Im 15. Jh. siedelten sich Flüchtlinge vom Festland an. Kaprijes Bewohner leben traditionell von Fischfang, Oliven und Weinanbau, für einige ist der Tourismus eine zusätzliche Erwerbsquelle geworden.

**Information** Touristinformation in Šibenik, ✆ 022/214-411.

**Fährverbindungen (Personenfähre)** Kaprije–Šibenik mehrmals am Tag; zudem morgens um 6.20 Uhr ein Schnellboot (0:30 Std.) nach Šibenik.

**Einkaufen** Kleiner Supermarkt; vormittags verkauft eine Frau Obst und Gemüse.

**Übernachten/Essen** Es gibt einige Privatzimmer und Restaurants auf der Insel, u. a.:

**Restaurant Neptun**, großes, nettes Lokal mit Anlegemöglichkeiten am Hafen. Fisch- und Fleischgerichte und Pizzen. Geöffnet April–Mitte Okt. ✆ 091/4636-912.

**Konoba Kod Kate**, liegt etwas versteckt oberhalb im Ort, benannt nach der Chefin. Wird von Lesern sehr gelobt. Es gibt fangfrischen Fisch oder Oktopus, Gemüse, auch Wildspargel; dazu einen guten Wein, guten Service und normales Preisniveau.

**Gostiona Bilo Jaje**, nördl. des Hafenbeckens zwischen den Häusern. Nur in der Saison geöffnet.

**》》 Mein Tipp:** Restaurant-Pension Sampjer, familiär, gut und preiswert geführtes Lokal am Buchtbeginn mit schönem Weitblick von der Terrasse. Es werden auch Zimmer vermietet. Fam. Ivan Jelovčić (dtsch.-sprechend), Stocna obala 10, ✆ 098/9072-440 (mobil), www.freewebs.com/sampjer. **《《**

**Restaurant-Pension Gulin**, in der Mitte der Bucht mit guter Küche und hübschem Blick aufs Meer. Zimmervermietug. Zapadna obala 97, ✆ 091/525-8744 und 098/750-589 (mobil).

**Konoba Matteo**, der einstige Kornatenwirt führt sein Lokal nun in der Mala-Nozdra-Bucht (Achtung bei Jugo!). Von der Natursteinterrasse bietet sich ein herrlicher Blick. Leckere Fischgerichte, auch die Fisch-Peka wird gelobt, das Preisniveau ist allerdings etwas höher als im Ort. Für Boote stehen Muringe und Bojen zur Verfügung. Geöff-

Insel Kaprije (Uv. Mala Nozdra) – Wanderweg führen über die Insel

net April–Anfang Nov. Vom Ort 10 Min. Fußweg, südl. vom Hafen in den Put Flore abzweigen. ✆ 098/336-335 (mobil).

**Konoba G8**, am Buchtende der Mala Nozdra. Klein und vom freundlichen Küchenchef Bović geführt – ob der Name für das Gipfeltreffen oder für die verkürzte Gymnasiumszeit steht, konnte nicht ergründet werden. Die Küche ist lecker, gekocht werden Fisch und Peka-Gerichte. ✆ 091/5228-225 (mobil).

**Baden** An der Ostseite der Insel Kiesbuchten und Felsplatten mit Blick auf Murter und Vodice. Anlegeplätze für Boote.

**Bootshafen** Mit Strom und Wasser, Tankstelle nur bis Mittag geöffnet.

**Wandern** Von Kaprije führt in südlicher Richtung ein Pfad zur höchsten Erhebung, zum 132 m hohen **Velika Glavica** – herrlicher Rundblick auf die Inseln.

Von der Ortsmitte am Friedhof vorbei nordwärts gelangt man zur zweithöchsten Erhebung, dem Berg **Uljenak** (124 m). Der Pfad führt am Kamm entlang, eingezwängt zwischen Steinmäuerchen und teilweise fast zugewachsen – Blick aufs Festland und auf die Kornaten.

## Inseln Zmajan, Obonjan und Kakan

Im Osten, Kaprije vorgelagert, die unbewohnte und karge Insel **Zmajan,** auf der Schafe weiden. Daneben die kleine, kiefernbewachsene Insel **Obonjan** mit geschützten Badebuchten, einem Hafen und einem Amphitheater. Die Zelte und die ausgelassenen, fröhlichen Jugendlichen gibt es hier nicht mehr auf der einstigen „Insel der Jugend", wo jahrzehntelang Jugendgruppen aus aller Welt ihre Ferien verbringen durften. Das Eiland wurde von der Hotelgruppe Sunčani Hvar (www.suncanihvar.com) aufgekauft, die hier sicherlich ein komfortables Resort errichten werden.

Die 9,5 km$^2$ große Insel **Kakan** im Südwesten von Kaprije, einst „Insel der Kinder der Welt", ereilte ein ähnliches Schicksal. Ein guter Gedanke war es, dass Kinder aus aller Welt hier ihr Ferienleben in einer eigenen Stadt organisierten, die sie selbst ausbauten und die den Namen „Der 7. Kontinent" trug. Die Insel ist nach wie vor unbewohnt, jedoch unter der Leitung der Münchner Agentur Riva-Tours, die hier den *Kakan-Park* verwaltet und bei ihrem Inselhopping ankert sowie beim Anlegen kassiert. Für Bootsbesitzer sind die Buchten *Tratica* mit der *Konoba Paradiso* sowie die tiefere *Potkućina* mit ihren schützend vorgelagerten Inseln und einer Konoba und Cafébar *Babalu* interessant; auch zum Schwimmen ist es hier wunderbar. Infos/Anmeldung für das Anlegen: Hr. Zvijezdan Košuljandić, ✆ 091/1431-037 (mobil).

## Insel Žirje

Die größte Insel im Šibeniker Archipel hat sich dem Tourismus bislang kaum geöffnet. Auf Žirje gibt es einige Anlegestellen und gute Bademöglichkeiten, und wer in Abgeschiedenheit wandern oder mountainbiken möchte, ist hier richtig.

Žirje ist mit 15,5 km$^2$ die größte und von der Küste am weitesten entfernte Insel. In Ost-West-Richtung verlaufen zwei Bergkämme: der 131 m hohe *Kapić* im Nordosten, im Westen der *Straža* (117 m) und im Südosten die höchste Inselerhebung, der *Velika Glavica* mit 163 m. In der Mitte ein fruchtbares Tal, wo Wein, Oliven, Obst und Gemüse gedeihen. Der Südosten ist von Macchia überwuchert. Hier befinden sich auch die schönsten Badeplätze.

Auf der touristisch am wenigsten erschlossenen Insel des Archipels leben etwa 70 Menschen. Die Fähranlegestelle ist **Muna** im Norden. Hier soll ein Jachthafen entstehen. Seit Jahren sollte schon eine Fahrradanmietung in Muna möglich sein. Besser ist es, die eigenen Mountainbikes mitzubringen um die Insel auf den Fahrradwegen zu erkunden. Ein Fahrweg führt hinauf zum Hauptort **Žirje**. Mit seinen bunten alten Häusern, deren Putz von den Fassaden abblättert, wirkt er fast wie ausgestorben – viele Häuser sind verlassen.

Ein Fahrweg führt weiter durch das Tal oder den Bergkamm entlang – mit herrlicher Aussicht auf die vorgelagerte Inselwelt; in einer halben Stunde Fußmarsch ist der Südosten mit der Badebucht *Velika Stupica* (mit Konoba) erreicht. Wer das Laufen abkürzen will, wird mit etwas Glück von einem der wenigen Autos mitgenommen. Es sind alte, ausgediente Vehikel ohne Nummernschilder, die auf der Schotterpiste ihre letzten Kilometer abrattern. Bleiben sie stehen, stehen sie für immer, und langsam überdeckt die Pflanzenwelt die Wracks.

Auch nach Westen hinauf zum Berg *Štraza* kann man gehen oder fahren und auf dem Rückweg in den schönen Buchten *Uvala Pečenja* und *Tratinska* (mit Konoba Julie) baden; hier ankern viele Jachten. Auf der gegenüberliegenden Inselseite im Nordosten befindet sich die Bucht *Uvala Koromašna*, ebenfalls mit Restaurant.

## Geschichte

Wegen seiner exponierten geografischen Lage spielte Žirje immer eine wichtige strategische Rolle. Aus dem 6. Jh. stammen die Überreste einer spätantiken Festung auf dem Berg *Gradina* oberhalb des Hafens *Velika Stupica*. Zwei Zinnen bewachen noch immer die Bucht, und von hier genießt man einen weiten Blick über die Insel. Die Reste einer weiteren Festung auf dem Berg *Velika Glavica* oberhalb der Bucht *Mala Stupica* stammen aus der gleichen Zeit. Weitere Ruinen auf der Südseite der Insel bezeugen die starke Befestigung der Insel in früheren Jahrhunderten. Und Archäologen legen auf dem Berg Gradina immer wieder Neues frei: Bad, Küche, Reste 1500 Jahre alter Deckenverzierungen ...

V. Stupica – spätantike Festungsruinen

1059 schenkte der kroatische König *Petar Krešimir IV.* die Insel den Benediktinern. Unter den Fürsten von *Bribir* gehörte sie zu Zadar. 1323 fiel Žirje an Šibenik zurück. Unter venezianischer Herrschaft besaßen Adlige aus Šibenik auf der Insel Landhäuser. Für die Venezianer war die Vela-Stupica-Bucht ein wichtiger Hafen. Aufgrund ihrer Rolle als strategischer Vorposten durchlebte Žirje stürmische Zeiten. Im Zyprischen Krieg verwüsteten die Türken 1572 die Insel, wovon sich Žirje nie mehr richtig erholte. Die Bewohner lebten von Landwirtschaft und Fischfang und fuhren zur See. Und auch Korallen gab es um Žirje. Die Zlariner, die die dafür nötigen Werkzeuge hatten, kamen hierher, um die kostbaren Ästchen abzutragen.

**Information** Touristinformation in Šibenik, ✆ 022/214-411.

**Fährverbindungen (Personenfähre)**
Žirje–Šibenik mehrmals tägl.; morgens um 6 Uhr ein Schnellboot.

**Einkaufen** Am Fährhafen ein kleiner Laden, d. h. sich in Šibenik eindecken.

**Übernachten/Essen** Am besten erkundigen Sie sich vorab nach Privatzimmern in Šibenik.

Privatzimmer in *Muna* an der Anlegestelle, u. a.:

\*\*\* Appartements Skorić, gegenüber der Anlegestelle. Mit Studios, großem Appartement und Grillstelle. Die Wirtsleute sind bei allem behilflich. Muna 7, ✆ 022/334-152 und 098/5612-560 (mobil).

Buffet Mašklin & Cafébar Coco del Mono, in der Uvala Muna, beide neu und nett zum Verweilen, es gibt gute Fisch- und Fleischgerichte und es werden Zimmer vermietet. ✆ 099/21224-060 (mobil).

In der Bucht *Koromašna* (Nordosten) **Restaurant** am Meer. Hier auch die **Appartements Bomi**, Uv. Koromašna 25, ✆ 022/219-292.

Im Westen oberhalb der Bucht *Pečenja* an der Straße, **Konoba Julie**, ✆ 091/7394-270 (mobil) – hier gibt es Schinken, Käse, Fisch und Peka-Gerichte. In der tiefen Bucht *Vela Stupica* ist ebenfalls ein einfaches Lokal (seit 30 Jahren fast unverändert), aber in sehr schöner Lage – und immer noch fragt Tome: Fisch oder Fleisch? ✆ 098/9611-500 (mobil).

**Baden** Rund um die Insel viele Badebuchten, u. a. **Vela-Stupica-Bucht** mit etlichen kleineren Einbuchtungen. Viele Jachten ankern hier. Im Süden, unterhalb des Gradina-Bergs, Sand und große Kiesel.

# Vodice

Das quirlige Fährstädtchen liegt abseits der Magistrale nordwestlich von Šibenik an der gleichnamigen Bucht mit Marina, Hotels und großem touristischen Angebot. Das einstige Fischer- und Bauerndorf ist Ausgangspunkt zum Šibeniker Archipel.

Hauptmagnete in dem sehr touristischen 67.000-Einwohner-Städtchen sind das große Veranstaltungsprogramm, die Sportangebote, die nahen, vorgelagerten Inseln mit guten Bademöglichkeiten und natürlich der große Jachthafen. Familien mit Teenagern sind in Vodice gut bedient, denn für Jugendliche gibt es neben sportlichen Aktivitäten Clubs und Open-Air-Discos, die heiße Nächte zum Abtanzen versprechen.

An der kilometerlangen Hafenpromenade (ein Touristenzug pendelt) schieben sich abends Menschentrauben entlang, dahinter Restaurants und Eisdielen für die Müden und Hungrigen. Hier befindet sich auch das Marina- und Einkaufszentrum mit Restaurants, Shops und Blick auf den riesigen Jachthafen. Eine *Galerie* im Park (neben Hotel Punta) bietet ständig wechselnde Ausstellungen kroatischer Künstler. Im Sommer gibt es im Rahmen eines Kinderfestes auf dem Platz davor Malaktionen und mehr.

Wer die Unterwasserwelt liebt, sollte ins *Maritime Museum – Aquarium* am Hafen gehen. Gezeigt werden in 17 Aquarien heimische Fische und Krustentiere, daneben Muscheln und Schnecken, zudem Schiffsmodelle und Frachtgut aus Schiffwracks, u. a. Amphoren.
Obala Matice hrvatske, ✆ 098/214-634 (mobil). Juni–Aug. 9–13/17–23 Uhr. Eintritt 2 €, Kinder ab 12 J. 1,30 €, bis 12 J. gratis.

Vodice – eine quirlige Stadt für Alt und Jung mit Kulturgütern, Clubs und Marina

Wer es beschaulicher mag, läuft durch die engen Altstadtgassen mit Natursteinhäusern und Weinkellern oder flüchtet gleich mit dem nächsten Personenschiff zu den in Sichtweite vorgelagerten Inselchen (→ Archipel vor Šibenik). Für Sportliche gibt es 60 km ausgewiesene Fahrradwege, auf denen man die landschaftlich herrliche Umgebung erkunden und nebenbei auch einige Baudenkmäler besichtigen kann.

## Kulturgüter und Geschichte

Vodice war schon zur Römerzeit besiedelt und hieß damals *Araus* oder *Arausa Antonina*, heute *Arauzona* (Ausgrabungsstätte). 1402, als man die Kirche Sv. Križ baute, wurde die Stadt erstmals erwähnt. *Sv. Križ* steht westlich der Stadt auf dem alten Friedhof auf der Halbinsel Punta. Die Barockkirche im Stadtzentrum, die ebenfalls *Sv. Križ* heißt, wurde 1746 an Stelle einer älteren Kirche erbaut. 1664 wappnete sich die Stadt gegen die Türken mit Mauern, Türmen und zwei Festlandsbrücken. Ein Relikt aus dieser Zeit ist der *Čorić-Turm*. Am Trg hrvatskih mučenika (gegenüber Hafen) und nordwärts Richtung Kirche erblickt man Vodices einstige Wasserversorgung, die *Brunnen*. Die beiden oberen nahe der Kirche dienten als Trinkwasser, der Brunnen nahe dem Meer, heute unter Glas, war der Waschplatz.

Südlich, stadtauswärts in Prižba, stehen die Grundmauern einer *Doppelbasilika*, die auf das 6. oder 7. Jh. zurückgeht.

Auf dem Berg *Okit*, rund 2 km nördlich von Vodice und der Magistrale, steht die 1660 errichtete Kapelle *Gospa od Karmela*, die der Schutzpatronin der Stadt gewidmet ist. Nach weiteren 2 km (in Richtung N 27 nach Knin) erreicht man *Gradina*, die alte Siedlung von Vodice. Rund 1 km östlich der Straße ist eine römische Zisterne zu sehen und nördlich davon, beim 142 m hohen Berg *Mrdakovica*, die Ausgrabungsstätte *Arauzona*, die man auf das 3. bis 2. Jh. v. Chr. datiert. Nur rund 30 % der unterirdischen Altertümer konnten bisher zutage gebracht werden.

# Vodice

In früheren Jahrhunderten war Vodice reich an Trinkwasser und die Bewohner lebten von den Erträgen des fruchtbaren Landes. Noch bis zum Mittelalter versorgte Vodice auch umliegende Orte mit Wasser. So erhielt die Stadt ihren Namen: Vodice = Wässerchen.

## Basis-Infos

**Information** Touristeninformation (TZG), Obala Vladimira Nazora b. b. (Uferpromenade, westl. vom Hafen), 22211 Vodice, ☎ 022/443-888, www.vodice.hr. 15.5.–15.9. Mo–Sa 8–22, So 9–18 Uhr; Okt./April Mo–Sa 8–20, So 9–13 Uhr; sonst Mo–Fr 8–15 Uhr. Außerhalb dieser Zeiten hilft ein Info-Touch-Screen vor dem Büro. Beste Informationen und Kartenmaterial.

**Agentur Visit Vodice**, Ćirila i Metoda 1a, ☎ 022/442-101, www.visitvodice.com. Zimmer, Internet, Auto- u. Fahrradvermietung, Ausflüge und Fährtickets (für Italien).

**Gea-Tours**, Nikole Tesle 18, ☎ 022/442-988, www.gea-tours.hr. Zimmer, Ausflüge.

**Agentur Lenox**, Ul. Ante Kabalera 21, ☎ 022/440-222. Zimmervermittlung, Ausflüge.

**Agentur Nik**, Artina 1a, ☎ 022/441-730. Zimmervermittlung.

**Agentur Homberger**, Trg kneza Branimira 34, ☎ 022/444-109. Fahrrad- und Autoverleih.

**Mk turizam**, Lasan Ante Kabalera 3, ☎ 022/444-480, www.mkturizam.com. Fahrräder u. Zimmer.

**Barbara Tours**, Grgura Ninskog 15a (kurz vor Hotel Punta), ☎ 022/440-543, 098/9625-667 (mobil). U. a. Fahrradverleih.

**Adria-Kayaking**, Juričev Ive Cota 21a, ☎ 095/6789-092, www.adriakayaking.hr. Von Vodice u. a. zur Insel Privić.

**Verbindungen** Busse: Beste Verbindungen in alle Richtungen. Halbstündl. nach Šibenik; stündl. nach Zadar, Split und mehrmals nach Murter. Nach Zagreb 6-mal tägl., 1-mal Direktverbindung (Abfahrt 16 Uhr, Ankunft 20 Uhr, 20 €, retour ca. 30 €). Information ☎ 022/443-627.

Personenfähre zu den vorgelagerten Inseln: Vodice–Šepurine–Prvić Luka–Zlarin–Šibenik: 4- bis 5-mal tägl. zu den Inseln und nach Šibenik.

Touristenzug: pendelt vom Zentrum (nahe TIC) zum Hotel Imperial (5 km) bis Mitternacht.

Taxiboote nach Prvić: Abfahrtsmole Hafen und Marina; ca. 30 €.

**Ausflüge** Zu den Kornaten und Krka-Wasserfällen.

**Auto** Großangelegte gebührenpflichtige Parkplätze vor TIC und an der Uferpromenade. Wer zu den Inseln möchte, sollte stadtauswärts u. a. in Richtung Hotel Olympia parken.

**Entfernungen**: nach Zadar 65 km, Šibenik 12 km, Split 100 km.

**Bank** Überall Bankomaten und Banken.

**Gesundheit** Ambulanz, Ante Poljička (Kreuzung, gegenüber dem Hafen), ☎ 022/443-169. Apotheke, Roca Pave 6 (hinter der Ambulanz), ☎ 022/443-168.

**Post** An der Uferpromenade beim Einkaufszentrum. Tägl. außer So 7–22 Uhr.

**Veranstaltungen** Ein kleiner Ausschnitt aus dem großen Event-Kalender: **Vodice-Fest**, am 4. Aug. mit Folkloreaufführungen, Theater- und Musikgruppen.

**Ostern**: Wird groß gefeiert, von Gründonnerstag bis Samstag wird in Trachten die Passion Christi aufgeführt. Am Ostermontag festliches Osterfrühstück und Klappa für Einheimische und Gäste.

**Picknickausflug** nach Gradina am 1. Mai.

**Fest Sv. Karmela**, 16. Juli, abends Prozession von der Stadt zur 2 km entfernten Kirche, anschließend Messe und Kirchenmusik.

**Segelregatten**: Osterregatta, Dauer 3–4 Tage.

**Segelregatta** zur Insel Jabuka, Mitte Nov.

**Jazzfestival**, 3 Tage, Ende Juli im Amphitheater.

**Kinderfest**, 10 Tage ab Ende Juni; Malaktionen, Spiele etc.

**Dalmatinisches Klappa-Festival**, 13. Aug., ca. 10 verschiedene Musikgruppen treten im Amphitheater auf.

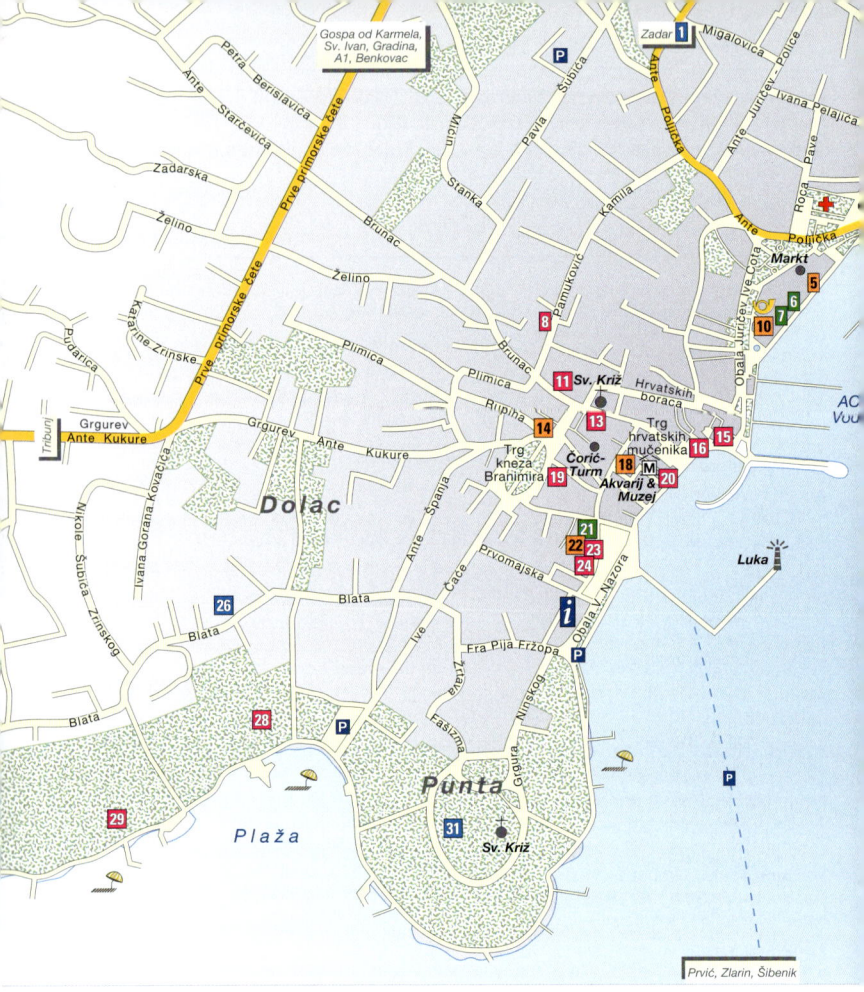

## Übernachten/Camping

**Übernachten** In und um die Stadt reichhaltiges Angebot an **Privatzimmern** – 9000 Betten in allen Kategorien! – am besten über die Agenturen. Privatzimmer ab 15 €/Pers. im DZ, Frühstück ca. 4–5 €. **Appartements** für 2 Pers. 25–40 €. Schön wohnt es sich stadtauswärts Richtung Westen (Tribunj) oder südwärts im Stadtteil Srima.

\*\*\*\* Hotel Punta **31**, am Westrand auf der Halbinsel Punta. Zehnstöckiger Bau, der die ganze Stadt überragt, gute Aussicht ist garantiert. 132 komfortable Zimmer (WLAN), daneben noch kleinere preiswertere Nebengebäude am Meer. Spa-Center, betonierte Liegeflächen, ca. 100 m entfernt Sandstrand. Tennis, Fahrrad- und Wassersportverleih, Tauchzentrum. Ganzjährig geöffnet. DZ/F ab 174 €, in den Dependancen ab 144 €. ☎ 022/451-451, www.hotelivodice.hr.

\*\*\*\* Hotel Olympia **17**, bestens modernisiert und gut geführt. Schöne, ruhige Lage im Kiefernwald und am Strand. Zimmer/Appartements mit Blick aufs Meer und die Stadt. Restaurants, Cocktailbar, Vinothek,

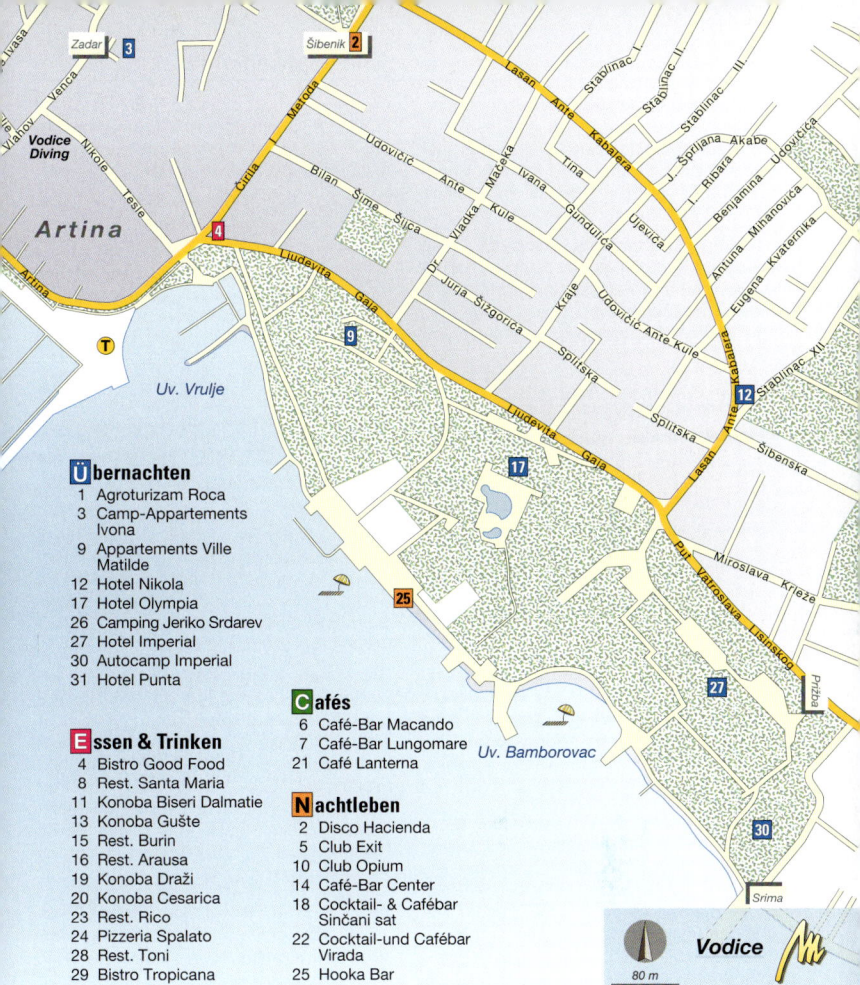

Wellnesscenter; Beachvolleyball, Animation, Wassersport- und Fahrradverleih. Geöffnet Mitte März–Anf. Nov. DZ/F 160 € (TS 178 €). ✆ 022/452-452, www.olympiavodice.hr.

*** Hotel Imperial 27, hinter dem Hotel Olympia. Schöne ruhige Lage im Kiefernwald. Meerwasser-Hallenbad, Wellnesscenter, Tennisplätze; einfache Zimmerausstattung. Etwas entfernt die preiswerteren Dependancen. DZ/F 130 €, mit AC 146 € (TS 154 bzw. 170 €). ✆ 022/454-454, www.rivijera.hr.

Appartements Ville Matilde 9, noch vor Hotel Imperial und Sportzentrum. Gute Lage nahe Strand, zwei Pools und Restaurant. Gepflegte, gut ausgestattete Appartements (2–4 Pers.) 120 €/2 Pers. (TS 135 €). Ljudevita Gaja b. b., ✆ 022/444-950, www.villematilde.com.

*** Hotel Nikola 12, nettes ansprechendes Hotel mit Innenpool. DZ/F ca. 86 € (TS 100 €). Diese Agentur (s. o.) hat auch weitere Unterkünfte. Ante Lasan Kabalera 51 (nördl. von Hotel Imperial), ✆ 022/440-222, www.lenox-vodice.hr.

**Camping** In Vodice gibt es an die 30 kleine Campingplätze, mehr als ein Stück Rasen ist allerdings oft nicht zu erwarten. Preise für Privatcamps: ca. 3,20 €/Pers., 2,70 €/Auto, 4 €/Zelt.

## Küste von Šibenik bis Pirovac und vorgelagerte Inseln

**\*\* Autocamp Imperial** 🔟, neben Hotel Imperial; mit über 400 Plätzen größtes Camp der Stadt. Pappeln spenden Schatten, der Strand ist steinig und sehr schmal. Geöffnet 1.5.–30.9. 8 €/Pers., Parzelle (inkl. Strom) ab 13 €. ✆ 022/454-412, www.rivijera.hr.

**\*\*\* Camp-Appartements Ivona** 🔟, seit über 30 Jahren gibt es dieses etwas größere, gut geführte Privatcamp mit netter Atmosphäre. Zudem werden auch preisgünstige Zimmer/Appartements vermietet und es gibt eine Bocciabahn. 3,60 €/Pers., Auto/Zelt 6,50 €; 2 Pers.-Appart. 35 €, Zimmer 15 €. Vlaho Venca ulica 14a (nordöstl. der Marina), ✆ 022/442-558, www.autocamp-ivona.com.

**Camping Jeriko Srdarev** 🔟, klein, aber gute ruhige Lage im Westen, nördl. von Plava plaža. Blata 26, ✆ 022/440-636.

Im Stadtteil Srima (südl. der Altstadt) etliche winzige **Privatcamps** an der Uferstraße Srima III und Srima IV.

## Essen & Trinken/Nachtleben

→ Karte S. 256/257

**Essen & Trinken** Es gibt über 100 Restaurants und viele Cafébars entlang der Promenade und in den Altstadtgassen. Die Spezialität von Vodice ist der bekannte Dessertwein *Maraština*. Eine Auswahl an Lokalen:

**››› Mein Tipp: Restaurant Rico** 🔟, gespeist wird auf der Terrasse hinter Olivenbäumchen. Es gibt fangfrischen Fisch, auch Thun- und Schwertfisch, Muscheln, dazu saisonales Gemüse; Naschkatzen könnten hier durchaus bei saisonellen Crèmes und Törtchen auf das Hauptgericht verzichten. Hauseigenes Olivenöl sowie hausgebrannter Sherry, Honig- oder Walnuss-Likör und Travarica. Obala Vladimira Nazora 17, ✆ 022/440-808. ‹‹‹

**Konoba Cesarica** 🔟, hier speist man in der alten Ölmühle mit Mühlstein und kleiner Abfüllvorrichtung für das hauseigene Olivenöl. Es gibt Schinken und Käse, Peka-Gerichte (Kalb, Oktopus, Lamm) und Fisch und den Blick von der Terrasse aufs Meer. Obala Matice hrvatske b. b., ✆ 022/441-158.

🌿 **Konoba Biseri Dalmatie** 🔟, im kleinen Weinkeller und Innenhof gibt es Bio-Produkte von den Bauern aus der Umgebung wie Käse, Schinken, marinierte Sardellen und Oktopus, Oliven; dazu hauseigenen Wein und Grappa. Kleine Gasse nördl. der Kirche. ▪

**Restaurant Arausa** 🔟, die Dekoration ist wie in einer Puppenstube. Hier speist man sehr gut Fischgerichte und v. a. Fischsuppe. Trg dr. Franje Tudmana 17, ✆ 022/440-303.

**Restaurant Burin** 🔟, direkt am Meer, schöner Blick, gute Fisch- und Fleischgerichte. Obala Matice hrvatske, ✆ 091/5191-584 (mobil).

**Konoba Draži** 🔟, vorzügliches Lamm aus der Peka, zudem gibt es Spanferkel und dalmatinische Vorspeisen. Sitzgelegenheiten im Gewölbekeller auf Fässern oder auf der Terrasse. Grgurev Tonča 2, ✆ 098/336-050 (mobil).

**Konoba Gušte** 🔟, uriges dalmatinisches Lokal seit 40 Jahren, innen gleicht es einem kleinen Museum. Mit Sitzgelegenheiten im Freien. Leckere Vorspeisen und Fleischgerichte vom Grill. Mirka Zore b. b., ✆ 098/336-023 und 091/2017-593 (mobil).

**Restaurant Santa Maria** 🔟, ein kunterbuntes Lokal, einem Modell des Kolumbusschiffes nachempfunden. Es gleicht einem Trödelladen – angefüllt mit Kunst und Nippes – auf Hahn, Papagei und Erdnüsse muss inzwischen verzichtet werden. Es gibt u. a. Paella, Chili con Carne, Tacos, Steaks und Fisch. Kamila Pamukovića 9 (Zufahrtsstraße von Norden zur Altstadt), ✆ 022/443-319.

**››› Mein Tipp: Bistro Good Food** 🔟, am Jachthafen-Beginn (Straßenkreuzung Hotelzufahrt) – alles frisch vom Bauern – für einen Snack tagsüber die beste Wahl: es gib Salate, Sandwiches, Sardellen, Anchovis, gegrilltes Gemüse. Artina. ‹‹‹

**Pizzeria Spalato** 🔟, für Familien – hier gibt es gute Pizzen, Spaghetti, Salat. Obala V. Naora 14, ✆ 022/441-414.

Am Strand – Plaža: **Restaurant Toni** 🔟, gut und schnell wird u. a. gegrillter Fisch serviert. **Bistro Tropicana** 🔟, hier gibt es Pizzen oder Spaghetti-Gerichte.

🌿 **Agrotourismus** Agroturizam Roca 🔟, hübsch sitzt man im Innenhof des renovierten Naturstein-Bauernhofes mit kleinem ethnologischen Museumszimmer. Es gibt hausgemachten Schinken und Würste aus eigener Schweinezucht sowie hauseigenes Olivenöl und Wein. Im Weiler Velim, Stankovci (in Richtung Autobahn), ✆ 095/5469-911. ■

**Café/Eis** Café **Lanterna** 21, leckere Kuchen und eigene Eisherstellung. Obala V. Nazora 13.

An der Uferpromenade (Jachthafen) mit Jachtblick die einladenden **Café-Bars Macando** 6, ganz in weiß; kurz daneben in mediterraner Gemütlichkeit **Lungomare** 7.

**Nachtleben** Ein riesiges Angebot für Nachtschwärmer; oft 7–2 Uhr geöffnet, d. h. auch gut für einen morgendlichen Café. Hier eine kleine Auswahl (→ „Cafés"):

Am Jachthafen die Clubs **Opium** 10 mit Diskothek und Bar; etwas nördl. **Exit** 5 mit tägl. Livemusik, Herfordska b. b. Geöffnet 15. Juni bis 15. Sept. tägl. 23–5 Uhr, danach nur noch am Wochenende.

**Disco Hacienda** 2, riesige Open-Air-Disco stadtauswärts an der Magistrale Richtung Šibenik, bietet 3000 Personen Platz, jedoch nur im Juli/Aug. geöffnet; mit Snackbar, Pizzeria etc.

**Cocktail- & Cafébar Virada** 22, Obala V. Nazora 22. DJ's (80er-Jahre-Musik) und Livemusik.

**Cocktail- & Cafébar Sunčani sat** 18, Trg hrvatskih mučenika 10 (bei Kirche). Mehr Rockmusik, auch Livegruppen.

**Café-Bar Center** 14, Trg kneza Branimira. Ganztägig geöffnet – stadtbester Espresso.

**Hooka Bar** 25, am Strand vom Hotel Olympia. Schönes Ambiente mit Sofas hinter weißen Tüchern. Afterbeach-Partys und gute Cocktails.

Altstadtgasse mit Brunnen und Cafés

## Wassersport/Sport

**Baden** Die Wasserqualität um Vodice ist sehr gut und wird seit Jahren mit der „Blauen Flagge" ausgezeichnet.

**Bootsvermietung** U. a. **Rudy** (Ltg. Boris Latin), ✆ 098/291-493 (mobil). Oder bei TIC nachfragen.

**Surfen** ACI-Windsurfschule, 3- und 6-tägige Kurse. ✆ 022/443-086.

**Tauchen** **Vodice Dive** (Inh. Hr. Stipica Birin), Vlaho Venca 15, ✆ 098/9196-233 (mobil), www.vodice-dive.com. Mit Tauchschule, Ausflügen etc.; gut geführt.

**Mediterraneo Sub (Ex-Neptun)**, Poluotok Punta, ✆ 098/5394-007 (mobil), www.mediterraneosub.com. Keine Tauchschule, nur Tauchausflüge.

**Wassersport** Bootsvermietung über die Hotels und Touristenagenturen; Bananaboat, Parasailing, Seekajaks (→ Agenturen).

**Jachthafen** Marina-ACI Vodice, bestens ausgestattet mit 415 Liegeplätzen zu Wasser, 90 Bootsplätzen an Land, Werkstatt, 10-t-Kran, 40-t-Travellift, Tankstelle. Gute Sanitäranlagen, Wäscherei, WLAN auf gesamtem Gelände. Restaurant mit Terrasse am Kai; Pizzeria, Bars und Einkaufsläden im Einkaufszentrum dahinter. Ganzjährig geöffnet. ✆ 022/443-086, www.aci-club.hr.

**Hafenamt**: Gegenüber der Ambulanz an der Uferpromenade. ✆ 022/443-055.

**Wandern/Mountainbiken** Unten genannte Fahrradziele kann man natürlich auch zu Fuß erreichen, wegen teils größerer Entfernungen aber am schönsten per Moutainbike (s.u. Wanderungen).

**Fahrradfahren** Rund 60 km ausgeschilderte Fahrradwege gibt es allein im Gebiet Vodice, viele Kilometer mehr in Richtung Murter oder Šibenik. Schön sind Touren von Vodice in Richtung Tribunj und weiter nach Tisno oder gen Norden zur Kapelle Gospe od Karmela, nach Gradina oder zur Ausgrabungsstätte Arauzona. Fahrradkarten in der Touristeninformation. Fahrradverleih (→ Agenturen und Hotels).

**Sportzentrum** Fußballplatz, Minigolf, Tennisplätze, Verleih von Fahrrädern, Motorbooten und Surfbrettern. Restaurant und Bar mit Terrasse direkt am Meer. Das Sportzentrum verfügt über einen kleinen Hafen.

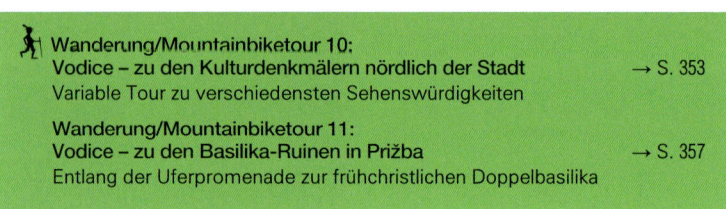

**Wanderung/Mountainbiketour 10:**
Vodice – zu den Kulturdenkmälern nördlich der Stadt → S. 353
Variable Tour zu verschiedensten Sehenswürdigkeiten

**Wanderung/Mountainbiketour 11:**
Vodice – zu den Basilika-Ruinen in Prižba → S. 357
Entlang der Uferpromenade zur frühchristlichen Doppelbasilika

## Vodice/Umgebung

Neben den bereits oben erwähnten Kulturgütern, die nördlich von Vodice stehen, kann man zum geruhsamen kleinen Fischerort **Zaton** am *Prokljansko jezero* (10 km nordöstlich von Vodice) und in rund 11 km südöstlich von Vodice über die Landspitze nach **Jadrija**, dem sog. „Strandbad von Šibenik" gelangen. Von Vodice aus sind diese beiden Orte schnell zu erreichen (→ Šibenik/Umgebung).

# Tribunj

Ein schmucker 1700-Einwohner-Ort, auf einer Halbinsel und einer vorgelagerten, über eine Brücke erreichbaren Miniinsel gelegen, dominiert von der großen Marina und bewacht von der Kirche Sv. Nikola auf ihrem Berg – der Rundblick von oben ist fantastisch.

Die Symbiose aus Altstadtmauern und dicht gedrängten Häusern, der herrliche Prozessionsweg hinauf auf den alles überragenden Sv.-Nikola-Berg und der gigantische Blick von oben auf die Insel, die mit prachtvollen Jachten gefüllte Marina, die vorgelagerten und säumenden Inseln Lukovnjak und Logoron und die Šibeniker Inselwelt in der Ferne ist mehr als fantastisch und lockt viele Touristen. Auch zahlreiche vergnügliche Events tragen zur Beliebtheit bei. Zudem gibt es im Ort einige gute Restaurants, die auch in der Nebensaison geöffnet haben, und die buchtenreiche Küste bietet viele schöne Badestrände. Wer es sportlich mag, wandert hinauf zum nördlichen Hügel *Kugina stopa* oder setzt sich aufs Rad und erkundet die herrliche Landschaft in Richtung Vodice, Murter oder Hinterland.

### Geschichte und Sehenswertes

Die strategisch günstige Lage und auch der herrliche Weitblick ließen schon sehr früh Menschen am heutigen Sv.-Nikola-Berg siedeln. 1298 wurden dort die mittel-

Blick vom Sv.-Nikola-Berg mit Kirche auf die pittoreske Altstadt mit Marina

alterliche Festung *Jurjevgrad* und ein Dorf erwähnt. Auch die Venezianer nutzten die Burg zur Verteidigung und zum Schutz und bauten sie aus. Unter *Tribahunj* wird der Ort mit Festung seit 1464 geführt, der Name wechselte allerdings in den nächsten Jahrhunderten immer wieder. Bis Ende des 17. Jh. gehörten das Dorf und die Ländereien außerdem zum Bistum Šibenik.

Die Besiedlung der Insel, durch eine Brücke mit dem Festland verbunden, begann im 16. Jh. – die Bevölkerung aus dem Hinterland flüchtete vor den Türken. Zudem wurde die Insel von Mauern umgeben und wehrhaft gemacht. Im 18. Jh. wurden einige Sommerpaläste für Kapitäne und Reiche erbaut.

Die älteste bis heute erhaltene Kirche ist die kleine *Mala Gospa* von 1435, die nördlich der Halbinsel im Stadtteil Vrtli steht. Am 8. September wird hier eine Messe gefeiert, ansonsten ist das Kirchlein, außer bei Ausstellungen, meist geschlossen.

Am Fuß des Sv.-Nikola-Bergs und am Beginn des Prozessionswegs steht die *Velika Gospa* von 1883, heute als Pfarrkirche genutzt. Gleich in der Nähe die *Sv. Marije* von 1732, deren Kirchensaal heute Ausstellungen und Konzerten dient.

Der steile und mühsame Weg bergauf zum Beschützer des Ortes ist mit Kapellen versehen. Oben steht, von Zypressen bewacht, die frühere Gemeindekirche *Sv. Nikola* aus dem Jahr 1542 mit altem Friedhof. Nur noch Reste der mittelalterlichen Festung *Jurjevgrad* sind erhalten. Die Aussicht von hier ist herrlich und lohnt den Aufstieg.

Am Hauptplatz Trg Pijaca (vor der Brücke) erinnert eine *Eselstatue* daran, dass hier seit 1957 jährlich das traditionelle Eselrennen stattfindet, früher am ersten Oktobersonntag, heute, der Gäste wegen, im August. Die früher auf der *Insel Lukovnik* lebenden Esel dürfen inzwischen auf dem Festland weiden. Zudem gibt es im Ort noch einen Fischerhafen und Fischmarkt sowie eine Schiffswerft für Holzboote – auch Tribunj hat eine lange Bootsbautradition.

# Küste von Šibenik bis Pirovac und vorgelagerte Inseln

## Basis-Infos

**Information** Touristinformation (TZ), Badnje b. b., 22212 Tribunj, ✆ 022/446-143, tztribunje@inet.hr, www.tz-tribunj.hr. Juni–Aug. Mo–Sa 8–21, So 8–13 Uhr; sonst Mo–Fr 8–15 Uhr.

**Agentur Tempus Fugit**, Podvrh 18, ✆ 022/446-513. Juni–Sept. Zimmervermittlung und Fahrradverleih.

**Agentur Morski rak** („Seekrabbe"), Zamalin 7, ✆ 022/446-229. Juni–15. Sept. Holzboot-Exkursionen, zudem hauseigenens Hostal.

**Agentur Kornati**, Jurjevgradska 1, ✆ 022/446-790. Juni–Sept. Zimmervermittlung.

**Verbindungen** Bus fast stündl. nach Šibenik.

**Veranstaltungen** Patronatstag Sv. Nikola, 6. Dez., mit Messe und Konzerten. **Eselrennen**, jährlich am 1. Aug.; rund um die Altstadt geben die jungen Tribunjer ihren 12 Eseln die Sporen; zudem Klappa-Konzerte, Bands, Essen und viel Wein. **Bier- und Lammfest**, am 31. Juli; am Hauptplatz wird gegrillt und ausgeschenkt. **Ribarska noč** (Fischer-Nacht), Ende Juli; Fischerflotten fahren entlang dem Meer, auch Gäste können mitfahren; zudem Ruderwettbewerbe und Musik. Es werden Sardellen gegrillt und der Wein fließt reichlich.

## Übernachten/Essen & Trinken

**Übernachten** Das Übernachtungsangebot mit 2400 Betten ist für den kleinen Ort groß. Am besten über die Agenturen nachfragen. Zweifelsohne lässt es sich um die Sv.-Nikola-Halbinsel in der Ul. Podvrh am schönsten nächtigen.

**》》》 Mein Tipp:** **** **Hotel Marina Tribunj Adriatique**, der rote Prachtbau gehört zur Marina Danuvius. Schicke Zimmer/Appartements werden vermietet. DZ 70–120 €. Es gibt auch Frühstück. Ganzjährig geöffnet. Jurjevgradska 2 (→ Sport/Jachthafen). **《《**

*** **Villa Diana**, auch nahe der Marina. Nette, gut ausgestattete Zimmer mit Balkon und reichhaltigem Frühstück. DZ/F ca. 100–120 €. Jurjevgradska 6, ✆ 022/446 023, villadiana@si.t-com.hr.

*** **Aurora-Appartements**, schöne ruhige Lage, netter guter Service und hübsche Appartements (2–4 Pers. + 2) mit Balkon. Für 2 Pers. 70 €. Es gibt Frühstück und Abendessen für die Hausgäste. Am Strand stehen Sonnenliegen zur Verfügung. Geöffnet Mai–Okt. Podvrh 50, ✆ 022/446-166, www.apartments-aurora.hr.

*** **Hotel The Movie Resort**, am Strand kurz nach der Marina. Einfache Zimmer und Appartements, Minipool. Geöffnet Anfang Juni bis Mitte Sept.; in der NS, da dann preiswert, zu empfehlen (Studio in der HS 68 €, in der NS 21–37 €). Jurjevgradska 49, ✆ 022/446-331, www.themovieresort.com.

*** **Appartements Plavi Val**, an der Bucht in Sovlje, mit gutem Fischrestaurant. Verschieden große Appartements mit Balkon. Bootsanlegeplätze. DZ ab 55 € (TS 70 €) (→ Essen & Trinken).

**Agentur Morski rak**, bietet im hauseigenen Hostel Zimmer für 20 €/Pers. (→ Information).

**Camping** **Camp Starine**, kleiner Platz im Olivengarten im Ortsteil Starine, wenige Minuten vom Strand. Vermietet werden auch Holzhütten, innen einfach mit Doppel- und Stockbett, Miniküche und DU/WC ausgestattet. Ab 3. Juliwoche bis Mitte Sept. geöffnet. Starine 32, ✆ 098/1640-180 (mobil), www.free-si-t-com.hr.

**Camp-Pension Hida**, im Ortsteil Sovlje (im Westen), kleines schattiges Gelände rund 200 m vom Meer. Im Haupthaus werden auch Zimmer vermietet. Put slobode 31, ✆ 022/446-128, 099/2527-388 (mobil).

**Essen & Trinken** Neben der Marina ist der Fischhafen, was täglich frischen Fisch für die meisten Lokale garantiert. Im Hochsommer wird am Kai ab 17 Uhr direkt vom Boot Fisch verkauft. Zudem ist an der Uferpromenade der Fischmarkt. Die Auswahl an Restaurants in dem kleinen Ort ist groß, u. a.:

**Restaurant Luna**, südl. vom Hauptplatz mit Terrasse und Wintergarten und herrlichem Blick aufs Meer. Spezialitäten des italienischen Kochs sind fangfrischer gegrillter Fisch, schmackhafte Škampi buzzara oder Spaghetti mit Thunfisch und Anchovis. Geöffnet Mitte Febr. bis Anfang Nov. Podvrh 3, ✆ 022/446-359.

**»> Mein Tipp:** Konoba Šimun, kurz nach der Inselbrücke. Man sitzt wie in einem kleinen Museum zwischen altem Hausrat, zudem gemütlich und bei gutem Service. Auch hier gibt es fangfrischen Fisch, u. a. leckere Fischplatte. Geöffnet April–Okt. (in der NS nur abends). Ribarska 6, ✆ 091/5236-004 (mobil). **«**

**Restaurant Pin Kell**, das exklusive Lokal mit irischem Namen gehört zur Marina. Flink und zuvorkommend werden ganzjährig auf der hübschen Terrasse oder im netten Innern die zahlungskräftigen Gäste bedient. Hausspezialitäten sind u. a. Mönchsfisch in Kapernsauce oder in Sesam panierte Dorade (John Dory) mit Tomaten-Shrimps-Sauce. Jurjevgradska 2, ✆ 098/1796-027 (mobil).

**Restaurant Tople**, auch hier, östl. der Marina, isst man im 60-jährigen traditionellen Familienbetrieb bestens Fisch; Spezialitäten sind Tribunj brodetto oder gemischte Muscheln, dazu leckere Weine. Ganzjährig geöffnet, Nov.–April nur am Wochenende. Ul. Vladimira Nazora 9, ✆ 022/446-403.

**Konoba-Appartements Plavi Val**, im Ortswesten im Stadtteil Sovlje. Ruhig und preiswert speist man in der „Blauen Welle", zudem genießt man von der Terrasse den Meerblick. Mai–Sept. geöffnet. Lokvice 4, ✆ 022/446-644, www.plavi-val.com.

**Pizzeria-Cafébar Šustina**, auf der Insel, schön an der Südseite gelegen. Hier kommen Pizzaliebhaber auf ihre Kosten, zudem gibt es Cocktails. Donja riva.

**Beachbar Tina**, am Stand ortsauswärts Richtung Vodice. Gute Cocktails und Musik. Nur in der Saison geöffnet.

## Wassersport/Sport

**Baden** Ringsum gibt es schöne Badebuchten. U. a. um die Halbinsel, dann weiter gen Westen an der Plaža Zamalin, weiter entlang der Zaglava-Halbinsel sowie an der fjordartigen Bucht bei Sovlje. Gen Osten, nach der Marina, folgt der belebte Strand mit Feinkies und zieht sich mit Bademöglichkeiten bis Vodice.

**Jachthafen** Marina Danuvius – Tribunj, die mehrfach prämierte Marina bietet 240 Liegeplätze im Wasser und 150 an Land, Tankstelle (nur Diesel!), Schiffsservice, Hotel mit Restaurant (ganzjährig, einem Palast nicht unähnlich). Am schönen Strand weht die „Blaue Flagge". Jurjevgradska 2, ✆ 022/447-140, www.marinatribunj-adriatiq.com.

**Wandern** Ein netter kleiner Wanderweg (2 km einfach) führt kurz vor Ortsbeginn (von Murter kommend, das erste Haus links, hier parken) auf den ausgeschilderten Weg zum 180 m hohen Hügel *Kugina stopa*. Kurz zuvor an der Gabelung passieren wir die kleine *Kapelica Sv. Roko* (hier rechts halten). Oben erwartet uns ein schöner Weitblick. Man kann auch den schmalen Pfad vom neuen Friedhof nehmen, stößt dann auf die Sv.-Roko-Kapelle und geht dann links weiter bergan.

Ein schöner Uferweg führt in 2 km zum Städtchen Vodice.

# Insel Murter

Eine landschaftlich reizvolle Insel mit hübschen Orten und einem traumhaften Blick auf Inselsilhouetten. Es locken etliche malerisch gelegene Campingplätze, zahlreiche Kiesel- und Sandstrände und die unkomplizierte Anreise über die Festlandsbrücke. Drei gut ausgestattete Jachthäfen sind ideales Sprungbrett für den nahen Kornaten-Archipel.

Die 19 km² große Insel, auf der heute über 5000 Menschen leben, zählt zum Šibeniker Archipel und ist nur durch einen schmalen Kanal vom Festland getrennt. Ihre Küste ist stark zerklüftet und verliert sich in Inselchen im Meer. Die Kies- und Sandstrände in den seichten Buchten sind für Kinder zum Planschen ideal. Das Übernachtungsangebot umfasst etliche schöne Campingplätze und zahlreiche Pensionen, viele gute Restaurants sorgen für das leibliche Wohl. Wassersportfans können

Murter – das Stadtfest wird mit der traditionellen Regatta der Lateinsegler beendet

sich auf dem Surfbrett austoben oder die Tiefen des Meeres mit erfahrenen Tauchlehrern erkunden. Murter ist Tummelplatz für Bootsbesitzer – gut ausgestattete Jachthäfen gibt es in *Jezera, Murter* und *Betina,* zudem viele Ankermöglichkeiten an der Südwestküste. Bekannt ist Murter für seine guten Bootsbauer, die bis heute hölzerne Schiffe in hoher Qualität zimmern. Einmal im Jahr werden die traditionellen Segelschiffe, *Ladinsko idro* (sog. Lateinsegel, auch Gajeta genannt) für eine Regatta herausgeholt (→ Foto oben). Ebenfalls einmal im Jahr, regelmäßig im August, erhält die Insel Besuch von einer Windhosendame (→ Einleitungsteil/Winde) – ihr sollte man lieber aus dem Weg gehen.

Das Inselinnere ist nicht nur mit Macchia überzogen – stellenweise ist die Insel sehr fruchtbar, es gedeihen Obst, Feigen und Oliven. Einst wuchsen auf Murter 170.000 Bäume. Zusätzlich besaßen die Einheimischen auf den Kornaten ihre Olivenhaine, die sie mit Können und Liebe pflegten: 1912 gewann ihr Olivenöl in Aix den ersten Preis, und die gekrönten Häupter im kaiserlichen Wien tafelten mit dem guten Öl aus Murter.

Die Insel Murter eignet sich gut zum Mountainbiken, an Zielen locken das 30 km entfernte Vodice oder der Vraner-See.

### Wichtiges auf einen Blick

**Telefonvorwahl:** 022

**Busverbindung:** Regelmäßig Busse zu allen Inselorten, zudem nach Šibenik, Split, Rijeka und Zagreb. Mehr dazu → Murter/Verbindungen.

**Bootsverkehr:** Achtung Bootsbesitzer – die **Brückendurchfahrt** (s. u. Drehbrücke/Öffnungszeiten) bei Tisno ist nur 1,50 m hoch und 1,80 m tief!

**Drehbrücke:** Mai bis Mitte Sept. ist die Brücke von 9–9.30 und 17–17.30 Uhr geöffnet!

**Tankstellen:** In Tisno, Jezera, Murter.

**Geldwechsel:** Problemlos, es gibt Banken u. a. in Tisno, Murter; zudem auch Bankomaten.

**Post:** in allen Orten.

**Einkaufen:** Supermärkte, Bäckereien, teils auch Metzger.

Wie viele Inseln war auch Murter schon in der Illyrerzeit besiedelt, die Römer folgten. Ptolemäus erwähnte die Insel erstmals als *Scardon*. Unter *König Bela* erhielt sie 1251 den Namen *Srimač*, seit 1740 heißt sie *Murter*. Die erste Inselsiedlung wurde im 1. Jh. n. Chr. auf dem Berg Gradina beim Ort Murter unter dem Namen *Colentum* gegründet. Im 13. Jh. gab es zwei Orte – *Jezera* und *Veliko Selo*, das heutige Murter. *Betina* und *Tisno* entstanden erst zur Zeit der Türkeneinfälle.

# Tisno

**Das 1500-Einwohner-Städtchen breitet sich vom Festland über die Brücke auf die Insel aus. Tisno ist ein ruhiger Ort mit ein paar Restaurants und Läden, nur der Schiffsverkehr und die Gäste des nahen Campingplatzes und der Hotels bringen etwas Geschäftigkeit in die Stille.**

Der stämmige Kirchturm, die Pfarrkirche und die Natursteinhäuser mit ziegelroten Dächern prägen das Ortsbild von Tisno. Tagsüber sind die Einheimischen an der Tamariskenallee unter sich. Erst abends füllt sich Tisno mit den Gästen der Campingplätze. Das Städtchen hat seit kurzem einen großen Mega-Sommer-Musik- und Tanzevent, das bekannte *Gartenfestival*, an Land gezogen; früher wurde es in Petrčane (bei Zadar) abgehalten.

Der Ort wird 1474 erstmals als *Tisno* erwähnt und verdankt den Namen seiner geografischen Lage – *tisno* heißt eng. Besiedelt wurde Tisno zur Zeit der Türkeneinfälle vom Festland her. Die Venezianer bauten einen Wehrturm, der später niedergerissen wurde. Die Pfarrkirche *Sv. Duh* entstand 1548, wurde 1640 barockisiert

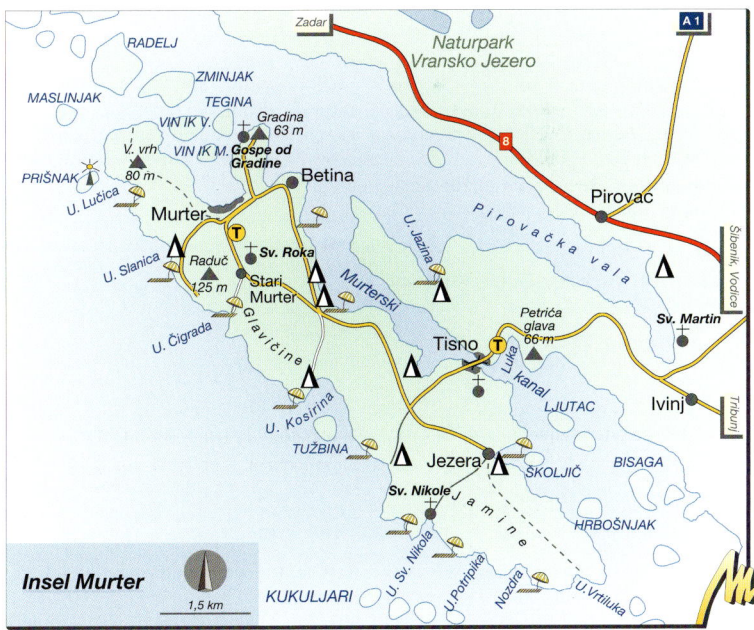

und 1840 vergrößert. Der stattliche Turm von 1680 stammt von einem einheimischen Baumeister. Über 214 Stufen oder per Auto auf sehr schmaler Straße erreicht man die große Prozessionskirche *Gospa od Karavaja* oberhalb von Tisno. Das älteste Kulturgut, die romanische Kirche *Sv. Martin* aus dem 13. Jh., auf Grundsteinen einer altchristlichen Basilika errichtet, steht stadtauswärts in Richtung Magistrale beim Weiler Ivinj oberhalb der Meersbucht (gegenüber Abzweig nach Tribunj).

Anfang des 18. Jh. baute man eine erste Brücke, seit 1832 gibt es die Drehbrücke, die Tisno mit dem Festland verbindet.

### Gospa od Karavaja (Unsere Liebe Frau von Caravaggio)

Über 214 Stufen erreicht man die Prozessionskirche Gospa od Karavaja. Die Marienverehrung hatte ihren Ursprung 1432 im italienischen Caravaggio bei Bergamo, als die Muttergottes der gläubigen Frau Ivanica erschien. Im 17. und 18. Jh. verließen viele italienische Familien ihre Heimat und zogen nach Tisno, u. a. auch 1720 die Familie Gelpi, die das um 1575 angefertigte Gemälde – die „Erscheinung der Muttergottes bei Ivanica" mitbrachte und am Hügel eine Kapelle erbauen ließ. Der Zustrom der Pilger ließ nicht lange auf sich warten und das Gebetshaus wurde bald zu klein und musste über die Jahrhunderte mehrmals vergrößert werden. Am 26. Mai ist Kirchenfesttag (Mariä-Geburt), dann strömen tausende Gläubige auf den großen, schattigen Prozessionsplatz, wo die Messe abgehalten wird.

## Basis-Infos

**Information** Touristinformation (TZ), Istočna gomilica 1a (vor der Brücke), 22240 Tisno, ✆ 022/438-604, www.tz-tisno.hr. Tägl. 8–20/21 Uhr. Vermittelt Ausflugsfahrten zu den Kornaten.

**Verbindungen** Busse nach Murter 8-mal tägl.; über Vodice nach Šibenik 8-mal tägl. Brückenöffnung Mai bis Mitte Sept. 9–9.30 und 17–17.30 Uhr!

**Gesundheit** Ambulanz im Ort, ✆ 022/438-467, 438-427 (abends).

**Veranstaltungen** ⟫⟫ Mein Tipp: The Garden Festival, (www.thegardenfestival.eu), der Mega-Musik- und Tanzevent. 1 Woche jährlich Anfang Juli. Mit etlichen Live-Gruppen und rund 50 angesagten DJ's sämtlicher Musik- und Tanzrichtungen auf 3 Bühnen, Workshops und Ausstellungen, Beachbars und jeder Menge Partys, auch auf einem Schiff, zudem große Diskothek Barbarella. Das Gelände ist auf der kroatischen Ferienanlage Hostin, ca. 1 km vor bzw. östl. von Tisno. Zum Übernachten gibt es Appartements und das Camp, auch den schönen Strand. Es gibt Tages- und Wochentickets. ⟪⟪

## Übernachten/Essen & Trinken

**Übernachten/Essen** Privatzimmer ab 30 €/DZ. Appartements für 2 Pers. ab 40 €. Schöne Unterkünfte finden sich auch Richtung Südosten gen Landzunge.

⟫⟫ **Mein Tipp:** \*\*\*\* Hotel Tisno, stilvolles und komfortables 8-Zimmer-Boutique-Hotel mit Pool auf der Nordwestseite des Ortes. WLAN, Fahrradverleih. Fast ganzjährig geöffnet. Je nach Größe 100–140 € (TS 120–160 €), auch Familienzimmer. Zapadna Gomilica b. b., ✆ 022/438-182, www.hoteltisno.hr. ⟪⟪

\*\*\* Hotel Borovnik, gegenüber der Brücke. Kleines, geschmackvolles Hotel mit Pool und Rattanmöbeln im lauschigen Innenhof.

Im Restaurant kann man sehr gut essen. Zimmer, Appartements. DZ/F 116 €. Trg Dr. Šime Vlašića 3, ✆ 022/439-700, www.hotel-borovnik.com.

**Restaurant-Pension Tomislav**, nettes Haus mit gutem Restaurant, nahe Meer. DZ/F ca. 80 €. Put jazine 202, ✆ 022/438-534.

**Restaurant-Pension Toni**, an der Straße Richtung Jezera. Gute, vielfältige Küche. Vermietet werden Zimmer (DZ/F ab 60 €) und Appartements (ab 40 €/2 Pers.). Put Broscice 13, ✆ 022/439-203, www.apartmani-toni-tisno.hr.

**Restaurant Broŝćica**, an der Zufahrt zur Brücke mit großer überdachter Terrasse. Gelobt wird Paŝticada, zudem gute Fischgerichte. Šut Broŝćice 12, ✆ 022/438-361.

**Konoba Prova**, direkt am Meer unter schattigen Bäumen und Schilfdach. Gute Fischgerichte und Fleisch aus der Peka. Put jazine 41, ✆ 022/438-883.

Weitere Essensempfehlungen mit direkter Meereslage: **Restaurant Gina**, Put jazine 9, ✆ 022/438-601, hier isst man gut Fisch. **Restaurant Antonio**, Put jazine 37, ✆ 022/438-254.

**Camping** \*\* Autocamp Jazina, schöner 6-ha-Platz oberhalb der gleichnamigen Bucht am Festland, 1 km nordwestlich von Tisno. Feigen- und Olivenbäume spenden Schatten. Restaurant, Supermarkt; betonierte Liegeflächen, Kies- und Felsstrand. Geöffnet 15.4.–15.10. 2 Pers./Auto/Strom ca. 25 €. ✆ 022/438-558.

### Wassersport/Sport

**Baden** Schöne Badeplätze finden sich entlang der **Uferpromenade** und dem Fußweg durch Kiefernwald in Richtung Jezera oder gegenüber der Stadt (am Festland) auf der Landzunge in der nördlichen Bucht **Jazina**.

**Bootsvermietung** Rent a boat Tisno, Put jazine (Beginn), ✆ 098/9004-412 (mobil). Pro Tag 50 €/5 PS (längere Anmietung günstiger).

**Tauchen** Fundiving, ✆ 091/1674-765 (mobil), www.murter.cz; ganzjährig Betrieb, Tauchkurse (Englisch), Füllung, Ausflüge, Kajakverleih. Vermittlung von Unterkünften.

**Diving Center Tramonto**, Basis Istočna gomilica (Hauptstr. vor der Brücke), ✆ 098/843-233 (mobil), www.divetramonto.com. Auch Unterkunftsvermittlung.

**Wandern** Wanderung von Tisno nach Jezera (s.u.).

**Wanderung 12: Insel Murter – von Tisno nach Jezera** → S. 358
Aussichtsreiche Rundwanderung über den Bergkamm

# Jezera

**Der Jachthafen und die Campingplätze locken Gäste in den Ort. Um das hufeisenförmige, gut geschützte Hafenbecken gruppieren sich etliche Cafés und gute Fischlokale.**

In dem Fischerort leben ca. 800 Menschen. Die Gärten gedeihen üppig – gelbe Quitten leuchten; doch weil die Erde um Jezera wenig fruchtbar ist, waren die Bewohner stets zum Meer hin orientiert. Jezera erhielt seinen Namen von den kleinen Wassertümpeln, die nach den Herbst- oder Frühjahrsregen entstehen. Die Pfarrkirche *Gospa od Zdravlja*, 1722 erbaut, wurde an der Stelle einer älteren erbaut. Oberhalb der Bucht der *Berg Mortar*. Man vermutet, dass die Illyrer hier einen Wehrturm errichteten, von dem sie Feuersignale an die Schiffe senden konnten. Vor dem Ortskern gibt es etliche Kirchen und Kapellen, u. a. die Kirche *Sv. Konstancija* aus dem Jahr 1780 und die kleine *Sv.-Rok*a-*Kapelle* aus dem 16. Jh., am Hafen steht die Kapelle *Sv. Ivan* aus dem 17. Jh., zum Schutz der Seeleute erbaut.

# Küste von Šibenik bis Pirovac und vorgelagerte Inseln

Nordostwärts entlang der Küste verläuft ein herrlicher Fußweg mit vielen Badestellen in Richtung Tisno. Auf dem alten Prozessionsweg (→ Kleiner Wanderführer/ Wanderung 12, S. 358), gelangt man auf den Bergkamm mit der Wallfahrtskirche *Gospa od Karavaja* (→ Tisno) und hinüber nach Tisno.

## Basis-Infos

**Information** Touristinformation (TZ), am Hafen (nordöstl.), 22242 Jezera, ℡ 022/439-120, www.summernet.hr/jezera. In der Saison 8.30–14 und 15–21 Uhr, So 8.30–12.30 und 19–21 Uhr.
**Jezeratours**, Trg Rudina 11, ℡ 022/439-803, www.jezeratours.hr. Zimmer, Ausflüge, Bootsvermietung.

**Verbindungen** Regelmäßig **Busse** zu den Inselorten.
**Veranstaltungen** U. a. **Feigenfest**, Mitte Aug.; **Big-Game-Fishing**, Ende Sept.

## Übernachten/Essen & Trinken

**Übernachten** Privatzimmer ab 20 €/DZ. Appartements für 2 Pers. ab 35 €.
**Camping** Autocamp More, kleiner, familiärer Platz am südöstl. Buchtende unter Bäumchen, oberhalb des Meeres. Familie Klarin vermietet auch einen Bungalow und Appartements. Ganzjährig geöffnet. 5 €/Pers., Zelt 2,50 €, Auto 2,50 €. Put Kućine 8, ℡ 022/439-001, 098/593-726 (mobil).

>>> **Mein Tipp:** \*\*\* Holiday Village Jezera-Lovišća, Campinganlage mit Appartement- und Zimmervermietung auf schönem baumbestandenen 6-ha-Platz am Kanal von Murter (Umweltpreis 2004). Gediegene Sanitäranlagen, Supermarkt, Friseur, Grillrestaurant, Café, Tanzterrasse, Tennisplätze, Minigolf, Tauchclub, Bootsverleih; betonierte Liegeflächen mit kleiner Sandkiesbucht und Bootsanlegestelle; Internet, Animation für Groß und Klein. Geöffnet ca. 1.5.–15.10. Camping 8 €/Pers., Auto und Zelt 12 €. Nette Zimmer und einstöckige Appartementhäuschen mit Balkon oder Terrasse für 2–6 Pers.: 2er-Appartement 74 € (TS 83 €); DZ/F 84 €/Pers. (TS 94 €). ℡ 022/439-600, 022/439-076 (außerhalb der Saison), www.jezera-kornati.hr. <<<

**Autocamp Stella Maris**, südwestl. von Jezera (kurz nach Ortszufahrt Jezera in Richtung Murter links ab), über ca. 1,5 km Makadam-Strecke erreichbar; oberhalb des Meeres, sehr schöne Lage, teils terrassiert, mit kleinem Restaurant. Auch gibt es ein Appartementhäuschen. Steile Abfahrt hinab, bestens für Zelte. Uvala Podjasenovac, Doljni put 12, ℡ 095/9403-490, 091/5069-742 (mobil).

**Essen & Trinken** Restaurant Kandela, mit überdachter Terrasse und Blick zum Hafenbecken. Spezialitäten sind Tintenfische, Gerichte aus der Peka und Scampi Buzzara. Obala Sv. Ivana 15, ℡ 022/438-627.

>>> **Mein Tipp:** Restaurant Čarevi Dvori, am Hafenbecken mit Terrasse und Balkon zum Sitzen. Die Sitzgelegenheiten im Freien sind meist belegt. Gehobene Preise, sehr gute Küche, z. B. Bosanski-Topf – verschiedene Fleisch- und Gemüsesorten im Sud gegart; oder Scampi im Steinguttopf mit viel Knoblauch; dazu gute Weine. Sv. Ivana 13, ℡ 022/439-068. <<<

# Insel Murter/Richtung Murter

**Bistro Makina**, einfache, preiswerte Küche. Es gibt Pizzen, Fisch, Muscheln und Fleisch. Obala Sv. Ivana 33, ☎ 022/438-215.

**Restaurant Leut**, in der Altstadtgasse kurz vor dem Hafen. Stilvolle, gemütliche kleine Taverne mit Innenhof – hier isst man sehr gut Fisch. Ganzjährig geöffnet. Ribarska 7, ☎ 022/438-346.

## Wassersport

**Tauchen** Diving Center Moana, Sv. Ivana b. b., ☎ 091/7869-184 (mobil), www.moana.pl. Ganzjährig Ausflüge, Kurse.

**Jachthafen** ACI Jezera im gut geschützten Hafen, umgeben von Bergen, die alle Winde abhalten. 230 Liegeplätze zu Wasser, 35 Plätze an Land, Werkstatt, 10-t-Kran, an jedem Platz Strom- und Wasseranschlüsse. Gas- und Benzintankstelle; gute Sanitäranlagen, Restaurant, Lebensmittelladen, Tauchschule. Ganzjährig geöffnet. ☎ 022/439-295, www.aci-club.hr.

# Richtung Murter

Die Hauptstraße schlängelt sich die Hänge hinauf, die immer steiniger werden und den Aleppokiefern und Olivenbäumen keinen Lebensraum mehr lassen. An der Südseite liegen Buchten, davor im in allen Blautönen schimmernden Meer ein rundes Inselchen. Ein kleiner Weg führt südwärts zum Campingplatz Kosirina.

**Camping** FKK-Camping Kosirina, den Campern und Surfern gehört die ganze riesige Bucht an der Südwestseite von Murter, die von einer traumhaften Inselkulisse umgeben ist – Blick auf Kornat, Žut und die Šibeniker Inselgruppe. Überall kann man sich gleich am Meer hinter Steinmäuerchen und unter Feigen-, Olivenbäumen und Strandkiefern niederlassen. Felsküste mit Sand- und Kiesbuchten, für Boote mehrere kleine Anlegemöglichkeiten. Das Autocamp ist im Hochsommer etwas überlaufen und sanitärmäßig eher dürftig ausgestattet. Es gibt einige Stromanschlüsse und einen kleinen Kiosk, morgens kommt der Bäcker, zudem kommen Bauern und verkaufen Obst,

Die malerische Bucht Kosirina – seit Jahrzehnten in fester Hand von Campern

Gemüse und die legendären Donuts. Einige Camper sind sehr dreist geworden und besetzen die schönsten Plätze mit leeren Zelten schon im Frühsommer (unbedingt an der Rezeption melden). Im Herbst sind die Betreiber mit der Oliven- und Feigenernte beschäftigt. Der Platz ist leider keine reine FKK-Anlage mehr, zudem gibt es immer mehr „Spanner" – wer sich demonstrativ ein Badetuch umwickelt oder sich nicht scheut, etwas zu sagen, wird meist schnell einen davonlaufenden Mann erleben. Geöffnet 1.5.–30.9. Ca. 5 €/Pers., Auto 3 €, Zelt 3,70 €. ✆ 022/435-268, (wie Camp Plitka Vala). Der Abzweig zum Autocamp Plitca Vala kommt kurz nach Kosirina und führt zur anderen Meerseite, zum Kanal von Murter (→ Betina).

Auf der Hauptstraße geht es weiter nach **Stari Murter**. Den von Feigenplantagen umgebenen alten Ortsteil dominieren Natursteinhäuser mit bunten Fensterläden und teils üppigen Gärtchen davor. Der hübsch restaurierte Ortskern geht nahtlos in das neue Murter über. Oberhalb von Stari Murter, auf dem Vršina-Hügel, steht das Kirchlein *Sv. Rok* aus dem Jahr 1760. Von hier genießt man einen weiten Rundblick: unten der alte Ortsteil, im Norden Murter und Betina, dahinter die weiß gesäumte Bucht mit den vorgelagerten Inseln, die große Hafenbucht von Murter mit dem Mastenwald der Jachten, im Osten der Kanal von Murter und im Westen die Inselchen der Kornaten.

Westlich von Stari Murter findet man am Ortsbeginn den Abzweig nach Westen zur Bade- und Ankerbucht *Čigrada;* hier findet im Sommer auf einer Open-Air-Bühne ein *Blues- und Folkfestival* statt. Schön ist auch ein Spaziergang hinauf zum 130 m hohen *Berg Raduč* mit herrlichem Weitblick.

**Übernachten** Es gibt viele Privathäuser, die Zimmer vermieten. Nett und gut ist es ganz oben bei **Fr. Milenka Bučević**, Mitrova 2, ✆ 022/434-466. Sie vermietet Appartements, lebt ganzjährig hier und spricht deutsch.

**Essen & Trinken** Fischrestaurant Čigrada 20 (→ Karte S. 273), an der gleichnamigen Badebucht direkt am Meer. Zufahrt bei Ortsbeginn von Stari Murter. Sehr schönes Ambiente, gute Küche, vielfältiges Angebot und guter Service! Geöffnet 15.6.–15.9. tägl. 10–23 Uhr. ✆ 022/435-705.

Beachbar Lantana 21 (→ Karte S. 273), gegenüber dem Fischrestaurant an der Bucht. Gute Musik, Pizzen etc. Treff der Skipper. Mai–Sept. ab morgens geöffnet.

**》》 Mein Tipp:** Konoba Pjero 19 (→ Karte S. 273), in der Ortsmitte von Stari Murter. Umgeben von altem Hausgemäuer sitzt man lauschig auf der Natursteinterrasse. Es gibt gute Fleisch- und Fischgerichte und selbst gebrannten Feigenschnaps. Geöffnet Mai–Sept. ab 18 Uhr (Juli/Aug. manchmal auch schon mittags, vorab anrufen). ✆ 098/746-861 (mobil). 《《

## Slanica-Bucht

→ Karte S. 273

Die viel gerühmte Bucht kurz vor Murter ist inzwischen fast völlig verbaut. Direkt am Sandstrand der Hotelkomplex. Die Straße führt zu Füßen des *Raduč*-Berges (130 m) von der Slanica-Bucht bis kurz vor die Čigrada-Bucht zum Wohnviertel Pod Raduć mit gediegenen Neubauten, in denen Appartements vermietet werden; unterhalb dieser Sackstraße gibt es kleine Fels- und Kiesbuchten. Hier, inmitten von Grün, kann man recht nett und ruhig nächtigen. Ein kieferngesäumter Fußweg führt weiter zur *Čigrada-Bucht.*

**Übernachten** Privatzimmer ab 30 €/DZ, Appartements für 2 Pers. ab 40 €. Z. B. **Appartements Da-Du**, im hübschen Haus von Fr. Dunja Matutinović mit Garten und Kornatenblick. Pod Raduć 3, ✆ 022/435-471.

**\*\*\* Hotel Colentum** 17, mehrstöckiges Gebäude in super Lage direkt am Strand; mit Restaurant, Tennis und Pool – leider nur teilweise renoviert! Mindestaufenthalt von Mitte Juni–Mitte Sept. 7 Tage. ✆ 022/431-100, www.hotel-colentum.hr.

**Camping** \*\* Autocamp Slanica 18, schönes 2-ha-Gelände (westl. vom Hotel Colentum) unter Olivenbäumen, Wacholder und Strandkiefern, entlang dem Meer und um die Landzunge. Fels- und Kiesbuchten, beim

Hotel Sandbucht. Beachbar, Wassersportangebote, Muringe und Slip für Boote, Minimarkt. Über den Hügel läuft man ca. 2 km nach Murter-Zentrum. Geöffnet 1.5.–1.10. 5 €/Pers., Auto 3,50 €, Zelt 4,50 €. ✆ 022/434-580, 7850-049 (Saison), www.murter-slanica.hr.

**Baden** Das Ende der **Slancia-Bucht** fällt flach und sandig ins Meer ab und eignet sich gut für Kinder zum Planschen. Rings um die Bucht Fels- und Kiesbadestrände. Oder man läuft zur **Bucht Čigrada** mit Fels und Kies sowie einer Anlegestelle.

# Murter

Der Hauptort der Insel mit großem Jachthafen ist ein einfaches Fischerstädtchen mit schlichten Häusern im Ortskern. In den Gassen lagern Fässer für den selbst gekelterten Wein und Fische. Doch Murter wächst – viele Neubauten haben inzwischen den Ort verändert.

Das 2500-Einwohner-Städtchen liegt am Fuß des Raduč-Hügels und zieht sich um die große *Hramina-Bucht*. Im Ortsteil Hramina, an der gleichnamigen Bucht, liegt der riesige Jachthafen, im Westen ein kleinerer (→ Foto S. 232).

Das neuere Murter ist mit dem alten Ortskern Stari Murter längst zusammengewachsen, und auch Betina schließt sich übergangslos an. Cafés, Souvenirstände und Obstmarkt prägen den neu gestalteten Trg Rudina, den kleinen Hauptplatz. Grüppchen alter Männer sitzen auf den Bänken und plaudern, die Frauen kommen bepackt aus dem Supermarkt.

Vor dem Ortskern, am Ende einer Zypressenallee, die renovierte *Sv.-Mihovil*-Kirche aus dem Jahr 1770 mit gotischer Madonna. Nördlich des Jachthafens steht am Friedhof die mittelalterliche Kirche *Gospa od Gradine*. Dahinter finden seit Jahren Ausgrabungen statt. Oberhalb, auf dem Berg Gradina, stand einst die illyrische, später römische Siedlung *Colentum* – die erste Siedlung der Insel, von der interessante archäologische Funde zeugen – von hier oben genießt man einen schönen Weitblick auf die Bucht. Seit Jahrhunderten leben Murters Bewohner vom Feigen-, Oliven- und Gemüseanbau, von Fischerei und Schafzucht. Die Herden ließen sie auf den Kornaten weiden oder auf eigenen Feldern am Festland; die Oliven gediehen am Vransko-See, im Gebiet von Modrava und auf den Kornaten. Die Inseln hatten sie zusammen mit dem Nachbarort Betina von Patrizierfamilien aus Zadar erworben. Bis heute sind die Leute von Murter als gute Fischer, Seeleute und Bootsbauer bekannt. Einmal im Jahr, am Festtag des Sv. Mihovil, findet eine Regatta mit den traditionellen kleinen Segelschiffen statt (→ S. 264).

## Basis-Infos

**Information** Touristinformation (TZO), Rudina b. b. (Hauptplatz), 22243 Murter, ✆ 022/434-995, www.tzo-murter.hr. Juni–Sept. tägl. 8–22 Uhr; Mai u. Okt. Mo–Fr 8–20, Sa 8–13 Uhr; sonst Mo–Fr 8–15 Uhr.

**Nationalparkverwaltung Kornati**, Butina 2, ✆ 022/435-740, www.kornati.hr. Verwaltung ganzjährig Mo–Fr 8–15 Uhr.

Rezeptionshäuschen am Platz: Ostern bis Ende Sept. 8–22 Uhr. Infos, N.P.-Eintritt.

**Agentur Coronata**, Trg Rudina, ✆ 022/435-447, www.coronata.hr. Exkursionen und Robinsonhäuschen.

**Atlas Murter**, Ul. Hrvatskih vladara 8, ✆ 434-999, www.atlassibenik.com. Ausflüge.

**Agentur Kornatturist**, Hrvatskih vladara 2, ✆ 022/435-855, www.kornatturist.hr. Zimmer, Ausflüge etc.

**Verbindungen** Regelmäßig **Busse** über die Insel. Murter–Šibenik ca. 8-mal tägl.

# Küste von Šibenik bis Pirovac und vorgelagerte Inseln

(2,60 €), Weiterfahrt nach Split; nach Zagreb 4-mal tägl. (ca. 16–22 €), zudem 1-mal tägl. um 6.25 Uhr Murter–Zadar–Rijeka–Zagreb (Ankunft 17 Uhr).

**Ausflüge** Z. B. über **Atlas** (s. o.) zu den Kornaten, Tagesausflug mit Essen 40 € (Kinder 3–12 J. knapp 20 €); zudem Krka-Wasserfälle (33 €), Raftingtouren auf den Flüssen Zrmanja und Cetina.

**Einkaufen** Vom Supermarkt über die Boutique bis zum Fotogeschäft ist in Murter alles geboten. An der Straße Richtung Westen riesiges Shoppingcenter.

**Gesundheit** Apotheke, ✆ 022/434-129; Ambulanz, ✆ 022/435-262 u. 091/2275-039 (mobil). Beide in Ul. Hrvatskih vladara 47 (stadtauswärts Richtung Jezera).

**Post** 7–21 Uhr.

**Veranstaltungen** Mala Gospa-Fest, 8. Sept.; Folkloreaufführungen, Tanz, Musik. **Murter Fest**, 2. Sa im Aug. **Kornati Cup**, Segelregatta im Mai (Auskünfte über Marinas).

**Fest Sv. Mihovil**, 29. Sept.; gefeiert wird am jeweiligen Wochenende Fr–So; mit Messe, Feierlichkeiten; Segelregatta (am So) mit den alten traditionellen Segelschiffen (Latinsko idro), www.latinskoidro.hr.

≫ **Mein Tipp:** Schiffsprozession zur **Insel Kornat**, 1. So im Juli; zur Kapelle Gospe o Tarca in der Bucht Strižnja; zuerst Messe, dann Fest. ≪

≫ **Mein Tipp:** Schiffsprozession zur **Insel Žut**, 14. Sept.; zur Kirche Sv. Križ, von der Uvala Strunac oder Luka Hijača (Uvala Pristanišće) aus erreichbar. ≪

## Übernachten

In Murter werden über die Agenturen **Privatzimmer** ab 30 €/DZ je nach Kategorie und **Appartements** für 2 Pers. ab 40 € vermietet. Eine ruhige und preiswerte Lage ist rund um die Marina Vinici am Put Jersan. Schöne Häuser stehen an der Slanica-Bucht und am Hügel (Put Slanica) dorthin.

*** **Pension Vera** 15, südwestl. vom Supermarkt. Nett und gut. Jurja Dalmatinca 13, ✆ 022/435-241, 099/5957-054 (mobil), www.apartmani-murter-vera.com.

*** **Pansion Stones** 16, oberhalb der Altstadt (in Richtung Slanica-Bucht), bietet etliche ordentliche Zimmer, kleinen Garten, und wer mag, kann auch gute HP genießen. Put Goričine 38, ✆ 022/435-277, 091/9053-463 (mobil).

**Hotel Stomorin** 1, in der Marina Hramina mit 10 Zimmern, wie in einer Kajüte mit herrlichem Blick auf die Masten. Wifi-Internet, TV und AC. Für Bootsleute gedacht. DZ ca. 120 €. ✆ 022/434-411, www.marina-hramina.hr.

**Leuchtturm Prišnjak** 22, auf der gleichnamigen Insel, der sonnigen Westseite Murters vorgelagert. Der Leuchtturm wurde 1886 erbaut und bietet eine Wohnung mit zwei 2-Bett-Zimmern, Küche, Bad/WC. Hinter dem Leuchtturm befinden sich ein paar schattige Kiefern. Geschwommen wird an der glasklaren Felsküste, es gibt Einstiegsleitern. Zum Tauchen ein herrlicher Standort. Transfer und Versorgung von Murter. 1099 €/Woche. Infos bei Agentur Plovput (→ „Übernachten/Leuchttürme", S. 51), www.lighthouses-croatia.com.

≫ **Mein Tipp:** **Robinsonurlaub**, wer um Murter oder auf den Kornaten in einfachen Fischerhäuschen nächtigen möchte, wende sich an unten genannten Agenturen. 2 Pers. ab ca. 60 € (TS 80 €), hinzu kommt Transfer für ca. 100 €. ≪

**Vermietung von Robinsonhäusern**
**Murter-Kornati**, Kornatska 13, ✆ 022/435-287, www.murter-kornati.com.

**Adriagent**, Žutska 21, ✆ 098/331-421 (mobil), www.heartofdalmatia.com.

**Aquarius**, Hrvatskih vladara 21, ✆ 022/434-151, www.aquarius-adriatica.com.

## Essen & Trinken/Nachtleben

**Essen & Trinken** Eisdielen und Cafés um den Hauptplatz Trg Rudina, weitere Einkehrmöglichkeiten und Restaurants westl. (Ul. Luke) und östl. (Ul. Butina) des Hauptplatzes.

≫ **Mein Tipp:** Restaurant **Tic-Tac** 10, zählt auch landesweit zu den besten Lokalen. Es liegt gut geschützt gegen kalte Winde in einer Gasse mit Blick aufs Meer.

Hier lässt nun der Sohn Luka Pleslić nach seinen Rezepten Vorzügliches zubereiten, auch fürs Auge ein Schmaus. Seine Küchenraffinesse basiert auf der Kombination einheimischer Kochkunst mit der anderer mediterraner Länder. U. a. Thunfisch- oder Seeigelcarpaccio oder Scampi auf Rogen mit Gnocchi oder Spaghetti mit Seeigelsauce oder mit Drachenkopffilets. Gehobenes Preisniveau. Hrokenšina 5 (westl. vom Hafenplatz), ℅ 022/435-230. 《《《

**Restaurant-Pension Fabro** 🟥, neben Tic-Tac. Naturstein kombiniert mit edler weißer Ausstattung. Sitzgelegenheiten direkt am Kai oder im verglasten Innenbereich. Natürlich steht auch hier Meeresgetier an erster Stelle auf dem Speiseplan. Wer romantisch am Meer sitzen möchte, ist hier richtig. Gehobenes Preisniveau. Muringe und Anlegemöglichkeiten für Boote vorhanden. Zimmer werden ebenfalls vermietet (ca. 50 €/Pers.). Žabićeva 8b, ℅ 022/434-561, 095/9111-333 (mobil).

**Restaurant Rebac** 🟥, gegenüber der Marina Hramina. Der pflanzenumwucherte Wintergarten ist immer gut gefüllt, auch die Straßenmusiker kehren hier gerne auf ein Ständchen bei den meist spendablen Bootsgästen ein. Gute Küche und nette, gesellige Atmosphäre. Put gradine 32, ℅ 091/7951-576 (mobil).

**Restaurant Račić** 🟥, leckere Fisch- und Fleischgerichte zu akzeptablen Preisen. Leider durch grelles Licht nicht so heimelig. Wen das nicht stört, wird mit sehr guter Küche und gutem Service belohnt. Fausta Vrančića (nahe östl. Ende des Parkplatzes und Tankstelle), ℅ 022/435-803, 098/341-642 (mobil).

**Konoba Kantariol** 🟥, ein gemütliches altes Lokal auch mit Freisitzen, benannt nach der Heilpflanze Johanniskraut. Im Innern dominiert der große Kamin, wo der leckere Fisch, Oktopus oder Fleisch grillt. Luke 19, ℅ 022/435-551.

**Konoba Vratija se Šime** 🟥 (Šime ist zurück), hier gibt es gute Pizzen, Lasagne etc. Luke 57.

**》》》 Mein Tipp: Restaurant Boba** 🟥, an der Hauptstraße kurz vor dem Abzweig zur Marina mit verglaster Veranda. Im Kamin lodert das Feuer für das Pizzabrot, das den ganzen Abend frisch zubereitet und zum Essen gereicht wird. Es gibt leckere Fischgerichte, ebenso auf Vorbestellung Gerichte aus der Peka (Lamm, Oktopus, Huhn) und vorzügliche Nachspeisen, u .a. Panna Cotta mit Wildfrüchten in Rotweinsoße. Familiäre, gemütliche Atmosphäre. Ganzjährig geöffnet. Butina 20, ℅ 098/9485-272 (mobil). 《《《

**Steakhouse-Pizzeria Kezo** 🟥, an der Altstadtkreuzung. Wer gerne Steaks isst, ist

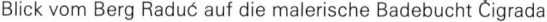

Blick vom Berg Raduć auf die malerische Badebucht Čigrada

hier richtig, zudem gibt es leckere Pizzen und Fisch bei gutem Service – leider nur Innenbetrieb. Butina 1, ☏ 022/435-640.

**Pizzeria Tunga Re 7**, in der kleinen Seitenstraße östl. vom Hauptplatz. Hier gibt es die besten Pizzen – leider nur Juni–Sept. Turčinova b. b.

**Restaurant Runje 12**, hier isst man preisgünstig und gut Fisch, u. a. Fischplatte – von Lesern ausprobiert! Luke 14, ☏ 022/435-635

Weitere Restaurants in **Stari Murter** (s. dort).

**Essen außerhalb** Restaurant Zminjak, auf der gleichnamigen vorgelagerten Insel. Besonders am Spätnachmittag ein beschaulicher Platz auf der überdachten Terrasse mit Blick auf die Inselkette. Spezialitäten sind Fischgerichte oder Gerichte aus der Peka (Lamm, Tintenfisch) nach Vorbestellung. Für Boote gibt es 14 Muringe. Geöffnet Mai–Ende Sept. 11–23 Uhr. Fam. Pleslić (Ltg. Restaurant Tic-Tac), ☏ 091/8966-181, 091/7951-576 (mobil).

**Nachtleben** Café-Bar Sirena 13, beliebter Treff unter lauschiger Segelterrasse. Geöffnet bis 4 Uhr morgens. Luke 3.

Beliebt bei Jugendlichen ist auch **Café-Bar Gušter 4**, Pašićina 24, geöffnet 7–2 Uhr; oder auch **Café-Bar Krešimir 5**, Majinova 5.

## Wassersport/Sport

**Baden** Am besten setzt man sich aufs Fahrrad und fährt vom Zentrum aus Richtung Westen oder man läuft zur **Slanica-Bucht** mit Sand und Kies. Weitere kleine Buchten schließen sich südlich und nördlich (nach Campingplatz) der Slanica-Bucht an.

**Bootsverleih** Yacht Servis Jarušica, Marina Hramina, ☏ 022/434-776, www.jarusica.hr. Im Angebot: Jachtcharter, Charter von Motor- oder Segelbooten; Segelschule, Bootsführerschein; zudem Bootsausflüge, Wintersegeln und Tauchexkursionen.

**Moto-Sport**, Butina b. b. (nahe Parkplatz), ☏ 022/434-430. Motorboote bis 6 PS, Fahrräder und Vespas.

**Agentur Eseker**, Majnova b. b. (östl. Trg Rudina), ☏ 022/435-665, -685, 098/480-950 (mobil), www.esekertours.hr. Boots-, Scooter- und Fahrradvermietung.

**Tauchen** Diving Center Aquanaut, Jurja Dalmatinca 1 (im Westen, nahe Supermarkt), ☏ 022/434-988, 098/202-249 (mobil), www.divingmurter.com. CMAS-Kurse, Ausrüstung, Übernachtungspauschalen etc.

**Najada Diving** (finnische Ltg. Anna Nokela, auch deutschsprachiger Unterricht), Put Jrsan 17 (noch weiter im Westen), ☏ 022/436-020, 098/9592-415 (mobil), www.najada.com. Kurse nach PADI, verschiedenste Tauchmöglichkeiten (Wrack, Nacht etc.), auch Kindertauchen. Übernachtungspauschalen etc. Sehr beliebt. Geöffnet 15. März–1. Nov.

**Jachthafen** Marina Hramina, 400 Liegeplätze im Meer, 250 Stellplätze an Land. Die Hälfte ist jedoch dauerbesetzt. Alle Service- und Reparaturarbeiten, kleine Holzbootwerft, in der Nähe eine Tankstelle, Slip, 15-t-Kran, 70-t-Travellift, Bootszubehör-Geschäft, gute Sanitäranlagen, Wäscherei, Internetcorner, Restaurant und Hotel Stomorin. Wifi-Zugang am ganzen Gelände. Ganzjährig geöffnet. ☏ 022/434-411, www.marina-hramina.hr.

**Hafenkapitän** ☏ 022/435-190

**Vermietung von Scootern, Fahrrädern** Per Mountainbike die Insel Murter und das nahe Festland auf kleinen Wegen zu erkunden ist wunderbar. Verleih bei Eseker und Moto-Sport (→ Bootsverleih), zudem Hauptplatz.

# Betina

Von der roten Kirchturmzwiebel überragt, gruppieren sich die alten Häuser von Betina um das Hafenbecken am Ende einer kleinen Bucht. Der 700-Einwohner-Ort hat eine lange Schiffsbautradition.

Murter und Betina sind durch die vielen Neubausiedlungen längst zusammengewachsen. Der alte Ortskern mit engen Gässchen und Häusern in Rosa, Gelb und

… Naturstein strahlt eine gemütliche Atmosphäre aus. Die Pfarrkirche des *hl. Franziskus* aus dem 17. Jh. wurde etliche Male erweitert. Der Kirchturm aus dem Jahr 1736 ist ein Werk des Šibeniker Baumeisters *Ivan Skok*. Um den autofreien Hafenplatz reihen sich ein paar Lokale. Am nördlichen Ortsrand steht die mehr als 250 Jahre alte Werft für Sport- und Fischerboote und eine hübsch gestaltete Marina mit Reparaturwerkstatt.

Flüchtlinge aus Vrana gründeten Betina im 16. Jh., als die Türken kamen. Der Ortsname geht auf das keltische Wort *bet* (= Mund) zurück – Betinas Hafen gleicht einem Mund. Die Einwohner bebauten das umliegende fruchtbare Land mit Oliven, Gemüse und Wein, zudem besaßen sie Ländereien im Modrava-Gebiet und auf der Insel Žut. Weitere Erwerbszweige waren die Fischerei und seit dem 18. Jh. der Schiffsbau. 1848 gründeten die Bürger von Betina eine Schiffswerft für Holzboote und bauten ihre bis heute bekannten *gajetas*.

**Information** Touristagentur BTP (Ortseingang), 22244 Betina, ✆ 022/435-231. 8–22 Uhr (meist nur 8–13/18–21 Uhr).

**Agentur Lori**, Zdrače 2, ✆ 098/347-411 (mobil), www.touristagency-lori.hr. Mai–Sept. 8–21 Uhr. Zimmer und Robinsonhäuschen.

**Veranstaltungen** Am 1. So im Aug. **Brganja-fešta** (Muschelfest) mit Musik, Folklore, viel Wein und Muscheln.

**Übernachten/Camping** Privatzimmer je nach Kategorie ab 25 €, Appartements ab 35 €. Die schönsten liegen außerhalb, Richtung Campingplatz am Meer.

** **Autocamp Plitka Vala**, ca. 2,5 km südl. von Betina, lauschiger Platz direkt am Kanal von Murter, mit Blick auf Betina. Feigen-, Olivenbäume und Strandkiefern spenden Schatten. Wechselstube und Buffet; Sanitäranlagen mit Warmwasserduschen; Bootsanlegestelle; schmale Kies- und Sandstreifen. Geöffnet 1.5.–30.9. 5 €/Pers., Zelt 3,70 €, Auto 3 €. ✆ 022/435-268.

*** **Autocamp Matija**, gepflegter 10-ha-Platz unter Olivenbäumen, hinter Plitka Vala. Es gibt ein kleines Restaurant, Hafenbecken für kleine Boote, Tennisplatz, Kühlschränke, Waschmaschinen und ausreichend Sanitäranlagen sowie gratis WLAN-Zugang, zudem ein Internetcafé. 6,50 €/Pers., Zelt und Auto 9,60 €. ✆ 022/434-795, 098/768-726 (mobil), www.kroatienautocamp.com.

Die schmale Straße, die entlang dem Meer und dem Campingplatz Plitka Vala führt, verläuft nordwärts direkt nach Betina, südwärts umrundet sie etliche Buchten, bis sie vor dem Campingplatz Lovišća endet (keine Durchfahrt möglich!) – bestens für **Fahrradfahrer**.

**Essen & Trinken** Im Kanal von Murter werden **Muscheln** gezüchtet.

**Restaurant-Pizzeria Trabakul**, verschiedene überdachte Terrassen direkt am Meer, innen lodert das Feuer für Grill- und Peka-Gerichte. Große Essensauswahl. Anlegemöglichkeiten für Boote. Varoš b. b., ✆ 022/434-080.

Hübsch sitzt man auf der Terrasse des **Restaurants Kalafat**, in der Marina. Schöne Terrasse, nettes Ambiente und gehobene Preise. ✆ 022/434-840.

**Restaurant Marinero**, schöne Terrasse mit Blick aufs Meer, gute Fischgerichte und guter Service. Richtung Autocamp.

**Restaurant Sage**, stadtauswärts Richtung Murter, beim Buchtende vom Kanal von Murter. Hier speist man gut Lammgerichte. Zdrača 41, ✆ 022/435-288.

Empfehlung von Campinggästen: **Restaurant Treva** und **Konoba Stara Mlin**.

**Baden** Beste Möglichkeiten um den Campingplatz. Weitere Plätze entlang der grünen Küste bis zum Lovišća-Autocamp (→ Jezera); türkisklares Wasser, jedoch sehr felsig, mit Seeigeln. An der Bucht gegenüber der Marina Fels- und Kiesbadestrände.

**Jachthafen** Marina Betina, 200-jährige Tradition am gut geschützten Hafen, 230 Liegeplätze mit Strom- und Wasseranschluss, 60 Landstellplätze, 260-t- und 20-t-Travellift. Die Werft hat sich auf Holzboote spezialisiert. Reparaturwerkstatt, Restaurant. Ganzjährig geöffnet. ✆ 022/434-497, www.marina-betina.hr.

# Nationalpark Kornaten

Der einsame Archipel zählt bei Naturfreunden und Bootsbesitzern zu den schönsten Gegenden der Adria. 89 Inseln und Riffe in vielfältigsten Formen und mit fantasievollen Namen dicht an dicht. Endlose Badebuchten mit kristallklarem Wasser und Bootsanlegestellen in einer eigentümlich kargen, ursprünglichen Landschaft.

Der über 220 km² verstreute Kornaten-Archipel ist die größte Inselansammlung in der Adria. Gesäumt werden die Kornaten von den Inseln Dugi Otok mit dem Telaščica-Naturpark, Lavdara, Pašman, Vrgada, Murter, Kakan und Žirje. Die Inseln gruppieren sich um die Hauptinsel Kornat und die kleinere, nordöstlich gelegene Insel Žut. Zum Schutz der Pflanzen und Tiere wurden die Kornaten 1980 zum Nationalpark erklärt. Campen und Tauchen (nur organisiert, s. u.) ist nur an ganz wenigen Stellen und nur mit Erlaubnis gestattet – die Nationalparkwächter, die mit ihren Booten umherfahren, passen auf! Pro Person und Tag ist eine Gebühr zu entrichten (→ Information).

Die Kornaten-Inseln, einst bewaldet, sind sehr karg und weisen die ärmste Flora aller Adriainseln auf. Mitte des 19. Jh. brannte Kornat 40 Tage lang, und die Hirten legten immer wieder Feuer, um frisches Weideland zu bekommen. Nur sehr wenige Pflanzen überstanden diese Radikalkur, wie z. B. *Brachipodium ramosum,* die Waldzwenke, ein hellgrünes Gras, das aufgrund seines tief gehenden Wurzelsystems überleben konnte. Es gibt nur Weideplätze und Fels, selten Macchia oder mal einen Olivenhain. Dafür wuchern im Meer seltene Pflanzen, und Tiere aus dem ganzen Adriaraum tummeln sich hier. Paradiesisch für Taucher.

Das Seglerparadies – die Kornaten

Es gibt keine hohen Küstenberge vor den Kornaten, sodass die Bora kaum wüten kann; zudem liegen die Inseln weit draußen in der Adria und haben mildes Klima. Trotzdem sind sie so gut wie unbewohnt. Menschen lebten zeitweise verstreut in ein paar hundert kleinen, mit Zisternen versehenen Häuschen. Obwohl es kleine Kirchen und sogar einen Friedhof auf Kornat gab, entstand nie eine feste Siedlung. Die Hirten waren über einen großen Raum verstreut, und den Fischern war die Piratengefahr zu groß.

## Entstehung

Das Festland der kroatischen Adria sinkt langsam ins Meer ab – in 1000 Jahren knapp 1 m. Somit konnte das Meer im Lauf der Zeit in all die Trockentäler eindringen. Kornat, Katina und Dugi Otok bildeten vor 2000 Jahren noch eine einzige Insel, doch heute liegen viele Gebäude aus der Römerzeit unter Wasser. Schauderhaft schön sind die Kliffe – bis zu 100 m hohe Felsen, die senkrecht ins Meer stürzen. Sie sind durch die Brandung und die spezielle Schichtlage der Gesteine entstanden. Die Strömung trägt alles nach Italien, den Sand, aber auch den Dreck. Deshalb ist die kroatische Küste steiler und steiniger, das Wasser aber relativ sauber.

## Geschichte

Die Kornaten-Inseln dienten fremden Mächten immer wieder als Brückenkopf für Eroberungen auf dem Festland und auf anderen Inseln. Der Name Kornaten bedeutet „die zerstreuten Inseln". Weitere Bezeichnungen waren *die Gekrönte, Kroneninsel, Felseninsel, Insel der hl. Maria* – sie wurden aber vom Volk nicht übernommen. Lieber benannte die Bevölkerung manche Felsformation mit teils obszönen Namen wie *Große Hure* oder *Hintern der Alten,* die sich wohl die einsamen Fischer ausgedacht hatten.

Der Archipel ist seit der Jungsteinzeit bewohnt. Illyrische Zentren mit Festungen, Hügelgräbern und Häuschen aus Trockenmauern befanden sich bei zwei Karstfeldern auf Kornat sowie z. B. auf den Inseln Žut und Lavsa. In römischer Zeit wurden z. B. auf Kornat und Lavsa Landvillen und Urlaubsresidenzen gebaut. Zur Zeit der Völkerwanderung wurde es auf den Kornaten eng. Flüchtlinge, die den wilden Horden auf dem Festland entkommen waren, mussten sich mit den Hirten und Fischern das karge Land teilen; später bauten die neuen Siedler auf Kornat eine Basilika *(Gospe o Tarca)* und eine Festung. Als die Venezianer Zadar 16 Monate lang (von 1345 bis 1346) belagerten, verwüsteten sie auch die Inseln vor Zadar.

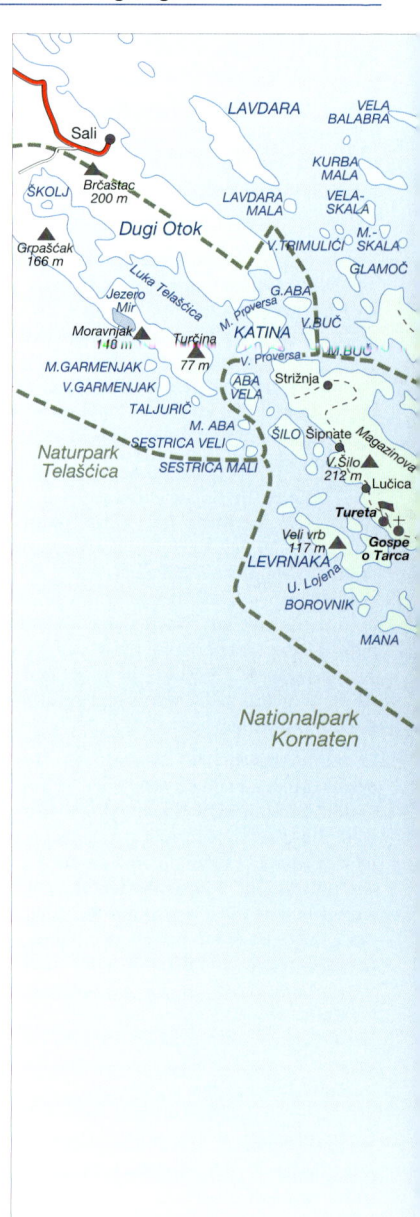

# Nationalpark Kornaten

1835 kauften die Bauern von Murter die Insel Žut, später auch viele der Kornaten-Inseln – ein paar andere erwarben die Bewohner von Dugi Otok.

Die neuen Inselbesitzer rodeten das Land, legten Olivenhaine und Weingärten an, pflanzten Feigenbäume und zogen Trockenmauern quer über die größeren Inseln, bauten Häuschen mit Zisternen und Bootsstegen. Im Zweiten Weltkrieg versuchten Italiener und Deutsche die Inseln wieder zu „säubern" – sie mochten die Kornaten nicht, denn sie waren ein hervorragendes Partisanenversteck mit aller militärischen Infrastruktur. Und weil sie ihre Standorte ständig wechselten, blieben die Partisanen meist unentdeckt. Die sterblichen Reste der gefallenen Partisanen aus der Region liegen im Beinhaus auf Piškera.

### Die Fischer von Sali

Die Kornaten waren einst ein sehr reiches Fischfanggebiet. Die Fischer von Sali (Insel Dugi Otok) erwiesen sich dabei im Lauf der Zeit als die fleißigsten von allen und brachten den Adeligen in Zadar, die fast alle Fangrechte besaßen, die üppigsten Steuern ein. Fortan verlieh Zadar (und auch Venedig) den Fischern von Sali das alleinige Fangrecht. Im 17. Jh. besaß Salis reichster Fischer unter anderem 20 Häuser im Ort, sechs in Zadar, 23 Schiffe, fast 2000 Olivenbäume, 135.000 m² Weingärten, eine Menge Vieh und ebenso viele Schuldner. 1905 bauten sich die Fischer von Sali eine Fischkonservenfabrik, die noch heute produziert.

## Basis-Infos

**Information** Nationalpark Kornati (Verwaltung), Butina 2 (Hauptplatz), 22243 Murter, ✆ 022/435-740, www.kornati.hr. Mai–Okt. Tägl. 8–21 Uhr, sonst Mo–Fr 7–15 Uhr.

**Verbindungen** Organisierte **Tagesausflüge** z. B. von Zadar, Biograd, Murter, Sali, Iž Veli, Božava, Ugljan und Pašman, je nach Paket und Länge ab ca. 35 €. Wer länger bleiben möchte, kann sich auch mit **Taxibooten** von Murter, Biograd und Dugi Otok hinbringen lassen. Preis und Rückholtermin zuvor vereinbaren!

**Besucherzentren** Uvala Vrulje (Insel Kornat), Hafen Žakan (Insel Ravni Žakan); hier ebenfalls N.P.-Eintrittskarten erhältlich.

**Nationalparkgebühren/Eintritt** Pro Tag sind Gebühren zu entrichten. Erhältlich sind die entsprechenden Tickets außerhalb des Nationalparks Kornati – zu günstigeren Preisen als innerhalb – in allen umliegenden Marinas, Touristeninformationen, Agenturen; innerhalb des Nationalparks in den Besucherzentren oder bei den Rangern (kommen mit Boot), dann wird es allerdings wesentlich teurer. Im organisierten Ausflugs-

Berg Kamenjak (Vransko jezero) …

# Nationalpark Kornaten

paket sind meist die N.P.-Gebühren enthalten, wenn nicht, müssen knapp 3 € bezahlt werden; wer in Robinsonhäuschen wohnt, bezahlt 2 €/Tag/Pers. (meist aber im Mietpreis enthalten).

**Bootsbesitzer** Ihnen sei empfohlen, das Ticket schon außerhalb des Nationalparks (s. o.) zu erwerben, da ist es billiger. Boote bis 11 m 20 € außerhalb des N.P. (innerhalb 33 €), 11–18 m 33 € (53 €), 18–25 m 60 € (99 €) und über 25 m 106 € (200 €).

**Anlegegebühren** Bei vielen Restaurants ist das Anlegen an Muringen im Essenspreis enthalten; Wasser gibt es meist nur morgens bis ca. 10 Uhr, für ca. 14 €, Strom meist ebenfalls gratis. Bei preiswerten kleinen Konobas wird eine Anlegegebühr von 7–13,50 €/Tag verlangt.

**Veranstaltungen** Insel Kornat, 1. So im Juli **Prozession** zur Kirche Sv. Gospe o Tarca mit anschließender Messe. Die ganze Bucht ist voll mit kleinen und großen Booten, es gibt Essen und Trinken.

## Übernachten/Essen & Trinken

**Übernachten** Auf Žut, Lavsa, Sit, Šcitina, Svršata und **Kornat** kann man sich Fischerhäuschen (2–6 Pers.) mieten – mit Bootssteg an einer kleinen Bucht und komplett eingerichtet: 2–4 Betten, Kühlschrank, kein Strom – alles wird mit Gas bzw. Solarenergie betrieben. Ein Lebensmittel-Schiff kommt jeden 2. Tag. Die Häuschen werden meist wochenweise vermietet und kosten für 2 Pers. ca. 90 €/Tag zzgl. Transfer von ca. 100 €. Boote können gemietet werden. Preise variieren je nach Anbieter. Auskünfte und Vermietung über alle Agenturen in Murter, Betina und Jezera.

**Camping** Auf **Piščerina** kleiner Platz.

Insel Levrnaka: Camp Lojena, oberhalb der Bucht Lojena, kleiner einfacher Zeltplatz. Die türkis leuchtende Meeresbucht ist fantastisch zum Baden. Fürs leibliche Wohl wird in der Konoba Andrija gesorgt. Edi Jezlina, ✆ 099/480-677 (mobil).

**Essen/Übersicht** Inzwischen gibt es auf den Kornaten unzählige Restaurants, nahezu in jeder gut zu ankernden Bucht können Bootsbesitzer vorzüglich speisen. Fast überall gibt es frische Langusten, Hummer (ca. 80–100 €/kg) und natürlich Fisch (55–75 €/kg); Spezialitäten sind z. B. Spaghetti mit Hummer, Kornatski brodet, ein Fischeintopf, aber auch leckere Fleischspeisen vom Lamm.

… von hier bester Weitblick auf die Kornaten und die umliegenden Inseln

Auf der **Insel Kornat** in folgenden Buchten: Uvala Stiniva, Uvala Lupeska, Uvala Suha Punta.

- Uvala Šipnata: Konoba Solana Šipnate, ✆ 098/435-433 (mobil).
- Uvala Strižnja: Restaurant Quatro, ✆ 091/7549-420 (mobil); Restaurant Darko Strižnja, ✆ 099/563-278 (mobil). Beide Besitzer sind Fischer!
- Uvala Vrulje: Konoba Vrulje (auch nur Ante genannt), ✆ 098/237-665 (mobil) – das älteste Lokal führt nun ebenfalls gut der Sohn von Ante, Jure Jerat.
- Uvala Gujak: Konoba Beban, ✆ 098/5501-588, 098/9475-930 (mobil) – gutes Lammfleisch.
- Uvala Opat: Konoba Opat, ✆ 091/473-2550 (mobil); nebenan Opat II.

**Insel Velika Panitula**: In der ACI-Marina Piškera, Restaurant Klif, ✆ 098/337-496 (mobil).

**Insel Lavsa**: in der gleichnamigen Bucht Konoba Idro, ✆ 099/438-726 (mobil).

**Insel Levrnaka**: in der gleichnamigen Bucht die gute Konoba Levrnaka, ✆ 091/8919-934 (mobil), www.konoba-levrnaka.hr; Konoba Andrija, ✆ 098/1861-930 (mobil).

**Insel Ravni Žakan**: im Nordwesten die kleine preiswerte Konoba Larus, ✆ 098/230-383 (mobil); im Süden Konoba Žakan, riesig und mit Besuchszentrum, ✆ 022/7260-579, 091/377-6015 (mobil).

**Velika Smokvica**: Restaurant Piccolo, ✆ 098/1832-286 (mobil) – bekannt und gut.

### Essen außerhalb des Nationalparks

Es gibt einige Restaurants auf Inseln, die nicht mehr zum Nationalpark Kornaten gehören, allerdings bei der An- oder Weiterreise tangiert werden:

**Insel Katina** (gehört zum Telašćica-Naturpark): gutes Restaurant Kod Mare, ✆ 098/273-873, 098/332-697 (mobil); www.restaurantmare.com (→ Naturpark Telašćica).

**Insel Žut**: In der Podražanj-Bucht, das ACI-Marina-Restaurant, ✆ 091/473-511 (mobil); Konoba Jukić Bianco, ✆ 099/8322-938 (mobil).

- Uvala Strunac: Konoba Bain, ✆ 098/294-125 (mobil). In schöner Lage, gutes und preiswertes Lokal. Von hier aus kann man auch zur Kapelle Sv. Križ wandern.
- Uvala Golubovac: Restaurant Fešta, ca. 300 m von der Marina entfernt, zählt mit zu den besten Lokalen, ✆ 098/425-229 (mobil).
- Uvala Papeša: Konoba Sandra, südl. der Marina, ✆ 098/9235-033 (mobil); Konoba Vison, Dragišina, ✆ 098/266-376 (mobil).
- Uvala Sabuni: Konoba Žmara, ✆ 098/757-165 (mobil).

### Einige Kornaten-Restaurantempfehlungen:

**Konoba Ante**, auf der Insel Kornat. Der Besitzer Ante Jerat ist ebenfalls eine Institution auf den Kornaten – seit ca. 1986 bekocht und bewirtet er liebevoll seine Gäste bis spät in die Nacht. Frischer leckerer Fisch, gut gewürzt, dazu guter Wein und gemütliches Sitzen am Meer im Weiler Vrulje in der gleichnamigen Bucht. ✆ 091/5199-246 (mobil).

**》》》 Mein Tipp: Konoba Opat**, seit 1987 existiert das Lokal in der gleichnamigen Bucht ganz am südl. Ende der langen Insel Kornat. Inzwischen hat Sohn Ante Božikov, kurz Dupin, das Lokal übernommen (im Nebenhaus ist Bruder Matteo) und etliche Medaillen erkocht. Man sitzt gemütlich oberhalb des Meeres im rustikalen Häuschen auf überdachter, halb offener Terrasse; mit schönem Ofen und altem Inventar liebevoll ausgestattet. Angeboten wird, was fangfrisch aus dem Meer kommt: Spezialitäten sind mit feinsten Kräutern versehen, u. a. Lobster, Fisch und Fischcarpaccio und Brot aus dem eigenen Ofen; Lammfleisch aus eigener Schafzucht, aber auch leckere Nachspeisen stehen zur Wahl. Anleger an 50 Muringen. April–Nov. 9–21 Uhr, auch Silvester wird gefeiert. Es gibt ein paar einfache Zimmer. ✆ 091/473-2550 (mobil), www.opat-kornati.com. **《《**

**Konoba Žakan**, im Süden der Insel Ravni Žakan. Zählt zu den größten und modernsten Restaurants auf den Kornaten, auch großer LED-TV, WLAN und kleiner Laden. Dem Eigentümer gehört auch die Marina Hramina; hier ist auch ein Besucherzentrum (d. h. Infos, N.P.-Tickets). Versorgung und Anlegemöglichkeiten an 30 Muringen. Spezialitäten des Hauses sind Peka-Gerichte (u. a. Oktopus), Lamm von der Insel, Lobster mit Spaghetti. ✆ 091/3776-015 (mobil), im Aug. Reservierung nötig.

**Konoba Beban**, in der Bucht Gujak auf der Insel Kornat, gehört ebenfalls zu den beliebten und guten Lokalen. Spezialitäten sind neben Fisch Lammgerichte (aus der Peka) aus eigener Schafzucht. Man sitzt gemütlich, offene Küche und Terrasse; wer möchte, kann die Kappensammlung mit seiner eigenen bereichern. Zum Anlegen u. a. 20 Muringe.

## Nationalpark Kornaten 283

Inhaber Filip Mudonja lebt hier ganzjährig.
℡ 098/5531-588, 098/9475-930 (mobil).

**Konoba Levrnaka**, an der Ostseite in der Uvala Prisliga mit herrlichem Blick. Spezialitäten sind Lobster mit Spaghetti, Seeteufel-Brodetto oder Lamm am Spieß (eigene Schafzucht). Für Boote zwei Pontonbrücken (24 m, 2,5 m Tiefe), 16 Anlegemöglichkeiten mit Strom. Geöffnet Mitte April–Mitte Okt. Mladenko & Daniel Ježina, ℡ 091/4353-777 (mobil), www.konoba-levrnaka.hr.

**Restaurant Piccolo**, auf der Insel Velika Smokvica, zählt ebenfalls zu den Kornaten-Besten. ℡ 098/1832-286 (mobil).

**Restaurant Fešta**, auf der Insel Žut, südöstl. der ACI-Marina mit netter großer Terrasse am Meer. Das 50 Jahre alte Lokal wird nun bestens in der 3. Generation von Krešimir Mudronja in alter Tradition, aber mit modernsten Grundlagen und ökologisch ausgerichtet geführt, u. a. Solarenergie, Salzwasser- und Trinkwasseraufberei-

Tureta und Gospe o Tarca

tungsanlage. Es gibt fangfrischen Fisch, eigenes Olivenöl, hausgemachtes Brot und Nudeln, aus dem Garten Gemüse und Kräuter; die zahlreichen feinen Nachspeisen verführen zum Schlemmen. Zudem 25 Duschen und in der NS auch Zimmer. Geöffnet Ostern–Nov. 9–23 Uhr. ℡ 022/7860-410, 099/3473-519 (mobil). ■

### Wassersport/Sport

**Baden** Überall finden sich stille Buchten, auch für Nudisten – meist Felsstrände. Das „Strandbad" der Kornaten ist die Bucht **Lojena** auf der Insel **Levrnaka**; ein wenig Sand gibt es auch auf **Piškera**.

**Tauchen** Im Nationalpark darf nur mit registrierten Tauchschulen getaucht werden, d. h. individuelles Tauchen ist verboten! Die Tauchschulen müssen zudem ein N.P.-Permit bezahlen. Die Tauchgebühr beträgt zusätzlich für den Taucher 20 €/Tag. Viele gut organisierte Tauchschulen u. a. in Murter, Biograd etc. fahren zum Archipel der Kornaten und zu den speziellen, zum Tauchen frei gegebenen Gebieten. Auskünfte und Genehmigungen erteilt der Nationalpark Kornati. Unterwasserfotografie ist erlaubt, aber nur mit Genehmigung.

**Wassersport** Die **Schifffahrt** durch den Archipel ist wegen der vielen Unterseekliffe ziemlich gefährlich. Empfehlenswert sind die neuen Seekarten, die es u. a. in der N.P.-Verwaltung gibt.

**Fischfanggenehmigung** Die Lizenz für Fischfang erhält man nur in Verbindung mit der Eintrittskarte – zusammen kostet das 20 € außerhalb des N.P. (40 € innerhalb des N.P.). Zudem werden staatliche und internationale **Fischfangwettbewerbe** durch-

geführt. Auskunft und Erlaubnisscheine in Murter, Zadar, Biograd und Sali in den Fischfangvereinen.

**Jachthäfen** Herrlich gelegene Jachthäfen, geöffnet April–Ende Okt.: **ACI Piškera**, zwischen den Inseln Piškera und Panitula vela. 120 Liegeplätze, Wasser- und Stromversorgung zeitl. begrenzt; Sanitäranlagen, Minishop und Restaurant. Nächste Tankstelle im Hafen Zaglav (Dugi Otok). ℡ 091/470-0091, -0092 (mobil), www.aci-club.hr.

**ACI Žut**, auf der gleichnamigen Insel in der Bucht Podražanj. 113 Liegeplätze, Strom- und Wasseranschluss zeitl. begrenzt, Restaurant, Sanitäreinrichtung, Minimarket. Nächste Tankstelle s. o. ℡ 022/7860-278, www.aci-club.hr.

**Anlegestellen**: Kornat (ca. 11 Möglichkeiten), Levrnaka, Piškera, Lavsa, Ravni Žakan, Smokvica Vela und Žut.

**Wandern** Auf der **Insel Kornat** lohnt der ausgeschilderte Weg von der Bucht Kravjačica auf den höchsten Berg, den 237 m hohen Metlina. Weiter geht es nordwärts auf die andere Inselseite am Kanal von Žut zum Magazinova škrila (→ Kornat).

Auf der **Insel Žut** gelangt man von der Uvala Strunac in 0:30 Std. hinauf zur Kirche Sv. Križ.

# Die Inseln des Archipels

Nähert man sich den Kornaten-Inseln von Ugljan im Morgendunst, erscheinen sie wie Wellenberge auf hoher See: Zuerst **Lavdara** im Westen vor Dugi Otok, die noch nicht zu den Kornaten zählt. Als nördlichste des Inselarchipels **Balabra** und im Osten **Kurba Mali** („Kleine Hure"), dahinter **Sit**. Auf Sit gibt es vier kleine Bootsanlegestellen mit Häuschen und Zisternen. Im Westen die Karsthügel von Dugi Otok, im Osten ist eine kreisrunde Insel zum Greifen nah, dahinter das nur 160 m lange und 4 m hohe Inselchen **Trstikovacm** – hier lebten einst Menschen mit ansteckenden Krankheiten in Quarantäne. Im Meer die Überreste von Landungsstegen aus der Römerzeit. Auf der Insel wächst – in der Region ziemlich selten – Schilfrohr. Nach Trstikovacm folgt **Glavoč**, dahinter **Žut**.

Die Kornaten-Inseln sind Bilderbuchinseln, wie wir sie von Karikaturen kennen – kahle runde Hügel mit einem Bäumchen, umgeben vom weiten Meer. Wäre man auf eine dieser Inseln verbannt, könnte man sie morgens, mittags und abends in einem Viertelstündchen umlaufen, beäugt von der einzigen Möwe mitten drauf.

## Žut

Žut ist mit fast 12 km Länge und 15 km² Fläche die nach Kornat größte Insel des Archipels, mit Weideplätzen, Obst- und Olivenbaumpflanzungen. Die illyrischen Ureinwohner lebten wegen der Piratengefahr ein gutes Stück vom Meer entfernt. Reste ihrer Häuschen und eine Grabstätte haben die Zeiten überdauert. Venedig tauschte Žut gegen ein Haus in Zadar. Die Einwohner von Murter bauten auf der Insel 84 Häuschen mit 52 Zisternen. Žuts Haupthäfen sind: *Pinizelić* mit einem vorgelagerten Mini-Eiland, das einst mit Žut verbunden war; ein groß gewachsener Mensch kann hinüberwaten. Außerdem *Bizikovica* im Norden und *Žutska uvala* – die „Žuter Bucht" mit mehreren Anlegestellen, v. a. *Uvala Podražanj* (ACI-Marina) oder *Uvala Strunac* (s. u.) – sowie *Luka Hiljača* mit *Pristanišće*, der zweitgrößten Siedlung der Kornaten mit 25 Häuschen, acht Zisternen und den Mauern einer kleinen Kirche, die nie fertig gebaut wurde. Von der Uvala Pristanišće oder auch Strunac (hier etwas länger) führt ein Pfad in ca. 0:20 Std. bergan auf den 150 m hohen Veliki vrh mit dem erst 2011 geweihten Kirchlein *Sv. Križ*, erbaut wurde es bereits 1904. Im Innern sind schöne Fresken zu sehen. Jährlich am 14. September führt von Murter eine Schiffsprozession hierher.

Blick auf die Uvala Strunac

## Kornat

Berge wie Pyramiden im Meer, dann die Einfahrt in die schmale Meerenge von *Vela Proversa*, die Kornat von Katina trennt. An der Durchfahrt das *Restaurant Aquarius*. Steingrau reihen sich die

## Nationalpark Kornaten/Kornat vorgelagerte Inseln

Inselhügel – schnurgerade von Trockenmauern unterteilt, ab und zu ein Fleckchen Grün. Ein paar Häuser für Ausflügler liegen bei der Anlegestelle *Suha Punta*, weitere Häuschen mit Zisternen in den südöstlichen Bootsbuchten *Šipnata*, *Lučica* und *Kravljačica* mit Weingärten. Oberhalb des Karstfeldes Tarac sieht man schon von weitem den Turm der Festung *Tureta*. Er wurde im 6. Jh. in die illyrische Festung gebaut, wo sich vor 2000 bis 3000 Jahren das Zentrum der Insel befand – eine Siedlung und Hügelgräber am Rand des fruchtbaren Tarac-Feldes. Am Bergfuß steht eine kleine Kirche, dahinter Chorraumreste einer älteren und größeren Basilika aus dem 6. Jh. – der Zeit der Völkerwanderung. Die heutige kleine Kirche *Gospe o Tarca* wurde Ende des Mittelalters erbaut, für die Mitglieder der damaligen Bruderschaft wurde ein Friedhof angelegt. Heute feiert der Pfarrer von Murter hier jedes Jahr am ersten Juli-Sonntag eine Messe, ein beeindruckendes Bild, wenn die Gläubigen mit ihren Booten in der Kravjačica-Bucht einlaufen. Diese Prozession ist das Ereignis des Jahres – und eines der schönsten Kroatiens.

Von hier führt auch ein markierter Wanderweg auf die höchste Erhebung, den 237 m hohen *Metlina* mit wunderbarer Rundsicht. Läuft man weiter nordwestwärts Richtung Meer, stößt man auf eine geologische Besonderheit – die *Magazinova škrila*. Kalksteinschichten über Kalksteinschichten schwingen sich in Rillenform hinab zum Meer. Geologen vermuten, dass sich die übereinander lappenden Schichten bei einem Erdbeben gebildet haben.

In der *Vrulje-Bucht* steht die größte Häuseransammlung der Kornaten: Die 45 Häuschen mit 28 Zisternen und Anlegeplatz für 30 Boote wirken wie eine Siedlung, wenn im Frühjahr und Sommer Leben einkehrt. Hier gibt es auch ein Besucherzentrum (N.P.-Eintritt, Infos etc). Weitere Häuschen auf dem Trtuša-Karstfeld, Zisternen stehen neben den Weingärten. Hier finden sich auch Reste von Hügelgräbern, illyrischen Häusern und einer Festung. Im Zweiten Weltkrieg hatten die Partisanen eine Hellinganlage in Vrulje.

### Kornat vorgelagerte Inseln

Dazu zählen u. a. die Inseln **Levrnaka** und **Mana**. Levrnaka ist die viertgrößte der Kornaten-Inseln: ca. 3,5 km lang, ca. 1 km breit und 117 m hoch. Auf der Kornat zugewandten Seite eine große Bucht, die einer Reuse gleicht – die Fische können durch den engen, seichten Ausgang kaum wieder hinausschwimmen. 1922 wurden hier an einem Tag 22 t der „Schlanken" (Pikarell) gefangen. Auf der anderen Inselseite die *Lojena-Bucht* mit zwei Häuschen, Zisternen und einer Anlegestelle. Hier ist auch das *Strandbad* der Kornaten – der Sandstrand zieht viele Ausflügler an, die in der Gegend herumschippern.

Gegenüber dem südöstlichen Rattenschwanz Kornats liegen u. a. die Inseln **Piškera** und **Lavasa**. Die 126 m hohe Piškera (in Karten auch als *Jadra* bezeichnet) ist mit 5,8 km Länge und 0,8 km Breite die drittgrößte der Kornaten. Auf der Südwestseite Piškeras stehen heute noch zwei kleine Häuser mit Zisternen und Bootsanlegeplatz. Die Kirche und eine Hirtenhütte sind die einzigen Reste einer größeren, aus römischer Zeit stammenden Siedlung, die später bis auf 60 Häuser anwuchs. Es waren einstöckige Häuser mit Magazin im Erdgeschoss für Fisch und Fässer, darüber Schlafraum für die Fischer und Aufbewahrungsort für Netze. Neben den Resten des großen Hauses am Meer befand sich bis 1653 ein dreistöckiger Turm. 1783 gab es hier sieben Landungsstege sowie einen auf dem Inselchen Panitula gegenüber. Über die dazwischen liegende, 5 m breite Durchfahrt hatte man eine Zugbrücke gebaut. Auf dem Berg vor der Siedlung thronte ein venezianisches Kastell, das die Fischer nach dem

Untergang Venedigs vernichteten. Bis zum 16. Jh. residierte hier der venezianische Fischsteuereinnehmer. Im 17. Jh. überfielen die Uskoken aus Senj die venezianischen Kaufleute. Während des Zweiten Weltkriegs wurde die Kirche zum Partisanen-Lazarett umfunktioniert. Ein Denkmal südlich der Siedlung erinnert an diese Zeit.

Auf der Nachbarinsel *Lavasa*, mit über 2 km Länge und 1,6 km² Fläche die fünftgrößte der Kornaten, zerstörten im Zweiten Weltkrieg deutsche Bomber alle Häuser. Heute stehen wieder ein paar Häuschen mit Zisternen in der windgeschützten großen Bucht, die mit dem daneben liegenden Karstfeld sehr schön anzusehen ist und die Touristenboote anlockt. Dass die Bucht schon viel früher die Menschen anzog, bezeugt ein illyrisches Hügelgrab. Später gewannen hier die Römer Meersalz für die Fischkonservierung. Im 20. Jh. kam die Insel den Partisanen gelegen – sie bauten eine Hellinganlage. Heute gibt es auf Lavasa ein *Fischlokal* und gegenüber die *Marina* mit *Restaurant*.

Weiter östlich **Ravni Žakan;** die einstige Fischabnahmestation wurde zu einem großzügigen modernen Restaurant ausgebaut, zudem ist hier ein Besucherzentrum (N.P.-Eintritt, Infos etc). Gegenüber die Insel **Smokvica** mit Häuschengruppe und Leuchtturm und schließlich das Inselchen **Kurba Vela** („Große Hure").

Fährt man um Kornat herum, findet man im Nordwesten nochmals eine kleine Insel mit Geschichte: **Vela Svršata**, knapp 1 km lang und bis zu 200 m breit. In der nordwestlichen Bucht verlaufen im Abstand von 30 m zwei parallele Mauern 30 m weit ins Meer hinaus; sie sind durch einen 3 m hohen und ca. 4 m breiten Damm verbunden, der wiederum 3 m unter der Wasseroberfläche liegt. Was das einmal war – niemand weiß es genau; vielleicht ein römischer Fischteich.

### Tobendes Meer auf der Insel Mana

Auf Mana drehte 1961 ein Münchner Filmteam mit Maria Schell und Cameron Mitchell den Streifen „Tobendes Meer". Und das aus gutem Grund: An einem ebenso schrecklichen wie herrlichen Kliff jagt der Jugo die Brandung bis zu 40 m in die Höhe. Die griechische Fischersiedlung, die damals als Kulisse entstand, schaut heute beinahe echt und historisch aus.

Insel Mana – war Drehort für das „Tobende Meer"

# Pirovac

Der Ferienort mit seinen 2000 Einwohnern liegt an der gleichnamigen fjordartigen Meeresbucht und besticht vor allem durch seine sternförmig angeordneten alten Gassen im malerischen Ortskern, aus dem hoch der Kirchturm ragt.

Dicht zusammengedrängt und schon immer Schutz suchend, stehen die alten Häuser auf der kleinen Halbinsel. Außen herum hat sich der Ort an seiner buchtenreichen Küste um mindestens ein Zehnfaches erweitert. Pirovac bietet neben etlichen netten Lokalen viele attraktive Festivitäten.

Auch von hier lohnt es sich, das Umland zu Fuß oder per Fahrrad zu erkunden, es gibt schöne markierte Wege Richtung Vransko jezero oder in Richtung Insel Murter und weiter gen Tribunj.

## Geschichte und Sehenswertes

Viele Spuren ringsum bezeugen eine frühe Besiedlung, ein sicherer Wohnplatz war wohl damals die westlich vorgelagerte kleine *Insel Sustipanac* (Sv. Stjepan), wo man römische Mauerreste fand, und wo zudem noch heute die Ruinen des 1511 erbauten und 1807 aufgegebenen Franziskanerklosters zu sehen sind.

Der Ort, einst auf einer Insel gelegen, und seine Ländereien werden 1298 unter *Slosleina*, evtl. ein von den Templern gegebener Name, erwähnt, als es zum Bistum Šibenik gehörte. Danach war er Eigentum der Fürsten *Šubić* von Bribir. Eine Besiedlung fand jedoch erst ab Anfang des 16. Jh. statt durch Flüchtlinge, die vor der Türkengefahr flohen und ihr neues Zuhause sicherten. Die Türken nannten Pirovac wenig charmant *Zlosela* (Böses Dorf), da es für sie, ringsum wehrhaft erbaut und von tapferen Menschen bewohnt, uneinnehmbar war, so sagt man ... Dieser Name blieb bis 1930. Erhalten sind Mauerreste und das schöne alte Steintor *Vrata Sela*, das zwischen Anfang des 16. bis Mitte des 18. Jh. sogar über eine Zugbrücke verfügte. Erst danach wurde die Insel mit dem Festland verbunden. Von 1503 bis 1919 wurden die Geschicke dieses Ortes auch von der bedeutenden Adelsfamilie *Draganić-Vrančić* gelenkt, die zuvor in Šibenik lebte und sich dann hier in einem Palast niederließ, der heute noch steht. Sie waren damals im Besitz von prachtvollen Gemälden und Statuen und verfügten über eine reichhaltige

Winkelige kleine Altstadtgassen

Die Kirche Sv. Martin (14. Jh.) steht vor den Grundmauern einstiger römischer Villen

Bibliothek. Wegen finanzieller Schwierigkeiten musste der Palast aufgegeben werden, die Kultursammlung wurde weltweit verkauft und die Familie zog nach Zagreb. Der bekannte Erfinder *Faust Vrančić* (→ Insel Privić) entstammte diesem Geschlecht. Im Ortskern dominiert die Kirche *Gospa Karmelska*, 1506 erbaut und im 18. Jh. im Barockstil modernisiert, ihr Portal ziert ein Statue des Erzengels Gabriel, eine Arbeit von *Bonino de Milano*.

Rund 5 km nördlich des Ortes und der Küstenstraße steht auf dem alten Friedhof die Kapelle *Sv. Juraj* der Familie *Draganić-Vrančić*. Bedeutsam ist hier der reliefverzierte Sarkophag „Madonna mit dem Kind und den Engeln", 1477 von *Andrija Budičićv* (einer der Baumeister des Šibeniker Doms) und dem Venezianer *Lorenzo Pinzino* gefertigt.

Südöstlich von Pirovac trifft man bei einem Spaziergang um die Bucht Vrilo am Beginn auf die kleine Kapelle *Gospe od Zdravlja*, der Gesundheit gewidmet. Umrundet man die Halbinsel, gelangt man ans Ende der Einbuchtung, zur Uvala Makirina mit der Kapelle *Sv. Martin* aus dem 14. Jh. – inmitten von Olivenbäumen und Feldern. Davor kann man die schön restaurierten Grundmauern einer römischen *Villa rustica* betrachten. Wer Rheuma-Probleme hat kann sich hier im Heilschlamm kuren, wer fit ist, geht auf den 113 m hohen Hügel *Makirina* und genießt die schöne Aussicht.

Die Menschen hier lebten ebenfalls hauptsächlich von der Landwirtschaft, auch heute noch werden die Felder mit Olivenbäumen, Gemüse und Obst kulitiviert, die sich bis zum Vransko jezero ziehen. Dazwischen stößt man immer wieder auf *bunari*, Brunnen, die auf Süßwasserquellen erbaut wurden.

## Basis-Infos

**Information** Touristinformation (TZ), Kralja Krešimira IV br 6 (nördl. der Hafenbucht), 22213 Pirovac, ✆ 022/466-770, tz-pirovac@si.t-com.hr, www.tz-pirovac.hr. Juni–Sept. tägl. 7–21 Uhr, sonst 7–14 Uhr.

**Agentur Makirina Turist**, Trg Domovinskog rate 1, ✆ 022/466-110, 467-764, www.holiday-makirina.hr. Zimmervermittlung und Ausflüge. Arbeitet ganzjährig.

**Agentur Kosirina**, Dr. F. Tuđmana 36, ✆ 022/466-036, www.kosirinatours.hr. Geöffnet Juni–Sept.

**Verbindungen** Busse, stündl. nach Vodice und Biograd.

**Veranstaltungen** Patronatstag Sv. Juraj, am 23. April, mit Messe, Kultur- und Folkloreprogramm. **Fischerfeste**, über den Sommer mindestens an 4 Abenden. **Feigenfest**, am Donnerstag Mitte Aug., dann wird bei gutem Essen mit Feigenspezialitäten (u. a. Feigentorte, -marmelade, -schnaps) und viel Wein die Miss Fig gewählt. **Olivenfest-Picknick**, am ersten Freitag im Sept., gefeiert wird im Zentrum, aber auch im 5 km entfernten Olivenhain *Putičanj* (beim Friedhof). **Klappa & traditionelle Küche**, am letzten Augustsamstag, mit hausgemachten Gerichten.

## Übernachten/Essen & Trinken

**Übernachten** Großes Angebot an Zimmern/Appartements. Am besten über die Agenturen (s. o.) und in Richtung Nordwesten suchen, allerdings benötigt man dann abends ein Fahrrad oder Auto um in den Ort zu kommen.

\*\*\* **Hotel Miran**, das einzige Hotel am Ort liegt außerhalb im Nordwesten an der Badebucht Vrulje. Die Lage ist schön, ansonsten einfache Ausstattung, der Kategorie entsprechend. In der NS zu empfehlen, dann ca. 70 €/DZ. Schön sind die Appartementhäuschen. Ende April–Anfang Okt. Zagrebačka b. b., ✆ 022/466-803, www.rivijera.hr.

**Camping** \*\* **Camping Miran**, vor obigem Hotel liegt der unter gleicher Leitung stehende Campingplatz auf 8,5-ha-Gelände unter schattigen Bäumen mit direkter Meereslage. Geöffnet April–Okt. Fahrradverleih.

**Essen & Trinken Konoba Vesela**, vor dem alten Ortskern, gemütliches Sitzen wie in einem Museum, auch auf dem Platz vor dem Haus. Hier gibt es täglich frischen Fisch, dazu süffige Weine und freundlichen Service – das hat sich herumgesprochen und somit sind leere Plätze rar. Nur Juni–Sept. Ulice Gospe Karmelske 1, ✆ 022/466-500.

**Konoba Adriana**, auch hier werden Küche und Service gelobt. Es gibt gute Fischgerichte, Muscheln und Kalamaris und Lamm vom Grill. Mai–Mitte Sept. Trg Domovinskog rata 4, ✆ 098/493-977 (mobil).

**≫ Mein Tipp: Konoba Nono**, ein gut geführter Familienbetrieb, rustikales Ambiente. Man sitzt im Kellergewölbe des Natursteinhauses oder auf der Terrasse. Spezialitäten sind nach Voranmeldung Gerichte aus der Peka (Oktopus, Lamm) oder Schinken, Käse und hauseigener Wein und Prošek. Ganzjährig geöffnet. Wenn Zeit ist, werden die Instrumente ausgepackt und es wird gesungen. Trg Domovinskog rata 5, ✆ 099/2244-584. **≪**

**Konoba Stara Riva**, südl. des Altstadtkerns. Schönes Ambiente, von der Terrasse Blick aufs Meer. Die gefüllten Tintenfische und die gute Wein- und Cocktailauswahl werden gelobt. Mai–Sept. Stara Riva 1.

🌿 **Banovi dvori**, der über 150 Jahre alte Ökohof liegt rund 1 km nördl. der Magistrale (Straße Richtung A1, dann rechts, ausgeschildert). Er bietet hausgemachten Schinken und Käse, Brot und nach Anmeldung Peka-Gerichte (Kalb, Lamm, Pute) und auch Lamm vom Spieß; selbstkelterter Wein und Olivenöl. Ganzjährig geöffnet. ✆ 022/466-379, 098/336-885, www.banovidvori.com. ■

**Konoba Morićevi dvori**, im Weiler Putičanje, ca. 4 km ab Straßenkreuzung (Magistrale in Richtung A1) mit nettem Garten. Schinken, Käse, Peka-Gerichte. Guter Stopp bei einer Fahrradtour. Juni–Sept. Inh. Morić Željko, Putičanje, ✆ 091/5213-018 (mobil). ∎

## Wassersport/Sport

**Baden** Rundum gibt es schöne Badebuchten. Sehr beliebt ist der Hauptstrand **Plaža Lolić**, ein Feinkiesstrand umgeben von Cafébars. Gen Westen wird es leerer.

**Fahrrad** Verleih beim Hotel Miran; Fahrradkarten bei Touristinformation.

**Joggen** Eine schöne 10 km lange Joggingstrecke (hin und zurück) führt vom Hotel Makin entlang dem Meer über die Uvala Vrula zur Kapelle Sv. Martin.

# Von Šibenik in Richtung Knin

Das Hinterland von Šibenik ist geprägt durch Hochebenen und vor allem durch den Fluss Krka, der im unteren Teil zum **Nationalpark** erklärt wurde. Diese einzigartige, faszinierende Wasserlandschaft mit zahlreichen Kaskaden und dem gewaltigen Krka-Canyon lädt auch zu Wanderungen ein. Das malerische Städtchen **Skradin** ist ein wunderbarer Standort für Ausflüge, auch in den nördlicheren und bisher von Touristen nur weniger besuchten Teil des Nationalparks Krka – sehenswert u. a. die Ausgrabungsstätte *Burnum* oder das *Kloster Krka*. Trutzig liegt das alte **Drniš** mit seiner Burg oberhalb des Canyons und Karstflusses Čikola, einem Seitenarm der Krka, und lohnt ebenfalls einen Besuch. Ebenso das hier nahe **Otavice**, Heimat von Meister Meštrović mit dem Mausoleum auf dem Hügel. Die alte Königsstadt **Knin** beeindruckt mit ihrer gewaltigen Burganlage und dem herrlichen Weitblick, der sich von dort bietet.

## Nationalpark Krka → Karte S. 295

Ein besonderes Naturschauspiel bietet der Krka-Fluss mit seinen imposanten Wasserfällen und Kaskaden. Das ganze Gebiet des Flusslaufes steht unter Naturschutz, der untere Lauf der Krka mit einer Fläche von 109 km² ist seit 1985 Nationalpark.

Auf dem 72,5 km langen Weg, den die Wassermengen des Karstflusses von seiner Hauptquelle bei *Knin* bis zum Städtchen *Skradin* zurücklegen, stürzen sie über zehn Wasserfälle unterschiedlicher Höhe hinab, bilden unterwegs den *Visovac-See*, in dessen Mitte das gleichnamige *Franziskanerkloster* auf einem Inselchen steht, überwinden die schönsten Fälle *Roški slap* und *Skradinski buk* und erweitern sich bei Skradin zum *Prukljan-See*, um schließlich über die Bucht von Šibenik ins Meer zu strömen. Die Krka wird gespeist von etlichen Zuflüssen, einst bewacht von 14 mittelalterlichen Festungen, die zu malerischen Ruinen verfielen, sie wurde von den Mönchen der ansässigen Klöster in Gebete aufgenommen und schuf sich in einem Canyon ihren Weg zum Meer durch die dinarische Gebirgsplatte.

Der Fluss war auch Grenzlinie zwischen den Machtgebieten der Liburner und Dalmaten, hier entstand der erste kroatische Staat (Knin war Königsstadt), eine der Krka-Festungen war Bogočin (9. Jh.). Dann rangen Venezianer und Osmanen um jeden Meter Land. Der Fluss wurde weiter mit Festungen bestückt: Westlich standen die der Feudalherren *Šubić von Bribir* wie Trošenj und Skradin und viele weitere im Landesinneren, die von den Venezianer direkte Machtbefugnisse erhielten. Östlich der Krka die der Adelsfamilien *Nelipić* aus dem Geschlecht Svačić, sie erbauten u. a. Nećven (15. Jh.) und Ključuća (13. Jh.). Bis 1649 verband die Festungen Trošenj und Nećven sogar eine Hängebrücke, ehe sie von den Osmanen eingerissen wurde.

Wer tiefer in die Schönheit dieser Landschaft eintauchen und sich nicht nur auf die Höhepunkte des Nationalparks beschränken möchte, sollte sich hier ein paar Nächte einquartieren.

Viele Filmemacher nutzten die Schönheit der Krka für ihre Kulisse, auch Szenen für *Winnetoufilme* („Winnetou im Tal der Toten" und „Winnetou 1") wurden hier gedreht (→ N.P. Paklenica). Einen fantastischen Blick kann man bereits bei der An-

*Von Šibenik in Richtung Knin*

reise vom Autobahnrastplatz Skradin genießen – tief unterhalb der gewaltigen Autobahnbrücke liegen die Krka und das Städtchen Skradin.

Der Besuch der **Krka-Fälle** lohnt sich wegen ihrer Küstennähe in jedem Fall, auch als Tagesausflug. Die nur 15 km lange Fahrt von Šibenik führt durch eine wilde Macchia-Landschaft Richtung Skradin, wo am oberen Ende des Prukljan-Sees eine Brücke über die Krka führt. Wer nicht nach Skradin will, nimmt hinter Tomilja bereits den Abzweig nach Lozovac zum „Eingang 2" des Naturparks.

Die Wasserfälle der Krka, die sich in verschiedenen Kaskaden und Ausprägungen zeigen, sind typische Phänomene eines Karstgebiets, wenngleich ihre geomorphologische Entstehung bisher nicht eindeutig geklärt ist. Fest steht, dass Ablagerungen aus Holz, Moosen, Gewächsen und kleinen Schalentieren zur Entstehung von Bassins führen, von denen das Wasser über unterschiedlich hohe und breite Fälle herabstürzt. So sind etwa die Barrieren beim *Roški slap* 400 m lang, die Barriere beim *Skradinski buk* ist 500 m lang und 200 m breit. Hier fließt die Krka in 17 Travertinstufen abwechselnd über Fälle und kleine seeähnliche Bassins und überwindet einen Höhenunterschied von 46 m. Am Lauf der Krka finden sich eine ganze Reihe mediterraner und kontinentaler Gewächse und Pflanzenarten. Der Wasserstand der Krka wird heute wesentlich von drei Wasserkraftwerken bestimmt. Mehrmals am Tag glaubt man, der Wasserstrom versiege, doch plötzlich fließt er wieder mit ursprünglicher Macht zu Tal.

### Hr. Šupuk, das Pflänzchen Buhać und die Hydrozentrale

Hr. Ante Šupuk hatte im Gebiet der Krka-Wasserfälle, wo einst rund 200 Mühlen arbeiteten, sechs Mühlen gepachtet und mahlte hier das Pflänzchen Buhać (→ S. 22). Buhać (Flohkraut, Pyrethrum cineratiaefolium), ähnlich einer Kamille, wurde als natürliches Pestizid eingesetzt. Hr. Šupuk, immer an Neuem interessiert, reich geworden durch die Buhać-Pflanze und Tüftler, entwickelte und vollendete hier am Wasserfall Skradinski buk mit dem Ingenieur Vjekoslav Meischner 1895 die erste Hydrozentrale Osteuropas – nur zwei Tage nach der Eröffnung des weltweit ersten Wasserkraftwerks an den Niagara-Fällen ... Dies wurde übrigens von Nikola Tesla, ebenfalls einem Kroaten, entwickelt.

## Besuch im Nationalpark

Am einfachsten und geruhsamsten besucht man den Nationalpark vom nahe gelegenen Städtchen **Skradin** (s. u.) aus. Vom Info-Center Skradin (Ticketverkauf) erreicht man ihn ganz beschaulich mit dem N.P.-Boot (0,70 €), das von der Mole von Skradin in ca. 0:20 Std. die Krka aufwärts fährt (Alternativen s. u.).

Ab dem **Eingang 1** (hier auch ein Restaurant) führt ein schöner ca. einstündiger *Lehrpfad* (2,5 km) mit zahlreichen Infotafeln zu Fauna und Flora rund um den Wasserfall **Skradinski buk**. Das Toben und Tosen der Wassermassen, hier und an den oberen Fällen, ist ungeheuer. Baden ist wegen der starken Strömung nur in einem kleinen, dafür ausgewiesenen Bereich möglich, was von vielen Menschen auch genutzt wird. Aber es ist sicherlich auch schön, nur die Füße am Rand des Beckens in das erfrischende Wasser zu halten und das Naturschauspiel aus der Ferne zu betrachten. Über die Fußgängerbrücke läuft man hoch, mit wunderschönem Blick auf die unteren Wasserfälle des Skradinski buk, vorbei an den Ständen Einheimischer, die Feigen, Nüsse, Waldbrombeeren, selbst gekelterten Wein, Käse, Schinken und mehr anbieten.

Oberhalb vom Skradinski buk gibt es ein Restaurant, ein kleines angeschlossenes *Ethnographisches Museum* und danach den **Eingang 2** von Lozovac kommend. Nun führt der Rundweg auf die andere Flussseite (zurück zum Eingang 1), wiederum über hübsch angelegte Holzbrückchen über kleine Wasserbecken mit zahlreichen kleinen Fischen und mit wunderschönen Ausblicken auf die Wasserfälle (die Boote fahren im Stundentakt nach Skradin zurück).

Beim **Eingang 2** (oberhalb vom Skradinski buk) kann man seinen Ausflug per Boot fortsetzen. Auf der etwa zweistündigen Fahrt über den *Visovac-See* blickt man hinauf zur halb verfallenen *Festung Ključića* aus dem 13. Jh. und besucht die *Klosterinsel*. Das *Franziskanerkloster Visovac* wurde im Jahr 1400 erstmals erwähnt, die Kirche stammt aus dem 16. Jh. Die grüne Insel war Zufluchtsort vor den Türken. Das heutige Kloster wurde Anfang des 20. Jh. unter Einbeziehung der historischen Relikte neu errichtet und birgt in seiner Bibliothek eine Reihe kulturhistorisch interessanter Schriften und Gegenstände. Acht Mönche bewohnen heute das Kloster, das von exotischer Pflanzenpracht eingehüllt ist: 200 verschiedene Arten, darunter Palmen, Bananen und Kakibäume wachsen hier. Die Boote legen für die Besichtigung von Bibliothek und Kirche an der Klosterinsel einen 30-Minuten-Stopp ein (auch individuell erreichbar, → Anfahrt). Im Kiosk gibt es hauseigene Souvenirs, u. a. den beliebten Klosterlikör, Travarica und auch Olivenöl.

Der **Visovac-See**, eine 3,5 km lange und 1 km breite Ausbuchtung der Krka, bildete sich aufgrund des weicheren Gesteins und durch die Barriere des Skradinski buk, die das Wasser aufstaut. Im einst fischreichen See, in dem sich auch Krebse tummelten, leben heute fast nur noch ausgesetzte Karpfen und Forellen. Ehe sich die Krka verengt, blickt man oberhalb am Fels auf die Ruinen der einstigen *Festung Kamičak* aus dem 14. Jh., wo einer Legende nach König *Petar Svačić* (er regierte von 1093 bis 1097) geboren sein soll. Sein Denkmal steht oberhalb an der Straße hinab gen Stinice, auf dem *Miljevci-Plateau*, von wo aus sich ein fantastischer Blick auf den Visovac-See und die Klosterinsel bietet.

Dann folgt der **Roški slap** (Roški-Wasserfall), mit der breitesten Barriere von 450 m und einer Länge von 650 m. Die Krka bildet hier auch einen kleinen See und Schwemmland und bietet daher Brutplätze für viele Vögel. Oberhalb des Wasserfalls und der Straße gibt es

Rund um den Skradinski buk

Klosterinsel Visovac

weitere kleine Travertin-Barrieren und Inselchen, wo sich frühmorgens Vögel und Enten tummeln. Der **Eingang 3** ist ebenfalls an der Straße (mit Parkplatz). Unten an der Krka steht die renovierte malerische *Wassermühle* aus dem 19. Jh., wo noch immer Mehl gemahlen wird, mit kleinem Museum und einer Konoba (Getränke, Schinken, Käse).

Der Bootsausflug kann vom Roški slap zum **Kloster Krka** fortgesetzt werden. Die Bootsabfahrtsstelle ist ca. 200 m östlich vom Eingang 3. Das *Manštir Krka*, auch unter dem Namen *Sv. Arhandel* (nach dem Hl. Erzengel) bekannt, wurde erstmals 1345 erwähnt, als Stiftung von *Jelena Šubić* aus dem Adelsgeschlecht Šubić-Zrinski. Das Kloster wurde bis zum 18. Jh. häufig umgebaut und ist bis heute geistiges Zentrum der orthodoxen-dalmatinischen Diözese mit Sitz in Šibenik. Das Kloster birgt einen mit Arkaden verzierten Innenhof, eine mit wertvollen Fresken ausgemalte Kirche von 1422, eine Katakombe, voll mit Menschenschädeln und -knochen und wird von zehn Priestern bewohnt. Zudem ist hier Sitz der einzigen orthodoxen Priesterschule in Kroatien, aktuell mit rund 40 Schülern, die hier ihre 4-jährige Ausbildung genießen. Auch wird das hier fruchtbare Land für die Landwirtschaft und die eigene Schafzucht genutzt. Ein Pfad rechts vom Kloster führt hinab zum Fluss.

Weiter geht die Fahrt noch durch den beeindruckenden Krka-Canyon und bis zu den sich gegenüber stehenden Burgruinen *Trošen grad* und *Nečven grad* aus dem 15. Jh., die zur Machtsicherung und Türkenabwehr errichtet wurden.

Oberhalb des *Roški slap*, abgehend östlich vom Eingang 3, kann man auf 500 Holzstufen emporsteigen und von oben die Aussicht auf die Krka sowie die Höhle *Oziđana pećina* bewundern, Knochenfunde belegen Bewohner in der Eiszeit und auch zur Zeit der Illyrer. Ab dem Eingang 3 führt ein kleiner 30-Minuten-Rundweg um die vielen kleinen Kaskaden des Roški slap. Möglich ist auch eine 4-Stunden-Tour zur Bootsabfahrtsstelle nach Stinice mit schönen Weitblicken auf die Krka.

 Wanderung 13: Nationalpark Krka - vom Roški slap nach Stinice → S. 361
Eindrucksvolle Wanderung entlang der Krka im Nordteil des Nationalparks

## Basis-Infos

**Information** Nationalpark Krka (Nacionalni Park Krka) – **Hauptverwaltung**, Trg Ivana Pavla II. br. 5, 22000 Šibenik, ✆ 022/201-777, www.npkrka.hr.

**N. P.-Infozentrum Skradin**, Obala bana Pavla Šubića (Uferstraße), ✆ 022/771-688. Ticketverkauf und Infos. März–Mai 9–18 Uhr, Juni–Sept. 8–20 Uhr, Okt.–Febr. 9–16 Uhr.

**N.P.-Eingänge/Anreise** Wer mit dem eigenen Auto anreist, hat die Wahl zwischen 3 Eingängen. Die meisten Ausflugsbusse parken am Eingang 2.

**Eingang 2** (bei Lozovac): der Hauptzugang zum Skradinski buk, mit Ticketschalter, riesigen Parkplätzen, Busshuttle zwischen Parkplatz und Eingang (unten am Fluss). Man kann auch auf dem Wanderweg die 850 m hinablaufen. Am Parkplatz Hotel, Restaurants. Ganzjährig geöffnet.

**Eingang 1** (nahe Skradinski buk): Hier kein Ticketverkauf (nur vorzeigen!). Tickets beim **Infocenter Skradin**, im Ort nahe Krka-Ufer (s. o.). Parkplatz nordöstl. vom Städtchen. Bootsabfahrt an der Mole beim Ort, die Krka aufwärts zum Eingang 1 (0,70 €). Oder man benutzt bis zum Eingang 1 das Fahrrad (Fahrradfahren im Park jedoch nicht erlaubt!) oder geht zu Fuß (4 km). Ganzjährig geöffnet.

**Eingang 3** (beim Roški slap): Dieser Eingang lohnt für den ruhigen nördlichen Teil des Nationalparks. Mit dem Auto über Širitovci oder Drniš zu erreichen. Nur von Mai–Okt. geöffnet.

**Zum Kloster Visovac:** Das Kloster kann im Rahmen eines gebuchten Ausflugs, aber auch individuell besichtigt werden. Das Boot (℡ 022/201-777) pendelt von April bis Nov. stündl. ab Stinice, ab Remetić im 45-Min.-Takt (→ Ausflugstouren Stinice/Remetić).

Anfahrt von Skradin über Dubravice (→ Remetić), Uzdah Kula zum Seeufer oder man nimmt von der Ostseite die Zufahrt von Širtovci aus nach Miljevci und Remetić.

**Zum Kloster Krka:** Anfahrt per Auto von Šibenik über Skradin, Bribirske Mostine nach Kistanje (hier ebenfalls ein Eingang). Ab Skradin 40 km.

**N.P.-Eintritt** Preise inkl. Busshuttle (ab Parkplatz Lozovac zum Eingang 2): Juni–Sept. 12,60 €, Kinder 7–14 J. 9,30 €; März–Mai und Okt. 10,60 €, Kinder 7–14 J. 8 €. Jan./Febr. und Nov./Dez. 4 €, Kinder 7–14 J. 2,70 €. Es gibt auch 2- bis 5-Tagestickets; zudem organ. Führungen.

**Ausflugstouren** Die nachfolgenden Ausflugstouren (per Schiff) sind nur nach vorheriger Anmeldung möglich (hinzu kommt N.P.-Eintritt): Skradinski buk–Visovac–Skradinski buk (März–Nov., 2-Std.-Tour), 13,30 €, Kinder 4–14 J. 9,30 €.

Skradinski buk–Visovac–Roški slap–Skradinski buk (März–Nov., 3:30-Std.-Tour), 17,20 €, Kinder 4–14 J. 12 €.

Roški slap–Kloster Krka–Festungen Trošenj und Nečven–Roški slap (April–Okt., 2:30-Std.-Tour), 13,30 €, Kinder 4–14 J. 9,30 €.

Stinice–Visovac–Remetić (April–Okt.), 6,70 €, Kinder 4–14 J. 4,70 €. Eigene Autoanreise bis Stinice oder Remetić (linke oder rechte Uferseite), dann offizieller 5-Min.-Bootstransfer nach Visovac (→ Anreise zum Kloster Visovac).

**Bootsshuttle** Die N. P.-Boote pendeln Mitte März bis Mitte Nov. zwischen Skradin und Skradinski buk: Juni–Sept. stündl. von ca. 8 bis 18 Uhr, Nebensaison 9–16 Uhr; zurück stündl. 8.30–18.30 Uhr, Nebensaison 9.30–16.30 Uhr.

**Verbindungen** Busse fahren 8-mal tägl. (Juni–Sept.), danach 4-mal tägl. zwischen Šibenik und Skradin. Von Skradin pendelt das **N. P.-Boot** (→ Bootsshuttle), das beim Eingang 1 anlegt.

**Baden** Ist nur am Skradinski buk erlaubt.

## Übernachten/Essen & Trinken

**Übernachten/Camping** Innerhalb des Parks keine Übernachtungsmöglichkeit! Nur oberhalb vom Eingang 2 an den Parkplätzen ein Hotel (s. u.). Nette Übernachtungsmöglichkeiten in Skradin sowie auf dem Miljevci-Plateau (→ Drniš). Etliche Campingplätze kurz vor dem Straßenabzweig nach Lozovac (→ Skradin).

**»› Mein Tipp:** \*\*\* **Hotel Vrata Krke**, nahe der Parkplätze (beim Eingang 2) – abends herrscht hier Ruhe. 2008 eröffnet, 50 moderne Zimmer mit Balkon; Restaurant und Cafébar. DZ/F 96 € (TS 124 €). Lozovac b. b., ℡ 022/778-091, www.vrata-krke.hr. «‹

**Essen & Trinken** Restaurants am Eingang 1 (unter mächtigen Bäumen, Biergartenatmosphäre) und 2 (unter überdachten Terrassen), Konoba bei Eingang 3. Im Hochsommer eher eine Massenabfertigung. Die idyllisch an der Wassermühle gelegene **Konoba Kalikuša** (nur Getränke, Schinken und Käse) befindet sich am Eingang 2; dazwischen verkaufen Einheimische je nach Jahreszeit Feigen, selbstgebackenen Strudel, Weintrauben etc.

*Konobas mit Mühlen am Roški slap*: Sie liegen hintereinander auf dem Weg hinab zur Anlegestelle, haben von ca. Mai bis Okt. geöffnet (Zeiten wie N.P. Krka):

**Agroturizam Kristijan**, hier gibt es neben hausgemachtem Brot, Schinken, Käse und Wein nach Vorbestellung auch Peka-Gerichte. ℡ 091/5146-591 (mobil). ∎

**Agroturizam Pletikosa**, dem Eigentümer gehört auch die Bel Cro-Schinkenfabrik. Auch hier gibt es hauseigenen Schinken, Käse, süffigen Wein und Grappas und nach Vorbestellung Peka-Gerichte. ℡ 098/403-420 (mobil). ∎

Die unterste **Konoba**, nahe der Anlegestelle mit Mühle und Ethnohaus, gehört zum N.P. Krka – hier wird in Tracht serviert. ∎

# Nationalpark Krka/Umgebung

Am Rande des Nationalparks gibt es weitere aussichtsreiche Plätze auf die Krka und ihre Wasserfälle, geschichtsträchtige Orte und etliche nette Dörfer auf dem *Karstplateau Miljevci*, die man per Auto oder auch konditionsstark per Mountainbike erreichen kann. Ein Hightlight, die 15 ha große Ausgrabungsstätte **Burnum**, liegt am nordöstlichen Rande des Nationalparks, links an der Straße Richtung Knin (→ Knin), rund 55 km von Skradin entfernt. Hier blickt man auf die Überreste eines römischen Militärlagers sowie ein großes Amphitheater – das einzige auf einem Stützpunkt, sowie restaurierte Mauerwerke. Diese wichtige Militärbasis, die von hier oben den Fluss und seinen Übergang kontrollierte, wurde zwischen dem 1. Jh. v. Chr. und dem 1. Jh. n. Chr. errichtet, ab dem 1. Jh. wurde das römische Lager aufgegeben und mit der Zeit verfiel das gesamte Areal. Seit einem Jahrhundert wird an den Ausgrabungen und Konservierungen gearbeitet, die nächste Etappe ist die Freilegung der Tribünen. Einen Teil der Funde kann man im *Burnum-Museum* in Puljane besichtigen. Auf der rechten Straßenseite stehen mitten in der Landschaft zwei *Rundbögen*, die wahrscheinlich Eingangstore zum Hauptgebäude des Oberbefehlshabers waren. Übrigens findet hier auf dem Gelände Mitte Juli das Vollmondfest *Burnumske ide* statt.

Das **Museum Burnum** liegt auf der östlichen Krkaseite beim Weiler Puljane, ca. 6 km von der Ausgrabungsstätte entfernt in einem schön restaurierten ehemaligen Kasernenhaus (der Straße über die Krka in Richtung Drniš folgen). Im erst 2010 eröffneten Museum werden die Funde von Burnum anschaulich gezeigt, u. a. eine Büste von Vespasian. Auch das damalige Militärleben wird erklärt (geöffnet Juni–Okt. tägl. 9–18 Uhr; da das Gebäude bewacht wird, ist ganzjährig jemand anwesend).

Ausblick auf Manojlovački slapovi

Kurz vor dem Abzweig zur Ausgrabungsstätte geht rechts ein Weg ab zum Krka-Aussichtspunkt auf die **Manojlovački slapovi** (Wasserfälle von Manojlovac). Dieser Wasserfall besteht aus mehreren Travertinstufen von insgesamt 59,6 m Höhe, der letzte und auch höchste stürzt 32,2 m hinab. Im Sommer sind diese Wasserfälle meist trocken, da das Wasser ins nahe Wasserkraftwerk Miljacka umgeleitet wird. Der Weg zum und am Aussichtspunkt ist gut präpariert und mit Bänken und Lehrtafeln versehen. Diesen grandiosen Blick und die herrliche Landschaft genossen schon 1875 Kaiser *Franz Joseph I.* mit seiner Sissi, daher auch der Name *Carski vidikovac* (kaiserlicher Aussichtspunkt).

Beim Überqueren der Krka-Brücke in Richtung Puljane blickt man auf zwei weitere schöne Wasserfälle, zuerst auf den **Brljan slap** und dann etwas höher, auf den **Rošnjak slap**.

# Skradin

Umgeben von bewaldeten Bergen und nahe dem gleichnamigen Wasserfall liegt das Städtchen mit seinen alten Häusern, Gassen und dem Jachthafen ruhig und malerisch an der Krka, inmitten des Nationalparks.

Der nahe Zugang zum *Skradinski buk* und die gut geschützte, schöne Lage des Jachthafens am fjordartigen Fluss lassen inzwischen viele Individualreisende und Bootsbesitzer in den schmucken 500-Einwohnerort strömen. Die Auswahl an guten Restaurants ist groß, ebenso gibt es nette Boutiquen für den abendlichen Rundgang durch die Natursteingassen, oder man steigt hinauf zur halb restaurierten *Festung Turina* und genießt den schönen Blick über die Dächer und den Jachthafen. Im kleinen *Museum* (Rathausgebäude, 1. Stock; Juni–Sept. 18–22 Uhr) am Hauptplatz Trg Male Gospe wird die langjährige Geschichte der Stadt mit Funden verdeutlicht. Hier steht auch die Pfarrkirche *Rođenja Blažene Djevice Marije*, im 18. Jh erbaut, die eine wertvolle Orgel birgt.

Von Skradin aus kann man bestens den gesamten Nationalpark Krka wie auch die weitere Umgebung erkunden (→ Skradin/Umgebung).

## Geschichte

Skradin hat eine bewegte Vergangenheit. Ursprünglich von Illyrern besiedelt, war *Scardona* in römischer Zeit eine bedeutende Stadt der Provinz Illyricum, ehe sie Anfang des 7. Jh. von den Slawen zerstört wurde. In der Bucht *Rokovaca*, dem heutigen Jachthafen, fand man Sarkophage und eine Villa rustica – hier war der römische Hafen *Horea*. Die *Festung Turina* mit kleinem Amphitheater ließ im 13./14. Jh. der Fürst *Ban Pavao Šubić* erbauen. Es war der Lieblingsplatz des Fürsten, so sagt man, daher war er auch dabei behilflich, dass der Ort ab 1304 den Stadtstatus

Nationalpark Krka – Blick auf Skradin und seinen beliebten Jachthafen

# Nationalpark Krka/Skradin

erlangte. Im Mittelalter erlebte Skradin als Bischofssitz seine Blütezeit, bevor es unter türkischer Besetzung verödete. Unter venezianischer Herrschaft wurden in Skradin Menschen aus dem Hinterland angesiedelt.

Heute orientiert sich der Ort mehr zur Küste und nach Šibenik, für dessen Bewohner Skradin ein beliebtes Ausflugsziel ist. Im Sommer ist die Marina voll mit Jachten und großen Segelschiffen, die, vom Meer kommend, die Krka bis hierher befahren können. Entlang der schilfgesäumten Krka wird geangelt, es gibt auch einige Badebuchten.

## Basis-Infos

**Information** Touristinformation TIC, Obala b. Pavla Šubića (gegenüber der Mole), 22222 Skradin, ✆ 022/771-306, www.skradin.hr. April–Mitte Okt. tägl. 8–20 Uhr. Sonst Infos im Tourismusverband am Kirchplatz im Rathaus, 2. Stock (Mo–Fr 8–15 Uhr), ✆ 022/771-329.

Infozentrum N. P.-Krka, im neuen großen Glasgebäude an der Mole. März–Mai 9–18 Uhr, Juni–Sept. 8–20 Uhr, Okt.–Febr. 9–16 Uhr. ✆ 022/771-688. Ticketverkauf und Infos zum Nationalpark (für Reservierung ✆ 022/201-777).

**Verbindungen** Busse, Juni–Sept. 8-mal tägl. nach Šibenik, danach nur noch 4-mal; Bushalt vor dem Ort. **Bootsverbindungen** zum Skradinski buk von der Mole (→ Nationalpark). **Fahrradverleih** an der Uferpromenade (nahe Mole).

**Einkaufen/Wein** Im Weinkeller Bedrica, Ul. Fra Luje Maruna 14 (Hauptgasse) oder in der Vinothek Bibich, auch Hauptgasse. Hier kann man sich mit Wein, Likören und Schnaps eindecken.

**Geldwechsel** Bank bei der Kirche.

**Gesundheit** Ambulanz (✆ 022/771-099) und **Apotheke** (✆ 022/771-099) im Ort.

**Veranstaltungen** Am 5. Aug. feiern die Mönche auf der **Klosterinsel Visovac** die Velika Gospa. Aus beiden Richtungen Bootstransfer, es gibt Essen und Musik. **Bunurmske ide**, das Vollmondfest im Juli in Burnum (→ N. P.-Krka/Umgebung). **Klappa-Treffen** am Kirchplatz, 1. Aug.

**Jachthafen** ACI-Marina Skradin, wunderschön gelegen, 160 Liegeplätze im Wasser (Süßwasser!), kein Kran, Strom- und Wasseranschluss, WLAN, Sanitäranlagen, Restaurant, Tankstelle in Šibenik, 8 sm. Ganzjährig geöffnet. ✆ 022/771-365, www.aci-club.hr.

## Übernachten/Camping

Privatzimmer und Appartements ab 15 €/Pers.

Appartements Kod Luje, preiswerte und saubere Zimmer mit neuem Bad, hinter ACI-Marina. Fam. Ivan Formenti, Zagrade 19, ✆ 022/771-229.

Appartements-Restaurant Visovac, an der Ostseite des Ortes mit Restaurant und eigenen Parkplätzen. Vermietet werden 8 große, preiswerte Appartements (ca. 40 €). Das Restaurant bietet günstige Hausmannskost. Ganzjährig ab frühmorgens geöffnet. HP 35 €/Pers. Skradinskih svilara 21, ✆ 022/771-101, www.visovac.com.

Pension-Pizzeria Zlatka, im roten Gebäude werden von Ani preiswerte, ordentliche Zimmer und Appartements vermietet. Grugura Ninskog 2, ✆ 022/771-391, www.ani.hr.

*** Hotel Skradinski buk, im Zentrum von Skradin mit 70 Betten (Appartements/Zimmer). Große Restaurantterrasse, gemütliche Atmosphäre, guter, freundlicher Service; eigene Parkplätze mit Schranke. Ganzjährig geöffnet. DZ/F 84 €. Burinovac b. b., ✆ 022/771-771, www.skradinskibuk.hr.

Pension Marija, in der Ortsmitte mit angrenzendem Bistro Pini. Im lauschigen Innenhof gibt es Frühstück. Einfache Zimmer und Frühstück ca. 35–40 €. Ul. Dr. Franje Tuđmana 2, ✆ 022/771-110, www.pini.hr.

**Außerhalb** Hotel Vrata Krke, am Nationalpark-Eingang 2 (→ N.P.-Krka/Übernachten).

# Von Šibenik in Richtung Knin

Auf der Hochebene *Miljevci* nordöstl. der Krka (Straße Richtung Drniš) gibt es eine Reihe guter Agrotourismus-Anbieter (→ Drniš/Umgebung.)

🌿 **Agroturizam Kalpić**, hübscher Landhof in Radonić (s. Drniš/Umgebung). ∎

**Camping** Einige einfache Campingplätze an der Hauptstraße von Lozovac in Richtung Nationalpark-Zufahrt zum Eingang 2 und ca. 9 km südöstl. von Skradin, die um die Gunst der Gäste werben:

**Camp Krka**, an der Straße bei Koverjade (Richtung Drniš) und wenige Kilometer vor dem Abzweig zum Nationalpark Krka (Eingang 2). Platz unter Kiefern, ohne Restaurant. Skočići 21, ✆ 022/778-495.

**Camp-Appartements Marina**, hinter Camp Krka, ebenfalls nett unter Kiefern. Es gibt ein kleines Restaurant und preiswerte Zimmer (2 Pers. 22 €), Caravan u. 2 Pers. inkl. Strom 11 €. Skočići 6, ✆ 022/778-503, www.camp-marina.hr.

**Camp-Appartements Ćikada**, beim Abzweig zum Nationalpark bei Tromilja. Unterteilt in Parzellen, mit Strom. Es werden auch Appartements vermietet. Konjevodići 63, ✆ 022/778-007, 098/445-913 (mobil), www.cikada.eu.

**Camp Skorići**, der näheste kleine Platz zu Skradin, im Weiler Skorići 1,5 km oberhalb des Ortes. Ltg. Hr. Pro Skorić, 098/336-740 (mobil).

## Essen & Trinken

Skradins Spezialitäten sind natürlich Flussfische, Flussaale, Muscheln oder kleine Tintenfische. Gern gegessen wird Lamm am Spieß oder das Skradinski rižot (Reis mit Huhn und Kalbfleisch, gekocht in Hühnerbrühe), nur nach Vorbestellung und ab 6 Pers. Nicht zu verachten sind auch die Weine und Liköre (aus Blüten oder Nüssen) der Gegend und die Skradinska torta, eine saftige Schoko-Mandel-Walnuss-Torte (jeder hat „sein" spezielles Rezept). Eheleute sollen sie vor ihrer Hochzeitsnacht essen (welche aphrodisischen Mittelchen werden da wohl hineingemengt). Das Angebot an Restaurants ist groß, hier eine kleine Auswahl:

**»» Mein Tipp: Restaurant Zlatne školjke**, in der Hauptgasse im Natursteinhaus mit sehr schönem Ambiente und großer Auswahl an hiesigen und dalmatinischen Spezialitäten und Weinen; nicht umsonst zählt das Traditionslokal, das seit 1974 arbeitet, jährlich zu den „100 besten kroatischen Restaurants". Tägl. ab 12 Uhr (Dez. geschlossen). Grugura Ninskog 1, ✆ 022/771-022. «««

**Restaurant Skradinski buk**, gemütlich sitzt man auf der baumbestandenen Terrasse oder im gediegenen Innern. Hier gibt es die Krka-Spezialitäten bei gutem und flinken Service (Infos→ Übernachten).

**Konoba Bonaca**, vorzüglich kann man die breite Palette der Skradiner Spezialitäten bei Ivo Bulat genießen, ob auf der Terrasse oder im rustikalen Inneren. Alles fangfrisch oder aus eigenem Gemüseanbau. Hier können Sie auch die kalorienreiche Skradiner Torte mit Walnüssen, Honig und Waldfrüchten probieren. Geöffnet April–Sept. Rokovača 5, ✆ 022/771-444.

**Restaurant Skala**, liegt oberhalb von Bonaca, etwas versteckt, aber mit schönem Blick auf den Jachthafen. Auch hier sehr guter Service, modernes Ambiente, schmackhafte Speisen und leckerer Wein – es wird von Gästen sehr gelobt. Rakovača 7, ✆ 022/771-081.

**Restaurant Cantinetta**, im Südosten des Ortes, ruhige Lage mit modernem, aber gemütlichem Naturstein-Ambiente im Innern und auf der überdachten Terrasse. Fluss- und Seefische, Fleischgerichte, alles schön arrangiert und lecker. Ganzjährig geöffnet. Aleja skradinskih svilara 7, ✆ 022/771-183.

**Pizzeria Zlatka**, hier speist man leckere Pizzen. Grugura Ninskog 2 (Hauptgasse).

**Restaurant Marina**, gehört zum Jachthafen und ist sehr beliebt – hier genießt man den Blick auf die Marina und die Skradiner Spezialitäten. ✆ 022/771-310.

🌿 **Agroturizmus Paić**, nur 1 km nordwärts von Skradin liegt dieser prämierte Landhof, der Produkte aus eigenem Anbau verkauft. Der Hof ist v. a. bekannt für seine *Skradinske delicije*, die Delikatessen von Skradin: u. a. Mandeln, gesalzen und geröstet, Feigenkuchen und natürlich Skradiner Torte. Es gibt auch Peka-Gerichte und Fleisch vom Grill, jedoch nur nach Vorbestellung.

Fam. Paić, Bećine Velike 31, Skradin, ✆ 022/771-348, 091/5209-330 (mobil), www.skradinske-delicije.hr. ∎

**Restaurant Vidrovača**, südwestl. von Skradin, unterhalb der Autobahnbrücke am Prokijansko jezero, nur per Boot zu erreichen. Malerisch am Ufer gelegen, serviert werden Forellen, Seefische, Fleischgerichte und Gerichte aus der Peka (u. a. Kalb, Oktopus) nach Vorbestellung. Geöffnet Mai–Okt. ab 12 Uhr. ✆ 098/757-281 (mobil).

**Wein** »» Mein Tipp: Winzer Bibić (Bibich), nördl. von Skradin, im Weiler Plastovo. Er zählt zu den besten in der Gegend und erzeugt v. a. einen hervorragenden Debit. Plastovo 63, ✆ 091/2111-231 (mobil). ««

»» Mein Tipp: Winzer Joso Sladić, im gleichen Ort. Er produziert ebenfalls Topweine, sein Maraština wurde mehrmals prämiert. Plastovo 3, ✆ 022/218-286. ««

## Skradin/Umgebung

Die einst wichtige römische Militärbasis **Bribirska glavica** liegt rund 18 km nördlich von Skradin auf einem 300 m hohen Hügel (= glavica) und auf halbem Weg nach Benkovac und dem einstigen Asseria (→ Benkovac) – es war die strategisch wichtige Strecke zwischen Knin und Zadar. Die malerische Strecke führt durch ein fruchtbares Tal (gut für Mountainbiketouren geeignet).

Die Militärstation wurde auf 72.000 m² errichtet. Man sieht heute noch ihre alten Festungsmauern, Überreste von Basiliken, Sarkophage und Zisternen. Dieser einst strategisch wichtige Platz ist reich an illyrischen, römischen und altkroatischen Funden, die Ausgrabungen sind noch lange nicht abgeschlossen. Von oben blickt man bis zum Meer.

Hier lebten die *Grafen von Bribir* aus dem bedeutenden Adelsgeschlecht *Šubić*, die Ende des 13. Jh. von hier aus das dalmatinische Land kontrollierten.

Der idyllische Prukljansko jezero

Als jedoch die Königsmacht unter *Ludwig I. von Anjou* erstarkte, sie zudem gegen die *Fürsten Nelipići* (→ Drniš) Niederlagen erlitten, mussten die Bribirs 1347 ihre dalmatinischen Besitzungen gegen die Stadt Zrin (Gespannschaft Sisak-Moslavina) eintauschen, wo ein riesiges Bollwerk gegen die Türken entstand. Sie setzten sich tapfer zur Wehr und nannten sich fortan auch die *Grafen von Zrinski*.

Nördlich, beim Weiler Ostrovica, liegen die Ruinen der **Festung Ostrovica**, ebenfalls unter dem *Šubić*-Clan im 13. Jh. errichtet, um den nächsten Hügel zu sichern.

Ein weiteres Ziel in der Umgebung ist der von der Krka gebildete See **Prukljansko jezero** (→ N. P. Krka). Eine beschauliche Fahrt führt über kleine Straßen bis Skorić, dann über die Autobahn und über Makadam weiter durch Nadelwälder, bis man nach ca. 10 km den Ort **Prukljan** erreicht. Dahinter erstreckt sich das *Ornithologische Reservat Guduća*. Einfache Häuser, Gemüsegärten und kleine Fischerboote und – es darf gebadet werden im glasklaren sauberen, etwas salzigen Süßwasser. Reizvoll auch mit dem Mountainbike, bis auf den steilen, ca. 4 km langen Anstieg hinter Skradin.

Die malerische Burgruine von Drniš thront oberhalb des Čikola-Canyons

# Drniš

Die Kleinstadt mit ihrer malerischen Burgruine liegt auf 300 m, oberhalb des Čikola-Canyons und auf halbem Weg von Šibenik nach Knin. Die Heimat von Ivan Meštrović ist heute auch bekannt für ihre Pršut-Herstellung.

Das 2500-Einwohner-Städtchen liegt am östlichen Rand des *Karstplateaus Miljevci* und am Zusammenfluss der Čikola, einem Nebenfluss der Krka, und der Trzbalićevac, die nördlich im bis auf 1148 m ansteigenden Gebirgszug *Promina* entspringt. Im Nordosten von Drniš liegt die fruchtbare Ebene *Petrovo polje* und in der nördlichen Ferne schimmert das graue Gestein des bis über 1800 m aufragenden Grenzgebirges *Dinara*. Zudem ist Drniš die Heimat des weltbekannten Bildhauers, Architekten und Mystikers *Ivan Meštrović*, der in der Stadt mehr als Spuren hinterließ (→ Otavice). Die Nähe zum ruhigen Nordteil des Nationalparks Krka (zum Roški slap sind es nur 15 km), sowie nette Übernachtungsmöglichkeiten auf dem Miljevci-Plateau (→ Drniš/Umgebung) machen den Ort attraktiv.

Bedeutsam bis heute ist die verkehrsgünstige Lage an der wichtigen Straße ins Hinterland (N33) und an die Küste gen Šibenik und Split, sowie auch am Streckennetz der Eisenbahnlinie Zagreb–Knin–Split. Drniš war früher bekannt für seine Bauxit- und Kohleminen im nahen Promina-Gebirge (→ Drniš/Umgebung), bis 1950 wurde dort abgebaut. Heute ist Drniš berühmt für seine Rohschinkenproduktion sowie den Mišina-Käse – und auch der hiesige Wein ist nicht zu verachten.

## Geschichte

Drniš ist bis heute eng verbunden mit dem Krka-Fluss und der Hochebene Miljevci. Die Geschichte reicht weit zurück bis in prähistorische und antike Zeiten, was Funde, vor allem aus den Höhlen oberhalb des Čikola-Canyons, belegen. Hier verlief

# Drniš 303

die Grenze zwischen den sich immerzu zankenden illyrischen Stämmen, den Liburnen und Delmaten. Die Römer nutzten die von Burnum (→ N. P. Krka/Umgebung) kommende Handelsstraße und hatten auch auf der Burg *(Gradina)* ihr Zuhause. Bedeutsam fast bis zum 14. Jh. war die *Festung Ključuća* (→ Drniš/Umgebung), von wo aus diese Region verwaltet wurde. 925 wurde im nahen Knin (→ Knin/Geschichte) der erste kroatische König *Tomislav* gekrönt, ehe das Königreich durch den kinderlosen Nachfolger König *Zvonimir* ab 1102 bis 1526 mit der ungarischen Personalunion unter König *Koloman* zusammenging. Bereits 1415 fielen Osmanen in diese Region ein. Erst 1494 wird Drniš unter *Sub urbum Dernis* schriftlich erwähnt. Ab 1522 fällt Drniš nach etlichen erfolglosen Eroberungsversuchen endgültig ans Osmanische Reich und verbleibt rund 200 Jahre unter deren Herrschaft, bis Venedig ab Ende des 18. Jh. nochmals kurz das Zepter schwingen darf. Im 19. Jh. wechseln sich Habsburger und Franzosen ab. Diese jahrhundertelange Geschichte mit ständig wechselnden Herrschern nährte das nationale Zusammengehörigkeit, die mit dem Einmarsch der Serben jäh unterbrochen wurde. Drniš und seine Region wurden im kroatischen Unabhängigkeitskrieg schwer in Mitleidenschaft gezogen, viele Kroaten flohen, bis nach jahrelangem Ringen am 5. August 1995 in der „Operation Sturm" (Oluja) die besetzten Gebiete befreit werden konnten – verbunden mit Menschenrechtsverletzungen auch auf deren Seite (→ Geschichte/Einleitungsteil).

### Gaumenspezialitäten aus Drniš

Der Rohschinken, *Pršut*, wird in vielen kleinen Fabriken (Pruštana) gefertigt. Vor allem in den kleinen Miljevci-Dörfern, wo an den Bauernhöfen das Schild „Mišinac" prangt, findet man den salzig schmeckenden Käse *Mišina*, der aus Ziegen-, Schaf- oder Kuhmilch hergestellt wird und in einer getrockneten Schafshaut rund 40 Tage reifen muss. Auch etliche Winzer keltern auf dem fruchtbaren Boden, aber auch auf dem Karstplateau die unterschiedlichsten Weine wie den weißen Maraština oder Debit und den roten Plavina oder Merlot (→ Einkaufen).

## Basis-Infos

**Information** Tourismusverband (TZ), Domovinskog rata 5, 22320 Drniš, ✆ 022/888-619, www.tz-drnis.hr. Mo–Fr 8–15 Uhr.

**Verbindungen** Bus: Busbahnhof, Ul. 142. Brigade (Altstadtzufahrt, kurz nach Brücke), ✆ 022/887-920; alle 3–4 Std. nach Šibenik, etwas seltener nach Knin. Zug: Bahnhof in Badanj (ca. 1,5 km in Richtung Knin), ✆ 060/333-444, www.hznet.hr. 6-mal tägl. nach Knin (0:20–0:30 Std.), zudem ca. 2-mal Verbindungen nach Šibenik (in Perkivoć umsteigen) und nach Split. Schnellzüge halten nur in Knin.

**Einkaufen** ⟫⟫ Mein Tipp: In der Stadt Pruštana **Miljevci – Bel-Cro**, Geschäft in der Ul. Kralja Zvonimira 26 (Herstellung in Brištane), ✆ 022/882-482, 098/403-420 (mobil).

Proštana Baba Delicije d.o.o., Ul. Kralja Zvonimira 4-3 (Herstellung in Pakovo selo), ✆ 098/1743-146 (mobil) – hier gibt es prämierten Schinken. ⟪⟪

Überall in den *Miljevci-Weilern* gibt es Anbieter für Pršut, den Mišina-Käse und für Wein. Am besten auch selbst nach den Schildern sehen. Rohschinken-Fabriken (Pruštana) finden sich in *Pakovo selo* (ca. 8 km Richtung Šibenik), u. a. Pruštana Nira, ✆ 098/266-022. Zudem **Pruštana Lacić** in Razvođe.

**Käserei I-Pak**, in Pakovo selo, Oštarije br. 8, ✆ 022/864-012; hier gibt es den Pakovački sir. **Sirana Tanja Tošić**, in Razvođe.

Gute **Winzer** gibt es u. a. in *Oklaj* (ca. 14 km nordwestl. in Richtung Puljane-Burnum):

Von Šibenik in Richtung Knin

Kelterei Čveljo J&S, Put kroz Oklaj 42–48, ✆ 022/881-573; Kelterei Lasin d.o.o., Put kroz Oklaj, ✆ 099/212-6767; Winzer Makica, Fam. Knežević, Put kroz Oklaj 86, ✆ 022/881-245. In Razvode (kurz vor Oklaj) gibt es guten Hauswein bei Pilipovi Dvori, Duvančići 13, ✆ 098/340-487 (mobil).

**Gesundheit** Gesundheitszentrum, Ul. Kosipa Kozora, ✆ 022/888-999. Apotheke, beim Trg Poljana, ✆ 022/886-133.

**Veranstaltungen** Im Sommer viele Veranstaltungen, u. a. Radio Pijaca, am Trg Poljana mit einem Nachtmarkt (trad. Produkte) und Musik den ganzen Tag. Patronatsfest Sv. Roka am 16. Aug. mit Messe und Folkloreaufführungen. In allen Miljevci-Dörfern wird am 21. Juni die Befreiung nach der Okupation gefeiert.

## Übernachten/Essen & Trinken

**Übernachten** In Drniš und der nahen Umgebung gibt es nur wenige Übernachtungsmöglichkeiten, sehr schöne und ruhige allerdings in den Dörfern auf der Miljevci-Hochebene (→ Drniš/Umgebung), 12 km entfernt.

Einfache **Zimmer** (Sobe) gibt es bei: **Fam. Braica**, Ivana Meštrovića 47, ✆ 022/886-551. **Fam. Dino Marut**, Ivana Meštrovića 67, ✆ 099/3152-420 (mobil). Beide Unterkünfte liegen an der Hauptstraße in Richtung Knin!

*** **Hotel Park**, einfaches Hotel mit Restaurant im Stadtzentrum von Drniš, für einen Stopp in Ordnung. DZ/F ca. 70 €. Stubište 1, ✆ 022/888-636, www.hotelpark.hr.

**»› Mein Tipp:** Villa Lilić, ca. 4 km in Richtung Knin, im Weiler Siverić. Schönes Anwesen auf 15.000 m² mit Pool und kleinem Tennisplatz. Das Natursteinhaus bietet 3 DZ. Kod škole, 22320 Siverić b. b., ✆ 098/280-888 (mobil). «‹

**Essen & Trinken** Auch die Lokalauswahl in der Stadt ist gering.

**Hotel-Restaurant Park**, mit Terrasse auf dem Poljana-Platz. Spezialitäten sind zur Vorspeise Pršut, Mišina-Käse und Oliven, zudem Lamm- und Kalbgerichte. Tägl. ab 7 Uhr geöffnet. Stubište 1, ✆ 022/888-636

**Gradska Kavana**, nett unterteilte Räumlichkeiten und Panoramafenster, schöne Terrasse. Hier gibt es neben einem schönen Weitblick auf das Tal Petrovo leckeren Café, Cocktails, Kuchen und Snacks. Ganztägig geöffnet. Trg Poljana.

**»› Mein Tipp:** Kod Tome, nettes und gutes Restaurant im Nordosten der Stadt mit deftiger Hausmannskost, Spezialitäten sind Kalbgerichte, auch aus der Peka und süffige Weine. Geöffnet Mo–Sa ab 7 Uhr, So Ruhetag. Put Sv. Ivana 5, ✆ 022/886-415. «‹

## Sehenswertes

**Gradina (Burg):** Schon von weitem sichtbar liegen die malerischen mittelalterlichen Festungsruinen auf einer Felsnase oberhalb des Čikola-Flusses, oft mystisch anmutend, wenn der Fels mit einem Wolkenkleid bedeckt ist. Die Burg wurde im Mittelalter erbaut, Funde weisen auf eine Besiedlung bereits in der Bronzezeit sowie auf die späte römische Zeit hin. Dann hießen auch hier die Burgherren *Nelipići*, die die gesamte Region bis hin zur Cetina ihr Eigen nennen konnten, durch das Burgensystem Ključica, Kamičak, Bogočin und Nevčen (→ N. P. Krka) und oberhalb der Krka bestens gesichert. Gegenüber, auf der Westseite der Krka, herrschte das *Šubić*-Geschlecht, das erst 1322 mit dem Fall von *Mladen Šubić III* bzw. mit dem Sieg über die Fürsten von *Bribir* als ständige Bedrohung ausgeschaltet werden konnte. Unter dem venezianischen Statthalter *Leonardo Foscolo* wurde die Burg zur Türkenabwehr mehrfach erweitert. Ab 1522, nun unter der Herrschaft der Osmanen, fand die Besiedlung dann auch unterhalb der Burg statt. Erst Anfang des 19. Jh. verlor die Burg endgültig ihre einst wichtige Verteidigungsfunktion.

**Gradski Muzej (Stadtmuseum):** *Meštrović*-Liebhaber werden in dem kleinen Museum fündig; neben Skulpturen gibt es Gemälde des Meisters zu besichtigen, zudem-

noch ein paar alte Steinfragmente. Mo–Fr 9–13 Uhr (an der Eingangstür läuten!), Domovinskog rata 38, ✆ 022/886-774, www.gmd.hr.

## Ivan Meštrović – Bildhauer, Architekt und Mystiker

Es gibt wohl kaum eine kroatische Stadt, die sich nicht mit einer Arbeit des großen kroatischen Bildhauers schmückt. Geboren wurde Ivan Meštrović am 15. August 1883 in Vrpolje, einem Städtchen im Nordosten Kroatiens. Seine Kindheit verbrachte er in Otavice, einem Dorf östlich von Drniš. Schon als kleiner Junge schnitzte und meißelte er auf dem Feld kleine Figuren aus Holz und Stein. Seine sehr gläubigen, aber nicht eben mit Geld gesegneten Eltern ließen den Jungen bald ziehen. Nach der Steinmetzlehre in Split ging der 17-Jährige nach Wien und studierte dort von 1901 bis 1906 an der Akademie der Schönen Künste. Von 1903 bis 1910 war er Mitglied der Wiener Sezession, einer Vereinigung von Künstlern des Jugendstils.

Besonders der österreichische Architekt Otto Wagner und der französische Bildhauer Auguste Rodin inspirierten den jungen Künstler. Die geistige Basis seines Schaffens fand Meštrović in der Religion, im Humanismus, in der Mythologie und der Liebe zu seiner Heimat, nicht aber im kroatischen Patriotismus. Schon 1911 – er arbeitete gerade am Tempel von Kosovo – begeisterten seine Skulpturen auf der Weltausstellung in Rom. Ein beeindruckendes Werk gelang ihm mit der *Statue von Bischof Gregorius* (Variationen des Werks stehen in Split und Nin); zwei seiner *Pferdeskulpturen* zieren den Park von Chicago – eine Hommage an die indianischen Ureinwohner Nordamerikas.

Meštrovićs Plastiken und Reliefs aus Marmor, Holz und Bronze fesseln nicht allein durch Ausdruckskraft, sie spiegeln die Psyche der Dargestellten, ihr Leid, ihre Sehnsucht in jedem Körperdetail, in der Mimik, in Händen und Füßen.

Meštrovićs künstlerisches Wirken reichte über die Bildhauerei weit hinaus – seit seiner Wiener Zeit faszinierte ihn die Kombination von bildender Kunst und Architektur. Beispiele für seine architektonischen Werke sind das *Kastell Meštrović* und die *Galerie Meštrović*, beide in Split, seine *Galerie* in Zagreb sowie die *Mausoleen* in Cavtat und Otavice.

1947 emigrierte Ivan Meštrović in die USA. In den letzten Lebensjahren widmete er seine Arbeit ausschließlich religiösen und spirituellen Themen. Am 16. Januar 1962 starb Meštrović in South Bend, USA. Beigesetzt wurde er in dem von ihm entworfenen Familiengrab in Otavice. Mit Ivan Meštrović starb „das beeindruckendste Phänomen unter den Bildhauern unserer Zeit", so Auguste Rodin über den wohl größten bildenden Künstler Kroatiens im 20. Jh.

Die Kirche **Sv. Roka** steht im ältesten Teil von Drniš, nördlich der Burg, und wurde 1731 von den Adelsdamen *Theodosio* und *Gili* zum Dank für die überstandene Pest errichtet. Wenige Meter daneben blickt man neben Häuserruinen auf ein fast intaktes **Minarett**, eines von ehemals fünf, das an die osmanische Zeit errinnert.

Weiter nördlich Richtung Stadtzentrum steht die Kirche **Sv. Ante Padovanskog**, Mitte des 16. Jh. als Moschee erbaut. 1670 erhielten die Franziskanermönche von Visovac das Sakralgebäude und veränderten die Außenfronten durch eine Erweiterung nach Ost und West und durch ein halbkugelförmiges Dach. 1857 wurde die Kirche nochmals erweitert, 1907 erhielt sie ein Presbyterium und einen Kirchturm. Das Innere zieren noch heute maurische und türkische Ornamente. Auch diese Kirche nahm im letzten Krieg großen Schaden, der inzwischen behoben wurde, zudem steht sie auf der Kulturerbe-Liste.

Die große Pfarrkirche **Gospa od Ružarija** im Nordwestteil der Altstadt wurde zwischen 1871 und 1886 dreischiffig mit Blendarkaden, halbrunden Apsiden und Rosetten im neoromanischen Stil errichtet. Den Altar ziert die Meštrović-Skulptur „Madonna von Petropolje". Während des Unabhängigkeitskrieges wurde auch diese Kirche stark beschädigt, die vermissten Gemälde und Skulptur wurden wieder gefunden, auch die wertvolle Orgel konnte aufwändig restauriert werden.

Am heutigen Friedhof im Stadtteil Badanj nordöstlich der Stadt steht die Kirche **Sv. Ivana Krstitelja**, bis 1886 die Pfarrkirche von Drniš und Petrovo polje. Eine Vorgängerkirche soll noch vor osmanischer Zeit hier gestanden haben. Gleich zu Beginn des letzten Unabhängigkeitskrieges wurde die Kirche komplett zerstört. Bei Räumungsarbeiten stieß man auf zahlreiche gotische Funde, sodass man davon ausgeht, dass die Vorgängerkirche aus dem 13. oder 14. Jh. stammen musste, ebenfalls geht man davon aus, dass hier bereits eine frühchristliche Basilika aus dem 9. bis 11. Jh. stand. Auch diese Kirche wurde aus Naturstein nach dem gotischen Vorbild neu errichtet.

Im Stadtpark (Gradski park), unterhalb vom Trg Poljana, steht der **Lebensbrunnen** oder die **Lebensquelle** (Vrelo života), ein beachtenswertes Werk von *Ivan Meštrović*. Er meißelte die Skulpturen 1906 aus belgischem Granit und schenkte sie später der Stadt Drniš. Zuerst waren sie allerdings als Zierde für das Palais Wittgenstein in Wien gedacht. Eine weitere Meštrović-Statue, „Mutter und Kind", diesmal aus Bronze, steht gegenüber der Ambulanz, bzw. wenige Meter südlich der Pfarrkirche.

Eine **Ivan-Meštrović-Bronzeskulptur**, gefertigt von Ivan Mirković (1893–1988), einem ebenfalls begnadeten Künstler und Mathematiker, kann man am Trg kralje Tomislava betrachten. Wer sich für weitere Meštrović-Arbeiten interessiert, sollte noch nach Otavice (→ Drniš/Umgebung) fahren.

# Drniš/Umgebung

Sehr kontrastreich ist die Umgebung von Drniš, sie bietet viele Möglichkeiten der Erkundung. Im Westen zieht sich bis zum Krka-Rand die karstige Hochebene **Miljevci** mit ihren verstreut liegenden Dörfern. Gen Osten zieht sich **Petrovo polje**, ein fruchtbares Tal, das von dem **Čikola-Fluss** durchzogen wird, hier gedeihen Wein und Gemüse und saftige grüne Wiesen und hier liegt auch der kleine Ort **Otavice** mit dem *Meštrović-Mausoleum.* Im Norden ragt das **Promina-Gebirge** empor, das erklommen werden kann.

**Miljevci-Region**: Die karge Hochebene westlich von Drniš zieht sich mit ihren sieben Weilern bis zum Krka-Rand. Sie wird von schmalen Sträßchen durchzogen und ist begrenzt von Trockenmauern, wo niedere bis mittelhohe Macchia gedeiht und etwas Landwirtschaft betrieben wird. Diese Gegend kann man gut mit dem Mountainbike durchstreifen, die Touristischen Bauernhöfe (Agroturizam) besuchen und dabei den leckeren Schinken, Käse und Wein probieren oder sogar bestens nächtigen (→ Drniš/Einkaufen). In Erinnerung an die Befreiung der sieben Weiler am 21. Juni 1992 wird jährlich das Fest *Miljevačke Užance* gefeiert.

Der **Fluss Čikola** ist 46 km lang, entspringt im Gebirgszug Svilaja, fließt durch das fruchtbare Petrovo polje, nährt sich bei Drniš mit der Trzbalićevac, gräbt sich mit Canyons tief in den Karst und ist meist uneinsehbar. Kurz vor dem Roški slap mündet die Čikola, einen See bildend, in die Krka. Sie ist ein typischer Karstfluss, d. h. das Wasser fließt auch unterirdisch, meist führt sie nur im Winter und Frühjahr Wasser, dann teils auch sehr reißend und hoch. Unterwegs wird das Flussbett von Mühlen und alten Brücken gesäumt und von Burgen bewacht, wie der von Drniš oder auch von Ključica.

Die **Ključica-Festung** liegt am Miljevci-Südrand bei dem Ort Ključ und bietet von hier aus beste Fernsicht über die Hochebene wie über die Krka. Diese Lage wählten die Adeligen *Nelipići* (→ N. P.-Krka und Drniš) für ihren Bau in der ersten Hälfte des 14. Jh., von dort aus überwachten sie die Region. Unterhalb führte über den Fluss Čikola eine Brücke, worüber der wichtige Handelsweg von Šibenik ins Hinterland verlief und so verlangten die Herren Wegezoll, was den Šibenikern sehr missfiel. Der ewigen Konflikte müde, wollte der Nelipići-Clan die Burg erst schleifen, besann sich dann aber und erbaute weitere kleinere Festungen wie *Kamičak* (14. Jh.) und *Nevčen* (15. Jh.). Die Venezianer bissen sich hier die Zähne aus, erst den Türken gelang es, Ključica zwischen 1546 und 1648 in ihren Besitz zu bringen. Ab dann war die Festung unbewohnt. Bis heute zählt sie zu den größten und besterhaltenen und wurde in die Kulturerbeliste aufgenommen.

Im kleinen Ort **Otavice,** ca. 11 km von Drniš entfernt, verbrachte *Ivan Meštrović* seine Kindheit. Südlich und abseits vom Ort auf einem Hügel steht die Kirche *Presvetog Otkupitelja*, heute als *Mausoleum* bekannt, das von 1926 bis 1931 nach *Meštrovićs* Plänen erbaut wurde. Der viereckige Grundriss des 13 m hohen Gebäudes ist durch heraustretende Vorbauten zum Achteck erweitert und mit einer Kuppel überspannt – es bildet die Form eines Kreuzes und wurde aus dem Stein der Umgebung erbaut. Das Innere zieren Engel, in einer der Nischen der Altar, für das sternförmige schwarz-, weiß- und ockerfarbene Bodenmosaik wurden Steine aus der Lika, aus Kotor und aus Belgien verwendet. Unter dem Altar, über dem ein Engel in Form eines Kreuzes wacht, wurde in der Bodenplatte die Familiengruft eingelassen, wo *Ivan Meštrović* 1962 beerdigt wurde. Der Unabhängigkeitskrieg von 1991–95 machte auch vor diesem Heiligtum nicht halt – das Mausoleum wurde stark beschädigt und einiges demontiert, so auch die bis heute verschwundenen Bronzereliefs, die Familienmitglieder an der Eingangspforte angebracht hatten. Das Mausoleum wird von der Meštrović-Stiftung verwaltet.

**Meštrović-Mausoleum,** Otavice, 22322 Ružić, ☎ 022/872-630, 099/407-538 (mobil), www.mestrovic.hr. Mai–Sept. 9–19 Uhr, Okt.–April 10–16 Uhr, Mo und Feiertage geschlossen. Jeden 1. So im Monat findet um 9 Uhr eine Messe statt.

Wenige Kilometer nördlich von Drniš steigt der fast kahl wirkende **Gebirgszug Promina** an, sein höchster Gipfel ist der 1145 m hohe *Čavnovka* (auch *Veliki Promina* genannt) am Nordrand. Auch dort hatten die Illyrer eine bedeutende Festung errichtet und auch die Römer unter Oktavian schauten 33 v. Chr. vom Berg. Durch die Bauxit- und Kohleminen war das Promina-Gebirge für Drniš bedeutsam. Heute setzt man auf Wanderer, v. a. die Städter kommen am Wochenende. Die Anfahrt erfolgt in Richtung Trbounje, ca. 1 km vorher geht es rechts ab Richtung Lišnjak – die Straße ist nur mit einem geländegängigen Fahrzeug befahrbar oder per Mountainbike. Auf ca. 800 m steht eine Unterkunftshütte. Infos über den Bergsteigerverein ✆ 098/1776-924 (mobil), www.pd-promina.hr.

**Einkaufen** (→ Drniš)

**Übernachten/Essen auf der Miljevci-Hochebene** Etliche nette Übernachtungsmöglichkeiten und Touristische Bauernhöfe in den kleinen Weilern. U. a.:

**》》 Mein Tipp: Etno Skelin**, komfortabler Agrotourismus wird hier auf 80 ha geboten – ein renovierter und großzuglg ausgebauter Gutshof mit mehreren Gebäuden wartet auf Gäste, ebenso ein Neubau, fast in Alleinlage im Weiler Ključ. Neben etlichen Zimmern/Appartements gibt es auch ein gutes Restaurant mit herrlicher Terrasse, zwei große einladende Pools und Tennisplätze. Zudem aus Eigenherstellung Wein und Schinken. DZ/F 99 € (TS 108 €). Ganzjährig geöffnet. Skelini 1, 22324 Drinovci, ✆ 022/882-017, www.etnoskelin.com. 《《

**Agroturizam Peace** (Bačić), im Weiler Brištane liegt der von Ante Bačić geführte Landhof eingebettet in Oliven-, Feigen-, Mandel- und Walnussbäume. Hier gibt es einfache Zimmer (DZ 27 €) zu mieten, das Essen ist frisch und kommt direkt vom Hof: u. a. Schinken, Käse, Eier, Wein, Lamm und auch die Leckereien wie *uštipci* (eine Art Donuts). Ein gemütlicher Platz. Pletikose 14, 22324 Drinovci, ✆ 091/7386-291, www.visovac-bacic.com.

**Agroturizam Kalpić**, hübscher Hof mit alten Natursteinhäusern im Weiler Kalpići-Radonić (an der Straße nach Skradin, noch auf der Hochebene), umgeben von einem schön angelegten Garten. Das Gemüse wird ökologisch angebaut, es gibt hauseigenen Schinken, Wein und für die Hausgäste wird lecker gekocht. Die drei Zimmer sind mit antikem Mobiliar ausgestattet. Kalpići 4, 22221 Radonić, ✆ 091/5845-520, www.kalpic.com. ∎

**Agroturizam Galić**, netter Familienbetrieb in schöner Lage, umgeben von Obstbäumen im Weiler Miljevački Bogatići (ca. 5 km oberhalb vom Roški slap). Es wird mit den Produkten aus der Umgebung, sowie mit dem hauseigenen Gemüse und Obst gekocht, an Spezialitäten warten Peka-Gerichte (Lamm, Kalb, Huhn) und natürlich ein süffiger Hauswein. Es gibt auch Haustiere wie Hund, Hühner, Esel und Kuh; zudem auch einfache, preiswerte Unterkünfte. Kod škole 10, 22324 Drinovci, ✆ 022/882-259, ✆ 091/5291-188 (mobil), agrotourism-galic@net.hr.

Das Mausoleum von Ivan Meštrović – klar und ausdrucksstark im Detail

# Knin

Die Stadt liegt in einem breiten Talkessel, durchzogen von sieben Flüssen und Bächen, gesäumt vom Dinarischen Gebirge. Knin war schon früher ein Knotenpunkt wichtiger Handelswege vom Hinterland zum Meer und blieb es bis heute. So wurde auch die gigantische Burganlage auf dem Sv.-Spas-Berg erbaut. Von dort regierten kroatische Könige ihr Land.

Die heutige „moderne" Stadt Knin mit ca. 17.000 Einwohnern, Knotenpunkt von Fernstraßen und mit Eisenbahnanschluss, breitet unterhalb des Berges Sv. Spas aus. Sie bietet dem Besucher wenig, die Kriegsschäden haben zu große Spuren hinterlassen und mit Reichtum ist die Stadt ebenfalls nicht gesegnet. Besuchenswert ist allerdings ihre Festungsanlage mit dem herrlichen Weitblick gen Dinarisches Gebirge, das sich auch gut per Mountainbike oder auf Schusters Rappen erkunden lässt.

## Geschichte

Wegen der strategisch guten Lage siedelten in Knin schon Illyrer und Römer, Letztere hinterließen *villae rusticae* südlich von Knin. Größere Bedeutung erlangte die Stadt, die sich damals ausschließlich auf dem Berg Spas befand, ab dem 10. Jh., als sie Hauptstadt des ersten Kroatischen Staates war. 925 wurde hier König *Tomislav* gekrönt, der die dinarinischen (auch Gebiete des heutigen Bosnien), dalmatinischen und pannonischen Siedlungsgebiete miteinander verband und zeitweise von Knin aus regierte. Der darauf folgende kroatische König *Dmitar Zvonimir* (1075–1089) wählte Knin als seine ständige Residenz. Er öffnete sich gen Europa und führte, wie es schon damals die Franken taten, Grafschaften, die sog. Županija, ein, die bis heute in der Gebietsaufteilung Bestand haben. Auch galt er als enger Verbündeter des Papstes, setzte sich für Kirchenreformen ein, war starker Gegner des byzantinischen Reiches und schaffte die Sklaverei ab. Mit König Zvonimirs Tod auf dem Amselfeld nahe Knin (die Geschichtsschreibung lässt offen, ob es sich um Ermordung oder einen natürlichen Tod handelte) endete die Dynastie der kroatischen Könige. Ab 1102 bis 1526 wurde Kroatien Teil der ungarischen Union. Ab 1040 war Knin auch Residenz der kroatischen Bischöfe. Erst mit Gründung des Bistums Zagreb verlor es seine lang andauernde Vormachtstellung. Das Städtchen kann man über Jahrhunderte als multikulturell bezeichnen: Venezianer, Türken, Österreicher und wieder Türken waren die Oberhäupter.

Ein Aufstand der serbischen Minderheit und der darauf folgende Einmarsch der serbischen Armee läutete den Heimatkrieg 1990 ein. Ab 1991 war Knin noch einmal Hauptstadt, diesmal jedoch der „Serbischen Republik Krajina", was das Nationalgefühl der Kroaten stark verletzte. Durch Zwangsumsiedlung blieben von einst rund 45.000 kroatischen Einwohnern nur 1000 in ihrem Heimatort. Nach der Rückeroberung der Kraijna im Jahr 1995 passierte das gleiche mit rund 150.000 Serben, serbisierten griechisch-orthodoxen Flüchtlingen, die ab dem 17. Jh. aus türkisch besetzten Balkangebieten u. a hier in die Region Knin geflohen waren. Jahrelang waren sowohl die kroatischen wie auch die serbischen Bewohner den anhaltenden Kriegsgefechten, Zerstörungen ihrer Häuser und Kirchen und den ethnischen Säuberungsaktionen ausgesetzt oder sie flohen. Seit dem Regierungswechsel im Jahr 2000 wurden für Rückkehrwillige nun rechtmäßige Grundlagen geschaffen, teils wurden auch Grundstücke getauscht oder verkauft und sehr langsam kehrt wieder Leben in die „Stadt des Zvonimir" ein und die Bewohner blicken hoffnungsvoll in die Zukunft.

**Information** Tourismusverband (TZ), Dr. Franje Tudmana 24, 22300 Knin, ✆ 022/664-822, -819, www.tz-knin.hr. Mo–Fr 8–15 Uhr (Juni–Aug. bis 19 Uhr).

**Agentur Jasna**, Šuškova 12, ✆ 022/663-277. Zimmervermietung und Sportprogramm (s. u.).

**Verbindungen** **Bus**: 6-mal tägl. nach Šibenik (1:15 Std.), 3-mal tägl. Zagreb (3:30–4 Std.), 1-mal tägl. nach Zadar. **Zug**: 6-mal tägl. nach Drniš (0:20–0:30 Std.), 5-mal nach Zadar und 2-mal nach Split und Zagreb (im Sommer öfter). **Entfernungen**: Šibenik 57 km, Split 95 km.

**Ausflüge/Sport** Über **Agentur Jasna**: Fischen, Trekkingtouren im Dinarischen Gebirge, Kanutouren auf der Cetina. Fahrradverleih bei **Kukolj** (→ „Übernachten").

**Veranstaltungen** **Stadtfest** zu Ehren des Kirchenpatrons Sv. Ante am 13. Juni mit vielen Musikgruppen. **Heimatdankbarkeitsfest**, 5. Aug., wird groß gefeiert – hier wehte die erste kroatische Flagge unter Tudman. **König-Zvonimir-Fest**, letztes Wochenende im Juni, mit alten Trachten und traditionellen Speisen.

**Übernachten/Essen & Trinken** \*\*\* **Hotel Mihovil**, ca. 3 km nördl. von Knin im Weiler Vrpolje. Neubau mit 32 gut ausgestatteten Zimmern und gutem Restaurant. Spezialitäten sind Forelle, Lamm, Paštikada und gefüllte Paprika. Ganzjährig geöffnet. DZ/F ca. 68 €. Vrpolje b. b., ✆ 022/664-444, www.hotel mihovil.com.

**Appartements-Restaurant Tri lovca**, gutes Restaurant mit überdachter Terrasse. Spezialitäten des Hauses sind Lamm am Spieß, Sarma (Krautwickel), es gibt aber auch Pizzen und natürlich Wild, wie der Name besagt. Zimmervermietung, DZ ca. 40 €. IV. gardijska brigade 32, ✆ 022/662-642, www.trilovca.hr.

**Pension Jasna**, den Eigentümern gehört o. g. Agentur, also beste Infos gewährleistet. DZ 28 €. Infos über Agentur.

**Prenoćište Kukolj**, die sog. Herberge hat insg. 5 nette, rustikale Betten zu vermieten. 14°€/Pers., mit Frühstück 18 €/Pers. Tomislavova b. b., ✆ 022/660-655, 091/5141-829 (mobil). Hier auch Fahrradverleih.

## Sehenswertes

Die **Sv.-Spas-Festung** (St. Salvator) liegt in der Flussschleife der Krka und gehörte zu den mittelalterlichen Machtzentren Kroatiens. Die Burganlage mit der weithin sichtbaren kroatischen Flagge umspannt den gesamten gleichnamigen 345 m hohen Berg mit Bastionen und Mauern auf einer Länge von 470 m, einer Breite von 110 m und bis über 20 m hohen Befestigungsmauern, die sich über eine Länge von fast 2 km ziehen. Die Burganlage gliedert sich in fünf untereinander verbundene Teile: die Untere Stadt (Donji grad), die Mittlere Stadt (Srednji grad), die Obere Stadt (Gornji grad oder auch Kaštel Knin), das Kastell Lab (Kaštel lab oder Bandijera = Fahne) und die Südliche Stadt (Južni grad oder Station Belveder). Den Baubeginn datiert man auf den 9. Jh., zu Zeiten, als der altkroatische Staat begründet wurde. Die kroatischen Könige hatten hier eine zeitweise bzw. dauerhafte Residenz, sie bauten diese bis zum 11. Jh. aus. Später wurde die Burg von Türken, Venezianern (1685) und Franzosen (1809) erweitert und erneuert. Der Weitblick nach allen Seiten ist gigantisch. Die Kniner Festung zählt zu den größten Verteidigungsdenkmälern Kroatiens und ist die zweitgrößte ihrer Art in Europa, noch dazu gut erhalten. Es gibt ein *Museum* und Ausstellungsräume. Zur Erfrischung und Stärkung lädt das Burg-Restaurant Tvrđava (✆ 022/663-155) ein, mit herrlichem Blick.

Auf dem **Capitolium** (oder Kapitul), einem kleinen Hügel innerhalb der Stadt Knin, fand man Überreste eines im 10. Jh. errichteten Benediktinerklosters, zudem Grundmauern der Kirche des Hl. Bartolomej von 1203, der späteren Kathedrale von Knin. Fundstücke befinden sich aber größtenteils im Archäologischen Museum in Split.

Interessant ist noch die Pfarrkirche **Sv. Marija**, die 1938 zum 850. Todestag von *König Zvonimir* fertig gestellt wurde und die Statue „Madonna mit Kind" von Meister *Ivan Meštrović* birgt.

**Biskupija**, ein kleiner Ort rund 5 km südöstlich von Knin, zählt zu den wichtigsten archäologischen Fundstätten Kroatiens. Hier hatten ab 1040 die Bischöfe ihren Wohnsitz und errichteten zahlreiche Kirchen. Fünf Kirchen aus dem 9. bis 11. Jh. wurden ausgegraben, die ersten in der kroatischen Geschichte, u. a. sogar mit Fragmenten einer Marienbilddarstellung.

Den Weitblick von Knin und der Burg begrenzen das **Dinarische Gebirge** und sein Namensgeber, der Berg Dinara, mit 1831 m der höchste Gipfel Kroatiens, zudem bildet dieses Gebirge die Landesgrenze zu Bosnien-Herzegowina. Das Gebirge erstreckt sich auf ca. 20 km Länge und 10 km Breite und ist Quellgebiete der Flüsse Cetina und Krka. Hübsch ist das wenige Kilometer östlich der Stadt gelegene Ausflugsziel **Krka-Quelle**, die in einer Grotte unterhalb des kleinen Wasserfalls des Flüsschens Topolje entspringt und sich dann ihren 72,5 km langen Weg durch Canyons und über die Krka-Wasserfälle gen Šibenik und Meer sucht. Erfrischend ist auch der 22 m hohe, 30 m breite und 21 m lange **Krčić-Wasserfall**. Das Flüsschen entspringt 10 km südlich im Dinarischen Gebirge und mündet hier, 3 km östlich von Knin, über eine Kaskade in die Krka, um diesen noch in seinen Kinderschuhen steckenden Fluss zu speisen. Die gesamte Gegend lädt zu schönen Wander- oder Mountainbiketouren ein, nach wie vor wird allerdings geraten, wegen Minengefahr nicht von den ausgeschriebenen Wegen abzuweichen. Am besten schließt man sich den organisierten Touren an.

Die große Festungsanlage von Knin

# Von Šibenik nach Rogoznica

Diese nur rund 35 km lange Strecke in Richtung Split bietet eine buchtenreiche Küste mit vielen vorgelagerten Eilanden. Stadtauswärts von Šibenik zieht sich kilometerlang das Industrie- und Einkaufsparadies mit großen Shoppingcenter. Dann folgt der Abzweig zur *Halbinsel Zablaće* mit dem Hotelresort Solaris und Campingplätzen (→ Šibenik/Umgebung). Nach weitern 4 km wird der Fischerort **Brodarica** erreicht, von wo aus man zur sehenswerten Schwamm-

Schon von der E65 sichtbar – die Festungsmauern Bedem von Grebaštica

fischerinsel **Krapanj** schippern kann. Kleine Dörfer wie **Jasenovo**, **Grebaštica** und **Šparadići** durchfährt man auf dem Weg zum Highlight dieser Strecke, dem malerischen Städtchen **Primošten** auf seiner Altstadthalbinsel. **Rogoznica** ist vor allem bei Bootsbesitzern wegen des großen und gut geschützten Jachthafens bekannt. Im Hinterland, das zu anspruchsvollen Mountainbiketouren bei guter Fernsicht lockt, laden Touristische Bauernhöfe ein, die fürs leibliche Wohl sorgen.

# Brodarica

Rund 6 km südlich von Šibenik in Richtung Split liegt das Örtchen, bekannt durch seine gegenüberliegende Insel Krapanj, ansonsten lediglich ein unspektakuläres Straßendorf, das sich am Wochenende mit Šibenikern füllt, die zum Baden, Angeln, Tauchen oder Essen in einem der guten Restaurants kommen. Gleich am Ortsbeginn liegt ein schöner langer Strand. Der Hafen von Brodarica ist mit Booten gefüllt, die Einheimischen fahren aufs Meer oder auch in die schöne *Morinje-Bucht*, die durch das Flüsschen *Dabar* mit Süßwasser gespeist wird.

Gegenüber von Brodarica, fast in Schwimmweite, liegt malerisch mit dicht zusammenstehenden Häusern, die *Schwammfischerinsel Krapanj*, die auf jeden Fall einen Besuch lohnt.

**Information**  Tourismusverband (TZ), Krapanjskih spužvara 1, 22010 Brodarica-Krpanj, ✆ 022/350-612, www.tz-brodarica.hr. Geöffnet Mo–Fr 8–15 Uhr.

**Verbindungen**  Bus, stündl. nach Šibenik. Taxiboot (1,60 €) zur Insel Krapanj (→ Insel Krapanj).

**Übernachten/Essen**   »»» Mein Tipp: *** **Restaurant-Pension Zlatna Ribica**, seit 1937 arbeitet die Familie in der Gastronomie. Der „Goldfisch" lässt kaum Wünsche offen. Das große Restaurant liegt mit schöner überdachter Veranda am Meer, Meeresgetier und Fisch sind die Spezialitäten, das Olivenöl kommt aus der eigenen Ölmühle in Krapanj, auch eigene Weine aus Donje polje stehen zur Verkostung. Im Neubau werden rund 22 Zimmer und 3 Appartements vermietet. Anleger für Boote gibt es ebenfalls, Boote, Surfbretter und Kajaks können gemietet werden. Ganzjährig geöffnet. Krpanjskih Spužara 46, ✆ 022/350-300, -695, www.zlatna-ribica.hr. «

**Camping** Es gibt auch ein paar Minicamps im Ort. U.a.:

**Autocamp-Pension Venera**, kleiner 30-Personen-Platz unter schattigen Bäumen. Wer mag, kann sich auch ein Zimmer nehmen. Gomljanik 52, ✆ 022/350-387, 091/5680-121 (mobil).

# Insel Krapanj

Die Insel der Schwammfischer ist die kleinste und zugleich am dichtesten besiedelte Insel im Šibeniker Archipel. Krapanj überragt den Meeresspiegel um gerade mal 1,5 m und ist damit ein idealer Lebensraum für Schwämme – was sich die Bewohner auch zunutze machen.

Das 0,35 km² kleine Eiland mit kleiner Häuserburg, aus deren Mitte der Kirchturm hervorlugt, ist nur 300 m vom gegenüberliegenden Festlandsort Brodarica entfernt. Krapanj hat die Form eines sich nach Süden öffnenden Hufeisens – die große Ausbuchtung bietet Ankerplätze für Schiffe und Badeplätze. Die Festlandseite und Ostseite der Insel sind eng mit Natursteinhäusern zugebaut, die meisten stehen unter Denkmalschutz. Auf der Westseite des „Hufeisens" wächst dichter Kiefernwald.

Eine Šibeniker Patrizierfamilie erwarb die unbewohnte Insel 1435 von der Kirche und schenkte sie Franziskanern aus Bosnien, die hier ein Kloster mit Kirche und Zisterne errichteten. Im 15./16. Jh., als die Türken das Festland besetzt hatten, siedelten sich Flüchtlinge auf Krapanj an. 1646 gelang es den Türken kurzzeitig, hier Fuß zu fassen, sie zogen sich aufgrund der massiven Gegenwehr von Bewohnern und Franziskanern aber bald wieder zurück.

Die *Pfarrkirche* wurde 1937 in das Mauergerippe einer im 15. Jh. errichteten Kirche gebaut. Das *Franziskanerkloster* liegt im Inselwesten im Kiefernwald. Die Klosterkirche birgt kostbare Gemälde wie „Das letzte Abendmahl" von *Francesco da Santacroce* aus dem 16. Jh., in der Bibliothek werden Inkunabeln aufbewahrt, darunter eine Bibel von 1474. Das *Klostermuseum* zeigt Flora und Fauna aus den

Von Šibenik nach Rogoznica

Meerestiefen, u. a. natürlich prachtvolle Exemplare von Schwämmen und Korallen. Geöffnet in der Saison 9–12 Uhr.

Die Schwammfischerei nahm erst Mitte des 18. Jh. größere Ausmaße an, bis dahin hatten sich die Bewohner nur nebenbei damit beschäftigt. Das Schwammtauchen mit dem Fischerhaken erlernten sie vom Franziskanerbruder *Anton dem Griechen* – die Griechen waren zu dieser Zeit sehr geübte Schwammfischer. Bald beherrschten auch die Krapanjer das harte Geschäft, mit dem gute Gewinne zu erzielen waren. 1893 setzten sie neue Tauchapparate ein und gründeten eine Genossenschaft. Das Verfahren wurde weiterentwickelt, heute arbeitet man mit modernsten Methoden. Seit 1968 gibt es auf der Insel eine Schwammverarbeitungsindustrie. Die Krapanjer Schwämme sind wegen ihrer Qualität hoch geschätzt und werden unter dem Namen *Fina dalmata* exportiert.

Ein hartgesottener Insulaner ist *Kristian Curavić* (Spitzname Kiko), der jahrelang in Norwegen lebte. Im April 2005 tauchte er ohne Sauerstoffgerät in der Nähe des Nordpols 51,2 m tief und stellte dabei den neuen Weltrekord im Freitauchen unter Eis auf.

**Information** Touristinformation, 22231 Krapanj, ☎ 022/350-035, oder über Šibenik.

**Verbindungen** Zwischen Krapanj und Brodarica verkehrt ein **Taxiboot** (1,60 €), man muss am Hafen danach fragen; zudem Hotel-Taxiboot.

**Einkaufen** In einer kleinen Seitengasse ein netter **Souvenirshop** mit schönen Schwämmen. Mitte Juni bis Sept. 10–13/16.30–20 Uhr.

**Übernachten** »» Mein Tipp: **** Hotel Spongiola, auch hier alles im Zeichen der Schwämme und Taucher: modernes 18-Zimmer-Hotel mit 5 Suiten direkt am Hafen. Restaurant, Tauchschule, Galerie, Souvenirshop mit Schwämmen; ein kleines Museum zeigt Taucher mit ihren Instrumenten. Im kleinen Wellnessbereich Sauna, Jacuzzi und ein Schwimmbad der Tauchschule mit extra Tauchbecken und Sichtglas. Stilvolle große Zimmer. DZ/F 140 € (TS 170 €). Obala I. br. 58, ☎ 022/348-900, www.spongiola.com. «««

**Essen & Trinken** Im Ort gibt es einige Lokale, z. B. **Konoba Kapelica**, gemütlich sitzt man im weinumrankten Innenhof mit Natursteinwänden. Es gibt u. a. Pršut, Spaghetti, Fisch. Geöffnet Juni–Okt. ab 11 Uhr. ☎ 098/870-093 (mobil).

**Konoba Ronilac**, kleines Lokal an der Hafenpromenade. Frischer Fisch, hauseigene Weine. Tägl. 10–1 Uhr. ☎ 099/563-273 (mobil).

**Tauchen** »» Mein Tipp: **Diving Center Spongiola**, vom Hotel aus geführt. Kurse nach CMAS, SSI, ADRIA. Geboten werden Einsteigerkurse im hauseigenen Schwimmbad speziell für Taucher (→ Hotel Spongiola), Nachttauchen, Wracktauchen und Fahrten in den Nationalpark Kornaten. Es gibt kombinierte Tauch-Übernachtungspakete. ☎ 022/348-900, www.spongiola.com. «««

Alte Tauchgeräte
Schwämme – nette Mitbringsel

## Von Brodarica nach Primošten

Südlich von Brodarica folgen auf dem Weg nach Primošten die kleinen Fischerorte Žaborić, Jasenovo, Šparadići und Dolac. Erwähnenswert ist vor allem **Grebaštica** an der tiefen, gleichnamigen Bucht, gesäumt von der sich ins Meer erstreckenden, kiefernbewaldeten Halbinsel Oštrica. Schon von weitem ist das Wahrzeichen dieser Gegend, die Befestigungsmauer, die sich über den knapp 100 m hohen Berg von der Nord- zur Südseite zieht, sichtbar. Der Ort selbst erstreckt sich mit einer Uferpromenade um das Buchtende gen **Šparadići**. Neben vielen Privathäusern, die Zimmer vermieten, gibt es rund 20 kleine Campingplätze am und nahe dem Meer.

Auch diese Gegend war spätestens zu Römerzeiten besiedelt, wovon Funde und Überreste zeugen. Die zackige Befestigungsmauer, *Bedem* (→ Foto S. 312) genannt, wurde Ende des 15. Jh. zur Türkenabwehr errichtet. Trotz allem musste die Bevölkerung auf umliegende Inseln fliehen. Die Pfarrkirche *Sv. Marija* wurde 1668 auf den Grundmauern einer älteren errichtet.

**Information** Tourismusverband, Grebaštica Donja b. b., 22010 Grebaštica, ✆ 022/577-044, www.tz-grebastica.hr. Geöffnet Mo–Fr 8–15 Uhr.

**Essen/Übernachten/Camping** ≫ Mein Tipp: **Restaurant-Pension Stari Šibenik**, gut geführtes Familienunternehmen am Hang mit schönem Blick hinab auf die Bucht. Seit Generationen wird Wein gekeltert und Oliven- und Gemüseanbau betrieben. Neben leckeren Peka-Gerichten und Fisch ist der hauseigene Wein hervorzuheben, zudem der in Holzfässern mindestens 5-Jahre gereifte Prošek. Nette Zimmer werden vermietet, DZ/F 60 €, auch HP möglich. Ganzjährig geöffnet. Fam. Bačelić, Grebaštica donja 57, ✆ 022/577-536, www.stari-sibenik.com. ≪

**Pension-Camp Vala**, mit 6 einfachen Zimmern, im Garten kann campiert werden. Grebaštica donja 60, 22216 Grebaštica, ✆ 022/577435, 091/5338-057 (mobil).

**Pension-Camp Banovac**, auch hier gibt es Zimmer und ein kleines Minicamp im Haus. Fam. Lenka Banović, Grebaštica donja 172, ✆ 022/577-487.

**Camping Jasenovo**, in Jasenovo an der gleichnamigen Bucht, ca. 3 km nördl. von Grebaštica. Das gepflegte Gelände unter Kiefern bietet 50 Stellplätze, ausreichend Sanitäranlagen, Cafébar und einen schönen Kieselstrand. Der Platz wurde in den letzten Jahren mehrmals als bester kleiner Campingplatz prämiert. Mai–Sept. ✆ 098/9063-250 (mobil), www.jasenovo.hr.

**Camp Ante & Toni**, an der Südseite der Uvala Grebaštica. Ein kleiner, etwas steiniger Platz unter Oliven, der hinab zum Meer geht. ✆ 091/5077-893 (mobil).

## Primošten

Das malerische Städtchen wurde auf einem Inselhügel erbaut und ist heute über einen Damm mit dem Festland verbunden. Gute Bade- und Sportmöglichkeiten, ausreichend Unterkünfte und ein breites Angebot an nächtlichen Vergnügungen sowie eine Fülle an Ausflugsmöglichkeiten machen einen Aufenthalt abwechslungsreich.

1750 Einwohner leben in der pittoresken Kleinstadt mit eng aneinander gebauten Natursteinhäusern aus dem Mittelalter, in Sichtweite sieben Inselchen, zu denen man hinüberschippern kann. Kleine natursteingepflasterte Gassen und Plätze und die rund um die Altstadt verlaufende Uferpromenade laden zum Bummeln und zu einem Stopp in einem der vielen Cafés und netten Restaurants ein.

Primošten – gepflegte Feinkiesstrände mit malerischem Altstadtblick locken

Ein beliebter Werbeträger verkündet Primoštens Schönheit: „Als Gott die Welt erschuf, beschloss er, am siebten Tag vom getanen Werk auszuruhen und wählte dafür als Ruheort Primošten aus, welches er sich zu diesem Zweck geschaffen hatte". Seemänner bezeichnen Primošten gerne als „das trockene Kap", wegen der oft lange anhaltenden Dürreperioden – Sonnenhungrigen und Badenixen wird das trockene Klima sicherlich gefallen. Auch dem Wein *Babić*, der an den Südlagen um die *Bucht Kremik* gedeiht, gefällt es hier gut, und die mühsam im Felsgelände angelegten Terrassen stehen unter UNESCO-Schutz.

Von der einstigen Befestigung und den Wachtürmen aus dem 17. Jh. ist so gut wie nichts erhalten. Am höchsten Punkt, über viele Stufen erreichbar, ragt die Kirche *Sv. Juraj* gen Himmel. Sie wurde 1485 erbaut, 1760 renoviert und birgt den Sarkophag des Šibeniker Bischofs *Arnerić*, der von vielen Gläubigen verehrt wird, zudem die silberne Ikone der Jungfrau Maria, gefertigt von *Cusio* 1719. Die Beschützerin, die *„Madonna von Loreta"* (Gospa od Loreta) prunkt auf dem Altar. Einer Legende nach erschien dem Bürger Marko Prgin im Traum die „Mutter Gottes mit dem Jesus-Kind" im fernen Italien in Loreto. Er fuhr 1835 dort hin, fand und kaufte das Bild und brachte es nach Hause, wo es einen schönen goldenen Rahmen und einen silbernen Überzug erhielt. Die Bewohner glaubten fortan an ihren Schutz bei Krankheiten und in Kriegszeiten, was bis heute gefeiert wird.

Hier auf dem Plateau ist auch der Friedhof, ein herrlicher Platz mit Weitblick. Ein weiteres Kirchlein, *Sv. Rok* aus dem Jahr 1680, duckt sich im Park vor der Altstadthalbinsel. Die kleine Kapelle *Gospa od Porta* am Beginn der Hafenzufahrt wurde 1770 errichtet.

Die Lage Primoštens macht die Stadt zum idealen Urlaubsstandort. Unweit liegen die Nationalparks Kornaten und Krka sowie die historischen Städte Šibenik, Trogir und Split. Zu Fuß kann man die Umgebung erwandern, u. a. entlang schöner Badebuchten zur *Halbinsel Kremik* und dort hinauf auf den steil ansteigenden 170 m hohen Aussichtshügel. Wer sich aufs Mountainbike schwingt, kann die alten Orte mit ihren geduckten Natursteinhäusern im Hinterland besichtigen (→ Primošten/Umgebung).

## Geschichte

Archäologische Ausgrabungen und Funde bei Kunara belegen eine Besiedlung bereits um das 7. Jh. Vor den Türken fliehende Familien aus Bosnien-Herzegowina siedelten ab 1386 im Hinterland von Primošten um die Dörfer Prhovo, Kruševo und Široke. Die Ausdehnung des osmanischen Reiches veranlasste die Siedler erneut umzuziehen. Gegen Ende des 15. Jh. suchten sie Schutz auf der Felseninsel namens *Gola Glava*, auch *Caput Cista* genannt. Die Lage zwischen den Handelswegen war schon damals gut. Seit dem Jahr 1564 ist diese Siedlung als Primosten bekannt, die von Wehrmauern umgeben und zum Festland hin per Zugbrücke verbunden war. Daher erhielt das Städtchen auch seinen Namen, „preko mosta" oder auch „pri mostu" – über oder bei der Brücke. Nach Beendigung der Türkengefahr Ende des 17. Jh. verließen viele Einwohner die Insel, um sich auf dem Festland wieder der Landwirtschaft zu widmen. Die Stadt entwickelte sich trotz allem im 19. Jh. zum wirtschaftlichen und gesellschaftlichen Mittelpunkt der Region Bosoljina. Im 19. Jh. wurde die Zugbrücke durch einen Damm ersetzt, um einen einfacheren Zugang zu ermöglichen.

Bereits in den frühen 1950er-Jahren begann der Tourismus: Anführer waren Esperantisten und eine internationale Vereinigung, welche die Intention hatten, Integration und eine positive Lebenseinstellung unter den Menschen zu schaffen, egal welcher Rasse, Hautfarbe oder Herkunft. Primošten wurde zur interkontinentalen Begegnungsstätte. So wurde z. B. auf der Halbinsel ein internationaler Garten mit Erde aus allen Kontinenten und vielen Ländern angelegt, dann eröffneten 1962 die Esperantisten einen Campingplatz auf der Halbinsel Raduča und Hotelblocks mit den Gestirnen Mars, Jupiter, Saturn und Venus, die ihre Gesinnung untermauern sollten. Ab 1970 boomte der Tourismus: Es wurden etliche Hotels, Pensionen und Restaurants eröffnet, u. a. auch das zur Ruine verkommene Hotel Marina Lučica, südlich und gegenüber der Altstadt – hier wird seit Jahren ein Investor gesucht, denn an guten Hotels mangelt es in dem ausnehmend hübschen Städtchen. Die gut geschützte und beliebte Marina Kremik liegt südlich der gleichnamigen Halbinsel, eröffnet 1983. Heute verzeichnet das bei Urlaubern beliebte Städtchen täglich rund 6200 Übernachtungen und über 8000 Tagesbesucher.

## Basis-Infos

**Information** Tourismusverband und **TIC**, Trg J. Arnerića 2 (Altstadtbeginn), 22202 Primošten, ☎ 022/571-111, www.tz-primosten.hr. Mai–Okt. tägl. 8–22 Uhr, sonst Mo–Fr 8–14 Uhr. Gute Informationen, mehrere PCs mit **Internetzugang**.

**Agentur Daltours**, Dalmatinska 7, ☎ 022/571-572, www.daltours.com. Zimmervermietung, Fahrrad- und Scooterverleih.

**Agentur Dalmatinka**, Zagrebačka 8, ☎ 022/570-323, www.dalmatinka.hr. Zimmervermittlung, Fahrrad- und Scooterverleih.

**Agentur Raduča**, Trg. Stjepana Radića, ☎ 022/571-289, www.raduca.hr. Hier gibt es u. a. auch Fahrräder.

**Verbindungen** Busbahnhof, am Trg. Stjepana Radića. Sehr gute Verbindungen, halbstündl. nach Šibenik (ca. 3,50 €) und

Split (5,50 €). **Entfernungen**: nach Šibenik und Trogir jeweils rund 30 km, nach Split 60 km, N. P.-Krka ca. 50 km.

**Auto** Parken, alle Parkplätze sind gebührenpflichtig, am stadtnähesten am Beginn der Halbinsel (Hotel Zora) oder im Norden der Stadt, unterhalb der Magistrale.

**Einkaufen** Viele kleine Supermärkte und Obst- und Gemüsestände. Spezielles in den großen Shoppingcentern kurz vor Šibenik. **Vinoteka Lungomare**, an der Strandpromenade, südl. der Altstadt; gute Auswahl an Weinen, u. a. den regionalen Rotwein Babić, Öl und Honig. Bana J. Jalačića 33.

**Geldwechsel** U. a. **Jadranska banka**, Trg. Stjepana Radića, Mo–Sa 8–20 Uhr. Zudem viele Bankomaten.

**Gesundheit** Ambulanz, Trg. Stjepana Radića 8, ✆ 022/570-033; Bereitschaft 0–24 Uhr. **Apotheke**, Ul. Grgura Ninskog 22, ✆ 022/570-305; Mo–Sa 7.30–20 Uhr.

**Post** Trg. Stjepana Radića, Mo–Sa 7–21 Uhr.

**Veranstaltungen** Über den Sommer finden zahlreiche Kulturveranstaltungen und Konzerte statt. Besonders gefeiert werden die Marienfeste der Madonna von Loreto und der Hafenmadonna:

**Stadtfest Gospa od Loreta**, am 10 Mai; großes Fest, das schon am 9. Mai um 20.25 Uhr (Sonnenuntergang!) in allen Kirchen und Kapellen in Primošten mit Messen und Feierlichkeiten beginnt; am Haupttag gibt es eine große Prozession durch die Altstadt mit anschließender Messe in der Kirche Sv. Juraj, gehalten vom Bischof aus Šibenik.

》》》 **Mein Tipp:** **Hafenfest Gospa od Porta**, 27. Juli; in einer Prozession wird das Marienbild von der Kapelle Porta (am Beginn der Hafenbucht) zur Kapelle Sv. Rok beim Park getragen und verbleibt dort bis zum letzten So vor dem 15. Aug.; an Mariä Himmelfahrt wird die Madonna wieder zurückgebracht. 《《《

**Festa i uzance**, das Primoštener Volksfest, in der ersten Augustwoche; am 1. Sa auch in den kleinen umliegenden Gemeinden.

**Klappa-Fest**, im Aug.; Treff von einigen Gesangsgruppen.

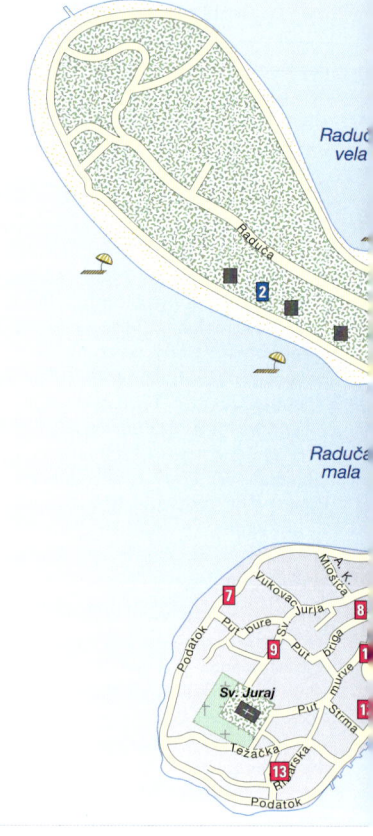

## Übernachten/Essen & Trinken/Nachtleben

**Übernachten** Privatzimmer ab 30 €/DZ. In der Altstadt selbst gibt es nur wenige Privatzimmer, die meisten liegen hoch in Richtung Küstenstraße. Empfehlenswerte Lage an der Uferpromenade Richtung Hafen. Zu mieten über die Agenturen oder Internet: www.primostenapartements.com.

\*\*\* **Villa Koša** 11, mehrstöckiges Haus mit Balkonen kurz vor dem Hafen in ruhiger Lage auf kleiner Landzunge mit Strand. Zimmer (ab 46 €) und Appartements/Studios (ab 56 €); auch Frühstücksraum. Bana J. Jelačića 4, ✆ 022/570-365, www.villa-kosa.htnet.hr.

\*\*\* **Motel Primo** 3, an der Küstenstraße. Für einen Stopp o. k. Splitska 21, ✆ 022/570-345, www.motel-primo.de.

\*\*\*–\*\*\*\* **Hotel Zora** 2, großer Komplex mit 367 Zimmern und Suiten auf der mit Kiefern

## Übernachten
1 Autocamp Adriatiq
2 Hotel Zora
3 Motel Primo
11 Villa Koša

## Essen & Trinken
6 Rest. Kamenar
7 Konoba Kod Papec
8 Konoba Kod Bepice
9 Konoba Garbin
10 Rest. Dalmacija
12 Konoba Toni
13 Rest. Babilon

## Nachtleben
4 Diskothek Aurora
5 Irish Pub

bestandenen Halbinsel gegenüber der Altstadt. Gebadet wird an der Felsküste mit Kiesbuchten; Wellnesscenter, Hallenbad mit beweglicher Glaskuppel, Fitnessraum, Tennisanlage und großes Sport- und Freizeitprogramm (auch Animation für Kinder) sowie Tauchclub Pongo. DZ/F ab 142 € (Mindestaufenthalt 3 Nächte). Raduča 11, ✆ 022/570-048, www.hotelzora-adriatiq.com.

**Camping** \*\* **Autocamp Adriatiq** 1, 2 km nördl. von Primošten. 14 ha großes, mit Kiefern bewachsenes, naturbelassenes Gelände mit Kies- und Felsbadestrand; Tennisplatz, Supermarkt, Restaurant, Internetcafé, Sport- und Freizeitprogramm, Verleih von Tretbooten, Kajaks etc. Teilweise parzelliert mit Strom- und Wasseranschluss, auch Wohnwagenvermietung. Pers. 8,50 €, Zelt 7,80 €, Auto 5,90 €; Parzellen ab 22 €. ✆ 022/571-223, www.autocamp-adriatiq.com.

In Richtung Šibenik drei weitere kleine Campingplätze.

**Essen & Trinken** Die Spezialitäten von Primošten sind neben Peka-Gerichten die Suppe Sočivo, bestehend aus 4 verschiedenen Hülsenfrüchten (Linsen, Bohnen, Erbsen, Kichererbsen), und der Rotwein *Babić*.

**Restaurant Kamenar** 6, am Altstadteingangsplatz speist man bestens Fisch und Fleisch wie Steak mit Scampi-Sauce oder Thunfisch mit Pfeffersauce, hausgemachten Schokokuchen, hauseigenen Mandellikör oder Babić-Wein. Geöffnet April–Okt. Trg Rudinde Arnerića, ✆ 022/570-889.

**Konoba Toni** 12, an der Südostseite der Altstadt am Meer. Flinker und netter Service, angeboten werden Fisch- und Fleischgerichte, Spaghetti und Risotto mit Meeresfrüchten, alles schmackhaft zubereitet, dazu süffige Weine. Mitte April–Mitte Okt.

Podakraje 26, ✆ 091/5895-722, 091/5803-793 (mobil).

>>> **Mein Tipp: Restaurant Dalmacija** 🔟, am Altstadtbeginn. Sitzmöglichkeiten vor der Tür und im schönen Innenhof. Spezialitäten sind Langusten- oder Hummer-Brodetto nach Primoštener Art (Weißwein-Tomatensauce, Zwiebeln, Petersilie, serviert mit hausgemachten grünen Nudeln) oder Pašticada (Rindfleisch geschmort in Rotwein-Tomatensauce, Karotten, Sellerie, Zwiebeln und Pflaumen, serviert mit Gnocchi). Geöffnet Mai–Mitte Okt. Put murve 15, ✆ 022/570-009. ««

**Restaurant Babilon** 🔢, ebenfalls in der Altstadt. Ein beliebtes und immerzu gut besuchtes Lokal mit schöner großer Terrasse; gute Fisch- und Fleischgerichte. Mai–Sept. Težačka 15, ✆ 022/570-769.

**Konoba Papec** 7, an der Westseite der Altstadt, oberhalb vom Meer. Uriges kleines Lokal. Man sitzt auf Baumstämmen bei Kerzenlicht rund ums Haus. Es gibt Käse, Schinken, Oliven und Wein, alles aus ökologischem Anbau. Geöffnet Juni–Sept.

**Konoba Garbin** 9, uriges Lokal mit Innenhof. Auch hier genießt man auf Holzbänken die traditionelle Kost: Sardinen, Tintenfisch, Käse, Pršut mit Brot und süffigen Babić. Geöffnet Mai–Sept. Ul. Sv. Juraj (Hauptaltstadtgasse).

**Konoba Kod Bepice** 8, „der Treffpunkt" (→ „Nachtleben").

**Essen/Außerhalb** Touristische Bauernhöfe (→ Primošten/Umgebung).

**Nachtleben** In der Stadt, vor allem an der Westseite der Altstadt, einige Cafébars oder das **Irish Pub** 5 (neben Fischmarkt). Schön sitzt man bei der **Konoba Kod Bepice** (auch Jošipa genannt) auf Fässern und Holzbänken, wo der Rotwein Babić und auch Debitweine weiß und rosé fließen. Mai–Okt. Put briga 1 (Altstadtbeginn).

**Diskothek Aurora** 4 (www.auroraclub.hr), 2 km östl. von Primošten, am Berg, in Richtung Vadalj. Riesiges, bis zu 3000 Pers. fassendes Gelände auf 2 Stockwerken, 3 Tanzhallen, eine davon im Freien; zudem Billard, Pizzeria, Grillrestaurant und Swimmingpool. Die besten europäischen DJs mischen den Plattenteller, außerdem Konzerte und Events. Geöffnet 22–6 Uhr, Juni–Aug. tägl., danach nur noch am Wochenende. Eintrittspreis je nach Veranstaltung.

## Wassersport/Sport

**Baden** Entlang der **Uferpromenade** Richtung Hotelhalbinsel am Hauptstrand mit Feinkies-Sand und Cafébars im Hintergrund. Weiter Richtung Norden viele schöne und ruhigere Badebuchten; ebenfalls schöne Kiesbuchten Richtung Süden, unterhalb der einstigen und dem Verfall preisgegebenen Nobelherberge **Marina Lučica**. Zum FKK-Strand auf der **Insel Smokvica** fahren Taxiboote.

**Tauchen** Pongo Diving Center, ✆ 091/6799-022 (mobil), www.pongo.hr. Basis beim Hotel Zora.

**Jachthafen** Marina Kremik, eine der bestgeschützten Marinas an eigener Bucht, mit 395 Liegeplätzen im Wasser (alle mit Strom- und Wasseranschluss) und 150 Landstellplätzen. Restaurant, Supermarkt, Internetcafé und WLAN, Nautikfachgeschäft, Sanitäranlagen, Servicewerkstatt, 5-t-Kran, 80-t-Travellift, 50-t-Slipanlage. Tankstelle 9 sm entfernt in Šibenik. Splitska 22–24, ✆ 022/570-068, www.marina-kremik.hr.

**Wandern** Eine 7 km lange Tour verläuft von der Stadt entlang der Küste bis zur Halbinsel Kremnik und dem Jachthafen (s.u.)

---

**Wanderung 14: Primošten – zur Halbinsel Kremik und Marina** → S. 363
Leichte Wanderung mit vielen Badestopps und schönem Stadtblick

Die alten Weiler im Hinterland von Primošten bieten gute Hausmannskost und süffigen Wein

## Primošten/Umgebung

Das hügelige Hinterland von Primošten lohnt einen Besuch, auch für Moutainbiker – der Weitblick ist fantastisch. Hat man die Hochebene erklommen, fährt man gemütlich durch viele jahrhundertealte Weiler wie *Šarićevi*, *Široke* oder nordöstlich durch das Gebiet *Burnji* mit dem malerischen Weiler **Draga** – hier stört so gut wie kein Neubau das Natursteinidyll mit Kopfsteinpflastergassen. Wie eh und je wird Land- und Viehwirtschaft betrieben, es gedeihen Wein, Oliven und Feigen. Abseits des Massentourismuses haben sich hier in alten Gemäuern *Touristische Bauernhöfe* (Agroturizam) auf Einkehr eingerichtet. Liebhaber alter Sakralbauten finden unzählige kleine Kapellen am Wegesrand oder am Weinfeld, die die Eigentümer zum Schutz der Familie oder auch aus Dankbarkeit erbauten. Zudem steht in **Prhovo** die Kirche *Sv. Juraj* aus dem 1298, die zum Bistum Šibenik gehörte. 1461 wurde sie vergrößert, nach osmanischer Herrschaft renoviert, ihr heutiges Aussehen ist von 1936. Die Kirche *Sv. Jere* in **Široke** wurde 1460 erbaut, ihr Glockenturm kam später hinzu. Ca. 10 km östlich von Primošten steht im seit dem 12. Jh. besiedelten Ort **Kruševo** die 1455 erwähnte Kirche *Sv. Martin* mit einem altkroatischen Grabstein.

**Essen & Trinken** Jurlinovi dvori, in Draga (Burnji, 8 km östl. von Primošten). Der schöne Ökohof mit etlichen Natursteingebäuden bietet ein Ethno-Museum, Galerie, Konoba und Kapelle – heiraten kann man hier also auch; zudem einen Blumengarten und wie auf einem Hof üblich, Tiere (u. a. Esel, Hunde, Kühe, Pferde, Hühner). Nach Anmeldung (da viele geschlossene Veranstaltungen) gibt es u. a. Peka-Gerichte, hauseigenes Gemüse; Käse, Schinken und natürlich hauseigenen Babić-Wein. Draga b. b., Burnji, ✆ 022/574-106, www.jurlinovidvori.org. ■

**》》 Mein Tipp:** Bačulov dvor, dieser 200-jährige Öko-Bauernhof liegt unterhalb von obigem, im Dorf Burnji. Seit 1988 wird wieder gewirtschaftet, jetzt auch mit der jungen Generation, die Wert legt auf ein gepflegtes schönes Ambiente. Zu besichtigen gibt es alte Ölmühlen, den Weinkeller, wo der biologische Babić lagert, und zwei Esel. Gespeist wird im weinumrankten Innenhof: Angeboten werden auch hier nach Vorbestellung Peka-Gerichte, es gibt Sočivo, Gulasch, Fritule, zudem kann man die hauseigenen Erzeugnisse wie Olivenöl, Marmeladen, Feigen, Wein, Grappa etc. erwerben. Juli/Aug. ganztägig, danach nur abends ab 18 Uhr (am besten vorab anrufen). Draga 66, ✆ 022/571-320, 091/1504-989 (mobil), www.baculov-dvor.com. «

**Šarićevi dvori**, der 400-jährige Hof von Zoran Šarić liegt im gleichnamigen Weiler. Die Sitzmöglichkeiten in den alten Natursteingebäuden sind vielfältig, ob im Kellergewölbe, auf der erhöhten Terrasse oder im Innenhof – teils auch improvisiert und nicht perfekt. Nach Anmeldung gibt es Peka-Gerichte mit hauseigenen Produkten wie Kalb, Lamm oder Huhn, aber auch Gulasch und die Suppe Sočivo. Käse, Schinken und hauseigenen Babić gibt es ganzjährig und immer. Supljak, Šarićevi 17, ✆ 098/1743-334 (mobil), www.saricevi-dvori.net.

# Rogoznica

Der kleine Fischerort am Ende einer tiefen und gut geschützten Meeresbucht erreichte Bekanntheit in erster Linie durch die Marina Frapa. Aber auch für Nichtnautiker ist der idyllische Ort mit seinen schönen Badestränden lohnenswert.

Der alte Ortskern liegt auf der *Insel Kopara*, die seit 1880 über einen Damm erreichbar ist und inmitten der großen Bucht *Rogoznićka luke* liegt. Natursteinhäuser säumen die Westseite der Altstadt entlang der palmenbestückten Uferpromenade, Cafés und Konobas laden zum gemütlichen Verweilen ein. Im Süden ist die Altstadtinsel dicht mit Kiefern bewachsen. Gegenüber begrenzt die *Halbinsel Gradina* die Soline-Bucht, deren Ostseite die immer größer werdende Marina erobert. Auf dieser grünen Landzunge ist auch der tiefe See, das *Drachenauge* zu sehen. Die stark gegliederte, buchtenreiche und hügelige *Halbinsel Dvornica* begrenzt die Altstadtinsel im Osten (→ Rogoznica/Umgebung).

Um das 4. Jh. v. Chr. hinterließ der griechische Segler Skylax Aufzeichnungen, die Römer Amphoren. Die erste Besiedlung fand Anfang des 14. Jh. in *Stari Selo* statt. Als die Türkenangriffe sich mehrten, suchte man ab 1518 Schutz auf der Insel Kopara. Heute zieht es viele Touristen in den 800-Einwohner-Ort, der das Schlusslicht der Region Norddalmatien bildet.

Blick vom Berg Gradina auf die Marina Frappa und den Fischerort Rogoznica

Rogoznica 323

## Basis-Infos

**Information** Tourismusverband (TZ), Obala kneza Domagoja b. b., 22203 Rogoznica, ✆ 022/559-253, www.tz-rogoznica.hr. Mai–Sept. tägl. 8–21 Uhr, sonst Mo–Fr 8–14 Uhr.

**Agentur Lenio**, Obala Miline (Beginn), Zimmervermittlung, Fahrräder. Geöffnet Mai–Mitte Okt.

**Verbindungen Bus**, stündl. Verbindungen: in ca. 0:30 Std. nach Šibenik (35 km) und in 1 Std. nach Split (55 km). **Flughafen Split** (www.split-airport.hr), ca. 35 km.

**Gesundheit** Ambulanz, Obala kneza Domagoja 140 A, ✆ 022/559-032. **Apotheke**, kurz vor der Marina, ✆ 022/558-330.

**Veranstaltungen** Klapppakonzerte, 1-mal wöchentl. im Juli/Aug. Mehrmals **Promenadenkonzerte** und **Fischerabende**.

**》》Mein Tipp: Schiffsprozessionen**, am Patronatstag, 2. Juli, wird das Marienbild von der Kapelle zur Hauptkirche gebracht, gegen 10 Uhr Messe. Am Sonntag nach „Gospa od Karmela" (16. Juli) gibt es dann die große Schiffsprozession, wo das Marienbild von der Hauptkirche zur Kapelle zurückgebracht wird, anschließend gibt es dort eine schöne Freiluftmesse (ca. 10–10.30 Uhr). 《《

## Übernachten/Essen & Trinken

**Übernachten Privatzimmer** werden über die Agentur Lenio oder Tourismusverband vermittelt. Viele Privathäuser vermieten nördl. der Uferpromenade Miline.

**Appartementsiedlung-Restaurant Ružmarin**, auf der Altstadtostseite und am Strand. Hier stehen verschieden große Appartementhäuschen (ab 65 €), auch Zimmervermietung (DZ ab 55 €). Zudem eine Pizzeria. Gornji Muli b. b., ✆ 022/558-110, www.apartmaniruzmarin.hr.

**Übernachten/Außerhalb** Aparthotel-Restaurant **eM-Ka**, direkt am Meer in Ražanj (ausgeschildert). Hier werden Studios und Appartements (50–95 €) vermietet. Es gibt ein Restaurant, das neben vorzüglichen Speisen einen schönen Meerblick von der Terrasse bietet. Im Haus Innenpool und Sauna (nur in der Vor- u. Nebensaison geöffnet), vor dem Haus betonierte Liegefläche und etwas Kiesstrand, ca. 400 m entfernt eine Badebucht mit Kies. Uvala Mezzaroca 12, ✆ 022/559-736, 22203 Ražanj, www.hotel-mk.com.

**Camping** Camp Marko, im nördichen Weiler Podgruda (nahe der Uv. Lozica), ca. 2 km vom Zentrum und 300 m vom Meer auf 6000 m² großem Grundstück, mit Pool. Übernachtung auch in 4 Appartementhäuschen (2–6 Pers.) möglich. Zečevarska 7, ✆ 022/559-113.

**Essen & Trinken** Fangfrischer Fisch und Muscheln sind in den Restaurants die Spezialitäten; zudem kann man sich morgens am **Markt** (Altstadtinselbeginn) bestens mit allem versorgen.

**》》Mein Tipp:** Restaurant **Atrium**, wie der Name besagt sitzt man im Glashaus umringt von Pflanzen. Spezialitäten sind hier v. a. Fleischgerichte wie Steaks mit Scampi in Trüffelsauce, Pasticada, Lamm, aber es gibt natürlich u. a. auch leckere Fischgerichte und Schwarzes Risotto. Geöffnet März–Nov. Miline 44 (Richtung Marina), ✆ 091/5731-515, 098/1709-273 (mobil). 《《

Restaurant **Siesta**, pflanzenumringt an der Uferpromenade. Es gibt Fisch, Muscheln, Scampi – gegrillt, gebacken oder im Sud. Wird von Besuchern sehr gelobt; auch für einen Cocktail zu empfehlen. Ganzjährig geöffnet. Miline 40, ✆ 022/559-539

Gleich am Beginn der Altstadt **Konoba Jere**, hier speist man bestens gegrillten Fisch, dazu selbst gebackenes Brot und eigenes gutes Olivenöl. Freundlicher und guter Service. Obala kneza Domagoja 218, ✆ 022/559-595.

Restaurant **Antonijo**, gemütliches Sitzen und guter Service im kleinen Familienbetrieb in der Altstadt. Es gibt fangfrischen Fisch und Fleischgerichte, dazu hauseigenes Olivenöl und Wein. Obala kneza Domagoja b. b. (kurz nach Tourismusverband), ✆ 022/559-411, 091/2096-354 (mobil).

# Von Šibenik nach Rogoznica

## Wassersport

**Baden** Schöne Bademöglichkeiten bieten sich rund um die **Halbinsel Gradina** (südlich der Marina wie auf der Westseite und auch gen Norden Richtung Sabun), ebenso gen Süden und im Osten der Altstadtinsel.

**Jachthafen** Marina Frapa, schöne und geschützte Lage mit 10 Anlegestegen. Mehrfach als beste kroatische Marina ausgezeichnet – hier können auch riesige Jachten problemlos ankern. 450 Liegeplätze im Wasser, alle mit Strom/Wasser, 150 an Land; gutes Restaurant, Café und Nachtclub, Pool – es weht die „Blaue Flagge". Das komfortable **Hotel** mit 35 Zimmern/Appartements und Pool liegt am Hügel, am Rande des Salzsees. Uvala Soline 1, ✆ 022/559-900, www.marinafrapa.com.

**Hafenkapitän** ✆ 022/559-045.

## Sehenswertes

Die von Kiefern überzogene **Halbinsel Gradina** bietet südlich der Marina schöne Bademöglichkeiten an der Felsküste. Wege führen rundum und bergan und gewähren einen herrlichen Rundblick.

Nahe der Marina liegt der vom Meer gespeiste rund 15 m tiefe See **Zmajevo oko**, das Drachenauge, eingebettet zwischen 4 bis 24 m hohe Kalksteinwände, mit einer Fläche von 5300 m². Durch Ebbe und Flut schwankt seine Wasserhöhe und auch seine Farbe wechselt von Tiefblau bis Smaragd. Dieses Mysterium ließ die Bewohner von einem im See lebenden Ungeheuer sprechen, das, wenn es zornig ist, kocht und alle Geschöpfe darin sterben lässt. Seit vielen Jahren versucht man diesen ovalen Salzsee zu erforschen, wo komplexe biochemische Prozesse wie Schwefelfreisetzungen stattfinden und eine eigene Flora und Fauna gedeihen. Der mehrfache Weltmeister im Klippenspringen, der Kolumbianer *Orlando Duque*, nutzte 2012 diesen See für eine Red-Bull-Serie und sprang hier 19 m – er war glücklich, dass ihm der Drache gut gesonnen war.

Die kleine Kapelle **Gospa od kapelice** (→ Kasten) nahe dem Meer wurde 1778 erbaut, oberhalb davon die heute für die Prozession genutzte und größere Kirche aus

---

### Die Legende um die Kapelle Gospa od kapelice

An der Südspitze der Halbinsel Gradina prunkt die kleine Kapelle **Gospa od kapelice**, 1776 erbaut zum Schutz der Hafenzufahrt. Der Legende nach sah ein Fischer 1772 an jener Stelle am Fels abends ein helles Licht funkeln. Er ruderte zur Landspitze und blickte auf ein Gemälde unter einem Fels, das den Besuch der Hl. Jungfrau Maria bei ihrer Kusine Elisabeth zeigte. Er brachte das Bild nach Hause in Sicherheit. Der Fischer wunderte sich sehr, als er sein Heiligenbild am nächsten Tag wieder am Kap vorfand, es erneut nach Hause brachte und sich dies auch tags darauf wiederholte. Es sprach sich im Dorf herum, woraufhin die Bewohner darin einen göttlichen Wink sahen und eine Kapelle erbauten, wo das Gemälde seinen Platz fand. Das Originalbild wurde bei einem Brand vernichtet, ein weiteres, 1888 gefertigtes, wurde um 1960 gestohlen. Alljährlich finden nun am 2. Juli, dem Patronatstag, und Ende Juli *Schiffsprozessionen* zwischen Hauptkirche und Kapelle statt (→ Veranstaltungen) – in einem Boot das Marienbild, Priester und weißgekleidete jungen Frauen.

dem Jahr 1910. Das älteste Kirchlein, **Sv. Nikola** aus dem frühen 14. Jh., steht an der *Uvala Lozica* in Stari Selo, wo die erste Besiedlung stattfand.

Die Pfarrkirche **Uznesenja Blažene Djevice Marije** (Mariä-Himmelfahrts-Kirche) oberhalb der Altstadt wurde 1615 im Barock- und Neogotikstil erbaut und birgt etliche Altäre. Ihren hoch aufragenden Kirchturm erhielt sie 1873. Von der Altstadt gelangt man über Stufen hinauf, vom Kirchplatz bietet sich ein schöner Blick über die Bucht. Messen finden im Sommer an Sonntagen um 10 Uhr statt.

# Rogoznica/Umgebung

Im Osten wird die Rogoznica-Bucht von der großen zerlappten **Halbinsel Dvornica** begrenzt. Sie ist sehr hügelig und mit Weinstöcken und Olivenbäumen kultiviert. Vor allem um den Ort **Ražanj** stehen hinab zum Meer viele Neubauten und Wochenendhäuser, ebenso um **Kanica**. Touristen, außer sie kommen per Boot, gibt es hier kaum – eine Gegend, die auf ihren schmalen Straßen bestens per Moutainbike zu erkunden ist. Südlich von Ražanj stehen auch einige Votivkapellen, u. a. am Kap Movar *Sv. Ante,* im 19. Jh. erbaut; östlich davon, am Kap Planka nahe dem Leuchtturm, *Sv. Ivan,* 1333 von einem Adeligen aus Trogir errichtet – nur zu Fuß, teils per Mountainbike und natürlich mit dem Boot können die beiden Kapellen erreicht werden.

Auch die hügelige Gegend nordöstlich von Rogoznica und der Magistrale (Abzweig bei Poderljak) lädt zu einem Ausflug ein, u. a. das rund 6 km entfernte **Sapina Doca**, ein Weiler auf der ca. 300 m hohen und hier kargen Hochebene, die nur von ein paar alten Natursteinmauern unterbrochen ist – der Weitblick ist fantastisch. Kurz vor dem Weiler steht das Kirchlein *Gospa od Karmela*, 1857 erbaut. Am 16. Juli werden die Kirchenpforten für die Messe aufgesperrt, danach gibt es eine Prozession.

Zmajevo oko – der mysteriöse See diente Orlando Duque für einen Werbespot

Imposanter Kornaten-Blick vom Lehrpfad am Berg Kamenjak (Vransko jezero)

| | | |
|---|---|---|
| **Wanderung 1** | Insel Pag – Bergtour von Kolan zum Sv. Vid | → S. 331 |
| **Wanderung 2** | Nationalpark Paklenica – Rundweg von der Mala- zur Velika Paklenica-Schlucht | → S. 333 |
| **Wanderung 3** | Nationalpark Paklenica – in die Velika-Paklenica-Schlucht | → S. 336 |
| **Wanderung 4** | Insel Silba – zur Sv.-Ante-Bucht und weiter gen Süden | → S. 338 |
| **Wanderung 5** | Insel Silba – zur Bucht Pernastica | → S. 341 |
| **Wanderung 6** | Insel Ugljan – von Preko zur Festung Sv. Mihovil | → S. 342 |
| **Wanderung 7** | Insel Dugi Otok – von Božava nach Dragove | → S. 347 |

# Kleiner Wanderführer

| | | |
|---|---|---|
| Wanderung 8 | Insel Dugi Otok – von Božava zur Bucht Sakarun | → S. 348 |
| Wanderung 9 | Insel Dugi Otok – im Naturpark Telašćica | → S. 350 |
| Wanderung/Mountainbiketour 10 | Vodice – zu den Kulturdenkmälern nördlich der Stadt | → S. 353 |
| Wanderung/Mountainbiketour 11 | Vodice – zu den Basilika-Ruinen in Prižba | → S. 357 |
| Wanderung 12 | Insel Murter – von Tisno nach Jezera | → S. 358 |
| Wanderung 13 | Nationalpark Krka – vom Roški slap nach Stinice | → S. 363 |
| Wanderung 14 | Primošten – zur Halbinsel Kremik und Marina | → S. 360 |

Insel Dugi Otok – der Naturpark Telašćica ist ein herrliches Wandergebiet

# Kleiner Wanderführer durch Norddalmatien

Norddalmatien ist ein ausgesprochen attraktives Wanderziel: imposante Weitblicke von Bergen und Inselbergen locken, Wege durch Schluchten oder entlang verschlungener Küstenwege. Auch Flora und Fauna sind vielfältig und interessant, vor allem in den Nationalparks Paklenica und Krka, aber auch in den Naturparks Telašćica und Vransko jezero.

Die sonnenverwöhnte Region ist bestens für Wanderungen in der Vor- und Nachsaison geeignet. Im Frühjahr ab April genießt man die Touren bei angenehmen 15 °C und taucht ein in ein traumhaftes Blütenmeer. Der Herbst und Spätherbst ab September bis November bieten immer noch angenehme 23 bis 15 °C und dabei ein noch warmes Meer. Hinzu kommt, dass nur noch wenige Touristen unterwegs sind, d. h., es herrscht kein Gedrängel in Städten und an Fähren und es gibt preiswerte Übernachtungen.

Das Gebiet lockt mit einfachen Familientouren entlang des Meeres, zu Inselbergen oder für Konditionsstarke hinauf in die über 1700 m hohe Bergwelt. Einige schöne Touren habe ich für Sie ausgesucht:

Auf der **Insel Pag** werden Sie hinauf zum Inselberg Sv. Vid geführt – Weitblick garantiert. Im **Nationalpark Paklenica** wartet eine Kondition erfordernde Rundwanderung durch zwei Wildwestschluchten, Velika und Mala Paklenica, oder die Familienwanderung in die Velika-Paklenica-Schlucht. Die **Insel Silba** lockt mit zwei attraktiven Wanderungen zu Badebuchten. Die hügelige **Insel Ugljan** verspricht von der erwanderten Festung Sv. Mihovil einen herrlichen Fernblick nach allen Seiten.

## Kleiner Wanderführer durch Norddalmatien

Auf der Insel Dugi Otok gibt es eine lange erlebnisreiche Wandertour rund um die Telašćica-Bucht mit grandiosen Ausblicken sowie bei Božava zwei beliebig erweiterbare Kurztouren zu Badebuchten und alten Weilern. Die Insel Murter bietet viele Küstenwege und auch einen hübschen Prozessionsweg, der auf einer Rundtour um Jezera und Tisno zu entdecken ist. Um Vodice sind die Wege lang, die zu kulturellen Denkmälern führen, sodass man hier auch gut das Mountainbike benutzen kann, zwei Touren habe ich für Sie ausgeführt. Ein Highlight ist auch die Wanderung im nördlichen Teil des Nationalparks Krka – der Blick hinab auf den Krka-Canyon und die Insel Visovac ist grandios. Das Schlusslicht setzt Primošten mit einem hübschen Küstenweg.

Unter den von mir aufgeführten Routen werden Sie über das Gebiet sowie alle wichtigen Fragen vorab, wie u. a. zu Weg, Dauer, Charakter, Anfahrt etc., informiert. Betonen möchte ich: Überschätzen Sie sich bitte nicht, dies kann fatale Folgen haben. Nicht zu unterschätzen ist die Hitze, d. h., zur Ausrüstung gehören unbedingt Sonnenschutz und ausreichend Wasser – für eine 4-Stunden-Tour bei Hitze pro Kopf mindestens 2 Liter Wasser mit sich führen! Meist gibt es in diesen einsamen Gebieten keine Versorgungsstationen oder Unterstellhütten. Ebenso unabdingbar sind rutschfeste Schuhe, auch Wanderstöcke sind sehr hilfreich.

Übersicht der Wanderungen

Auf längeren Touren sollte man zudem nie alleine gehen, ein Mobiltelefon mit sich führen (**Kroatische Bergrettung** ✆ 112, www.gss.hr), zudem im Hotel, auf dem Campingplatz oder in der Pension Bescheid geben. Auch eine Taschenlampe, Windschutz und kleine Wundversorgung sollten ins Tourengepäck. Bei schlechten Wetterverhältnissen sollte man Wanderungen schon vorab unterlassen, bei plötzlich aufkommenden Nebelfeldern am besten stehen bleiben und abwarten.

*Achtung:* Ebenfalls auf die giftige Hornotter (vipera ammodytes) achten (→ S. 24).

Wer all dies berücksichtigt, vielleicht erst einmal mit kleinen Touren um den Ort beginnt, wird sicherlich sein Vergnügen haben. Es versteht sich von selbst, dass man auch Kinder nicht überfordert.

Die Wege sind mit dem in Kroatien durchgängigen Zeichen roter Kreis mit weißem Punkt oder rot-weiß-roter Strich versehen, oft aber auch beschildert. Zum Teil wird auch das Fahrradsymbol für Markierungen verwendet. Der Bergtourismus ist im Aufbau und setzt aktuell viele Arbeitskräfte für Wegsäuberung und Wegmarkierung ein.

Die aufgeführten Wanderungen sind Vorschläge, können oft verkürzt oder verlängert werden, was im Text ausführlich beschrieben wird. Die Touren weisen Unterschiede in Länge und Schwierigkeitsgrad auf. Die Zeitangaben sind reine Gehzeiten, Pausen nicht mitgerechnet, und nur als Richtwerte zu verstehen. Die Karten wurden mit Hilfe von GPS (Global Positioning System) erstellt. Wer ein GPS-Gerät besitzt, kann vor Ort eine genaue Standortbestimmung vornehmen. Wann immer es aber möglich ist, geben wir auffällige Orientierungspunkte an, die allerdings auch Veränderungen unterliegen können.

Zusätzlich zu den hier ausführlich vorgestellten Touren finden Sie im Reiseteil weitere Hinweise auf lohnende Wanderungen oder Mountainbiketouren.

Kroatiens Wandermarkierungen „weißer Punkt auf rotem Kreis" prangen überall am Fels

## Wanderung 1:
## Insel Pag – Bergtour von Kolan zum Sv. Vid

**Charakteristik:** leichte, aussichtsreiche Bergtour; bei Hitze, da schattenlos, nicht zu empfehlen. Der Rückweg erfolgt auf derselben Strecke. **Länge/Dauer:** hin und zurück 6,4 km, ca. 3 Std. **Ausrüstung:** rutschfeste Bergschuhe, Wanderstöcke, Sonnenschutz, ausreichend Trinkwasser. **Markierung:** roter Kreis mit weißem Punkt, auch rot-weiß gestreift, zudem beschriftet (gute Markierung). **Einkehr:** keine Versorgungsmöglichkeit unterwegs! **Ausgangspunkt:** Inselstraße am Beginn des Schotterwegs in der scharfen Rechtskurve von Kolan in Richtung Pag. Geparkt werden kann an der Inselstraße nach der Käsefabrik Gligora oder im Ort. **Karte:** nur Inselübersichtskarten.

**Wegbeschreibung:** Etwa 300 m nach dem Ortsende von **Kolan** in Richtung Pag zweigt in der großen Rechtskurve ein Schotterweg (rote Kreismarkierung) links ab. Wir starten am Schotterweg **1** und wandern rund 0:20 Std. durch die Bergsenke, vorbei an Schafweiden und -pferchen sowie Gemüse- und Weingärten, die von niedrigen Mauern umgeben sind. Der Makadam verengt sich zu einem felsigen Pfad und verläuft zwischen alten Trockenmauern, teils kratzen Brombeeren und Hagebutten an den Beinen, es wächst auch Wacholder. Nach rund 0:30 Std. Wanderzeit versperrt ein **Gatter 2** den Weg und bittet mit der Aufschrift um das erneute Schließen des Tores (= Zatvaraj vrata) – es dient als Umzäunung für Schafe.

Vom Inselberg Sv. Vid genießt man einen fantastischen Weitblick nach allen Seiten

Anschließend setzen wir unseren Weg auf dem nach links verlaufenden und immer steiniger werdenden Pfad fort.

Die Landschaft verändert sich nun schlagartig, die Vegetation wird immer kahler, der Fels tritt immer mehr zu Tage, es wächst Salbei, dann auch Disteln. Nach weiteren 0:15 Std. stoßen wir auf eine Weggabelung **3**, wo wir nun links bergan gehen (geradeaus gelangt man in rund 0:35 Std. nach Šimuni). Halbzeit!

Nun geht es steil bergauf und es begrüßt uns Steinwüste mit nur noch kleinen Kräuterbüscheln. Blaue und gelbe Disteln und Salbei bedecken die Steinhalden aus teils scharfkantigem Gestein, kratziges Gebüsch gesellt sich dazu. Kleine Steinpyramiden markieren zusätzlich den Weg. Weit fällt der Blick gen Süden über fast gerade verlaufende Trockenmauern, das Meer und die Inselkette des Archipels von Zadar in der Ferne. Der steinige Pfad führt leicht bergab. Eine kleine Ebene folgt und eine Weggabelung **4**. Wir gehen rechts an der halb verfallenen Steinmauer vorbei, wo sich eine Schafherde an die Mauern drückt, um etwas Schatten zu finden – ein Wassertümpel, blökende Schafe. Nach dem **Wassertümpel 5** verläuft der Steinweg links bergan (rechts hinab geht es Richtung Šimuni) – von hier aus erblicken wir auch schon unser Ziel, den Gipfel mit altem Gemäuer.

Zuvor aber müssen wir noch steil hinaufsteigen, vorbei an einem mehrere Meter langen liegenden **Steinkreuz**, das mit einer goldenen Kordel versehen ist; auf der Steintafel prangen die Lettern „Zavjetni Branimirov križ" – es soll die Geschichte der christlichen Kultur und des kroatischen Volkes darstellen. Weiter bergan haben wir nach etwa 1:30 Std. den **Gipfel des Sv. Vid 6** auf 348 m erreicht. Das alte halbrunde Gemäuer an der Bergspitze entpuppt sich als Kirchenruine **Sv. Vid** aus dem Jahr 1348 – daneben das Gipfelkreuz. Ein herrlicher Rundblick belohnt für den Aufstieg: Unten liegen im Osten Pag an den Salzfeldern, im Süden in der Ferne Cres, Lošinj und die Inseln bis nach Zadar; die Pager Bucht, Halbinsel Lun und Insel Rab erstrecken sich gen Westen, im Norden begrenzt das hohe Küstengebirge Velebit den Horizont. Hier am Nordhang finden Freeclimber ein Aktionsfeld.

Für den Rückweg können wir wieder den Weg geradeaus talwärts nehmen oder leicht gen Westen **7** starten und dann geradeaus bis zur leicht eingefriedeten Schafweide **4** laufen, um dann auf bekanntem Weg zurückzuwandern.

# Wanderung 2: Nationalpark Paklenica – Rundweg von der Mala- zur Velika-Paklenica-Schlucht

**Charakteristik:** eindrucksvolle, mittelschwere Rundtour mit schönen Weitblicken und Höhlen. Es geht von der touristisch weniger besuchten Schlucht Mala Paklenica über das Bergplateau hinüber und hinab in die populäre Velika-Paklenica-Schlucht. Am Beginn der Wanderung müssen einige anstrengende und steile Felspartien (400 m) überwunden werden, zudem gibt es eine steilere 45-minütige Abstiegspassage (60 m) ins Velika-Paklenica-Tal. Diese hier beschriebene Wanderrichtung ist einfacher zu bewältigen als von der Velika-Paklenica-Schlucht beginnend. Der Wanderweg innerhalb der Schluchten verläuft teils im Schatten, teils in der Sonne. Da die Tour relativ lang ist, zudem Felsen überwunden werden müssen, ist diese Tour für sportlich Ungeübte und Kleinkinder nicht geeignet (empfehlenswert dann Wanderung 3). Viel Spaß dabei haben aber vielleicht sportliche Jugendliche! **Vorsicht:** Diese Route sollte nicht bei oder nach Starkregen begangen werden, da von den Felswänden loses Gestein abfallen kann. Ebenso führt das Flussbett im zeitigen Frühjahr Wasser! D. h. diese Tour kann nur von Frühsommer bis Frühherbst begangen werden (evtl. auch vorab am Eingang 2 informieren). **Länge/Dauer:** 16,9 km, ca. 6 Std. **Verlängerung:** Eine Verlängerung dieser Strecke ist ab 12 möglich, man folgt dann dem Velika-Paklenica-Tal talaufwärts bis Dom Paklenica (→ Wanderung Nr. 3). **Ausrüstung:** rutschfeste, gute Bergschuhe, evtl. Wanderstöcke, funktionale Kleidung, Sonnenschutz, ausreichend Trinkwasser. **Markierung:** roter Kreis mit weißem Punkt, auch rot-weiß gestreift, zudem beschriftet (gute Markierung). **Einkehr:** Es gibt einige Hütten (→ Reiseteil/N. P. Paklenica/Essen, S. 154). Wer die Tour verlängert, hat weitere Auswahlmöglichkeiten (→ Reiseteil/Starigrad Paklenica, S. 152). **Ausgangspunkt:** Startpunkt ist Eingang 2 des N. P. Paklenica (hier gibt es auch Parkplätze. bzw. man kann sein Fahrrad abstellen). Endpunkt ist Eingang 1 des N. P. Zwischen Eingang 1 nördlich von Marasovići und dem 2 km entfernten Schluchteingang pendeln im Sommer auch Busse.

Von der Hochebene folgt der Abstieg hinab in die Velika-Paklenica-Schlucht

Zwischen Eingang 1 und Eingang 2 verläuft der 3 km lange Ökotrail (Poučna staza), den man zum Schluss gehen kann (→ Reiseteil/N. P.-Paklenica/Wandern, S. 151).
**Karte:** Nationalpark Paklenica (Nacionalni Paklenica), mit Wanderwegen, 1:25.000.

**Wegbeschreibung:** Wir starten am **Eingang 2** ❶ des Nationalparks Paklenica, die imposante Bergwelt vor uns im Blick. Der Weg führt erst einmal leicht links und oberhalb des Bachbetts entlang, der Pfad wird felsig. Bald schon verengt sich die Schlucht, steile Felswände tun sich auf und unser Weg verläuft nun im Trockenbett der **Mala Paklenica**, die nur im zeitigen Frühjahr Wasser führt und von ein paar Büschen begrünt ist. Links oben liegt nach 0:15 Std. Wegzeit die sog. **Willkommenshöhle**, Poždravača pećina (nicht zu besichtigen).

Wir folgen der Markierung im groben Kiesbett steil bergan – rund 120 Höhenmeter sind zu überwinden, größere Steinquader stellen sich in den Weg, der aus grobem Gestein besteht. Nach weiteren 10 Min. erreichen wir eine **Staustufe** ❷ – schöne Felsfindlinge bilden eine herrliche Kulisse. Das Tal verengt sich zunehmend und wir folgen nun rechts dem **Klettersteig** mit Drahtseil bergan, gegenüber sind wieder Höhlen. Wir müssen klettern und es geht die nächsten 0:30 Std. stetig steil bergan, bis wir nach ca. insgesamt 1 Std. die höchste Steigung von rund 350 m auf dieser Strecke überwunden haben – von oben ❸ bietet sich ein letzter Blick zurück gen Seline und übers Meer gen Vinjerac.

Danach führt der Weg auf grobem Kies und Felsbrocken hinein in die Schlucht, die Felswände ragen beidseitig in die Höhe. Wir müssen noch etwas weiter über die Felsen bergauf klettern und passieren nach weiteren 0:20 Std. die große **Höhle Kapljuvača** ❹ mit Stalagmiten, die ab und an auch Trinkwasser führt (man sollte sich nicht darauf verlassen!). Nun folgen noch einige größere Felsblöcke, über die wir uns hinaufziehen müssen – seit Tourbeginn haben wir 400 Höhenmeter geschafft, ehe wir die nächste und letzte **Staustufe** ❺ erreichen.

Ab nun verläuft der Weg relativ flach im Kiesbett der Schlucht, die sich etwas weitet, bis wir nach rund 0:30 Std. entspannten Wanderns eine Weggabelung ❻ und den nach rechts verlaufenden alten Verbindungsweg (gen Vlaškograd) entlang dem Bach Orljača erreichen. Wir halten uns leicht links bzw. folgen dem kiesigen und felsigen Flussbett der Mala Paklenica. Bereits über 2 Std. sind wir nun unterwegs. Nach weiteren 0:15 Std. kreuzen ein den Felsen befestigte und gespannte Seile ❼ das Flussbett – die Einheimischen (Jäger etc.) können sich daran, wenn der Fluss Wasser führt, trockenen Fußes zur anderen Seite hangeln. Wir folgen dem Flussbettweg, es wachsen nun Buchen und Akazien und bald heißt es Abschied nehmen von der Mala Paklenica.

Nach rund 3 Std. Wegzeit verlassen wir das Flussbett und folgen dem Weg nach links ❽, der uns durch Buchenwald und in 0:30 Std. zum **Hochplateau** mit Blick auf die Bergwelt des Veliki kom und Borovnik bringt – hier haben wir auf 667 m unseren höchsten Punkt erreicht und gehen an der Weggabelung ❾ geradeaus weiter (markiert mit „Paklenica/Seline"). Den anstrengendsten Teil dieser Wanderung haben wir hinter uns.

Wir spazieren auf einem Pfad über die Hochebene des **Jasenara-Massivs**, es wachsen Schwarzkiefern, Wacholder, Salbei und andere Kräuter, auch hübsches hohes Gras, das in der Sonne golden funkelt und zwischen dem sich Orchideen verstecken. Nach 0:30 Std. laufen wir erstmalig leicht bergab – ein herrlicher Blick aufs Meer und auf die Zacken der Velika-Paklenica-Schlucht in der Ferne

**Wanderung 2: Rundweg von der Mala- zur Velika-Paklenica-Schlucht**
**Wanderung 3: In die Velika-Paklenica-Schlucht**

bietet sich uns. Nach weiteren 0:15 Std. erreichen wir das verlassene Dorf **Jurline** 10 mit alten Häusern, heute von Bienen bevölkert. Wir gehen hier beim Weiler kurz links (auch wenn Schilder den Weg nach rechts weisen!) und dann halbrechts bergab – rund 5 Std. sind wir nun schon unterwegs (der Weg an der Gabelung nach links führt zum Kletterfelsen Anića kuk, bzw. auch in rund 2:30 Std. zurück nach Seline). Wir aber gehen bergab, dann auf und ab auf einem steinigen Pfad zwischen Rotbuchen.

An der nächsten Weggabelung **11** geht es links hinab zur **Velika-Paklenica-Schlucht** (rechts führt ein Weg über den Mala-Močila-Höhenzug und im weiteren Verlauf in gut 1:30 Std. zur Dom Paklenica). Der Weg ist steil und verläuft über Fels und teils loses Gestein in Serpentinen talwärts – der Blick auf die Schlucht, die umgebenden Berge und dann auch Richtung Meer bis auf die gegenüberliegende Halbinsel Ravni kotari ist fantastisch.

Nach 0:45 Std. treffen wir auf den Hauptweg **12** durch die Velika-Paklenica-Schlucht. Hier hätten wir die Möglichkeit, bergauf zur Dom Paklenica zu gehen (→ Verlängerung und Wanderung 3), wenden uns aber talwärts, bis wir den Schluchtabsatz mit einem **Trinkwasserbrunnen** **13** erreichen. Dann führt der alte Stufenweg bergab in die nun immer enger werdende Schlucht mit ihren hoch aufragenden Felswänden. Nach rund 10 Min. passieren wir einen weiteren Abzweig **14** links zur Felswand „Anića kuk" – meist sieht man waghalsige Kletterer an der Wand. Wir folgen dem breiten Wanderweg talwärts, nach knapp 0:30 Std. ignorieren wir abermals einen Abzweig **15** zur Climber-Herausforderung „Debili kuk" (6a+). Kurz darauf erreichen wir das Ende der Schlucht, die Parkplätze und den Beginn der Asphaltstraße, die uns in 2 km zum **Eingang 1** **16** des Nationalparks führt.

# Wanderung 3: Nationalpark Paklenica – in die Velika-Paklenica-Schlucht → Karte S. 335

**Charakteristik:** Diese leichte bis mittelschwere Familienwanderung verläuft ohne Schwierigkeiten auf breitem, meist schattigem Pfad talaufwärts entlang der Velika Paklenica zur Unterkunftshütte Dom Paklenica; lediglich ein halbstündiger steilerer Aufstieg (rund 480 Höhenmeter) bis zum Schluchtabsatz **4** muss absolviert werden. Gleich zu Beginn gibt es alte Mühlen zu besichtigen, zudem kann man den Kletterern zusehen. Schöne Rastplätze am Bach laden zu einer Erfrischung ein (evtl. Badesachen mitnehmen). Der Rückweg erfolgt auf derselben Strecke. **Länge/Dauer:** hin und zurück 19,8 km, ca. 6:30 Std. **Markierung:** roter Kreis mit weißem Punkt, zudem beschriftet (gute Markierung). **Verkürzung:** Man kann die Wanderung problemlos verkürzen, indem man z. B. nur bis zum Forsthaus **9** wandert. **Verlängerung/Bemerkung:** Von der Dom Paklenica kann man noch höher in die einsame Bergwelt des Velebit bis auf über 1700 m wandern, fantastische Ausblicke über das Bergmassiv und das Meer genießen, Gänsegeier beobachten, vielleicht einem Wildschwein begegnen. Aber Vorsicht: Nur erfahrene Alpinisten sollten dieses Gebiet bewandern, und der gefürchtete Fallwind, die Bora, tritt hier ebenso mächtig wie unbarmherzig auf. **Ausrüstung:** Für die Familienwanderung rutschfeste leichte Bergwanderschuhe oder Trekkingsandalen (wer höher geht, komplette Bergausrüstung!); evtl. Sonnenhut, Wanderstöcke, ausreichend Trinkwasser, Snacks für die schönen Stopps unterwegs. Es gibt zwar unterwegs Trinkwasserstellen, aber verlassen sollte man sich nie darauf (v. a. nicht nach längeren Hitzeperioden)! **Einkehr:** im Forsthaus (Lugarnica) **9** oder Kod Marija 10 Min. nordwärts von **11** (→ Nationalpark Paklenica/Essen & Trinken, S. 154). **Ausgangspunkt:** Nationalparkeingang 1, dort erwirbt man auch das N. P.-Ticket. Hier ist ein großer Parkplatz, von dem im Sommer zum Schluchteingang (2 km schmale Asphaltstraße) auch Busse pendeln (Verkehr wird über die Ranger geregelt). Am Schluchteingang gibt es ebenfalls noch ein paar Parkplätze. **Karte:** Nationalpark Paklenica (Nacionalni Paklenica), mit Wanderwegen, 1:25.000.

**Wegbeschreibung:** Kurz hinter dem Weiler Marasovići liegt die **Info-Station von Eingang 1** **1** mit Shop und Ticketverkauf, östlich steht die alte Paklenica-Mühle, hier führt der Ökotrail gen Osten. Per Bus, PKW, zu Fuß oder per Fahrrad geht es 2 km auf dem schmalen kurvenreichen Asphaltsträßchen nordwärts, die Berge rücken imposant in die Nähe. Am Straßenende kann man parken, dann gelangt man zum **Schluchteingang der Velika Paklenica** mit kleiner Infostation und Shop. Hier müssen die Tickets vorgezeigt werden.

Die Felswände türmen sich bereits senkrecht in die Höhe, viele Kletterer versuchen sich hier. Das im Sommer und Herbst trockene Bächlein Velika Paklenica, das im Frühjahr zu einem Fluss anschwillt, liegt rechts unterhalb. Der Hauptweg führt entlang der Felswand, wir hören das Rasseln der Ketten der Kletterer (auch kleine Kinder) und schauen nach oben zu den Profis.

Bald folgt ein Abzweig **2**, den wir ignorieren (er führt zum links oben liegenden „Debili kuk" 6a+, einer Herausforderung für Freeclimber). Unser Weg verläuft steil bergauf, über in den Fels gehauene Stufen, am Velika Paklenica entlang. Nach etwa 0:40 Std. folgt wieder ein Abzweig **3**, den nur Kletterer nutzen – rechts oberhalb erblickt man das gewaltige weiße Massiv des „Anića kuk", das Highlight in dieser Region, wo selbst erfahrene Kletterer schon mit ihrem Leben bezahlten. Wir gehen geradeaus weiter und erreichen kurz nach dem Abzweig an einem **Trinkwasserbrunnen 4** den Schluchtrand und haben 400 Höhenmeter überwunden – der anspruchsvollste Teil dieser Strecke liegt nun hinter uns.

Danach verläuft der Weg ebener, nach ca. 1:15 Std. ignorieren wir rechts den Abzweig **5** hinauf über Jurline zur Mala-Paklenica-Schlucht (→ Wanderung 2). Wir bleiben auf dem Hauptweg, wo 5 Min. später ein Abzweig **6** links zur Grotte Manita peć (Öffnungszeiten → Reiseteil/N. P. Paklenica/Information, S. 154) folgt. Wer mag, kann sie in 0:40 Std. steilen Aufstiegs erreichen.

Hingucker – Kletterer am Anića kuk
Wandern auf schönem Schluchtweg

Unser Hauptweg aber folgt dem Wildbach, der mal nahe, mal tiefer unten plätschert. Kleine Kaskaden beschleunigen seinen Lauf, er überwindet größere Felsbrocken und stürzt dann mit Getöse in ein Becken. Am Wegrand geben Flaumeichen und Rotbuchen Schatten. Ab und zu bietet sich die Möglichkeit, sich im Bach zu erfrischen, an einigen Stellen kann man auch unter einem Wasserfall und in den Becken ein Bad nehmen oder die Kinder plantschen lassen – rundum nichts als Stille (allerdings nur in der Nebensaison!).

Auf dem Hauptweg passieren wir etwa 10 Min. nach dem letzten Abzweig die alte Mühle **Markov mlin** **7** etwas unterhalb, kurz darauf einen **Trinkwasserbrunnen** und unterhalb am Bächlein die halb verfallene Mühle **Katica mlin**.

Wir folgen dem breiten Weg durch herrlichen Rotbuchenwald talaufwärts, bis wir nach weiteren 10 Min. einen Abzweig **8** nach links unbeachtet lassen (er führt über das aussichtsreiche Hochplateau Njive zum 1000 m hohen Veliko Rujno und zum Kirchlein Gospa od Rujno aus dem 15. Jh.). Weiter leicht bergauf erreichen wir nach kurzer Zeit das **Forsthaus Lugarnica** **9** am Bach, das zu einem Stopp nach insgesamt 2 bis 2:30 Std. Wegzeit einlädt. Hier bekommt man Getränke und teils auch Snacks (Mai–Okt. 10–17 Uhr).

Der breite Steinweg bringt uns bergauf, nach 10 Min. passieren wir einen Abzweig **10** (in 2 Std. zum aussichtsreichen 1109 m hohen Crni vrh oder in 1 Std. zum Höhenzug Mala Močila). Wir aber folgen dem Hauptweg, nun wird der Blick frei auf die bis über 1200 m ansteigende Bergwelt. Wir passieren noch eine tiefer unten liegende alte Mühle am Bach, bis wir nach 10 Min. über eine Brücke die Unterkunftshütte **Dom Paklenica** **11** erreichen – ein idyllischer Platz mit Holzbänkchen. Wir haben nach gut 3 Std. Wanderzeit auf jeden Fall eine Pause verdient, bevor wir uns wieder auf den Rückweg machen.

Wer mag, geht noch 10 Min. weiter, im Umkreis sind weitere hübsche Konobas. Hier ist man recht gut auf Gäste eingerichtet (nicht mit gut ausgestatteten österreichischen Hütten zu vergleichen, wo man vom Apfelstrudel bis Zwiebelrostbraten so einiges verspeisen kann). Die Paklenica-Hütte und die Konobas dienen auch Alpinisten als Versorgungsstationen, da es im Umkreis keine anderen Möglichkeiten gibt.

# Wanderung 4: Insel Silba – zur Sv.-Ante-Bucht und weiter gen Süden

**Charakteristik:** leichte Rundwanderung entlang der Küste zu Badebuchten mit herrlichen Blicken auf die umgebende Inselwelt und vorbei an alten Kapellen (→ Reiseteil/Insel Silba). **Länge/Dauer:** 6,2 km, ca. 2 bis 2:30 Std. **Ausrüstung:** bequeme Sportschuhe/Trekkingsandalen, evtl. Wanderstöcke, Sonnenschutz, ausreichend Trinkwasser und Verpflegung. **Markierung:** roter Kreis mit weißem Punkt, auch rot-weiß gestreift, zudem beschriftet (gute Markierung). **Einkehr:** keine Möglichkeit unterwegs. **Ausgangspunkt:** Ortsmitte von Silba bei der Pfarrkirche Sv. Marija. **Karte:** Es gibt nur eine kleine Inselübersichtskarte.

**Wegbeschreibung:** Wir starten in **Silba** bei der Pfarrkirche **Sv. Marija** **1** und laufen auf dem Hauptweg (ausgeschildert „Sv. Ante") südwärts, vorbei an einem Abzweig **2** und an einer Gabelung **3** nach links (rechts führt ein Weg zum Friedhof mit der ehemaligen Pfarrkirche Sv. Marko von 1637). Wir setzen unsere Tour nun

Blick auf die schöne Sv.-Ante-Bucht und gen Insel Premuda

auf einem steinigen Waldweg fort, er verläuft meist unter schattigen Steineichen und ist begrenzt von alten Trockenmauern, hinter denen üppig Macchia und alte Olivenbäume gedeihen. Es geht leicht abwärts und der Blick wird frei – in der Ferne erkennt man die hügeligen Inselsilhouetten von Premuda und Škarda. Die Vegetation reicht fast bis ans Meer – im Frühjahr blühen Ginster, Baumheide, Rosmarin, Zistrosen und Liliengewächse und im Herbst leuchten rot der Mastix-Strauch und gelborange die Früchte des Erdbeerstrauchs.

Nach 0:30 Std. Wanderzeit ist die **Sv.-Ante-Bucht** ❹ mit der gleichnamigen kleinen **Kapelle**, die etwas südwärts am Buchtrand steht, erreicht. Meist ist die Bucht mit Booten gefüllt, die hier am Bojenfeld ankern. Gebadet wird am Fels- und Kiesbadestrand.

Wir laufen am Hauptpfad im Inselinnern in Richtung Südosten weiter und erreichen nach rund 10 Min. die nächste Bucht, die **Uvala Mavrova**, am Buchtrund mit Feinkies und Sand, an ihrer Ostseite, zu der wir weiter gehen, mit hübschen Fels- und Kiesbadeständen. Südwärts folgt eine **Mole** ❺, hier müssen wir uns links halten (geradeaus ist ein Privatgrundstück), die Landzunge abschneidend führt der Weg kurz durchs Innere, ehe wir wieder auf das Meer ❻ stoßen.

Hier gehen wir links, also südostwärts am Kiesstrand entlang. Nach etwas mühsamem Gehen tut sich ein herrlicher Strand mit Bucht auf, **Dobra Voda** (= gutes Wasser) ❼. Rund 1:30 Std. sind wir nun unterwegs. Im Sommer hat hier, versteckt im Wäldchen, die **Linčin-Bar** geöffnet – auf jeden Fall lohnt es sich hier zu verweilen.

Wir müssen wieder ein Stück zurückgehen. Kurz vor der Dobra-Voda-Bucht zweigt bei den Felsen ein schmaler Pfad ins Inselinnere ab und führt im Zickzackkurs durch Macchia, die an den Beinen kratzt. Es wachsen Zistrosen und Mastix, auch Aleppokiefern. Dann begrenzen Trockenmauern den Weg und Steineichen

**Wanderung 4:** Insel Silba – zur Sv. Ante-Bucht und weiter gen Süden
**Wanderung 5:** Insel Silba – zur Bucht Pernastica

sorgen für Schatten. Nach 10 Min. erreichen wir eine Waldlichtung **8**, gehen auf dem Waldpfad nach rechts und stoßen in wenigen Minuten auf einen breiten Fußweg **9**, in den wir nach links einbiegen (rechts gelangt man in ca. 0:15 Std. zur schönen Badebucht Nozdre).

Der Fußweg führt zunächst erdig, dann steinig, dann auf Schotter durch Wacholderbäume. Nach rund 0:15 Std. durch hohe Macchia und auf einem inzwischen angenehmen Fußweg treffen wir auf eine alte **Kirchenruine** **10** – eine der zahlreichen, die namentlich nicht mehr bekannt sind. Wir folgen dem Weg, einen Abzweig **11** ignorierend, geradeaus und unter Stromleitungen hindurch (rechts geht es zur Inselostseite und Richtung Uvala Sotorišće). Im Osten erblicken wir das Küstengebirge Velebit, das sich in der Abendsonne rosé färbt. Wir stoßen auf einen Mobilfunkmast **12** und viele Neubauten, die Wege – bedingt durch neue Baugebiete – ändern sich hier ständig. Evtl. muss man sich seinen Weg suchen, auf jeden Fall sollte man sich links halten, bis man nach etwa 0:45 Std. ab der Uvala Dobra Voda wieder auf den Hauptweg **2** stößt. Hier gehen wir links und erreichen nach 5 Min. unseren Ausgangspunkt, die Ortsmitte von **Silba** mit **Sv.-Marija-Kirche** **1**.

Alte Kirchenruinen stehen zuhauff

# Wanderung 5:
## Insel Silba – zur Bucht Pernastica

**Charakteristik:** Auf dieser leichten Wanderung laufen wir von der Ortsmitte gen Norden und passieren dabei einige Kirchen und Buchten. Auch hier endet die Wanderung an einem Badestrand. **Länge/Dauer:** hin und zurück 9 km, ca. 3 Std. **Ausrüstung:** bequeme Sportschuhe/Trekkingsandalen, evtl. Wanderstöcke, Sonnenschutz, ausreichend Trinkwasser und Verpflegung. **Markierung:** roter Kreis mit weißem Punkt, auch rot-weiß gestreift, zudem beschriftet (gute Markierung). **Ausgangspunkt:** Pfarrkirche Sv. Marija in der Ortsmitte von Silba. **Karte:** Es gibt nur eine kleine Inselübersichtskarte.

**Wegbeschreibung:** Wir starten in der Ortsmitte von **Silba** an der Pfarrkirche **Sv. Marija** **1** und gehen die Hauptachse in Richtung Norden, vorbei am **Liebesturm** und der halb verfallenen Kirche **Gospa od Karmela**.

An der Weggabelung **2** bei der Kapelle **Sv. Ivan** halten wir uns links (nach rechts geht es zurück in den Ort und nach Luka Silba). Der Weg führt noch auf Asphalt

Wer beim Wandern die Zeit vergisst, erlebt dafür …

weiter, ehe er dann zu Makadam **3** wird. Hier halten wir uns halb links. Wir kommen hinab zur **Bucht Papranica** **4** – hier ankern viele Boote – wer will, kann hier nach rund 0:45 Std. Wanderzeit bereits einen Badestopp einlegen.

Dann führt der Weg bergauf und für rund 0:50 Std. durch dichten Wald, ehe der Weg eine leichte Linkskurve macht, sich verschmälert und dann bergab zur Bucht führt. 5 Min. später erreichen wir die verschwiegene **Bucht Pernastica** **5**, an deren Ende Seegras wächst, mit schönen glatten Felsen außen herum. Zum Schwimmen geht man am besten etwas buchtauswärts. Wer mag, schlängelt sich auf einem Pfad südwärts, rund um die Bucht.

# Wanderung 6: Insel Ugljan – von Preko zur Festung Sv. Mihovil

**Charakteristik:** wunderschöne, aber lange, mittelschwere Rundtour durch Olivenhaine hinauf zur alles überragenden Festung Sv. Mihovil – der Weitblick belohnt für den Aufstieg. Unterwegs kann man Badestopps an der Südküste einlegen. **Länge/Dauer:** 18 km, ca. 6 Std. **Details:** **1** bis **10** ca. 4,5 km; **10** bis **15** (Festung Sv. Mihovil) 2,8 km. **Mountainbike:** Diese Tour ist bis auf die Teilstrecke oberhalb der Kletterfelsen auch mit dem Mountainbike machbar – statt dieses Stücks nimmt man den Makadam vom Hinweg. **Verkürzung:** Wer diese Tour auf dem Rückweg verkürzen/vereinfachen möchte, nimmt die Asphaltstraße, den Put Sv. Mihovil, zurück in den Ort (0:45–1 Std. Wegzeit). **Ausrüstung:** gute Wanderschuhe, evtl. Wanderstöcke, funktionale Kleidung, Sonnenschutz, ausreichend Trinkwasser und Verpflegung. **Markierung:** roter Kreis mit weißem Punkt, Fahrradzeichen (es gibt viele,

## Wanderung 6 343

teils verwirrende Markierungen mit dem Fahrradzeichen); Anhaltspunkte sind jedoch immer das Meer im Norden (hier ist Preko), bzw. die Festung Sv. Mihovil. **Einkehr:** keine Versorgungsmöglichkeit unterwegs. **Ausgangspunkt:** Zentrum von Preko am Jachthafen, Endpunkt etwas westlich beim Tourismusverband. **Karte:** Es gibt leider nur Übersichtskarten, wo zum Teil zu viele Wege eingezeichnet sind.

**Wegbeschreibung:** Wir starten am **Jachthafen** ❶ von **Preko** und gehen die Ulica Preškinih močenika bergauf, passieren die rote Pfarrkirche aus dem 17. Jh., überqueren die Glagoljaška ulica und laufen geradeaus auf der Gasse Bržićev dvor weiter bergan. Sie führt uns durch den gleichnamigen ältesten Ortsteil von Preko, **Brižićevi dvori**, mit hübschen Natursteinhäusern und üppigen Gemüsegärten. Nach 5 Min. erreichen wir die Inselhauptstraße N 110 ❷, gehen wenige Meter links und dann gegenüber in die Asphaltstraße Put Sv. Mihovil. Wiederum nach wenigen Me-

... einen imposanten Sonnenuntergang

tern biegen wir links in einen Wiesenweg ab, der parallel zur Hauptstraße in Richtung Osten verläuft. Wir passieren die Rückseite eines Hauses, durchwandern einen Olivenhain, gehen dann an Sträuchern vorbei und genießen den Blick auf Preko, den Jachthafen und übers Meer nach Zadar. Der Weg verbreitert sich etwas, bis wir nach knapp 10 Min. auf eine von unten kommende kleine Asphaltstraße ❸ stoßen. Hier gehen wir rechts und auf dem Sträßchen bergan, vorbei am **Rastplatz** ❹ (der Abzweig rechts ist unser Rückweg).

Wir folgen dem Asphaltsträßchen und gehen auch an der nächsten Gabelung ❺ geradeaus weiter (nach links gelangt man in 1 Std. nach Kali, nach rechts auf unseren Rückweg). Wir passieren das links von uns liegende Wasserbecken **Južni Vrnj** und nach wenigen Metern die nächste Gabelung ❻, wo wir nun auf Makadam geradeaus weitergehen (links geht es nach Kali). Wir folgen nun für gut 0:20 Std. dem Makadam, der flach bis leicht bergan verläuft, bis wir eine Gabelung passieren, an der wir ebenfalls geradeaus bleiben.

An der nächsten Wegkreuzung ❼ ca. 100 m später biegen wir rechts ab (links erreicht man in 0:30 Std. über einen Pfad und dann über Trockenmauern den Aussichtshügel Fratar auf 184 m, mit Blick bis Bibinje – allerdings ein Weg, auf dem man sich leicht verläuft!). Es geht ein Stück auf Asphalt bergauf, dann weiter westwärts auf einem Steinweg bis zur nächsten Gabelung ❽, wo wir uns rechts halten, entlang dem eingezäunten Grundstück. Nach wenigen Minuten und insgesamt rund 1 Std. Wanderzeit haben wir die Weggabelung ❾ zur Badebucht Uvala Svitla erreicht und gehen hier links hinab (wer nicht baden möchte, setzt den Weg geradeaus fort).

Wir möchten baden und folgen dem Weg bergab, die letzten Meter steil über einen schmalen Stufenweg. Vor uns liegt nun die ruhige **Uvala Svitla** 🔟 mit Mole, ein paar Fischerbooten und von Felsen gerahmt.

Nach der Erfrischung machen wir uns auf den Rückweg hoch zur Gabelung 9️⃣, gehen hier links und westwärts auf dem Makadam weiter. Auch an der nächsten Gabelung 1️⃣1️⃣ setzen wir unseren Weg geradeaus fort (rechts geht es nach Preko und auf unseren Rückweg). Rund 5 Min. später erreichen wir die nächste Gabelung 1️⃣2️⃣, halten uns links und folgen den Schildern „Sv. Mihovil" – unser Makadam führt leicht und stetig bergan. Nach weiteren 10 Min. gehen wir an der nächsten Gabelung 1️⃣3️⃣ rechts und dem Makadam folgend bergauf (würden wir an der Gabelung geradeaus nach unten gehen, kämen wir zu unserem Rückweg oberhalb der Kletterfelsen – Sie haben die Wahl, welche Route sie zuerst nehmen wollen).

Nach weiteren 10 Min. und einem schönen Weitblick über die Olivengärten, die Küste und bis nach Zadar und Bibinje stoßen wir auf die schmale Asphaltstraße 1️⃣4️⃣, die von Preko zur Festung führt. Wir gehen hier wenige Meter links auf der Asphaltstraße hoch und biegen gegenüber dem **Parkplatz** nach rechts in den Fußweg, der in etwa 10 Min. auf altem Pflaster steil zur Festung hinaufführt. Unterhalb der Festung folgen wir links dem Weg und erreichen das Tor zur **Festung** 1️⃣5️⃣. Das Innere ist halb verfallen und wird, sobald Geld vorhanden, restauriert. Wer sich auf die Mauern wagt, genießt einen herrlichen Blick auf die Nordseite gen Zadar und Küste, aber auch auf die Südseite gen Dugi Otok und viele weitere Inseln.

Weitblick von der Burg Sv. Mihovil

**Rückweg:** Hierfür gibt es drei Varianten: 1. Man nimmt denselben Weg zurück bis 1️⃣1️⃣. 2. Man geht in ca. 0:45 Std. auf der Asphaltstraße Put Sv. Mihovil zurück nach Preko (von 1️⃣4️⃣ direkt zu 2️⃣5️⃣). 3. Oberhalb der Kletterfelsen zurück zu 1️⃣3️⃣.

Wir entscheiden uns für die 3. Variante, die in 1:30 Std. oberhalb der aussichtsreichen Kletterfelsen bis zum Abzweig 1️⃣3️⃣ verläuft.

Am Parkplatz mit Infotafel unterhalb der Festung kurz vor dem Abzweig 1️⃣4️⃣ biegen wir nun ostwärts, d. h. nach rechts ab, nach weiteren ca. 20 m auf Makadam nach rechts in Richtung der **Kletterfelsen**. An der nächsten Gabelung folgen wir dem Makadam geradeaus weiter (rechts geht es zum Klettergarten). Nach wenigen Minuten biegen wir links in einen Pfad 1️⃣6️⃣ ein, der mit einer weiß-roten Markierung am Stein versehen ist. Er führt unterhalb des Mala glava durch Macchia leicht bergan. Nach 10 Min. folgen wir dem Pfad nach links 1️⃣7️⃣ und erreichen kurz darauf den Picknickplatz mit Unterkunftshütte

**Vela glava** 18 auf 236 m – von hier genießt man einen herrlichen Blick nach Süden über die zahlreichen schimmernden Inseln und auf die Küste von Zadar.

Unser Pfad führt nun über Felsen leicht hinab, es wachsen Salbei und Zistrosen. Nach knapp 0:30 Std. müssen wir uns an der Gabelung 19 und den Felsen links halten. Nun verläuft der Pfad ca. 80 m bergab. Nach 0:15 Std. treffen wir auf einen Kreuzungspunkt 20 mit drei Wegen: wir gehen rechts (erst nach 20 m ist eine rot-weiße Markierung sichtbar). Nach weiteren 10 Min. folgen wir links dem Pfad immer leicht bergab durch Macchia, oberhalb ist der Vela glava. An der folgenden Gabelung gehen wir links, treffen wenig später auf Makadam, wenden uns hier links aufwärts und erreichen nach wenigen Minuten die schon bekannte Weggabelung 13.

Auf bereits bekanntem Weg gehen wir geradeaus bis zur nächsten Gabelung **12**, hier rechts bis zu einer weiteren **11**, und treten nun einen neuen Weg nach Norden an: d. h. wir gehen hier links und bergab.

Nach rund 0:15 Std. halten wir uns an der nächsten Gabelung **21**rechts auf dem Makadam, der nun durch einen Zypressenwald steil nach unten führt. Wir passieren eine Gabelung geradeaus (rechts gelangt man nach Kali, links nach Preko zum Put Sv. Mihovil). Nach weiteren 10 Min. wenden wir uns an der Gabelung **22** rechts durch Olivenhaine. An der nächsten Gabelung **23** kann man einen kurzen Abstecher nach rechts machen und den **Eko Garden Komorok** **24** besichtigen – ein paar alte Olivenbäume und Kräuter; Führungen mit Ölverkostung für Gruppen (→ Insel Ugljan/Preko).

Zurück an der Kreuzung **23** folgen wir dem Makadam bis zur Wegkreuzung **5** vom Hinweg, gehen links und nach wenigen Metern nochmals links **4**. Nun führt der Weg bergauf und westwärts und wir genießen die Fernsicht auf die Inseln, die Küste und Zadar, bis wir in Kiefernwald gelangen. Nach 0:20 Std. halten wir uns an einer Gabelung **25** rechts bergab, hier wird der Blick auf Preko und die Insel Galjevac frei. Geradeaus treffen wir auf die Asphaltstraße **26**, überqueren diese und gehen in den Fußweg wenige Meter südwärts (oder auch auf der Asphaltstraße bergab).

Diesem alten Steinpfad folgen wir bergab, stoßen nach 5 Min. auf einen Querpfad, den wir überqueren und erreichen nach weiteren 5 Min. die Hauptinselstraße N 110 **27**. Diese queren wir ebenfalls und gehen gegenüber in die Hauptgasse bergab und Richtung **Preko** Zentrum, vorbei an der rechts liegenden Kirche und Friedhof. Nach ca. 3 bis 3:30 Std. ab der Festung bzw. 6 Std. Gesamtwanderzeit endet unsere Wanderung etwas westlich von unserem Ausgangspunkt am **Touristenbüro** **28**.

Am Küstenweg von Božava nach Dragove – schöne Ausblicke …

# Wanderung 7: Insel Dugi Otok – von Božava nach Dragove

→ Karte S. 349

**Charakteristik:** leichte, aussichtsreiche Streckenwanderung entlang der malerischen Küste und durch schattige Aleppokiefernwälder mit dem alten Ort Dragove als Ziel. Unterwegs bieten sich etliche Bademöglichkeiten. **Bemerkung:** Der Rundweg, d. h. der Rückweg von Dragove über die Kirche Mala Gospa, ist derzeit nicht möglich, da er zugewachsen ist. Dies kann sich allerdings jährlich ändern, vielleicht vorab fragen (daher nenne ich Ihnen unten den Ausgangspunkt, wo der Rückweg bei einer Rundtour beginnen müsste). **Länge/Dauer:** hin und zurück ohne Abstecher zur Mala Gospa 11 km, ca. 3 bis 4 Std. Wer den Abstecher zur Mala Gospa macht, muss für Hin- und Rückweg noch 1,3 km und 0:40 Std. Wanderzeit hinzurechnen. **Ausrüstung:** rutschfeste Wanderschuhe, evtl. Wanderstöcke, Sonnenschutz, ausreichend Trinkwasser und Verpflegung. **Markierung:** roter Kreis mit weißem Punkt, auch rot-weiß gestreift, zudem beschriftet (gute Markierung). **Einkehr:** Lediglich ein **Market** (zwischen 8 und 9) ist in Dragove geöffnet (Juni–Sept. 7–12/17–20 Uhr). **Ausgangspunkt:** Hoteli Božava am Rand von Božava. **Karte:** Es gibt nur eine kleine Inselübersichtskarte.

**Wegbeschreibung:** Wir starten unsere Tour bei der Hotelanlage **Hoteli Božava** und laufen den Waldpfad (ausgeschildert mit „Dragove") oberhalb der Küste in östliche Richtung. Wir umrunden nach wenigen Minuten die **Badebucht Opatičina** und folgen weiter dem Pfad – gegenüber erstreckt sich die Insel Zverinac. Nach weiteren 10 Min. folgt die schöne kieselige **Badebucht Gruševica** – wir laufen hier über den Grobkieselstrand, gegenüber führt der Pfad weiter.

… auf die Inseln Sestrunj und Ugljan

Nach kurzer Zeit ist an einer Kreuzung 2 ein **Abstecher** möglich: Der schmale Pfad führt in 0:20 Std. steil und aussichtsreich zum 150 m hohen Hügel Dumbovica mit dem Kirchlein **Mala Gospa** 3, im 5. oder 6. Jh. erbaut. Kurz vor dem Kirchplatz hält man sich leicht rechts (also nicht dem Pfad nach links folgen, er endet im Gebüsch). Die Aussicht ist auch schon nach der Hälfte des Weges bestens – wir blicken auf die Insel Zverinac, in der Ferne zieht sich Ugljan entlang. Die Kirche selbst liegt im Wald und ist, außer zum Mala-Gospa-Fest Anfang September, meist verschlossen. (Der ausgeschilderte und auch auf Karten vermerkte Rundweg, der ab der Kirche oberhalb in Richtung Dragove weiter verlaufen sollte, war 2012 nicht begehbar, da er komplett zugewachsen war – ebenso von Dragove aus!).

Zurück am Abzweig 2 setzen wir unsere Wanderung auf dem schattigen Waldweg fort, der etwas oberhalb der

Küste verläuft, und erreichen nach ca. 0:15 Std. die **Bucht Luka** ◘, die wir über den Kiesstrand queren müssen – leider ist sie verschmutzt und zum Baden wenig geeignet. Nach weiteren 0:15 Std. passieren wir einen Felsenhöhle, einen alten **U-Boot-Bunker**, dann folgt die breitere **Bucht Paprenica** ◘ mit Mole und Booten.

Nun müssen wir der Asphaltstraße bergauf folgen – gegenüber liegt die fast kreisrunde kleine Insel Magarčić, dahinter die Insel Ugljan und in der Ferne viele weitere Inseln. An der nächsten Straßengabelung ◘ halten wir uns rechts bergauf (nach links geht es hinab zur Bucht Dumboka). Nach weiteren 10 Min. folgt noch ein Abzweig ◘ zur Ostseite und den Buchten Kanusa und Bukašin mit den vorgelagerten Inseln Planatak Veli und Mali. Wir aber gehen noch etwas bergauf, der Ort Dragove liegt immerhin auf rund 130 m. Wir sind nun insgesamt mindestens 1:30 Std. unterwegs. Am Ortsbeginn (mit Bushaltestelle) ◘ zweigen wir rechts in den Ort **Dragove** ab. Man kann hinauf zur **Ortskirche** gehen und weiter durch den hübschen alten Ort mit seinen Natursteinhäusern hinab, an der Post vorbei und an der Weggabelung ◘ rechts. Dieser Weg, der erst einmal im Tal verläuft, sollte zur Kirche Mala Gospa zurückführen – verlief sich aber bald im Gestrüpp ◘ (→ Bemerkung). D. h. unser Weg endet hier und wir nehmen denselben Weg zurück.

# Wanderung 8: Insel Dugi Otok – von Božava zur Bucht Sakarun

**Charakteristik:** leichte, aussichtsreiche Tour zur Inselsüdseite mit Bademöglichkeiten. Der Rückweg verläuft auf derselben Strecke. **Länge/Dauer:** hin und zurück 6,2 km, ca. 2 Std. **Ausrüstung:** leichte Bergwanderschuhe, evtl. Wanderstöcke, Sonnenschutz, ausreichend Trinkwasser und Verpflegung. **Markierung:** roter Kreis mit weißem Punkt, auch rot-weiß gestreift, zudem beschriftet (gute Markierung). **Einkehr:** Nur im Hochsommer ist an der Uv. Sakarun ◘ ein Kiosk geöffnet. **Ausgangspunkt:** Parkplatz in Božava. **Karte:** Es gibt nur die Inselübersichtskarte.

Weitblick vom Berg Kapelica auf die Bucht von Soline und die Bucht Sakarun

*Wanderung 7: Dugi Otok – von Božava nach Dragove*
*Wanderung 8: Dugi Otok – von Božava zur Bucht Sakarun*

**Wegbeschreibung:** Wir starten am großen **Parkplatz** ❶ am Ortsbeginn von **Božava** und folgen dem ausgeschilderten Weg in Richtung Westen, vorbei am Friedhof und der Friedhofskirche. Der schattige Steinpfad führt zwischen Trockenmauern durch Olivengärten – es ist der alte Verbindungsweg hinüber nach Soline. Wir passieren ein kleines Kreuz und folgen weiter dem Pfad zwischen hohen Steinmauern, sehr schattig auch durch den Kiefernwald. Bald wird der Blick frei zur Nordseite und zur Insel Zverinac. Der Pfad steigt an, führt aus dem Wald und nun durch Macchia. Gen Norden wird der Blick auf die südlich von Zverninac liegende Insel Sestrunj frei sowie auf das unter uns liegende Božava an seiner Bucht. Nach rund 0:30 Std. haben wir bereits den höchsten Punkt des Bergs **Kapelica** auf ca. 160 m erreicht, hier prunkt neumodisch ein Telefonmast ❷.

Wir laufen über den Kamm und dann bergab – ein herrlicher Blick auf Soline an seiner tiefen Bucht, gen Nordwesten zieht sich der Archipel u. a. mit Molat, Ist, Premuda, Silba. Nach etwa 0:15 Std. haben wir die ersten Häuser von **Soline** erreicht und gehen geradeaus weiter bis zum Meer ❸, umrunden das Buchtende, gehen vorbei an der Bushaltestelle und zweigen dann bei der **Pfarrkirche** ❹ nach links ab. Der Weg führt bergauf und wird bald zum Wiesenpfad. Noch einmal bietet sich ein Blick zurück auf die Bucht von Soline, ehe wir uns der anderen Inselseite zuwenden.

Bei den Antennen gelangen wir zur Hauptstraße N 109 ❺, überqueren diese und gehen gegenüber in den schmalen Pfad, der teils etwas zugewachsen ist – vor uns sehen wir bereits die türkis leuchtende Bucht. Nach gut 1 Std. Wegzeit haben wir unser Ziel, die **Badebucht Sakarun** 6 erreicht. (Wem der Pfad zu unwegsam ist, er wird nicht immer gepflegt, läuft an der Straße entlang bis zum Abzweig nach links, ausgeschildert). An der Bucht stehen fest installierte Sonnenschirme und im Hochsommer sind Liegestühle zu mieten. Wer sich noch etwas bewegen möchte, läuft u. a. entlang der Bucht zum kleinen Kap Lopata – fast ein Inselchen.

# Wanderung 9:
# Insel Dugi Otok – im Naturpark Telašćica

Charakteristik: wunderschöne Wanderung entlang der Telašćica-Bucht, hoch zu den Klippen Stene, weiter zum See Mir und zur Badebucht Uv. Lolišće. Sie kann beliebig verlängert oder verkürzt werden und ist dementsprechend leicht oder schwieriger. Auch mit dem Mountainbike ist diese Strecke machbar – man kann bis zum Restaurant Mir 9 fahren. **Länge/Dauer:** Sv. Marija 1 bis Parkplatz 8 einfach 6 km, ca. 1 Std.; Parkplatz 8 bis zur Bucht Lolišće 13 ohne Abstecher zur Festung 4,9 km, rund 1 bis 1:30 Std.; für den Abstecher hoch zur ehemaligen Festung auf dem Grbašćak ([von 8 über 15 zur 7) auf 146 m benötigt man etwa 0:30 Std. zusätzlich. **Verkürzung:** Beschrieben ist die komplette Tour ab Sali; Sie können aber auch mit dem Auto/Fahrrad bis zum Parkplatz 8 fahren und sparen damit 6 km, rund 1 Std. Laufzeit. **Bemerkungen:** Tickets sind am Naturpark-Eingang und an der Zufahrt (Inselstraße) am Ranger-Haus erhältlich (→ Insel Dugi Otok/Naturpark Telašćica). **Ausrüstung:** rutschfeste Wanderschuhe, evtl. Wanderstöcke, Sonnenschutz, ausreichend Trinkwasser und Verpflegung. **Markierung:** roter Kreis mit weißem Punkt, auch rot-weiß gestreift, zudem beschriftet (gute Markierung). **Einkehr:** Restaurant Goro (nahe 5); zudem Restaurant Mir 9 (April–Okt. 10–23 Uhr) an der gleichnamigen Bucht. **Ausgangspunkt:** Kirche Sv. Marija oberhalb von Sali. **Karte:** Naturpark Telašćica 1:25 000. Zudem eine Übersichts-Inselkarte. Hier sind jeweils auch Moutainbikerouten eingezeichnet.

**Wegbeschreibung:** Wir starten an der **Pfarrkiche Sv. Marija** 1 **in Sali**, wo es ausreichend Parkplätze gibt, und gehen westlich die Gasse hoch. Weiter die Straße etwas bergauf, biegen wir nach wenigen Metern beim Straßenspiegel an einer Hausmauer links ab und laufen auf dem alten Fußweg zwischen Gemüsegärten und Steinmäuerchen. Wir stoßen auf die Hauptstraße 2, überqueren diese und laufen linksseitig der Inselstraße bis zum **Rangerhaus** und **Eingang zum Naturpark** 3.

Am Parkplatz führt ein Makadam, unser Wanderweg, in südliche Richtung, Steinmäuerchen begrenzen die alten Olivengärten. Nach rund 5 Min. endet der Makadam und wir setzen unsere Tour auf einem schmalen Felspfad bergab fort – dies ist der alte, mit Naturstein gepflasterte Verbindungsweg zur Telašćica-Bucht, von der wir nun einen kleinen Ausschnitt vor uns haben. Nach rund 0:20 Std. Laufzeit ab dem Rangerhaus erreichen wir die schmale Straße 4 kurz vor dem westlichen Ende der Telašćica-Bucht. Nach wenigen Metern führt ein Abzweig 5 entlang der Bucht zum guten Restaurant Goro, ein weiterer Abzweig 6 zur Kirche Sv. Ivan.

Wir aber bleiben auf der schmalen Straße und müssen nun das Buchtende der Telašćica umrunden. Wir blicken auf die tiefe und gut schützte Telašćica-Bucht, in der viele kleine Inselberge wie Školji Gornje und Donje schwimmen. Nach max. 0:30 Std. passieren wir die kleine Anlegebucht **Jaz** 7. An der Gabelung führt nach rechts die Straße zur Festung Grbašćak bergan, die wir auf unserem Rückweg besuchen werden (man kann natürlich auch gleich einen Abstecher machen).

**Wanderung 9: Dugi Otok – im Naturpark Telašćica**

Jetzt aber folgen wir der Straße noch weitere 10 Min. in östlicher Richtung, bis diese an einem **Parkplatz** 8 endet. Wir gehen durch ein Tor und rund 2 km auf Makadam entlang der Bucht, vorbei an einem Gehege, wo rund 15 Esel leben, und erreichen das **Naturpark-Restaurant** 9 in der **Bucht Mir**.

Vom Restaurant führt südlich bergauf der ausgeschilderte Waldpfad zum Aussichtspunkt **Priseka** 10 – hier geht man links entlang der Klippen weiter, die **Stene** genannt werden, und hier schwindelerregend bis zu 85 m tief und senkrecht abfallen (Vorsicht mit Kindern!). Unser Pfad führt nun wieder hinab und wir gelangen nach wenigen Minuten zum flachsandigen **See Mir** 11, wo man auch baden kann. Wir folgen dem Trampelpfad rechts und laufen entlang der Seesüdseite rund 10 Min. bis zum Ende des Sees 12, wo wir nach rechts abbiegen. Nun durchschreiten wir eine eigentümliche Welt aus großen und kleinen Steinpyramiden, die Gäste hinterlassen. Der Pfad führt gen Südosten unterhalb des bewaldeten Bergs Muravjak und oberhalb des Meeres entlang – die Weitsicht ist gigantisch – vor uns die Inseln Gamernjak Mali und Veli, viele weitere in der Ferne, wie die Leuchtturminsel Sestrica, die bereits zum Nationalpark Kornaten gehört. Wir folgen dem hübschen Pfad, wo u. a. Salbei, Kiefern und Wacholder gedeihen, bis wir nach rund 0:30 Std. die herrliche, fast weißsandige **Bucht Lolišće** 13 erreichen – spätestens hier ist ein Badestopp fällig.

Der Rückweg ist bis zum See Mir 12 derselbe. Dort nehmen wir den Waldpfad entlang der Nordseite bis zum See-Ende 14 und anschließend den Fußweg hinüber zur **Bucht Mir** mit dem **Restaurant** 9.

Wer sich einen schönen Gesamtüberblick über die eindrucksvolle und malerische Landschaft verschaffen möchte, sollte hinauf zur alten Festung Grbašćak laufen. Zu Fuß ist dies in rund 0:30 Std. möglich. Auf demselben Weg wie am Hinweg gehen wir zum Parkplatz 8 und steigen jetzt links über die breite Feuerschneise bergan. Nach ca. 0:15 Std. nehmen wir den abzweigenden Pfad links hoch. Dieser führt zunächst durch Wald, dann wieder hinaus und die Weitsicht beginnt. Wir halten uns oben rechts und steuern auf die **Festung Grbašćak** 15 mit ihren Antennen zu – der Blick über die gesamte Telešćica-Bucht, die Klippen und den Kornaten-Archipel ist unvergesslich.

Weiter geht es zur Anlegebuch **Jaz** 7 und auf schon bekanntem Weg zurück zum Ausgangspunkt 1 in **Sali**.

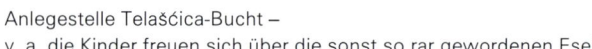

Anlegestelle Telašćica-Bucht –
v. a. die Kinder freuen sich über die sonst so rar gewordenen Esel

Bis heute eine gute Wasserquelle, der überdachte römische Brunnen

## Wanderung/Mountainbiketour 10: Vodice – zu den Kulturdenkmälern nördlich der Stadt

**Charakteristik:** Diese Wander- bzw. Mountainbiketour, die in Etappen ausgeführt werden kann, führt gen Norden zu zahlreichen Kulturdenkmälern – Kapellen, alten Brunnen, Steinhäusern – und bietet vor allem von der Wallfahrtskirche einen schönen Blick über die gesamte Region. **Bemerkung:** Diese Route, da eben, teils ohne Attraktionen zwischendurch und auch relativ lang, ist bestens für eine Mountainbiketour geeignet. Wer wandert, kürzt diese Strecke nach Belieben ab. **Länge/Dauer:** Gesamtlänge ca. 26 km; mit Mountainbike ca. 2:30 Std. Für Gehzeiten die einzelnen Etappen: **1** bis **4** ca. 2,6 km, **4** bis **8** ca. 9 km, **8** bis **9** ca. 1,5 km, Runde ab **9** ca. 5,2 km, **9** bis **22** ca. 7 km. **Verkürzen:** Diese Wanderung ist nach Belieben zu verkürzen, u. a. wenn man z. B. bis zum Parkplatz unterhalb der Wallfahrtskirche fährt. **Ausrüstung:** Mountainbike, bzw. Sportschuhe, evtl. Wanderstöcke, Sonnenschutz, ausreichend Trinkwasser und Verpflegung. **Markierung:** Fahrradzeichen (gute Markierung). **Einkehr:** Unterwegs gibt es keine Möglichkeit. **Ausgangspunkt:** Straßenkreuzung Jadranska Magistrale – E65 (Zadar–Šibenik)/Benkovac-A1 – N27 (ausgeschildert). Am besten nördlich der Stadt der Ausfallstraße Prve primorska čete (Tribunj–Vodice) in Richtung Nordosten folgen, durch das Tunnel unterhalb der Magistrale hindurch und gegenüber dem Put Gačeleza stadtauswärt. **Karte:** Es gibt einen Übersichtsplan (Fahrradkarte) von Vodice.

**Wegbeschreibung:** Wir starten unsere Tour zu Fuß an der **Kreuzung 1** Jadranska Magistrale/Ausfallstraße nach Benkovac. Die Straße führt gen Norden und wir müssen rund 1 km an dieser entlang und vorbei an ein paar Industriegebäuden vorbeigehen, ehe wir nach 0:15 Std. nach links **2** abbiegen. Hier wäre auch ein **Parkplatz**. Wir gehen über viele Stufen aufwärts (oder per Mountainbike auf dem

Fahrweg) zur weithin sichtbaren **Gospa od Karmela** 3 auf dem Berg Okit auf 133 m. Diese moderne Kirche wurde anstelle einer Kapelle aus dem 17. Jh. errichtet und erst 1995 geweiht. Der Blick von hier oben auf den Šibeniker Kanal, die Inseln und auch in Richtung Hinterland ist fantastisch.

Wieder unten auf der Straße 2 gehen wir links bzw. folgen der Straße nordwärts, um nach rund 300 m wiederum links 4 in den Makadam abzubiegen, der uns geradeaus gen Westen führt, beidseitig durch Trockenmauern begrenzt. An der nächsten Kreuzung 5 gehen wir geradeaus weiter auf dem Hauptweg (Fahrradzeichen folgen). Nach rund 10 Min. kommen wir an einem alten, nur aus Steinen erbauten Häuschen, **bunja** (in Istrien kažuni) genannt, vorbei – sie dienten Tier und Mensch als Unterstand. Wir folgen dem Makadam bis zur nächsten Kreuzung 6 und gehen dort rechts (geradeaus gelangt man nach Dubrava), hier stehen eine kleine Kapelle und ein weiterer Unterstand – in dieser Gegend gibt es am Wegrand viele Kapellen, die von Grundbesitzern aus Dank und zum Schutz errichtet wurden.

Wir folgen nun dem Makadam gen Norden, vorbei an alten Hausruinen des bis zum 19. Jh. bewohnten Dorfes **Petrov stan**, das den Partisanen im Zweiten Weltkrieg als Unterschlupf diente. Rund 10 Min. später gehen wir an einer kleinen Gabelung 7 weiter auf dem Hauptweg geradeaus. Nach insgesamt 1:30 Std. Wanderzeit (bzw. 0:30 Std. per Fahrrad) erreichen wir wieder die Hauptstraße 8 und gehen hier links (kurz nach der Straße stehen rechts noch zwei „bunjas").

Nun müssen wir 1 km nordwärts auf der Hauptstraße gehen/fahren und dann links 9 abzweigen. Links steht die Kirche **Sv. Ivan** aus dem 16. Jh., zum alten Friedhof kommen die Einheimischen am 1. Mai zum Picknicken.

Wanderung 10: Vodice – zu den Kulturdenkmälern nördlich der Stadt
Wanderung 11: Vodice – zu den Basilika-Ruinen in Prižba

Wir folgen dem Makadamweg und erreichen **Gradina** 🔟 – die Festung auf einem Hügel (= Gradina), heute sind nur noch Mauerreste und ein Turm zu sehen, wurde im 16. Jh. zur Türkenabwehr errichtet, den Turm erbauten die Venezianer. Bis Ende des 19. Jh. war diese Gegend, sie heißt Rakitnica, bewohnt. An der nächsten Gabelung 🕚 zweigen wir rechts ab (geradeaus geht es nach Dubrava). Kurz darauf sehen wird alte **römische Brunnen**, „bunari" genannt, tief unten das Trinkwasser. Zudem steht hier ein Ofen, in dem Ziegel gebrannt wurden. Wir folgen dem Weg entlang der Trockenmauern und zweigen an der folgenden Gabelung 🕛 rechts ab (links Richtung Dubrava). Wir gelangen, an alten Obst- und Olivengärten vorbei, zur Hauptstraße 🕐 und biegen nach rechts ein.

Auf der Hauptstraße geht es dort, wo wir zuvor zur Kirche abgebogen sind 9️⃣, links in den Makadam (ausgeschildert mit Fahrradzeichen). In der Kurve gehen wir rechts 🕑 dem Hauptweg folgend weiter. Nach ca. 1 km führt ein Abzweig 🕒 links nach Arauzona – dort wären römische Gräber und Grundmauern, allerdings fast alles zugewachsen, zu besichtigen.

Wir aber bleiben auf unserem Hauptweg und halten uns an der nächsten Kreuzung links – hier wartet die kleine **Spiridon-Kapelle** am Wegesrand. Nach wenigen Metern zweigen wir in einen Feldweg 🕓 nach links ab (ausgeschildert „Rimski cisterna"), vorbei an einem „bunja", bis wir auf einem großen Freiplatz auf zwei große überdachte **römische Brunnen** 🕔 stoßen, die immer noch Wasser führen – kein Wunder, dass diese Gegend begehrt und besiedelt war.

Blick von einer Kapelle
hinauf zum Berg Okit
mit Kirche Gospa od Karmela

Zurück auf unserem Hauptweg 🕓 gehen wir rund 1 km weiter bis zum Abzweig 🕕, der links auf einem Pfad in wenigen Metern zur **Sv.-Ilija-Kapelle** 🕖 aus dem 13. Jh. führt. Zurück am Hauptweg 🕕 folgen wir dem Makadam auch an der nächsten Gabelung 🕗 beim großen Natursteinhaus geradeaus. Er wird bald zu einer Asphaltstraße. Dieser folgen wir und halten uns an der Gabelung 🕘 rechts. Nach rund 3 km stoßen wir auf die Hauptstraße 🕙, die Jadranska Magistrale. Halten wir uns hier rechts, sind wir nach wenigen Metern wieder an unserem Ausgangspunkt 1️⃣.

# Wanderung/Mountainbiketour 11: Vodice – zu den Basilika-Ruinen in Prižba
→ Karte S. 354/355

**Charakteristik:** Die leichte Wanderung führt vom Stadtzentrum auf Uferwegen entlang dem Meer gen Süden und beim Ortsteil Srima ins Innere nach Prižba zur Basilika-Ruine. Unterwegs können etliche schöne Badestopps eingelegt werden. **Länge/Dauer:** hin und zurück 12,6 km, ca. 3 bis 4 Std. **Bemerkung:** Diese Strecke ist gut für eine Mountainbiketour geeignet. **Verkürzung:** Diese Wanderung kann jederzeit verkürzt werden, bzw. man kann den Einstieg südlicher beginnen. **Ausrüstung:** bequeme Sportschuhe, evtl. Wanderstöcke, Sonnenschutz, ausreichend Trinkwasser. **Markierung:** roter Kreis mit weißem Punkt, Fahrradzeichen (gute Markierung). **Einkehr:** Entlang der Uferpromenade gibt es viele Cafés, v. a. auch im Weiler Srima. **Ausgangspunkt:** am Tourismusverband in Vodice. **Karte:** Es gibt einen Übersichtsplan (Fahrradkarte) von Vodice.

**Wegbeschreibung:** Wir starten beim **Tourismusverband** ❶ an der Obala V. Nazora in Vodice, gehen entlang der Uferpromenade in nördliche Richtung, vorbei am **Jachthafen**, umrunden die Meeresbucht **Uvala V. Vrulje** und passieren den Badestrand des Hotels Olympia mit der Hooka-Bar ❷. Kioske und Cafés folgen, dann die nächste, ruhigere Badebucht **Uvala Bamborovac** mit aufgeschüttetem Kiesstrand und dem dahinter liegenden Hotelkomplex Imperial sowie **Autocamp Imperial**. Rund 2,5 km haben wir ab dem Zentrum zurückgelegt.

Wir folgen nach dem Autocamp dem Uferweg ❸. Dann wird es ruhiger – wir passieren nette Privathäuser mit Zimmervermietung, eingehüllt in Gärten. Dann erreichen wir die **Uvala Lovetovo** mit kleinem Hafen. Danach laden viele hübsche kleine Kiesbuchten, teils mit schattenspendenden Tamarisken, zu einem Badestopp ein. Die kleine Uferstraße ist lückenlos mit Appartementhäusern zugebaut, ab und an auch kleine Privatcamps.

Nach knapp einem weiteren Kilometer erreichen wir die Landspitze und den **Ortsteil Srima** mit der Uvala Vrulje und dem **Fischerhafen** ❹. Hier wirkt alles heimelig

Die Grundmauern der Doppelbasilika in Prižba bei Vodice

und ländlich, Cafés und Lokale laden zu einer Rast ein. Wir biegen am Hafenhauptplatz, dem Trg Srime (hier auch Post), links ab, durchqueren den Ortsteil auf der Ul. Srima I., bis wir nach wenigen Metern auf die Hauptstraße Ul. Srima XV. mit Bushaltestelle **5** stoßen. Hier gehen wir kurz rechts und folgen an der Straßenkreuzung links der Hauptstraße (nach rechts gelangt man wieder zum Meer – auch diese Route ist möglich). Nach rund 200 m nehmen wir den rechten Abzweig **6**, ein schmales Asphaltsträßchen, das wir bereits nach wenigen Metern wieder nach links auf einen Schotterweg verlassen. Wir folgen am Abzweig mit kleiner Kapelle dem Makadam und gehen auf grobem Schotter und Stein weiter. Dieser Makadam ist gerahmt mit kunstvoll geschichteten alten Trockensteinmauern, die immer höher werden.

Nach 1,5 km führt unser Weg etwas bergab, wir hören und sehen in der Ferne die Jadranska Magistrale. Kurz vor den Häusern von **Prižba** und einem eingezäunten Weinfeld liegt links zwischen Zypressen das große Areal mit den Grundmauern der **Doppelbasilika 7** aus dem 6./7. Jh., umgeben von Zypressen – ein beschaulicher Platz.

# Wanderung 12: Insel Murter – von Tisno nach Jezera

**Charakteristik:** kleine Rundwanderung, die auf ihrem Weg von Tisno über den Bergkamm (128 m) nach Jezera und entlang der Halbinsel zurück neben vielen Bademöglichkeiten und Cafépausen auch mit etlichen Sakraldenkmälern aufwartet. **Bemerkung:** Diese kleine Wanderung kann z. B. auch in Jezera begonnen werden, am Hafen finden Sie viele Parkplätze. Die Route ist auch mit dem Mountainbike machbar, bis auf ein Teilstück (**3** bis **4**) – hier sind flache Stufen. Von Tisno bis zur Kirche Gospa od Karavaja kann man auch die grob gepflasterte Straße, ebenfalls ein Prozessionsweg, der am Friedhof vorbeiführt, bergauf benutzen. **Länge/Dauer:** 5,7 km, ca. 2 bis 2:30 Std. **Ausrüstung:** leichte Bergwanderschuhe, evtl. Wanderstöcke, Sonnenschutz, ausreichend Trinkwasser. **Markierung:** roter Kreis mit weißem Punkt, auch rot-weiß gestreift, zudem beschriftet (gute Markierung). **Einkehr:** sowohl in Tisno als auch in Jezera viele Cafés und Lokale (→ Insel Murter/Tisno, Jezera/Essen & Trinken). **Ausgangspunkt:** östliches Parkplatzende in Tisno, gegenüber dem kleinen Hafen. **Karte:** Inselübersichtskarte von Murter.

Lauschige Badebuchten erfrischen ...

**Wegbeschreibung:** Wir starten in **Tisno** am östlichen Parkplatzende **1** gegenüber dem Hafen und gehen südlich durch einen alten Haustorbogen in den Put Karavaja (ausgeschildert). Er führt uns durch ein kleines Häuserlabyrinth und dann über 214 Stufen je nach Kondition in rund 5 bis 10 Min. bergauf zur großen, mehrfach erweiterten Wallfahrtskirche **Gospa od Karavaja 2** aus dem 16. Jh., die auf einem großen Waldgelände, auch im Freien mit

etlichen Bänken für die Prozessionen versehen, steht. Wir gehen die letzten Stufen hoch zum Hauptweg mit Parkplatz auf rund 128 m.

Wir zweigen von der Kirche kommend an der Gabelung **3** nach links ab (hier oben endet auch die vom Ort kommende kleine Straße, die ebenfalls benutzt werden kann), nun auf einem gepflegten breiten Feinkies-Steinweg, teils von flachen Stufen durchsetzt. Niedrige Steinmäuerchen begrenzen beidseitig die Macchia – wir blicken auf die Hafenbucht und die ACI-Marina von Jezera, die Kirche Sv. Konstancija aus dem Jahr 1780, die kleine Sv.-Roka-Kapelle aus dem 16. Jh. und in der Ferne die Inselchen des Šibeniker Archipels. Nach knapp 10 Min. biegen wir an einer Weggabelung **4** nach links in den schönen alten Pfad ab, der uns nach wenigen Minuten auf die Tišnjanska ulica **5**, auch Gornje put genannt, bringt. (Alternativ geht man an der Gabelung **4** geradeaus und nimmt die Straße nach unten.)

Hier gehen wir links in Richtung Hafenbecken. Nach wenigen Metern lohnt ein Blick nach links zu einem alten Natursteinhausidyll mit Torbögen. Wir gehen weiter östlich, stoßen nach wenigen Minuten auf die Hauptzufahrtstraße, hier mit einem großen Widerstandsdenkmal **6**, und folgen dieser Straße weiter gen Osten bis zur palmengesäumten **Hafenbucht 7**. Wir gehen hier ebenfalls links, bzw. gen Osten, entlang der Uferpromenade mit ihren vielen Cafébars und Restaurants, vorbei an der etwas abseits stehenden kleinen **Sv.-Ivan-Kirche**, dem Beschützer des Hafens und der Seeleute gewidmet und im 17. Jh. erbaut. Wir blicken auf den Jachthafen mit seinen prächtigen Booten und Segeljachten, und weiter ostwärts auf vorgelagerte kleine Inselchen wie das nahe Školjić.

Nach insgesamt rund 1 Std. Laufzeit gelangen wir zum Waldrand **8**. Nun führt ein verschlungener schöner Waldpfad entlang der Küste mit vielen Kies- und Fels-Badestellen und schönen Blicken auf die vorgelagerten Inseln Borovnik und Ljutac und das gegenüberliegende Festland. In rund 0:30 Std. haben wir diese Halbinsel umrundet, ehe wir am Trg Domoljuba **9** wieder auf Asphalt und die ersten Häuser von **Tisno** stoßen. Vorbei an der abseits stehenden Kirche **Sv. Andrija** aus dem Jahr 1606 gelangen wir zurück zu unserem Ausgangspunkt am **Parkplatz 1** gegenüber dem Hafen.

Etwas nördlich des Parkplatzes steht am Trg Lučicev die hübsche Sv.-Rok-Kirche, die zum Dank für die heil überstandene Pest im 17. Jh. erbaut wurde.

Auf dem Prozessionsweg von der Kirche Gospa od Karmela (Tisno) nach Jezera

# Wanderung 13: Nationalpark Krka – vom Roški slap nach Stinice

**Charakteristik:** aussichtsreiche und sehr eindrucksvolle, leichte bis mittelschwere Streckenwanderung vom Roški slap oberhalb der Krka-Canyons bis Stinice – ein fast schattenloser Weg, kleine Passagen sind steiler. **Bemerkungen:** Ab Stinice könnte man in der Nebensaison und nach Anmeldung (℡ 022/201-777) mit dem Ausflugsboot Stinice–Visovac–Roški slap die Rückfahrt antreten (für evtl. ca. 7 €, Preiszusage unklar, zzgl. N. P.-Eintritt); normalerweise umfasst der Bootsausflug die komplette Tour vom Skradinski buk zum Roški slap. Dies ist eine von mir mit der N. P.-Verwaltung ausgehandelte Möglichkeit, um nicht wieder den gleichen Weg retour laufen zu müssen, aber nur bei freien Bootsplätzen möglich. Die Tour nach Stinice ist in Teilen auch mit dem Mountainbike machbar (bis auf **5** bis **6**, hier müsste getragen werden; **11** bis **12** sollte über Bristane umfahren werden), dann evtl. auch über die Dörfer wieder zurück. **Länge/Dauer:** hin und zurück 15,2 km, ca. 5 bis 6 Std. **Abkürzung:** Familien mit Kleinkindern können die kleine Umrundung des Roški slap machen (**1** bis **4**), insgesamt 2,6 km und ca. 0:30 Std. Gehzeit. **Ausrüstung:** rutschfeste, gute Wanderschuhe, evtl. Wanderstöcke, funktionale Kleidung, Sonnenschutz, ausreichend Trinkwasser und Verpflegung. **Markierung:** roter Kreis mit weißem Punkt, auch rot-weiß gestreift, zudem beschriftet (gute Markierung). **Einkehr:** Am Wanderbeginn beim Roški slap in der Mühle **4**; oberhalb an der Straße im Restaurant Panorama nahe **3**. In Stinice keine Konoba. **Ausgangspunkt:** Ranger-Info-Haus am Roški slap. **Karte:** Es gibt bisher nur eine grobe Übersichtskarte, die im Höchstfall zum Mountainbiken geeignet ist.

**Wegbeschreibung kleine Rundtour Roški Slap:** Wir starten am **Ranger-Info-Haus 1** mit Parkplätzen und gehen nordwärts über die kleine Straße (Bribir/Kistanje –

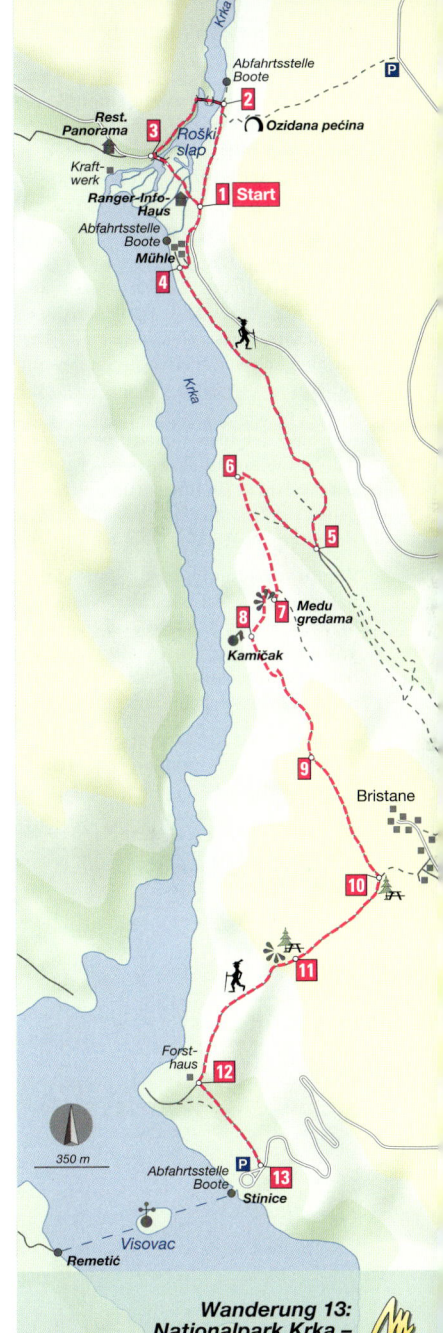

*Wanderung 13: Nationalpark Krka – vom Roški slap nach Stinice*

Širitovci/Drniš). Gegenüber folgen wir dem Pfad rechts der Krka. Nach rund 400 m machen wir am Abzweig einen Abstecher über Holzstufen 107 m hoch zur Höhle **Oziđana pećina**, die schon in der prähistorischen Zeit bewohnt war und einen herrlichen Blick auf das von Felsen gerahmte Krka-Tal mit Schwemmland bietet – auch wer nur wenige Meter höher steigt, kommt in den Genuss eines Überblicks.

Dann setzen wir am Abzweig unseren Weg fort und erreichen nach wenigen Minuten die Holzbrücke ❷, die wir überqueren (geradeaus weiter befindet sich die Abfahrtsstelle für Ausflugsboote zu den Ruinen Nevčen und Trošenj, den Festungen, die im 15. Jh. zur Türkenabwehr erbaut wurden). Wir umrunden das **Roški-slap-Delta** mit seinen kleinen Travertinstufen und grasbewachsenen Inselchen, wo sich Enten und Wasservögel tummeln. Vorbei geht es an einer eindrucksvollen Felswand, die ebenfalls von vielen Tieren bewohnt ist, Bänke und Picknickplätze unter Pappeln laden zum Verweilen ein, das Konzert halten Frösche. Nach 10 Min. erreichen wir die Straße ❸ und gehen links über die Steinbrücke (rechts zum Restaurant Panorama) oberhalb der hier nicht zu sehenden Kaskaden des Roški slap und erreichen nach 0:30 Std. Gesamtgehzeit wieder das **Ranger-Infohaus** ❶. Dort gehen wir ein Stück auf der Straße geradeaus, um nach wenigen Metern hinab den Weg Richtung Fluss zu gehen und dann rechts zu den renovierten **Mühlengebäuden** ❹ mit Museum und Bootssteg. Hier kann man den Blick auf die Wasserfälle in vollen Zügen genießen.

**Wegbeschreibung Roški Slap – Stinice:** Wir starten am **Ranger-Info-Haus** ❶, gehen ein Stück auf der Hauptstraße entlang und zweigen dann ab Richtung **Mühle** ❹. Wir passieren diese und folgen dem Weg, der nun immer schmaler wird, und umrunden das Schwemmland mit seinem Schilfgürtel. An einer kleinen Gabelung halten wir uns links auf dem Hauptweg – rechts würden wir im Sumpf landen. Nun führt der Weg durch Laubbäume und an Olivengärten vorbei.

Nach knapp 0:30 Std. erreichen wir eine Gabelung ❺ und zweigen hier vom Hauptweg nach rechts in einen schmalen Pfad bergauf ab (geradeaus führt der Fahrrad-

Blick vom Aussichtspunkt Među gredama hinab auf den imposanten Krka-Canyon

weg nach Bristane). Nach wenigen Minuten halten wir uns an einer Weggabelung nochmals rechts und wieder etwas bergab. Dann verläuft der Weg über Stufen und einen neu angelegten Holzweg, umrundet das Schwemmland und führt uns hinauf zu einem **Aussichtsplatz** [6] – wir blicken hinab auf Schilf, die Krka und das Kraftwerk und sind nun insgesamt 0:45 Std. ab Tourstart unterwegs.

Der Weg, nun ein breiter Kiesweg, führt weiter bergauf. Nach 0:20 Std. halten wir uns an der Gabelung rechts und gehen hinab zum **Aussichtspunkt Među gredama** [7] – der Blick hinab zum Krka-Canyon mit dem tiefblauen Wasser ist imposant, Bänke laden zum Verweilen ein. Wir gehen weitere 5 Min. auf diesem Weg und passieren die **Burgruine Kamičak** [8] aus dem 14. Jh., wo angeblich König Svačić geboren sein soll.

Der Weg führt nun steil über rund 100 Höhenmeter bergan, der Ausblick hinab zum Canyon besänftigt. Nach 0:25 Std. haben wir den höchsten Punkt [9] dieser Tour erreicht und den anstrengendsten Teil hinter uns. Nun verläuft der Weg zwischen Wacholderbüschen und Macchia, begrenzt mit Steinfelsen, die als Markierung dienen. Bald haben wir die Häuser von Bristane links von uns im Blick und erreichen einen einladenden **Picknickplatz** [10] nach knapp 2 Std. Laufzeit.

Rechts weiter folgen wir dem markierten Weg rund 10 Min. bis zum nächsten Rastplatz [11], der einen fantastischen Blick auf die Klosterinsel Visovac bietet. Der hier nun sehr schmale Schotterpfad führt steil hinab Richtung Krka (Rutschgefahr!), immer Visovac im Blick, bis wir nach 0:15 Std. auf eine Weggabelung [12] treffen und links auf einen Pfad abzweigen, vorbei an einem alten Forsthaus. Ab dann setzen wir unsere Wanderung auf einem breiten Kiesweg fort. Nach weiteren 10 Min., bzw. insgesamt rund 2:30 Std., stoßen wir auf die Asphaltstraße mit Parkplatz und die **Anlegestelle Stinice** [13] am Krka-Ufer – malerisch gegenüberliegend die Klosterinselidylle **Visovac**, die im Stundentakt per Boot besucht werden kann.

Je nach Jahreszeit (s. o. Bemerkung) kann mit dem Ausflugsboot (nur nach Voranmeldung!) zurückgefahren werden oder man tritt nach einer Rast den Rückweg an.

# Wanderung 14: Primošten – zur Halbinsel Kremik und Marina

**Charakteristik:** Diese leichte Streckenwanderung führt auf einem breiten Weg von Primoštens Altstadt zur Halbinsel Kremik, unterwegs bieten sich viele Bademöglichkeiten. **Bemerkung:** Diese Tour kann problemlos mit dem Mountainbike gemacht und nach Belieben beendet werden. **Länge/Dauer:** hin und zurück 11,8 km, ca. 4 Std. **Verlängerung:** Wer mag, steigt noch auf den 170 m hohen Aussichtsberg Kremik und geht dann über den alten Weinberg Grbe zurück, dafür sollten weitere 0:30–0:45 Std. eingeplant werden. Interessant ist vielleicht auch der unter UNESCO-Schutz stehende Weinberg südlich der Marina Kremik. **Ausrüstung:** Sportschuhe, evtl. Wanderstöcke, Sonnenschutz, ausreichend Trinkwasser und Verpflegung. **Markierung:** roter Kreis mit weißem Punkt, auch rot-weiß gestreift, zudem beschriftet (gute Markierung). **Einkehr:** am Endpunkt in der Marina Kremik (→ Primošten/Marina Kremik). **Ausgangspunkt:** vor der Altstadt von Primošten. **Karte:** Primošten/Umgebung – Übersichtsplan 1:28.000.

**Wegbeschreibung:** Wir starten vor der Altstadt [1] beim Park mit Eselchen und der Kapelle **Sv. Rok** aus dem Jahr 1680 und gehen in östliche Richtung entlang der Ulica Bane Josipa Jelačića und dem Meer, vorbei an der Mole. Dahinter bewacht die kleine Kapelle **Gospa od Porta** [2] aus dem Jahr 1770 den Hafen. Wir gehen weiter entlang der malerischen **Uvala Porat** mit ihren vielen bunten Fischerbooten bis zum Buchtende ❸ und dort rechts (geradeaus gelangt man nach Šarićevi und Draga, den hübschen Orten im Hinterland).

Wir umrunden die Bucht, zweigen nach wenigen Metern rechts ❹ ab, gehen durch ein Tor und durch ein schattiges Kiefernwäldchen, überqueren einen schönen Kiesbadestrand und folgen dem Pfad entlang der Küste – hier gibt es viele weitere schöne Kiesbadebuchten mit Blick auf die malerische Altstadt von Primošten mit ihrer hoch aufragenden Kirche Sv. Juraj. Wir passieren allerdings auch die Ruinen der einstigen exklusiven Hotelanlage Marina Lučica, die um 1980 viele Gäste anlockte. Dann verläuft der Weg um die Halbinsel, Salbei- und Stechginsterduft begleitet uns. Wir genießen weiterhin den herrlichen Altstadtblick, nun auch mit der nördlich vorgelagerten Badeinsel Smokvica und den vielen einlaufenden Jachten – nur wer frühzeitig kommt, ergattert einen Anlegeplatz an der Altstadt.

Der Weg führt nun etwas bergauf und verläuft dann oberhalb des Meeres. Nach ca. 1 Std. Wanderzeit haben wir den **Leuchtturm** ❺ am **Kap Kremik** erreicht und blicken auf die vorgelagerten Inseln Maslinovik und das kleine Barilac. Wir umrunden die Halbinsel, hier menschenleer bis auf die zahlreichen einlaufenden Boote.

(Abstecher: Am Abzweig ❻ kann man nach links zum Berg Kremik, auch Gaj genannt, gehen. Der Weg führt steil bergan, an der Gabelung hält man sich rechts und gelangt zur Magistrale (E 65), wo man nach wenigen Metern wieder links den Fahrweg zum Aussichtspunkt mit Antennen nimmt. So mancher läuft auch bereits auf einem Pfad kurz nach der Gabelung nach oben – mühsam! Der Rückweg könnte dann allerdings auf der Nordseite der Halbinsel Kremik auf dem Fußpfad hinab Richtung Grbe und den Kiesbadebuchten vor den Hotelruinen erfolgen.)

Unsere Tour führt am Abzweig ❻ weiter entlang der Küste, rund 200 m danach etwas bergab. Wir passieren die kleine Kiesbadebucht **Gačinov bok** – spätestens hier ist eine Erfrischung unumgänglich, blickt man auf das türkisfarbene Wasser. Danach geht es weiter, nun erst einmal wieder bergauf, bis wir zum roten **Leuchtfeuer** ❼ gelangen, dem Signal für die Hafeneinfahrt. Nun geht es hinab in Richtung **Ma-**

Die smaragdfarbene Kiesbucht Gačinov bok wartet auf Ihre Erfrischung …

**Wanderung 14: Primošten – zur Halbinsel Kremlik und Marina**

rina, ein Tor 8 markiert das Marina-Gelände. Wir blicken auf die Werft und die mit Booten gefüllte Bucht.

Hier endet unsere Tour. Wer mag, geht durch das Tor, läuft zum Restaurant oder weiter auf die gegenüberliegende Buchtseite und bestaunt den alten Weinberg am Bucavac-Hügel, der sogar unter UNESCO-Schutz steht – hier wächst, eingebettet in Natursteinmauern, der rote Babić und man erblickt fast nur Stein und Fels und wundert sich, wie dieser edle Tropfen ohne sichtbare Erde gut gedeihen kann.

Blick von der Badebucht Lučića auf das Städtchen Primošten

# Etwas Kroatisch

An dieser Stelle stehen oft seitenlang Vokabeln oder gar Redewendungen. Doch was hilft es, wenn ich fragen kann: „Wie geht es Ihnen?", und dann nicht verstehe, was man mir erzählt? Erfahrungsgemäß kommt man mit Deutsch und Englisch recht weit, auf den nördlichen Inseln hilft auch Italienisch.

Oft hört man die Worte „*dobro*" – „gut" und „*ni problem*" oder „*nema problema*" (kroat.) – „kein Problem". Die meisten Kroaten sind sehr hilfsbereit, und wenn man sich unterhalten will, muss man entweder Kroatisch richtig lernen oder mit Händen und Füßen reden – was für uns oft recht steife Mitteleuropäer vielleicht einmal eine gute Übung ist.

In unserem kleinen Sprachlexikon haben wir einige wichtige Wörter der kroatischen Sprache aufgeführt.

## Aussprache

| | |
|---|---|
| c | wird wie z ausgesprochen; |
| č | wie tsch; |
| ć | wie tsch und einem folgenden j; |
| h | wie in der deutschen Sprache, nach einem Vokal wie ch; |
| š | wie sch; |
| v | wie w; |
| z | wie s; |
| ž | wie stimmhaft sch; |
| dj | wie dž (also mit stimmhaftem sch) aber mit einem folgendem j; |
| e | wird breiter ausgesprochen, wie ä; |
| i | wird weicher ausgesprochen, wie ie; |
| aj | wie ai; |
| ej | wie äj; |
| oj | wie eu; |
| r | kann ein Vokal sein: Krk - kärk. |

## Zahlen

| | | | | | |
|---|---|---|---|---|---|
| 0 | nula | 12 | dvanaest | 60 | šezdeset |
| 1 | jedan | 13 | trinaest | 70 | sedamdeset |
| 2 | dva | 14 | četrnaest | 80 | osamdeset |
| 3 | tri | 15 | petnaest | 90 | devedeset |
| 4 | četiri | 16 | šesnaest | 100 | sto |
| 5 | pet | 17 | sedamnaest | 200 | dvije stotine |
| 6 | šest | 18 | osamnaest | 1000 | jedna tisuća |
| 7 | sedam | 19 | devetnaest | 5000 | pet tisuća |
| 8 | osam | 20 | dvadeset | 10.000 | deset tisuća |
| 9 | devet | 30 | trideset | 50.000 | pedeset tisuća |
| 10 | deset | 40 | četrdeset | 100.000 | sto tisuća |
| 11 | jedanaest | 50 | pedeset | 1.000.000 | jedan milion |

Nationalpark Krka – die kleine Wanderrunde, oberhalb vom Roški slap, kann auch mit Kindern gelaufen werden …

## Gruß und Allgemeines

| | | | |
|---|---|---|---|
| *dobar dan* | Guten Tag | *da/ne* | ja/nein |
| *dovidjenja* | Auf Wiedersehen | *molim* | bitte |
| *dobro jutro* | guten Morgen | *naravno* | selbstverständlich |
| *dobra večer* | guten Abend | *veliko/malo* | groß/klein |
| *danas/ sutra* | heute/morgen | *jeftino/skupo* | billig/teuer |
| *preko sutra* | übermorgen | *staro/novo* | alt/neu |
| *Kako ste?* | Wie geht es Ihnen? | *Pošto je?* | Wieviel kostet das? |
| *dobro/loše* | gut/schlecht | *ovo mi se svidja* | das gefällt mir |
| *hvala lijepa* | vielen Dank | *ima* | es gibt |
| *oprostite molim* | entschuldigen Sie bitte | *nema* | es gibt nicht |

## Übernachten

| | |
|---|---|
| *imate li slobodnih soba?* | haben Sie Zimmer frei? |
| *želio bih dvokrevetnu/ jednokrevetnu sobu* | ich hätte gern einDoppelzimmer/ Einzelzimmer |
| *Koliko košta soba sa doručkom?* | Wieviel kostet das Zimmer mit Frühstück? |
| *ključ od sobe* | Zimmerschlüssel |
| *voda* | Wasser |
| *toplo/ hladno* | warm/kalt |
| *ručnik* | Handtuch |
| *prtljag* | Gepäck |

| | |
|---|---|
| račun | Rechnung |
| boravišna taksa | Kurtaxe |

## Kalender, Richtung, Zeit

| | | | |
|---|---|---|---|
| nedjelja | Sonntag | travanj | April |
| ponedjeljak | Montag | svibanj | Mai |
| utorak | Dienstag | lipanj | Juni |
| srijeda | Mittwoch | srpanj | Juli |
| četvrtak | Donnerstag | kolovoz | August |
| petak | Freitag | rujan | September |
| subota | Samstag | listopad | Oktober |
| praznik | Feiertag | studeni | November |
| proljeće | Frühling | prosinac | Dezember |
| ljeto | Sommer | zapad | Westen |
| jesen | Herbst | istok | Osten |
| zima | Winter | jug | Süden |
| siječanj | Januar | sjever | Norden |
| veljača | Februar | ujutro/sredinom dana | morgens/mittags |
| ožujak | März | navečer/tijekom noći | nachmittags/abends |

## Im Notfall

| | |
|---|---|
| treba mi doktor, brzo | ich brauche einen Arzt, schnell |
| trebam nešto protiv … | ich möchte etwas gegen … |
| liječnik | Arzt |
| ambulanta | Erste-Hilfe-Station |
| prehlade | Erkältung |
| kašlja | Husten |
| pilule za grlo | Halstabletten |
| bolnica | Krankenhaus |
| apoteka/ljekarna | Apotheke |
| opekotina od sunca | Sonnenbrand |

## Post und Bank

| | |
|---|---|
| ja bih unovčio putni ček | ich möchte einen Reisescheck einlösen |
| dnevni kurs | Tageskurs |
| kuverat | Briefumschlag |
| poštanske marke | Briefmarke |
| poštanski sandučić | Briefkasten |
| potvrda | Quittung |

# Speisen

*Je li ovaj stol slobodan?*
　　Ist dieser Tisch frei?
*nije, rezerviran je*　nein, er ist reserviert
*jelovnik, molim*　die Speisekarte, bitte
*dobar tek*　guten Appetit
*hladna predjela*　kalte Vorspeisen
*topla predjela*　warme Vorspeisen
*juhe*　dünne Suppe
*maneštra*　Minestrone
*riblja juha/brodet*　Fischsuppe

## Fleisch

*meso*　Fleisch
*svinjetina*　Schweinefleisch
*ovčetina*　Hammelfleisch
*jetra*　Leber
*kobasice*　Würstchen
*govedina*　Rindfleisch
*teletina*　Kalbfleisch
*jagnjetina*　Lammfleisch
*faširane šnicle*　Frikadellen

## Fisch

*ribe*　Fisch
*orada*　Goldbrasse
*zubatac*　Zahnbrasse
*arbun*　Rotbrasse
*oslić*　Seehecht
*list*　Seezunge
*skuša*　Makrele
*bakalar*　Stockfisch
*oštrige/kamenica*　Austern
*mušule*　Muscheln
*dagnje*　Miesmuscheln
*škamp*　Scampi
*jastog*　Hummer
*račići*　Garnelen
*marinirane sardele*　marinierte Sardellen
*lignja*　Kalamari
*tuna*　Thunfisch
*hobotnica na salatu*　Tintenfischsalat

## Gemüse/Obst

*krumpir*　Kartoffeln
*riža*　Reis
*povrće*　Gemüse
*miješano povrće*　gemischtes Gemüse
*salata*　Salat

Beliebt bei Touristen – Spanferkel oder Hühnchen vom Grill

| | |
|---|---|
| masline | Oliven |
| bundeva | Kürbis |
| grožđe | Weintrauben |
| kruške | Birnen |
| mandarine | Mandarinen |
| smokve | Feigen |
| dinja | Melone |

## Beilagen/Gewürze

| | |
|---|---|
| kruh | Brot |
| bijeli luk/češnjak | Knoblauch |
| maslinovo ulje | Olivenöl |
| sirće, ocat | Essig |
| papar | Pfeffer |
| sol | Salz |
| šećer | Zucker |
| maslac | Butter |
| sir | Käse |
| ovčji sir | Schafskäse |
| pršut | Schinken |
| senf | Senf |
| burek | gefüllte Pasteten |

## Im Café und in der Bar

| | |
|---|---|
| kava | Kaffee |
| čaj | Tee |
| mlijeko | Milch |
| sladoled | Eis |
| kolač | Kuchen |
| kolači | Gebäck |
| čokolada | Schokolade |
| voćni sok | Fruchtsaft |
| sok od pomorandže | Orangensaft |
| sok od jabuka | Apfelsaft |
| mineralna voda | Mineralwasser |
| limunada | Limonade |
| pivo | Bier |
| bevanda / gemišt | Weinschorle |
| kajsijevača | Aprikosenschnaps |
| šljivovica | Zwetschgenwasser |
| vino | Wein |
| prošek | Dessertwein |
| kruškovac | Birnenschnaps |
| vinjak | einheimischer Kognak |
| na zdravlje! | Zum Wohle! |
| živeli! | Prost! |

# Unterwegs

## Im Flugzeug

| | |
|---|---|
| Zračna luka | Flughafen |
| aterirati spuštanje (spustati) | landen |
| uzletjeti | starten |
| dolazak / polazak | Ankunft / Abflug |

## Am Bahnhof

| | |
|---|---|
| kolodvor, stanica | Bahnhof |
| odlazak / dolazak | Abfahrt / Abfahrt |
| vlak | Zug |
| peroni | zu den Bahnsteigen |
| ulaz / izlaz | Eingang / Ausgang |
| (ne-) pušači | (Nicht-) Raucher |
| pušenje zabranjeno | Rauchen verboten |
| vagon restoran | Speisewagen |
| spavaća kola | Schlafwagen |

## Im Bus

| | |
|---|---|
| autobusna stanica | Bushaltestelle |
| svaki dan | jeden Tag |
| od ... do | von ... bis |
| radni dani | werktags |

## Im Auto

| | |
|---|---|
| litara benzina | Liter Benzin |
| parkiranje zabranjeno | Parken verboten |
| nezgoda | Unfall |
| milicija | Polizei |
| automehaničar | Werkstatt |
| kola imaju kvar | ich habe eine Panne |

Die schöne Aussicht auf die Insel Ugljan genießen …

## In Stadt und Land

| | |
|---|---|
| grad | Stadt |
| trg | Platz |
| ulica/cesta | Straße |
| lijevo | links |
| desno | rechts |
| pravac | geradeaus |
| jezero | See |
| polje | Ebene |
| dolina | Tal |
| rijeka/reka | Fluss |
| brdo/gora | Berg |
| planinarski dom | Berghütte |

## Am Hafen und am Meer

| | |
|---|---|
| luka | Hafen |
| trajekt | Autofähre |
| gat | Mole |
| jedrilica | Segelboot |
| lađa/brod | Schiff |
| čamac | Boot |
| obala | Uferstraße |
| magistrala | Küstenstraße |
| Jadran | Adria |
| otok | Insel |
| poluotok | Halbinsel |
| rt | Kap |
| uvala/draga | Bucht/Taleinschnitt |
| roniti | tauchen |
| plivati | schwimmen |
| kupanje zabranjeno | Baden verboten |
| kampiranje zabranjeno | Zelten verboten |
| zabranjen prolaz | Betreten verboten |

## Sehenswertes

| | |
|---|---|
| razglednica | Ansichtskarte |
| ulaz slobodan | Eintritt frei |
| crkva | Kirche |
| samostan/manastir | Kloster |
| tvrdjava | Festung |
| razvaline | Ruinen |
| galerija | Galerie |
| muzej | Museum |
| toranj | Turm |
| zvonik | Kirchturm |

Unverbesserlich aktiv

# Die Wanderführer aus dem Michael Müller Verlag

- für Familien, Einsteiger und Fortgeschrittene
- ausklappbare Übersichtskarte für die Anfahrt
- genaue Weg-Zeit-Höhen-Diagramme
- GPS-kartierte Touren (inkl. Download-Option für GPS-Tracks)
- Ausschnittswanderkarten mit Wegpunkten
- Konkretes zu Wetter, Ausrüstung und Einkehr

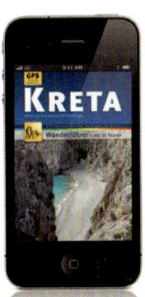   

Übrigens: Unsere Wanderführer gibt es auch als App für iPhone™, WindowsPhone™ und Android™

- Allgäuer Alpen
- Andalusien
- Bayerischer Wald
- Chiemgauer Alpen
- Eifel
- Elsass
- Gardasee
- Gomera
- Korsika
- Korsika Fernwanderwege
- Kreta
- La Palma
- Ligurien
- Madeira
- Mallorca
- Münchner Ausflugsberge
- Östliche Allgäuer Alpen
- Pfälzerwald
- Piemont
- Provence
- Rund um Meran
- Sächsische Schweiz
- Sardinien
- Schwarzwald Mitte/Nord
- Schwarzwald Süd
- Sizilien
- Spanischer Jakobsweg
- Teneriffa
- Toscana
- Westliche Allgäuer Alpen
- Zentrale Allgäuer Alpen

Seenland • Amsterdam • Andalusien • Andalusien • Apulien • Athen & Attika • Australien – der Osten • Azoren • Bali & Lombok • Baltische Länder • Bamberg • Barcelona • Bayerischer Wald • Bayerischer Wald • Berlin • Berlin & Umgebung • Bodensee • Bretagne • Brüssel • Budapest • Bulgarien – Schwarzmeerküste • Chalkidiki • Chiemgau • Cilento • Cornwall & Devon • Dresden • Dublin • Comer See • Costa Brava • Costa de la Luz • Côte d'Azur • Cuba • Dolomiten – Südtirol Ost • Dominikanische Republik • Ecuador • Eifel • Elba • Elsass • Elsass • England • Fehmarn • Franken • Fränkische Schweiz • Fränkische Schweiz • Friaul-Julisch Venetien • Gardasee • Gardasee • Genferseeregion • Golf von Neapel • Gomera • Gomera • Gran Canaria • Graubünden • Griechenland • Griechische Inseln • Hamburg • Harz • Haute-Provence • Havanna • Ibiza • Irland • Island • Istanbul • Istrien • Italien • Italienische Adriaküste • Kalabrien & Basilikata • Kanada – Atlantische Provinzen • Kanada – der Westen • Karpathos • Kärnten • Katalonien • Kefalonia & Ithaka • Köln • Kopenhagen • Korfu • Korsika • Korsika Fernwanderwege • Korsika • Kos • Krakau • Kreta • Kreta • Kroatische Inseln & Küstenstädte • Kykladen • Lago Maggiore • La Palma • La Palma • Languedoc-Roussillon • Lanzarote • Lesbos • Ligurien – Italienische Riviera, Genua, Cinque Terre • Ligurien & Cinque Terre • Liparische Inseln • Lissabon & Umgebung • Lissabon • London • Lübeck • Madeira • Madeira • Madrid • Mainfranken • Mainz • Mallorca • Mallorca • Malta, Gozo, Comino • Marken • Mecklenburgische Seenplatte • Mecklenburg-Vorpommern • Menorca • Midi-Pyrénées • Mittel- und Süddalmatien • Mittelitalien • Montenegro • Moskau • München • Münchner Ausflugsberge • Naxos • Neuseeland • New York • Niederlande • Niltal • Norddalmatien • Norderney • Nord- u. Mittelgriechenland • Nordkroatien – Zagreb & Kvarner Bucht • Nördliche Sporaden – Skiathos, Skopelos, Alonnisos, Skyros • Nordportugal • Nordspanien • Normandie • Norwegen • Nürnberg, Fürth, Erlangen • Oberbayerische Seen • Oberitalien • Oberitalienische Seen • Odenwald • Ostfriesland & Ostfriesische Inseln • Ostseeküste – Mecklenburg-Vorpommern • Ostseeküste – von Lübeck bis Kiel • Östliche Allgäuer Alpen • Paris • Peloponnes • Pfalz • Pfälzer Wald • Piemont & Aostatal • Piemont • Polnische Ostseeküste • Portugal • Prag • Provence & Côte d'Azur • Provence • Rhodos • Rom & Latium • Rom • Rügen, Stralsund, Hiddensee • Rumänien • Rund um Meran • Sächsische Schweiz • Salzburg & Salzkammergut • Samos • Santorini • Sardinien • Sardinien • Schleswig-Holstein – Nordseeküste • Schottland • Schwarzwald Mitte/Nord • Schwarzwald Süd • Schwäbische Alb • Shanghai • Sinai & Rotes Meer • Sizilien • Sizilien • Slowakei • Slowenien • Spanien • Span. Jakobsweg • St. Petersburg • Südböhmen • Südengland • Südfrankreich • Südmarokko • Südnorwegen • Südschwarzwald • Südschweden • Südtirol • Südtoscana • Südwestfrankreich • Sylt • Teneriffa • Teneriffa • Thassos & Samothraki • Toscana • Toscana • Tschechien • Tunesien • Türkei • Türkei – Lykische Küste • Türkei – Mittelmeerküste • Türkei – Südägäis • Türkische Riviera – Kappadokien • Umbrien • Usedom • Venedig • Venetien • Wachau, Wald- u. Weinviertel • Westböhmen & Bäderdreieck • Wales • Warschau • Westliche Allgäuer Alpen und Kleinwalsertal • Westungarn, Budapest, Pécs, Plattensee • Wien • Zakynthos • Zentrale Allgäuer Alpen • Zypern

Reisehandbuch    MM-City    MM-Wandern

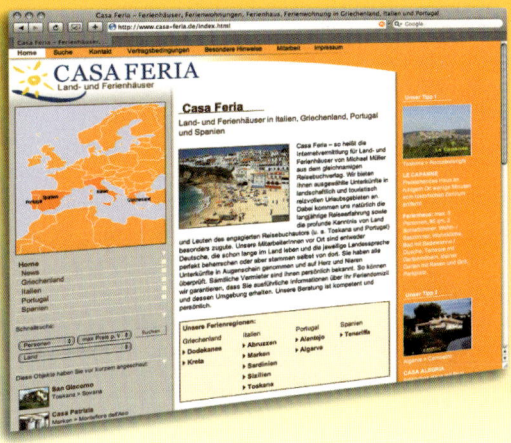

- ABRUZZEN
- ALENTEJO
- ALGARVE
- ANDALUSIEN
- APULIEN
- DODEKANES
- IONISCHE INSELN
- KRETA
- LISSABON & UMGEBUNG
- MARKEN
- SARDINIEN
- SIZILIEN
- TENERIFFA
- TOSKANA

# CASA FERIA
## Land- und Ferienhäuser

**Nette Unterkünfte bei netten Leuten**

**CASA FERIA**
die Ferienhausvermittlung
von Michael Müller

Im Programm sind ausschließlich persönlich ausgewählte Unterkünfte abseits der großen Touristenzentren.

Ideale Standorte für Wanderungen, Strandausflüge und Kulturtrips.

Einfach www.casa-feria.de anwählen, Unterkunft auswählen, Unterkunft buchen.

Casa Feria wünscht
*Schöne Ferien*

**www.casa-feria.de**

Betina (Insel Murter) – der alte Bootsbauerort dominiert mit seinem Kirchturm

# Register

**A**bica, 210
Agroturizam 49
Albert Fortis 143
Alexander, König 28
Anchovis 206
Anića kuk, Berg 337
Anmeldepflicht 49
Anreise mit dem
 Autoreisezug 38
Apotheke 65
Appartements 49
Arausa Antonina
 (Vodice) 254
Archipel vor Šibenik 244
Ärztliche Versorgung 64
Autofähren (Trajekts) 44

**B**aden 59
Balabra, Insel 284
Balkanpakt 30
Bandira, Berg 105
Banj 188
Banken 67
Bankkarte 67
Baraković, Juraj,
 (Priester) 139
Bargeld 66
Baromedizin, Poliklinik
 62, 65

Bartul, Halbinsel 190
Bašić, Nikola 91
Benkovac 140, 141
Berčastac, Berg 209
Kamenjak, Berg 231
Betina 275
Bibinje 211
Bier 58
Bife (Büffet) 53
Biograd na moru 220
Biskupija 311
Bonino da Milano 240
Bora, Wind 19, 42
Božava 197
Brbinj 201
Bribirska glavica 301
Brištane 303
Brljan slap 297
Brodarica 312
Broz, Josip (Tito) 28
Bruglje 168
Buč Mali, Insel 210
Buč Veli, Insel 210
Buhać 22
Bukovica-Region 141, 144
Burnum 297
Bus 45
Bus (Anreise) 38

**C**amping 50
Canyon Zrmanja 133
Canyoning 59
Castrum Cissa 109
Čavnovka, Berg 307
Cerovačke pećine,
 Grotten 147
Čikola, Fluss 307
Cissa 125
Colentum, Siedlung 265

**D**almatinac, Juraj 114, 240
Diadora (Zadar) 79
Die Madonna
 von Stari Grad 119
Dinara, Berg 311
Dinarische Gebirge 311
Dinjiška 110
Diplomatische
 Vertretungen 65
Dobropoljana 188
Draga 321
Drage 228
Dragove 201
Dražica 130
Drniš 302
Dubrava 242
Dudići 131

Dugi Otok, Insel 196
Duque, Orlando (Klippenspringer) 324
Dvornica, Halbinsel 325

Eduard VIII., König 167
Eisenbahn 45
Eisenbahn (Anreise) 37
Erster Weltkrieg 27
Essen und Trinken 52
EU-Heimtierausweis 71
Europäische Krankenversicherungskarte 64

Fähren in Kroatien 43
Fahrrad 46
Fahrradfahren 60
Fahrradversand 38
Fährverbindungen, Italien/Kroatien 35, 44
Fauna 23
Feste 65
Finanzen 66
Firentinac, Nikola 240
Fischfang 60
Flora 20
Flugzeug (Unterwegs) 46
Flugzeug (Anreise) 39
Fortis, Abbé 106
Francesco da Santacroce 313
Franz Ferdinand, Erzherzog 27
Free-Climbing 60
Friedensvertrag von Dayton 31

Galevac, Insel 181
Gamernjak Mali, Insel 210
Gamernjak Veli, Insel 210
Geldwechsel 66
Geschichte 25
Getränke 57
Gnalić, Insel 193
Golubić 146
Gornje Aba, Insel 210
Gostiona (Gaststätte) 53
Gračac 147
Grafen von Bribir 301
Grafen von Zrinski 301
Grebaštica 315
Gruß an die Sonne 91
Gusići-Kurjakovići 136

Heilbäder und Kurorte 50
Hornotter (Hornviper) 24
Hotels 50

Illyrer 25
Informationen 67
Informationen für Kraftfahrer in Kroatien 41
Gnalić, Insel 193
IŽ, Insel 170
Lukovnik, Insel 261
Žut, Insel 282
Inselhopping & Fahrradtouren 70
Internet 67
Islam 135
Islam Grčki 135
Islam Latinski 135
Ist, Insel 165
Ivo Josipović 32

Jadera (Zadar) 79
Jadranka Kosor 32
Jadrija 242, 260
Jakišnica 130
Janković, Stojan 144
Janković, Stojan, Kula 135
Jasenice 133
Jezera 267
Joggen 60
Jugendherbergen 50
Jugo, Wind 19

Kaffee 58
Kajak 60
Kakan, Insel 251
Kali 183
Kanica 325
Kanu 60
Kaprije, Insel 249
Karin 139
Karin Donji 140
Karinsko more 138, 139
Karl der Große 26
Karten 68
Kaštel Žegarski 145
Katina, Insel 210
Kavana (Café) 53
Kiten 62
Kleidung 68
Klettern 60
Klima 18
Kljucica, Festung 307
Kloster Krka 294
Knin 309
Kolan 121
Koloman, König 26
Kolunić-Rota, Martin 235
Konoba (Lokal) 53
Kornat, Insel 284
Kornaten, Archipel 277

Košljun 113
Kožičić, Šime 177
Kraj 190
Krankenhaus 64
Krapanj, Insel 312, 313
Krawatten 72
Krčić, Fluss 311
Kreditkarte 67
Krešimir IV., König 110, 234
Krka, Fluss 311
Kroaten 26
Kroatische Bergrettung 330
Krupa, Fluss 145, 146
Krupa, Monastir (Samostan) 146
Krupa, Weiler 146
Kruševo 321
Kukljica 185
Kula Altlagića 143
Kurba Mali, Insel 284
Kurba Vela, Insel 286
Kurjaković, Butko (Fürst) 139
Kustići 124

Ladislaus, König 27, 110
Landminen 69
Laurana, Francesco (Bildhauer) 231
Laurana, Luciano (Baumeister) 231
Lavadara, Insel 205
Lavasa, Insel 285
Lavdara, Insel 284
Lehrpfad Karišnica 140
Levant, Wind 19
Levrnaka, Insel 285
Literatur 68
Lokale 53
Lozice 105
Lučica, Uvala 228
Ludwig der Große, König 110
Luka (auf Dugi Otok) 202
Lukoran 179
Lun 131
Lun, Halbinsel 129

M. Alan 145
Madonna von Zečevo 99
Maestral, Wind 19
Magazinova škrila 285
Mali Iž 173
Mana, Insel 285
Mandre 120
Manita peć, Höhle 337

Am Lehrpfad vom Vransko jezero – anschaulich wird die Flora und Fauna erklärt

Manojlovački slapovi 297
Maraština 258
Mašković, Jusuf 230
Maraschino, Schnaps 22, 58
Maslenica 133
Maun, Insel 108
Medović 189
Meeresorgeln 91
Meglić, Ante 248
Mehrwertsteuer-Rückerstattung 73
Mesić, Stipe 31
Meštrović, Ivan 240, 305, 311
Metajna 124
Mietwagen 47
Miljevci, Hochebene 293, 297, 300, 306
Minenfelder 69
Mir, See 207
Mirila 152
Mišina, Käse 303
Miškovići 110
Mit dem eigenen Fahrzeug 33
Molat, Insel 166
Morinje-Bucht 312
Muline 178
Murter 271

Murter, Insel 263

**N**achrichten 69
Nadin 143
Napuljski, Ladislav 79
Nationalpark Krka 291
Telašćica, Naturpark 206
Nečven grad 294
Nedinum 143
Nelipić, Adelsfamilie 291, 304, 307
Neviđane 188
Newera, Wind 19
Niklić, Fahrudin 167
Nikola Tesla 292
Nin 93, 102
Ninski, Grgur 93
Nogulović, Antun 241
Novalja 124
Novigrad (bei Zadar) 136
Nozdre 164

**O**bonjan, Insel 251
Obrovac 144
Öffnungszeiten 70
Oklaj 303
Ökotrail (Poučna Staza) 151
Olib, Insel 156
Organisierter Bootstourismus 70
Ornithologische Reservat Guduća 301

Ošljak, Insel 182
Ostrovica, Festung 301
Otavice 307
Oziđana pećina, Höhle 294

**P**ag 114
Pag, Insel 106
Pager Bucht 122
Pager Käse 109
Pager Salinen 108
Pager Spitzen 109
Paklenica, Nationalpark 153
Pakoštane 224
Pakovo selo 303
Papiere 70
Pašman 189
Pašman, Insel 186
Pavelić, Ante 28
Pelinkovac, Schnaps 22, 58
Pernastica 164
Personenfähren 44
Petrčane 92
Petrovo polje, Tal 306
Pirovac 287
Piškera, Insel 285
Poljana 179
Porphyrogenet, Konstantin, Kaiser 171 197
Posedarje 133, 134
Post 71
Potočnica 130

# Register

Povljana 112
Preko 180
Premuda, Insel 164
Prhovo 321
Pribislavić, Ivan 240
Pridraga 138, 139
Primošten 315
Princip, Gavrilo 27
Prisika-Klippen 207
Pristanišće 284
Privatunterkünfte 49
Privić luka 246
Privić, Insel 244
Privlaka 101, 102
Prižba 254
Promina, Gebirgszug 307
Prukljan 301
Prukljansko jezero 301
Puljane 297
Punta Skala 92
Putičanje 289

Rafting 60
Rauchen 71
Rava, Insel 174
Ravni Žakan, Insel 286
Ražanac 131
Ražanj 325
Razvode 303
Reiseschecks 67
Reisezeit 18, 32
Reiten 60
Restaurant 53
Reticella-Spitzen 114
Riblji restoran
  (Fischrestaurant) 53
Rivanj, Insel 199
Robinsonhäuschen 192
Roški slap, Wasserfall
  293, 294
Rošnjak slap 297
Rovanjska 133

Sali 204
Salzgärten (Pag) 119
Samoposlužni restaurant
  (Selbstbedienungs-
  restaurant) 53
Sapina Doca 325
Sardinen 206
Savar 201
Schnorcheln 60
Schrift, glagolitische 160
Šepurine 246
Sestrica Mali, Insel 210
Sestrica Veli, Insel 210
Sestrunj, Insel 169
Šibenik 234
Silba, Insel 161
Šimuni 120
Široke 321
Sit, Insel 284
Skradin 298
Skradinski buk 292
Skrda, Insel 108
Slanica-Bucht 270
Slastičarna (Eisdiele) 53
Smokvica (auf Pag) 111
Smokvica, Insel 286
Snacks 53
Šokol, Wurst 96
Souvenirs 71
Šparadići 315
Špilija Modrić, Höhle 134
Spirituosen 58
Sport 59
Sportschiffahrt 60
Stara Novalja 128
Stari Grad 119
Stari Murter 270
Starigrad Paklenica 148
Stene, Klippen 207
Straßenzustand/
  Hindernisse 41
Šubić von Bribir,
  Adelige 291
Šubić, Ban Pavao 298
Süleyman der Prächtige,
  Sultan 27
Šupuk 235
Surfen 62
Sutomišćica 179
Sv. Ante 163
Sv. Arahanđel, Kloster 294
Sv. Filip i Jakov 217
Sv. Petar 217
Sv. Petar na moru 219
Sv. Rok 145
Sveti Vid, Berg 108, 122
Svetojanj 110
Svilaja, Gebirgszug 307

Tauchen 62
Taxi 47
Telefon 72
Tennis 63
Tierarzt 65
Tisno 265
Tito (Josip Broz) 29
Tkon 191

Tomislav, König 26, 309
Tommaseo, Nikola 235
Torovi 105
Tourismusverbände 67
Tovarnele 131
Tramontana, Wind 19
Tribunj 260
Trinkgeld 73
Trošen grad 294
Trstikovacm, Insel 284
Tuđman, Dr. Franjo 30, 31
Tulove grede 145
Turanj 217, 219
Tureta, Festung 285

Ugljan 177
Ugljan, Insel 175
Ugrinić 190
Unterwegs mit dem
  eigenen Fahrzeug 40
Urlaub auf dem
  Bauernhof 49
Ustaša 28

Vela Proversa 284
Vela Svršata 286
Vela Svršata, Insel 286
Veli Iž 171
Veli Rat 200
Veli vrh, Berg 207
Velo Blato, See 108, 110
Veranstaltungen 65
Vertrag von Rapallo 27, 79
Vinjerac 132
Vinoteka 53
Vir 103
Vir, Insel 102
Visovac, Kloster 293
Visovac-See 293
Vlahovac, Schnaps 22, 58
Vlašići 111
Vodice 253
Vorspeisen 53
V-Pay-Karten 67
Vrana 230
Vrančić, Auntun 235
Vrančic, Faust 235, 245
Vrančic-Familie 245, 246
Vransko jezero 221, 228
Vrgada, Insel 194
Vrsi 100

Währung 66
Wakeboarden 63
Wandern 63

Wasserski 63
Wein 57
Wellness 50
Wetterprognosen 69
Winnetou 148

**Z**ablaće 242
Zablaće, Halbinsel 242
Zaglav 203

Zaglava, Halbinsel 124
Zapuntel 169
Zaton 100, 242, 260
Ždrelac 187
Zečevo, Insel 99
Žiglien 129
Žirje, Insel 251
Zlarin, Insel 248
Zmajan, Insel 251

Žman 203
Zoll 73
Zrmanja, Fluss 87, 145
Zubovići 124
Žut, Insel 284
Žverinac, Insel 169
Zvonimir, Dmitar,
  König 26, 309, 311
Zweiter Weltkrieg 28

## Zeichenerklärung für die Karten und Pläne

## Was haben Sie entdeckt?

Vielleicht eine freundliche Konoba weitab vom Trubel, ein nettes Hotel mit Atmosphäre, einen schönen Wanderweg? Wenn Sie Ergänzungen, Verbesserungen oder neue Tipps zu diesem Buch haben, lassen Sie es uns bitte wissen! Wir freuen uns über jeden Brief und jeden Hinweis.

**Schreiben Sie an:** Lore Marr-Bieger, Stichwort „Norddalmatien" | c/o Michael Müller Verlag GmbH | Gerberei 19, D – 91054 Erlangen | lore.marr-bieger@michael-mueller-verlag.de

## Vielen Dank!

Die Autorin dankt der Kroatischen Zentrale für Tourismus (Frankfurt/Zagreb), sowie den Tourismusverbänden in Norddalmatien für ihre hilfreiche Unterstützung.

 Mit dem grünen Blatt haben unsere Autoren Betriebe hervorgehoben, die sich bemühen, regionalen und nachhaltig erzeugten Produkten den Vorzug zu geben.

## Alles im Kasten

| | |
|---|---|
| Das Pflänzchen Buhać | 22 |
| Hornotter oder Hornviper (vipera ammodytes) – eine gefährliche Sonnenanbeterin | 24 |
| Achtung Bora! | 42 |
| Fisch- und Fleischgerichte aus der „Tonglocke" | 55 |
| Meeresorgeln (Morske orgulje) | 91 |
| Gruß an die Sonne | 91 |
| Die Tränen der Madonna von Zečevo | 99 |
| Von der Milch zum Pager Käse Paški sir | 109 |
| Reticella-Spitzen – Čipka | 114 |
| Die Madonna von Stari Grad | 119 |
| Auf Winnetous Spuren | 148 |
| Mirila – Totenraststeine | 152 |
| Glagoliza – die glagolitische Schrift | 160 |
| König Eduard VIII. | 167 |
| Inselbräuche | 173 |
| Versunkene Schätze | 193 |
| Die Fischfabrik in Sali | 204 |
| Sardinen und Anchovis | 206 |
| Faust Vrančic | 245 |
| Gospa od Karavaja (Unsere Liebe Frau von Caravaggio) | 266 |
| Die Fischer von Sali | 280 |
| Tobendes Meer auf der Insel Mana | 286 |
| Hr. Šupuk, das Pflänzchen Buhać und die Hydrozentrale | 292 |
| Gaumenspezialitäten aus Drniš | 303 |
| Ivan Meštrović – Bildhauer, Architekt und Mystiker | 305 |
| Die Legende um die Kapelle Gospa od kapelice | 324 |

Die in diesem Reisebuch enthaltenen Informationen wurden von der Autorin nach bestem Wissen erstellt und von ihm und dem Verlag mit größtmöglicher Sorgfalt überprüft. Dennoch sind, wie wir im Sinne des Produkthaftungsrechts betonen müssen, inhaltliche Fehler nicht mit letzter Gewissheit auszuschließen. Daher erfolgen die Angaben ohne jegliche Verpflichtung oder Garantie der Autorin bzw. des Verlags. Autorin und Verlag übernehmen keinerlei Verantwortung bzw. Haftung für mögliche Unstimmigkeiten. Wir bitten um Verständnis und sind jederzeit für Anregungen und Verbesserungsvorschläge dankbar.

ISBN 978-3-89953-821-2

© Copyright Michael Müller Verlag GmbH, Erlangen 2013. Alle Rechte vorbehalten. Alle Angaben ohne Gewähr. Druck: Wilhelm & Adam, Heusenstamm.

Aktuelle Infos zu unseren Titeln, Hintergrundgeschichten zu unseren Reisezielen sowie brandneue Tipps erhalten Sie in unserem regelmäßig erscheinenden Newsletter, den Sie im Internet unter www.michael-mueller-verlag.de kostenlos abonnieren können.